MODESTO CARVALHOSA

Uma nova constituição para o Brasil

DE UM PAÍS DE PRIVILÉGIOS PARA UMA NAÇÃO DE OPORTUNIDADES

MODESTO
CARVALHOSA

Uma nova constituição para o Brasil

DE UM PAÍS DE PRIVILÉGIOS PARA
UMA NAÇÃO DE OPORTUNIDADES

Impresso no Brasil, 2021

Copyright © 2021 by Modesto Carvalhosa.

Os direitos desta edição pertencem à
LVM Editora
Rua Leopoldo Couto de Magalhães Júnior, 1098, Cj. 46
04542-001 • São Paulo, SP, Brasil
Telefax: 55 (11) 3704-3782
contato@lvmeditora.com.br • www.lvmeditora.com.br

Editor Responsável | Alex Catharino
Gerente Editorial | Giovanna Zago
Editor | Pedro Henrique Alves
Edição de Texto | Hugo Maciel de Carvalho
Produção Editorial | Alex Catharino & Giovanna Zago
Capa | Mariangela Ghizellini
Fotografia do Autor | Bob Wolfenson
Diagramação e editoração | Eliana Kestenbaum
Pré-impressão e impressão | Rettec

Dados para catalogação

CARVALHOSA, Modesto, 1932-
    Uma nova constituição para o Brasil: de um país de privilégios para uma nação de oportunidades /Modesto Carvalhosa. São Paulo : LVM Editora, 2021. 480p.

    Bibliografia
    ISBN 978-65-86029-23-9

    1. Brasil - Constituição; 2. Brasil - Política e governo; 3. Brasil - Condições sociais; 4. Brasil - Condições econômicas; 5. Democracia; 6. Cidadania; 7. Políticas públicas - Brasil II. Título

    CDD 342
    CDU-342(81)
    Cutter C331n

Karina Borsari
CRB-8/4951

Reservados todos os direitos desta obra.
Proibida toda e qualquer reprodução integral desta edição por qualquer meio ou forma, seja eletrônica ou mecânica, fotocópia, gravação ou qualquer outro meio de reprodução sem permissão expressa do editor.
A reprodução parcial é permitida, desde que citada a fonte.

Esta editora empenhou-se em contatar os responsáveis pelos direitos autorais de todas as imagens e de outros materiais utilizados neste livro.
Se porventura for constatada a omissão involuntária na identificação de algum deles, dispomo-nos a efetuar, futuramente, os possíveis acertos.

*À Claudia, por ficar sempre ao
meu lado na grande aventura de viver.
Com muito amor.*

Sumário

Prefácio 23

Introdução 27

1. Texto do anteprojeto de constituição 35

Preâmbulo 37
Dos deveres do Estado 38
Da soberania do povo 41
Das regras de governança no exercício da função pública 43
Do Poder Judiciário e das regras da Justiça 44
Do Ministério Público 47
Dos princípios normativos 48
Das políticas de Estado 50
Dos partidos, movimentos e associações com finalidades políticas 52
Do Estado federativo 54
Do Presidente da República 54
Do regime federativo 55
Do Congresso Nacional 57
Dos tratados e convenções internacionais 60
Do Estado de Defesa, do Estado de Sítio
e da Intervenção Federal e Estadual 61
Das Forças Armadas 62
Da segurança pública 62
Do sistema fiscal, orçamentário, tributário e das finanças públicas 62
    Dos tributos 62
    Do orçamento 63
Da Ordem Econômica 64
Do Sistema Financeiro Nacional 65

Da Ordem Social e da Seguridade Social 65
Da cultura 65
Do desporto 66
Da ciência, da tecnologia e da inovação 66
Da comunicação social 67
Do meio ambiente 68
Da família 68
Dos povos indígenas, quilombolas e tradicionais 69
Das disposições gerais 70

2. Razões para uma nova constituição 73

Condições que tornam possíveis essas mudanças estruturais 75
Crescente participação política e conscientização sobre os privilégios do setor público 76
Uma casta imune a riscos 77
O domínio oligárquico num Estado pseudodemocrático 78
A Constituição de 1988 institui a partidocracia 79
A oligarquia destrói a racionalidade do Estado burocrático 80
A oligarquia política comanda a burocracia 82
O domínio oligárquico da Administração leva à apropriação partidária das verbas públicas 83
A disfuncionalidade dos serviços públicos decorrente do loteamento político das chefias administrativas 83
A sociedade brasileira dividida em dois segmentos 84
Partidocracia ao invés de democracia 85
Os partidos oligárquicos vendem o seu voto no Congresso 86
Democracia no lugar da partidocracia 87
Corrupção constitucionalizada e legalizada 89
    A Lei do Abuso de Autoridade 90
    A lei do juiz de garantias 92
    A trilogia da impunidade legalizada 93
Paraíso do crime 93

As principais mudanças estruturais do anteprojeto de constituição. 95
    No plano político 96
    No plano institucional 97
    Quanto ao Poder Judiciário 98
    Quanto ao orçamento. 98
    Quanto à Ordem Econômica e à Ordem Social 99
A percepção pela sociedade civil da dimensão plena da democracia 99
Participação da sociedade civil na vida pública 100
Uma Nação de oportunidades 101
Superação de uma sociedade de privilégios 102
Os privilégios constitucionalmente consolidados. 103
As duas classes sociais instituídas pela Carta de 1988 103
Fora do Estado não há salvação. 104
A sociedade que resulta da hegemonia estatal 105
A restauração da cidadania. 105
A participação da sociedade civil na efetivação de políticas públicas 107
A inexistência de representação política 108
Constituição principiológica e não analítica 109
A desconstitucionalização da legislação ordinária contida
na Carta de 1988 111
A perpetuidade dos privilégios através de normas constitucionais. 111
A hegemonia do Estado em detrimento da sociedade civil 112
Necessidade de mudança estrutural do Estado e de suas relações
com a sociedade. 113
Preservação dos princípios fundamentais do Estado Democrático
de Direito 114

3. Considerações sobre o preâmbulo e sobre os artigos deste anteprojeto 117

Preâmbulo da Constituição 119
    A - A Nação, a sociedade civil e a cidadania 119
        B - A prevalência da lei legítima: *magis iniquitas quam lex* 121

  C - A partidocracia usurpa o poder do povo.................. 123
  D - Democracia como regime de oportunidades,
  e não de privilégios.. 125
  E - A legitimidade da lei como fundamento da democracia........ 126
  F - Devolver a soberania do povo........................... 128
  G - Compromisso com os direitos humanos.................... 131
Dos deveres do Estado.. 133
  Art. 1º - Tutela dos direitos fundamentais..................... 133
  Art. 2º - O Estado como obstáculo ao desenvolvimento social
  e econômico.. 134
  Art. 3º - Princípios que regem o exercício da função pública...... 137
    O princípio do interesse público....................... 137
    O princípio da isonomia.............................. 138
    O princípio da legitimidade das leis.................... 141
    O princípio da moralidade no exercício da função pública...... 143
    O princípio da impessoalidade......................... 143
    O princípio da publicidade............................ 144
    Os princípios da eficiência e da produtividade............. 145
    Os princípios da finalidade e da motivação................ 147
    Os princípios da oportunidade, da razoabilidade
    e da proporcionalidade.............................. 148
  Art. 4º - Isonomia trabalhista, previdenciária e tributária:
  setores público e privado.................................. 149
  Art. 5º - Políticas de Estado................................. 150
  Art. 6º - Eliminação dos privilégios aos integrantes
  do setor público... 155
  Art. 7º - Extinção de gastos tributários........................ 156
  Art. 8º - Participação da sociedade na formulação
  e execução das políticas públicas............................. 157
  Art. 9º - Liberdade econômica e privatização como
  política de Estado.. 158
  Art. 10 - Extinção do foro privilegiado........................ 160
  Art. 11 - Regime de declaração ao invés de prévia autorização...... 161

Art. 12 - *Performance bonds* 164

Art. 13 - O Estado assegura o cumprimento dos contratos com o setor privado 167

Art. 14 - Dever de transparência 170

Art. 15 - Verbas de publicidade restritas a matérias de interesse público. 171

Art. 16 - Vedação de privilégios corporativos. 172

Da soberania do povo 174

Art. 17 - A participação da cidadania na vida pública 174

    Voto distrital *versus* voto proporcional. 175

    Plebiscito, referendo e leis de iniciativa popular 175

    Voto não obrigatório 176

    A partidocracia e as candidaturas independentes 177

Art. 18 - Voto secreto e apuração pública 184

Art. 19 - As redes sociais como instrumento de participação política do povo 188

Art. 20 - Proibida a reeleição para qualquer cargo 189

Art. 21 - Voto distrital puro para as eleições legislativas .. 195

Art. 22 - Perda de mandato por iniciativa e decisão dos próprios eleitores: *recall* 199

Art. 23 - Propaganda eleitoral restrita aos pronunciamentos dos candidatos majoritários. 203

Art. 24 - Eliminação das emendas parlamentares 205

Art. 25 - Não remuneração dos vereadores 207

Art. 26 - Extinção dos escritórios políticos no seio dos parlamentos 210

Art. 27 - Plebiscito para verbas a favor dos detentores de cargos eletivos 211

Art. 28 - Extinção dos fundos partidários, do fundo eleitoral e de quaisquer subsídios aos partidos políticos 212

Art. 29 - Plebiscito a cada dois anos para aprovação de medidas legislativas e administrativas relevantes 216

Das regras de governança no exercício da função pública 220

Art. 30 - Impedimento de parlamentares exercerem cargos e funções no Executivo 220
Art. 31 - Extinção dos cargos em comissão 221
Art. 32 - Quadro permanente de ministérios 223
Art. 33 - Cargos de chefia exercidos pelos servidores concursados e requisitos dos concursos públicos 224
Art. 34 - Capacidade técnico-profissional dos ministros.......... 225
Do Poder Judiciário e das regras da Justiça 225
Art. 35 - Da efetividade da Justiça 225
Art. 36 - Inafastabilidade da jurisdição....................... 226
Art. 37 - O Estado responde pela morosidade dos julgados 227
Art. 38 - Abrangência plena do controle externo do Conselho Nacional de Justiça.. 228
Art. 39 - Acesso universal à jurisdição 229
Art. 40 - Trânsito em julgado em segunda instância e prisão do réu condenado já em primeira instância 230
Art. 41 - Uniformização da jurisprudência e controle de constitucionalidade 234
Art. 42 - Súmulas vinculantes pelos tribunais superiores.......... 235
Art. 43 - *Habeas judicata*: competência universal dos tribunais regionais federais 235
Art. 44 - Competência apenas rescisória e revisional dos tribunais superiores 236
Art. 45 - Extinção da competência recursal da Corte Constitucional e dos tribunais superiores................................. 240
Art. 46 - Nomeação dos ministros da Corte Constitucional e dos tribunais superiores pelo critério da antiguidade 241
Art. 47 - Competência restrita da Corte Constitucional.......... 242
Art. 48 - Composição da Corte Constitucional e dos tribunais superiores, com mandatos de oito anos 244
Art. 49 - Controle externo do Conselho Nacional de Justiça 245
Do Ministério Público 246
Art. 50 - Ministério Público e Conselho Nacional do Ministério Público Federal................................. 246

Dos princípios normativos ... 247
    Art. 51 - Princípio da legitimidade da lei ... 247
    Art. 52 - Ainda a legitimidade das leis: igualdade de deveres e direitos dos setores público e privado ... 248
    Art. 53 - Extinção dos privilégios setoriais e empresariais ... 253
    Art. 54 - Todos são iguais perante a lei legítima ... 255
    Art. 55 - São nulas as leis ilegítimas ... 257
    Art. 56 - O direito adquirido não pode prevalecer sobre o interesse público ... 259
    Art. 57 - Critério isonômico de remuneração dos agentes públicos ... 261
    Art. 58 - Extinção do regime geral de estabilidade ... 263
    Art. 59 - Extinção do regime especial de previdência ... 268
Das políticas de Estado ... 271
    Art. 60 - A integração da sociedade civil na implantação das políticas públicas da educação ... 271
    Art. 61 - A saúde pública é dever compartilhado do Estado, da sociedade civil e das pessoas ... 274
    Art. 62 - Segurança pública como dever restrito do Estado ... 277
    Art. 63 - Política pública de desfavelamento ... 278
    Art. 64 - Políticas de saneamento básico ... 281
    Art. 65 - Do planejamento estratégico ... 285
Dos partidos políticos, movimentos e associações com finalidades políticas ... 286
    Art. 66 - Plena liberdade de voto dos parlamentares ... 286
    Art. 67 - A legitimidade das associações civis de natureza política ... 289
    Art. 68 - Partidos políticos federais, estaduais e municipais autônomos ... 293
    Art. 69 - Financiamento dos partidos políticos por seus filiados e simpatizantes ... 295
    Art. 70 - Candidaturas independentes apoiadas por movimentos e associações com finalidades políticas ... 299
    Art. 71 - Remuneração dos senadores e deputados federais e estaduais ... 303

Art. 72 - Democracia participativa nos municípios 304
Do Estado federativo como instrumento da Nação 306
    Art. 73 - Participação da cidadania na vida pública 306
    Art. 74 - Por uma efetiva República federativa 308
Do Presidente da República 310
    Art. 75 - Independência do Presidente para nomeação de
    seus auxiliares 310
    Art. 76 - Candidatos partidários ou independentes para a
    Presidência da República 312
    Art. 77 - Dever do Presidente da República de implementar
    as políticas de Estado 313
    Art. 78 - Critério de escolha dos ministros 315
    Art. 79 - Gabinete dos ministros 316
    Art. 80 - Responsabilidade do Presidente perante o Congresso 316
    Art. 81 - Sanção e promulgação das leis:
    direito de veto e referendo 317
    Art. 82 - Competência do Presidente para organizar
    a Administração Pública 318
    Art. 83 - A chefia das Forças Armadas 319
Do regime federativo 320
    Art. 84 - Soberania das três esferas da Federação 320
    Art. 85 - Deveres comuns da União, dos Estados e
    dos Municípios 321
    Art. 86 - Competência da União 323
    Art. 87 - Competências da União e dos Estados 324
    Art. 88 - Competência dos Municípios 325
    Art. 89 - As constituições dos Estados 326
    Art. 90 - Tribunais de contas dos Estados 327
    Art. 91 - Liberdade de organização administrativa dos Municípios . . . 328
    Art. 92 - Prefeito e vereadores voltados para a gestão do Município . . 328
Do Congresso Nacional 331
    Art. 93 - Competência; eleição dos senadores por voto majoritário e
    dos deputados por voto distrital puro; candidaturas independentes . . . 331

Art. 94 - Votação pelo Congresso de todos os projetos aprovados pela
Comissão de Constituição e Justiça, na mesma sessão legislativa 332

Art. 95 - Iniciativa das leis................................. 334

Art. 96 - Os vetos poderão ser submetidos a referendo 335

Art. 97 - Convocação de plebiscitos e referendos............... 336

Art. 98 - Medidas provisórias............................... 338

Art. 99 - Vedação de emendas em medida provisória ou em
projeto de iniciativa popular 339

Art. 100 - Vedações a emendas orçamentárias pelo Congresso...... 340

Art. 101 - O Tribunal de Contas como órgão de controle externo
e de fiscalização dos três Poderes........................... 341

Dos tratados e convenções internacionais; requisitos para sua vigência... 343

Art. 102 - Eficácia dos tratados e convenções.................. 343

Do Estado de Defesa, do Estado de Sítio e da Intervenção
Federal e Estadual 349

Art. 103 - Do Estado de Defesa............................. 349

Art. 104 - Do Estado de Sítio 350

Art. 105 - Da Intervenção Federal e Estadual 352

Das Forças Armadas.. 354

Art. 106 - Exclusividade na defesa da Nação 354

Da segurança pública....................................... 356

Art. 107 - Limites do poder de polícia 356

Do sistema fiscal, orçamentário, tributário e das finanças públicas 358

Art. 108 - Princípios do regime tributário..................... 358

Princípio da liberdade tributária......................... 359

Equidade tributária: progressividade 360

Isonomia tributária.................................... 363

Imposição tributária para atividades lucrativas e não lucrativas... 365

Vedação de isenções de qualquer natureza................. 370

Do orçamento.. 373

Art. 109 - Os princípios e regras do orçamento................ 373

Art. 110 - Princípio do equilíbrio orçamentário 378

Art. 111 - Competências do Congresso em matéria de
leis orçamentárias........................... 380
Art. 112 - Inclusão na proposta orçamentária de alterações no
regime dos servidores......................... 382
Da Ordem Econômica............................. 384
    Art. 113 - O dever-ser econômico..................... 384
        A livre-iniciativa como fundamento da Ordem Econômica...... 386
        O caráter inderrogável da livre-iniciativa................ 389
        A livre-iniciativa enquanto instituto.................. 391
        Os fins da Ordem Econômica...................... 393
        Por uma democracia econômica..................... 395
        A economia distributiva como finalidade da ordem econômica... 396
    Art. 114 - Liberdade do exercício da atividade econômica: regime de
declaração, e não de autorização prévia................. 398
    Art. 115 - Vedação de atividades empresariais pelo Estado........ 400
    Art. 116 - Responsabilidade civil das empresas e das instituições
do mercado................................ 405
Do Sistema Financeiro Nacional........................ 408
    Art. 117 - O papel das instituições financeiras.............. 408
Da Ordem Social e da Seguridade Social.................... 410
    Art. 118 - A Ordem Social no plano da igualdade democrática..... 410
    Art. 119 - Das prestações efetivas do Estado quanto
à Seguridade Social........................... 411
Da cultura................................... 413
    Art. 120 - Da criação cultural e do patrimônio artístico e histórico:
liberdade de expressão cultural..................... 413
    Art. 121 - A proteção do patrimônio histórico e artístico nacional... 416
    Art. 122 - A recriação do mecenato privado............... 419
Do desporto.................................. 421
    Art. 123 - Do desporto como atividade privada............. 421
Da ciência, da tecnologia e da inovação.................... 423
    Art. 124 - Ciência, tecnologia e inovação no país das desigualdades... 423
Da comunicação social............................. 427

Art. 125 - Liberdade de conteúdo dos meios de informação
e comunicação 427

Do meio ambiente 431

Art. 126 - Sobrevivência do habitat global 431

Da família 437

Art. 127 - A família e o desenvolvimento humano 437

Dos povos indígenas, quilombolas e tradicionais 442

Art. 128 - O respeito aos povos indígenas, quilombolas
e tradicionais 442

Das disposições gerais 449

Art. 129 - Constituição aprovada mediante plebiscito 449

Art. 130 - A autoaplicação das normas constitucionais 451

Art. 131 - A irradiação das normas constitucionais no
ordenamento jurídico 453

Art. 132 - Audiências públicas previamente ao processo legislativo ... 454

Art. 133 - Recepção como legislação ordinária das atuais normas
constitucionais compatíveis 455

Art. 134 - Necessidade de referendo para aprovação de emendas
constitucionais 459

Referências 463

Agradecimentos 477

O amor não é o oposto do ódio, o poder é o oposto do amor.

CARL JUNG

Uma boa Constituição pode não ser suficiente para proporcionar a felicidade de uma Nação. Já a má Constituição pode levar à sua infelicidade.

GUY CARCASSONNE

Prefácio

A REVALORIZAÇÃO DA LEGALIDADE E DO ESTADO DE DIREITO

Fernando Menezes de Almeida
Professor titular da Faculdade de Direito da Universidade de São Paulo

Na qualidade de professor de Direito, e igualmente como cidadão, tive a grata satisfação de conhecer o anteprojeto de uma nova constituição para o Brasil, proposto pelo professor Modesto Carvalhosa.

Aliando a profundidade de seus conhecimentos jurídicos — acadêmicos e de aplicação do Direito — à sua notória vocação de militância em prol do interesse público, pautada por uma límpida ética de justiça no convívio social, o professor Carvalhosa propõe uma ousada, e consistentemente fundamentada, revolução no modo pelo qual se há de conceber, no Brasil, a constituição, em sua forma e em seu conteúdo.

Em um prefácio, como este, planejado para ter uma curta dimensão, o adequado é escolher um aspecto, dentre tantas excelentes ideias presentes no anteprojeto, para destacar e brevemente comentar.

Assim sendo, considerando meu apreço pelo tema da legalidade — verdadeira tradução jurídica da noção política de "Estado de Direito" e pedra fundamental da coesão social em qualquer sociedade que pretenda valorizar a liberdade humana —, chamou-me especial atenção o texto proposto para o artigo 133 da constituição, do qual transcrevo aqui três parágrafos:

> **Art. 133** - O ordenamento jurídico será constituído de normas constitucionais, de leis ordinárias e de atos normativos.
>
> As normas constantes da Constituição de 1988 referentes à organização política, judiciária e administrativa do Estado, desde que rigorosamente compatíveis com os preceitos aqui instituídos, serão recepcionadas como normas ordinárias para o efeito da continuidade do exercício das competências e das funções públicas, nos três Poderes e nas três esferas federativas.
>
> Caberá ao Presidente da República propor ao Congresso, dentro dos 180 (cento e oitenta) dias anteriores à vigência desta Constituição, as leis ordinárias de organização das competências e funções políticas, administrativas e judiciárias aqui instituídas.

Justificando a proposta, o professor Carvalhosa, entre outros aspectos, destaca sua declarada adesão a um modelo de constituição principiológica, tal qual a Constituição francesa de 1958, em lugar de uma constituição analítica, como a Constituição brasileira de 1988, a qual acaba por ultrapassar "o campo dos princípios normativos para disciplinar e regular, em todos os detalhes, a organização, o funcionamento e a distribuição de funções no seio do Estado e nas relações com a sociedade". E ainda, assim fazendo, "utiliza as normas do Direito Administrativo, retirando-as da esfera ordinária para colocá-las no próprio texto constitucional. A Carta de 1988 é um verdadeiro Código Administrativo-Constitucional".

Concordo com o diagnóstico e com a solução apresentados pelo professor Carvalhosa.

Até se compreende, no contexto da redemocratização do país, que a Constituição de 1988, por uma desconfiança (não sei se intuitiva ou consciente por parte dos constituintes) quanto aos Poderes Executivo e Legislativo — principais artífices do regime anterior —, tenha sobrevalorizado seu próprio papel normativo (da própria Constituição) e o papel do Poder Judiciário como seu guardião.

Faço essas ponderações sobre a predominância do Poder Judiciário na Constituição de 1988 pensando por um viés da produção normativa — pensando no Estado de Direito como um modelo de organização da sociedade fundamentalmente balizado pelas normas jurídicas.

Ou seja, não estou negando politicamente o (excessivo) peso que a Constituição de 1988 dá à autoridade das chefias do Poder Executivo em todos os níveis da Federação. Mas, sim, estou destacando que, do ponto de vista normativo, o resultado de pouco mais de trinta anos de prática constitucional é a sobrevalorização das normas constitucionais como normas de operação do Direito, às quais sempre se pode recorrer, por meio da instância judicial, em detrimento das esferas institucionalmente legítimas de produção normativa de âmbito legislativo e administrativo.

Em aparente paradoxo, vive-se no Brasil uma inflação de normas legislativas e administrativas, agravada pela multiplicidade de tipos normativos (quero dizer, diversas formas de leis e de atos normativos administrativos). Entretanto, o paradoxo é mesmo aparente, pois esse excesso de normatividade, além de inócuo ante as possibilidades de seu afastamento por força da aplicação direta de normas constitucionais, é, de rigor, desprestigiador do valor político das normas em questão (legislativas e administrativas).

Na prática institucional brasileira atual, a legalidade clássica, lastreada na lei (complementada no plano administrativo pelo regulamento), cede lugar a uma imprecisa e imprevisível aplicação casuística de normas constitucionais diretamente interpretadas e adaptadas por decisões judiciais, em situações concretas. Não é à toa que cada vez mais se reforça, como um movimento de compensação, um clamor em defesa da segurança jurídica.

Essa legalidade clássica, pilar da edificação dos Estados Constitucionais de Direito, tem a virtude de conciliar a dimensão de legitimação política da lei — a legalidade formal: lei como ato da vontade da sociedade, manifestada pelo parlamento ou diretamente pelo povo — e a dimensão de justiça social da lei — a legalidade material: lei como ato tendencialmente geral e abstrato, que trata isonomicamente os indivíduos, sem privilégios nem perseguições.

E ainda tem a virtude de mobilizar a Administração Pública, como agente legítimo da transformação da normatividade geral e abstrata em normatividade individual e concreta, adaptando a legalidade, pela via regulamentar, às diversas situações reais da vida social.

Não estou negando o indispensável papel que as normas constitucionais e as normas decorrentes de decisões judiciais exercem no Estado de Direito. Apenas estou dizendo que um sistema normativo que praticamente faça uma ligação direta das normas constitucionais, via decisão judicial, às situações reais da vida social, em detrimento das instâncias normativas legislativa e administrativa, não cria um saudável equilíbrio de poderes em um contexto democrático.

É justamente esse desequilíbrio, hoje existente no Brasil, que o citado artigo 133 do anteprojeto proposto pelo professor Carvalhosa, assim como o próprio estilo principiológico da constituição projetada, visam a corrigir.

Introdução

As crises políticas que se sucedem no país depois da redemocratização, em 1985, devem ser objeto de uma reflexão a respeito das suas causas. Seriam elas devidas às más escolhas de nossos governantes e parlamentares? Ou devem ser debitadas a uma estrutura de Estado que gera, recorrentemente, essas figuras lamentáveis que, além de levarem o pais à permanente insegurança jurídica e ao descrédito institucional, acarretam um atraso social que nos coloca sempre nos piores índices de desenvolvimento humano e educacional e numa decadência econômica a olhos vistos, decorrente da recessão ou dos baixíssimos índices de crescimento econômico?

No Brasil o Estado é hegemônico, não restando à cidadania nenhum papel em nossa construção civilizatória. A sociedade civil é dominada por um Estado que se estruturou para preencher todos os espaços.

Essa dominação é fundada numa oligarquia que tem como instrumento a Constituição de 1988, que outorga privilégios institucionais à classe política e ao estamento burocrático, em detrimento daqueles que trabalham e empreendem no setor privado.

Os integrantes do setor público apropriam-se de todos os recursos provindos dos impostos coletados da sociedade, os quais são insuficientes para pagar as folhas e as despesas dos políticos e dos servidores ativos e inativos, acarretando os fabulosos rombos fiscais.

Não sobra praticamente nenhum recurso para os investimentos públicos. Daí a fraca atividade de produção, o desemprego recorrente e a pobreza progressiva do povo brasileiro.

O país está dividido em dois grupos: de um lado, os privilegiados, no setor público, e, de outro, os pagadores dos impostos, no setor privado. O único papel do povo é o de contribuir para as benesses do estamento estatal.

Trata-se de uma questão estrutural, na medida em que os privilégios da classe político-administrativa são constitucionais, como também o é o bloqueio de canais de livre participação do povo na vida pública.

No Brasil, a sociedade civil não conta. Não existe povo, mas sim "população". Basta verificar a linguagem que se usa em todos os meios sociais e de comunicação. Nunca se utiliza os termos "povo", "cidadania" ou "sociedade".

Trata-se de um fenômeno cultural em que todos nós acabamos aceitando a ideia de que, de um lado, existe o Estado e seus donos e, de outro, a "população", esse mal necessário, esse aglomerado informe e sem identidade, essa ralé, essa galera, que apesar de incomodar os olhos dos poderosos pela feiura de sua pobreza e miséria, é absolutamente útil e necessária para fornecer os recursos necessários para os privilégios da classe política e burocrática. Também a massa ignara é um mal necessário para, através do voto proporcional, manter a oligarquia no poder.

No Brasil não existe uma classe econômica dominante, mas, sim, uma classe política dominante. Não é dos quadros dos empreendedores, dos industriais, dos comerciantes ou dos banqueiros que se formam os parlamentos e os governos. As instituições políticas (governo e Congresso, assembleias, câmara de vereadores) são ocupadas pelo estamento oligárquico, que se autogera, que se reproduz incestuosamente, e que se vende, a preço de ouro, caso a caso, para os grupos de interesses na formulação de leis e de políticas que nem de longe atendem ao interesse público.

Tanto a elite empresária como a "população" ignara são vassalos, servos dessa oligarquia política extremamente corrupta e atrasada. A sociedade civil depende dela em tudo.

Essa sociedade de classes contraria inteiramente os fundamentos da democracia. A Constituição de 1988 garante ao estamento oligárquico a sua permanência no poder e à burocracia o gozo pleno de seus inesgotáveis, progressivos e ilimitados direitos adquiridos.

Para que o país possa se tornar uma democracia autêntica, fundada na isonomia dos deveres e direitos de toda a cidadania, é que se propõe, neste estudo, uma nova constituição.

Neste anteprojeto procura-se eliminar os privilégios do setor público para, assim, permitir que se forme uma sociedade de oportunidades para todas as pessoas, nos planos individual, familiar, social, profissional, educacional, cultural e econômico.

Não se pode falar em democracia apenas fundada nas liberdades públicas. Estas são um dos seus fundamentos. Não existe regime democrático sem que haja isonomia e equidade de deveres e direitos para todos os membros da sociedade.

Não há democracia quando inexiste livre acesso da cidadania à vida pública.

E, sobretudo, não pode haver democracia num país em que onze milhões e quinhentas mil pessoas vivem sem nenhum risco econômico enquanto cem milhões — a população economicamente ativa — assumem todos os riscos na luta pela sobrevivência.

Não há democracia sem isonomia e equidade. Não há democracia sem oportunidades para todos. Não há democracia sem acesso dos cidadãos à vida pública independentemente dos partidos políticos, dominados pelos velhos caciques.

No Brasil não existe uma democracia, mas uma partidocracia, instituída pela Carta de 1988.

Essas graves distorções dos valores fundamentais da democracia são enfrentadas no presente estudo, em que se procura sujeitar o Estado à Nação. Propõe-se restaurar a prevalência da vontade do povo.

Para tanto, procura-se extinguir o profissionalismo político, permitindo-se o acesso da cidadania à vida pública, mediante o seguinte tripé: não reeleição, voto distrital puro e candidaturas independentes.

A partir desses três fundamentos básicos, outras questões estruturais são tratadas, todas visando colocar o Estado a serviço da sociedade civil.

Apresenta-se, a seguir, uma lista exemplificativa das mudanças estruturais propostas neste estudo.

Convidamos os cidadãos brasileiros a examinarem as 134 normas principiológicas aqui trazidas (primeira parte) e as razões gerais (segunda parte) e específicas de cada uma dessas proposições (terceira parte).

Necessário enfatizar que não se trata de um trabalho acadêmico, mas de um estudo propositivo de uma solução estrutural para os problemas que permanentemente nos afligem.

Vão necessariamente perguntar: como implementar uma nova constituição no Brasil?

Propõe-se que haja um plebiscito para votar um novo texto, como ocorre em todos os países civilizados. Foram os privilégios que levaram à Revolução Francesa — que, no entanto, tinha uma proposta democrática pronta, a Declaração dos Direitos do Homem e do Cidadão, de 26 de agosto de 1789.

O povo brasileiro é, hoje, consciente de que os privilégios do estamento estatal e suas atuais regras de dominação são a causa do nosso atraso, das injustiças sociais, da pobreza crescente e da falta de oportunidades de desenvolvimento pessoal e social.

Trata-se de uma proposta para ampla discussão. Espera-se que assim seja.

Propostas estruturais

No plano político

Proibição de eleição ou reeleição dos mandatários em exercício para qualquer cargo eletivo.

É vedado aos eleitos para o Poder Legislativo exercer qualquer cargo no Poder Executivo.

Os Municípios têm plena liberdade de organização administrativa, vedada remuneração aos vereadores.

Voto distrital puro para a eleição de deputados e vereadores. O presidente, os senadores, os governadores e os prefeitos serão eleitos pelo voto majoritário.

Fica extinto o voto proporcional.

Voto não obrigatório.

Candidaturas independentes, individuais ou com o apoio de associações civis de natureza política, para todos os cargos eletivos nas três esferas federativas.

Os senadores, os deputados e os vereadores terão plena liberdade individual de voto, vedado o seu direcionamento pelos partidos.

Haverá três categorias de partidos políticos: partidos com atuação nacional, estadual ou municipal, sendo inteiramente autônomos e independentes entre si.

Os partidos nacionais participarão das eleições para presidente, senadores e deputados federais. Os partidos estaduais, para governador e deputados estaduais. Os partidos municipais, para prefeito e vereadores.

Apuração pública das eleições pela contagem do voto impresso acoplado às urnas eletrônicas.

Perda de mandato de deputados, prefeitos e vereadores por iniciativa dos próprios eleitores (*recall*).

Eliminação do Fundo Partidário.

Eliminação do Fundo Eleitoral.

Eliminação das emendas parlamentares ao orçamento.

Eliminação dos cargos de provimento em comissão, que atualmente abrigam os políticos e seus prepostos em postos de chefia na administração pública, os quais serão exercidos unicamente pelos servidores de carreira.

Realização de referendo e plebiscito a cada dois anos, coincidentes com as eleições gerais e municipais, para a aprovação de matérias de relevante interesse público nacional, estadual ou municipal.

Seguro de obra nas licitações de obras públicas, no valor de 100% da respectiva adjudicação (*performance bonds*).

No plano institucional

Fim do foro privilegiado.

O regime de estabilidade fica restrito à magistratura, ao Ministério Público, à polícia judiciária, à diplomacia e às Forças Armadas. Os demais cargos passam para o regime da Consolidação das Leis do Trabalho.

Fica criado o regime previdenciário único, extinguindo-se o Regime Especial de Previdência.

O direito adquirido não pode prevalecer no âmbito do Direito Público, sendo aplicável apenas nas relações de Direito Privado.

Nulidade de leis aprovadas em causa própria em favor dos agentes públicos – políticos e servidores.

Eliminação de todos os adicionais para os integrantes do setor público, restringindo-se os seus proventos unicamente ao valor salarial contratado consoante a Consolidação das Leis do Trabalho.

Adoção do regime de declaração, em substituição ao de prévia autorização administrativa, para o exercício de atividades civis, profissionais e econômicas.

O ordenamento jurídico será constituído de normas constitucionais, leis ordinárias e atos normativos, extintas as leis complementares e orgânicas.

As reformas da constituição serão submetidas a plebiscito, bem como as leis que possam beneficiar categorias, setores e corporações, ou aprovadas em situação de conflito de interesses.

Quanto ao Poder Judiciário

Unicidade do juiz natural.

Legitimidade de qualquer cidadão para ingressar em juízo, sem as inúmeras reservas de legitimidade ativa previstas na vigente Carta.

Trânsito em julgado mediante decisão em segundo grau, prolatada pelos tribunais de justiça federais e estaduais.

Prisão já em primeira instância de réu condenado.

Transformação do STF em Corte Constitucional, adstrito à matéria da constitucionalidade das leis e dos atos normativos e administrativos e à resolução de conflitos na legislação entre Estados da Federação.

Os tribunais superiores têm função revisional dos julgados penais e rescisória dos julgados cíveis transitados em julgado pelos tribunais federais e estaduais, mediante processos autônomos, não tendo nenhuma competência recursal e suspensiva das decisões transitadas em julgado em segunda instância.

Os magistrados da Corte Constitucional e dos tribunais superiores terão mandato de 08 (oito) anos.

As vagas na Corte Constitucional serão preenchidas pelos magistrados mais antigos do Superior Tribunal de Justiça.

No STJ, as vagas serão preenchidas, em rodízio, pelos desembargadores mais antigos dos tribunais federais regionais.

Todos os tribunais serão formados por magistrados de carreira, aprovados em concurso público para juiz de primeiro grau.

O mesmo critério de antiguidade é adotado para as chefias dos ministérios públicos, das polícias judiciárias e dos tribunais de contas.

Quanto ao orçamento

Todos os recursos orçamentários são discricionários, vedadas as despesas obrigatórias, vinculadas ou impositivas.

Todas as receitas orçamentárias são contingenciáveis.

São vedadas as emendas congressuais à proposta orçamentária anual ou plurianual aumentando receitas e despesas.

Fica vedada a criação de fundos vinculados a determinados fins e atividades do Poder Executivo.

As despesas com folha de pagamento dos servidores, tanto os da ativa quanto os inativos, não podem ultrapassar um quarto das receitas orçamentárias.

Quanto à Ordem Econômica e à Ordem Social

Fica vedada a exploração da atividade empresarial pelo Estado.

A pessoa jurídica é diretamente responsável pelos atos ilícitos praticados, em seu nome, por seus administradores e funcionários.

Cabe à sociedade civil apoiar com meios e recursos as manifestações culturais e artísticas privadas.

É dever precípuo do Estado e da sociedade civil a preservação e a defesa do meio ambiente natural e antropológico.

1. Texto do anteprojeto de constituição

Preâmbulo

A - A Nação brasileira, formada pelas pessoas que viveram, vivem e viverão em seu território, e que formam nele uma sociedade civil e um povo soberano, aprova uma Constituição para instituir um Estado Democrático de Direito e nele assegurar plenamente as liberdades públicas e suas relações de natureza política, normativa, administrativa e judiciária e a execução eficiente dos serviços públicos.

B - A Nação brasileira se funda no primado da lei, nas liberdades individuais e coletivas asseguradas pelo Estado Democrático de Direito, na plena responsabilidade das instituições políticas e administrativas perante todas as pessoas físicas e jurídicas que compõem a sociedade civil, sem discriminação ou privilégios de qualquer espécie ou natureza.

C - O povo soberano é a origem do Poder e o destinatário único de seu exercício, não se confundindo a Nação e o Estado, na medida em que o Estado está a serviço da Nação e submetido à sua vontade.

D - A Nação brasileira institui como forma de governo uma República democrática que garante: a igualdade da lei perante todas as pessoas e destas perante a lei; as liberdades públicas; a plena liberdade de opinião, de crítica e de oposição; o direito de ir e vir; a inviolabilidade pessoal e domiciliar; o direito de petição, de manifestação e protesto pacíficos; de organização civil e econômica livres e independentes; de propriedade privada, observada a sua função social; de liberdade de iniciativa econômica, observada a sua função social, e demais direitos, deveres, obrigações e responsabilidades próprios do Estado Democrático de Direito.

E - As leis têm sua vigência condicionada à sua plena legitimidade, tendo como fonte precípua o interesse geral do povo, o bem público e o interesse público, devendo ser necessariamente produto das exigências da vida.

É ilegítima e, portanto, nula qualquer lei que crie privilégios ou vantagens para indivíduos, corporações ou grupos, tanto do setor público como do setor privado.

F - O Estado e suas instituições, Poderes Executivo, Legislativo e Judiciário, em suas três esferas federativas, União, Estados-membros e Municípios, estão submetidos à plena soberania do povo, que se manifesta diretamente por meio desta Constituição, de plebiscito, de referendo e de iniciativa popular de leis e, indiretamente, por meio do regime de representação majoritária e distrital.

G - A Nação brasileira proclama sua vinculação plena aos direitos humanos, individuais, coletivos e sociais expressos na Declaração Universal dos Direitos Humanos das Nações Unidas e suas Resoluções; na Convenção Americana de Direitos Humanos (Pacto de San José da Costa Rica) e suas Resoluções; na Convenção de Viena sobre o Direito dos Tratados e suas Resoluções; na Convenção n. 169 da Organização Internacional do Trabalho e suas Resoluções, sobre Povos Indígenas e Tribais. Declara, ainda, seu irretratável compromisso com a preservação do meio ambiente e do clima tal como disposto no Acordo de Paris de 2016 e em suas Resoluções e demais tratados e convenções subscritas pela Nação brasileira no interesse do país, do continente, da humanidade e da preservação da vida no planeta.

Dos deveres do Estado

Art. 1º - É dever do Estado garantir o direito à vida, à liberdade, à propriedade e à busca da felicidade das pessoas que vivem na Nação brasileira.

Art. 2º - O Estado deve se conduzir de forma a permitir a criação de riquezas, abstendo-se de colocar entraves de qualquer espécie, notadamente de natureza tributária e burocrática, para a multiplicação das oportunidades econômicas, profissionais e civis, e a plena produtividade dos fatores na criação e produção de bens e serviços.

Art. 3º - O Estado e seus agentes políticos e administrativos, nas três esferas federativas, no exercício de seus cargos e funções de governo, de representação parlamentar e de administração pública, e nas suas relações com pessoas físicas e jurídicas do setor privado, observarão rigorosamente os princípios do interesse público, da isonomia, da moralidade, da lei legítima, da impessoalidade, da publicidade, da eficiência, da produtividade, da finalidade, da motivação, da oportunidade, da razoabilidade e da proporcionalidade.

Art. 4º - Os servidores públicos, nos três Poderes e nas três esferas federativas, submetem-se ao regime contratual de trabalho, previdenciário e tributário aplicável aos trabalhadores do setor privado, sem qualquer distinção ou privilégio.

Art. 5º - O Estado deve promover políticas públicas de longo prazo e permanentes no tocante aos regimes tributário, de eficiência e produtividade da administração pública, previdenciário, de seguro de obras públicas, de desestatização da atividade econômica, de transparência, de reforma eleitoral, de desfavelamento, de inserção social e urbana, de saneamento básico, de segurança pública, de saúde pública, de educação, de desenvolvimento tecnológico, informatização e inovação, bem como de qualidade do meio ambiente natural e do clima, a fim de permitir a inclusão de toda a sociedade nos benefícios do desenvolvimento econômico, social e político.

Essas políticas públicas de Estado, cuja observância e execução vinculam os sucessivos governos, serão objeto da Lei do Plano Plurianual, da Lei de Diretrizes Orçamentárias, da Lei Orçamentária Anual e de leis de diretrizes para cada um dos setores enumerados neste dispositivo.

Art. 6º - O Estado, como instrumento político e administrativo da Nação, não pode proporcionar a seus agentes políticos e administrativos quaisquer privilégios de natureza material, direta ou indiretamente, devendo seus quadros de representação política e de administração se restringirem aos proventos e salários fixos cujos valores devem ser rigorosamente compatíveis com as remunerações por trabalho semelhante praticadas no setor privado.

Art. 7º - São vedados os gastos tributários.

O Estado, como instrumento da Nação, na estrita observância do regime de isonomia e de iguais oportunidades econômicas e profissionais, não pode proporcionar, nas três esferas federativas, ainda que sob o pretexto de políticas anticíclicas ou de incentivos tributários ao desenvolvimento econômico nacional, regional, estadual ou municipal, quaisquer privilégios de nenhuma natureza ou espécie, a setores da economia privada ou estatal, no espaço e no tempo, abstendo-se de proteger determinados negócios, setores, empresas ou empreendimentos, através de leis, atos normativos e decisões administrativas, abstendo-se, ainda, de conceder desonerações, isenções ou repactuações de obrigações tributárias e previdenciárias.

Art. 8º - A sociedade civil e a cidadania têm papel interativo na formulação, na implementação e no acompanhamento da execução de políticas públicas de Estado e de governo, devendo assumir permanentemente papel contributivo em todas as áreas, notadamente de educação, habitação e desfavelamento, urbanismo, saúde, saneamento, meio ambiente natural e clima.

Art. 9º - Cabe ao Estado garantir a liberdade e a autonomia individual no plano civil, profissional e econômico, deixando de exercer atividade empresarial de exploração econômica, devendo cessar essas atividades dentro das políticas de Estado consignadas nesta Constituição.

Art. 10 - Fica extinto o foro por exercício de função pública de qualquer natureza, sendo da competência do juiz natural promover e julgar os processos que tenham como réus representantes eleitos, durante seu mandato e após sua expiração, nas três esferas federativas.

É facultado aos agentes públicos, como qualquer jurisdicionado, na fase da formação da lide, invocar e se valer da jurisdição da Justiça Federal para conhecer e julgar o processo que decorre do exercício de função pública.

Ao Presidente da República, governadores e prefeitos cabe o processo de impedimento, a cargo do Senado, das assembleias legislativas e das câmaras municipais, respectivamente, pela prática de crime de responsabilidade.

Os agentes públicos serão suspensos do exercício de seus cargos e funções, de natureza política e administrativa, no caso de denúncia acolhida pelo Poder Judiciário por crimes de corrupção e demais delitos contra a administração pública até o trânsito em julgado do respectivo processo ou na hipótese de aprovação de abertura de processo de impedimento pela casa legislativa competente.

Art. 11 - Fica instituído, com exceção dos casos expressamente previstos em lei, o regime de declaração para o exercício de atividades de natureza civil, econômica ou profissional, em substituição ao regime de prévia autorização, respondendo o declarante penalmente por falsidade ideológica e demais crimes conexos, bem como administrativa e civilmente, na hipótese de uso irregular, abusivo ou delituoso desse direito declaratório.

Art. 12 - É obrigatório o seguro de obras para toda a contratação de obras públicas, nas três esferas federativas e nas empresas públicas e de economia mista, abrangendo 100% (cem por cento) do valor da respectiva adjudicação.

Art. 13 - O Estado deve assegurar o cumprimento de suas obrigações contratuais e de pagamento, pleno e pontual, nos contratos que celebrar com pessoas físicas e jurídicas para a realização de obras públicas, fornecimentos e serviços de toda e qualquer natureza.

Art. 14 - É dever permanente do Estado, em suas três esferas federativas e nos três Poderes, promover a irrestrita transparência de todos os seus atos de natureza política, administrativa, legislativa e judiciária, adotando o conceito informacional de governo aberto dentro do sistema de robotização e de inteligência artificial, com análise avançada de dados que permita a composição de todas e das específicas análises das atividades e operações existentes no interior do Estado, inclusive dos rendimentos e recebimentos dos agentes políticos e administrativos, a qualquer título, visando ao irrestrito conhecimento da sociedade brasileira, em tempo real e com leitura prévia, em linguagem de comunicação acessível ao entendimento de todas as pessoas.

Art. 15 - As verbas de publicidade contratadas pela União, pelos Estados e pelos Municípios, no âmbito dos Poderes Executivo, Legislativo e Judiciário, ficam adstritas unicamente a campanhas de informação, orientação e educação, de interesse público permanente ou relevante, sendo vedado seu uso para divulgação e propaganda de obras, serviços e realizações políticas ou administrativas dos governos, nas três esferas federativas.

Art. 16 - O Estado, dentro do princípio da isonomia, não poderá editar leis, atos normativos ou praticar atos administrativos que proporcionem qualquer privilégio aos grupos de interesses organizados em categorias profissionais, sindicais e associativas, tanto do setor público como do setor privado.

Da soberania do povo

Art. 17 - A soberania do povo será exercida mediante representação, plebiscito, referendo e iniciativa popular de leis.

A soberania do povo se manifesta pelo sufrágio universal, direto, secreto e não obrigatório, que será exercido livremente pelos brasileiros, a partir dos 16 (dezesseis) anos, no gozo de seus direitos civis e políticos, podendo todo o brasileiro candidatar-se a qualquer cargo eletivo através de partidos políticos ou individualmente, de forma independente, inclusive com o apoio de movimentos e associações de natureza política.

Art. 18 - O voto é secreto e facultativo e a apuração das eleições é pública, com registros materiais permanentes dos sufrágios, mediante voto impresso ou cédula, de forma que possibilite a sua fiscalização e a contagem física dos votos depositados nas urnas.

Art. 19 - As redes sociais são instrumentos legítimos, válidos e reconhecidos de participação permanente da cidadania e da sociedade nas atividades eleitorais e políticas, inclusive junto aos representantes eleitos nas três esferas federativas, para propor, discutir e promover a implementação e a execução de políticas públicas, para fiscalizar a gestão governamental e congressual e para a subscrição de projetos de iniciativa popular, reivindicações e abaixo-assinados, de natureza política, civil, social e econômica.

Art. 20 - É proibida a reeleição e a eleição dos representantes eleitos em determinada legislatura ou mandato, nos Poderes Legislativo e Executivo, nas três esferas federativas.

Os eleitos para cargos do Poder Executivo e Legislativo não poderão se candidatar nas eleições que ocorrem no curso de seus mandatos, nem nas eleições seguintes, correspondentes ao término desse mesmo mandato.

Art. 21 - Fica adotado o regime de voto majoritário na eleição para os cargos de Presidente da República, governadores, senadores e prefeitos, e o voto distrital puro nas eleições para deputados federais, deputados estaduais e vereadores.

Art. 22 - Os deputados federais e estaduais e os vereadores, bem como os prefeitos, são submetidos ao regime de revogação do mandato por quebra de decoro, desídia, improbidade, gestão e representação desleal, infiel ou danosa, apresentação e aprovação irregular de contas, aprovação de leis em causa própria ou em conflito de interesses, condenação administrativa ou criminal, ou abandono do mandato.

A revogação do mandato será objeto de plebiscito, convocado por 5% (cinco por cento) dos eleitores do distrito, no caso de deputados federais, estaduais e vereadores, e 5% dos eleitores do município, no caso de prefeito. Esse plebiscito será realizado dentro de 90 (noventa) dias a contar da data do respectivo requerimento na Justiça Eleitoral.

Art. 23 - A propaganda eleitoral gratuita no rádio e na televisão será restrita aos pronunciamentos dos candidatos majoritários, vedado o uso de tomadas externas e de imagens com a participação de terceiros, assegurada a igualdade de tempo para os candidatos, sejam independentes, sejam partidários.

Art. 24 - Ficam extintas as emendas parlamentares individuais, coletivas ou sob qualquer outra denominação ou origem, aos orçamentos da União, dos Estados e dos Municípios.

Art. 25 - Os vereadores não serão remunerados pelo exercício de suas funções, sob nenhuma forma, título ou circunstância, sendo os serviços de assessoria legislativa prestados pelos servidores da câmara municipal.

Art. 26 - Os serviços de gabinete dos parlamentares federais e estaduais serão prestados pelos servidores da respectiva casa legislativa.

Não pode o orçamento do Poder Legislativo, nas três esferas legislativas, ser onerado com qualquer despesa de contratação de terceiros no exercício de função de gabinete ou qualquer outra despesa decorrente da atividade parlamentar.

Art. 27 - Quaisquer normas referentes a aumento de remuneração e despesas, de qualquer espécie ou natureza, dos titulares de cargos eletivos, nas três esferas, serão submetidas ao plebiscito bienal, sendo a sua vigência suspensa até a sua eventual aprovação na respectiva consulta popular.

Art. 28 - Ficam extintos o Fundo Partidário e o Fundo Eleitoral.

Os partidos políticos não poderão receber do Estado quaisquer subsídios para sua manutenção ou propaganda eleitoral, a nenhum título.

Art. 29 - A cada dois anos, coincidentemente com as eleições gerais e municipais, os eleitores deverão aprovar, em plebiscito ou referendo, as emendas à Constituição aprovadas pelo Congresso e as leis de relevante interesse público, em nível federal, estadual ou municipal, notadamente, nesta última esfera, os planos diretores de urbanismo, bem como os vetos apostos pelo Presidente da República, pelos governadores e prefeitos a leis e normas aprovadas pelas casas legislativas, desde que solicitado no momento da aposição do veto.

Por iniciativa popular, representada pela assinatura de um milhão de eleitores, deverão ser submetidas a plebiscito as leis federais consideradas ilegítimas por não serem isonômicas, notadamente as que outorgam privilégios e exonerações em favor de qualquer pessoa, grupo, setor, corporação e entidade, tanto do setor público como do setor privado.

Das regras de governança no exercício da função pública

Art. 30 - As funções de membro nomeado da administração pública são incompatíveis com o exercício de qualquer mandato eletivo.

É vedada a nomeação e o exercício de qualquer cargo ou função na administração direta e indireta, fundações e empresas estatais, inclusive em conselhos e demais órgãos colegiados, de qualquer representante eleito, nas três esferas federativas, enquanto durar o mandato para o qual foi eleito.

Art. 31 - Ficam extintos os cargos em comissão de livre nomeação na administração pública, nas três esferas federativas.

Poderão ser contratados assessores e consultores dos ministérios e secretarias estaduais, sem nenhuma função decisória, os quais deverão ser selecionados no mercado e contratados pelo regime da Consolidação das Leis do Trabalho.

Art. 32 - Os Ministérios não poderão ultrapassar o número de 16 (dezesseis).

São Ministérios permanentes: Agricultura; Casa Civil; Cidades; Ciência e Tecnologia; Cultura; Defesa; Educação; Fazenda; Infraestrutura e Transportes; Justiça e Segurança Pública; Meio Ambiente; Minas e Energia; Planejamento e Gestão; Relações Exteriores; Saúde; e Trabalho.

Art. 33 - Todos os cargos de chefia e demais cargos e funções nos entes da administração direta, indireta, fundacional e nas empresas públicas e de economia mista, nas três esferas federativas, com exceção exclusiva do previsto no art. 79, serão preenchidos e exercidos pelos servidores públicos integrantes do organograma respectivo, todos contratados mediante concurso público de qualificação por formação profissional e técnica específica de cada área ou setor.

Art. 34 - Os Ministros de Estado, de livre escolha do Presidente da República, deverão possuir ilibada conduta e idoneidade moral, reconhecida reputação e necessária capacidade profissional específica na respectiva área de atuação ministerial.

Do Poder Judiciário e das regras da Justiça

Art. 35 - A Justiça deve servir à liberdade, que é o maior bem do indivíduo. O Poder Judiciário deve ser efetivo, rápido, eficiente e produtivo, a fim de preservar os direitos e os bens individuais, coletivos, difusos, materiais e imateriais dos jurisdicionados.

Art. 36 - Os princípios da Justiça são a inafastabilidade da jurisdição, mediante iniciativa das partes; o direito à decisão justa, em dupla jurisdição; e a sua efetividade, representada por sua plena utilidade, imparcialidade e boa-fé.

Art. 37 - A Justiça efetiva é direito do jurisdicionado, cabendo ao Estado indenizar a parte prejudicada pela dilação na prática dos atos e decisões no processo além do prazo razoável para sua duração.

Art. 38 - O Poder Judiciário é uno e indivisível, exercendo o Conselho Nacional de Justiça o seu controle externo, tendo, nessa qualidade, competência administrativa, normativa, regulamentar, orçamentária, disciplinar, fiscalizatória e sancionatória sobre a Corte Constitucional, os Tribunais Superiores, os tribunais federais e estaduais, as varas federais e estaduais e todos os respectivos magistrados e servidores.

O juízo de primeira instância é uno, devendo o juiz natural instruir e julgar os feitos civis e penais que lhe forem distribuídos.

Art. 39 - Todas as pessoas físicas e jurídicas residentes ou com sede no Brasil têm legitimidade processual para ingressar com medidas judiciais, arbitrais e administrativas contra quaisquer pessoas físicas ou jurídicas do setor privado e do setor público integrantes dos Poderes Judiciário, Legislativo e Executivo, vedada qualquer restrição ou reserva de legitimidade processual ativa, em qualquer alçada e foro federal ou estadual, compreendidos a Corte Constitucional e os tribunais superiores, ou perante qualquer ente administrativo julgador das três esferas federativas.

Art. 40 - Aos jurisdicionados é assegurado o duplo grau de jurisdição.

O trânsito em julgado ocorre com a decisão definitiva dos tribunais regionais federais e dos tribunais de justiça estaduais.

Será executada a sentença condenatória de prisão uma vez prolatada a sentença pelo juiz de primeira instância.

Art. 41 - Os conselhos superiores da magistratura dos tribunais federais e estaduais têm competência para aprovar súmulas com efeito vinculante no âmbito de suas jurisdições e perante as autoridades administrativas dos respectivos Estados ou regiões jurisdicionadas.

Os tribunais regionais federais e de justiça estaduais têm competência para declarar a inconstitucionalidade de leis, atos normativos e administrativos, na esfera de suas jurisdições.

Art. 42 - Os tribunais superiores têm competência para aprovar súmulas com efeito vinculante para os juízos e tribunais estaduais e federais e para a administração pública, nas três esferas federativas.

Art. 43 - Qualquer das partes poderá, em primeira instância, na fase da formação da lide, invocar e se valer da jurisdição da Justiça Federal regional para conhecer originariamente e julgar o processo civil, penal ou administrativo envolvendo qualquer questão de Direito Público ou Privado, independentemente do objeto da causa e da vontade da outra parte.

Art. 44 - Os tribunais superiores têm precípua e unicamente competência rescisória dos julgados civis e de revisão dos julgados criminais, mediante a abertura de processo rescisório ou revisional, que deve ser proposto autonomamente pelas partes interessadas, sob o restrito aspecto da constitucionalidade ou da legalidade dos julgados prolatados pelos tribunais federais e estaduais, vedada apreciação de matéria de fato.

É da competência do Superior Tribunal de Justiça a extradição solicitada por Estado estrangeiro; a homologação de sentença estrangeira; a expedição de cartas rogatórias; e o julgamento de reclamação.

Art. 45 - A Corte Constitucional e os tribunais superiores não têm atribuição nem competência recursal, suspensiva, devolutiva ou cautelar das decisões e julgados prolatados pelos tribunais federais e estaduais.

Art. 46 - A Corte Constitucional e os tribunais superiores compõem-se de ministros em exercício da carreira judiciária.

Art. 47 - A Corte Constitucional tem sua competência precípua à declaração, com repercussão geral, da constitucionalidade ou da inconstitucionalidade das leis, dos vetos e dos atos normativos e administrativos emanados dos poderes públicos das três esferas federativas.

É da competência da Corte Constitucional declarar, com repercussão geral, a prevalência dos princípios e normas constantes dos tratados e das convenções firmados e ratificados pelo Brasil sobre normas constitucionais conflitantes ou incompatíveis, que serão, em consequência, declaradas protraídas.

Art. 48 - O Poder Judiciário é formado pela Corte Constitucional, pelo Superior Tribunal de Justiça, pelo Tribunal Superior do Trabalho, pelo Superior Tribunal Militar, pelo Tribunal Superior Eleitoral, pelos Tribunais Federais regionais e pelos Tribunais de Justiça dos Estados e pelas respectivas comarcas de primeira instância.

A Corte Constitucional será formada por 11 (onze) ministros, que exercerão suas funções pelo prazo de 08 (oito) anos, a contar de sua posse, e cujos cargos e vagas sucessivas serão preenchidos, pela ordem de antiguidade, pelos ministros do Superior Tribunal de Justiça.

O Superior Tribunal de Justiça será formado por 33 (trinta e três) ministros da carreira judiciária federal, que exercerão suas funções pelo prazo de 08 (oito) anos, a contar de sua posse, e cujos cargos e vagas sucessivas serão preenchidos, em rodízio, pela ordem de antiguidade, pelos desembargadores dos tribunais regionais federais.

O Tribunal Superior do Trabalho será formado por 11 (onze) integrantes da carreira judiciária trabalhista, que exercerão suas funções pelo prazo de 08 (oito) anos, a contar de sua posse, e cujos cargos e vagas sucessivas serão preenchidos, em rodízio, pela ordem de antiguidade, pelos desembargadores dos tribunais regionais trabalhistas.

O Superior Tribunal Militar será formado por 11 (onze) integrantes da carreira judiciária militar, que exercerão suas funções pelo prazo de 08 (oito) anos, a contar de sua posse, e cujos cargos e vagas sucessivas serão preenchidos, em rodízio, pela ordem de antiguidade, pelos magistrados dos tribunais regionais militares.

O Tribunal Superior Eleitoral será formado por 05 (cinco) ministros, sendo 03 (três) da Corte Constitucional e 02 (dois) do Superior Tribunal de Justiça, pelo critério de antiguidade, com mandato de 02 (dois) anos a contar de sua posse.

Art. 49 - O Conselho Nacional de Justiça, como órgão regulador e de controle externo do Poder Judiciário e de seus membros e servidores, é uma autarquia, com independência administrativa, ausência de subordinação hierárquica, mandato fixo de seus conselheiros e autonomia financeira.

O Conselho Nacional de Justiça será composto de 07 (sete) membros, com mandato de 02 (dois) anos, não renováveis, indicados pelo Congresso Nacional, entre cidadãos não vinculados ao Poder Judiciário, de notável saber jurídico e técnico, reputação ilibada e comprovada experiência profissional, sendo 02 (dois) advogados, 02 (dois) promotores de justiça, 01 (um) procurador do Estado e 02 (dois) auditores independentes, de notável saber contábil e financeiro.

Do Ministério Público

Art. 50 - O Ministério Público Federal é uma instituição permanente e essencial à função jurisdicional do Estado, incumbindo-lhe a defesa da ordem pública, da ordem jurídica, do regime democrático e dos interesses sociais e individuais indisponíveis.

O cargo de Procurador Geral da República será exercido pelo mais antigo promotor de justiça federal em exercício, com mandato de 02 (dois) anos, não renovável, tendo como função precípua representar o Ministério Público na Corte Constitucional.

O Ministério Público Federal tem como órgão regulador e de controle externo o Conselho Nacional do Ministério Público Federal, revestido de competência normativo-regulatória, fiscalizatória, orçamentária, correcional, disciplinar e sancionatória sobre a instituição e sobre os promotores e servidores.

O Conselho Nacional do Ministério Público Federal é uma autarquia com independência administrativa, financeira e orçamentária e ausência de subordinação hierárquica.

O Conselho Nacional do Ministério Público Federal será composto de 07 (sete) membros, com mandato de 02 (dois) anos, não renováveis, indicados pelo Congresso Nacional, com notável saber jurídico e técnico, reputação ilibada e comprovada experiência profissional, sendo 02 (dois) advogados, 02 (dois) procuradores do Estado, 01 (um) defensor público e 02 (dois) auditores independentes, de notável saber contábil e financeiro.

Dos princípios normativos

Art. 51 - O Estado, no exercício de suas funções, atividades e relações de toda a natureza, observará estritamente o princípio da legitimidade da lei.

Art. 52 - A lei é a expressão da vontade geral, devendo, indeclinavelmente e sem exceção, promover a igualdade de direitos, deveres, obrigações e responsabilidades de todas as pessoas físicas e jurídicas do setor público e do setor privado, submetidas ao mesmo regime judiciário, penal, civil, comercial, administrativo, tributário, contratual, trabalhista e previdenciário, sem qualquer distinção, graduação ou exceção.

Art. 53 - A lei será igual para todos, não podendo ser utilizada para criar privilégios para integrantes do setor privado, tais como isenções, benefícios, repactuações de dívidas tributárias, créditos subsidiados, desonerações, descontos, subsídios, vantagens e incentivos para setores, para grupos ou para indivíduos.

Art. 54 - Todos são iguais perante a lei, que deverá ser legítima, mediante a estrita observância do princípio da isonomia e equidade, e atender unicamente ao bem comum e ao interesse público.

Art. 55 - São ilegítimas e, por isso, nulas as leis promulgadas em causa própria ou de terceiros, em conflito de interesses ou para favorecer pessoas físicas ou jurídicas, tanto do setor público como do setor privado.

Art. 56 - Não há direito adquirido diante do interesse público.

A arguição de direito adquirido fica restrita às relações jurídicas de Direito Privado, não podendo ser invocado ou aplicado no âmbito das relações próprias do Direito Público, em qualquer circunstância, a favor de agentes políticos e administrativos, sob qualquer título ou pretexto.

Art. 57 - Os proventos e salários dos agentes públicos serão unicamente aqueles que são objeto do respectivo contrato de trabalho, em valores rigorosamente compatíveis com os praticados no mercado de trabalho do setor privado.

Não pode o Estado dispender quaisquer outros recursos ou verbas a favor de seus servidores, a qualquer título ou pretexto, inclusive verbas indenizatórias de qualquer natureza, vantagens permanentes ou especiais, subsídios e gratificações de qualquer natureza ou origem.

É vedado ao servidor público acumular cargos e funções na administração direta, indireta e fundacional.

Art. 58 - O regime de estabilidade no exercício de emprego público concursado fica restrito aos magistrados, aos conselheiros dos tribunais de contas, aos oficiais das Forças Armadas, aos promotores públicos, aos diplomatas de carreira, aos delegados das polícias civis, aos oficiais das polícias militares dos Estados-membros, aos delegados da Polícia Federal e da Polícia Rodoviária e Ferroviária, que devem, todos, observar estritamente o princípio da eficiência e da produtividade em seu desempenho profissional.

Art. 59 - A previdência social é organizada sob o princípio da estrita isonomia entre os empregados do setor público e do setor privado, submetidos todos ao Regime Geral da Previdência, fundado nos critérios de idade mínima de contribuição.

A previdência social tem caráter contributivo obrigatório para todos os seus beneficiários e empregadores.

A prestação da previdência social deve observar rigorosamente os critérios atuariais que preservem, de forma permanente, o equilíbrio econômico-financeiro do sistema.

Fica extinto o Regime Especial de Previdência, submetendo-se todos os agentes políticos e administrativos ao Regime Geral da Previdência.

Os detentores de cargos eletivos, nos Poderes Legislativo e Executivo, nas três esferas federativas, não terão direito a nenhum benefício da seguridade social e respectivos serviços em virtude do exercício de seus mandatos.

Fica revogado o regime de isenções de contribuição social de qualquer entidade pública ou privada, vedada a remissão ou anistia das contribuições sociais devidas.

Das políticas de Estado

Art. 60 - A educação é dever compartilhado entre o Estado, a sociedade civil e as famílias dos educandos, que devem promovê-la e conduzi-la em estreita colaboração e profundo empenho, constituindo-se política de Estado de absoluta prioridade.

A educação — pré-escolar, escolar e universitária — deve visar e alcançar o pleno desenvolvimento humano, profissional e cultural de todas as pessoas que integram a Nação.

As políticas públicas da educação pré-escolar e escolar devem cuidar da formação e aperfeiçoamento permanente dos professores e dos diretores, bem como da integração das famílias dos estudantes nas atividades da escola.

As políticas públicas da educação pré-escolar e escolar devem promover a permanência dos alunos em período integral na educação infantil, no ensino fundamental e no ensino médio.

É dever do Estado e da sociedade civil promover e instalar o serviço de creches para toda a população infantil do país, com a participação permanente das famílias nas suas atividades.

As universidades públicas e privadas gozam de autonomia didática e científica e obedecerão ao princípio da integração do ensino com a pesquisa e com a extensão cultural e social.

Nas universidades públicas, as despesas de custeio com pessoal administrativo não ultrapassarão um quarto do orçamento respectivo, não podendo ser dispendidas verbas com pessoal inativo, cabendo ao Regime Geral de Previdência arcar com tais despesas, nas três esferas federativas.

As reitorias das universidades públicas serão ocupadas pelo professor titular mais antigo no exercício da carreira em cada departamento, pelo regime de rodízio departamental, com mandato de 02 (dois) anos.

Art. 61 - A saúde e sua preservação, melhoria e prevenção é dever compartilhado entre todas as pessoas, a sociedade civil e o Estado.

São prioritárias as políticas públicas permanentes de prevenção, mediante informação, educação alimentar e sanitária, e sua constante divulgação pelo governo e pelas instituições sociais, em todo o território nacional, tendo em conta as especificidades e as situações regionais e locais.

As pessoas têm o dever social de preservar a sua saúde no plano individual e familiar.

O Estado promoverá, como política pública de Estado, a informatização, a utilização da inteligência artificial e a robotização da base de informações de toda a atividade do setor preventivo e terapêutico, com acesso universal, em tempo real e com leitura prévia, com elementos informativos que permitam a integração de sistemas e o exercício da medicina, inclusive a distância, dentro do conceito de dados abertos.

A integração dos setores público e privado de saúde é essencial na implantação de políticas públicas, e tem por objetivo alcançar eficiência e produtividade na execução de medidas efetivas e permanentes de atendimento e assistência laboratorial, ambulatorial e hospitalar.

Art. 62 - A segurança pública é dever restrito do Estado, que detém o monopólio do exercício do poder de polícia.

O Estado deve integrar todas as suas ações e informações em plano nacional e internacional, compartilhando, a tempo presente, a base de dados de alto valor estratégico, para a tomada de decisões eficientes, nas três esferas federativas, e em todos os níveis e por todos os órgãos policiais do país e do exterior, adotando como fundamento de sua política pública a inteligência artificial e a robotização, dentro do conceito de dados abertos, com informações em tempo presente e com leitura prévia.

São órgãos do poder de polícia do Estado unicamente a Polícia Federal, a Polícia Rodoviária e Ferroviária, as polícias estaduais, civil e militar, vedada a instituição de quaisquer outros entes ou organizações policiais, nos três poderes e nas três esferas federativas.

Art. 63 - O Estado, com o apoio relevante da sociedade civil, deve promover, prioritariamente, políticas públicas de desfavelamento e de inserção urbana das atuais comunidades segregadas das grandes e médias cidades, permitindo que todos os brasileiros tenham habitação digna e ambiente de convívio familiar, dentro de um prazo de 20 (vinte) anos.

Art. 64 - O Estado, com o apoio relevante das entidades da sociedade civil e das comunidades diretamente interessadas, deve promover políticas permanentes de saneamento básico, com efetividade de sua utilização domiciliar, por toda a coletividade.

Art. 65 - Na prestação e administração dos serviços à sociedade, a administração pública, com a colaboração permanente das entidades da sociedade civil, nas três esferas federativas, adotará, como política de Estado, o planejamento estratégico e o regime de metas, visando ao atendimento dos objetivos de longo prazo no campo da ciência, do empreendedorismo, da inovação e da adoção das novas tecnologias.

Dos partidos, movimentos e associações com finalidades políticas

Art. 66 - São assegurados o pluralismo, a individualidade das opiniões e a plena liberdade dos votos dados pelos parlamentares, sejam os vinculados a partidos, sejam os independentes apoiados por movimentos e associações com finalidades políticas, garantindo, dessa forma, a legitimidade de representação soberana do povo.

Art. 67 - Os movimentos e as associações com finalidades políticas se constituem e exercem suas atividades livremente, independentemente de registro público ou eleitoral, devendo respeitar e reafirmar os princípios da democracia.

Art. 68 - Os partidos políticos, pessoas jurídicas de Direito Privado, serão de âmbito federal, estadual ou municipal, com seus estatutos arquivados no Tribunal Superior Eleitoral, tendo por objeto a participação autônoma, independente e exclusiva, nas respectivas eleições federais, estaduais ou municipais, vedadas as coligações para as eleições distritais.

Os estatutos dos partidos federais, estaduais e municipais deverão expressar programas referentes a políticas públicas nas suas respectivas esferas.

Aos partidos de âmbito federal cabe apresentar candidatos para as eleições de Presidente da República, senadores e deputados federais.

Aos partidos de âmbito estadual cabe apresentar candidatos para as eleições de governador e deputados estaduais.

Aos partidos de âmbito municipal cabe apresentar candidatos para as eleições de prefeito e de vereadores.

É vedado aos partidos políticos apresentarem ou apoiarem candidatos a cargos eletivos fora de sua esfera federativa de atuação.

As direções dos partidos federais, estaduais e municipais serão inteiramente autônomas entre si, não podendo os membros dos diretórios dos partidos federais participar da direção dos partidos estaduais e municipais, e vice-versa.

Art. 69 - Os recursos dos partidos advêm de seus filiados e simpatizantes, pessoas físicas, vedado o recebimento de quaisquer subsídios, verbas ou fundos dos poderes públicos e de pessoas jurídicas.

Art. 70 - Os movimentos e as associações com finalidades políticas terão seu âmbito de atuação federal, estadual ou municipal, podendo apoiar candidatos independentes nas respectivas eleições.

Art. 71 - A única remuneração dos senadores e dos deputados federais será o correspondente ao teto dos proventos dos ministros em exercício da Corte Constitucional.

É vedado qualquer outro pagamento aos senadores e aos deputados federais e estaduais, a título de remuneração, vantagem, compensação ou indenização.

Não serão atribuídas verbas de gabinete, devendo os auxiliares do parlamentar ser servidores de carreira da respectiva casa legislativa, em número máximo de 05 (cinco) para cada senador ou deputado, federal ou estadual.

Art. 72 - Nos municípios, é instituído o regime de democracia participativa ao lado da representativa na discussão, elaboração e fiscalização do plano diretor, do orçamento e de todas as questões urbanas permanentes e relevantes.

Do Estado federativo

Art. 73 - A Nação brasileira constitui um Estado republicano, federativo, presidencialista, leigo e democrático.

É assegurado a todo o cidadão o acesso à vida pública, independentemente de filiação partidária.

Art. 74 - O Estado será formado, indissoluvelmente, pela União, pelos Estados-membros e pelos Municípios, todos autônomos entre si.

Compete à União exercer a soberania nacional.

A Capital Federal é localizada no município de Brasília, Estado de Goiás, cuja segurança fica a cargo das Forças Armadas.

Do Presidente da República

Art. 75 - Ao Presidente da República cabe velar pelos valores democráticos da Nação, pelo cumprimento da Constituição, pelo funcionamento pleno e regular das instituições e dos poderes públicos, pela permanência do pacto federativo, pela integridade do território nacional e da ordem pública e pelo respeito e observância aos tratados e convenções internacionais.

Art. 76 - É elegível para a Presidência da República todo cidadão brasileiro, com mais de 30 (trinta) anos, sem condenação penal, que se apresente por indicação de partido político federal ou de forma independente, individualmente ou com o apoio de movimentos ou associações civis de natureza política.

Art. 77 - É dever do Presidente da República implementar as políticas de Estado previstas nesta Constituição, nos planos plurianuais, nas leis orçamentárias e nas leis de diretrizes e bases que serão promulgadas para tal finalidade.

Art. 78 - Os ministros são escolhidos pelo Presidente da República entre cidadãos de ilibada reputação moral e notória especialidade no campo de atuação do respectivo ministério.

Art. 79 - Cada ministro poderá contratar no setor privado, no máximo, 10 (dez) profissionais para o exercício das funções de secretário-geral, chefe de gabinete, assessoria e consultoria, devendo os cargos de chefia, e todos os demais, ser exercidos por servidores de carreira, dos quadros do respectivo ministério.

Art. 80 - O Presidente da República é responsável perante a Nação pela sua conduta e pela condução de seus deveres e atribuições constitucionais e legais, respondendo por crime de responsabilidade perante o Congresso Nacional.

O Presidente da Câmara encaminhará à Comissão de Constituição e Justiça, dentro de 15 (quinze) dias corridos, os pedidos de impedimento protocolados contra o Presidente da República, não podendo retê-los discricionariamente.

Caberá à Comissão de Constituição e Justiça deliberar, em quatro sessões, dentro do prazo de 30 (trinta) dias, pelo arquivamento ou pela recomendação ao plenário de início do processo.

Art. 81 - O Presidente da República promulga as leis aprovadas pelo Congresso Nacional na forma de projetos ou de medidas provisórias, cabendo-lhe o direito de veto total ou parcial, que poderá ser revogado pelo Congresso, por maioria absoluta.

Art. 82 - É da competência privativa do Presidente da República a organização dos entes da Administração Pública, mediante decretos administrativos.

Art. 83 - O Presidente é o Chefe das Forças Armadas, cabendo-lhe a decretação do Estado de Sítio, do Estado de Defesa e da Intervenção Federal, nos termos dos artigos 103 a 105.

Do regime federativo

Art. 84 - O Estado é federativo, compreendendo a União, os Estados-membros e os Municípios, todos soberanos entre si.

Art. 85 - É dever da União, dos Estados-membros e dos Municípios zelar pela harmonia entre eles e pela guarda da Constituição, das leis e das instituições democráticas e preservar o patrimônio público, próprio e comum, da Nação brasileira.

Art. 86 - Compete à União, privativamente, legislar sobre Direito Penal e Processual Penal, Eleitoral, Marítimo, Aeronáutico, Espacial, Orçamentário, Fiscal, Tributário e Administrativo de âmbito federal cujas leis são imponíveis em todo o território nacional.

Art. 87 - Compete à União e aos Estados-membros legislar, concorrentemente, sobre Direito Civil, Comercial, do Trabalho, Administrativo, Orçamentário, Fiscal, Tributário e Ambiental.

Eventuais discrepâncias serão decididas pela Corte Constitucional, que terá, assim, poder dirimente, com efeito vinculante. Essa discrepância poderá ser invocada perante a Corte Constitucional em face de leis supervenientes promulgadas pela União.

Art. 88 - Compete aos Municípios legislar sobre Direito Orçamentário, Tributário, Administrativo, Urbanístico, notadamente sobre o plano diretor, e Ambiental.

A cidadania participará da formulação do orçamento e do plano diretor.

Art. 89 - Os Estados-membros, no exercício de sua soberania federativa, organizam-se e se regem pelas constituições que livremente adotarem, observados os princípios normativos da Constituição Federal.

Art. 90 - Aos tribunais de contas de cada Estado-membro, como órgãos de controle externo, vinculados às assembleias legislativas, cabe promover a fiscalização da execução da lei orçamentária dos Poderes Executivo, Legislativo e Judiciário estaduais, bem como das prefeituras e das câmaras de vereadores de todos os Municípios nele situados.

No curso do exercício de suas funções de controle externo, os tribunais de contas dos Estados exercerão a fiscalização dos contratos e convênios celebrados com o setor privado, da gestão orçamentária e das movimentações contábeis, financeiras, operacionais e patrimoniais do respectivo Estado e dos seus Municípios, competindo-lhes aplicar, diretamente, sanções administrativas aos agentes públicos responsáveis.

Os cargos de conselheiro dos tribunais de contas dos Estados serão preenchidos por auditores de alta qualificação profissional, admitidos por concurso público, preenchidas as vagas pelos auditores que atingirem maior graduação no plano de carreira.

Ficam extintos os tribunais de contas municipais.

Art. 91 - Os Municípios, no exercício de sua soberania interna, organizam-se livremente quanto ao seu regime administrativo e regem-se pelas leis que adotarem, observados os princípios normativos desta Constituição.

Os Municípios são administrados por um prefeito eleito por voto majoritário e por vereadores eleitos por voto distrital puro, sendo em número de 03 (três), nos municípios com até 10.000 habitantes; em número de 05 (cinco), nos municípios com até 100.000 habitantes; em número de 07 (sete), nos municípios com até 300.000 mil habitantes; acrescentando-se um vereador a cada 400.000 habitantes, nos municípios que excederem 300.000 habitantes, sempre em número ímpar, arredondando-se este número para menos.

Art. 92 - O prefeito, seja eleito por partido municipal, seja eleito de forma independente, terá as funções político-administrativas de gerir o Município em favor dos seus habitantes e de preservar e melhorar os serviços e o patrimônio público, cuidando para que atividades e interesses partidários não interfiram no livre exercício do seu mandato.

Os vereadores terão absoluta liberdade individual de voto, independentemente de vínculos partidários ou associativos, devendo fiscalizar a atuação do prefeito e votar as leis em favor dos munícipes, cuidando para que atividades e interesses políticos não interfiram no livre exercício de seus mandatos.

A prefeitura não terá secretarias, mas somente três departamentos: administrativo, de obras e de educação. Esses departamentos não poderão ser ocupados por detentores de cargos eletivos, devendo ser preenchidos por especialistas de cada uma dessas três áreas administrativas do Município.

O prefeito terá seu gabinete formado apenas de servidores municipais.

Do Congresso Nacional

Art. 93 - O Congresso Nacional, de funcionamento permanente, compreende o Senado e a Câmara dos Deputados. Seus membros são eleitos por sufrágio universal, sendo os senadores por voto majoritário e os deputados por voto distrital puro.

Cada Estado será representado por três senadores e por deputados na exata proporção dos seus eleitores, sendo a Câmara dos Deputados formada por 513 (quinhentos e treze) representantes.

Compete ao Congresso legislar sobre matérias de competência da União, fiscalizar as ações do Poder Executivo federal e aprovar o orçamento anual, o orçamento plurianual e as contas da administração.

São elegíveis para o Congresso Nacional os cidadãos brasileiros, maiores de 21 (vinte e um) anos, pertencentes a partidos políticos federais ou independentes, apoiados ou não por movimentos e associações civis de natureza política.

Art. 94 - O Congresso Nacional se reúne ordinariamente no período de 1º de fevereiro a 30 de junho e de 1º de agosto a 20 de dezembro.

O Senado e a Câmara, em cada sessão legislativa, deverão deliberar e votar as matérias legislativas de sua competência apresentadas no mesmo período, conforme a seguinte agenda: nos meses de fevereiro, março, abril, agosto e setembro, votação de todos os projetos de leis ordinárias de iniciativa congressual, aprovados pelas Comissões de Constituição e Justiça de ambas as Casas. Nos meses de maio e junho, outubro, novembro e dezembro, a lei de diretrizes orçamentárias e o orçamento anual e plurianual, as medidas provisórias, as leis ordinárias propostas pelos demais Poderes e as de iniciativa popular.

As Comissões de Constituição e Justiça da Câmara e do Senado deverão, obrigatoriamente, votar parecer de encaminhamento ou arquivamento dos projetos de lei ordinária dentro do calendário do respectivo ano legislativo, tendo em conta a sua constitucionalidade e a sua legitimidade, na estrita observância dos princípios da isonomia, da equidade, da moralidade, da impessoalidade, da finalidade, da motivação, da oportunidade, da razoabilidade e da proporcionalidade.

Art. 95 - A iniciativa das leis cabe, concorrentemente, aos membros do Congresso, ao Presidente da República, à Corte Constitucional, aos Tribunais Superiores, ao Ministério Público e à iniciativa popular.

As matérias sobre estrutura e a organização da administração federal são da iniciativa exclusiva do Poder Executivo.

Os projetos de lei federal de iniciativa popular deverão ser subscritos por, no mínimo, um milhão de eleitores, devendo tratar de um único assunto ou matéria, não podendo haver nenhuma outra exigência ou requisito para o seu protocolo perante o Congresso Nacional.

Art. 96 - Em sendo rejeitados pelo Congresso vetos apostos pelo Presidente da República, poderá ele, dada a relevância da matéria, submetê-los ao referendo bienal ou extraordinário, mantidos os respectivos vetos até o resultado da consulta pública.

Art. 97 - Cabe à Câmara dos Deputados ou ao Senado, por um terço de seus membros, aprovar a realização de plebiscitos e referendos extraordinários, além dos agendados bienalmente, os quais coincidirão com as eleições gerais e municipais.

Art. 98 - Cabe ao Presidente da República propor medidas provisórias em caso de providências urgentes ou de implementação de políticas públicas prioritárias.

Cabe à Comissão de Constituição e Justiça da Câmara ou do Senado prolatar decisão sobre a admissibilidade de toda e qualquer medida provisória protocolada, tendo em vista a sua constitucionalidade, relevância, urgência e interesse público.

Art. 99 - São vedadas emendas supressivas ou modificativas nas medidas provisórias e nos projetos de lei de iniciativa popular.

Art. 100 - Cabe exclusivamente ao Poder Executivo a formulação da peça orçamentária, a disposição das respectivas verbas e a gestão do orçamento.

São vedadas as emendas parlamentares de alteração das peças orçamentárias anual e plurianual apresentadas pelo Poder Executivo que aumentem ou diminuam as verbas e alterem os recursos públicos respectivos.

Compete à Comissão Mista do Orçamento unicamente apontar, nos seus pareceres, a inconstitucionalidade, a ilegalidade, os erros ou as omissões encontrados na peça orçamentária.

Art. 101 - O Tribunal de Contas da União tem competência normativa, regulatória, investigativa, denunciatória e sancionatória.

Ao Tribunal de Contas da União, como órgão de controle externo dos três Poderes, cabe fiscalizar a execução da lei orçamentária e dar publicidade, com absoluta transparência e em tempo real, das diligências, questionamentos e processos decorrentes de sua execução. Cabe, ainda, sustar a execução dos atos por ele impugnados, seguido das representações perante o Ministério Público Federal, comunicando ao Congresso sobre tais providências.

Os cargos de conselheiro do Tribunal de Contas da União e dos Tribunais de Contas dos Estados serão preenchidos por auditores de alta qualificação profissional, admitidos por concurso público, preenchidas as vagas por aqueles auditores que atingirem maior graduação no plano de carreira.

No exercício de sua função constitucional de controle externo das atividades contábeis, financeiras, orçamentárias, operacionais e patrimoniais da União, dos Estados e dos Municípios, os tribunais de contas promoverão a fiscalização e a auditoria permanentes dessas atividades, através de um corpo técnico de auditores especializados, cabendo-lhes julgar as contas prestadas pelas administrações dos três poderes, nas três esferas federativas.

Dos tratados e convenções internacionais

Art. 102 - Cabe ao Presidente da República negociar, celebrar, ratificar, promulgar e denunciar os tratados ou as convenções internacionais de natureza universal, regional e bilateral, que serão recepcionados com plena vigência, validade e eficácia pelo ordenamento jurídico nacional após a sua promulgação e publicação, em regime de paridade com a lei ordinária.

As normas previstas em tratados ou convenções internacionais ratificados pelo Brasil que versem sobre matéria tributária prevalecem sobre a lei ordinária.

Independentemente do rito de aprovação adotado pelo Congresso Nacional, as normas previstas em tratados ou convenções internacionais ratificados pelo Brasil que versem sobre direitos humanos e que sejam mais benéficas ao cidadão prevalecem sobre a constituição federal e sobre a lei ordinária brasileiras, que terão sua eficácia automaticamente protraída durante toda a vigência dos referidos textos internacionais.

Os tratados ou as convenções internacionais, uma vez celebrados pelo Presidente da República, serão submetidos à aprovação pelo Congresso Nacional. Se aprovados pelas duas Casas legislativas, serão remetidos para ratificação e promulgação pelo Presidente da República.

Na hipótese de não aprovação pelo Congresso de tratado ou convenção internacional que verse, total ou parcialmente, sobre direitos humanos, caberá ao povo aprovar ou rejeitar a respectiva norma de direitos humanos no referendo bienal que se seguir.

Será também submetida à aprovação do Congresso e ao referendo bienal, em se tratando de matéria de direitos humanos, a denúncia unilateral, pelo Presidente da República, de tratados ou convenções internacionais ratificados pelo Brasil.

Incluem-se na categoria dos tratados ou convenções internacionais sobre direitos humanos os que versem sobre direitos civis, políticos, econômicos, sociais, culturais, ao meio ambiente natural, ao clima, às águas e à dignidade da pessoa humana.

Do Estado de Defesa, do Estado de Sítio e da Intervenção Federal e Estadual

Art. 103 - Cabe ao Presidente da República, com a aprovação do Congresso Nacional, decretar o Estado de Defesa nos casos previstos no art. 83 e também para preservar ou restabelecer, em locais e regiões determinados, a ordem pública e a segurança pública, ameaçadas por grave instabilidade ou atingidas por calamidades naturais.

Art. 104 - Cabe ao Presidente da República, com a aprovação do Congresso Nacional, decretar o Estado de Sítio nos casos previstos no art. 83 e também no caso de comoção grave, de repercussão nacional, ou de persistência de estado crítico na ordem pública e na segurança pública que não possam ser resolvidos com as medidas próprias do Estado de Defesa.

Art. 105 - A União intervirá nos Estados para manter a integridade nacional e o regime federativo, em caso de invasão estrangeira ou de conflito armado entre dois ou mais Estados, bem como de ameaça ao regime democrático, à ordem pública e à segurança pública, no caso de incapacidade manifesta das autoridades estaduais.

Os Estados intervirão em seus respectivos Municípios no caso de grave conflito entre dois ou mais deles, bem como para manutenção da ordem pública e da segurança pública, na hipótese de incapacidade manifesta das autoridades municipais.

A Intervenção Federal ou Estadual poderá ser plena ou parcial e ter por objeto determinadas atividades administrativas, tais como segurança pública e de ordem sanitária ou urbana.

Tanto nas intervenções plenas como nas parciais caberá a nomeação de um interventor, que exercerá suas competências e funções em nome da União ou do Estado, pelo prazo consignado da intervenção, que não poderá exceder 60 (sessenta) dias, prorrogáveis uma única vez.

A Intervenção federal ou estadual deve ser decretada pelo chefe do respectivo Poder Executivo e aprovada por maioria absoluta pelo Poder Legislativo.

Na aprovação da Intervenção, a cargo do Poder Legislativo, e no controle da intervenção, pelo Poder Judiciário, devem ser examinados os requisitos da constitucionalidade, legalidade, legitimidade, impessoalidade, moralidade, necessidade, oportunidade, razoabilidade e proporcionalidade.

Das Forças Armadas

Art. 106 - As Forças Armadas, integradas pela Marinha, pelo Exército e pela Aeronáutica, são instituições nacionais permanentes e regulares, organizadas com base na hierarquia e na disciplina, sob a autoridade suprema do Presidente da República, e destinam-se à defesa da Nação, da sua soberania territorial, da garantia do Estado Democrático de Direito, dos poderes constituídos, da lei e da ordem.

As Forças Armadas podem ser requisitadas para restabelecer a lei e a ordem pública. A requisição interventiva pelo Poder Executivo cabe ao Presidente da República. A requisição pelo Poder Legislativo deve receber a aprovação da maioria absoluta (50% mais um de votos) das duas Casas, em votação em separado. O Presidente do Senado ou da Câmara não têm poderes de representação, nem delegação, para solicitar tal medida excepcional. A requisição pelo Poder Judiciário será feita mediante aprovação, por maioria absoluta, dos Ministros da Corte Constitucional.

Da segurança pública

Art. 107 - A segurança pública é dever precípuo e exclusivo do Estado, tendo por objeto a manutenção da ordem pública, a proteção e a incolumidade das pessoas residentes no país e do patrimônio público e privado, consoante o disposto no artigo 62 desta Constituição.

Do sistema fiscal, orçamentário, tributário e das finanças públicas

Dos tributos

Art. 108 - A União, os Estados e os Municípios poderão instituir impostos diretos e indiretos, taxas e contribuições de melhoria, estas últimas decorrentes de obras públicas de interesse da coletividade.

O regime tributário obedecerá ao regime de competência impositiva da União, dos Estados e dos Municípios.

São princípios da imposição tributária: (I) liberdade dos Estados federados de adotarem tributos sobre a renda e sobre a produção e a circulação de bens e serviços; (II) equidade tributária, mediante prevalência dos impostos progressivos sobre os regressivos; (III) isonomia tributária; (IV) imposição tributária às pessoas físicas e jurídicas com base no patrimônio e na renda, independentemente de exercerem atividade lucrativas ou não lucrativas; (V) vedação de isenções, anistias, remissões, subsídios e benefícios de qualquer origem, motivo ou justificação, a pretexto de regulação econômica ou do exercício de atividades religiosas, cívicas, de benemerência ou assemelhadas.

Do orçamento

Art. 109 - A Lei de Diretrizes Orçamentárias, de iniciativa do Poder Executivo, formatará a lei de execução do orçamento anual e do plano plurianual, estabelecendo as metas e as prioridades da alocação dos recursos arrecadados, referentes às despesas de capital e de custeio.

São princípios e regras do orçamento: (I) o equilíbrio entre o montante das despesas autorizadas e o volume da receita prevista para o exercício financeiro; (II) a discricionariedade dos recursos orçamentários primários, tendo em vista, precípua e exclusivamente, o interesse público, vedadas despesas impositivas ou obrigatórias; (III) a contingencialidade de todas as receitas orçamentárias; (IV) o controle externo, que competirá ao Poder Legislativo, diretamente e através do Tribunal de Contas, ao qual cabe fiscalizar a execução do orçamento; (V) a vedação das emendas parlamentares às propostas orçamentárias anual e plurianual apresentadas pelo Poder Executivo; (VI) a inexistência de fundos orçamentários; (VII) a limitação das despesas com pessoal ativo e inativo da União, dos Estados e dos Municípios, que não poderão exceder um quarto das receitas orçamentárias respectivas.

Art. 110 - O orçamento anual não conterá dispositivo estranho à previsão da receita e à fixação da despesa, sendo vedada a realização de despesas ou a assunção de obrigações que excedam os créditos orçamentários.

Art. 111 - Os projetos de Lei de Diretrizes Orçamentárias e de Lei Orçamentária Anual, relativos ao orçamento do exercício, e da Lei do Plano Plurianual serão elaborados pelo Poder Executivo e votados pelo Congresso Nacional, por intermédio da Comissão Mista Permanente do Orçamento, a quem cabe examinar e emitir parecer sobre os referidos projetos e, sucessivamente, sobre as contas apresentadas anualmente pelo Poder Executivo.

Os pareceres sobre os projetos de lei acima referidos, emitidos pela Comissão Mista Permanente do Orçamento, indicarão eventuais inconstitucionalidades, ilegalidades ou irregularidades e as omissões e erros técnicos do projeto orçamentário, com base nos princípios de contabilidade pública geralmente aceitos, visando à exata indicação dos recursos tributários, para a perfeita cobertura das despesas orçadas.

É vedada a abertura de créditos suplementares, especiais e extraordinários sem a indicação dos recursos correspondentes e sem a prévia autorização do Congresso, que se dará mediante lei especial.

Art. 112 - Dependerá de prévia dotação orçamentária, constante da mensagem do Presidente da República ao Congresso, como dos governadores e prefeitos às suas respectivas casas legislativas, a concessão de qualquer aumento de remuneração dos servidores públicos, a qualquer título; a criação de novos postos de trabalho, de cargos e funções; a alteração nos planos de carreira; bem como a admissão ou a contratação de pessoal em toda a administração direta, indireta ou fundacional.

Da Ordem Econômica

Art. 113 - A Ordem Econômica é fundada na livre-iniciativa e tem por fim criar e distribuir riquezas em favor da justiça social, mediante a manutenção de um ambiente de oportunidades de trabalho digno, de garantia de acesso aos produtos e aos serviços com qualidade e preços justos, respeitando o meio ambiente natural, dentro dos critérios de sustentabilidade, e os direitos dos consumidores, dos usuários, dos investidores, dos concorrentes e demais integrantes da cadeia produtiva.

Art. 114 - É assegurado a todos o livre exercício de qualquer atividade econômica lícita, mediante o regime de declaração, salvo nos casos excepcionais de autorização prévia prevista em lei, consoante o artigo II desta Constituição.

Art. 115 - É vedada a exploração direta ou indireta da atividade empresarial pelo Estado, nas três esferas federativas, à exceção, unicamente, das atividades relacionadas à pesquisa científica e à produção de medicamentos, insumos e produtos relevantes para a saúde pública, para a produtividade e para a inovação econômica, as quais serão realizadas por meio de fundações.

A cessação da exploração direta da atividade econômica pelo Estado deverá ocorrer no prazo de 10 (dez) anos a partir da vigência desta Constituição.

Art. 116 - As empresas e demais agentes que atuam no mercado são civilmente responsáveis perante seus investidores, sócios e acionistas, consumidores e usuários pelos atos ilícitos no âmbito do Sistema Financeiro Nacional, do mercado de valores mobiliários e da economia popular.

Do Sistema Financeiro Nacional

Art. 117 - O Sistema Financeiro Nacional é regulado pelas leis e pelos atos normativos e instruções do Conselho Monetário Nacional e do Banco Central, que exerce o controle externo das instituições financeiras, públicas e privadas.

Da Ordem Social e da Seguridade Social

Art. 118 - A ordem social tem como fundamento o primado da isonomia dos direitos, deveres, encargos e responsabilidades de todos, sendo vedados aos trabalhadores do setor público quaisquer privilégios ou estatuto diferenciado daquele aplicável aos trabalhadores do setor privado.

Art. 119 - A seguridade social compreende um conjunto integrado de ações de iniciativa dos Poderes Públicos e da sociedade civil destinadas a assegurar os direitos relativos à educação, à saúde, à habitação digna, ao saneamento básico, à previdência e à assistência social.

Da cultura

Art. 120 - É dever do Estado e da sociedade civil garantir a plena liberdade de criação artística e cultural e seu irrestrito acesso e divulgação.

Art. 121 - Cabe ao Estado e à sociedade civil identificar, defender, preservar e valorizar o patrimônio histórico e artístico nacional, material e imaterial, promovendo a sua permanente proteção e restauração, por meio de tombamentos, inventários, registros, desapropriações, restaurações e outras formas de conservação.

Constituem patrimônio histórico e artístico nacional os bens de natureza material e imaterial, tomados individualmente ou em conjunto, portadores de referência à identidade, à ação e à memória dos diferentes grupos formadores da sociedade brasileira, no plano nacional, estadual e municipal.

Constituem bens culturais materiais portadores de referência os conjuntos urbanos, sítios e edificações de valor histórico, paisagístico, artístico, arqueológico, paleontológico, ecológico, natural e científico, antigos ou contemporâneos, e os objetos e os documentos de valor histórico e artístico que formam o Patrimônio Histórico e Artístico Nacional.

Constituem bens culturais imateriais os bens individuais ou coletivos portadores de referência à identidade, à tradição e à memória dos diferentes grupos formadores da sociedade brasileira quanto à sua forma de expressão, os modos de criar, fazer e viver e as obras artísticas, científicas e tecnológicas relevantes para o acervo cultural do país.

Art. 122 - Cabe ao Estado prover os recursos para a manutenção, a preservação e o acesso da coletividade aos bens culturais e artísticos públicos.

Cabe à sociedade civil o apoio, o incentivo e o levantamento de recursos próprios necessários à criação e à divulgação das obras e das manifestações culturais e artísticas privadas.

Do desporto

Art. 123 - Cabe à sociedade civil livremente promover, fomentar e organizar as atividades e as práticas esportivas, sendo de natureza privada as associações e entidades desportivas.

O Poder Judiciário não poderá rever o mérito das decisões proferidas terminativamente por tribunais de jurisdição privada com competência sobre atividades desportivas, cabendo conhecer, apenas, os pedidos de anulação dos julgados nos casos de inobservância do devido processo legal e de violação da ordem pública.

Da ciência, da tecnologia e da inovação

Art. 124 - Cabe ao Estado e à sociedade civil, integradamente, promoverem o desenvolvimento científico, a capacitação, o avanço tecnológico e a inovação em todos os setores da atividade econômica e social, visando expandir o conhecimento e os seus benefícios para a sociedade, em termos de qualidade de vida, oportunidades, eficiência e produtividade.

Serão instituídas políticas públicas voltadas para a integração das empresas privadas com as universidades e com as demais instituições civis, no esforço comum para a formação de mão de obra capacitada e para a pesquisa nos ramos da ciência, da tecnologia e da inovação.

O ministro, o secretário geral, os diretores e os servidores com cargos de chefia do Ministério da Ciência e Tecnologia deverão possuir alta qualificação universitária que comprove notório saber e reconhecida especialidade nos campos da pesquisa científica, tecnológica e de inovação.

Da comunicação social

Art. 125 - A manifestação do pensamento, a criação, a expressão e a informação, sob qualquer forma, processo ou veículo de informação pública, e através das redes sociais, são livres, não podendo sofrer qualquer controle ideológico, restrição política ou censura artística, cultural ou religiosa.

Os serviços de difusão de sons e imagens, produzidos por rádios, televisões e veículos jornalísticos em seus programas de rádio, televisão e através das redes sociais constituem um serviço público e têm precípua função social mediante a prestação de serviços à coletividade, sendo puníveis criminal, civil e administrativamente os abusos e o desvio de finalidade na sua prestação.

No exercício precípuo da sua função pública e de prestação de serviços à coletividade, os serviços de difusão de textos, sons e imagens produzidos por rádios, televisões e jornais impressos e eletrônicos devem informar de forma correta e imparcial e promover o conhecimento, a educação, a cultura, as artes e as campanhas de interesse relevante para a coletividade, como aquelas voltadas para a saúde pública, a educação e os inúmeros temas que visem à melhoria das relações sociais, familiares e individuais.

As redes sociais são, igualmente, de interesse público e têm precípua função social, constituindo grave delito a sua utilização para a desinformação, a distorção e a falsificação de notícias, de fatos, de opiniões e a quebra da reputação das pessoas, diretamente e através de artefatos eletrônicos.

As concessões, permissões e autorizações para os serviços de difusão sonora e de sons e imagens serão feitas pelo regime de licitação.

O cancelamento da concessão, da permissão e da autorização para os serviços de difusão sonora e de sons e imagens, promovidos por rádios e televisões, depende de decisão judicial, requerida pelo Poder Público, pelos interessados ou por qualquer pessoa física.

Do meio ambiente

Art. 126 - É dever do Estado, da sociedade e das pessoas preservar, promover e restaurar a qualidade do meio ambiente natural e o clima visando à integridade da vida nos planos local, regional, nacional e global, tendo por objeto a qualidade do ar, da água, do solo, da vida urbana e rural, dos processos ecológicos e a diversidade e o equilíbrio do patrimônio genético, protegidos por lei e pelos tratados internacionais subscritos pelo Brasil.

É dever do Estado e da sociedade civil promover a educação ambiental, em todos os níveis de ensino e por todos os meios de comunicação social.

Os atos, condutas, costumes e atividades lesivas à qualidade do ar e do meio ambiente urbano, rural e em estado natural, inclusive terras devolutas, sujeitarão, objetivamente, os infratores, pessoas físicas e jurídicas, a sanções penais, administrativas e civis visando à reparação plena dos danos difusos e pontuais causados.

O Estado será responsabilizado pelos danos difusos e pontuais causados ao clima e à integridade do meio ambiente urbano, rural e natural, em todo o território nacional; por sua conduta omissiva ou comissiva no combate à poluição do ar, do solo e das águas e suas margens e no combate à destruição, deterioração, exploração abusiva e degradante do solo nas explorações minerais, extrativas e de garimpo; e pelas invasões dos espaços territoriais devolutos, das reservas legais e das reservas representativas do ecossistema, do patrimônio genético e da biodiversidade.

Da família

Art. 127 - É dever do Estado e da sociedade civil dar à família, base da vida social e do indivíduo, proteção e amparo, mediante condições de convivência em moradia digna e de participação em comunidade saudável e livre.

É dever da família, da sociedade civil e do Estado assegurar à criança, ao adolescente, ao jovem e ao idoso o direito à vida, à felicidade, à saúde, à alimentação, à educação, ao lazer, à profissionalização, à dignidade pessoal, ao respeito, à liberdade e à harmoniosa convivência familiar e comunitária, além de colocá-los a salvo de toda a forma de abandono, negligência, discriminação, violência, crueldade e opressão.

Dos povos indígenas, quilombolas e tradicionais

Art. 128 - São reconhecidos aos povos indígenas sua organização social, costumes, línguas, crenças e tradições e os direitos originários sobre as terras que tradicionalmente ocupam, competindo à União demarcá-las e protegê-las, por todos os meios, de invasões e atos atentatórios à sua posse permanente pelas respectivas etnias, bem como fazer respeitar todos os bens materiais e imateriais que compõem a sua cultura, a sua língua, a maneira de convívio e os modos de produção e sustento.

As terras tradicionalmente ocupadas pelos povos indígenas destinam-se à sua posse originária, cabendo-lhes o usufruto exclusivo das riquezas do solo, dos rios e dos lagos nelas existentes.

As terras ocupadas tradicionalmente pelos povos indígenas são inalienáveis e indisponíveis, e os direitos sobre elas, imprescritíveis.

Os povos indígenas, suas comunidades e organizações são partes legítimas para ingressar perante a Justiça Federal e Estadual em defesa de seus direitos e interesses, devendo, indeclinavelmente, o Ministério Público Federal e o Estadual intervirem em sua defesa.

Ficam proibidas a pesquisa e a lavra das riquezas minerais em terras indígenas.

O aproveitamento de recursos hídricos e dos potenciais energéticos em terras indígenas, se comprovado o relevante interesse nacional, dependerá da consulta prévia das comunidades afetadas e da autorização do Congresso Nacional, mediante aprovação por maioria absoluta, nas duas Casas.

O disposto quanto aos povos indígenas estende-se aos quilombolas e demais povos tradicionais, no que for a eles aplicável.

Das disposições gerais

Art. 129 - O presente anteprojeto de Constituição será submetido a plebiscito, após audiências públicas durante o período de 180 (cento e oitenta) dias, entrando em vigor 180 (cento e oitenta) dias após a sua aprovação na consulta plebiscitaria.

Art. 130 - Todos os dispositivos constantes da presente Constituição são autoaplicáveis, não dependendo de nenhuma outra disposição legislativa para sua vigência e aplicação imediata.

Art. 131 - As leis ordinárias, recepcionadas e novas, refletirão rigorosamente os preceitos instituídos na presente Constituição.

Art. 132 - Os projetos de lei ordinária aprovados pelas Comissões de Constituição e Justiça do Senado e da Câmara e, destacadamente, a Lei de Diretrizes Orçamentárias e os Planos Plurianuais encaminhados pelo Poder Executivo serão discutidos em audiências públicas organizadas pelo Congresso Nacional, durante o período de 90 (noventa) dias, a partir de seu encaminhamento, após o que será iniciado o processo regimental para sua votação em plenário.

Art. 133 - O ordenamento jurídico será constituído de normas constitucionais, de leis ordinárias e de atos normativos.

As normas constantes da Constituição de 1988 referentes à organização política, judiciária e administrativa do Estado, desde que rigorosamente compatíveis com os preceitos aqui instituídos, serão recepcionadas como normas ordinárias para o efeito da continuidade do exercício das competências e das funções públicas, nos três Poderes e nas três esferas federativas.

Caberá ao Presidente da República propor ao Congresso, dentro dos 180 (cento e oitenta) dias anteriores à vigência desta Constituição, as leis ordinárias de organização das competências e funções políticas, administrativas e judiciárias aqui instituídas.

A Corte Constitucional, tendo em vista suas novas competências, funções e a nova composição de seus quadros de magistrados pelo critério de antiguidade, será implementada no prazo de 180 (cento e oitenta) dias a contar da vigência desta Constituição.

Os Tribunais Superiores, tendo em vista suas novas competências, funções e a nova composição de seus quadros de magistrados pelo critério de antiguidade, serão implementados no prazo de 01 (um) ano a contar da vigência desta Constituição.

Art. 134 - A reforma de todo e qualquer dispositivo contido na presente Constituição será, numa primeira etapa, objeto de aprovação por maioria qualificada de dois terços do Congresso, em reunião conjunta, e, numa segunda etapa, terminativa, por referendo bienal, vigendo tão somente após a sua aprovação neste último procedimento.

A iniciativa da reforma constitucional cabe aos três Poderes e à iniciativa popular, sobre qualquer tema de interesse público.

2. Razões para uma nova constituição

A persistente crise que tem paralisado social e economicamente o Brasil nos últimos anos tem levado a uma aguda reflexão sobre as causas culturais e estruturais que não permitem a nossa inclusão no seio dos países desenvolvidos. Trata-se, com efeito, de uma questão de valores culturais que dominam as relações em nossa sociedade e que se refletem por séculos na nossa estrutura política.[1]

Auspicioso nesse sensível campo é que os valores sociais e políticos não são imutáveis, podendo evoluir até aceleradamente, em termos de tempo histórico, por força de influências e de modelos valorativos provindos dos países autenticamente democráticos, com larga tradição de predominância da vontade do povo nos destinos da Nação. Não fosse possível essa transformação, não teriam surgido, a partir de 1950, as potências asiáticas que souberam superar os arraigados hábitos feudais para construir sociedades democráticas modernas não só no plano econômico, como também político e social. É o caso do Japão, da Coreia do Sul e da própria Índia, apesar do seu intrincado tecido social.

Inspirados nesses exemplos de constante revisão, superação e construção de novos valores políticos, sociais e econômicos no seio do regime democrático, podemos e devemos lutar para que valores novos prevaleçam nas relações da sociedade civil brasileira com o Estado.

CONDIÇÕES QUE TORNAM POSSÍVEIS ESSAS MUDANÇAS ESTRUTURAIS

Temos no Brasil todas as condições para que se possa levar avante uma mudança cultural consistente capaz de alterar as estruturas do nosso Estado atrasado, hegemônico e opressor.[2] Trata-se de transformar a nossa arraigada cultura oligárquica de privilégios numa cultura efetivamente democrática de oportunidades. Os pressupostos para que tal transformação cultural possa ocorrer encontram-se na sociedade civil, que, hoje em dia, notadamente a partir dos movimentos espontâneos de rua de 2013, alcançou um patamar participativo capaz de fundar

---

[1]. A respeito: "A realidade histórica brasileira demonstrou [...] a persistência secular da estrutura patrimonial, resistindo galhardamente, inviolavelmente, à repetição, em fase progressiva, da experiência capitalista. Adotou do capitalismo a técnica, as máquinas, as empresas, sem aceitar-lhe a alma ansiosa de transmigrar." (FAORO, Raymundo. **Os donos do poder.** 5. ed. Rio de Janeiro: Globo, Biblioteca Azul, 2012, p. 822).

[2]. Sobre o fenômeno da persistência dessas estruturas atrasadas, o Professor Gabriel Cohn, em "Persistente enigma", estudo introdutório à 3ª edição de "Os donos do poder", escreve: "É que, bem vistas as coisas, a forma estamental-burocrática tem efeito asfixiante sim, mas não por ser demasiado rígida e sim por aquilo que, à falta de melhor termo, designarei como resiliência (em Faoro o termo não aparece). Submetida a pressão ela cede, para em seguida reassumir a configuração original. Daí a sua eficácia, e daí também a sua capacidade de resistir ao avanço do capitalismo moderno." (COHN, Gabriel. Persistente enigma. In: FAORO, Raymundo. Op. cit., p. 9).

uma democracia legítima que possa oferecer oportunidades educacionais, profissionais e econômicas ao povo brasileiro.

O primeiro fundamento auspicioso para a construção de nossos valores políticos e sociais encontra-se na identidade cultural que caracteriza a Nação brasileira. Não temos divisões religiosas ou tribais que precisam se acomodar num pacto político instável, como ocorre em enorme quantidade de países, em todos os continentes. É o caso da Índia, dos países do Oriente Médio e do Extremo Oriente, da maioria dos países da América Latina, dos países eslavos e balcânicos, das nações da África subsaariana e dos países muçulmanos, divididos entre sunitas e xiitas. Pode-se verificar que mais de dois terços das nações do mundo sofrem o drama tribal ou religioso que bloqueia o multiculturalismo indispensável à convivência democrática.

O Brasil é um país privilegiado nesse fundamento. Há entre nós multiculturalismo e, ao mesmo tempo, uma identidade cultural que advém de uma única língua, dos costumes, das preferências nacionais e tudo o mais que nos une perenemente. Formamos uma Nação na medida em que temos uma única História, com valores fundamentais de certa forma homogêneos que nos identificam e permitem uma permanência e uma continuidade como um só povo, no espaço e no tempo. Formamos um Estado laico, em que são garantidas as liberdades públicas próprias de um país democrático.

Por todos esses fatores históricos e sociais, podemos usufruir de um conjunto de valores reservado a poucos países do mundo, como é o caso da França, da Inglaterra e de Portugal. Nem a Espanha, nem a Bélgica alcançam esse patamar de identidade, em razão de valores antagônicos e inconciliáveis entre regiões.

Carregamos, no entanto, em meio a essa predominante harmonia, a herança terrível, vergonhosa e persistente do escravismo e seu produto sórdido, o racismo, como também ocorre nos Estados Unidos e em vários países da América Latina. Outros preconceitos também levam à estratificação da nossa sociedade, notadamente na questão da coletividade favelada, que vive segregada em áreas urbanas, muitas delas fora do controle do Estado. Mas, apesar destes dois graves fenômenos — racismo e segregação social — que levam à pobreza, à miséria e à discriminação, há uma evidente adesão aos princípios comuns representados pelos direitos individuais e sociais e pelo respeito às liberdades públicas.

Crescente participação política e conscientização sobre os privilégios do setor público

Não obstante, existe uma percepção crescente de pertencimento político de toda a sociedade brasileira, mesmo da grande coletividade excluída dos benefícios sociais e econômicos.

Desnecessário dizer dos impulsionamentos que as redes sociais trouxeram nas décadas mais recentes a essa procura de pertencimento e de participação política da sociedade brasileira, abrangendo todas as classes sociais. Fruto dessa crescente participação, a cidadania passa a reivindicar uma democracia que não se resuma apenas às eleições bienais, nem às manifestações nas ruas e nas redes sociais, numa vivência contínua de protesto, discussão, críticas, posicionamentos e propostas no tocante às instituições políticas do país. O que se procura é a presença permanente da sociedade civil na discussão e na ação política, para se criar um país autenticamente democrático.

É nesse quadro que se coloca a questão dos valores e do relacionamento político-social no seio de nossa República.

Uma casta imune a riscos

Há cada vez mais a clara percepção de que se criou, ao longo de nossa história, um país de privilégios, ou seja, que se formou uma casta na sociedade que usufrui dos recursos escassos do Estado em seu próprio benefício e em detrimento das necessidades básicas da sociedade.[3] E essa casta, revestida de direitos perenes, não corre qualquer risco econômico ou profissional, diferentemente das pessoas que vivem no setor privado, fora das benesses do Estado.

Vivemos, a partir da consolidação da era industrial, nos primórdios do século XIX, numa sociedade de risco, conforme a clássica definição de Ulrich Beck,[4] marcada pelas incertezas próprias das atividades empresariais diante da sua atuação no mercado, pelas crises setoriais e gerais da economia produtiva e pelas constantes quedas e quebras financeiras mundiais afetando diretamente o nível de emprego, sempre instável e inseguro. Nessa instabilidade se incluem os empreendedores, os profissionais independentes, o enorme contingente de trabalhadores com carteira assinada, os informais ou avulsos, todos gravemente afetados pelos ciclos constantes e recorrentes da economia. Formamos, no aspecto econômico, uma sociedade cíclica em que há momentos de prosperidade e outros de recessão, devido a fatores nem sempre previsíveis, como é o caso da pandemia da Covid-19.[5]

---

3. Sobre a matéria, Faoro: "[...] o aparelhamento político [...] impera, rege e governa, em nome próprio, num círculo impermeável de comando. Esta camada muda e se renova, mas não representa a nação, senão que, forçada pela lei do tempo, substitui moços por velhos, aptos por inaptos, num processo que cunha e nobilita os recémvindos, imprimindo-lhes os seus valores." (FAORO, Raymundo. Op. cit., p. 824).
4. BECK, Ulrich. **Sociedade de risco:** rumo a uma outra modernidade. Tradução Sebastião Nascimento. São Paulo: Editora 34, 2010.
5. Os Estados Unidos, que em dezembro de 2019 ostentavam o menor nível de desemprego do Ocidente, na taxa de 3,5%, no quinto mês de 2020 apresentaram o maior nível de desemprego de todo o mundo, atingindo 30% da sua força de trabalho.

Em nosso país, em meio a essa sociedade de risco, marcada por ciclos econômicos constantes, existe, no entanto, uma casta que não sofre nenhum risco de desemprego e de renda, pois não está sujeita a nenhum ciclo de prosperidade ou de recessão: o estamento político-burocrático.[6]

O DOMÍNIO OLIGÁRQUICO NUM ESTADO PSEUDODEMOCRÁTICO

Esse segmento social dos privilegiados é produto do quadro estrutural de domínio absoluto do poder pelas oligarquias políticas enraizadas, e que encontram na Constituição de 1988 todos os elementos necessários à sua eternização.

Na observação de Bobbio, as oligarquias modernas dos países pobres e em desenvolvimento usam a forma democrática para governar, manipulando o voto popular periódico, se possível mediante a presença de líderes carismáticos.[7] Inspira-se o grande pensador torinense na obra clássica de Edward Shils: "Political Development in the New States", de 1960.[8]

Shils demonstra que as oligarquias políticas que sempre dominaram e oprimiram os povos subdesenvolvidos lançam mão de uma democracia formal representada por uma constituição que assegura as liberdades públicas, objetivando com ela criar o espaço confortável de hegemonia absoluta da vida política da nação. A escolha feita pelas oligarquias políticas entre democracia e ditadura justifica-se porque esta última cria uma permanente instabilidade, ameaçando a continuidade do regime oligárquico.

Como demonstra Bobbio, na esteira dos estudos de Shils, os oligarcas políticos, após a moda democrática que se seguiu à Segunda Guerra Mundial, verificaram que é melhor instituir liberdades públicas constitucionais do que depender permanentemente da tutela dos militares, que acabam assumindo o poder ditatorial eles próprios, revertendo as oligarquias em autocracias.[9] E, com efeito,

---

6. A obra de Raymundo Faoro ("Os donos do poder") o coloca no rol dos dez maiores pensadores sobre o Brasil e sua gente, composto por (pela ordem alfabética): Antonio Candido, Caio Prado Jr., Celso Furtado, Darcy Ribeiro, Euclydes da Cunha, Gilberto Freire, Guimarães Rosa, Joaquim Nabuco, Raymundo Faoro e Sérgio Buarque de Holanda.
7. Bobbio dedica ao tema todo o terceiro capítulo de seu verbete "Oligarquia", sob o título "Oligarquia e regimes do Terceiro Mundo" (BOBBIO, Norberto. Oligarquia. In: BOBBIO, Norberto. **Dicionário de política**. Brasília: Editora Universidade de Brasília, 1998, p. 835-838). Ainda a propósito, Faoro: "Não se converte, o estamento político, entretanto, em governo da soberania popular, ajustando-se, no máximo, à autocracia com técnicas democráticas." (FAORO, Raymundo. Op. cit., p. 824).
8. SHILS, Edward. **Political Development in the New States**. London: Mouton, 1960.
9. A propósito, Faoro: "De outro lado, o regime autoritário convive com a vestimenta constitucional, sem que a lei maior tenha capacidade normativa, adulterando-se no aparente constitucionalismo — o constitucionalismo nominal, no qual a Carta Magna tem validade jurídica mas não se adapta

é muito mais estável e, portanto, lógico o domínio da sociedade através de um regime em que as liberdades públicas são um instrumento de escape das frustações e críticas da sociedade.[10]

Instituída essa forma de circo político, as oligarquias inserem na mesma constituição retórica, garantidora dos direitos individuais, dispositivos que bloqueiam o acesso do povo à vida política, reservando essa participação aos partidos que eles próprios formam para o jogo de poder. Essa pseudodemocracia — montada num cenário de três Poderes, eleições periódicas e até aparente rodízio de mando — é uma forma de dominação que, entre outras vantagens, permite a inclusão formal do país na comunidade das nações declaradas constitucionalmente democráticas.[11]

A Constituição de 1988 institui a partidocracia

A nossa estrutura política reflete essa opção pela pseudodemocracia fundada numa Constituição que, de um lado, garante as liberdades públicas e, de outro, institucionaliza o domínio da sociedade pelos membros da oligarquia política. A hegemonia oligárquica do país mantêm-se através de uma Constituição demagógica que, de um lado, proclama os direitos individuais, sociais e coletivos e, de outro lado, institui a partidocracia.[12]

Essa proclamação teatral de direitos individuais, coletivos, sociais e difusos inserida na Constituição de 1988 promete formalmente a existência digna de todos os brasileiros (art. 170); a garantia de saúde a todos (art. 196); a garantia à criança e ao adolescente do direito à vida, à saúde, à educação, à

---

ao processo político, ou o constitucionalismo semântico, no qual o ordenamento jurídico apenas reconhece a situação de poder dos detentores autoritários." (FAORO, Raymundo. Op. cit., p. 829).

10. Ainda, Faoro: "Em geral, o regime autoritário se satisfaz com o controle político do Estado sem pretender dominar a totalidade da vida socioeconômica da comunidade, ou determinar sua atitude espiritual de acordo com sua imagem." (FAORO, Raymundo. Op. cit., p. 829).

11. A esse respeito, Faoro: "A autocracia autoritária pode operar sem que o povo perceba seu caráter ditatorial, só emergente nos conflitos e nas tensões, quando os órgãos estatais e a carta constitucional cedem ao real, verdadeiro e atuante centro de poder político. Em última análise, a soberania popular não existe, senão como farsa, escamoteação ou engodo." (FAORO, Raymundo. Op. cit., p. 829).

12. Gianfranco Pasquino conceitua a partidocracia sob diversos ângulos, entre os quais este: "[...] diz justamente respeito à ambição ou até mesmo ao êxito dos partidos em monopolizar não só o poder político como também a própria vida política organizada. A Partitocracia se identifica então, antes de mais nada, com o predomínio dos partidos em todos os setores: político, social e econômico. Caracteriza-se por um constante esforço dos partidos em penetrar em novos e cada vez mais amplos espaços. Culmina no seu total controle da sociedade. É então que a Partitocracia é deveras domínio dos partidos." (PASQUINO, Gianfranco. Partitocracia. In: BOBBIO, Norberto. **Dicionário de política**. Brasília: Editora Universidade de Brasília, 1998, p. 905-908).

alimentação, à educação, ao lazer, à profissionalização, à cultura e à dignidade (art. 227); a garantia de atendimento pleno da educação básica (art. 208); o direito ao meio ambiente ecologicamente equilibrado (art. 225); a prestação de assistência social independentemente de contribuição (art. 203); a igualdade de direitos entre o trabalhador com vínculo empregatício permanente [sic] e o trabalhador avulso.[13]

A Constituição de 1988 fala em garantias 04 vezes, em direitos fundamentais e inalienáveis 76 vezes (arts. 5º a 11) e em deveres apenas 04 vezes.[14] Para sintetizar a lista dos 120 direitos e garantias constitucionais do povo brasileiro, a Carta declara em seu art. 6º que "São direitos sociais a educação, a saúde, a alimentação, o trabalho, a moradia, o transporte, o lazer, a segurança, a previdência social, a proteção à maternidade e à infância, a assistência aos desamparados, na forma desta Constituição".[15] Culmina a nossa Carta vigente esse rosário de prerrogativas do povo brasileiro declarando que as "normas definidoras dos direitos e garantias fundamentais têm aplicação imediata" (art. 5º, § 1º), constituindo todas elas *cláusulas pétreas*, não podendo ser abolidas ou alteradas (art. 60, § 4º).

A oligarquia política, no caso brasileiro, ao mesmo tempo que exalta, a todo o momento, as virtudes da democracia e invoca a sacralidade da Constituição, bloqueia completamente a participação da cidadania nos destinos do país, com a ditadura dos partidos no acesso à vida pública e com a deformação completa da vontade eleitoral mediante a adoção do voto proporcional, e não distrital, no capítulo da representação parlamentar.

A OLIGARQUIA DESTRÓI A RACIONALIDADE DO ESTADO BUROCRÁTICO

Entre nós, essa estrutura política expressa na Constituição de 1988, formalmente democrática, permite o domínio oligárquico do país de forma estável, sem os perigos que decorrem dos regimes autoritários — muito menos seguros,

---

13. A menção a "vínculo empregatício permanente" é ato falho do legislador-constituinte de 1988, pensando evidentemente na estabilidade dos servidores públicos, que têm, eles sim, vínculo permanente de emprego com o Estado. No setor privado não existe esse direito, pois o empregado está sempre sujeito ao risco de ser despedido, sem justa causa, pelo empregador, seja por ineficiência ou falta de produtividade, seja pela conjuntura negativa sofrida pela empresa.
14. PRADO, Ney. **Razões das virtudes e vícios da Constituição de 1988.** São Paulo: Instituto Liberal; Editora Inconfidentes, 1994, p. 50 *et seq.*
15. A propósito, Ney Prado: "Para ser democrática, uma Constituição não pode ser um elenco infindável de soluções. Seu papel é oferecer uma moldura, dentro da qual o povo poderá, durante muitos anos, continuar a buscar o seu caminho. Nossos constituintes ignoraram todas essas lições tornando o casuísmo uma constante em todo o texto constitucional. Esqueceram que, com uma nova Carta Magna casuística, a ação paga um alto preço de crises." (PRADO, Ney. Op. cit., p. 35).

pois sujeitos a golpes vindos de dentro e de fora da própria ditadura.[16] Desse modo, a oligarquia política nos países periféricos apropria-se das estruturas formalmente democráticas para inserir na Constituição, ao lado das espetaculares e falaciosas declarações de direitos humanos individuais, coletivos e sociais, toda uma estrutura orgânica de privilégios e de garantias de permanência de poder.

No capítulo dos privilégios, a Constituição de 1988 é absolutamente explícita. Reflete a Carta o acerto tácito entre os donos do poder oligárquico e a burocracia instituída. Como dissecado pela teoria weberiana, a burocracia é o principal segmento do Estado moderno, de caráter permanente e autônomo com respeito aos sucessivos governantes. A burocracia é, na lúcida visão weberiana, o organismo estável que opera os entes administrativos do Estado contemporâneo com a vocação natural de domínio da sociedade à sua vontade através de meios racionais de coerção de diversas ordens.

Trata-se, com efeito, a burocracia de uma forma de dominação racional da sociedade mediante quadros de pessoal próprios, preparados para o exercício desse poder permanente, fundada em ordens impessoais elaboradas por ela própria e, assim, impostas a toda a sociedade civil, que passa a se subordinar aos seus atos normativos e administrativos, gerais e abstratos, tendo em vista o interesse público e o funcionamento racional e impessoal do Estado nas suas relações com essa mesma sociedade.

Esse fenômeno burocrático, que, nas democracias modernas, a partir do início do século XIX, substituiu o domínio tradicional anterior ao iluminismo, pressupõe a autonomia desse poder hegemônico no interior do Estado. A burocracia é sistêmica no sentido de que gera, ela própria, os seus quadros de pessoal, o seu comando e a sua dominação da sociedade dentro dos rigorosos princípios da racionalidade, da impessoalidade (decorrente da estrita legalidade), da eficiência e produtividade, da razoabilidade, da proporcionalidade e da oportunidade (discricionariedade). A burocracia opera no interior do Estado, independentemente das alternâncias do poder político.[17]

---

16. BOBBIO, Norberto. Oligarquia. Op. cit.
17. Embora Max Weber tenha ilustrado sua teoria sobre o poder hegemônico da burocracia nos governos autocráticos austríacos e alemães da época (1880-1890), o exemplo mais nítido e moderno da burocracia permanente e dominante encontra-se na França. Nesse país, a burocracia comanda de tal forma o Estado que a mudança da presidência da República se dá sem a necessidade de nenhuma equipe de transição. O Presidente é eleito e dez dias após já toma posse, sem que nenhuma mudança substancial da governança pública se opere. O prazo de dez dias é o necessário apenas para a formulação da lista de convidados para a posse. Muda o Presidente, mudam o Primeiro Ministro e os demais dignitários sem que nenhuma alteração se opere na administração pública. A burocracia permanente continua a administrar o Estado e a dominar a sociedade dentro da sua imperturbável racionalidade funcional operada pelos seus quadros (*cadres*), que estão, na realidade, acima das contingências e dos planos políticos dos sucessivos governantes. A propósito do tema: WEBER, Max. **Economia e sociedade**: fundamentos da sociologia compreensiva. Tradução Regis Barbosa; Karen Elsabe Barbosa. Brasília: Editora Universidade de Brasília; São Paulo: Imprensa Oficial do Estado de São Paulo, 1999.

A OLIGARQUIA POLÍTICA COMANDA A BUROCRACIA

Já no caso brasileiro, esse papel autônomo e racional da burocracia diante do poder político não existe. A oligarquia política é que comanda a burocracia, ao colocar nos cargos de chefia dos entes públicos os seus correligionários, que passam a exercer a autoridade burocrática, desalojando dos quadros de chefia os servidores de carreira, concursados, que acabam sendo comandados pelos "comissionados" dos partidos políticos.[18]

O esquema de desmanche do poder burocrático racional e permanente entre nós lembra muito o regime soviético, que colocava nos postos-chave da burocracia os "comissários do povo", fazendo com que o Partido Comunista dominasse não apenas a política como também a administração pública. Entre nós é o que acontece. Mediante o uso dos "cargos em comissão", os partidos oligárquicos fazem as "indicações políticas" de seus prepostos para a direção dos entes administrativos de segundo, terceiro e quarto escalão.[19] Esses prepostos dos políticos passam a comandar todo o corpo burocrático, originariamente formado de funcionários de carreira. Estes passam a não ter mais nenhum dos cargos de chefia para os quais foram preparados, a partir do concurso público de ingresso e, depois, nos constantes cursos de aperfeiçoamento dados pelas escolas de administração pública mantidas pela União e pelos Estados.[20] Desmancha-se, com as

---

18. A respeito da impossibilidade de se alcançar uma burocracia racional e independente do poder político no caso brasileiro, Faoro observa: "O chefe governa o estamento e a máquina que regula as relações sociais, a ela vinculadas. À medida que o estamento se desaristocratiza e se burocratiza, apura-se o sistema monocrático, com o retraimento dos colégios de poder. Como realidade, e, em muitos momentos, mais como símbolo do que como realidade, o chefe provê, tutela os interesses particulares, concede benefícios e incentivos, distribui mercês e cargos, dele se espera que faça justiça sem atenção às normas objetivas e impessoais." (FAORO, Raymundo. Op. cit., p. 827).

19. As nomeações políticas para todos os cargos de chefia na administração pública chegam ao ponto de os diretores das escolas fundamentais e de segundo grau — municipais e estaduais — serem todos feitos por "indicação política" dos partidos "de apoio", sem qualquer qualificação técnico-profissional dos indicados. São esses delegados dos partidos que chefiam esse "celeiro de votos" que são as escolas públicas. Como se sabe, o diretor de uma escola é o cerne, é o rumo, a direção, o impulso, a liderança das atividades escolares. Sem um diretor capacitado, com curso em pedagogia, licenciatura plena, empenhado, com amor e dedicação aos alunos, aos seus colegas professores, interessado na reputação do estabelecimento escolar e na sua melhoria constante, a escola não floresce no plano humano, pedagógico e de integração inclusive com as famílias dos alunos e com a comunidade onde se situa.

20. O Professor Gabriel Cohn, na introdução de "Os donos do poder", escreve sobre o aparelhamento da burocracia pela oligarquia em nosso país e cita trecho do próprio Faoro: "Característico principal, o de maior relevância econômica e cultural, será o predomínio, junto ao foco superior de poder, do quadro administrativo, o estamento que, de aristocrático, se burocratiza progressivamente, em mudança de acomodação e não estrutural. [...] O caminho burocrático do estamento, em passos entremeados de compromissos e transações, não desfigura a realidade fundamental, impenetrável às mudanças." (COHN, Gabriel. Op. cit., p. 9 et seq.).

"indicações políticas" para o exercício das chefias dos entes públicos, mediante cargos em comissão, a racionalidade burocrática, fazendo com que o poder político e a dominação administrativa se misturem, num amálgama totalmente contrário à configuração racional do Estado moderno.

O DOMÍNIO OLIGÁRQUICO DA ADMINISTRAÇÃO LEVA À APROPRIAÇÃO PARTIDÁRIA DAS VERBAS PÚBLICAS

A finalidade dessa intromissão dos partidos políticos em todas as chefias do aparato administrativo do Estado é obter para seus donos o manejo das fabulosas verbas orçamentárias atribuídas a cada um desses entes. A dinâmica dessa desestabilização permanente do estamento burocrático do Estado é a seguinte: o governo, a partir de sua posse, deve, para obter maioria no Congresso, distribuir os ministérios para os tradicionais partidos oligárquicos.

Além de os titulares das pastas ministeriais serem todos políticos sem qualquer formação técnica para o exercício dos seus cargos, os partidos de apoio ao governo loteiam entre si, conforme a importância numérica de cada bancada legislativa, todos os postos de chefia da administração pública, através dos cargos em comissão, que são ocupados por pessoas absolutamente desqualificadas tanto no plano moral como no do conhecimento técnico-profissional.[21]

A DISFUNCIONALIDADE DOS SERVIÇOS PÚBLICOS DECORRENTE DO LOTEAMENTO POLÍTICO DAS CHEFIAS ADMINISTRATIVAS

Com total ausência de moralidade pública, os prepostos dos partidos políticos que apoiam os governos alocam as fabulosas verbas do ente administrativo que chefiam para os interesses eleitorais permanentes de seu respectivo partido,

---

21. Nenhum governo eleito sob a égide da Constituição de 1988 escapou a esse aparelhamento do aparato burocrático racional a serviço dos partidos da coligação governamental, mediante o expediente dos cargos em comissão divididos entre os partidos que formam a maioria parlamentar. Assim foi no governo Sarney, o mais fisiológico de todos, e nos que se seguiram: governo Collor, eleito sob o lema da "caça aos marajás"; governo FHC, modernizante e muito capacitado, mas que não resistiu ao assalto oligárquico à organização racional burocrática ao ceder milhares de cargos aos partidos do Centrão visando à reeleição do presidente; três governos do PT, que aparelhou os entes da administração e as empresas estatais para o maior esquema de corrupção da história do país; governo Temer, inteiramente dominado pelo Centrão, com inúmeros escândalos de corrupção; e o governo Bolsonaro, também eleito mediante a promessa de quebra do regime oligárquico, mas que já no início do segundo ano cedeu inteiramente o aparato burocrático aos partidos fisiológicos do chamado Centrão.

sem qualquer atendimento ou relação com os planos plurianuais de investimentos ou com os eventuais programas governamentais — ou com o interesse público, enfim. As verbas alocadas para cada ente chefiado pelos titulares dos "cargos de confiança" são desperdiçadas num processo de puro clientelismo.

Esse quadro de entrega de chefias administrativas para os prepostos dos partidos oligárquicos levou ao aparelhamento dos entes públicos nos governos do Partido dos Trabalhadores – PT (2003 a 2016), que foram o instrumento para a prática da mais ampla corrupção. Esse esquema, planejado e executado, permitiu aos partidos políticos de apoio, e mesmo aos de oposição formal ao PT, apossarem-se de enormes verbas públicas para delas surrupiarem propinas, provocando, em consequência, o total desperdício de recursos alocados em obras, serviços e fornecimentos ao Estado, prestados todos com atrasos, com péssima qualidade ou simplesmente abandonados, não prestados ou não fornecidos.

Esse esquema de entrega das chefias dos entes públicos aos "partidos da base" leva à total ineficiência e improdutividade da atividade burocrática em nosso país, que nada tem de racional.[22]

A SOCIEDADE BRASILEIRA DIVIDIDA EM DOIS SEGMENTOS

Não obstante a ineficiência estrutural do aparato burocrático, a Constituição de 1988 assegura aos agentes públicos, além da estabilidade para todos os seus onze milhões e meio de integrantes, uma infindável série de benesses que serão comentadas ao longo deste estudo. Esse enorme contingente de privilegiados forma uma *casta* na sociedade, que, por isso, está dividida em dois segmentos: os integrantes do setor privado, sujeitos a todos os riscos próprios da vida econômica, de um lado, e os pertencentes ao setor público, de outro, imunes a qualquer risco.

Com efeito, os integrantes do setor público não assumem nenhum risco econômico, pois o Estado lhes garante a estabilidade no emprego e remunerações muito superiores às dos profissionais que trabalham na área produtiva da sociedade. Temos, desse modo, por força da Constituição de 1988, uma sociedade dividida em dois segmentos inteiramente distintos, cabendo àqueles que pertencem ao setor privado fornecer os recursos, por meio dos impostos, para o pagamento das irremovíveis remunerações da casta que integra o setor público. Nesse es-

---

22. Faoro descreve, dentro dos parâmetros weberianos, esse quadro de politização do aparato burocrático em nosso regime oligárquico: "Não impera a burocracia, a camada profissional que assegura o funcionamento do governo e da administração (*Berufsbeamtentum*), mas o estamento político (*Beamtenstand*). A burocracia, como burocracia, é um aparelhamento neutro, em qualquer tipo de Estado, ou sob qualquer forma de poder." (FAORO, Raymundo. Op. cit., p. 828).

tamento — conforme o termo usado por Faoro — incluem-se, além dos onze milhões e meio de agentes administrativos, também a casta política, que usufrui de todas as mordomias próprias da Nobreza do *Ancien Régime*, abrangendo os três Poderes, nas três esferas da Federação.

Garantido esse *status* de privilégio absoluto e de submissão da sociedade ao pagamento de suas benesses, a oligarquia política que domina o país prefere conviver com as liberdades públicas exercidas pela sociedade do que se submeter à perigosa tutela das forças armadas para um exercício tirânico do poder. Essa estrutura pseudodemocrática é instituída mediante hegemonia absoluta dos partidos políticos tradicionais, sem nenhum acesso do povo à vida pública, à formação de quadros independentes de governo e de representação parlamentar.

Partidocracia ao invés de democracia

A cidadania não tem meios de acesso independente para integrar o regime de representação. Somente os políticos profissionais, agregados nos partidos "tradicionais", podem apresentar-se ao eleitorado, elegendo-se através de voto proporcional — que é uma fraude. Em nenhum país do mundo legitimamente democrático utiliza-se o regime de voto proporcional, sendo sempre adotado o sistema do voto distrital.

À declaração formal na Constituição de 1988 de que todo o poder emana do povo (parágrafo único do art. 1º) segue-se o preceito de que todo o acesso à política e ao poder somente pode se dar através dos partidos (art. 14, § 3º, V). Sem filiação aos partidos oligárquicos e, portanto, sem a total submissão ao comando dos chefes dessas agremiações esclerosadas e corruptas, nenhum cidadão poderá ingressar na política para defender e representar os interesses da sociedade no governo e nos parlamentos.[23] Estrutura-se dessa forma a partidocracia, que é o oposto do fundamento democrático de que todo o poder emana do povo.

Não existe, num país oligárquico como o nosso — apenas formalmente democrático —, o poder social que se contraponha e se imponha ao poder hegemônico do Estado. No regime oligárquico pseudodemocrático como o nosso, todo o poder emana dos partidos que formam o mosaico dos sucessivos governos do atraso, da injustiça, dos privilégios, da corrupção e da impunidade.

---

23. Sobre esse aspecto, a observação de Gianfranco Pasquino: "A Partitocracia foi acusada de querer deter a necessidade de mudança, de querer canalizar tudo para o leito da política institucional dos partidos, de não deixar espaço para a sociedade civil e para as verdadeiras aspirações das massas. Os ataques à Partitocracia são também ataques à política dos 'profissionais', de uma nova classe que se recruta e mantém por si mesma, que vive *da* política e não *para* a política (como Weber tinha profeticamente advertido)." (PASQUINO, Gianfranco. Partitocracia. Op. cit.).

Para disfarçar a institucionalização da partidocracia, os parlamentares autoconstituintes de 1988 colocaram a barreira lá no meio do art. 14, § 3º, V, misturado aos retóricos direitos políticos garantidos à cidadania, dispondo, olimpicamente, que é condição de elegibilidade a filiação partidária. Essa estratégia de utilização das estruturas democráticas formais pelos governos oligárquicos modernos é típica dos países em desenvolvimento, como vimos do referido estudo de Shils e das conclusões de Bobbio. Desse modo, a Constituição de 1988 e as leis eleitorais criam os partidos em que se subdividem os oligarcas. E esses partidos mantêm fortes vínculos entre si no que tange aos mecanismos de sustentabilidade do próprio regime oligárquico, de que todos eles se alimentam. O Brasil enquadra-se nitidamente nesse quadro de dominação política, mercê da Carta vigente. Nesse contexto, há uma exclusão completa do acesso do povo ao poder, em razão do filtro partidário e do voto proporcional para a representação parlamentar.[24]

As lutas internas da oligarquia pelo domínio do poder mantêm a ideia enganosa de existência de partidos diferenciados. Ocorre que esses partidos se alternam no poder num quadro não democrático, na medida em que a maioria deles se coloca sempre em torno do Presidente da República e dos governadores uma vez eleitos. A partir daí opera-se o loteamento, entre os "partidos da base", dos cargos de chefia de todos os entes públicos, tornando disfuncional a estrutura administrativa do Estado. Ademais, mesmo com o aparente rodízio dos partidos no poder, todos eles sempre votam e aprovam, unidos, as leis que lhes garantem os nababescos privilégios, as imunidades e as impunidades.

Os partidos oligárquicos vendem o seu voto no Congresso

Se eventualmente são obrigados a votar leis que busquem o equilíbrio fiscal do Estado — como ocorreu, por exemplo, com a reforma da previdência social, em 2019 —, os partidos oligárquicos e seus parlamentares, em contrapartida, cobram adiantado a liberação das emendas parlamentares impositivas ao orçamento, que esgotam o regime de caixa do Tesouro.

O sistema é claro: a aprovação de leis que não criam privilégios ou impunidades para os políticos e seus partidos é cobrada a preço de ouro, conforme

---

24. Gianfranco Pasquino fala dessa hegemonia oligárquica impedindo o acesso da cidadania à vida pública: "O que se requer pode, em parte, ser obtido mediante normas rigorosas sobre a *incompatibilidade* dos cargos, sua *renovação* e *rotatividade*. A circulação do pessoal político, a ruptura de esquemas ossificados e a criação de situações em que seja impossível ter uma carreira por tempo ilimitado na esfera política poderão desestimular virtuais membros da Partitocracia e tornar, por isso, menos amplo o círculo dos dependentes da política." (PASQUINO, Gianfranco. Partitocracia. Op. cit.).

os mecanismos de extorsão instituídos na Constituição vigente. Cada parlamentar federal tem direito a receber por ano 135 milhões de reais (orçamento para 2020) a título de emendas individuais ao orçamento. Proporcionalmente, os deputados estaduais e vereadores também têm esse direito de partilha dos orçamentos respectivos. Somem-se, ainda, as emendas coletivas, que vão diretamente para os governadores e prefeitos, todas impositivas e não sujeitas a contingenciamentos.

Essas fabulosas verbas orçamentárias são uma fonte permanente de corrupção envolvendo os partidos, os parlamentares, os governadores e os prefeitos, que assinam convênios para a alocação dessas verbas públicas bilionárias. Esses convênios preveem a realização de obras que são todas desbaratadas, pois resultam inexistentes, abandonadas, inconcluídas ou imprestáveis. Além das obras eleitoreiras, as emendas são destinadas a repasses para programas de saúde. Essas doações de dinheiro público são atravessadas por intermediários que se apropriam de parte dos valores destinados às instituições, além da cobrança de grossas propinas pelos próprios parlamentares beneméritos. De qualquer maneira, essas emendas ao orçamento nada têm a ver com as políticas públicas que devem ser organicamente implantadas. Em consequência, as obras provenientes das emendas parlamentares são inteiramente demagógicas e eleitoreiras, sem nenhuma relação com o atendimento estrutural das demandas da coletividade que efetivamente deveriam ser atendidas pelos respectivos governos.

Democracia no lugar da partidocracia

A extinção da partidocracia e a instauração de uma democracia autêntica que assegure o exercício legítimo da vontade do povo na condução do país, mediante a sua participação na vida pública, constitui a razão deste estudo e desta proposta de Constituição.[25]

Com efeito, a oligarquia política aloca em favor dos privilegiados integrantes do setor público todos os recursos escassos amealhados pelo Estado e leva ao desperdício dos investimentos públicos proporcionados pelo orçamento. Ademais, a partir de 2003, como referido, o sistema oligárquico passou a ter uma feição criminal: os políticos e os agentes públicos passaram a, sistematicamente,

---

25. Essa situação é analisada por Gianfranco Pasquino: "[...] a Partitocracia, mesmo com a crise dos partidos, estará destinada a continuar como fenômeno característico de alguns sistemas políticos contemporâneos, sobretudo daqueles que não contam com a alternância no poder e estão privados da substituição do pessoal político. Seus aspectos mais visíveis e suas degenerações mais graves se evidenciarão onde a sociedade civil for mais débil e as instituições menos autônomas." (PASQUINO, Gianfranco. Partitocracia. Op. cit.).

cobrar propinas nas suas relações com os contratados do setor privado para a feitura de obras, fornecimentos e prestação de serviços. No mesmo comércio vil encontram-se a aprovação de leis, medidas provisórias e emendas à Constituição, as decisões de tribunais administrativos e as autorizações, as permissões e as concessões de serviços públicos.

Essa estrutura criminosa da atividade estatal leva à distorção dos investimentos governamentais nas obras, serviços, fornecimentos e concessões, que deixam inteiramente de atender ao interesse público, levando ao desperdício exponencial dos recursos escassos do Estado. No período de 2003 a 2020, o PT, o MDB, o DEM e demais partidos do chamado Centrão aprovaram dezenas de emendas constitucionais, medidas provisórias, leis e decretos visando privilegiar ainda mais a classe política, os altos escalões dos servidores públicos e conhecidas empresas privadas com acesso ao Poder.[26]

O Estado brasileiro perdeu nesse período o atributo moral e de integridade, indispensável à sua legitimação como regime democrático.

---

26. Todos os dias temos notícias de medidas governamentais a favor das classes política e burocrática: "Dias após a apresentação da proposta de reforma administrativa pelo governo, que pretende proibir progressões automáticas, a AGU (Advocacia-Geral da União) promoveu 606 membros da Procuradoria-Geral Federal ao topo da carreira. Com a medida, efetivada no dia 18 de setembro, 92% dos membros do órgão estão agora no ponto mais alto da categoria, com salário mensal de R$ 27.303. A remuneração inicial é de R$ 21.014. [...] Além dos salários, os procuradores federais recebem honorários. Dados de 2019 apontam que o incremento à remuneração desses profissionais é de R$ 7.000 por mês, em média." (CARAM, Bernardo; TEIXEIRA, Matheus. Em meio à reforma administrativa, AGU põe 92% dos procuradores no topo da carreira. **Folha de São Paulo**, 23 set. 2020. Disponível em: https://www1.folha.uol.com.br/mercado/2020/09/em-meio-a-reforma-administrativa-agu-poe-92-dos-procuradores-no-topo-da-carreira.shtml). "[...] o MP diz que a promoção é 'inoportuna e indecorosa' e mostra indiferença com a população mais pobre chamada a pagar a conta exatamente no momento em que, possivelmente, enfrentam as maiores dificuldades com a covid-19. Em requerimento apresentado nesta quinta-feira, 24, o MP pede também aos ministros do TCU que tomem medidas necessárias para avaliar o ato da AGU que promoveu simultaneamente os 607 procuradores, dos quais 606 para o topo da carreira." (FERNANDES, Adriana; CAMPOREZ, Patrick. MP do TCU pede suspensão de promoção de 606 procuradores da AGU ao topo da carreira. **Estadão**, 24 set. 2020. Disponível em: https://economia.estadao.com.br/noticias/geral,mp-do-tcu-pede-suspensao-de-promocao-de-procuradores-da-agu-ao-topo-da-carreira,70003450901). Esta medida, tão absurda, recebeu tantas críticas da sociedade que acabou sendo suspensa dias depois: "Após repercussão negativa, a AGU (Advocacia-Geral da União) suspendeu a promoção de 606 integrantes do órgão ao topo da carreira. [...] Depois da divulgação da notícia do acréscimo salarial dos 606 servidores públicos em meio à reforma administrativa, a AGU justificou que as promoções são realizadas semestralmente e com base em dois critérios: antiguidade e merecimento. Agora, no entanto, o coordenador-geral de Pessoal da Advocacia-Geral da União, Watson Oliveira, determinou a suspensão devido aos 'questionamentos suscitados com a publicação do referido ato'. [...] A celeuma surgiu em meio às articulações do governo para aprovar uma reforma administrativa no Congresso que prevê cortes de benefícios ao funcionalismo." (TEIXEIRA, Matheus; CARAM; Bernardo. AGU suspende promoção de 606 servidores ao topo da carreira. **Folha de São Paulo**, 24 set. 2020. Disponível em: https://www1.folha.uol.com.br/mercado/2020/09/agu-suspende-promocao-de-606-servidores-ao-topo-da-carreira.shtml).

Corrupção constitucionalizada e legalizada

A sociedade civil, ao atuar ativamente no campo da manifestação política a partir de 2013, nas ruas e nas redes sociais, percebeu que a corrupção se pratica em nosso país não apenas mediante propinas, mas sobretudo através das normas constantes da própria Constituição, das leis e das interpretações e decisões a favor da impunidade advindas do Supremo Tribunal Federal – STF. Há, portanto, uma percepção da sociedade a respeito do amplo espectro da corrupção institucional e estrutural que domina o Estado brasileiro.

Há, com efeito, três espécies de corrupção: a constitucionalizada, a legalizada e a criminalizada. A corrupção é acobertada por um sistema de impunidade garantido pelos três Poderes, que permanentemente criam normas e prolatam decisões (STF) que asseguram a impunidade dos políticos, dos agentes públicos e dos empresários envolvidos na prática da corrupção.

Esse quadro de corrupção e de impunidade se exacerbou no âmbito do Poder Legislativo, que, em 2019, primeiro ano da nova legislatura, promoveu e aprovou leis criando novos e relevantes privilégios e impunidades para os partidos e para a classe política. Assim, pela Lei n. 13.877, de 27 de setembro de 2019 — ironicamente chamada de "Minirreforma Política" —, os partidos, que são pessoas jurídicas de direito privado, podem se apropriar do Fundo Partidário para construir sedes próprias em todo o território nacional, bem como pagar os honorários dos advogados dos partidos e de seus dirigentes e eleitos nos processos crime de corrupção.

Também esse mesmo Fundo Partidário poderá ser utilizado, sem limites, para pagar passagens dos mesmos dirigentes, correligionários e representantes que perambulem pelo território nacional a serviço do partido. E os tribunais eleitorais não podem se pronunciar ou apontar nenhum crime eleitoral praticado pelos candidatos, cabendo apenas ao juiz natural fazê-lo. As multas por infração e crime eleitoral têm um prazo de prescrição de no máximo doze meses e poderão ser compensadas com os valores do próprio Fundo Partidário. Ou seja, é o Tesouro Nacional que cobre as multas impostas aos partidos e a seus dirigentes e candidatos. Estes não desembolsarão nenhum centavo de seus recursos pessoais para tal fim. O Estado multa e o próprio Estado paga a multa. Também fica vedada a acumulação de sanções. O partido, seus dirigentes, seus candidatos, eleitos ou não, somente podem ser multados uma única vez. As demais multas são perdoadas por lei.

As consultorias jurídicas e contábeis e os advogados contratados para defender os partidos, seus dirigentes e candidatos, eleitos ou não, serão pagos pelo Fundo Partidário. Ou seja, o Estado paga os honorários dos advogados do partido, de seus dirigentes, dos deputados e dos candidatos processados pela Justiça Eleitoral e pela Justiça comum pelos crimes de corrupção. Os acusados não desembolsarão nenhum centavo para pagar seus advogados pelos crimes que praticarem. E mais, esses honorários não terão nenhum limite. Assim, se o advogado cobrar 20 milhões de reais para defender o partido, seus dirigentes, deputados, senadores ou mesmo candidatos não eleitos, será o próprio Estado que pagará, sem nenhum teto, os honorários do acusado. Esses honorários, em que o céu é o limite, são considerados gastos eleitorais.[27]

E, para derrogar a Lei da Ficha Limpa, essa "Lei da Minirreforma Política" estabelece que não pode haver qualquer cassação dos eleitos pela Justiça Eleitoral após a respectiva diplomação.

Não bastassem todas essas despesas cobertas sem limite pelo Fundo Partidário, os parlamentares aprovaram em seu favor, em 2018, outra verba orçamentária para as despesas dos partidos nas eleições gerais e municipais: o Fundo Eleitoral (FEFC), criado por lei flagrantemente inconstitucional em 2017. Essa apropriação privada dos recursos públicos pelos donos dos partidos políticos foi de um bilhão e oitocentos milhões de reais para as eleições gerais de 2018 e de dois bilhões de reais para as eleições municipais de 2020.

A Lei do Abuso de Autoridade

No capítulo da impunidade, o Congresso Nacional aprovou a Lei n. 13.869, de 05 de setembro de 2019, denominada "Lei do Abuso de Autoridade", visando

---

27. "Art. 4º O *limite de gastos* nas campanhas dos candidatos às eleições para prefeito e vereador, na respectiva circunscrição, será equivalente ao limite para os respectivos cargos nas eleições de 2016, atualizado pelo Índice Nacional de Preços ao Consumidor Amplo (IPCA), aferido pela Fundação Instituto Brasileiro de Geografia e Estatística (IBGE), ou por índice que o substituir. (Lei n. 9.504/1997, art. 18-C) [...] § 5º Os *gastos advocatícios* e de contabilidade referentes a consultoria, assessoria e honorários, relacionados à prestação de serviços em campanhas eleitorais e em favor destas, *bem como em processo judicial decorrente de defesa de interesses de candidato ou partido político, não estão sujeitos a limites de gastos* ou a limites que possam impor dificuldade ao exercício da ampla defesa (Lei n. 9.504/1997, art. 18-A, parágrafo único). [...] Art. 35. *São gastos eleitorais*, sujeitos ao registro e aos limites fixados nesta Resolução (Lei n. 9.504/1997, art. 26): [...] § 3º As despesas com consultoria, assessoria e pagamento de *honorários realizadas em decorrência da prestação de serviços advocatícios* e de contabilidade no curso das campanhas eleitorais serão consideradas gastos eleitorais, mas serão excluídas do *limite de gastos* de campanha (Lei n. 9.504/1997, art. 26, § 4º) [...] § 9º O pagamento efetuado por candidatos e partidos políticos de honorários de serviços advocatícios e de contabilidade, relacionados à prestação de serviços em campanhas eleitorais e em favor destas, bem como em processo judicial decorrente de defesa de interesses de candidato ou partido político *não constitui doação de bens e serviços estimáveis em dinheiro* (Lei n. 9.504/1997, art. 23, § 10). [...] Art. 42. São estabelecidos os seguintes limites em relação ao total dos gastos de campanha contratados (Lei n. 9.504/1997, art. 26, § 1º): [...] § 3º Fica *excluído do limite* previsto no caput deste artigo o pagamento de *honorários decorrentes da prestação de serviços advocatícios* e de contabilidade, relacionados às campanhas eleitorais e em favor destas (Lei n. 9.504, art. 27, § 1º)." (BRASIL. Tribunal Superior Eleitoral. **Resolução n. 23.607, de 17 de dezembro de 2019**. Dispõe sobre a arrecadação e os gastos de recursos por partidos políticos e candidatos e sobre a prestação de contas nas eleições. Disponível em: http://www.tse.jus.br/legislacao/compilada/res/2019/resolucao-no-23-607-de-17-de-dezembro-de-2019, grifos nossos).

punir com cadeia quaisquer medidas que os delegados, promotores e juízes praticarem em desfavor dos políticos investigados, indiciados, denunciados, processados ou julgados. Esta lei visa claramente à impunidade completa dos partidos, dos seus dirigentes e dos políticos em geral pela prática de crimes de corrupção e demais delitos contra a Administração Pública, abrangendo todas as fases preliminares que antecedem ao processo penal e o próprio curso dele. A finalidade desta lei é inibir os agentes da polícia judiciária, os promotores e os juízes de exercerem suas funções investigatórias, acusatórias e processuais determinadas nas leis penais e processuais.

Na fase investigatória e acusatória do processo penal, estão sujeitos a serem processados e presos por quatro anos os delegados de polícia judiciária e os promotores que requererem a instauração ou instaurarem procedimento investigatório de infração penal em desfavor de quaisquer políticos à "falta de indício da prática do crime". Ocorre que a instauração do procedimento investigatório visa exatamente confirmar os indícios e levantar provas de autoria contra o político eventualmente corrupto diante de denúncia ou suspeita de prática de delito. Ainda na fase investigatória, o defensor do político tem, desde a investigação preliminar, pleno acesso aos autos, podendo tirar cópias dos respectivos documentos. Ou seja, as investigações, cujas diligências demandam necessariamente sigilo absoluto, são, desde logo, do conhecimento do político investigado, que, assim, mais facilmente poderá destruir provas e instruir ou ameaçar testemunhas. Daí resulta que, na fase das investigações preliminares, abre-se um contencioso entre o investigado e a autoridade policial e o Ministério Público, o que irá repercutir na fase de "levantamento de provas", sob a jurisdição do juiz de garantias, criado por outra lei, a Lei n. 13.964, de 2019.

A Lei de Abuso de Autoridade proíbe, outrossim, que os políticos prestem depoimento em razão de função, ministério, ofício ou profissão, tendo em vista que devem guardar segredo ou manter sigilo. Fica extinta a condução coercitiva, devendo o político investigado ser previamente intimado, a fim de que tenha tempo para destruir provas e instruir ou ameaçar testemunhas. E, nas audiências, o político acusado poderá se comunicar livremente com seu advogado, que o instruirá no curso da própria audiência sobre como responder às perguntas do magistrado.

Mas não fica por aí a Lei do Abuso de Autoridade. Ela também proíbe a decretação da indisponibilidade dos ativos financeiros amealhados pelos políticos corruptos em suas atividades criminosas. É direito do político corrupto demonstrar perante o juiz o excesso da medida, devendo o juiz acatá-la, pura e simplesmente, anulando a indisponibilidade, sob pena de ser processado e preso por quatro anos. Está igualmente passível de processo e prisão por quatro anos o juiz que autorizar a escuta e a interceptação de comunicações dos políticos investigados. O pretexto para a condenação do juiz é vago: "objetivos não autorizados em lei". Como provar a falta de motivação do juiz?

Prosseguindo. Segundo a Lei de Abuso de Autoridade, o juiz que der início ou proceder à persecução penal "contra quem sabe inocente" está sujeito a ser processado e preso por quatro anos. Ou seja, o magistrado, ao reconhecer em sua sentença que não havia suficiência de provas para a condenação, declarando o réu inocente, será condenado à prisão pelo fato de ter recebido a denúncia do Ministério Publico processando o político, no pressuposto de que sempre soube de sua inocência.

Já no capítulo do *habeas corpus*, poderão ser condenados a quatro anos de prisão os juízes que deixarem de deferir o pedido a favor dos políticos quando "manifestamente cabíveis". Elimina-se, assim, o livre convencimento do juiz na concessão ou não da ordem de soltura. Pergunta-se: quem é que dirá que o *habeas corpus* é manifestamente cabível?

Vai mais longe esse diploma de proteção ampla, geral e irrestrita dos partidos, seus donos e correligionários corruptos ao determinar que estão sujeitos a serem condenados a até quatro anos de prisão não só os agentes públicos que agem contra os políticos, como também aqueles que deixem de protegê-los contra os "abusos" de outras autoridades do sistema judiciário (polícia judiciária, promotoria e magistratura). Assim, por omissão, as autoridades judiciárias serão condenadas a quatro anos de prisão se deixarem de relaxar prisão decretada pelo juiz natural ou deixarem de substituí-la por medida cautelar ou, então, deixarem de conceder liberdade provisória. Os magistrados também estão sujeitos a serem condenados e presos por quatro anos pelo crime de omissão, mesmo que não sejam os juízes naturais do caso, quando, porventura, ou mesmo por mero acaso, vierem a saber da prisão de algum político e deixarem, *ipso facto*, de tomar providências para a sua soltura imediata.

A lei do juiz de garantias

E com o mesmo intuito de enfraquecer ao máximo a investigação criminal e o processo penal, os partidos oligárquicos incluíram na Lei Anticrime (Lei n. 13.964, de 2019) a figura do juiz de garantias, dividindo em dois o juiz natural e, com isso, acabando com a regra da unicidade do juízo, prevista na Constituição de 1988. O pretexto para a cisão do processo criminal, segundo os políticos que a aprovaram no Congresso, é o de garantir a confiabilidade do sistema processual penal, e nele a "imparcialidade" do juiz julgador, que doravante não mais cuida da fase probatória.

O argumento é inaceitável, na medida em que pressupõe que o primeiro juiz — o de garantias — irá conduzir-se com absoluta imparcialidade no processo, enquanto coloca o segundo juiz — o que vai prolatar a sentença — sob suspeita legal de perseguição aos réus, que são considerados em estado de inocência até que a decisão transitada em julgado confirme a culpa. Assim, a própria lei cria o pressuposto de parcialidade do juiz de julgamento, o que não tem precedentes na história dos ordenamentos jurídicos, em nenhuma época da civilização ocidental.

O mecanismo de impunidade daí decorrente é o seguinte: um magistrado garante durante a fase da formação das provas no processo os direitos do acusado, adotando medidas circunscritas a essa fase, evitando-se a "contaminação do magistrado julgador".[28] Nessa fase inicial, o juiz deverá decidir sobre todo o tipo de incidentes processuais e recursos na medida em que, na outra lei anteriormente referida, a de Abuso de Autoridade, os investigados podem ter pleno conhecimento das etapas e dos documentos referentes aos indícios e provas levantados pela Polícia Judiciária e pelo Ministério Público.

A trilogia da impunidade legalizada

A criação do juiz de garantias, barrado liminarmente pelo relator da matéria no STF, Ministro Luis Fux, em 2019, diante de sua patente imoralidade e inconstitucionalidade, é parte da trilogia arquitetada e promovida pela oligarquia política no Congresso Nacional.

Essa trilogia é formada: pela (i) decisão do Supremo Tribunal Federal que somente admite a prisão de réu condenado após o trânsito em julgado; seguida (ii) da Lei de Abuso de Autoridade, que inibe inteiramente os delegados, os promotores e os juízes de promoverem qualquer medida de natureza penal contra os políticos corruptos; e, finalmente, pela (iii) criação do juiz de garantias, que aumenta o leque dos inúmeros incidentes processuais que doravante poderão ser interpostos pelos investigados e denunciados na fase investigativa e probatória do processo, levando à prescrição todos os processos penais contra os políticos.

Paraíso do crime

Desse modo, os partidos oligárquicos promoveram perante o Congresso Nacional e o Supremo Tribunal Federal, em 2019, a criminalização da atividade judicante no mais amplo espectro.

O mais grave dessa institucionalização da corrupção é que, não podendo as leis *pro crimine* e a respectiva decisão do STF de prisão somente após trânsito em julgado destinarem-se apenas à casta dos políticos (em razão da generalidade

---

28. MAURIQUE, Jorge Antonio. O juiz das garantias é necessário para atestar a imparcialidade do processo penal? **Folha de São Paulo**, 1º fev. 2020, p. 3.

das leis[29]), tais medidas acabam beneficiando todos os criminosos comuns endinheirados que promovem recursos nas fases probatória e decisória visando ao trancamento das sentenças e à infalível prescrição dos seus crimes. Essas leis da impunidade e a decisão do STF da prisão somente após trânsito em julgado, promovidas pelas oligarquias políticas no ano de 2019, somam-se às dezenas de outras que foram promulgadas anteriormente em benefício dos políticos profissionais. Temos hoje um país que é o império do crime organizado, da lavagem de dinheiro e da corrupção. Os criminosos com recursos financeiros têm garantidas as suas atividades criminosas sem qualquer perigo de condenação e muito menos de prisão.

Nesse contexto, a finalidade real da criação do juiz de garantias é exatamente esta: impedir que os políticos profissionais sejam condenados sequer em primeira instância, resguardando assim a sua "reputação" perante o seu eleitorado e impedindo que se aplique a Lei da Ficha Limpa, o que se dá somente após a condenação em segunda instância. Assim, os dirigentes dos partidos e os parlamentares, e mesmo os candidatos não eleitos, estão, por força das três medidas (prisão após trânsito em julgado, Lei de Abuso de Autoridade e juiz de garantias), inteiramente imunes a qualquer condenação já a partir da primeira instância.

Ademais, o Supremo Tribunal Federal, como se fosse uma simples vara criminal, concede, todos os anos, centenas de *habeas corpus* aos integrantes da oligarquia política e a chefes de organizações criminosas. Não bastasse, o STF revestiu os tribunais eleitorais de funções criminais, devendo instruir e processar os políticos que não estejam protegidos pelo foro privilegiado.

Ainda a respeito da decisão da Suprema Corte, em 2019, de prisão somente após o trânsito em julgado e seus efeitos práticos, note-se que apenas os políticos e os empresários corruptos foram soltos no próprio dia da infame decisão. Os presos comuns — pretos, pobres e periféricos — continuam trancafiados mesmo não tendo suas condenações transitado em julgado. A Defensoria Pública, que apoiou oficialmente a prisão somente após o trânsito em julgado, não mexeu uma palha a favor dos presos desvalidos a seu cargo, contrariando o disposto no

---

29. "[...] a decantada generalidade da lei não se encontra e se não justifica, doutrinàriamente, senão no propósito, na finalidade, que há de, necessàriamente, animar e orientar o preceito legal. Expressão do bem comum, a lei não pode senão ser geral, em seu propósito, generalidade decorrente de sua própria natureza. Regulando, embora, por vêzes, particulares assuntos, por meio dos quais se efetiva o bem comum, ela não se alonga da finalidade geral indeclinável, que lhe é essencial. Tudo é por ela considerado pelo prisma da utilidade geral e, neste sentido, não pode e não deve ser senão geral. É a generalidade de seus desígnios que torna a lei impessoal, isto é, sobranceira e isenta, imparcial e sagrada, inacessível a interêsses estranhos a seu ofício. Do contrário, seria violência ou arbítrio, 'antes iniqüidade do que lei': *magis iniquitas quam lex* [...]." (OLIVEIRA FILHO, Benjamim de. A generalidade da lei. **Revista da Faculdade de Direito UFPR**, v. 8, 1960. Disponível em: https://revistas.ufpr.br/direito/article/view/6673).

art. 5º, inciso LXXIV, da CF/88, que demagogicamente determina que "O Estado prestará assistência jurídica integral e gratuita aos que comprovarem insuficiência de recursos".

Aventurou-se, por fim, a Suprema Corte na suspensão dos inquéritos sobre lavagem de dinheiro a cargo do Conselho de Controle de Atividades Financeiras (COAF) quando se tratasse de contas movimentadas por políticos e altos funcionários e suas famílias. Com essa medida de acobertamento de crimes financeiros, a Suprema Corte feriu a Lei n. 9.613, de 1998, que trata dos crimes de lavagem de dinheiro. Essa iniciativa do STF a favor da impunidade foi, afinal, abortada, por implicar a exclusão do país das entidades mundiais de combate ao crime organizado. O recuo da Corte, em novembro de 2019, representou um indelével vexame, expondo-a a um descrédito indissolúvel perante o povo brasileiro.

As principais mudanças estruturais do anteprojeto de constituição

Impõe-se uma profunda alteração da estrutura do Estado brasileiro, dominado pelos políticos profissionais, a quem Gentili atribui o cognome de "empresários da política".[30]

Impõe-se a alteração do regime de representação, adotando-se o voto distrital puro. Da mesma forma, é indispensável a extinção da partidocracia, mediante a adoção das candidaturas independentes, isoladas ou apoiadas por associações e movimentos de natureza política espontaneamente surgidos no seio da sociedade civil.

Ainda no capítulo eleitoral, deve ser restaurada a publicidade da apuração pública dos votos contados, mediante cédula impressa, conforme instituído na Lei n. 13.165, de 2015. Em todos os países legitimamente democráticos o voto é secreto e a sua apuração necessariamente pública, mediante contagem material das cédulas depositadas nas urnas. Nessa matéria fundamental também atuou o Supremo Tribunal Federal, em prol da oligarquia política, ao suspender, em 2018, a vigência da referida Lei n. 13.165, de 2015, que instituiu o voto impresso acoplado às urnas eletrônicas para o efeito de sua contagem comparativa com as totalizações dos resultados proclamados pelo sistema computadorizado. A suspensão da Lei do Voto Impresso pelo STF constitui um explícito atentado ao Estado Democrático de Direito. Isto porque nenhuma lei federal pode ser suspensa ou declarada nula a não ser pela sua inconstitucionalidade direta. E o motivo

---

30. GENTILI, Anna Maria. Antropologia política. In: BOBBIO, Norberto. **Dicionário de política**. Brasília: Editora Universidade de Brasília, 1998, p. 45-49.

alegado no caso foi de que o voto impresso poderia ferir o sigilo, não obstante ficasse ele depositado e lacrado em uma urna própria, acoplada àquela eletrônica e somente aberta no momento das apurações públicas.

Inúmeras medidas relevantes no plano constitucional são objeto deste estudo. Através delas procura-se a modernização efetiva do Estado a fim de se criarem relações sociais fundadas na isonomia.

O passo fundamental é a extinção dos privilégios instituídos na Constituição de 1988 a favor dos integrantes do setor público — tanto os políticos como os servidores.

Tendo em vista a exigência permanente e crescente da sociedade civil de participar da vida pública, propõe-se uma nova constituição que institua um verdadeiro regime democrático, cujos principais pontos são levantados a seguir.

No plano político

- Proibição de eleição ou reeleição dos mandatários em exercício para qualquer cargo eletivo.
- É vedado aos eleitos para o Poder Legislativo exercer qualquer cargo no Poder Executivo.
- Os Municípios têm plena liberdade de organização administrativa, vedada remuneração aos vereadores.
- Voto distrital puro para a eleição de deputados e vereadores. O presidente, os senadores, os governadores e os prefeitos serão eleitos pelo voto majoritário.
- Fica extinto o voto proporcional.
- Voto não obrigatório.
- Candidaturas independentes, individuais ou com o apoio de associações civis de natureza política, para todos os cargos eletivos nas três esferas federativas.
- Os senadores, os deputados e os vereadores terão plena liberdade individual de voto, vedado o seu direcionamento pelos partidos.
- Haverá três categorias de partidos políticos: partidos com atuação nacional, estadual ou municipal, sendo inteiramente autônomos e independentes entre si.
- Os partidos nacionais participarão das eleições para presidente, senadores e deputados federais. Os partidos estaduais, para governador e deputados estaduais. Os partidos municipais, para prefeito e vereadores.
- Apuração pública das eleições pela contagem do voto impresso acoplado às urnas eletrônicas.

- Perda de mandato de deputados, prefeitos e vereadores por iniciativa dos próprios eleitores (*recall*).
- Eliminação do Fundo Partidário.
- Eliminação do Fundo Eleitoral.
- Eliminação das emendas parlamentares ao orçamento.
- Eliminação dos cargos de provimento em comissão, que atualmente abrigam os políticos e seus prepostos em postos de chefia na administração pública, os quais serão exercidos unicamente pelos servidores de carreira.
- Realização de referendo e plebiscito a cada dois anos, coincidentes com as eleições gerais e municipais, para a aprovação de matérias de relevante interesse público nacional, estadual ou municipal.
- Seguro de obra nas licitações de obras públicas, no valor de 100% da respectiva adjudicação (*performance bonds*).

No plano institucional

- Fim do foro privilegiado.
- O regime de estabilidade fica restrito à magistratura, ao Ministério Público, à polícia judiciária, à diplomacia e às Forças Armadas. Os demais cargos passam para o regime da Consolidação das Leis do Trabalho.
- Fica criado o regime previdenciário único, extinguindo-se o Regime Especial de Previdência.
- O direito adquirido não pode prevalecer no âmbito do Direito Público, sendo aplicável apenas nas relações de Direito Privado.
- Nulidade de leis aprovadas em causa própria em favor dos agentes públicos — políticos e servidores.
- Eliminação de todos os adicionais para os integrantes do setor público, restringindo-se os seus proventos unicamente ao valor salarial contratado consoante a Consolidação das Leis do Trabalho.
- Adoção do regime de declaração, em substituição ao de prévia autorização administrativa, para o exercício de atividades civis, profissionais e econômicas.
- O ordenamento jurídico será constituído de normas constitucionais, leis ordinárias e atos normativos, extintas as leis complementares e orgânicas.
- As reformas da constituição serão submetidas a plebiscito, bem como as leis que possam beneficiar categorias, setores e corporações ou aprovadas em situação de conflito de interesses.

Quanto ao Poder Judiciário

- Unicidade do juiz natural.
- Legitimidade de qualquer cidadão para ingressar em juízo, sem as inúmeras reservas de legitimidade ativa previstas na vigente Carta.
- Trânsito em julgado mediante decisão em segundo grau, prolatada pelos tribunais de justiça federais e estaduais.
- Prisão já em primeira instância de réu condenado.
- Transformação do STF em Corte Constitucional, adstrito à matéria da constitucionalidade das leis e dos atos normativos e administrativos e à resolução de conflitos na legislação entre Estados da Federação.
- Os tribunais superiores têm função revisional dos julgados penais e rescisória dos julgados cíveis transitados em julgado pelos tribunais federais e estaduais, mediante processos autônomos, não tendo nenhuma competência recursal e suspensiva das decisões transitadas em julgado em segunda instância.
- Os magistrados da Corte Constitucional e dos tribunais superiores terão mandato de 08 (oito) anos.
- As vagas na Corte Constitucional serão preenchidas pelos magistrados mais antigos do Superior Tribunal de Justiça.
- No STJ, as vagas serão preenchidas, em rodízio, pelos desembargadores mais antigos dos tribunais federais regionais.
- Todos os tribunais serão formados por magistrados de carreira, aprovados em concurso público para juiz de primeiro grau.
- O mesmo critério de antiguidade é adotado para as chefias dos ministérios públicos, das polícias judiciárias e dos tribunais de contas.

Quanto ao orçamento

- Todos os recursos orçamentários são discricionários, vedadas as despesas obrigatórias, vinculadas ou impositivas.
- Todas as receitas orçamentárias são contingenciáveis.
- São vedadas as emendas congressuais à proposta orçamentária anual ou plurianual aumentando receitas e despesas.
- Fica vedada a criação de fundos vinculados a determinados fins e atividades do Poder Executivo.
- As despesas com folha de pagamento dos servidores, tanto os da ativa quanto os inativos, não podem ultrapassar um quarto das receitas orçamentárias.

Quanto à Ordem Econômica e à Ordem Social

- Fica vedada a exploração da atividade empresarial pelo Estado.
- A pessoa jurídica é diretamente responsável pelos atos ilícitos praticados, em seu nome, por seus administradores e funcionários.
- Cabe à sociedade civil apoiar com meios e recursos as manifestações culturais e artísticas privadas.
- É dever precípuo do Estado e da sociedade civil a preservação e a defesa do meio ambiente natural e antropológico.

Dentro dessas linhas mestras, outros temas são enfrentados na presente proposta constitucional. Todos os seus 134 artigos contêm preceitos que visam estruturar um Estado a serviço da sociedade civil.

Por fim, como medida da efetiva legitimidade da nova constituição, entende-se que o presente anteprojeto deverá ser levado a plebiscito, após sua discussão pública pelo prazo de 180 dias, entrando em vigor 180 dias após a sua promulgação.

A PERCEPÇÃO PELA SOCIEDADE CIVIL DA DIMENSÃO PLENA DA DEMOCRACIA

O povo brasileiro deseja a mudança do perfil do Estado, que, por força do arcabouço constitucional vigente, atende aos interesses dos partidos políticos e de seus membros, deixando de lado a sua função primordial de promover o bem comum e os interesses gerais da sociedade.[31] Como reiterado, o horizonte político alterou-se profundamente entre nós a partir das manifestações da sociedade civil nas ruas desde junho de 2013. O povo brasileiro tem agora a percepção de que o Estado Democrático de Direito não se resume à garantia das liberdades públicas.

Exige-se que os dois outros fundamentos da República democrática, concebidos nas Revoluções Francesa e Americana — quais sejam, a igualdade e a fraternidade —, imponham-se, finalmente, na vida da sociedade brasileira. Espera-se que uma nova constituição estabeleça um arcabouço institucional de oportunidades para todos os brasileiros, e não de privilégios das castas formadas pelos

---

31. A propósito, a definição dos partidos políticos de Max Weber: "uma associação [...] que visa a um fim deliberado, seja ele 'objetivo' como a realização de um plano com intuitos materiais ou ideais, seja 'pessoal', isto é, destinado a obter benefícios, poder e, conseqüentemente, glória para os chefes e sequazes, ou então voltado para todos esses objetivos conjuntamente." (WEBER, Max. **Economia e sociedade**. Op. cit., apud OPPO, Anna. Partidos políticos. In: BOBBIO, Norberto. **Dicionário de política**. Brasília: Editora Universidade de Brasília, 1998, p. 898-905).

oligarcas políticos e pela burocracia.[32] Propõe-se a igualdade, ou seja, que toda a sociedade seja tratada de maneira igual pelo arcabouço normativo.

As regras constitucionais e infraconstitucionais devem ser isonômicas e equitativas ao regular os interesses, os direitos, os deveres, as obrigações e as responsabilidades de todas as pessoas físicas e jurídicas, estejam elas situadas no setor privado ou na esfera pública. Prevalece o conceito aristotélico de que todos os benefícios e encargos devem ser distribuídos em partes iguais, por todos. Trata-se da igualdade dos direitos e deveres emanados da constituição, o que proporciona, ainda dentro de um conceito platônico-aristotélico, uma sociedade cuja condição econômica e profissional das pessoas advenha do esforço individual de cada um, sem o bloqueio da falta de formação individual, de leis iníquas e da estrutura viciada e disfuncional do Estado.

Participação da sociedade civil na vida pública

Outra questão é a da participação da sociedade civil na promoção desse ambiente de efetiva oportunidade de desenvolvimento pessoal e coletivo. Para tanto, a constituição deve criar para a sociedade civil um papel fundamental na luta pela educação, pela saúde, pelas condições urbanas e habitacionais — papel esse compartilhado com o Poder Público. Essa estreita e permanente colaboração evita a politização dos serviços essenciais prestados à coletividade e reforça a posição da própria sociedade civil diante da inercial tendência hegemônica do Estado.

Cabe, portanto, à sociedade civil não apenas propor a adoção de políticas públicas, como efetivamente intervir e assumir, em determinados setores essenciais, a liderança na prestação de serviços públicos. Assim, a escola pública deve ser frequentada, gerida e conduzida pelas famílias dos seus alunos com as orientações e o permanente apoio das instituições civis. E deve haver uma proximidade efetiva entre a escola pública e as escolas particulares. Na saúde, os hospitais da rede particular devem assumir um grande papel na prestação dos serviços ambulatoriais, de exames, de internação e no setor de alta complexidade.

Em suma, a transformação de um país de privilégios em uma Nação de oportunidades somente pode ocorrer se o setor privado assumir responsabilidades no plano social. Essa participação acabará por reverter-se em prosperidade econômica, no seu mais amplo sentido.

---

32. A propósito dessa profunda cisão entre sociedade e Estado, Faoro: "As duas partes, a sociedade e o estamento, desconhecidas e opostas, convivendo no mesmo país, navegam para portos antípodas: uma espera o taumaturgo, que, quando a demagogia o encarna em algum político, arranca de seus partidários mesmo o que não têm; a outra permanece e dura, no trapézio de seu equilíbrio estável." (FAORO, Raymundo. Op. cit., p. 828).

Uma Nação de oportunidades

A igualdade de oportunidades se alcança quando não há obstáculos estruturais no caminho de cada um para chegar e obter o que deseja realizar em sua vida profissional. A educação, a saúde, a habitação e o saneamento básico para todos é o requisito fundamental para que cada um tenha acesso às oportunidades de desenvolvimento pessoal e inserção social. Para que cada um dependa apenas do projeto individual[33] e da capacidade de realizá-lo conforme sua habilidade natural e adquirida e do seu esforço individual.

Não adianta nem mesmo uma educação de qualidade numa estrutura institucional de privilégios, como ocorre em nosso país, sob a égide da Constituição de 1988. A sociedade de privilégios é incompatível com o desenvolvimento econômico e social do indivíduo. Volta-se aqui ao conceito clássico de "igualdade" proposto pelos enciclopedistas do século XVIII, reportado por Oppenheim: "abolidos os privilégios e estabelecida a igualdade de direitos não haverá tropeços no caminho de ninguém para a busca da felicidade, isto é, que cada um, com sua habilidade, alcance a posição apropriada à sua máxima capacidade".[34]

A essa altura, pode-se perguntar: existe algum país no mundo democrático que tenha superado efetivamente os privilégios para instituir uma Nação de oportunidades? O melhor exemplo, ainda que obviamente imperfeito, é o dos Estados Unidos da América.[35] Não obstante a pesada herança do escravismo e o persistente racismo, fundou-se ali um país de oportunidades, e não de privilégios. Os cidadãos têm as bases educacionais necessárias para se realizarem como indivíduos na busca individual de oportunidades. Lá não é o Estado que proporciona hegemonicamente os meios de formação das pessoas para se desenvolverem. É a própria sociedade civil que assume as escolas, os hospitais, as universidades, as entidades culturais, científicas e tecnológicas.

Isso posto, o Estado deve intervir apenas quando a sociedade não pode exercer, ela própria, o encargo de promover a prosperidade do país, como o exercício do poder de polícia, da defesa nacional, da fiscalização e do arbitramento judicial dos conflitos sociais. O Estado não deve ter a hegemonia de todos os setores

---

33. "Eu sou eu e minha circunstância, e se não salvo a ela, não me salvo a mim". (ORTEGA Y GASSET, José. **Meditaciones del Quijote**. Madrid: Revista de Occidente; Alianza Editorial, 1981).
34. OPPENHEIM, Felix E. Igualdade. In: BOBBIO, Norberto. **Dicionário de política**. Brasília: Editora Universidade de Brasília, 1998, p. 597-605.
35. No segundo trimestre de 2019, antes da pandemia do coronavírus Sars-CoV2, a economia americana, com sua alta sofisticação tecnológica e plena automação, manteve o nível de desemprego em 3,6%; a produtividade aumentou 3% e o PIB, 3,2%; a inflação em 1,6%; e os salários aumentaram 3,2%.

da sociedade, como ocorre em nosso país.[36] A sociedade de oportunidades se assume, ela própria, na criação e na condução das instituições fundamentais, nos diversos setores da vida individual, social e econômica.

SUPERAÇÃO DE UMA SOCIEDADE DE PRIVILÉGIOS

Na sociedade de privilégios, como a que temos em nosso país, um segmento, composto da maioria absoluta das pessoas, corre os riscos inerentes à vida econômica. O outro segmento, minoritário, não corre risco algum: tem seu emprego garantido e benefícios comparativos constantes. Entre nós, mais de doze milhões de indivíduos, em decorrência da crise provocada pela expansão fiscal dos governos petistas, procuram emprego desde 2015. Por outro lado, 11,5 milhões de servidores públicos têm seus empregos estáveis garantidos pelo Estado, sendo imunes às crises econômicas.

Conforme dados fornecidos pela PNAD Contínua,[37] em 2018, enquanto o rendimento dos trabalhadores do setor privado aumentou somente 0,8%, o dos servidores públicos teve um incremento de 4,2%, ou seja, cinco vezes mais do que o dos primeiros. Outro dado do IBGE: o rendimento médio dos servidores públicos em 2018 era de R$ 3.706,00, enquanto os do setor privado era de R$ 1.960,00.[38] Segundo os dados oficiais, os integrantes dos quadros do setor público somam 11,5 milhões e os trabalhadores formais e informais do setor privado, 68,1 milhões.

Essa estrutura estatal perversa advém da própria Constituição de 1988, que dedica a maior parte de seus dispositivos à instituição de privilégios aos detentores de cargos e de funções políticas e administrativas. Esses privilégios se produzem na União e se reproduzem nos Estados e nos Municípios. Nos Municípios, não mais prevalece o teto da Lei de Responsabilidade Fiscal. Uma lei do governo Temer, de 2018, permite aos Municípios estourarem, sem sanções, o teto de 60% com gastos do pessoal quando houver queda da receita.

---

36. Faoro anota o aspecto perverso da cooptação das iniciativas da sociedade civil pela oligarquia política: "Na peculiaridade histórica brasileira, todavia, a camada dirigente atua em nome próprio, servida dos instrumentos políticos derivados de sua posse do aparelhamento estatal. Ao receber o impacto de novas forças sociais, a categoria estamental as amacia, domestica, embotando-lhes a agressividade transformadora, para incorporá-las a valores próprios, muitas vezes mediante a adoção de uma ideologia diversa, se compatível com o esquema de domínio." (FAORO, Raymundo. Op. cit., p. 834).
37. BRASIL. Instituto Brasileiro de Geografia e Estatística – IBGE. **Pesquisa Nacional por Amostra de Domicílios Contínua - PNAD Contínua**. Disponível em: https://www.ibge.gov.br/estatisticas/sociais/trabalho/17270-pnad-continua.html.
38. BRASIL. IBGE. **PNAD Contínua**. Op. cit.

Os privilégios constitucionalmente consolidados

Quando são analisados os fatores que levaram ao desastre fiscal persistente do Estado brasileiro da segunda década deste século XXI, com reflexos profundamente danosos na sociedade e na economia privada, deve-se olhar, em primeiro lugar, para a Constituição de 1988. A par dos Direitos Sociais que a Carta retoricamente proclama, mas que o Estado jamais concretiza, praticamente todo o texto constitucional vigente institui privilégios para os detentores de cargos públicos, sejam políticos, sejam administrativos. Com efeito, todas as normas constitucionais referentes ao exercício da função pública outorgam vantagens para os seus integrantes, nos três Poderes e nas três esferas federativas.

Para garantir a estabilidade e, portanto, risco zero quanto ao recebimento integral dos proventos dos titulares de cargos públicos, a Carta de 1988 cria as despesas impositivas. Faça sol, faça chuva, haja uma recessão fiscal, estrutural ou episódica — como a decorrente da pandemia da Covid-19, com o déficit extra de 600 bilhões de reais no exercício de 2020 —, nem um único centavo será deduzido dos substanciosos proventos dos servidores públicos e dos nossos representantes políticos, proventos esses que jorram, integrais e generosos, nos holerites de cada um deles.

Essas despesas constitucionais obrigatórias de custeio de folha de pagamento atingem 23,7% do orçamento federal, comprometendo o valor de arrecadação e o monstruoso déficit anual, em torno de 70% do PIB em 2019.[39] Praticamente um quarto de todos os recursos dispendidos pela União são gastos com as remunerações dos seus servidores. Nos Estados da Federação, esses gastos com a folha de pagamento dos servidores chegam a 60%, e nos Municípios o custeio de pessoal supera, em muitos casos, 80% do orçamento. Consequência: muitos Estados e a maior parte dos Municípios estão falidos.

As duas classes sociais instituídas pela Carta de 1988

Por todo esse quadro de iniquidades, a Carta de 1988 estruturou duas classes sociais no Brasil: a dos políticos e agentes públicos, de um lado, que formam o estamento dos privilegiados, e, de outro, o povo, que integra o setor privado e que deve sustentar essas benesses.[40]

---

39. Anteriormente, portanto, à crise sanitária de 2020.
40. Faoro, a propósito: "O poder — a soberania nominalmente popular — tem donos, que não emanam da nação, da sociedade, da plebe ignara e pobre. O chefe não é um delegado, mas um gestor de

Aos primeiros, todos os privilégios, representados pela estabilidade do emprego, salários cinco vezes maiores de que os do setor privado em todos os níveis, tanto dos agentes públicos ativos como inativos e pensionistas. Isso tudo não obstante a festejada Reforma Previdenciária de 2019, que minimizou, relativa e gradativamente, os privilégios previdenciários indecorosos. Nesse contexto, as benesses dos políticos profissionais não cessam jamais. Uma vez eleitos, durante o mandato e após, para o resto da vida, usufruirão os nossos homens públicos e seus parentes de aposentadorias e pensões e de todo o tipo de assistência hospitalar, em rede privada.

Esse regime de privilégios constitucionais se reflete organicamente nas relações dos agentes políticos e administrativos com o setor privado. Outro segmento da casta dos privilegiados se forma no setor privado, em busca de vantagens tributárias, setoriais e regionais, de toda a espécie.[41] Nesse último rol estão as zonas francas, a suspensão de encargos trabalhistas e de cobrança de impostos, inclusive municipais, e todo o tipo de privilégios tributários que são usufruídos à custa dos milhões de contribuintes, pessoas físicas e jurídicas.

Fora do Estado não há salvação

A cultura que emana dessa estrutura iníqua é a de que *fora do Estado não há salvação*. Os melhores empregos devem ser procurados no Estado. É no Estado que se pode alcançar prosperidade, obtendo-se privilégios de toda a ordem. A realização individual é procurada no seio do Estado, que garante a estabilidade do emprego altamente remunerado, sem qualquer requisito de eficiência e produtividade na prestação dos serviços administrativos para os quais se foi nomeado. O único esforço é o inicial, ou seja, ser aprovado no concurso público que leva ao paraíso dos direitos adquiridos e das benesses infinitas, pois vão além da vida do próprio servidor, para se estender, em pensões integrais não somente ao cônjuge sobrevivente, mas às filhas solteiras ou viúvas.[42]

O regime de licitação não prevalece nos setores que têm relações contratuais com o Estado. Os contratos se obtêm através dos cartéis e com pagamento de pro-

---

negócios, gestor de negócios e não mandatário." (FAORO, Raymundo. Op. cit., p. 837).

41. A propósito, Faoro: "As classes servem ao padrão de domínio, sem que orientem a mudança, refreadas ou combatidas, quando o ameaçam, estimuladas, se o favorecem. O sistema compatibiliza-se, ao imobilizar as classes, os partidos e as elites, aos grupos de pressão, com a tendência de oficializá-los." (FAORO, Raymundo. Op. cit., p. 834).

42. A propósito, Faoro: "O brasileiro que se distingue há de ter prestado sua colaboração ao aparelhamento estatal, não na empresa particular, no êxito dos negócios, nas contribuições à cultura, mas numa ética confuciana do bom servidor, com carreira administrativa e *curriculum vitae* aprovado de cima para baixo. A vitória no mundo social, fundada na ascética intramundana do esforço próprio, racional, passo a passo, traduz, no desdém geral, a mediocridade incapaz das ambições que visam à glória, no estilo que lhe conferia Montesquieu." (FAORO, Raymundo. Op. cit., p. 831 *et seq.*).

pinas milionárias. O Estado é onipresente e superestruturado. O Estado domina burocraticamente a sociedade ao controlar todas as atividades civis, profissionais e econômicas do país.

A SOCIEDADE QUE RESULTA DA HEGEMONIA ESTATAL

Por outro lado, o Estado não presta serviços públicos decentes em nenhum segmento. O povo, desassistido dos serviços públicos, tem como única função, na relação governo-sociedade, pagar seus impostos, diretos e indiretos. Além disso, os impostos são regressivos e não progressivos. Para os empreendedores, esses tributos formam um emaranhado de cálculos de recolhimento que desestimulam qualquer atividade empresarial ou investimento.

O povo, por força dessas perversas relações Estado-sociedade, vive, em sua maior parte, de atividades econômicas apartadas da economia formal. Sessenta milhões de pessoas sobrevivem precariamente do trabalho informal, fora do regime previdenciário e de saúde (Sistema Único de Saúde – SUS). No mínimo trinta milhões de brasileiros vivem de expedientes.

Milhares de pessoas habitam áreas fora do controle do próprio Estado, como nas extensas favelas dos grandes e médios centros urbanos do país, em casas coladas umas às outras, sem ventilação, sem sala de convívio, eufemisticamente denominadas pelo IBGE de "habitações subnormais".[43] Os favelados congregam um contingente de mais de trinta milhões de brasileiros. A essas aglomerações caóticas e de degradação e miséria humanas, convencionou-se chamar, eufemisticamente, de "comunidades". E os habitantes das favelas são discriminados pelo resto da sociedade. O comunitarismo, fruto da marginalização social, é um verdadeiro *apartheid*, numa situação social diametralmente oposta à casta dos privilegiados do setor público. E cada vez mais os habitantes das "comunidades" clamam por cidadania, por pertencimento.

A RESTAURAÇÃO DA CIDADANIA

Cidadania é o *status* subjetivo de pertencimento político dos membros da sociedade civil. O cidadão é o titular de direitos políticos e, nessa qualidade, tem

---

43. A pandemia da Covid-19, em 2020, revelou, fora das estatísticas oficiais, que 60 milhões de pessoas adultas estão fora de qualquer amparo previdenciário, trabalhista ou assistencial, entre as quais, três milhões não têm qualquer registro civil, de nascimento ou de identidade. São os párias sociais, os *"sans papier"*. Entre esse contingente de 60 milhões de marginalizados da economia formal e da proteção jurídica, pelo menos 5 milhões vivem em estado de miséria absoluta.

legitimidade de eleger e de ser eleito. Cidadão é a pessoa capaz de ter pleno acesso à vida pública, como eleitor e como eleito. O cidadão é titular do direito de petição, de subscrição de projetos de lei de origem popular, de promover e participar de referendo e plebiscito, de subscrever perante o Ministério Público e em juízo todos os pedidos e demandas de interesse coletivo, como ação popular, mandado de segurança coletivo e todas as demais medidas processuais necessárias à preservação de direitos individuais, sociais coletivos e difusos.[44] Desse modo, o cidadão é o membro do povo, que, credenciado pelo título de eleitor, tem o poder-dever de participar da vida pública.

A cidadania é o segmento político da sociedade capaz de proporcionar a paz interna e a integração sociopolítica que leva ao exercício efetivo, concreto e permanente dos direitos fundamentais declarados na constituição de um país democrático. A cidadania tem o poder-dever de representar o povo no seio do Estado e da própria sociedade, na observância estrita dos seus direitos assegurados pelo ordenamento jurídico. Não há exercício real dos direitos fundamentais inscritos numa constituição se não existe um *status* de cidadania que se alcança pela identidade política, a partir da posse do título eleitoral. A cidadania é o fundamento da igualdade efetiva do exercício dos direitos fundamentais constitucionalmente declarados, de participação plena e incondicionada na vida pública.

Participação incondicionada quer dizer que o exercício da cidadania na vida pública não está, nem pode estar, condicionado à filiação partidária, tal como impõe a Carta vigente, em seu art. 14, § 3º, inciso V. Essa intermediação partidária é a própria negação do *status* de cidadania, sem a qual não existe regime e vida democráticas. Por isso, não há cidadania desigual, ou seja, diferenciação de *status*. Ou se é capaz de concretamente exercer os direitos de participação política, ou não se é cidadão.[45]

O *status* de cidadania é pressuposto do exercício dos direitos garantidos na constituição. É um *status* de pertencimento de cada pessoa do povo na vida política de uma Nação. A plena e irrestrita legitimidade de participar da vida pública é da própria natureza da cidadania. No plano da representação política, essa legitimidade se traduz no direito do cidadão de ser eleito independentemente da intermediação de partidos políticos, como reiterado. Se as circunstâncias socioeconômicas são excludentes para um determinado grupo, para ele não se cria a condição fundamental para a formação e o exercício da cidadania.

---

44. A propósito, José Afonso da Silva: "Cidadania [...] qualifica os participantes da vida do Estado, é atributo das pessoas integradas na sociedade estatal, atributo político decorrente do direito de participar no governo e direito de ser ouvido pela representação política." (SILVA, José Afonso da. **Comentário contextual à Constituição**. 7. ed. São Paulo: Malheiros, 2010, p. 214).

45. José Afonso da Silva nos relembra que Pimenta Bueno, com base no art. 90 da Constituição de 1824, falava em "cidadão ativo" para distinguir aquele que era titular de direitos políticos, ou seja, os nascidos no Brasil. (SILVA, José Afonso da. Op. cit., p. 214).

Uma Constituição, como a nossa de 1988, fundada nos privilégios, não proporciona os instrumentos efetivos capazes de garantir e assegurar a eficácia do *status* de cidadania para o povo brasileiro. O texto e a aplicação de nossa Carta demonstram, cada vez mais, que nossa democracia garante apenas as liberdades públicas. Não assegura ao povo o acesso à vida pública e à condução do seu próprio destino. A cidadania em nosso país é de caráter passivo, reduzindo-se ao dever (voto obrigatório) de votar nos candidatos apresentados pelos partidos.

A PARTICIPAÇÃO DA SOCIEDADE CIVIL NA EFETIVAÇÃO DE POLÍTICAS PÚBLICAS

Falta-nos o requisito de qualquer regime democrático: a igualdade de direitos, deveres e encargos. A fraternidade, como o terceiro fundamento da democracia, é entendida modernamente como a permanente e efetiva participação da sociedade civil na formulação de políticas públicas e no compartilhamento da prestação efetiva de serviços, hoje disfuncionalmente monopolizados pelo Estado.

O Brasil necessita prioritariamente dessa participação das entidades e das empresas privadas no atendimento das exigências básicas e essenciais da coletividade. O requisito constitucional de fraternidade se efetiva mediante a participação permanente da sociedade civil organizada na prestação de serviços públicos. Ela é essencial na implantação das políticas públicas de Estado e de governo visando à sua constante otimização.

Para tanto, devem ser constituídos fóruns permanentes no seio da sociedade civil sobre temas específicos, congregando o profundo conhecimento que as entidades privadas possuem sobre os assuntos e problemas socioeconômicos relevantes para a sociedade brasileira. A integração desses fóruns permanentes com os entes estatais, que também possuem estudos igualmente importantes a respeito, permitirá uma formulação de políticas de Estado, efetivas e de longo prazo.

A presença da sociedade civil organizada, tanto na formulação de políticas públicas como na prestação de serviços à coletividade, quebra a autonomia e a hegemonia disfuncional do Estado, em ambos os aspectos. A fraternidade, portanto, tende a restabelecer a identidade perdida entre as forças políticas e as forças sociais.

Em outras palavras: a participação da sociedade civil organizada na formulação das políticas e na prestação de serviços quebraria a dominação oligárquica do Estado sobre a coletividade. E essa hegemonia tem um aspecto dialético no sentido de que, quanto mais o Estado domina a sociedade, mais esta se distancia do Estado. A participação da sociedade civil organizada na prestação de serviços públicos tem, portanto, um efeito múltiplo de quebrar a dominação do Estado e, ao mesmo tempo, colocá-lo a serviço do povo. E, com efeito, no Brasil, há um antagonismo evidente entre Estado e sociedade. Há uma luta clara da sociedade civil contra o Poder Público, voltado unicamente à concessão de privilégios para os seus integrantes.[46] Não há uma luta de classes no sentido gramsciano, mas uma luta da sociedade contra um Estado não representativo da sociedade, na medida em que é voltado para si mesmo.

A sociedade brasileira tem pleno conhecimento das disfunções do Estado, que nada tem de moderno, sendo um arremedo grotesco do Estado de privilégios que foi abolido pela Revolução Francesa. Somos um país atrasado em grande parte pela feição desse Estado de privilégios absolutos a favor dos membros do setor público, além de nitidamente clientelista. Daí resulta que o Estado e a sociedade civil se contrapõem.[47] Impõem-se, como forma de reconciliar a coletividade e o Estado, a participação efetiva da sociedade civil organizada na formulação e na ação visando ao bem público.

A INEXISTÊNCIA DE REPRESENTAÇÃO POLÍTICA

Outra crise fundamental neste nosso Estado-privilégio e clientelista é a da pseudorrepresentação política, como foi abordado no início deste estudo, ao se falar da partidocracia.

Por força da Constituição de 1988, não há uma relação entre representantes e representados. Os partidos, tais como instituídos na Carta, são meros aglomerados de políticos profissionais voltados ao atendimento unicamente dos grupos de interesses econômicos e corporativos, além dos próprios.[48] Consequência: a ilegitimidade da representação eleitoral e dos partidos, que são totalmente desprezados e odiados pela sociedade civil.

Esse quadro de falta de representação política legítima isola ainda mais a sociedade civil do Estado. Este, para se manter, constrói um enorme e disfuncional aparato burocrático, onipresente, que oprime a sociedade. O fato de a nossa

---

46. Faoro, a respeito: "Grupos, classes, elites, associações tentam, lutam para fugir ao abraço sufocador da ordem imposta de cima [...], gerando antagonismos que, em breves momentos, chegam a arredar, sem aniquilar, o estado-maior de domínio, imobilizando-o temporariamente, incapazes os elementos em rebeldia de institucionalizar-se fixamente." (FAORO, Raymundo. Op. cit., p. 826).
47. Como observa Faoro: "O predomínio dos interesses estatais, capazes de conduzir e deformar a sociedade — realidade desconhecida na evolução anglo-americana —, condiciona o funcionamento das constituições, em regra escritos semânticos ou nominais sem correspondência com o mundo que regem." (FAORO, Raymundo. Op. cit., p. 826 et seq.).
48. Como comenta Pasquino: "Partitocracia significa, de fato, mais que Governo dos partidos, seu domínio ou expansão da ambição de domínio." (PASQUINO, Gianfranco. Partitocracia. Op. cit.).

burocracia ser irracional, pois dominada pelos representantes dos políticos, colocados em todos os cargos de chefia, não impede, ou melhor, aumenta a dominação dessa máquina disfuncional sobre a sociedade civil.

Não há nenhuma identificação entre sociedade civil e Estado, como reiterado. Daí a necessidade de desconstruir o atual regime constitucional voltado para a criação de privilégios e clientelismo. A Nação necessita de uma constituição fundada na isonomia, ou seja, o princípio de que a lei é igual para todos e de que todos são iguais perante a lei. Cabe estabelecer o conceito constitucional da lei legítima a que se submetem todos. Nada diferente da *rule of law*, ou seja, o princípio de que são nulas e de nenhum efeito as leis aprovadas pelo Congresso contrárias ao Direito e à razão. Estabelece-se o princípio da primazia da lei legítima. As leis que favorecem o poder e seus apaniguados são nulas e de nenhum efeito. Ou seja, são nulas as leis votadas em causa própria dos governantes e dos membros do setor público ou de grupos de interesses econômicos e corporativos do setor privado.

A Constituição de 1988 cria, como reiterado, um Estado socialmente opressivo em que todas as pessoas do povo têm o dever de pagar os tributos diretos e indiretos necessários ao sustento das benesses dos integrantes do setor público. Os recursos arrecadados pelo Estado atendem apenas à classe política e aos quadros da administração pública. A deformada estrutura constitucional reforça a divisão da sociedade brasileira entre os que pagam os privilégios iníquos e os que deles usufruem como direito adquirido, estável, intocável, perpétuo e imperturbável.

Diante desse quadro, impõe-se uma nova constituição democrática fundada na isonomia e na prevalência da Nação sobre o Estado.

Constituição principiológica e não analítica

Em primeiro lugar, a nova constituição deve ser principiológica e não analítica. Essa distinção é importante.

Constituição principiológica é aquela adotada em todos os países civilizados e que se define como o conjunto de princípios normativos que se situam no vértice do ordenamento jurídico.[49] Nesse sentido, os princípios constitucionais devem ser entendidos como normas nucleares de um sistema.[50] Não se caracteriza, no entanto, a norma principiológica constitucional como um preceito

---

49. Vergottini define constituição como o "conjunto de princípios que se situam no vértice de qualquer sistema normativo." (VERGOTTINI, Giuseppe de. Constituição. In: BOBBIO, Norberto. **Dicionário de política**. Brasília: Editora Universidade de Brasília, 1998, p. 258-268).
50. BANDEIRA DE MELLO, Celso Antônio. **Curso de Direito Administrativo**. 25. ed. São Paulo: Malheiros, 2008, cap. 19, item 3.

meramente programático, sem coercibilidade direta e imediata sobre as instituições e as pessoas destinatárias. Mesmo quando se trata dos princípios da liberdade, da isonomia e da fraternidade, a norma constitucional tem vigência imediata e autônoma.

Por sua vez, todas as normas ordinárias devem conter esses preceitos e assim devem ser interpretadas.[51] Os princípios constitucionais são normas fundamentais intrinsecamente coercitivas e que se refletem necessariamente em todas as demais regras do ordenamento. Esses princípios normativos constitucionais formam o núcleo de todas as leis que regulam situações fáticas específicas da vida social.[52] Esses princípios são permanentes e representam os direitos e os deveres da sociedade e dos cidadãos, os deveres do Estado e sua forma, bem como a organização e as funções dos poderes públicos. Sobretudo, as normas-princípios constitucionais representam um juízo de valor sobre as relações entre a Nação e o Estado.

Essa determinação de princípios, vocacionados à permanência, tem como função moldar as normas jurídicas que compõem a legislação ordinária. Assim, os princípios normativos contidos na constituição são a fonte da legitimidade e da validade das leis, não só na sua plena conformidade, como nos limites de sua aplicação e interpretação, inclusive no caso de eventuais lacunas.

As constituições principiológicas podem ser formais, ou seja, escritas, ou informais, ou seja, não escritas, como é o caso da Inglaterra. Diferentemente, a constituição analítica é aquela em que todos os direitos e deveres da cidadania e do Estado constam do texto da própria Carta.

A constituição analítica — como a nossa de 1988 — invade a seara própria da legislação ordinária, tratando de todos os detalhes da vida política e social do país. A constituição analítica é aquela que outorga *status* constitucional a normas ordinárias, procurando, dessa forma, perenizá-las. A constituição analítica sequestra o ordenamento jurídico, tornando-o rígido, numa deformação completa da necessária progressão legislativa decorrente da mobilidade social.

Essa contínua evolução legislativa é que reflete, no tempo, as mutações da própria sociedade e suas demandas e exigências, próprias da sua contínua evolução orgânica e das relações que daí decorrem.[53]

---

51. CANOTILHO, J. J.; MOREIRA, Vital. **Constituição da República portuguesa anotada.** 2. ed. Coimbra: Coimbra Editora, 1984, v. 42.
52. CRISAFULLI, Vezio. **La Costituzione e le sue disposizioni di principio.** Milano: A. Giuffre, 1952, p. 36.
53. Sobre esse apriorismo abrangente na Carta de 1988, aproveitam-se as observações de Faoro sobre o nosso "jurismo": "A legalidade teórica apresenta, ressalvada a elegância da frase, conteúdo diferente dos costumes, da tradição e das necessidades dos destinatários da norma." (FAORO, Raymundo. Op. cit., p. 833).

A DESCONSTITUCIONALIZAÇÃO DA LEGISLAÇÃO ORDINÁRIA CONTIDA NA CARTA DE 1988

Esse engessamento de milhares de normas no texto da própria Constituição de 1988 leva ao fenômeno politicamente conturbado de sua permanente revisão. No caso da Constituição vigente, já tivemos 108 emendas até agosto de 2020, que refletem esse engessamento de normas que deveriam ser infraconstitucionais, jamais constando do seu texto.

Não há, com efeito, nenhuma constituição analítica no seio dos países fundadores do constitucionalismo democrático, como a Inglaterra, a França e os Estados Unidos.

Em consequência, no caso brasileiro, há que se desconstitucionalizar praticamente todas as normas de natureza ordinária que ali estão inseridas, nos seus mais de 3.500 dispositivos, contidos nos seus 364 artigos. A desconstitucionalização dessas milhares de normas fará com que se devolvam ao mundo da infraconstitucionalidade, e, portanto, da sua mobilidade permanente, as regras de convívio da sociedade.[54]

Com essa desconstitucionalização cria-se um sistema que atenderá a evolução da vida social e econômica, compatíveis com as novas exigências que continuamente surgem. Daí a fundamental diferença. Os princípios constitucionais não envelhecem, ao passo que as leis envelhecem.[55]

A PERPETUIDADE DOS PRIVILÉGIOS ATRAVÉS DE NORMAS CONSTITUCIONAIS

Colocar normas de natureza ordinária no texto constitucional leva à sua descaracterização. E essa desfiguração é tanto maior quando se verifica que a Constituição de 1988 foi elaborada tendo em vista tornar perpétua a gama infindável

---

54. A respeito do casuísmo da Carta vigente, a análise de Ney Prado: "Além dos vícios de origem a Constituição de 1988 apresenta também vícios formais. Um deles é o casuísmo. O casuísmo é uma constante em todo o texto Constitucional. Nele tudo se prevê. Tudo se regra. Anteveem-se todas as hipóteses e dispõe-se sobre todas as soluções. O casuísmo surge, portanto, a nível constitucional como uma patologia de um texto analítico." (PRADO, Ney. Op. cit., p. 33 *et seq.*).

55. Faoro, a propósito da verborragia constitucional sobre o vácuo: "Edifica-se nas nuvens, sem contar com a reação dos fatos, para que da lei ou do plano saia o homem tal como no laboratório de Fausto, o qual, apesar de seu artificialismo, atende à modernização e ao desenvolvimento do país." (FAORO, Raymundo. Op. cit., p. 833). E, citando Joaquim Nabuco: "É uma pura arte de construção no vácuo. A base são teses, e não fatos; o material, ideias, e não homens; a situação, o mundo e não o país; os habitantes, as gerações futuras, e não as atuais." (NABUCO, Joaquim. **Balmaceda**: a intervenção estrangeira durante a Revolta de 1893. São Paulo: Instituto Progresso Editorial, 1949, p. 17).

de privilégios da casta política e burocrática. Para tanto, a nossa Carta estruturou o Estado hegemônico. Tudo vem dele, tudo sai dele. É um Estado-fim, provedor de todas as iniciativas políticas, sociais e econômicas. A sociedade não conta nesse contexto constitucional. Pode-se mesmo dizer que a nossa Carta forjou uma estrutura político-administrativa, em que fora do Estado não há vida. Tudo e todos dependem dele.

A Constituição de 1988 tem mais de 3.500 normas, na forma de artigos, incisos, alíneas e parágrafos. Essas milhares de normas são de natureza ordinária, espalhadas em 250 artigos de disposições institucionais e mais 114 artigos das disposições gerais e transitórias. O objetivo da nossa vigente Constituição analítica é tornar perene, imutável e pétreo o arcabouço do governo oligárquico e, nele, os privilégios outorgados à classe política e aos agentes públicos.[56] Objetiva a Carta de 1988 eliminar inteiramente o princípio de que todo o poder emana do povo, na medida em que outorga aos partidos o monopólio da expressão política, bloqueando o acesso da cidadania à vida pública.[57]

A HEGEMONIA DO ESTADO EM DETRIMENTO DA SOCIEDADE CIVIL

A Constituição de 1988 cria toda uma estrutura voltada à hegemonia do Estado nas suas relações com a sociedade, invertendo inteiramente o princípio de que o Estado é meio e não fim, princípio fundamental do Estado Democrático de Direito. A Carta vigente desfigurou inteiramente a primazia da Nação sobre o Estado. A sociedade civil, como expressão da Nação, não tem qualquer papel efetivo e real na vida política e administrativa do Estado. Todo o poder político emana dos partidos.

Ademais, os privilégios contidos nesse ordenamento constitucional autossuficiente e imutável acarretam a distorção de todos os recursos financeiros do Estado na medida em que estão inteiramente alocados, visando à manutenção dos privilégios da classe política e da casta dos agentes públicos.

---

56. A propósito da exacerbação normativa da Carta vigente com o propósito de dominação da sociedade, Ney Prado: "A imposição de um modelo político, com minudencias que descem da matéria constitucional para esgotar temas reservados à legislação ordinária e, até, às opções administrativas regulamentares, não é, apenas, um defeito técnico muito grave da elaboração constitucional. É uma forma de totalitarismo — o totalitarismo normativo, espécie tão ou mais nociva que o totalitarismo tradicional." (PRADO, Ney. Op. cit., p. 35).
57. Sobre a matéria, Ney Prado, citando Miguel Reale: "A concentração exagerada de poder na Constituição também é uma forma de totalitarismo, quando seu resultado é inibir o funcionamento normal da vida política, 'quando o legislador se substitui ao povo, impondo-se normas rígidas e bloqueando o processo da livre construção de seu próprio caminho'." (REALE, Miguel. Razões de divergência. **Folha de São Paulo**, 29 jun. 1986, p. 3, apud PRADO, Ney. Op. cit., p. 35).

O engessamento orçamentário é outra forma de desperdício e desvio dos recursos públicos escassos.

O Estado democrático resultante da Constituição analítica de 1988 resume-se às liberdades públicas, como reiterado.

Quanto à representação política, o nosso vigente regime constitucional é inteiramente deformado não só pelo monopólio dos partidos, mas também pelo sistema eleitoral de voto proporcional nas eleições para deputados federais, estaduais e vereadores, como referido. O regime de voto proporcional ao coeficiente eleitoral dos partidos é responsável pela nenhuma representatividade do povo no Congresso, nas assembleias e nas câmaras de vereadores. Há um completo distanciamento entre eleitores e eleitos. Os eleitos procuram unicamente os seus próprios privilégios, alinhando-se desde logo a bancadas temáticas de grupos de interesses, em nada, absolutamente nada, coincidentes com o bem comum e o interesse público.[58]

Necessidade de mudança estrutural do Estado e de suas relações com a sociedade

Diante desse quadro institucional, há a necessidade de uma mudança efetiva da estrutura do Estado e de suas relações com a Nação, invertendo-se a ordem das coisas. Não mais podemos aceitar a Nação submetida ao Estado. É este último que deve estar submetido e a serviço do primeiro. Com esse propósito é que formulamos o presente texto constitucional.

Pode-se dizer que o número de artigos ora proposto é um pouco maior do que se espera de uma Constituição principiológica.[59] Explica-se. No que concerne à estrutura do Estado, há que corrigir, desmanchar e substituir muitos dos procedimentos adotados naquilo que poderíamos chamar de Constituição dos Privilégios, de 1988. Daí existirem nesta minuta muitas disposições revogatórias desses privilégios. Trata-se de um texto de ruptura de uma ordem política inteiramente viciada e contrária aos princípios fundamentais da legítima democracia, fundada no poder do povo, na isonomia dos direitos e deveres e na efetiva participação da sociedade na condução das instituições de interesse da coletividade e na formulação de políticas públicas. Há artigos revogatórios em todos os capítulos da proposta, tanto no plano dos deveres do Estado, sua estrutura, organização e governança, como no sistema de voto, eleições e regime de representação política, reforma dos Poderes Judiciário e Legislativo.

---

58. Faoro, a propósito, observa: "Gravitando em órbita própria [o estamento] não atrai, para fundir-se, o elemento de baixo, vindo de todas as classes. Em lugar de integrar, comanda; não conduz, mas governa." (FAORO, Raymundo. Op. cit., p. 831).
59. A vigente Constituição francesa, de 1948, possui apenas 89 artigos, ao passo que esta proposta contém 134.

Não se trata, obviamente, de uma proposta de constituição fundadora, como a norte-americana de 1787 ou a francesa de 1791, mas de um projeto de ruptura profunda com a vigente ordem política iníqua. Parte-se de um conceito estruturalista que visa disseminar e, finalmente, plantar uma cultura de oportunidades para todos, eliminando a opressão social que decorre da onipresença do Estado e dos privilégios de seus integrantes — políticos e administrativos.

De forma nada convencional ou acadêmica, procura-se contribuir efetivamente para a refundação de um novo Brasil, cujo atraso social e econômico é claramente fruto da cultura dos privilégios que encontrou na Constituição de 1988 o seu auge, a sua consagração perversa, o que nos levou a esse estado de desconcerto e perplexidade no plano político, social e econômico. Somente uma mudança estrutural efetiva a partir de uma nova constituição pode transformar o Brasil — de um país de privilégios em uma Nação de oportunidades.

Preservação dos princípios fundamentais do Estado Democrático de Direito

A proposta de uma alteração estrutural das relações entre o Estado e a sociedade civil contida neste estudo leva em conta os princípios fundamentais do constitucionalismo democrático, e que são os seguintes:

- Estado Democrático de Direito, na sua forma republicana, presidencialista, federalista; constituído de três Poderes — Executivo, Legislativo e Judiciário.
- Soberania externa e respeito aos tratados e convenções internacionais firmados pelo país.
- Pluralismo político e de liberdades de opinião e sua livre manifestação.
- Todo o poder emana do povo, mediante o pleno acesso da cidadania à vida pública pelos instrumentos da representação política, independentemente da intermediação dos partidos políticos e da permanente participação direta, mediante plebiscito, referendo e leis de iniciativa popular, em todos os assuntos políticos, legislativos e administrativos do interesse da coletividade.
- Princípio da legitimidade das leis e o seu controle mediante plebiscito e referendo.
- Livre organização da sociedade e da convivência social justa, isonômica e solidária, com idêntico *status* jurídico no tocante a deveres e direitos entre todos os brasileiros natos e naturalizados, vedados quaisquer privilégios e imunidades a favor de pessoas físicas e jurídicas, de entidades e de grupos corporativos, tanto do setor público como no setor privado.

3. Considerações sobre o preâmbulo e sobre os artigos deste anteprojeto

Preâmbulo da Constituição

A - A Nação, a sociedade civil e a cidadania

A presente proposta funda-se primordialmente nos valores *Nação, sociedade civil* e *cidadania*.

Pode-se conceituar a "Nação" como uma comunidade de indivíduos unidos por uma identidade histórica, cultural e linguística, em um determinado território. Em decorrência deste binômio — identidade cultural e território[60] — a Nação é capaz de constituir um corpo político que organiza um Estado, ente concreto, a quem cabe exercer, em seu nome e a seu favor, a soberania sobre esse mesmo território e a autoridade política, judiciária e administrativa delegada sobre determinados aspectos da vida socioeconômica.

Essa sujeição do Estado aos valores da Nação se exprime na constituição. Trata-se do conceito fundador da democracia, contido na Declaração dos Direitos do Homem e do Cidadão da Revolução Francesa (1789), cujo art. 3º expressa: "O princípio de toda a soberania reside, essencialmente, na Nação [...]".

A Nação é o fundamento natural do poder político a quem o Estado deve servir. Não se trata de fusão entre Nação e Estado, mas de subordinação deste à soberania daquela. O poder político é exercido pela Nação através do regime de representação, de plebiscito, de referendo e de iniciativa popular das leis. Assim, a Nação contém a ideia de uma comunidade política a partir de uma comunidade social. E a constituição constitui o instrumento para se alcançar os anseios, o equilíbrio e a composição dos interesses dessa mesma comunidade nacional.

A Nação, por representar essa coletividade sociopolítica, cria um sentimento natural de lealdade do povo que a compõe, um sentimento de *pertencer*. A Nação, desse modo, é o quadro natural de formação, por várias e sucessivas gerações, da sublimação dos sentimentos coletivos de natureza étnica, cultural, religiosa, de costumes e de ritos sedimentados pelos diversos grupos que vivem num determinado espaço territorial. Nesse particular, a Nação se impõe naturalmente, apesar das dissenções de visão política e de visão das relações sociais entre os diversos grupos que a compõe. É nela que se dão os embates permanentes em torno dos valores, das condutas, dos ajustes e dos interesses, numa progressão civilizatória constante. E por isso a Nação se impõe, soberana-

---

60. Embora esta seja a definição clássica, cabe um parêntese sobre a existência de nações sem território, tais como os curdos e palestinos, e também sobre a existência de povos com identidade cultural e território, mas que não chegam a organizar um Estado soberano, como no caso de todos os povos indígenas brasileiros.

mente, diante do Estado, que deve estar a seu serviço, em todos os seus aspectos e funções. A Nação, portanto, é o instrumento de exercício pleno da cidadania, cabendo-lhe naturalmente impedir a hegemonia do Estado diante da Nação.

Há no valor Nação um forte sentimento de patrimônio sentimental autenticamente social e histórico, que nada tem a ver com o Estado na sua função racional organizativa e representativa e de instrumento da ordem pública e da solução de conflitos sociais relevantes. Para Rossolillo, a Nação é concebida como um grupo de pessoas unidas por laços naturais *ab immemorabili* e que, por causa desses laços, torna-se a base necessária para a organização do poder sob a forma do Estado nacional.[61]

A Nação não é um ente concreto, um organismo visível, uma instituição palpável em si mesma, uma pessoa coletiva. Não obstante, a Nação é sempre presente na vida e na conduta do povo que a compõe. A Nação constitui a natural, constante e permanente manifestação da sociedade em todos os planos da vida social e política. Assim, a Nação é um organismo vivo e difuso, de natureza espiritual, um sentimento vivo, uma ideia agregadora. Daí os laços informalmente institucionais entre a Nação e a sociedade.

Esses laços Nação-povo são de natureza evidentemente subjetiva, seja no plano dos indivíduos, seja no plano dos grupos e coletividades, que se identificam tanto pelo sentimento como pela razão. Há um comportamento das pessoas e dos grupos fundado na fidelidade aos valores nacionais. E esse sentimento de fidelidade nada tem a ver com o Estado. Somente nos países ditatoriais se impõe a fidelidade ao Estado. Nos países democráticos, não é o Estado que promove os sentimentos de Nação e muito menos de fidelidade nacional. Pelo contrário, o sentimento natural do povo é sempre de amor à Nação e de crítica ao Estado. Se não há crítica permanente ao Estado, não há democracia. Fundamental, portanto, que a Nação não seja abafada, oprimida e dominada pelo Estado, como instrumento de conquista e manutenção de poder da oligarquia política.

O fundamento da Nação é a sociedade civil, uma instituição também abstrata que se desenvolve no seio dela, antes do Estado, fora dele e em contraponto a ele. A sociedade civil expressa os valores da Nação através da dinâmica de iniciativas individuais e coletivas. Essas iniciativas adquirem um poder de exprimir espontaneamente os aspectos positivos de criação no plano do conhecimento, da cultura e das opiniões.

A sociedade civil não se caracteriza como uma estrutura de dominação de uma classe social, como propugna Marx em seus *Manuscritos econômico-filosóficos*, de 1844, mas uma entidade abstrata e difusa influenciada por todos os grupos, coletividades e comunidades. Não se pode falar mais na existência de uma sociedade burguesa opressiva, *à la* Marx. A sociedade hoje é um repositório de todas as camadas sociais,

---

61. ROSSOLILLO, Francesco. Nação. In: BOBBIO, Norberto. **Dicionário de política**. Brasília: Editora Universidade de Brasília, 1998, p. 795-799.

acolhendo a manifestação e a ação de todos os grupos, num movimento contínuo de luta pela inclusão social, pelo reconhecimento de novos valores sociais e individuais e, ao mesmo tempo, pela manutenção dos valores tradicionais.

A sociedade civil tem hoje instrumentos extraordinários de informação provenientes dos dados trazidos, a tempo presente, pela informática e pela ciência estatística e pelo regime cada vez mais exigido da transparência das atividades e números da situação socioeconômica, da administração pública e das atividades político-institucionais. Nos países democráticos, esse conhecimento reveste a opinião pública de uma forte conotação de autocrítica da própria sociedade e de crítica crescente da conduta dos agentes políticos e administrativos do Estado. A sociedade civil organizada, ademais, possui um acervo próprio de dados sobre a sociedade perfeitamente capaz de formulação de políticas públicas.

Também no plano da ação e da intervenção efetiva na vida social, a sociedade civil se organizou em associações que abrangem praticamente todos os campos de interesse social, no plano da educação, da saúde pública, do urbanismo, do saneamento, do meio ambiente, etc. Temos assim, no século XXI, uma sociedade civil com um protagonismo relevante, na medida em que está dotada de meios que a capacitam a participar nas discussões dos fatos, das soluções e das perspectivas da Nação, diante da política, da economia, da multidiversidade e de todos os temas de interesse geral ou coletivo.

Mais do que isso, a contribuição institucional da sociedade civil organizada na produção de dados e de proposições sobre políticas públicas e a sua efetiva atuação nos setores de interesse coletivo, com enorme senso prospectivo sobre os destinos da Nação, confirma que o espaço do Estado não deve mais prevalecer, autonomamente, no encaminhamento das soluções estruturais de que necessitamos. Está superada não somente a visão de Hobbes, da triangulação sociedade natural, Estado e sociedade civil, como também a de Hegel, Locke, Descartes e Kant, que exaltavam o Estado como forma de assegurar a civilização e a realização das necessidades da sociedade. Da mesma forma, também está superada a visão marxista de identificação da sociedade como instrumento da classe burguesa.

Da teoria de Marx, no entanto, resta valiosa e incontestável a teoria de que o Estado é uma superestrutura da sociedade civil, repousando nesta o verdadeiro poder.

B - A prevalência da lei legítima: *magis iniquitas quam lex*

A isonomia[62] deve ser o valor fundamental da constituição, não permitindo que, por força do conjunto dos seus dispositivos, a ordem jurídica propor-

---

62. Remetemos o leitor à discussão feita, neste estudo, nos comentários aos artigos abrigados sob o título "Dos princípios normativos", sobretudo ao artigo 54.

cione a continuidade da estrutura de privilégios que a Constituição de 1988 instituiu. O primado deve ser o da lei legítima, retirando o sentido sagrado que, *à la* Kelsen, se tem atribuído à norma jurídica posta, independentemente de ser ela justa ou discriminatória. Precisa ficar bem claro na constituição que a lei, para ser válida, há de ser *isonômica*, ou seja, deve estabelecer direitos e deveres para todos. É preciso, portanto, superar o sentido sagrado de que toda a lei é válida pelo simples fato de ter sido votada pelo Parlamento. O mesmo se diga dos atos normativos.

A lei deve sempre conter uma norma que seja a expressão da vontade geral do povo.[63] Não pode a lei ser a expressão da vontade ou do interesse de grupos políticos, burocráticos, corporativos ou econômicos. O primado é o da lei legítima, ou seja, da lei que tenha claramente o atributo de promover o bem público e o interesse geral. A lei legítima, portanto, é aquela que incontestavelmente se conforma aos princípios fundamentais da convivência justa e das mesmas oportunidades no exercício de direitos e na observância dos deveres. Não basta que a lei seja legal, é necessário que ela seja produto da vontade geral, como produto natural das exigências da vida.[64]

A lei que não atenda a exigência fundamental e inconfundível da isonomia não contém normas válidas, por ser ilegítima. Por isso a lei discriminatória não pode ser aceita pelo ordenamento jurídico.

Sejam as leis advindas do Congresso, sejam as normas sublegais advindas do Poder Executivo, devem conter regras que atendam ao princípio da isonomia, aí compreendida a equidade.[65] O Estado Democrático de Direito somente se configura e se impõe quando as normas constitucionais e infraconstitucionais obedeçam ao caráter absoluto da impessoalidade. E impessoalidade se entende como a lei que não discrimina, seja para prejudicar alguém, seja para proteger e favorecer alguém.

Somente é legítima a lei que tenha como objetivo o bem comum, e não o interesse particular desta ou daquela categoria de indivíduos.[66] A lei, portanto, para ser legítima, há de atender aos valores da isonomia e da equidade. O Estado

---

63. Veja-se, nesse sentido, o artigo 6º da Declaração dos Direitos do Homem e do Cidadão da Revolução Francesa de 1789: "Art. 6º - A lei é a expressão da vontade geral. Todos os cidadãos têm o direito de concorrer, pessoalmente ou através de mandatários, para a sua formação. Ela deve ser a mesma para todos, seja para proteger, seja para punir. Todos os cidadãos são iguais a seus olhos e igualmente admissíveis a todas as dignidades, lugares e empregos públicos, segundo a sua capacidade e sem outra distinção que não seja a das suas virtudes e dos seus talentos."
64. TELLES JÚNIOR, Goffredo da Silva. Carta aos brasileiros. LOPEZ, Adriana; MOTA, Carlos Guilherme. **História do Brasil**: uma interpretação. São Paulo: Senac, 2008, p. 988 *et seq.*
65. Remetemos o leitor à discussão feita, neste estudo, nos comentários aos artigos abrigados sob o título "Dos princípios normativos", sobretudo ao artigo 54.
66. LEVI, Lucio. Legitimidade. In: BOBBIO, Norberto. **Dicionário de política**. Brasília: Editora Universidade de Brasília, 1998, p. 675-689.

Democrático de Direito funda-se na *rule of law*, ou seja, na legitimidade não só da origem das leis (poder do povo e não do príncipe) como da igualdade formal, ou seja, de que todos os indivíduos têm iguais direitos e deveres.

C - A partidocracia usurpa o poder do povo

Há que se reconstruir uma estrutura constitucional que restabeleça o princípio da soberania do povo. No Brasil, por força da Constituição de 1988, não existe uma democracia, mas sim uma partidocracia, o celebre *Parteienstaat* (Estado dos Partidos).[67] Em decorrência da Constituição Federal de 1988, em nosso país todo o poder emana dos partidos, não do povo.

Conceitua-se "partidocracia" como o governo dos partidos e o seu domínio sobre o Estado, com a contínua ambição de, cada vez mais, expandir o seu poder.[68] Na partidocracia, como observa De Gaulle,[69] os partidos, como corpos intermediários de representação, acabam por distorcer a própria vontade do povo.[70]

Conforme Pasquino, a partidocracia se caracteriza como o predomínio dos partidos em todos os setores, político, social e econômico, num constante esforço para dominar novos e cada vez mais amplos espaços. Essa dinâmica culmina com o total controle da sociedade, ou seja, o domínio, pelos partidos, não apenas do poder, como também de toda a vida política organizada.[71] No mesmo sentido, Pizzorno e Sartori enfatizam que o monopólio dos partidos sobre a vida política torna-os incapazes de desempenhar eficazmente as funções de transmitir as demandas da sociedade e o exercício legítimo de representação.[72]

Para Pasquino, a partidocracia transforma as agremiações políticas em diafragmas (ponto de interrupção) e não em ponto de transmissão da demanda social e política.[73] Os mesmos autores apontam que o monopólio dos partidos no

---

67. Sobre o conceito de *Parteienstaat*, veja-se: PASQUINO, Gianfranco. Op. cit.
68. PASQUINO, Gianfranco. Op. cit.
69. Nesse sentido, o artigo 4º da Constituição francesa de 3 de junho de 1958 endereça a questão da seguinte forma: "Art. 4º - Os partidos e associações políticas contribuem para a expressão do sufrágio. Eles se formam e exercem a sua atividade livremente e devem respeitar os princípios da soberania nacional e da democracia. Contribuem para a aplicação do princípio enunciado no segundo parágrafo do artigo 1º, nas condições determinadas pela lei. A lei garante as expressões pluralistas de opiniões e a participação equitativa dos partidos e associações políticas na vida democrática da Nação."
70. PASQUINO, Gianfranco. Op. cit.
71. PASQUINO, Gianfranco. Op. cit.
72. PASQUINO, Gianfranco. Op. cit.
73. PASQUINO, Gianfranco. Op. cit.

exercício da soberania popular torna-se um instrumento de conservação e não de transformação da sociedade, impedindo todo o movimento potencialmente desestabilizador dos equilíbrios políticos tradicionais.

Nesse sentido, Pasquino ressalta que a partidocracia impede o próprio advento da necessidade de mudança,[74] canalizando todas as forças para o leito dos próprios partidos, não deixando espaço para a sociedade civil e para as verdadeiras aspirações do povo. E, para Max Weber, a partidocracia cria uma classe autônoma e que se autorreproduz, ou seja, a casta dos políticos profissionais que vivem da política, e não para a política.[75]

Entre nós, a partidocracia foi instituída pelo art. 14, § 3º, V, da Constituição de 1988, ao declarar que o acesso à vida pública deve passar pelos partidos políticos. Ninguém pode se candidatar e ser eleito a não ser através dos partidos políticos. Ademais, os partidos têm o monopólio político em âmbito federal, sendo proibida a formação de partidos estaduais ou municipais.[76] Esse regime de dominação dos partidos federais é absolutamente contrário à formação espontânea de núcleos políticos municipais ou estaduais.

A restauração da soberania do povo está estreitamente ligada à quebra do monopólio dos partidos políticos, que, no atual quadro constitucional, são a fonte única do poder político. O povo, por força da Constituição de 1988, não pode exercer diretamente o seu direito de compor a representação política, através de candidaturas independentes. Essa restrição monopolística desfigura inteiramente o proclamado Estado Democrático de Direito, pois não há livre exercício do direito de qualquer cidadão ser diretamente votado.

Nesse regime de açambarcamento dos direitos de representação, os partidos políticos confiscam a soberania popular bloqueando o livre acesso à vida pública e o efetivo exercício de ser livremente votado. Inverte-se, portanto, o sentido da soberania política. O eleitor deve votar, mas não pode ser votado, a não ser através dos meandros insondáveis dos partidos políticos.

A nova constituição deve restaurar o princípio da iniciativa popular individual ou associativa para o cenário da representação política, independentemente de filiação partidária. Isso se faz mediante o direito de inscrição de candidaturas independentes para todo e qualquer cargo eletivo. As candidaturas independentes podem ser de iniciativa individual ou decorrentes de indicação de associações de natureza política.

---

74. "A Partitocracia foi acusada de querer deter a necessidade de mudança, de querer canalizar tudo para o leito da política institucional dos partidos, de não deixar espaço para a sociedade civil e para as verdadeiras aspirações das massas." (PASQUINO, Gianfranco. Op. cit.).
75. WEBER, Max. **Economia y sociedad**. Mexico: Fondo de Cultura Economica, 1969, p. 167.
76. Art. 17, I, da Constituição de 1988.

D - Democracia como regime de oportunidades, e não de privilégios

Uma República *democrática* significa o governo justo, em contraposição ao governo injusto. No Brasil, por força da estrutura política trazida pela Carta de 1988, temos um Estado que institui privilégios — o que Santo Agostinho denomina de *magna latrocinia*.[77] Porém, para que haja uma República justa, há que haver *juris consensus*, como ensina Cícero. Esse princípio fundador é traduzido por Kant ao dizer que os destinatários das leis devem, reunidos, legislar.[78]

A lei que não contém os inquestionáveis atributos da isonomia e da equidade, ao estabelecer direitos e deveres, não é lei legítima, ferindo o fundamento da própria República democrática. A Constituição de 1988, apesar de ter garantido as liberdades públicas, carece dos predicados mínimos para ser considerada democrática. Isso porque, em primeiro lugar, o regime de representação é falso em razão do voto proporcional e não distrital. A segunda razão é que todo o poder emana dos partidos políticos, e não do povo. Trata-se da ditadura dos partidos. O terceiro motivo é a estrutura de privilégios que, por isso, não reconhece o princípio fundamental da isonomia.

A República democrática impõe o regime de igualdade de direitos e deveres. E, para tanto, as leis devem ser, necessariamente, a expressão da vontade do povo. O regime democrático deve assegurar a igualdade da lei perante todas as pessoas, físicas e jurídicas. Sem a lei justa, quanto aos seus efeitos rigorosamente isonômicos e equitativos, não há possibilidade do exercício efetivo dos direitos individuais e coletivos que a própria Constituição de 1988 proclama. A primeira falácia está na declaração de que todos são iguais perante a lei. Nada mais falso do que esse clássico princípio constitucional quando a lei discrimina os indivíduos e os grupos, sobretudo para privilegiar pessoas, castas, corporações e segmentos, dos setores público e privado.

A República democrática há de ser a expressão da vontade do povo, obrigando os mandatários a governar segundo as leis legítimas. Como lembra Matteucci, "na República, é a virtude que leva os cidadãos a antepor o bem do Estado ao interesse particular. [...] Na República democrática a ordem política nasce de baixo, mesmo em meio a dissensões [...]".[79]

No regime democrático, a representação deve ser absolutamente autêntica, mediante a livre formação dos quadros parlamentares e de governo, me-

---

77. Como lembra Matteucci (MATTEUCCI, Nicola. República. In: BOBBIO, Norberto. **Dicionário de política**. Brasília: Editora Universidade de Brasília, 1998, p. 1.107-1.109).
78. KANT, Emmanuel. **Fondements de la métaphysique des mœurs**. Paris: Librairie Philosophique, 1992, p. 37.
79. MATTEUCCI, Nicola. República. Op. cit.

diante candidaturas independentes ou partidárias. E a eleição deve garantir a relação permanente entre o representante e seus representados, através do voto distrital.

A estrutura formal de separação dos poderes num sistema de pesos e contrapesos, próprios da República democrática, de nada vale se o Estado se volta para os seus próprios interesses e de sua casta de agentes políticos e administrativos. Por isso, neste estudo se propõe que a Nação brasileira institua uma República democrática que garanta: a igualdade da lei perante todas as pessoas e destas perante a lei; as liberdades públicas; a plena liberdade de opinião, de crítica e de oposição; o direito de ir e vir; a inviolabilidade pessoal e domiciliar; o direito de petição, de manifestação e protesto pacíficos; de organização civil e econômica livres e independentes; de propriedade privada, observada a sua função social; de liberdade de iniciativa econômica, observada a sua função social; e demais direitos, deveres, obrigações e responsabilidades próprios do Estado Democrático de Direito.

E - A legitimidade da lei como fundamento da democracia

A manifestação una e indivisível da vontade do povo, através de um corpo legislativo que o representa, somente é autêntica quando os parlamentos aprovam leis absolutamente legítimas, ou seja, visando ao bem público, ao interesse público, em favor da generalidade das pessoas. Mesmo quando a lei disciplina atividades de grupos de indivíduos ou de determinados setores, o princípio absoluto da isonomia deve ser observado diante dos interesses de todos os demais segmentos da sociedade.

O princípio da supremacia da lei é o que define o Estado democrático. Por "lei" entende-se a lei legítima quanto à sua origem — a vontade do povo — e quanto à sua destinação e aplicação isonômica, ou seja, que garanta iguais direitos e deveres para todas as pessoas submetidas ao ordenamento jurídico. A lei é valor estritamente ligado ao conceito de "justiça", que se exprime pela impessoalidade e pela moralidade. Os requisitos de generalidade e de abstração não devem ser apenas formais, mas substanciais, materiais, concretos e inquestionáveis.

Para a lei ser legítima, não basta que seja produzida pelo Poder Legislativo. É necessário que atenda aos requisitos da absoluta isonomia, ou seja, de igualdade de direitos e de deveres de todos. E, dentro desse contexto, todas as instituições do Estado, ao exercerem o poder político e administrativo, devem atuar no âmbito da lei legítima.

Da mesma maneira, o Poder Judiciário deve julgar e decidir a partir da lei legítima que atenda aos interesses da sociedade no caso concreto. Aí reside o Estado Democrático de Direito: no atendimento ao princípio de que a lei legítima é aquela que é igual para todos. A lei que institui desigualdade, ou seja, privilégios e discriminações, não é lei democrática e, portanto, não é lei legítima. Há que se desconstruir, portanto, o dogma que atribui validade a todas as leis desde que aprovadas pelo Poder Legislativo.

Em nosso país, as leis, ainda que formalmente legítimas quanto à sua origem congressual, têm sido, em sua maior parte, uma forma de tirania que nega a existência de um autêntico Estado Democrático de Direito. A partir da Constituição de 1988, é a própria lei que cria os privilégios dos detentores do poder político e administrativo e de seus apaniguados. Entre nós não existe o governo das leis que se sobreponham à vontade dos políticos e dos agentes públicos. A lei no Brasil, pelo contrário, é o instrumento formal e material de imposição dos privilégios para os donos do poder, em detrimento dos interesses do povo.

Temos uma *privilegiatura*, não uma democracia. Aqui, os donos do poder utilizam as leis para estarem acima do povo. As leis servem para tornar permanentes os privilégios, e não para criar isonomia e equidade e, assim, atender ao bem comum. A lei institui a injustiça e a discriminação, a partir da própria Carta de 1988. O nosso ordenamento constitucional e infraconstitucional cria o governo do Príncipe, que não mais precisa, como nos governos medievais, fundar-se diretamente no arbítrio. Os donos do poder legalizam o arbítrio, colocando-se acima e contra a sociedade.[80] A lei é o instrumento instituidor dos privilégios e de consequente opressão da sociedade civil. Nas nossas leis faltam os requisitos da isonomia e da equidade, que lhes outorgariam legitimidade. No Brasil não há a supremacia da lei justa, isonômica, que é o fundamento da *rule of law* da tradição inglesa ou do *Rechtsstaat* — o Estado de Direito da doutrina germânica.

O princípio da legalidade, cerne da tradição democrática, define o bom governo, o governo voltado à sua missão de promover e servir ao interesse público. Já a lei, entre nós, não disciplina a conduta de todos, mas, pelo contrário, cria privilégios para determinados grupos ou categorias de indivíduos. Desse modo, por força da própria Carta vigente, o Estado é uma propriedade particular das pessoas investidas de funções públicas. Formamos um Estado em que não há a legalidade e a racionalidade típicas do Estado democrático, na visão weberiana. Temos um Estado oligárquico, ou seja, um mau governo, fundado na prepotência das leis ilegítimas. Esse governo injusto se mantém por uma participação momentânea do povo, adstrita ao calendário eleitoral. Passado esse período de manipulação do eleitorado, os políticos profissionais formam os Poderes Legisla-

---

80. "A razão tira o seu poder motor da vontade, como já se disse (q. 17, a. 1). Pois é por querermos o fim que a razão ordena os meios. Mas para a vontade do que é ordenado vir a constituir lei, é preciso seja regulada pela razão. E deste modo compreende-se que a vontade do príncipe tenha força de lei; do contrário seria antes iniquidade do que lei." (AQUINO, Santo Tomás de. **Suma teológica**. Tradução Alexandre Correia. Campinas-SP: Ecclesiae, 2016, p. 1-2, q. 90, a. 1. ad 3).

tivos e Executivos, nas três esferas federativas, para legislarem e promoverem os seus próprios interesses e os dos grupos escolhidos do setor privado.

Não há nenhum interesse público que mova essa privilegiatura. Os serviços públicos são absolutamente ineficientes, do que resulta o progressivo analfabetismo funcional, as péssimas condições sanitárias, habitacionais e urbanas, a inaceitável situação da saúde das pessoas e a insegurança pública. No Brasil, todos os recursos arrecadados pelo Estado, ainda que deficitários, são alocados para atender os interesses pessoais dos governantes. Formam eles a casta dos privilegiados, na medida em que ganham cinco vezes mais, em média, do que recebem os que trabalham no setor privado, além de todas as verbas indenizatórias instituídas no art. 37, § II, da Constituição de 1988.

Por força do domínio e da hegemonia da oligarquia política e burocrática, assegurada pela Constituição vigente, não há nenhuma preocupação dos donos do poder em criar um elemento integrador do povo com o Estado. Não se preocupam os que dominam a política com a construção de nenhum consenso capaz de assegurar a pacificação da sociedade. Ao povo é reservado o dever permanente de pagar os impostos e o dever de, bienalmente, votar nos políticos profissionais.

Esse regime, que nada tem de democrático além das liberdades públicas, é fruto da ditadura dos partidos assegurada na Constituição e que retira a efetividade da regra democrática de que todo o poder emana do povo. Em nosso regime estruturalmente oligárquico não prevalecem os valores fundamentais da vida política fundados na constante afirmação da igualdade, um dos três pilares (liberdade, igualdade, fraternidade) do Estado Democrático de Direito.

Diante da estrutura política vigente, é necessário que uma nova constituição, fundada no princípio de que a lei deve ser igual para todos, declare, *ipso facto*, a nulidade daquelas que forem editadas pelos legisladores a seu favor, a favor dos demais integrantes do setor público e dos segmentos e grupos do setor privado amigos do rei. A proclamação da nulidade e invalidade da lei que não observa o princípio da moralidade e da impessoalidade constitui a ruptura estrutural com o vigente Estado dos privilégios, permitindo que se crie, através da prevalência da lei justa, uma Nação de oportunidades para todos os indivíduos e agrupamentos sociais.

F - Devolver a soberania do povo

Uma nova constituição deve restabelecer a soberania do povo desconstruindo as deformações do regime representativo estruturado na atual Constituição de 1988. A primeira providência é a eliminação da partidocracia que vige no país.

A segunda refere-se à questão propriamente dita da representação política, que é um dos fundamentos do Estado democrático. Nesse particular se deve, desde logo, proclamar a defasagem da estrutura política tradicional diante da significativa evolução da sociedade civil em todos os campos, inclusive no campo da participação política. As instituições políticas não estão mais à altura dessa evolução da sociedade e de sua consequente capacidade de compartilhar mais diretamente das questões de Estado, através dos meios de informação e de comunicação de que hoje dispõe. Pode-se mesmo dizer que a política é o único segmento da vida em sociedade que não evoluiu, apegando-se ainda aos velhos procedimentos do regime de representação.

Diante da evolução da sociedade civil, é necessário que se construa uma democracia interativa e participativa ao lado da democracia representativa. Assim é que o regime do sufrágio universal não deve mais servir de instrumento sazonal de delegação plena aos profissionais da política para que estes discutam e aprovem as leis sem o controle da sociedade. A representação política não deve mais ser entendida como um mandato imperativo que dá aos governantes um poder de decidir e deliberar autonomamente, por todo o prazo do seu mandato. Esses mandatos legislativos e executivos devem ser permanentemente controlados pela sociedade. E deve também ser avaliado permanentemente para que possa ser revogado o mandato no seu curso, nos termos instituídos na constituição. Não se pode mais presumir que numa sociedade plenamente informada, a tempo presente, e por isso altamente participante de todas as questões sociais, mantenha-se a ideia de que o representante político siga a sua própria orientação pessoal nas decisões políticas, sob a falaciosa e errônea presunção de que age no interesse de seus representados e de que procura o interesse público.

Na história atual do regime democrático, a conduta dos parlamentos e dos governos não espelha, em nada, o organismo social nos seus anseios, demandas, necessidades e perspectivas. Existe um total divórcio entre os eleitos e os seus eleitores. Tanto é assim que a cidadania tem uma profunda aversão aos políticos que formalmente os representam no Poder Legislativo e no Poder Executivo. Os representantes, em hipótese alguma, espelham o organismo social que os elegeu. O grau de representatividade é praticamente zero. Os representantes, na sociedade moderna, procuram, unicamente, os seus próprios interesses e os dos grupos corporativos e econômicos que nada têm a ver com o eleitorado. Não há nenhuma relação de fidelidade do eleito com relação aos eleitores e muito menos com a procura do bem comum. Essa grande ruptura se deve, evidentemente, à profissionalização da vida política.

O regime constitucional que permite a reeleição dos representantes torna-os autárquicos com referência ao seu próprio eleitorado. Este é buscado mediante campanhas caríssimas voltadas à captura dos votos, por meio da propaganda enganosa e da ilusão de promessas sequer cogitadas por esses políticos profissionais. Essa realidade retira toda a legitimidade do regime representativo clássico e esclerosado, instituído ao tempo do distanciamento e da falta de comunicação. Não há como conciliar o sistema de partidos tradicionais e seus quadros de políticos profissionais com o alto grau de publicidade e, portanto, de informação, a tempo presente, que a cidadania possui neste século XXI.

Todos os problemas que interessam à sociedade são hoje de pleno conhecimento do povo, que tem acesso, em tempo presente, não apenas dos fatos, mas a suas qualificações estatísticas e analíticas, fornecidas pelo próprio Estado e pelas entidades da sociedade civil organizada. Daí os debates permanentes, nas redes sociais, nos seminários, nos fóruns temáticos, sobre as questões relevantes no campo das políticas públicas, da conduta dos governantes, das carências dos serviços públicos, das estruturas de privilégios e tudo o mais que interessa à vida em sociedade. Por isso, a sociedade está apta a se manifestar diretamente. A intermediação dos políticos profissionais nesses encaminhamentos é inteiramente inútil e inapropriada a uma sociedade que está presente e é capaz de encaminhar as soluções das questões relacionadas com o bem público.

É, portanto, da própria sociedade, diretamente, que deve ser formada a representação política legislativa e executiva, tanto no plano da União como nos Estados e nos Municípios. A intermediação dos políticos profissionais e seus esclerosados partidos somente se presta para gerar e a manter uma crise permanente entre o Estado e a sociedade, que, por isso mesmo, não aceita mais a representação política tal como formulada no início do século XIX, quando a sociedade era profundamente alienada das questões políticas e de seu encaminhamento. Por isso cabe diretamente à sociedade apresentar candidatos independentes dos partidos, seja por iniciativa individual, seja por indicação das entidades da sociedade civil de natureza política.

Essa nova fase do regime de representação democrática não impede que os partidos políticos sobrevivam e indiquem também os seus quadros de candidatos. O fundamental será a eliminação do profissionalismo político, o que deverá ser conseguido pela proibição de reeleição ou eleição para qualquer cargo eletivo na eleição seguinte.

Devemos sempre lembrar que todo poder emana do povo, seja de forma indireta, mediante o pleno acesso da cidadania à vida pública pelos instrumentos da representação política, independentemente da intermediação dos partidos políticos, seja de forma direta, mediante plebiscito, referendo e leis de iniciativa popular, em todos os assuntos políticos, legislativos e administrativos do interesse da coletividade. É fundamental numa democracia autêntica e legítima que a manifestação direta da cidadania se faça presente através dos instrumentos de soberania ativa, previstos em todas as constituições democráticas, das quais o maior exemplo, nesse campo, é a norte-americana.

Assim, o plebiscito e o referendo devem ser previstos no calendário eleitoral. A cada dois anos, coincidentemente com as eleições, haverá um plebiscito para a aprovação de reformas constitucionais, de leis de interesse da coletividade e de vetos presidenciais, além de, na esfera municipal, os planos diretores. Tanto o plebiscito como o referendo devem ser precedidos de um amplo debate público, nos seis meses que antecedem a sua realização. E os projetos de lei de iniciativa popular também devem ser incentivados, inclusive pela facilidade trazida pelas redes sociais, que capacitam a cidadania a tomar posição sobre assuntos de interesse público que raramente são objeto da iniciativa parlamentar.

Com tais providências, a nova constituição estará reconstruindo o autêntico regime representativo, proporcionando uma reconciliação entre sociedade e Estado, hoje rompida.

G - Compromisso com os direitos humanos

Os direitos humanos representam a supremacia do cidadão sobre o poder. Principal fundamento da democracia, sua conquista se deve às Revoluções Americana, de 1776, e Francesa, de 1789. Nesta última foi proclamada a Déclaration des Droits de l'Homme et du Citoyen, votada na Assembleia Nacional francesa no primeiro ano da Revolução. Nela se proclama o direito natural à liberdade e à igualdade de direitos de todos os cidadãos; direitos esses que se materializam no direito de resistir à opressão.

O precedente histórico se encontra na Bill of Rights da Inglaterra, de 1689, que instituiu a democracia no Reino Unido, fundada no direito consuetudinário e na *common law*, e que inspirou a Constituição escrita e a Bill of Rights das colônias americanas, que constam da Declaração da Filadélfia, de 1776.

Todas essas declarações políticas que fundaram a moderna democracia no Ocidente baseiam-se no jusnaturalismo e no contratualismo. Assim, essas declarações históricas reconhecem que os homens têm direitos naturais anteriores ao Estado e que se sobrepõem a ele.

Importante notar que à Declaração francesa de 1789 seguiu-se a de 1793, que acrescentou o princípio da fraternidade, trazendo para o rol dos direitos humanos a ação humanitária e solidária. Em seguida veio a Declaração de 1795, que, ao lado dos direitos, instituiu os deveres do cidadão em termos de convívio social e contra a discriminação.

Temos assim que as constituições democráticas asseguram os direitos individuais do cidadão e estabelecem seus deveres para com a coletividade. Esses princípios impõem ao Estado, e a seus órgãos e agentes, uma série de restrições e de vedações no que respeita ao exercício do poder. Os direitos humanos são exigíveis do Estado, que, além de não poder restringi-los ou desconsiderá-los, deve tutelá-los e promovê-los pelos meios concretos e efetivos de que dispõe, a partir da própria constituição e das leis.

Os direitos humanos, portanto, constituem um limite ao poder do Estado. Não são, portanto, os direitos humanos, uma concessão do Estado. Pelo contrário, os direitos humanos sobrepõem-se ao Estado e são anteriores a ele, como referido. O Estado, em consequência, deve não apenas se submeter às suas regras como também viabilizá-las plenamente. Sua desconsideração, no caso concreto, constitui uma quebra do próprio Estado Democrático de Direito. Os direitos humanos constituem, portanto, o principal elemento de autolimitação do Estado. Mais do que isso, os direitos humanos são indisponíveis pelos seus próprios titulares, que não podem renunciá-los e muito menos aceitar a sua não observância pelo Estado, em qualquer circunstância. E, por isso, os direitos humanos não estão sujeitos à revisão constitucional.

Por outro lado, os direitos humanos criam um dever de autotutela para a própria cidadania e para a sociedade civil e suas organizações e entidades, no tocante à sua observância no plano do convívio humano e na criação de oportunidades de realização pessoal, social e profissional para todos os indivíduos e, em consequência, no combate à discriminação e ao distanciamento social. Ressalte-se esse aspecto. Não apenas o Estado deve tutelar a integridade dos direitos humanos. Os próprios cidadãos devem observá-los no plano da dignidade pessoal de todos e o respeito e a promoção de medidas que garantam o convívio social e o aperfeiçoem, sobretudo na referida luta contra a discriminação, a segregação social, o racismo e a opressão das minorias.

A ação humanitária a favor dos que merecem amparo compõe esse quadro de dever de solidariedade e de fraternidade da sociedade civil. Em consequência, a tutela dos direitos humanos, na sua dinâmica de constante aperfeiçoamento e abrangência, é dever não apenas do Estado, mas também da sociedade civil e de suas instituições, seja na conduta de cada um perante os demais membros da coletividade, seja de ação efetiva e institucional para o reconhecimento e apoio aos seus valores e princípios.

Nesse aspecto, ressalta o contratualismo dos direitos humanos. Isso quer dizer que a sociedade, ao se colocar acima e além do Estado no exercício indisponível dos seus direitos fundamentais, cria um pacto, um contrato de convivência que deve ser respeitado e promovido por todos os cidadãos, que, assim, são moral e juridicamente responsáveis pela observância estrita dos direitos humanos, sejam os individuais, sejam os coletivos e os das minorias.

Nesse amplo espectro de deveres dos indivíduos e da sociedade, no tocante aos direitos humanos, ressalta o capítulo da preservação do meio ambiente natural e do clima, objeto de normas constitucionais, leis internas e tratados e convenções internacionais. É evidente que, sem a observância e o empenho dos indivíduos e das coletividades na preservação do patrimônio natural, não haverá a restauração imprescindível do meio ambiente e a cessação dos efeitos devastadores das emissões de poluentes na atmosfera, que afetam o clima, a saúde e a vida em todo o planeta. O mesmo dever individual e coletivo existe no tocante à poluição das águas. Trata-se de matéria fundamental no capítulo dos direitos humanos. Daí o compromisso de todas as pessoas com a preservação do meio ambiente natural e do clima, tal como sintetizado no Acordo de Paris de 2016 e demais convenções internacionais, bem como nas leis nacionais que tratam da matéria.

Esse sentido universal dos direitos humanos se reflete na sua tutela e promoção por parte dos organismos internacionais, a partir da International Bill of Human Rights, da Organização das Nações Unidas, de 1947, seguida da Declaração Universal dos Direitos Humanos, de 1948. Em ambas as declarações, os países-membros se comprometem a agir, coletiva ou singularmente, no âmbito de sua soberania e em cooperação com a ONU, a fim de "promover o respeito e a observância dos direitos humanos e das liberdades fundamentais para todos, sem distinção de raça, sexo, língua ou religião".

Tais valores e princípios foram incorporados nas constituições dos países democráticos, não tendo logrado impor-se nas teocracias e nos regimes autoritários. E os regimes democráticos de 71 Estados, outrossim, reconhecem, a partir dos anos 1970, na Comissão dos Direitos Humanos da ONU,[81] uma instância internacional de conhecimento e eventual condenação de violações dos direitos humanos quando esgotadas as instâncias internas de remoção dos obstáculos ao gozo pleno desses direitos civis e políticos. Cabe ao Conselho receber as queixas de qualquer cidadão dos Estados signatários.

Ademais, a ação internacional de defesa e proteção dos direitos humanos também se reafirmou, de uma maneira decisiva, na Convenção Americana de Direitos Humanos — o Pacto de San José da Costa Rica —, que acentua os direitos humanos no plano político, como o direito de qualquer cidadão de eleger e de ser eleito independentemente do sistema de partidos políticos. Esse auspicioso e moderno tratado tem ajudado no reconhecimento dos direitos humanos na América Latina, marcada pela instabilidade institucional e pela hegemonia dos políticos profissionais e seus partidos políticos oligárquicos, responsáveis pelo atraso social e econômico da região.

Dos deveres do Estado

Art. 1º - Tutela dos direitos fundamentais

A moderna estrutura do Estado Democrático de Direito reconhece plenamente os direitos humanos, abrangendo a vida civil, política, social e ambiental

---

81. A Comissão para os Direitos Humanos foi criada em 1946. Nos anos 1970, assumiu funções mais ativas, investigando e intervindo em diversas ocasiões na Ásia, na África e na América Latina. Em 2006, foi substituída pelo Conselho de Direitos Humanos das Nações Unidas (CDH).

dos cidadãos. Os direitos à personalidade levam à liberdade pessoal, profissional, econômica, patrimonial, de religião e de pensamento, e sua decorrente livre manifestação. Os direitos humanos são de natureza civil e política. A liberdade é a síntese desses dois ramos e demanda do Estado a conduta do *non facere*, ou seja, de não impedir, de qualquer forma ou maneira, a expressão da liberdade.

A par da abstenção do Estado no tocante ao exercício pleno da liberdade dos indivíduos, dos grupos sociais e da coletividade, espera-se dele uma ação efetiva e permanente visando à remoção dos obstáculos ao efetivo acesso aos benefícios que essa mesma liberdade traz. Trata-se de uma tutela ativa do Estado, inclusive no uso das políticas públicas que promovam a igualdade de oportunidades, de todos os cidadãos, de usufruir concretamente do direito às prerrogativas civis e políticas.

Na esfera política, os direitos humanos se traduzem pelo direito de livre associação no exercício de suas prerrogativas de eleger e de ser eleito, independentemente de filiação partidária. E, no campo social, o cidadão tem não apenas direitos, mas deveres, no exercício do trabalho, na preservação e prevenção da sua própria saúde, no convívio e na contribuição comunitária para a preservação da vida urbana, do meio ambiente natural e do clima, dentro de uma conduta ativa de procura da felicidade e da criação de oportunidades para todos os cidadãos.

Essa conduta responsável da sociedade permite construir a vida de cada pessoa sem a dependência hegemônica do Estado. Nesse contexto, devem ser preservados e ampliados os direitos civis das coletividades étnicas, religiosas, de orientação sexual, bem como das mulheres, das crianças e adolescentes, dos idosos, dos enfermos, dos desamparados e dos inabilitados.

Os direitos humanos devem ser reconhecidos, portanto, como um processo social sempre em expansão e com novas dimensões, que se somam aos valores históricos já consagrados. Nos direitos humanos se encontra a crucial questão do meio ambiente natural e de sua proteção. O Acordo de Paris de 2016 sintetiza as providências que os países subscritores e os seus povos se comprometem a implementar visando à preservação das condições fundamentais da vida no planeta. A constituição deve incorporar o nosso compromisso em torno dessa questão vital e implementar as políticas públicas que contribuam efetivamente para o cumprimento das metas de sustentabilidade do meio ambiente, de curto, médio e longo prazo. A luta contra o racismo é fundamental.

Art. 2º - O Estado como obstáculo ao desenvolvimento social e econômico

As relações entre o Estado e a Nação são a questão fundamental que se coloca. A partir daí podemos definir as funções e os respectivos limites da atuação governamental.

No plano histórico, deve ser considerada a evolução do Estado liberal clássico, do início do século XIX, para o Estado social que foi se configurando a partir de 1870. Essa evolução se exacerbou e se generalizou após a Segunda Guerra Mundial, num contraponto à expansão, na Europa ocidental, do Partido Comunista e da Terceira e da Quarta Internacional. A partir da metade do século XX, portanto, a feição social e assistencial passou a ser a marca do Estado em grande parte dos países europeus, da Ásia, da África e da América Latina. É o também chamado Estado Providência. E esse Estado Assistencial implantou os seus valores no plano cultural e dos costumes nas sociedades democráticas dos cinco continentes.

Nos países subdesenvolvidos — eufemisticamente chamados pelas organizações internacionais como "países em desenvolvimento" e, agora, "emergentes" — predomina a ideologia do desenvolvimentismo. Em virtude dela cabe ao Estado promover, controlar, dirigir e supervisionar toda a atividade econômica, sobretudo através das empresas estatais "impulsionadoras" do desenvolvimento socioeconômico.

A tentativa de retorno ao Estado liberal, na sua acepção clássica de *laissez faire* e *laissez mourir*, não é mais factível, mesmo nos Estados Unidos da América, onde existe uma dinâmica de implantação, ainda que tímida, do Estado Assistencial, em detrimento do Estado liberal, não obstante a onda populista de extrema direita que se instalou naquele país a partir de 2016. Pode-se mesmo dizer que a idealização do Estado liberal clássico, do início do século XIX, foi definitivamente esquecida após o *laissez mourir* do Banco Lehman Brothers, em 2009, que provocou uma crise financeira mundial, de grande e duradoura repercussão.

Por sua vez, o populismo conservador instaurou a dialética exacerbada entre a extrema direita e o centro nos Estados Unidos, o que leva a uma aceitação, pelo próprio segmento liberal americano, do caráter social do Estado. Tal ocorre num país onde a sociedade civil organizada assume praticamente todas as atividades no meio social, restando ao Estado americano o exercício do poder de polícia, de moeda, das relações exteriores, das forças armadas e da segurança pública.

De qualquer forma, não existe nenhuma incompatibilidade entre o Estado Democrático de Direito com as duas formas de governar, mais liberal ou mais social. A democracia convive e floresce nas duas vertentes, sobretudo no que tange aos direitos das minorias, que têm progredido em toda a parte, independentemente da feição mais liberal ou mais socioassistencial do Estado. Resta, no entanto, levantar a questão da participação da sociedade civil no exercício efetivo e concreto do poder que constitucionalmente que lhe é atribuído. É historicamente provado que, nos países mais liberais e menos sociais, é mais relevante a participação da sociedade civil na organização e na prestação dos serviços à coletividade.

No Estado Assistencial, o governo tende a açambarcar todos os serviços públicos e sociais, marginalizando a sociedade civil de sua participação nesses setores fundamentais. Como é notório, o Estado Providência é hegemônico, monopolizando e controlando as atividades econômicas e profissionais exercidas pelos indivíduos e pelas empresas. Tudo e todos passam a depender de autorização e fiscalização das autoridades, que, por isso, controlam e oprimem a sociedade.

Se na concepção weberiana a hegemonia burocrática já era prevista no incipiente Estado social dos fins do século XIX, pode-se hoje constatar que, em grande parte dos países sociais-democratas, tudo é Estado, somente Estado, nada fora do Estado, não obstante o pleno exercício das liberdades públicas. Com efeito, esse Estado Providência se instalou não apenas nos países subdesenvolvidos. Na França, o fenômeno do Estado hegemônico ocorre de forma exacerbada. Lá tudo gira em torno das figuras do Presidente e do Primeiro Ministro. Acrescente-se, no caso francês, o sólido estamento burocrático, que tem o poder além e acima dos políticos eleitos, por força de sua alta formação profissional (École Nationale d'Administration) e da prevalência de mando dos quadros administrativos, independentemente das alternâncias de governo.

Esse é o grande mal do Estado Providência, que tudo prevê e tudo provê. Essa onipotência e onisciência do Estado Providência inibe o pleno desenvolvimento cultural, social e do conhecimento, desestimulando a sociedade civil organizada de participar dos serviços fundamentais requeridos pela coletividade. Acrescente-se, a respeito, a deterioração gradativa dos serviços públicos prestados pelo Estado Assistencial dos últimos trinta anos, como é o caso dos serviços hospitalares na Inglaterra e ambulatoriais na França. Neste último país, as escolas públicas também estão em crise permanente.

No Brasil, os serviços públicos prestados pelo Estado Providência estão em plena disfunção, acarretando as conhecidas mazelas sociais no plano da educação, da saúde, da segurança, do saneamento, da habitação, do urbanismo, etc. Daí resulta uma sociedade iníqua, com dezenas de milhões de pessoas mantidas no nível da pobreza e da miséria, sem qualquer oportunidade de inserção social, profissional e econômica.

Mais do que isso, o caráter hegemônico do Estado Assistencial cria uma cultura de privilégios, levando a parcela mais bem situada da população a procurar emprego no serviço público, em que a estabilidade vitalícia desonera o indivíduo da luta pela vida, pois não poderá ser despedido a não ser por gravíssima falta funcional. Nenhuma eficiência ou produtividade é exigida dessa casta de nobres em plena República democrática. Essa estabilidade funcional *ad vitam* impede o surgimento de uma cultura de procura de inserção profissional no mundo da concorrência profissional, em que há constante exigência de conhecimentos, da eficiência e da produtividade. Pelo contrário, no Estado Assistencial as pessoas qualificadas procuram os privilégios e não as oportunidades, que exigiriam uma dedicação e um aperfeiçoamento constantes.

Daí termos no Brasil uma sociedade subdesenvolvida pela marginalização da sociedade civil e pelo desestímulo à contribuição profissional de cada um à melhoria econômica e social do país.

Outra característica perversa do Estado Providência é o valor exponencial dos recursos públicos alocados na manutenção de sua atividade-meio, ou seja, no sustento de milhões de servidores públicos e da oligarquia política. Esses segmentos — político e burocrático — absorvem a maior parte dos recursos arrecadados dos impostos e mais o enorme déficit público, sem qualquer retribuição efetiva no plano da prestação de serviços públicos e de atendimento das necessidades básicas da coletividade. Os benefícios são unicamente voltados para atender a casta de privilegiados, o que contraria inteiramente o princípio da igualdade de direitos e deveres, que deve prevalecer numa democracia.

Sob esse ângulo, falta ao Estado Providência o requisito de legitimidade democrática que deve, necessariamente, ser fundado no princípio da igualdade das oportunidades e dos benefícios para todos os cidadãos. E se o Estado Assistencial demonstra cada vez mais, em todo o mundo democrático, a sua disfuncionalidade na prestação dos serviços públicos, no plano econômico a intervenção estatal é igualmente desastrosa.

Além das centenas de empresas estatais disfuncionais, a atividade econômica privada é oprimida e desestimulada, tanto por razões burocráticas como de encargos tributários, que, além de escorchantes, demandam a instalação de sistemas de autotributação e de declaração a tempo presente que assoberbam as atividades-meio, em detrimento das atividades-fim. A injustiça social também se reflete nesse sistema confiscatório instituído pelo Estado Assistencial. Os impostos são, na sua maior parte e volume, regressivos e não progressivos.

Por tudo isso, impõe-se a institucionalização de um Estado isonômico, em que todos os cidadãos tenham os mesmos direitos e os mesmos deveres, legais e contratuais. Impõe-se, outrossim, o desmonte do corporativismo que domina o Estado Providência, voltado unicamente para o atendimento dos privilégios da classe política e burocrática. Necessário, por tudo isso, a institucionalização do regime de oportunidades no lugar do regime de privilégios, que é o principal fator de nosso vergonhoso atraso social e econômico.

Art. 3º - Princípios que regem o exercício da função pública

O princípio do interesse público

O primeiro princípio é o do interesse público. Nas relações internas e nas suas relações externas com as pessoas de Direito Privado, o Estado, nas três esferas, através de seus agentes políticos e administrativos, deve conduzir-se, precípua e rigorosamente, de acordo com os princípios da supremacia do interesse da coletividade, visando ao bem comum. E a supremacia do interesse público somente se efetiva com a observância dos princípios da isonomia, da moralidade, da lei legítima, da impessoalidade, da publicidade, da eficiência, da produtividade, da finalidade, da motivação, da oportunidade, da razoabilidade e da proporcionalidade. Esses princípios incontornáveis aplicam-se à administração direta, indireta, fundacional e às empresas públicas e de economia mista.

Por sua vez, as pessoas físicas e jurídicas do setor privado, ao se relacionarem de forma permanente, temporária ou episódica com o setor público, nas três esferas, na qualidade de usuários dos serviços públicos ou em virtude de deveres e obrigações legais e contratuais, estão igualmente vinculadas aos mesmos princípios e regras que regem a gestão pública. O fundamento é que a pessoa física ou jurídica privada, na sua relação com o Poder Público, deve também ter em conta o interesse público. A conduta do particular deve ser legal e, portanto, lícita, não se sujeitando ou propondo qualquer ato ao agente público que possa configurar crime contra a Administração Pública.

Isso posto, quando se fala em supremacia do interesse público está se falando em interesse da sociedade, que se sobrepõe aos interesses do Estado. Trata-se de princípio fundamental do Estado Democrático de Direito. Dessa forma, o exercício do cargo e da função pública, de natureza política e administrativa, deve atender, em todos e quaisquer atos do respectivo cargo, aos interesses que se encontram além do Estado.

A supremacia do interesse público se contrapõe, e deve prevalecer, sobre os interesses individuais e corporativos dos agentes políticos e administrativos. Não há nenhum interesse público quando os agentes políticos e administrativos visam manter, obter ou aumentar os benefícios próprios da carreira ou obter vantagens de qualquer espécie e natureza. O Estado deve atender ao bem coletivo, seja ele homogêneo, atingindo toda a coletividade, seja fracionado, representado por interesses legítimos de determinados segmentos da sociedade.

O interesse público é absolutamente indisponível no que respeita às leis, aos atos normativos e aos atos administrativos. E o Poder Público tem o dever de cuidar do interesse público, que é irrecusável e incontornável por parte das autoridades políticas e administrativas, no exercício de seus mandatos, cargos e funções.

O princípio da isonomia

O segundo princípio é o da isonomia. Os deveres, responsabilidades e obrigações devem ser proporcionalmente exigidos pelo Estado conforme a capacidade econômica e de renda de cada pessoa física e jurídica.

Como lembra Oppenheim, invocando Aristóteles, deve ser considerada isonômica a atribuição de benefícios aos mais necessitados e a imposição de encargos maiores aos detentores de riqueza.[82] Esse conceito isonômico de igualdade proporcional leva em conta as diferenças relevantes entre os membros da sociedade e não as diferenças superficiais ou irrelevantes. Ainda conforme Oppenheim, a igualdade proporcional somente é legítima se as diferenças na distribuição de deveres e direitos correspondem a características objetivas e específicas. A miséria, a penúria, a pobreza, a falta de oportunidades sociais, educacionais, profissionais e econômicas são absolutamente relevantes.

Por outro lado, é imprescindível levar em conta a situação de riqueza na imposição de impostos, por isso que devem eles ser cada vez mais progressivos e menos regressivos. Desse modo, é nas circunstâncias de vida de cada um que reside a igualdade proporcional.

A igualdade proporcional atende à regra clássica que atribui a cada um segundo suas necessidades. Para tanto, a constituição deve tratar da isonomia no seu sentido material, e não formal, ou seja, no sentido de que o Estado não pode promover e nem a lei permitir discriminações entre as pessoas que integram a Nação, como ocorre atualmente, sob os auspícios da Carta de 1988, a exemplo do seu art. 40, entre inúmeros dispositivos que instituem os privilégios dos integrantes do setor público.

Entenda-se isonomia material como o direito de todo e qualquer cidadão de ingressar na vida pública sem a intermediação de nenhum partido político; o regime igual de trabalho entre os integrantes dos setores público e privado; a equidade tributária, representada, sobretudo, pelos impostos diretos; e a igualdade de acesso à Justiça sem restrições de legitimidade ativa.

A Constituição de 1988 nega o princípio da igualdade material, fazendo nítida reserva de privilégios para os integrantes do setor público e para determinadas entidades e corporações do setor privado. Assim é que, por exemplo, no capítulo dos Direitos e Garantias Fundamentais, o art. 7º da CF/88 proíbe a diferença de salários apenas no âmbito do setor privado, e não a diferença de salários entre os membros do setor privado e público.

A isonomia constitucional deve significar a garantia de igualdade de direitos e de deveres a todas as pessoas que integram a Nação, incluindo os quadros do Estado. A isonomia, no seu sentido material, constitui o princípio matriz do Estado democrático. Como declarou o Ministro Cunha Peixoto, em seu célebre voto no RE n. 82.520, "Não cabe invocar o princípio da isonomia onde a Constituição, implícita ou explicitamente, admitiu a desigualdade".[83]

A propósito, não se pode invocar o princípio da isonomia material quando o Estado estende os benefícios discriminatórios atribuídos a um determinado gru-

---

82. OPPENHEIM, Felix E. Igualdade. Op. cit.
83. BRASIL. Supremo Tribunal Federal. **Recurso Extraordinário n. 82.520**. Rel. Min. Cunha Peixoto, DJU 27 jun. 1976. Revista de Direito Administrativo – RDA, n. 128/2200.

po de servidores para outros segmentos do setor público que reivindicam o mesmo privilégio.[84] É o que se denomina "princípio da isonomia de vencimentos".[85]

No sentido material da isonomia, não deve haver regras de favorecimento para os agentes do Estado e muito menos a sua permanente expansão. Todas as pessoas devem se submeter ao mesmo regime de trabalho, tanto no setor público como no setor privado. Todos devem assumir os riscos inerentes ao exercício de suas atividades profissionais, que passam a ser fundadas nos fatores do conhecimento, da capacidade, da eficiência e da produtividade. É necessário que desapareça uma casta que se coloca fora e acima das oscilações próprias dos ciclos econômicos.

O princípio da isonomia material significa que todos passam a se sujeitar à mesma circunstância, de lutarem por sua sobrevivência e de superarem as dificuldades conforme a sua capacidade profissional. Não mais deve se repetir a escabrosa situação não isonômica, surgida a partir de 2015, quando foram recenseados mais de doze milhões de pessoas no setor privado à procura de trabalho, ao passo que onze milhões e meio de servidores públicos, no mesmo período, obtiveram, e continuam obtendo, aumentos substanciais em seus proventos, acima da inflação, sem nenhum risco de dispensa, protegidos que estão pelo estatuto da estabilidade. O mesmo quadro de iniquidades se reproduziu em 2020, quando da pandemia do coronavírus Sars-CoV-2. No setor privado, houve a redução dos salários e demissões em massa, ao passo que os integrantes do setor público receberam aumentos substanciais em seus proventos.

A isonomia, em seu sentido material, que não consta da Constituição de 1988, impõe-se como o princípio ético fundador nas relações entre Estado e a sociedade civil. É fundamental se restabelecer a igualdade de direitos e de deveres e se eliminar as castas de privilegiados do setor público, que descaracterizam e desfiguram o sistema democrático.[86]

A isonomia material se impõe, outrossim, no sistema tributário, que deverá levar em conta as diferenças de renda dos contribuintes, ou seja, a equidade na imposição de impostos. A isonomia deverá ser observada sempre, residindo o princípio da equidade exatamente nesse tratamento diferenciado. E, com efeito, em determinadas situações, a isonomia demanda uma equidade diferenciadora. Noutra, a isonomia se realiza por uma equidade igualizadora.

---

84. Sobre o largo uso pelo Estado do princípio da isonomia para estender privilégios, v. Súmula n. 339 do Supremo Tribunal Federal.
85. A propósito, veja-se: BRASIL. Superior Tribunal de Justiça. **Recurso em Mandado de Segurança n. 608**. Rel. Min. Demócrito Reinaldo, j. 27 nov. 1991. Revista de Direito Administrativo – RDA n. 186/157.
86. "A isonomia é o princípio ético da lei e a equidade é o princípio adotado nas relações entre Estado e sociedade na sua implementação." (WOLFF, Francis. **Plaidoyer pour l'universel**: fonder l'humanisme. Paris: Fayard, 2019).

O princípio da legitimidade das leis

A lei não deve ser entendida como um cânone que se impõe a todos independentemente da sua conformidade com o princípio da legitimidade. Somente a lei legítima é imponível.

São legítimas as leis que preenchem os requisitos do interesse público, da moralidade, da impessoalidade, da isonomia e da equidade. É legítima a lei que visa ao bem comum, ao atendimento das necessidades de convívio harmônico em sociedade; que criminaliza as condutas antissociais e que, por outro lado, ampara as demandas de melhoria da sociedade e seu convívio e, nela, o reconhecimento dos direitos das minorias e da condição socioeconômica de cada um.

Será ilegítima a lei que privilegia pessoas, grupos, setores e segmentos da sociedade e do Estado, direta ou indiretamente, sob qualquer forma ou pretexto.[87] Nenhuma lei que se origine de conflito de interesses é legítima. Não pode o legislador votar e aprovar lei que o beneficie ou a terceiros, em detrimento do bem comum e da generalidade da sociedade. Nesse caso, a lei será ilegítima e, portanto, nula. Lei que não observe a igualdade de direitos e não vise à equidade não é imponível à sociedade e às pessoas que a compõem.

Todos devem obediência à lei legítima e não às leis que não sejam isonômicas e equitativas e que não atendem, inquestionável e claramente, ao interesse público. Não é imponível a todos e a ninguém a lei não isonômica, que crie privilégios, isenções, vantagens e *status* diferenciado para determinadas pessoas, corporações e setores do Estado ou da sociedade.

Daí o princípio de que a lei será igual para todos para que todos sejam iguais perante a lei. Essa regra fundamental constava do art. 179, XIII, da Constituição do Império, de 1824, que dizia que "A lei será igual para todos". Nunca mais as nossas sucessivas Constituições reafirmaram esse princípio. Em consequência, criou-se a cultura da imposição de toda e qualquer lei aos jurisdicionados, independentemente de ser ela legítima ou ilegítima. Daí o abuso generalizado que nos leva a uma profunda insegurança jurídica na medida em que as leis ilegítimas convivem com as leis legítimas, desfigurando o Estado Democrático de Direito.

O império da lei é necessariamente vinculado ao princípio da *legitimacy*, decorrente da Bill of Rights inglesa, de 1689, e da Declaração da Filadélfia, de 1776. A lei deve resultar da vontade soberana do povo sempre em benefício de todos os cidadãos. As leis, inclusive as de iniciativa popular, estão adstritas ao princípio da *legitimacy*. E quando a lei trata de disciplinar determinadas atividades ou segmentos econômicos, sociais ou políticos, o princípio da *legitimacy* é ainda mais exigível, pois é nessas circunstâncias que o legislador procura criar privilégios, discriminações, isenções e imunidades.

---

87. Evidentemente, não se consideram privilégios as cotas no ensino público.

Somente a lei legítima é cogente, por atender ao princípio de que ela será igual para todos. A lei injusta, que privilegia e discrimina, é nula e não imponível, não devendo ser observada pelos jurisdicionados do Estado. A lei que não visa ao bem comum, em toda e qualquer circunstância ou particularidade, é ilegítima. Daí não poder integrar a ordem jurídica.

O princípio da isonomia normativa significa que a lei deve ser igual para todos e que todos são iguais perante ela. A isonomia é o princípio fundamental da constituição em matéria de leis. Os princípios do interesse público, da moralidade e da impessoalidade são seus corolários. Não basta ser lei. Para que exista no mundo jurídico, toda e qualquer lei deve visar ao bem comum. Se não contemplar, plenamente, o interesse público, estarão necessariamente inatendidos os demais princípios da moralidade e da impessoalidade. A imoralidade e a pessoalidade estarão, *ipso facto*, configuradas pela simples razão de a lei não ser isonômica. Não devem existir no ordenamento jurídico leis não isonômicas.

Evidentemente que há leis ilegítimas que são mais profundamente imorais do que outras, como aquelas que constitucionalizam e legalizam a corrupção ou a impunidade. De qualquer forma, a lei ilegítima causa danos diretos e permanentes à coletividade, independentemente do grau de imoralidade, de pessoalidade ou de contrariedade ao interesse público. Todas as leis ilegítimas têm o mesmo demérito. Não importa se beneficiam indivíduos, grupos ou setores de maior ou menor importância para a sociedade. A quebra do princípio da impessoalidade não tem graduação. Daí concluir-se que a lei não isonômica é diretamente inconstitucional. Como tal, deve ser declarada pelo Poder Judiciário, a cargo da Corte Constitucional e dos tribunais federais e estaduais ou por plebiscito, conforme previsto no art. 29 deste anteprojeto de constituição.

E, ainda no capítulo da isonomia das leis, há que se ressaltar o princípio da equidade. A lei, para ser legítima, e, como tal, reconhecida pelo ordenamento jurídico, há de ser necessariamente equitativa. Isso quer dizer que a lei deve levar em conta a circunstância de cada indivíduo e dos segmentos em que se insere na sociedade para impor-lhe deveres. Assim, a lei será legítima ao criar direitos iguais para todos e deveres conforme a situação socioeconômica de cada um.

O princípio da isonomia, portanto, tem essa dupla e indissociável feição. Direitos iguais e deveres diversos, tendo em conta o requisito da justiça social. Os deveres impostos pela lei devem atender ao princípio da justiça, tratando diferentemente os jurisdicionados conforme a sua condição e a sua circunstância socioeconômica.

O exemplo mais nítido da equidade como fundamento da lei é a imposição de tributos. A lei não será isonômica se impuser os mesmos impostos à generalidade dos contribuintes. Nesse caso, a lei será ilegítima por criar deveres não equitativos para os contribuintes.

O princípio da moralidade no exercício da função pública

A moralidade do agente político e administrativo funda-se no conceito de probidade. Exige-se a conduta proba do agente público no exercício de seu cargo, de suas atividades, atribuições e funções e também fora delas, em razão da dignidade e do decoro pessoal que deve preservar, como integrante dos quadros do Poder Público federal, estadual e municipal.

O agente público deve, sempre, conduzir-se visando ao bem coletivo, tendo em vista o exercício de suas atribuições de representante orgânico do Estado. A conduta do agente político e administrativo deve, necessariamente, levar em conta a legitimidade dos seus atos no sentido de, ao aplicar a lei, atender precipuamente ao interesse público e nunca ao seu próprio interesse, de sua corporação ou de terceiros. O agente público, no exercício de suas atribuições, não é um delegado do Estado. Ao editar atos normativos ou praticar atos administrativos, o agente público exprime a vontade do próprio Estado, como seu representante orgânico.

A conduta proba e regular é inerente à condução das atividades do Estado, nas suas três esferas, que não outorga poderes aos agentes públicos, mas simplesmente funções de representação orgânica, como referido. E o princípio da moralidade está intrinsecamente vinculado à aplicação da lei e dos atos normativos no precípuo interesse público. A moralidade do exercício da função pública reside na aprovação e na aplicação administrativa legítima das leis e dos atos normativos.

A regra da moralidade abrange tanto os atos administrativos de estrita legalidade como os discricionários. Nos atos discricionários, a aplicação das leis e dos atos normativos compreende os critérios do justo e do injusto, do motivo, da finalidade do ato, de sua oportunidade, de sua razoabilidade e proporcionalidade e de sua conveniência para o interesse público. Assim, não basta que a lei e o ato normativo sejam abstratos ou atendam formalmente ao requisito da generalidade. Sua aplicação deve atender ao interesse público. Tem o agente público os meios idôneos e eficazes para recusar-se a executar ou a cumprir a lei e o ato normativo despidos do requisito de moralidade administrativa.

O princípio da impessoalidade

A impessoalidade na conduta do agente público traduz-se pela sua absoluta neutralidade na aplicação e no cumprimento da lei e dos atos normativos. Não pode ele, na sua atividade política e administrativa, prejudicar ou favorecer qualquer pessoa. Esse favorecimento, ainda que produzido por um ato formalmente regular, será manifestamente ofensivo ao princípio da impessoalidade.[88] Atende, assim, o princípio da impessoalidade, aos fins estritamente públicos do exercício das funções políticas e administrativas do Estado, ao impedir a outorga de benefícios ou a imposição de prejuízos a pessoas determinadas.[89]

O princípio da publicidade

O direito à informação sobre todos os dados da administração pública e das atividades dos três Poderes deve ser garantido por meio objetivo, ágil, transparente, claro e em linguagem de fácil compreensão, conforme consta da Lei n. 12.527, de 2011.

A publicidade é um direito soberano do povo — e não se confunde com a publicação oficial das leis e dos atos normativos e administrativos. A publicidade tem o objetivo de informar, e não de tornar válidos e eficazes os atos provindos do Estado. Deve, por isso, a publicidade abranger todos os atos iniciais, interlocutórios e conclusivos emanados da administração pública para, deles todos, alcançar-se uma leitura racional e abrangente dos atos político-administrativos e da conduta dos agentes públicos, nas três esferas.

A publicidade é um dever precípuo da administração, no sentido de que não apenas deve fornecer todos os dados referentes aos seus atos, como deve fazê-lo de modo a ser entendido no seu conjunto, e não fragmentariamente. O Estado, portanto, deve agir no sentido de fornecer a leitura a tempo presente desses dados, impondo-se o método comparativo no tempo e no espaço e sua compatibilidade com os requisitos constitucionais, legais, orçamentários, etc.

A publicidade, como uma das atividades constitucionais mais relevantes da administração pública, deve permitir uma leitura acessível a qualquer pessoa do povo sobre a finalidade e a motivação do ato, sua oportunidade, sua razoabilidade e sua compatibilidade orçamentária, em termos de receitas e verbas autorizadas, etc. Trata-se, portanto, de um dever de proporcionar uma informação plena e racional dos atos político-administrativos para sua leitura orgânica no contexto da atividade estatal como um todo.

A publicidade constitui uma regra fundamental de moralidade pública e que expressa o conceito de transparência. A publicidade tem caráter declaratório, diferentemente da publicação oficial, que é neutra e tem caráter constitutivo da validade dos atos emanados do Estado. A regra da publicidade visa à análise da conduta da administração do Estado e dos agentes públicos no seu aspecto funcional, sejam atos de natureza política, sejam administrativos.

---

88. SILVA, José Afonso da. Op. cit., p. 341.
89. DI PIETRO, Maria Sylvia Zanella. **Direito Administrativo**. 15. ed. São Paulo: Atlas, 2003, p. 71.

A propósito, a França criou em 2013 um órgão especial visando à implantação institucional da transparência — a Haute Autorité pour la transparence de la vie publique (HATVP), com força cogente e vinculante sobre todos os agentes políticos e administrativos do Estado. Participam desse órgão representantes da sociedade civil, com informações permanentes nas redes sociais, cujas demandas gerais e pontuais devem ser atendidas pelo Estado. Cabe a esse órgão a divulgação, com leitura a tempo presente, de todos os dados da administração e também no tocante às movimentações patrimoniais e de rendas privadas dos agentes políticos e administrativos franceses, incluindo a progressão do patrimônio, a natureza das atividades dos agentes fora da vida pública, as suas agendas no exercício dos cargos e funções para, assim, detectar as relações e as influências sobre a sua atuação, notadamente dos *lobbies* empresariais, corporativos e sindicais.

Isso posto, a publicidade é um princípio que se traduz pela transparência dinâmica, atual, abrangente e, portanto, orgânica dos atos e dados administrativos e da conduta pública e privada dos agentes políticos e administrativos a eles vinculados, direta ou indiretamente.

Os princípios da eficiência e da produtividade

A eficiência se conceitua como a melhor relação entre os recursos empregados e os resultados obtidos. Já a produtividade se entende como a utilização eficiente dos recursos produtivos, tendo em vista alcançar a máxima produção na menor unidade de tempo e com os menores custos.[90] Traduzindo esse conceito de produtividade para as atividades do setor público, poderíamos conceituá-la como a utilização eficiente dos recursos colocados à disposição dos administradores tendo em vista alcançar a efetiva prestação de serviços públicos na menor unidade de tempo, com os menores custos.

A produtividade é meio de se alcançar a eficiência, não somente como resultado, mas como organização e métodos no exercício da administração pública. Ambos os fatores de otimização (eficiência e produtividade) dos serviços públicos têm o objetivo de, em primeiro lugar, alcançar o funcionamento dos serviços públicos, hoje em disfuncionalidade, e, em seguida, otimizá-los.[91]

Isso posto, as carências progressivas da administração pública no país, nas três esferas, decorrem do predomínio das formalidades sobre as finalidades do desempenho. Entre nós, infelizmente, a burocracia consiste na atividade

---

90. SANDRONI, Paulo. **Dicionário de economia**. São Paulo: Best Seller, 1989, verbete "Produtividade".
91. Sobre a questão da disfuncionalidade da administração pública brasileira: CARVALHOSA, Modesto. **Considerações sobre a Lei Anticorrupção das Pessoas Jurídicas**. São Paulo: Revista dos Tribunais, 2015, p. 289 *et seq.*

administrativa do Estado unicamente para afirmar, em toda e qualquer circunstância, o seu poder sobre as pessoas e as coletividades de usuários dos serviços públicos. A burocracia, ao se movimentar unicamente para exercer o domínio sobre a sociedade, não proporciona a efetiva prestação dos serviços públicos.

Por exemplo: o usuário do Sistema Único de Saúde (SUS) leva dois meses para conseguir uma consulta médica que dará como resultado o diagnóstico de um câncer. Assim, a operação cirúrgica, para extirpar o tumor, é marcada para daqui um ano após o diagnóstico.[92] Não se trata, no caso, apenas de falta de oportuna prestação de serviço essencial de saúde; trata-se de um crime cometido pelo Estado, decorrente da falta absoluta de eficiência e produtividade. O que dizer dos serviços hospitalares de urgência, inexistentes na prática, em que morrem dezenas de pessoas diariamente por falta de qualquer assistência?

A conduta de dominação burocrática da sociedade opõe-se à própria finalidade da gestão pública, que é a de prestar serviços à coletividade e aos usuários. Com efeito, no plano da atividade econômica privada, a nossa burocracia bloqueia as iniciativas produtivas e desencoraja os investimentos na produção e circulação de riquezas, através de entraves que delongam o seu início e impõem uma rede inextrincável de impostos cruzados e cumulativos, que poderiam ser reduzidos a dois ou três tributos. Assim, por ausência absoluta de eficiência e de produtividade, a gestão pública presta um desserviço permanente através de uma estrutura administrativa crescentemente inadequada às demandas básicas e indispensáveis, tanto sociais como econômicas.

Pode-se dizer que a gestão pública no Brasil é gravemente ineficiente sob o ponto de vista de sua finalidade e da organização e métodos, que deveria,

---

92. "O paciente procura o ambulatório do médico da família com sintomas, ocasião em que lhe é feito o pedido de exame de sangue, o qual demorará semanas, talvez meses para ser realizado e ter seus resultados liberados. Retorna ao ambulatório com um resultado de exame PSA com aumento do valor indeterminado, o que pode indicar câncer. Ele será encaminhado ao urologista. Não raramente, esse paciente vai esperar seis meses para uma consulta com o especialista. Nessa consulta, o urologista interna o paciente se houver vaga ou vai solicitar sua internação por meio da central de regulação para marcar biópsia, cujo resultado demorará mais trinta dias. Ou seja, só nesse processo, perde-se facilmente de seis a oito meses, o que muda totalmente o paradigma desse paciente. [...] A mulher que tem um caroço que detectou na palpação. Só na palpação já se identifica que ele tem uns 2 cm. Ela vai ao clínico do posto de saúde, porque não é urgente. É encaminhada ao mastologista. Entra na fila da agenda. Até chegar ao mastologista, esse nódulo já estará maior. A partir daí, o mastologista vai pedir a autorização para fazer a biópsia. Se ele conseguir muito rápido, vai conseguir marcar em três ou quatro semanas. Ao momento do tratamento cirúrgico, o nódulo poderá ter um tamanho muito maior ou até mesmo atingido as axilas, fatores que pioram muito o prognóstico. A partir daí, há mais o prazo para entrega do resultado da biópsia." (Informação verbal, apud ANDREASSA, Bianca Maria de Souza Pires. **Responsabilidade civil do médico pela perda da chance de cura do paciente oncológico**: uma análise da jurisprudência do Superior Tribunal de Justiça. Dissertação (Mestrado Profissional em Direito dos Negócios) – Fundação Getulio Vargas, Escola de Direito de São Paulo, São Paulo, 2020).

necessariamente, observar. E mais. No Brasil, além de bloquear a economia privada e o empreendedorismo, os serviços prestados pelo Estado existem para, através de sua disfuncionalidade, bloquear a saúde pública, a educação pública, a segurança, a mobilidade urbana, a habitação decente e a urbanização com infraestrutura e saneamento básico, levando as pessoas ao estado permanente de incerteza quanto ao presente e ao futuro. Exatamente o contrário dos princípios da eficiência e da produtividade que se colocam dentro do conceito de responsabilidade do Estado de arcar com as consequências sociais e econômicas da gestão pública.

Cabe, portanto, à administração procurar meios e métodos capazes de restaurar a eficiência dos serviços públicos, de acordo com sua finalidade, superando a cultura do domínio do poder burocrático e, no lugar dela, criar a cultura da prestação de serviços ao povo, que é a precípua razão da existência do Estado. Assim, devem ser utilizados todos os avanços tecnológicos e científicos à disposição da sociedade, criando-se parâmetros de eficiência e de produtividade capazes de tornar úteis os serviços públicos.

A eficiência significa o exercício funcional das atividades do setor público, mediante decisões embasadas em critérios de efetividade dos serviços, tendo em vista o cumprimento de suas finalidades. E a produtividade permite, por sua vez, que se racionalizem os custos e as despesas públicas, reduzindo-as dentro de critérios técnicos de utilização ótima de recursos, todos adequados, no tempo, ao seu dispêndio, sempre visando à melhor prestação dos serviços à coletividade e aos usuários.

O desperdício dos recursos públicos no Brasil é notório, impedindo a reposição dos capitais empregados na execução de serviços e obras. Notadamente no capítulo das obras, a perda do capital público é assombroso. Não há propriamente a reposição desses recursos, na medida em que as obras são abandonadas ou, quando entregues, sempre o são com qualidade péssima, em prazos ultrapassados, impedindo a recomposição dos respectivos investimentos do Estado.

Desse modo, a eficiência e a produtividade nas obras públicas também se impõem como requisitos fundamentais da gestão pública, o que se alcança com a adoção do seguro de obras, no valor integral da sua adjudicação.

Os princípios da finalidade e da motivação

O agente público deve aplicar a lei e os atos normativos visando à sua precípua finalidade. Assim, o ato administrativo deve refletir sempre a intenção da lei, diante de qualquer circunstância, pedido e atendimento do usuário dos serviços públicos. Por sua vez, a motivação é a justificativa da aplicação da lei ou do ato normativo ao fato concreto. A motivação deve ser impessoal, neutra, imparcial e moralmente inquestionável. Não basta a declaração legal e formal do motivo do ato no respectivo despacho administrativo. A motivação deve ser de fundo, e não de aparência.

Há que se indagar sobre a real finalidade do ato administrativo no seu endereçamento a determinadas pessoas físicas ou jurídicas. O que se procura com o preceito da motivação dos atos administrativos é estabelecer o efetivo e real controle da probidade do agente público e sua induvidosa adequação aos princípios da supremacia do interesse público, da legalidade, da impessoalidade, da moralidade, da publicidade, da finalidade, da razoabilidade e da proporcionalidade. Assim, nas suas decisões e providências, o agente público deve indicar os fundamentos, de fato e de direito, que as justificam e as razões que legal e tecnicamente as sustentam.[93]

Portanto, o princípio da motivação visa impedir o ato administrativo arbitrário, de favorecimento ou de perseguição de pessoas, físicas ou jurídicas, mediante a ausência de legítimo motivo objetivo para a sua prática.

Os princípios da oportunidade, da razoabilidade e da proporcionalidade

Entende-se como oportuno o ato administrativo se corresponde à sua necessidade diante de determinadas circunstâncias que demandam a ação ou a intervenção da autoridade pública. Praticar um ato administrativo quando ele ainda não é necessário, antecipando-o no tempo, ou, quando já não é mais necessário, retroagindo os seus efeitos para situações pretéritas, constitui, em ambas as hipóteses, nítida improbidade administrativa, na medida em que não atendem, evidentemente, o interesse público. O ato administrativo deve ser atual no tempo e pontual no espaço, para que haja o nexo causal entre ele e o interesse público que se quer manifestar ou proteger.

Já a razoabilidade se entende como a adequação da aplicação da lei e do ato normativo ao ato administrativo que atende ao pedido do usuário ou demandante dos serviços públicos. E o princípio da proporcionalidade se conceitua como o rigoroso equilíbrio entre os meios e os fins públicos almejados e concedidos pelo ato administrativo.[94]

A oportunidade, a razoabilidade e a proporcionalidade constituem os limites à competência discricionária do agente público. Não pode o agente público, ao prolatar o ato administrativo, dar mais do que a lei ou o ato normativo permitem como justo e suficiente para o atendimento aos interesses legítimos da pessoa que o solicitou, tendo em conta, sempre, o bem público no caso concreto.

---

93. DI PIETRO, Maria Sylvia Zanella. **Direito**... Op. cit. p. 82. No mesmo sentido o art. 50 da Lei n. 9.784, de 1999.
94. A respeito, art. 2º da Lei n. 9.784, de 1999, que trata do processo administrativo.

Art. 4º - Isonomia trabalhista, previdenciária e tributária: setores público e privado

A igualdade de direitos e deveres entre os integrantes do setor público e do setor privado constitui uma das reivindicações maiores do povo brasileiro, que, cada vez mais, demonstra seu inconformismo com os privilégios que são atribuídos ao estamento estatal. A matéria tem sido tratada ao longo das normas constitucionais ora propostas, cabendo reiterar apenas a necessidade de se aplicar a Consolidação das Leis do Trabalho a todos os trabalhadores, tanto do setor público como do segmento privado. Ademais, não há nenhuma razão de se manter a generalização que a Constituição de 1988 faz no tocante à estabilidade, determinando que todos os onze milhões e quinhentos mil servidores públicos, nos três setores federativos, exercem "funções de Estado", independentemente dos cargos que exerçam. E, nessa condição de trabalhador estável, o servidor público concursado tem garantido o seu emprego independentemente de prestar ou não serviços eficientes ou de sequer prestá-los. E, não obstante sua total desvinculação ao contrato de trabalho regido pela CLT, os servidores públicos podem usufruir de todos os direitos que a legislação trabalhista proporciona. É o que consta da Constituição de 1988, no seu artigo 37, incisos VI, VII, e artigos seguintes (arts. 38 a 41).

Impõe-se, outrossim, a unificação do regime previdenciário, cessando os privilégios do regime especial, que, abrangendo menos de um milhão de servidores, consome um terço do orçamento e do déficit da previdência social, em contraposição aos dois terços de despesas de aposentadorias do setor privado, que alcançam 30 milhões de beneficiários.[95] E, no aspecto tributário, a iniquidade é também instituída na Constituição de 1988, que isenta de imposto de renda as parcelas de caráter indenizatório pagas aos servidores públicos. Assim, consoante o § 11 do art. 37 da Carta vigente, apenas a parte fixa dos proventos recebidos pelos servidores públicos está sujeita ao imposto de renda. Por exemplo: um desembargador recebe, em média, por mês, 150 mil reais, dos quais paga imposto de renda apenas sobre 35 mil reais, correspondentes à sua remuneração fixa, estabelecida no inciso XI do mesmo art. 37 da CF/88. Os demais 115 mil reais, que recebe mensalmente a título de vantagens permanentes, subsídios e gratificações, são isentos do imposto de renda, sob o fundamento constitucional de que são verbas indenizatórias.

---

95. BANCO MUNDIAL. **Um ajuste justo**: análise da eficiência e equidade do gasto público no Brasil. Brasília, 2017. Disponível em: https://www.worldbank.org/pt/country/brazil/publication/brazil-expenditure-review-report. A respeito, veja-se: CARVALHOSA, Modesto. **Da cleptocracia para a democracia em 2019**: um projeto de governo e de Estado. São Paulo: RT, 2018, p. 87 *et seq.*

Esse regime de privilégios tributários não pode prevalecer, devendo ser extinto. Todos os contribuintes, tanto do setor público como do setor privado, devem pagar o imposto progressivo de renda em bases absolutamente idênticas. É o que propõe o presente artigo da nova constituição.

Art. 5º - Políticas de Estado

A constituição deve instituir políticas públicas de Estado que deverão ser implantadas, em continuidade, pelos sucessivos governantes eleitos.

As políticas públicas de Estado têm natureza estrutural, sistêmica e de longo prazo. São estruturais na medida em que visam mudar profundamente a situação atual, como no caso do desfavelamento. São sistêmicas na medida em que as primeiras e as sucessivas experiências devem acarretar correções na sua execução. São de longo prazo, pois enfrentam questões sociais e econômicas de grandes proporções, como no caso das desestatizações e do saneamento básico para todo o território nacional. O principal requisito é a sua continuidade pelos sucessivos governos que se alternam dentro do regime democrático. Trata-se, com efeito, de programas de implantação progressiva e longa.

Conceitua-se como políticas de Estado aquelas de natureza sistêmica, estrutural, de longo prazo, geralmente de vinte anos para sua implementação. O método de sua feitura e execução é, necessariamente, indutivo e, por isso, experimental. A metodologia baseia-se em planos pilotos que, ademais, devem levar em conta as condições locais e regionais. Em consequência, os planos experimentados e efetivados precisam ser permanentemente revisados, reajustados, em parte ou no todo. Sua efetividade e eficácia, como referido, estão sujeitas a uma experimentação que demanda permanente correção e, muitas vezes, mudança de rumos e de critérios.

As políticas de Estado importam num planejamento estratégico que norteia as decisões e vincula os diversos níveis da administração pública, direcionando a utilização de recursos orçamentários disponíveis de forma eficiente e produtiva, assegurando a continuidade da sua implantação no plano de disponibilidades financeiras e de gestão. E, no capítulo da gestão das políticas de Estado, cabe estabelecer as funções e os encargos a serem observados pelos agentes públicos tendo em vista a sustentabilidade desses projetos, sempre de longa duração, assegurando os processos administrativos e tecnológicos capazes de operá-los sempre com eficiência.

É necessário que haja uma estrutura operacional consistente e duradoura de gestão dos investimentos públicos, em todo o seu ciclo de elaboração, execução, implantação e correção. Na observância dessas etapas devem ser adotados métodos de eficiência visando maximizar o capital público investido e, sobretudo, mitigar os riscos. Essas fases de planejamento, gestão de recursos e estrutura operacional das diversas políticas de Estado, previstas neste anteprojeto de constituição, deverão ser objeto de planos plurianuais de investimentos e de leis de diretrizes e bases para cada uma delas, nos quais fiquem consignadas as metas e os meios de sua realização, adaptação e constante correção. Cabe, como referido, aos sucessivos governos adotar e prosseguir na implantação dessas políticas públicas de Estado, que visam permitir uma estrutura social e econômica capaz de virar a história do país, com a inserção social da maioria da coletividade, hoje marginalizada no tocante às oportunidades de participar da produção e dos benefícios de riqueza.

São típicas políticas de Estado a reforma fiscal, a reforma previdenciária, a reforma tributária, a desestatização das empresas públicas e de economia mista, a adoção do sistema de declaração em substituição ao regime de autorização prévia, o desfavelamento e a dispersão urbana das atuais comunidades. Sua consolidação, com características seguras de estabilidade e de continuidade, não somente orgânica como também de aceitação social e cultural, demanda um período, em geral, de vinte anos ou mesmo mais tempo. Tais políticas de Estado, portanto, devem ser prosseguidas pelos sucessivos governos eleitos, como um compromisso de natureza constitucional e que, por isso, insere-se entre os juramentos que os governantes prestam ao serem empossados.

O mérito de cada governante será, portanto, de levar avante, durante seu mandato, essas políticas de Estado constantes da constituição, da forma a mais eficiente possível.

As políticas de Estado devem ser prioritárias na alocação de recursos orçamentários plurianuais e na disponibilidade de estruturas administrativas.

Entre as políticas de Estado está a da reforma tributária, tendo por objetivo estabelecer o regime de equidade na imposição de impostos, taxas e contribuições, tendo em vista os diferentes segmentos da sociedade. Para tanto, há que se estabelecer um regime tributário progressivo, em substituição ao atual sistema regressivo. A necessidade dessa reforma estrutural é objeto do precioso estudo do Banco Mundial, de 2017: "Um ajuste justo: análise da eficiência e equidade do gasto público no Brasil".[96]

A propósito, não há nenhuma isonomia na vigente carga tributária brasileira. Os impostos indiretos, que afetam os ganhos dos mais pobres, de maneira exponencial, representam 55% da receita tributária. Já o imposto direto sobre a renda representa apenas 18% da arrecadação, quando nos países desenvolvidos é, na média, de 50%. Essa brutal iniquidade tem efeito devastador sobre a sociedade, levando à concentração da riqueza em detrimento das demais camadas da sociedade. E até nos impostos progressivos e diretos (imposto de renda), os que ganham menos de 40 salários mínimos anuais pagam 11,7%, ao passo que

---

96. Esse relatório é objeto de estudo do livro CARVALHOSA, Modesto. **Da cleptocracia**... Op. cit.

os que recebem mais de 40 salários mínimos por ano pagam 6,4% de sua renda. O nosso sistema isenta a renda de capital dos mais ricos e incide sobre as despesas de todos. Há, consequentemente, uma transferência estrutural constante das rendas dos pobres e da classe média em favor dos mais ricos. Daí o aumento vegetativo acelerado dos contingentes de milhões de pobres e de miseráveis, marginalizados do processo produtivo formal.

A pandemia de 2020 revelou a existência de 65 milhões de pessoas em situação de penúria decorrente de desemprego ou subemprego. Elas simplesmente não existem no plano social, profissional e econômico. De qualquer forma, os impostos indiretos oneram enormemente os escassos ganhos dos mais pobres, tendo efeito regressivo severamente perverso. Acrescentem-se a essa imposição regressiva iníqua as rendas não tributáveis como ganhos obtidos no mercado financeiro e de capitais. E ainda existem as "desonerações fiscais", sob o manto de políticas anticíclicas ou de desenvolvimento setorial ou regional. A guerra fiscal entre Estados e Municípios também é fator fundamental desses privilégios "temporários", geralmente de vinte anos, a determinados setores, ou ainda permanentes, como é o caso das zonas francas.

Impõe-se, portanto, uma política de Estado que estabeleça o regime de isonomia e de equidade tributária, impondo deveres de contribuição equitativa dentro de uma estrutura de impostos progressivos, e não regressivos. O caráter isonômico advém, outrossim, do dever de todas as pessoas e entidades jurídicas pagarem impostos sobre a renda advinda das contribuições e doações que recebam a qualquer título e de seus resultados patrimoniais. A isenção tributária a associações civis e religiosas não atende ao princípio da isonomia tributária.

Com efeito, é importante que a reforma tributária, como política de Estado, atenda precipuamente ao princípio isonômico pelo qual todos devem contribuir com base em seus ganhos, observada a equidade nessa cobrança conforme o nível de renda de cada pessoa física ou jurídica, com ou sem fins lucrativos. E a equidade tributária deve levar à diminuição dos impostos indiretos, que é o fator fundamental da regressividade afetando o presente e o futuro dos segmentos sociais com menor renda. E, quanto aos impostos indiretos, também deveria ser aprofundada a atual imposição diferenciada entre produtos de necessidades básicas e aqueles de consumo sofisticado, numa graduação progressiva.

O aspecto fundamental da racionalidade do sistema tributário deve ser implantado gradativamente, com a diminuição dos 85 tributos federais, estaduais e municipais, o que nos coloca no 181º lugar num *ranking* de 190 países em matéria de eficiência do sistema tributário. A política de Estado voltada para a reforma tributária é de alta complexidade e deve ser implantada gradativamente, visando, primeiro, à racionalidade, com avanços e correções advindos de sua adoção.

Daí falar-se numa política de Estado em matéria tributária que deverá consolidar-se num prazo de vinte anos.

Da mesma forma, a política de Estado da reforma do sistema previdenciário deve ser fundada nos princípios da isonomia e da equidade. A reforma previdenciária aprovada pelo Congresso em 2019, com inegáveis méritos fiscais e atuariais, avançou na questão da isonomia no trato dos direitos de aposentadoria, diminuindo gradativamente os privilégios iníquos próprios do Regime Especial de Previdência dos agentes públicos. Ocorre que o projeto da reforma previdenciária foi aprovado sob a égide da Constituição de 1988, que é inteiramente voltada à institucionalização dos privilégios para os integrantes do setor público. Daí ser impossível, na vigência da Constituição de 1988, instituir um regime previdenciário plenamente fundado na isonomia e na equidade.

Em consequência, após promulgada a atual reforma previdenciária, há que estruturalmente aperfeiçoá-la sob os auspícios de uma nova Constituição, eliminando os iníquo Regime Especial que outorga ao setor público privilégios odiosos em matéria de contribuição, de aposentadoria e pensões e de serviços especiais de atendimento. Avançou-se com a aprovação da reforma da previdência em 2019, mas não se chegou a um regime previdenciário que estabeleça uma igualdade de tratamento para todas as pessoas, extinguindo-se os privilégios estamentais do setor público.

Isso posto, uma nova constituição deverá eliminar os dois sistemas discriminatórios: o Regime Geral da Previdência Social (RGPS), para o setor privado, e o Regime Próprio da Previdência Social (RPPS), para o setor público.

Por sua vez, a própria reforma da previdência de 2019 criou um regime especial para os militares. E ainda deixou de fora os regimes previdenciários estaduais e municipais, que absorvem grande parte da receita e do déficit orçamentários dos Estados e dos Municípios. Mesmo com a grande reforma de 2019, o Regime Geral continua sendo a vala comum, que paga aposentadorias e pensões para 30 milhões de pessoas do setor privado. O valor médio é de um salário mínimo. E continua a existir o Regime Especial, que outorga privilégios a menos de um milhão de membros do setor público. O valor médio das aposentadorias é equiparado ao que recebem os agentes públicos ainda na ativa. Daí resulta que inativos do setor público continuam recebendo dez vezes mais aposentadorias e pensões que os do setor privado. Em consequência, um terço do déficit previdenciário de 190 bilhões de reais, em 2019, é composto por apenas 900 mil beneficiários do setor público e, dois terços, por 30 milhões do setor privado.

Leve-se ainda em conta que os Estados e Municípios continuam com regimes autônomos para seus servidores, o que onera ainda mais o déficit previdenciário, criando uma casta de privilegiados nas três esferas federativas.

A respeito, o Banco Mundial em seu relatório especial sobre o Brasil, de 2017, assinala:

A reforma fiscal é necessária não só para reduzir os custos fiscais, mas também para tornar o sistema previdenciário mais equitativo. A parte mais injusta da previdência brasileira é o sistema previdenciário dos servidores públicos (RPPS) que oferece aposentadorias extremamente generosas.[97]

Esse sistema iníquo, que é a mais notória marca do regime de privilégios instituído pela Constituição de 1988, representava, em 2017, segundo o Banco Mundial, 4% do déficit do PIB e levaria, já em 2030, à total falência fiscal da União, dos Estados e dos Municípios brasileiros.[98] Esse iníquo sistema previdenciário não foi tocado, na sua essência, pela Reforma de 2019. Continuam as fabulosas aposentadorias atuais do setor público. Apenas as aposentadorias dos futuros servidores é que serão diminuídas muito relativamente, mantendo-se o iníquo Regime Especial.

A reforma possível de 2019, sob o manto da Constituição de 1988, perpetua o referido sistema de privilégios, com base no cânone do direito adquirido, a favor dos políticos profissionais e dos servidores públicos. Tudo em detrimento dos interesses das gerações futuras do setor privado, que, além de receberem como aposentadorias trinta vezes menos, em média, do que os aposentados do setor público, deverão, atuarialmente, arcar com a maior parte dos recursos atribuídos a essa monstruosa iniquidade social. A crucial questão é abordada pelo Banco Mundial no referido relatório de 2017:

> A decisão de manter os direitos adquiridos dos aposentados atuais introduz uma injustiça intergeracional significativa na reforma do sistema previdenciário. No Brasil, a Constituição vigente assegura os direitos adquiridos dos atuais aposentados, e decisões judiciais estabeleceram o princípio de que benefícios não podem ser alterados *ex post*. Contudo, na situação atual, é possível argumentar que a manutenção desse conceito torna o sistema previdenciário clamorosamente injusto. Os trabalhadores atuais do setor privado pagam pelos benefícios generosos dos atuais aposentados do setor público, embora eles não possam gozar dos mesmos benefícios no futuro porque o sistema é insustentável desde o início. Em outras palavras, o custo total do ajuste necessário está sendo pago pelas gerações mais novas. Uma reversão do conceito de direitos adquiridos, de forma a igualar os benefícios oferecidos a gerações distintas de trabalhadores, iria garantir a justiça intergeracional.[99]

---

97. BANCO MUNDIAL. Op. cit.
98. BANCO MUNDIAL. Op. cit., p. 72.
99. BANCO MUNDIAL. Op. cit., p. 82. Ver, ainda: p. 90 *et seq.*

A existência desses dois sistemas, abissalmente diversos, de benefícios previdenciários para o setor público e para o setor privado evidencia o completo divórcio entre a sociedade e o Estado, tal como iniquamente instituído pela Constituição de 1988, que criou instrumentos pétreos de privilégios para os agentes públicos, políticos e administrativos. Não se pode negar que os dois sistemas levam a uma espoliação da sociedade civil em favor dos integrantes do setor público, envolvendo a geração atual e as futuras. Somente uma política de Estado pode estabelecer a igualdade de direitos e deveres de natureza previdenciária entre os integrantes dos setores público e privado. A desconstitucionalização das regras previdenciárias é um dos requisitos fundamentais para que uma política pública de Estado possa, permanentemente, aperfeiçoar o sistema, sempre no sentido de se alcançar a isonomia e a equidade nesse segmento da vida social.

Art. 6º - Eliminação dos privilégios aos integrantes do setor público

No capítulo da isonomia, este anteprojeto de constituição determina que são iguais os direitos e deveres dos que trabalham no setor público e no setor privado. Atende-se, dessa forma, a um dos pilares do Estado Democrático de Direito, qual seja, o da igualdade de direitos e de deveres de todos.

Essa igualdade se traduz na proibição dirigida ao Estado, que não pode proporcionar a seus agentes, políticos e administrativos, quaisquer privilégios de natureza material, direta ou indiretamente. Tal regra significa que é vedada a concessão de qualquer benefício pessoal em razão do exercício de qualquer cargo público ou função pública. Fica vedado o uso de quaisquer verbas públicas pelos agentes públicos, restringindo-se os seus proventos exclusivamente ao salário estipulado para o exercício do seu cargo.

A isonomia há de ser plena no sentido de que nenhum privilégio material, direto ou indireto, pode ser atribuído aos agentes públicos, do setor político ou do setor administrativo, devendo a sua remuneração se restringir aos valores fixados em seus contratos de trabalho. Ademais, nenhuma vantagem poderá ser atribuída aos agentes políticos e administrativos através de terceiros, a título de prestação de serviços pessoais, mesmo que direta ou indiretamente ligados às suas atividades no setor governamental onde operam. É também proibido qualquer benefício pessoal, familiar ou de grupo, como de assistência de saúde, de educação ou de qualquer outra natureza.

Estão excluídas as verbas indenizatórias, a qualquer título, aos agentes públicos dos três Poderes e das três esferas federativas.

Art. 7º - Extinção de gastos tributários

Por gastos tributários entendem-se as isenções, anistias, remissões, subsídios suspensões, reduções, compensações e benefícios referentes a tributos e a contribuições trabalhistas e previdenciárias a setores e a pessoas jurídicas do setor produtivo de bens e serviços e às instituições sem fins lucrativos com fins sociais, de benemerência, religiosos, educacionais, cívicos e políticos. Essa proibição de gastos tributários deve prevalecer em qualquer circunstância, não podendo ser utilizados como instrumentos de políticas anticíclicas. E também não pode haver gastos tributários a título de incentivos para o desenvolvimento econômico e tecnológico. Essa proibição abrange os benefícios temporários, os com prazo definido e os permanentes.

As despesas tributárias foram em parte responsáveis pelo déficit primário constatado a partir de 2015 no país. Além de representarem uma quebra absoluta do princípio da isonomia e de uma política rigorosa de equidade, os setores e empresas beneficiadas rompem outro princípio fundamental, o da livre-iniciativa, que proporciona a competitividade em igualdade de condições no tocante a encargos tributários, trabalhistas e previdenciários. É de se notar que esse fator desestabilizador do orçamento público atingiu as três esferas — União, Estados e Municípios.

As despesas fiscais causam danos ao orçamento público, à isonomia de oportunidades entre os concorrentes, aos serviços públicos, além de criarem uma cultura de privilégios, de acomodações e de inação de setores em termos de governança, capacidade competitiva, pesquisa, tecnologia, eficiência, produtividade e conquista de mercados no país e no exterior. Os danos sociais são imensos em decorrência desses "incentivos" tributários, sobretudo os outorgados às multinacionais pelos Estados e Municípios para instalação de fábricas e mediante promessa de empregos e de transferência tecnológica. Esses gastos tributários, decorrentes das isenções de impostos e de contribuições, que geralmente têm prazo de vinte anos, acabam por levar à retirada dessas fábricas ao término desses benefícios, causando enorme transtorno social e econômico para os empregos diretos e indiretos e para as empresas fornecedoras de bens e serviços. O exemplo recente do estado do Paraná demonstra esse dano.

De se salientar, ainda, que os gastos tributários vêm, paradoxalmente, acompanhados de investimentos em grandes benfeitorias públicas no entorno dessas instalações industriais. Tais investimentos não são amortizáveis, tanto no período das isenções como após a sua cessação, geralmente em vinte anos. Portanto, o capital público nesses investimentos estruturais e do entorno da indústria beneficiada é feito a fundo perdido, em benefício, sempre, de grandes empresas multinacionais que, após cessados os benefícios, invariavelmente se retiram, como referido.

Ademais, esses benefícios às multinacionais criam a famosa concorrência fiscal entre Estados e Municípios, numa dinâmica de rebaixamento de receitas à guisa do respectivo desenvolvimento industrial. Essa renúncia tributária dá-se também na imposição de ICMS, ISS e taxas entre Estados e Municípios, criando uma falsa concorrência de valor de tributos, sempre sob o pretexto de atração de investimentos tecnológicos, industriais e de serviços.

Também são injustificáveis os gastos fiscais com as zonas francas, que se instalam, como entrepostos, em determinados Estados, sob o estatuto de territórios livres. Esse regime tributário iníquo, instituído sob o pretexto de desenvolvimento regional, é absolutamente contraproducente, beneficiando, por outro lado, diretamente determinadas empresas multinacionais. Essas zonas francas devem ser extintas, restaurando-se o regime tributário isonômico e equitativo nesse específico caso.

As despesas fiscais, outrossim, causam danos às relações de comércio internacional, que, por força dos organismos multilaterais, sobretudo a Organização Mundial do Comércio (OMC), discriminam os países que adotam tal política anti-isonômica no plano das trocas internacionais de tecnologia, de produtos e de serviços.

Art. 8º - Participação da sociedade na formulação e execução das políticas públicas

Na concepção, na elaboração, na formulação e na implementação de políticas de Estado, a contribuição da sociedade civil organizada é fundamental. Nessa contribuição permanente da cidadania devem, sobretudo, ser propostos meios e medidas de melhoria dos serviços prestados às pessoas e às coletividades e, ao mesmo tempo, deve ser promovida a criação de uma nova cultura nas relações intersociais e entre a sociedade e o Estado. Reitere-se que a sociedade civil organizada brasileira possui um enorme acervo de estudos sobre os graves problemas da coletividade e respectivas propostas de soluções.

Para viabilizar essa contribuição, as entidades civis devem criar fóruns permanentes sobre os temas específicos de seus estudos, institucionalizando a interlocução com o Poder Público, visando participar das diversas fases de materialização das políticas públicas de Estado.

Em matéria de fóruns permanentes da sociedade civil, deve ser invocada a auspiciosa experiência francesa de criação da Convenção Cidadã (Convention Citoyenne), por ato do Presidente da República, de 25 de abril de 2020, que alcançou excelentes resultados no tocante aos temas do meio ambiente e do clima, visando a resultados efetivos até 2030, numa primeira etapa, e até 2045, numa segunda. A primeira reunião plenária, seguida da formação dos grupos de estudo, deu-se em 20 de setembro de 2019, tendo os trabalhos sido concluídos em 21 de junho de 2020. A entrega do relatório e das proposições ao Presidente da República deu-se no dia seguinte, com 150 medidas da mais alta profundidade, detalhamento e abrangência, inclusive no que respeita às questões orçamentárias e de legislação ordinária, com a cobertura, portanto, dos recursos e meios para a sua implementação.

Essa iniciativa do Presidente Macron, que foi eleito em 2017 como candidato independente, apoiado pelo movimento En Marche!, constitui um passo importante no caminho de uma democracia interativa e participativa da cidadania no encaminhamento de soluções de interesse coletivo a longo prazo, mediante medidas concretas. Essa instância informal de contribuição da cidadania para a solução dos problemas mais fundamentais da sociedade é, no modelo francês, formada de 150 cidadãos, sorteados em meio a centenas de voluntários que se apresentaram para compô-la.

Uma vez instalada a Convenção, os temas são debatidos em grupos de estudos que os analisam, em profundidade, para conclui-los em assembleia, a quem cabe votar as proposições apresentadas. Uma vez aprovadas na reunião plenária da Convenção Cidadã, as proposições apresentadas ao Presidente da República serão, em seguida, submetidas a plebiscito ou convertidas em projetos de lei, conforme a sua amplitude e impacto social.

Art. 9º - Liberdade econômica e privatização como política de Estado

Ao Estado cabe garantir a liberdade das atividades civis, profissionais e empresariais encetadas pelos indivíduos e pelos grupos sociais, reunindo esforços, meios, capitais e recursos para a consecução de fins lícitos. A interferência do Estado deverá cingir-se ao seu poder-dever de impedir atividades de natureza criminosa ou atentatórias à ordem pública, à segurança, aos bons costumes e à paz social. Para tanto, o Estado deve manter agências reguladoras que permitam a prevalência do interesse público nas atividades econômicas que afetem a sociedade no tocante a serviços essenciais. Essa prevalência do interesse coletivo se dará nas atividades de prestação de serviços à sociedade. Os preços administrados, nesse setor, devem levar sempre em conta essa delicada questão da capacidade econômica das concessionárias de atender aos interesses dos usuários e consumidores de seus serviços e produtos.[100]

---

100. Nesse sentido, apenas para ilustrar a questão com um exemplo mais recente: "A gestão Bruno Covas (PSDB) gastou R$ 118 milhões extras em subsídio repassado às empresas de ônibus na capital paulista durante a quarentena contra o novo coronavírus, para fazer frente à queda do número de passageiros

Isso posto, a liberdade de empreender, no plano civil e econômico, deve ser rigorosamente observada pela Administração Pública. Nas atividades empresariais, fora do setor de concessões, deve haver a substituição do regime de autorização para o de declaração, com as exceções, apenas, daquelas atividades que ponham em risco a ordem pública. Por outro lado, deve ser instituída uma política pública de longo prazo visando à retirada do Estado das atividades empresariais. A desestatização não pode ser encarada como uma política de um governo só, mas sim como um projeto de longo prazo, sujeito a ajustes. A sua implantação e conclusão deve ser concebida para um prazo de, no mínimo, dez anos, alcançando, portanto, três governos sucessivos.

As privatizações devem ser objeto de política de Estado, com as constantes adaptações que devem ser organicamente feitas, sempre com o caráter indutivo e experimental. Há, com efeito, uma organicidade evidente na privatização das empresas públicas e de economia mista. O critério setorial, as prioridades, as repercussões, a transferência para o regime de concorrência, o mercado de valores mobiliários — tudo isso demanda uma escala de preferências e de experimentações que servirão para o sucesso das privatizações. Não se dever pensar em privatização como um processo que se conclui em um curto tempo. Ele tem nuances que demandam sempre métodos, critérios e opções para cada caso.

Nessa organicidade conta, essencialmente, o aspecto cultural, na medida em que a sociedade deve impulsionar a ideia de que a função do Estado não é a de ser empresário, mas sim a de prestar serviços essenciais, de natureza não econômica. A atividade empresarial do Estado é, comprovadamente, nociva porque foge à sua função, que é de dispender, a favor da coletividade, o que coleta como impostos. Essa retirada do Estado do setor empresarial não inclui as atividades de pesquisa científica, que devem permanecer no âmbito público.[101] As experiências de transferência para o setor privado de empresas estatais de pesquisa levaram à transferência de ciência e tecnologia para o exterior e à cessação do domínio de marcas e patentes sobre produtos essenciais, como o de vacinas e sua produção.

Por outro lado, o Estado não deve ser alijado da atividade bancária, seja comercial, seja de fomento. Essa presença, de larga e benéfica tradição no país

---

e à redução da frota de ônibus em circulação na cidade. Nos meses de abril e maio deste ano, foram R$ 574,7 milhões repassados pela prefeitura ao sistema de transporte como compensação tarifária, contra R$ 455,9 milhões repassados no mesmo período de 2019. É um aumento de 26%. [...] A gestão Covas afirma que a passagem de ônibus na capital, hoje em R$ 4,40, custaria R$ 7,12 sem o subsídio." (PAGNAN, Rogério; RODRIGUES, Artur. Em "novo normal", empresas de ônibus perdem receita, e Covas eleva subsídio na quarentena. **Folha de São Paulo**, 18 jun. 2020. Disponível em: https://www1.folha.uol.com.br/cotidiano/2020/06/empresas-de-onibus-perdem-receita-e-covas-eleva-em-r-118-mi-subsidio-na-quarentena.shtml).

101. Sobre os institutos e agências de fomento à pesquisa, ver discussão sobre o artigo 124 nesta terceira parte do estudo.

(Banco do Brasil), é essencial como fator de equilíbrio de oferta de crédito e de prestação de serviços bancários e financeiros, no interesse da coletividade. O mesmo se diga da Caixa Econômica Federal e do BNDES.[102] Em todas essas instituições financeiras estatais, no entanto, deve haver um rigoroso controle de suas atividades e de seus quadros diretivos, que deverão ser inteiramente afastados da esfera política. Um Banco Central autônomo poderia indicar os quadros dirigentes desses bancos públicos, longe das nomeações políticas.

A privatização, como uma política pública de Estado, de natureza estrutural, portanto, deve usar de várias ferramentas jurídicas. Assim, para algumas privatizações, o melhor deveria ser a sua liquidação e extinção. Para outras, os leilões de ações de controle. Para ainda outras estatais, a venda fracionária de ações, tornando-as de capital disperso, conforme a exitosa privatização ocorrida na Inglaterra nos anos 1970. Não deveria haver um único ou mesmo dois modelos. Cada caso deveria ser analisado para o melhor encaminhamento de sua privatização, podendo haver inclusive modelos mistos.

Os benefícios da desestatização são praticamente universais, extravasando o aspecto especificamente econômico, para se realizar no campo político e administrativo. As experiências danosas havidas com as empresas públicas e de economia mista são evidentes no plano da corrupção, do corporativismo arraigado, dos privilégios, do desperdício e, portanto, do não retorno do capital público nelas empregado. Acrescente-se a imprestabilidade e a inutilidade de dezenas de empresas estatais, a sua notória disfuncionalidade comparativa, seu peso brutal no capítulo dos recursos públicos que devem ser nela injetados. Nelas há falta efetiva de governança, *compliance*, eficiência e produtividade e de todas as mazelas decorrentes das nomeações políticas para sua direção. A Lei n. 13.303/2016 (Lei das Estatais), evidencia essas deficiências, procurando corrigi-las.

Art. 10 - Extinção do foro privilegiado

O foro por exercício de função pública é um privilégio jurisdicional que não se sustenta diante da absoluta deformação de seu uso. Concebido, originariamente, como uma garantia contra as perseguições políticas locais, que poderiam se consumar através do Poder Judiciário mais próximo do político, o foro privilegiado acabou sendo, na sua prática, um instrumento de impunidade dos políticos corruptos que dominam os Poderes Executivo e Legislativo nas três esferas

---

102. Especificamente sobre o BNDES, recomenda-se a leitura do trabalho: PARK, Dany Shin. **Governança socioambiental do Banco Nacional de Desenvolvimento Econômico e Social – BNDES**: desenvolvimentismo e arranjos institucionais de participação social à luz do caso Belo Monte/Altamira-PA. Dissertação (Mestrado em Direito e Desenvolvimento) – Fundação Getulio Vargas, Escola de Direito de São Paulo, São Paulo, 2020.

federativas. A lista dos políticos corruptos beneficiados com o foro privilegiado é significativa e sempre em expansão.

O Supremo Tribunal Federal e o Tribunal Superior Eleitoral são os encarregados de retirar a competência do juízo natural para julgar os crimes cometidos pelos políticos eleitos na esfera federal e também pelos ministros de Estado. O foro privilegiado tem levado à prescrição os crimes de corrupção e demais cometidos contra a Administração Pública pelos políticos protegidos por essa regra de exceção à competência do juiz natural. Tal privilégio judiciário é responsável pela persistência da corrupção como a principal atividade dos políticos e de seus partidos, mantendo o país no seu secular estado de atraso institucional, social e econômico, com evidentes repercussões na cultura da impunidade, desigualdade, iniquidade e falta de isonomia que caracteriza o nosso país.

A extinção desse privilégio iníquo impõe-se como reclamo de todo o povo brasileiro. A constituição ora proposta institui o juízo natural para todos os jurisdicionados, exerçam ou não cargo ou função política, administrativa ou judiciária. E, como cidadãos, os titulares de cargos eletivos poderão se beneficiar da regra geral que garante a todo o jurisdicionado o direito de, na formação da lide, invocar e se valer da jurisdição da Justiça Federal para julgar o processo respectivo.[103] Essa regra geral de deslocamento do juízo natural para a esfera da Justiça Federal permite a proteção contra eventuais perseguições políticas locais em virtude da proximidade da jurisdição.

Por outro lado, mantém-se o processo de impedimento em desfavor do Presidente da República, dos governadores e dos prefeitos, respectivamente, pelo Senado, pelas assembleias legislativas e pelas câmaras de vereadores, pela prática de crimes de responsabilidade. Serão, outrossim, afastados do exercício dos cargos de representação política os agentes públicos por crimes contra a Administração Pública, a partir denúncia recebida pelo juiz natural. Essa suspensão prevalece até o trânsito em julgado do respectivo processo, que se dará em segunda instância.

Art. 11 - Regime de declaração ao invés de prévia autorização

A adoção do regime de declaração, em substituição ao sistema de prévia autorização, atende aos princípios da responsabilidade, da eficiência, da produtividade e da competitividade. Por outro lado, afasta uma parte do domínio perverso da burocracia sobre a atividade civil e econômica exercida pela sociedade.

Na leitura weberiana, embora a organização burocrática tenha exercido importância crucial na modernização do Estado após a queda do *Ancien Régime*,

---

103. Art. 42 do presente anteprojeto.

no início do século XIX, com o passar do tempo configurou-se uma opressão do Estado sobre as atividades geradas no meio social. A burocracia moderna, de sua concepção de um sistema racional das atividades administrativas do Estado, acabou gerando uma dinâmica distorcida, ao interferir em todas as atividades de natureza civil e econômica. As atividades programadas pelos indivíduos passaram a depender da prévia autorização dos entes burocráticos, por mínima que seja a ação ou o empreendimento pretendidos. Essa prévia autorização burocrática visa manter um poder próprio da burocracia dentro Estado, ao lado do poder político, ou seja, um domínio direto sobre a sociedade, ainda na visão weberiana.

O resultado é nefasto. A dependência criada pelo aparelho burocrático sobre a sociedade civil — em tudo que deseje fazer, que continue a fazer ou que pretenda deixar de fazer — cria um sistema de atraso e de corrupção estrutural que penetra em todas as atividades humanas, independentemente de sua dimensão ou de sua natureza, civil ou econômica. Esse deletério regime burocrático hegemônico é responsável por estarmos, em 2020, na 124ª posição (entre 190 países) no relatório de competitividade do Banco Mundial, cujos critérios são de facilidade para a abertura e realização de atividades econômicas.[104]

E também no plano civil esse nefasto regime de controle burocrático absoluto das atividades pretendidas pelos cidadãos causa danos permanentes — não só no plano da economia familiar mas, sobretudo, na cultura da propina, do jeitinho, do fura-fila, do uso de prestígio. Tornou-se um hábito a exigência das propinas para qualquer autorização, alvará, licença, permissão ou concessão. Os fiscais de obras dividem as áreas de sua atuação para extorquirem, a céu aberto, os particulares que requerem licenças para construir, reformar, demolir ou qualquer outra medida civil, de seu interesse e de sua família ou empresa. Essa corrupta hegemonia burocrática propicia a prática de vários crimes contra a Administração Pública, tais como falsidade no sistema de informações, concussão, excesso de exação, corrupção passiva, prevaricação, falsificação de documento público e expedição de certidão ideologicamente falsa. E, ainda mais grave, o regime de autorização prévia, notadamente no plano das atividades civis, constrange e leva a pessoa requerente à prática da corrupção ativa ao pagar as propinas exigidas pelos agentes públicos encarregados das autorizações prévias.

Reitere-se a relevância desse aspecto sociocultural: o induzimento ao crime que o agente público promove, conduzindo o cidadão à prática de delitos contra a Administração Pública e de falsidade documental e ideológica. O

---

104. "O Brasil recuou para a 124ª posição no ranking do Doing Business do Banco Mundial, depois de ter ocupado o 109º lugar na lista do ano passado, apesar de ter registrado uma ligeira melhora em sua nota geral, conforme relatório divulgado pelo Banco Mundial." (AYRES, Marcela. Brasil cai 15 posições no ranking do Doing Business e fica em 124º lugar em ambiente de negócios. **Reuters**, 24 out. 2019. Disponível em: https://br.reuters.com/article/macro-doingbusiness-brasil-idBRKBN1X31P7-OBRBS).

interessado particular, se quiser construir ou reformar a sua casa, ou exercer uma atividade profissional ou empresarial, sempre sujeita à autorização burocrática, deverá percorrer também o caminho do crime induzido pelos agentes encarregados do setor de autorizações.

Consolidam-se, dessa forma, valores perversos na sociedade oprimida pelo governo dos burocratas no que tange à vida civil, profissional e econômica.

Esse constrangimento estrutural e sistêmico abrange, igualmente, as dificuldades burocráticas para pagamento dos impostos sobre bens e serviços, o que leva o Brasil a se situar no 184º lugar (entre 190 países) em matéria de tempo gasto pelos particulares para pagamento de seus impostos.[105] As empresas gastam um terço de suas atividades empresariais no gerenciamento das dezenas de impostos que são constrangidas a lançar, minuto a minuto, no sistema da Receita. Essa deformação leva a dois caminhos: à sonegação dos impostos e ao notório e crônico desestímulo à criação de empreendimentos empresariais, de produção de bens e serviços.

Diante desse quadro secular das "colmas" (propinas), típicas dos países da América Latina, há que se instituir o regime de declaração, extinguindo-se, em termos, o atual sistema de autorização prévia. No mundo da informática, toda a atividade dos setores público e privado é fundada no sistema de dados, e não mais em registros. Ou seja, captura-se a realidade socioeconômica do país na base mediante cruzamento e análise de dados que são fornecidos, a tempo presente, em qualquer setor da atividade civil, profissional ou econômica. Daí ter-se criado o sistema regulatório setorial, que pode gerenciar as respectivas atividades sempre na base dos dados, e não dos depósitos de documentos para análise.

Por exemplo: a declaração da reforma de uma casa é imediatamente confrontada com o sistema georreferencial, que fará, automaticamente, a leitura, pelo sistema, da conformidade da declaração com as leis, posturas e plano diretor do Município. Não há mais necessidade da discricionariedade corrompida do agente público para a verificação da legalidade e conformidade da construção ou reforma requerida. E, no capítulo das autorizações prévias para o início

---

105. "De acordo com o Banco Mundial, o Brasil é um dos 10 piores países do mundo para pagar impostos, ocupando o 184º lugar entre 190 países. No quesito tempo gasto para pagamento de tributos, o Brasil está em último lugar, com 1501 horas/ano, uma vez e meia das horas gastas na Bolívia – penúltima colocada nesse ranking. A maior parte do tempo é gasta com tributos sobre o consumo (PIS, Cofins, IPI, ICMS e ISS): são 885 horas por ano." (REFORMA Tributária e Ambiente de Negócios. **Endeavor Brasil**, 29 jul. 2019. Disponível em: https://endeavor.org.br/leis-e-impostos/reforma-tributaria-ambiente-de-negocios. A classificação brasileira vem piorando ano após ano. Em 2017, o Brasil era, "de longe, o 'campeão' mundial no tempo gastos pelas empresas na preparação de documentos para o pagamento de impostos e contribuições: 1.958 horas ao ano, seis vezes a média de 332 horas registrada nos países da América Latina e Caribe." (BRASIL é o país onde se gasta mais tempo com impostos, diz estudo. **Veja**, 1 nov. 2017. Disponível em: https://veja.abril.com.br/economia/brasil-e-pais-em-que-mais-se-gasta-tempo-com-impostos-diz-estudo).

e fechamento de atividades empresariais, ou sua reorganização empresarial e transferência de propriedade, a catástrofe burocrática é por demais conhecida, há várias décadas, sob o título de "custo Brasil". O gargalo estrutural na atividade econômica é um dos fatores da ausência de competitividade comparativa da economia brasileira, que participa em apenas 1,68% do comércio internacional.

Isso posto, a mudança, em nível constitucional, do regime de autorização prévia para o regime de declaração visa criar, na sociedade civil, uma cultura do dever da verdade e da responsabilidade plena pela sua eventual inobservância. Esse aspecto cultural é o que mais importa, devendo ser construído em sucessivas gerações, as quais vão se desapegando dos vícios decorrentes de um Estado ineficiente, corrupto e indutor do crime. É fundamental criar uma sociedade que se reconhece na capacidade de se autorregular no plano da declaração verdadeira no que tange aos seus interesses civis, profissionais e econômicos.

O regime de declaração consiste num poder-dever de notificar o Estado, de forma verdadeira e legítima, sobre as iniciativas, atividades e atos civis, profissionais e econômicos próprios das leis edilícias, comerciais, societárias e registrarias. Somente aquelas determinadas atividades previstas em lei — pela sua especial natureza ligada à ordem pública, à segurança e relevância inequívoca para o país ou para a coletividade — é que seriam objeto de autorização prévia.

Por outro lado, o direito-dever de declarar o ato ou a atividade corresponde a uma plena responsabilidade penal, civil e administrativa pela sua falsidade, inexatidão, omissão, incompletude ou ilegitimidade. E essa responsabilidade também persiste na conformidade da declaração com a materialidade do ato ou da atividade declarada. Assim, a construção ou a reforma edilícia não pode ser diversa da declarada às autoridades municipais. Da mesma forma e efeitos, as declarações referentes à atividade profissional, empresarial e econômica. Em consequência, o dever de punir do Estado no caso de quebra do direito-dever de declaração e sua conformidade com a verdade, não somente ideológica, mas de cumprimento efetivo do declarado, completam esse novo regime de eficiência e produtividade nas relações civis, profissionais e econômicas da sociedade civil diante do Estado.

Art. 12 - *Performance bonds*

O regime de seguro de obras constitui uma das políticas de Estado da maior significação. Sua implantação demanda uma alteração cultural significativa não só do governo e de seus agentes como também das empreiteiras e das próprias companhias seguradoras brasileiras. Trata-se de eliminar um dos fatores mais importantes da corrupção sistêmica, ou seja, as contratações de obras públicas, nas três esferas.

A forma de desmanchar os esquemas que levam às licitações e contratações viciadas e à execução fraudulenta das obras está na quebra da interlocução entre os agentes públicos encarregados das obras, nas suas diversas fases, e a empreiteira contratada para sua execução. Essa é a maneira que o Poder Público norte-americano encontrou, a partir de 1894, mediante a adoção obrigatória, em todas as obras públicas, de uma garantia da execução da obra, abrangendo 100% do valor do contrato.

Assim é que, no regime do seguro de obra, três são as partes contratantes: o Poder Público (contratante), a empreiteira (tomadora do seguro) e a companhia de seguro (garantidora do Poder Público). Não se trata, propriamente, de um contrato de seguro (*insurance*), mas de um contrato de garantia da sua execução (*surety*). Ou seja, a companhia de seguro garante a realização da obra e sua conclusão, dentro do prazo, do preço e da qualidade contratados. Somente em último caso a companhia seguradora indeniza financeiramente o Poder Público pelo dano representado pela inexecução da obra.

O regime de *performance bonds* institui um sistema no qual uma terceira parte se insere na relação contratual, na condição de vinculada à sua regular execução. O *performance bond* é, assim, um contrato bilateral entre a seguradora e a empreiteira contratantes da obra (tomador) com o objetivo de assegurar o interesse do Poder Público (beneficiário) na regular execução da obra objeto do contrato de empreitada.

Como já mencionado, não se pode falar propriamente em apólice de seguro, pois se trata de um contrato de garantia de execução da obra (*surety*) e não de compensação financeira do dano eventual sofrido (*insurance*). A diferença, portanto, é que o seguro (*insurance*) gira em torno do sinistro, ao passo que no *surety* é a própria companhia seguradora que evita o sinistro, colocando-se no lugar da empreiteira inadimplente para continuar a execução da obra, em favor do Poder Público. No *performance bond*, portanto, a sinistralidade tende a ser zero.

Ao firmar o *performance bond*, a companhia seguradora busca afastar a ocorrência do sinistro. E, antes de firmá-lo, a companhia de seguros avalia todos os aspectos de governança, *compliance*, capacidade técnica e de assumir, na ocasião, aquela determinada obra. A companhia seguradora examina o projeto básico, o orçamento, bem como os critérios e metodologia de execução da obra. Essa análise complexa e integrada de riscos é um fator seletivo fundamental para garantir uma efetiva concorrência dos licitantes da obra, evitando a participação de empresas técnica ou financeiramente incapacitadas.

Há, portanto, uma série de vantagens na adoção do regime de *performance bonds* na contratação e execução de obras públicas. A principal, como vimos, é a quebra da interlocução entre os agentes públicos e a empreiteira. A segunda é a depuração das empresas inidôneas já na licitação. Uma vez contratada a obra, o *performance bond* emitido a favor da Administração Pública garante o preço, a qualidade e os prazos contratados. Em consequência, haverá amortização do capital investido na obra, ou seja, o retorno do investimento público respectivo. E para que o prazo, o preço e a qualidade da obra sejam observados e preservados, o *performance bond* traz a exigência de projeto básico consistente e, na sequência, de projeto executivo orgânico e compatível com o desenvolvimento da obra, assegurando a viabilidade de sua execução e término.

O sistema de inclusão obrigatória da companhia de seguros nas obras públicas nos Estados Unidos teve início em 1894 com a promulgação do Heard Act. Atualmente a matéria é regida pelo Federal Miller Act, nas versões de 1984 e suas alterações de 2010, que estabelecem a obrigatoriedade de que todo contrato de obras públicas, firmado entre um ente público federal e uma pessoa jurídica privada, com valor igual ou superior a US$ 100 mil, seja segurado, sem exceção, em 100% do valor do contrato, pelo regime do *surety bond*, na espécie de *performance bond*. Todos os Estados-membros americanos, e boa parte das prefeituras e condados, têm leis nos mesmos termos do Federal Miller Act. São as chamadas Little Miller Acts. O objetivo é sempre garantir a execução da obra, e não propriamente a reparação do dano ao Estado, pela sua inexecução.

A experiência norte-americana com os *performance bonds* demonstra os benefícios desse regime especial de garantias. Através dele é atribuída à companhia seguradora o poder-dever de fiscalização permanente da obra, tanto no canteiro como na auditoria permanente da execução econômico-financeira do respectivo contato. Ocorrendo o inadimplemento do contrato de obra por parte da tomadora (empreiteira), existe uma cesta de opções oferecidas à companhia seguradora.

Assim, a seguradora poderá propor ao Poder Público um dos quatro seguintes planos de ação: (i) assumir, ela própria, o restante da obra, como *"general contractor"*; (ii) contratar uma nova empreiteira; (iii) financiar a própria empreiteira inadimplente para que ela continue a executar a obra; ou (iv) indenizar financeiramente o ente público pelo dano, nos limites do contrato de *surety* em face do sinistro, não assumindo nenhum compromisso com o prosseguimento e término da obra. Na hipótese de a seguradora assumir um dos três planos de ação previstos no contrato (ao invés de indenizar a beneficiaria pelo sinistro), todos proporcionando o restabelecimento do curso regular da execução do contrato, haverá uma transferência do risco indenizatório para o risco de execução da própria obra, no limite do valor coberto pela apólice.

A experiência secular norte-americana indica que sempre a seguradora assume a obra por uma das três modalidades previstas, não havendo casos de cobertura do sinistro. Essa é segunda mais importante vantagem da *performance bond*: garante ao Estado a realização efetiva da obra e sua entrega no prazo, no preço e na qualidade previstos nos anexos correspondentes aos projetos básico e de execução.

O *performance bond*, portanto, atende aos reclamos da ética pública, através da quebra da interlocução direta entre os agentes públicos e a empreiteira contratada. Ademais, assegura o retorno do capital público investido na obra, pela sua efetiva execução dentro do preço, do prazo e da qualidade contratados.

Art. 13 - O Estado assegura o cumprimento dos contratos com o setor privado

Uma das maiores falhas estruturais do Estado encontra-se no descumprimento de suas obrigações contratuais, notadamente nas áreas de obras públicas, de concessões e parcerias público-privadas, bem como de fornecimentos de bens e serviços. A esses contratos corresponde o empenho de verba orçamentária para o seu cumprimento. Ocorre que esse empenho é meramente declaratório, e não vinculativo ao cumprimento efetivo das obrigações de pagamento por parte do Estado. Está essa rubrica de despesas do Estado relacionada a uma determinada obra ou fornecimento sujeitos à soberania contratual do Estado por sua natureza de contrato público.

Diferentemente dos contratos privados, que são regidos pelo Direito das Obrigações e demais regras do Direito Privado, os contratos públicos ou administrativos estão na esfera do Direito Público e, portanto, submetidos aos princípios que regem esse ramo do ordenamento jurídico. Nesses contratos administrativos, o Estado fica em posição superior e não isonômica ou sinalagmática com a pessoa contratada, de Direito Privado.

O fundamento dessa situação quase hegemônica do Estado é o interesse público. Interesse público, como referido, é sinônimo de interesse coletivo, assumido pelo Estado como encarregado de sua prevalência sobre os interesses privados. Assim, o interesse público é derrogatório do interesse privado, por mais legítimo que este seja no caso concreto. A razão dessa prevalência é que as relações privadas não podem satisfazer e prover todas as necessidades individuais e coletivas da sociedade.

Existem muitas demandas legítimas que somente podem ser satisfeitas em uma esfera transcendente dos interesses privados, pois são comuns a toda a coletividade, em sentido amplo ou restrito. Desse modo, interesse público é aquele que as relações privadas não podem satisfazer por via contratual, pois são direitos fundamentais para a sociedade e para as pessoas que a compõem.

Cabe ao Estado tutelar esses interesses da coletividade, que prevalecem sobre o interesse privado. É o caso clássico do direito de propriedade, cujo exercício não pode se contrapor ao interesse público ou da coletividade. Também é o caso da segurança pública, que pode restringir, em determinadas circunstâncias, o direito de ir e vir. Ambos os direitos são legítimos — o de propriedade e o de ir e vir. Seu exercício, no entanto, poderá ser restringido ou mesmo suspenso.

Diferentemente do contrato privado, em que se constitui uma situação jurídica específica entre as partes, em perfeito equilíbrio e igual força impositiva entre elas, no contrato público a situação jurídica específica está submetida, na sua execução, ao interesse coletivo. O contrato público, em determinadas circunstâncias, pode fazer prevalecer a vontade coletiva sobre a particular, para suspender as obrigações contratuais ou mesmo rescindi-las. Havendo interesse público para descumprir o contrato, o Estado pode fazê-lo, com fundamento no regime próprio do Direito Público. Em consequência, a parte privada do contrato administrativo, ao firmá-lo, submete-se a esse regime especial, renunciando ao direito de invocar as regras do Direito Privado para exigir o cumprimento das obrigações contratuais por parte do Estado, na medida em que este invoque e justifique o interesse público para descumpri-lo. Esse descumprimento é representado pela suspensão das suas obrigações ou mesmo a rescisão do pactuado, como referido. Daí que todo o contrato público ou administrativo contém em si mesmo, pela sua natureza, cláusula derrogatória do Direito Privado.

A razão da cláusula derrogatória implícita é que todo contrato público, como o próprio nome indica, visa à satisfação do interesse público, que transcende a situação jurídica individual ali convencionada. Neles não existe a igualdade de direitos e obrigações, podendo o Estado rescindir, suspender ou anular, parcial ou totalmente, o ajuste com a parte privada, tendo em vista, precípua e fundamentadamente, o interesse público, como reiterado.

A despeito do empenho da verba orçamentária, e em virtude dessa condição de soberania contratual, o Poder Público, nas três esferas, pode suspender as suas obrigações contratuais. Ocorre que a invocação do interesse público no descumprimento de suas obrigações contratuais tem sido largamente desviada de sua finalidade legítima. É um hábito perverso da administração suspender ou cessar o cumprimento de suas obrigações contratuais por razões sobretudo políticas, de desorganização administrativa e de corrupção sistêmica. A administração pública, pura e simplesmente, atrasa ou suspende os pagamentos das medições de obras ou dos fornecimentos de bens e serviços. Quando o Poder Público apresenta alguma justificativa, o faz com fundamento no contingenciamento de rubricas orçamentárias, o que demonstra a fragilidade e a inutilidade do empenho de verba feito para assegurar o cumprimento do contrato de empreitada ou de fornecimento. Esse total desrespeito pelo que foi contratado é um gravíssimo vício cultural, que se infiltrou, há muitas décadas, na administração pública, nas três esferas.

Na realidade, esse "inadimplemento soberano" nada tem a ver com o interesse público. Trata-se, sempre, de questão política ou de prática de corrupção. Assim é que os governos eleitos, nas três esferas, têm como primeira preocupação desqualificar as iniciativas tomadas pela administração anterior. Uma das maneiras de fazer desaparecer qualquer rastro ou vestígio do governo precedente é paralisar as obras por ele contratadas e, em seguida, abandoná-las. O motivo dessa inadimplência, e consequente abandono das obras, é que o novo governo tem outras prioridades. Daí a cessação dos pagamentos, a rescisão, de fato, dos contratos e, portanto, o abandono das obras.

A outra razão do abuso do *status* soberano do Estado nos contratos públicos é a corrupção. A suspensão dos pagamentos leva, necessariamente, a empreiteira ou o fornecedor a recorrer aos políticos ligados ao novo governo para pleitear o recebimento do que lhes é devido e, assim, prosseguir com o contrato. Essa é a hora das propinas, que, invariavelmente, são exigidas para os pagamentos atrasados. Também é a hora de os partidos no poder receberem generosas doações para suas campanhas eleitorais e enriquecimento pessoal dos seus dirigentes. Os burocratas encarregados da gestão do contrato inadimplido também se enriquecem mediante constantes ameaças de rescisão contratual se não receberem propinas pelo pagamento, mesmo atrasado, das medições de obras.

O resultado desse vicioso procedimento por parte dos governos, nas três esferas federativas, é o enorme desperdício de recursos públicos alocados nas obras interrompidas, inacabadas e abandonadas. Nesses casos, não há amortização do capital aplicado nas obras e fornecimentos contratados. São, em números atuais, vários trilhões que foram desperdiçados ao longo de décadas dessa prática criminosa por parte das sucessivas administrações públicas, nas três esferas.

Com efeito, os atrasos nos pagamentos pelo Estado de medições e fornecimentos é fator de desperdício monumental de recursos públicos, com efeitos sociais enormes. Assim, ora por razões políticas, ora por desordem orçamentária, ora por corrupção, o inadimplemento contratual do Estado nas suas relações com o setor privado é um desastre absoluto.

Essa situação perniciosa, que faz parte da conduta da administração pública em todo o país, leva, outrossim, a um aumento do valor dos contratos com respeito aos preços de mercado, tanto das obras como no fornecimento de bens e serviços. Em 2018, o Governo Federal listou 8.200 grandes obras que foram encontradas em estado de abandono. Em agosto de 2019, o Tribunal de Contas da União listou 14.000 obras paralisadas, no valor de R$ 144 bilhões.[106] Acrescente-se que, no capítulo das empresas públicas e de economia mista, em que os contratos são privados, e não administrativos, os mesmos hábitos se reproduzem, em termos de inadimplemento, atrasos, cessão e rescisão, de fato, dos contratos, com enorme desperdício dos recursos orçamentários nelas alocados pelo Poder Público.

Isso posto, em contrapartida às garantias que o regime de *performance bond* proporciona ao Estado na execução dos contratos de obras, no prazo, no preço e na qualidade contratadas, há que se garantir a contrapartida, ou seja, a cria-

---

106. NÓBREGA, Maílson da. Recuperação da economia em obras paradas. **Estadão**, 12 set. 2020. Disponível em: https://opiniao.estadao.com.br/noticias/espaco-aberto,recuperacao-da-economia-e-obras-paradas,70003434472.

ção de meios que garantam o pagamento das obras realizadas no valor e no prazo contratados. A matéria demanda a adoção de políticas públicas de Estado, cuja implantação abrange aspectos estruturais de natureza orçamentária e obrigacional no plano civil. Assim é que o regime dos empenhos destinados ao pagamento contratual deve proporcionar uma certeza do pagamento das medições realizadas na obra, além das demais despesas, diretas e indiretas, a ela relacionadas.

De nada vale a instituição do sistema de *performance bond* se a contrapartida, por parte do Estado, em termos de desembolso da despesa vinculada à obra, não for exigível nos prazos e nas condições contratadas. O inadimplemento do Estado anula a garantia prestada pela seguradora, através dos *performance bonds*. Não se trata de adoção do sistema da garantia através da apólice de "*completion*", que garante, no longo prazo, o pagamento das parcelas empenhadas pelo Estado nos contratos de concessão de serviços públicos e parcerias público-privadas.[107] Trata-se, aqui, de uma política pública que visa estabelecer uma nova relação entre o Estado e o setor privado no campo das obras e fornecimentos.

Os males de um Estado extremamente corrupto, como o nosso, advêm, em grande parte, da irresponsabilidade do Estado no cumprimento de suas obrigações contratuais. Há que se implementar meios que deem efetividade à alocação e à vinculação dos recursos orçamentários à efetiva execução das obras, no prazo, no preço e na qualidade objeto do respectivo contrato. Isso também deve ocorrer com os contratos de fornecimento de bens e serviços.

A maneira de, efetivamente, assegurar o cumprimento das obrigações contratuais do Estado é segregar em mãos de terceiros, como depositários-fiduciários, o valor do contrato de obras e de fornecimento, para que não possa mais tornar-se disponível para outra finalidade. O depositário-fiduciário dessa verba orçamentária empenhada deveria ser, preferencialmente, o Banco do Brasil ou a Caixa Econômica. O fundamental é a regra de indisponibilidade e irreversibilidade do valor empenhado e fiduciariamente depositado para a determinada obra ou fornecimento. Isso quer dizer que a soma empenhada ficará disponível apenas para o pagamento das medições da obra ou o pagamento dos fornecimentos.

Art. 14 - Dever de transparência

O texto deste artigo 14 é minudente, não demandando maiores anotações. Ademais, a transparência constitui, no mundo democrático, um princípio e uma

---

107. Sobre as apólices de *completion*, veja-se: CARVALHOSA, Modesto. Performance Bonds. In: PASTORE, Affonso Celso (coord.). **Infraestrutura**: eficiência e ética. Rio de Janeiro: Elsevier, 2017, p. 226.

prática cada vez mais exigida e, até certo ponto, implementada. Não obstante, há uma enorme resistência à sua efetividade plena, mesmo nas democracias mais tradicionais e avançadas, com recuos a demonstrar que não há uma consolidação perfeita do instituto. Compara-se mesmo a adoção da transparência com a implementação de vários direitos civis contemporâneos. Tanto lá como aqui, há sempre um movimento de resistência. No capítulo da transparência, quando o Estado deseja sonegá-la, basta a inércia e a omissão. A transparência, por isso mesmo, integra o conjunto de políticas públicas de Estado, que demanda uma longa maturação e aperfeiçoamento, permeada por uma cultura própria e moderna do seu exercício e acesso por parte da cidadania.

O que se enfatiza no artigo constitucional ora proposto é o aproveitamento das modernas tecnologias da informática, como a robótica e a inteligência artificial, para acelerar a automação dos dados fornecidos à coletividade. Trata-se não apenas de modernizar e atualizar, permanentemente, a base de dados disponíveis, mas de retirar a discricionariedade dos governantes e agentes administrativos no fornecimento das informações. Essa discricionariedade tende à seletividade dos dados fornecidos ou à sua simples sonegação ou omissão, como referido.

A arbitrariedade dos governantes, nas três esferas, leva à desinformação, muitas vezes de dados essenciais à compreensão dos atos políticos e administrativos. Portanto, a automação deve abranger a própria origem dos dados que serão automaticamente incluídos, a tempo presente, nos sistemas robotizados. E sua leitura também será automatizada mediante a utilização dos sistemas de inteligência artificial. E essa leitura automatizada, e a tempo presente, programada para os sistemas de inteligência artificial, deve produzir uma informação acessível e, portanto, clara e comparativa dos dados. Essa preocupação didática não deve prejudicar ou empobrecer a análise. Deve a informação, portanto, ser, além de comparativa, abrangente na justa medida, permitindo análises, pela sociedade, que sejam válidas e propositivas, seja no campo da implementação das políticas públicas, seja nas situações conjunturais, de natureza social e econômica.

Esses dados automatizados devem ser programados para também servir para os debates de natureza política no seio da sociedade.

Art. 15 - Verbas de publicidade restritas a matérias de interesse público

Trata-se de providência que afasta a possibilidade de os governantes eleitos utilizarem verbas públicas para propaganda política através de exibição de seus programas e feitos administrativos em curso. Essa distorção dos recursos públicos para propaganda política e pessoal dos governantes, nas três esferas, contraria inteiramente o princípio da moralidade e da impessoalidade no exercício da função governamental. Os gastos com essas verbas são imensos. Ademais, visam confundir e desinformar a sociedade com uma propaganda enganosa sobre a atuação dos governantes.

Trata-se, portanto, essa vedação de propaganda de feitos governamentais e de suas obras e realizações, de uma evolução cultural significativa. Não é necessário enfatizar a economia de gastos que tal proibição de propaganda político-governamental proporciona.

Por outro lado, é dever relevante dos governantes utilizar a mídia para promover campanhas de informação e de orientação nos campos da saúde, da educação, do urbanismo, do combate ao crime e de todas as outras questões que afetam, permanente ou conjunturalmente, a sociedade civil. Com efeito, deve haver uma campanha permanente e preferencial, por exemplo, no combate ao uso de drogas e suas consequências para o indivíduo e para a sociedade. Espantosamente, não existe no Brasil nenhuma campanha a respeito. E, assim, também no aspecto da segurança urbana e da segurança pública. No setor da saúde e prevenção de doenças, além da vacinação, devem existir inúmeras outras campanhas na mídia visando, por exemplo, à melhoria dos hábitos alimentares. E assim por diante.

Art. 16 - Vedação de privilégios corporativos

Uma das razões do profundo atraso social e econômico do nosso país é o corporativismo arraigado que exaure os recursos do Estado, alocados maiormente para satisfazer as corporações dos agentes públicos. A Constituição de 1988 tem a metade dos seus dispositivos voltados para a instituição dos privilégios corporativos dos integrantes do setor público. Esse corporativismo é de tal maneira estruturado que sobram menos de 8% do orçamento anual e plurianual para investimentos públicos.

Os servidores públicos, com seu direito de estabilidade, altos proventos e aposentadorias integrais, usufruem, ademais, segundo a Constituição de 1988, de todos os direitos trabalhistas próprios do setor privado, tais como direito de greve e sindicalização. Formam, assim, os servidores, um setor com todos os privilégios e mais os direitos trabalhistas. Como decorrência dessas benesses, os servidores públicos se sindicalizaram no grau máximo, possuindo uma confederação geral que congrega dezenas de federações e centenas de sindicatos. A capacidade de pressionar o Estado por parte dos integrantes do setor público é imensa. A Reforma Administrativa elaborada pelo governo iniciado em 2019 e enviada ao Congresso Nacional em 4 de setembro de 2020, procura, nos limites possíveis da Constituição vigente, enfraquecer o poder desse corporativismo.[108]

---

108. Sobre o tema, foi publicado pelo jornal O Estado de São Paulo, edição de 17 de setembro de 2020, na página 2, artigo do autor comentando a PEC n. 32/2020: *"Reforma administrativa, realismo fantástico*. A reforma administrativa enviada ao Congresso Nacional em 4 de setembro nos remete imediatamente ao realismo fantástico em que secularmente vive a América Latina. Em nossa região há sempre uma distorção do tempo, que é dissociado da racionalidade e da realidade presente. Vivemos o tempo cíclico, em vez do tempo linear e sequencial. O presente se repete infinitamente ou se parece com o passado, sempre na busca de um futuro imaginário. Brasil, país do futuro (há 500 anos). Brasil potência (Geisel). Estados Unidos do Brasil (Constituição de 1891). Cinquenta anos em cinco (Juscelino). A classe pobre virou classe média (Lula). Pátria educadora (Dilma). A cloroquina, e não a vacina, nos salva da covid-19 (Bolsonaro). Os nossos países balançam entre populismos de esquerda e de direita, que vão do peronismo, do getulismo, do castrismo, do chavismo, do janismo, do lulismo ao bolsonarismo. No entanto, somos sempre governados por oligarquias atrasadas e arquicorruptas — como o Centrão, faça sol, faça chuva. Como lembra Moacyr Scliar, fundado na obra do notável autor de Acerca do Real-Maravilhoso Americano, Alejo Carpentier, 'a América é o único continente onde diferentes eras coexistem, onde os avanços tecnológicos da modernidade convivem com o primitivo. Esta situação configura o choque cultural do qual nasce a fantasia que alimentará [...] o realismo mágico latino-americano [...]. Ele não apenas funde a narrativa realista com elementos fantásticos; vai mais além, sobretudo por causa do quadro político, econômico e social vigente na América Latina [...]. É então que o atraso da região fica mais evidente'. A tragédia histórica, cultural e, sobretudo, social dos países latino-americanos é fartamente retratada nos romances e crônicas de Asturias, Carlos Fuentes, Cortázar e Mario Vargas Llosa. Mas é na obra-prima de Gabriel García Márquez, Cem Anos de Solidão, que melhor temos esse retrato, em sua descrição da vida em Macondo, o território mítico que espelha esse quadro de nossa doentia visão do mundo e de nossas ações e condutas que nunca levam a nada, de que nenhum progresso resulta, em que nenhuma oportunidade é aberta ao povo, cada vez mais pobre e miserável. A retumbante Proposta de Emenda Constitucional (PEC) 32/2020, da reforma administrativa, é o espelho desse realismo fantástico. Mudam-se inúmeros artigos da Constituição de 1988, porém sem tocar nos direitos adquiridos dos atuais servidores públicos. Trata-se de uma reforma que pretende resolver o problema do monumental déficit público causado pela folha de pagamento dos mais de 11 milhões de servidores estáveis, mas sem tocar em um centavo dessa mesma folha de pagamento. Procura-se diminuir a 'participação' dessas fabulosas despesas no produto interno bruto (PIB), atualmente de 13,8%, para algo em torno de 9%, mas isso somente daqui a uns 50 anos, quando alguns dos atuais servidores ativos e inativos e suas viúvas e viúvos já não estiverem neste mundo. Haverá, assim, segundo a PEC, no futuro, duas classes de servidores: de um lado, os milhões de funcionários atuais, com sua estabilidade plena, progressivos e inesgotáveis direitos adquiridos intocados, e, de outro, uns gatos-pingados que ingressarão no serviço público sob as novas regras de 'paridade' com os trabalhadores do setor privado. E, cinicamente, a 'reforma administrativa', ao alterar dezenas de dispositivos do artigo 37 da Constituição de 1988, incluído seu caput, passa olimpicamente pelo parágrafo 11, que permite o estouro do teto de R$ 39 mil para os proventos dos servidores. Por força desse parágrafo, os servidores poderão receber *ad infinitum* verbas indenizatórias pelo fato de trabalharem nos serviços públicos. E essas verbas — que chegam a cinco vezes o teto — são isentas do Imposto de Renda, pois são indenizatórias! Puro realismo fantástico. Ademais, a citada PEC do futuro é inteiramente errática e omissa. Não determina o regime de trabalho dos novos servidores. Estarão submetidos à Consolidação das Leis do Trabalho (CLT), terão um outro regime especial ou ingressarão no regime único atual? Essa PEC mágica, ademais, não trata da questão do direito adquirido dos futuros servidores. Deixa para legislação posterior os pontos da reforma que daqui a 50 anos deverão surtir algum efeito no déficit fiscal. Enquanto imaginamos como será no futuro o serviço público no Brasil, o drama fiscal, decorrente da folha de pagamento dos servidores, continuará a engordar o déficit, que em 2021 será de R$ 230 bilhões. Os tetos estabelecidos para municípios, Estados e União há muito foram estourados. As prefeituras despendem em média 80% de suas receitas próprias e de repasses no pagamento da folha dos ativos e inativos. Pergunta-se:

Isso posto, a presente minuta de constituição propõe, entre outras providências, a não aplicação do instituto do direito adquirido ao setor público, mas apenas à esfera do Direito Privado. Também se restringe o estatuto da estabilidade apenas aos poucos setores da administração pública com funções de Estado, sendo todos os segmentos do serviço público enquadrados no regime da Consolidação das Leis do Trabalho. E assim também para as aposentadorias e pensões, instituindo-se um regime único de previdência, abolindo-se o regime especial para os agentes políticos e administrativos.

A Reforma da Previdência, aprovada pelo Congresso em 2019, apesar de seus méritos, está engessada pela Constituição vigente. Trata-se, em todo o caso, de um passo importante na diminuição dos privilégios atribuídos pela Carta de 1988 aos integrantes do setor público. O que se visa no presente artigo é declarar ilegítimas — e, portanto, nulas e inválidas — quaisquer leis, atos normativos ou administrativos que proporcionem vantagens, de qualquer espécie ou gênero, a categorias profissionais ou empresariais, de qualquer origem ou natureza.

De se notar que não se trata apenas de corporativismo do setor público, mas também do setor privado. Neste também a legislação tem sido utilizada para a criação de privilégios que prejudicam não apenas a concorrência, mas desestimulam a eficiência e a produtividade dos próprios beneficiários, com evidente prejuízo à competitividade no mercado interno e internacional.

A norma constitucional ora proposta atende aos princípios da isonomia e da impessoalidade. E o princípio da impessoalidade aplica-se não apenas às pessoas físicas ou jurídicas individualizadas e identificadas, mas também aos setores e às categorias profissionais e empresariais. Quaisquer leis, atos normativos e administrativos que criem tais privilégios serão nulos, por ferirem os princípios da isonomia, da impessoalidade e da legitimidade das leis.

Da soberania do povo

Art. 17 - A participação da cidadania na vida pública

A matéria de representação política, já abordada no preâmbulo desta proposta de constituição (letra F), deve levar em conta o princípio fundamental da democracia, que é o da participação do povo na vida pública.

---

de que essa 'reforma administrativa' valerá para mitigar os problemas fiscais do Estado e a disfuncionalidade dos serviços públicos, responsáveis pela nossa persistente decadência econômica e, com ela, pela desagregação social e pela degeneração política?" (CARVALHOSA, Modesto. Reforma administrativa, realismo fantástico. **O Estado de São Paulo**, 17 set. 2020. Disponível em: https://opiniao.estadao.com.br/noticias/espaco-aberto,reforma-administrativa-realismo-fantastico,70003440944).

Voto distrital versus *voto proporcional*

Para tanto, há que se remover os defeitos estruturais do nosso regime eleitoral, fundado no voto proporcional.[109] Esse sistema de votação desfigura inteiramente a representação política, na medida em que prevalecem os votos somados por legenda partidária na composição dos parlamentos e das câmaras municipais. O voto proporcional é o instrumento de domínio político da oligarquia atrasada e corrupta que domina, secularmente, o poder político no Brasil.

A adoção do voto distrital puro e as candidaturas independentes — estudados mais adiante — são os instrumentos estruturais imprescindíveis para desmanchar o governo oligárquico reforçado pela Constituição de 1988.

Plebiscito, referendo e leis de iniciativa popular

Mas não basta o voto distrital puro e as candidaturas independentes, a cada dois anos. Fundamental, numa democracia autêntica e legítima, que a manifestação direta da cidadania se faça presente através dos demais instrumentos de soberania ativa, previstos em todas as constituições democráticas, das quais o maior exemplo, nesse campo, é a norte-americana. Assim, o plebiscito e o referendo devem ser previstos no calendário eleitoral. A cada dois anos, coincidentemente com as eleições gerais ou com as municipais, haverá um plebiscito para a aprovação de eventuais reformas constitucionais e de leis de interesse relevante para a coletividade e vetos presidenciais, além de, no âmbito municipal, os planos diretores.

---

109. "*Como os votos são distribuídos nas eleições proporcionais?* Nas eleições majoritárias (para prefeito, governador, senador e presidente) considera-se o voto em cada candidato, e o mais votado se elege. Na proporcional, [...] é considerada a soma de votos obtidos por todos os candidatos [...] de um partido mais os votos obtidos pela legenda (o eleitor pode dar seu voto a um partido, sem escolher um nome específico lançado por ele). O total será usado em uma conta que vai determinar o número de vagas ocupadas por cada partido. O modelo permite que um candidato mal votado consiga se eleger quando está em uma chapa forte ou quando concorre ao lado dos chamados puxadores de votos. *Como é feita a equação?* Finalizada a eleição, os votos válidos (excluídos nulos e brancos) são somados e divididos pelo número de assentos na Casa. No caso da Câmara dos Deputados, a divisão leva em conta o número de cadeiras a que o estado tem direito. O resultado obtido é chamado de quociente eleitoral. Depois, cada partido tem calculado um outro quociente, o partidário. Os votos que todos os membros do grupo receberam são somados e depois divididos pelo quociente eleitoral. No cálculo do quociente partidário, se o resultado da divisão for 5,8, o quociente partidário é 5, pois despreza-se a fração. Esse é o número de vagas a que o partido terá direito, e então são considerados os votos individuais." (FIORATTI, Gustavo; FARIA, Flávia; QUEIROLO, Gustavo. Saiba como serão as eleições a vereador após mudança de regras sobre as coligações. **Folha de São Paulo**, 2 ago. 2020. Disponível em: https://www1.folha.uol.com.br/poder/2020/08/saiba-como-serao-as-eleicoes-a-vereador-apos-mudanca-de-regras-sobre-as-coligacoes.shtml).

O instrumento do referendo também deve ser utilizado para a aprovação direta, pelos eleitores, das leis que afetam as estruturas do Estado, como as de reforma tributária, previdenciária ou que tocam a segurança da sociedade, como a prisão após condenação em segunda instância, porte de armas, aborto, além de questões locais de uso do solo, planos diretores e obras públicas polêmicas e outras matérias e assuntos de interesse regional e municipal. Tanto o plebiscito como o referendo devem ser precedidos de um amplo debate público, nos seis meses que antecedem a sua realização.

E os projetos de lei de iniciativa popular também devem ser incentivados, inclusive pela facilidade trazida pelas redes sociais, que capacitam a cidadania a tomar posição sobre assuntos de interesse público que raramente são objeto da iniciativa parlamentar, seja porque contrários aos interesses da casta política, seja porque tocam interesses corporativos.

Voto não obrigatório

Outra proposta fundamental é a do voto não obrigatório.

A propósito, devemos reconhecer que o voto obrigatório, adotado pelas sucessivas constituições após a Revolução de 1930, teve papel relevante na arregimentação do povo no seu dever-poder de eleger os governantes e representantes, em todas as esferas. O papel cultural do voto obrigatório é inestimável, na medida em que criou uma percepção de cidadania após tantas décadas de sua adoção. No plano subjetivo, o voto obrigatório trouxe uma sensação de pertencimento nas questões nacionais, que se canalizam nas eleições. No plano objetivo, o voto obrigatório criou um dever cívico efetivo.

Acrescente-se que a esse dever obrigatório de votar correspondeu, por parte do Estado, o dever de organizar o quadro dos eleitores em todo o país e mantê-lo permanentemente. Instituiu-se, em consequência, a Justiça Eleitoral, encarregada de cadastrar todos os eleitores e de puni-los pelo descumprimento do dever de votar. Essa organização judiciária-eleitoral, com uma eficiente atividade cartorial de registro de eleitores obrigatórios, constitui um patrimônio público em constante aperfeiçoamento e é fruto evidente do preceito de obrigatoriedade do voto de todo o cidadão com mais de 18 anos e menos de 70 anos.

Não obstante, está na hora de superarmos essa obrigatoriedade, para permitir que o espaço político seja espontaneamente ocupado pela cidadania já consolidada. O eleitor brasileiro não mais demanda a tutela do Estado para exigir a sua conduta, ou seja, a obrigatoriedade de comparecimento às urnas sob pena de várias sanções. Chegamos a uma fase histórica em que os eleitores devem decidir livremente, a cada eleição, se vale ou não a pena dela participar. Ou seja, o eleitor deve, em cada pleito, decidir livremente se participará ou não do espaço político.

A partidocracia e as candidaturas independentes

No que respeita às candidaturas independentes, cabe lembrar que a participação de todo cidadão na vida pública é direito inalienável numa democracia. Esse direito de participação ativa da cidadania na política, não apenas pelo voto, deve ser independente dos partidos políticos, cuja presença jamais deve ser condição ou pressuposto para o seu exercício.

Num Estado Democrático de Direito, não há por que um cidadão se submeter a um partido político para concorrer a cargos eletivos. A filiação partidária é uma escolha do cidadão, não deve ser um requisito para que o eleitor se apresente como candidato. Essa a razão por que, em todos os países de tradição democrática, não se admite a ditadura partidária que monopolize a atividade política como um ente intermediário instransponível para que o cidadão possa se candidatar a cargos eletivos, no Legislativo e no Executivo. Esse filtro constrange o eleitor a votar naqueles candidatos que a cúpula partidária escolhe, o que deslegitima o regime de representação.

No Brasil, os partidos políticos detêm o monopólio da representação política. Temos uma partidocracia, e não uma democracia, na medida em que todo o poder emana dos partidos, e não do povo. A Constituição de 1988 institui os partidos políticos como detentores "da função de organizações intermédias exclusivas entre governantes e governados".[110] Há, entre nós, o filtro partidário, que impede a livre composição dos quadros de representação. Não se pode falar em regime democrático quando não existe o direito dos cidadãos de serem eleitos livremente sem a intermediação dos partidos.

Não se deve confundir partidocracia com democracia. Onde há partidocracia não há democracia. Há simplesmente o governo dos partidos e seu domínio

---

110. A Procuradoria Geral da República, ao se pronunciar a favor das candidaturas independentes no Recurso Extraordinário com Agravo n. 1.054.490/RJ, aduziu que: "Apesar da relevância dos partidos políticos para o processo democrático, o art. 60, § 4º, ii, da CR não incluiu os partidos na cláusula de eternidade da Constituição de 1988. Ao contrário, nesse aspecto da organização social brasileira, a Constituição só declarou a salvo de mudanças o 'voto direto, secreto, universal e periódico'. Logo, não parece haver incompatibilidade entre a norma internacional aludida e as restrições a emendas constitucionais ou à incorporação do pacto aludido na ordem brasileira. Daí que os partidos representados no Congresso Nacional abriram mão, validamente, *da função de organizações intermédias exclusivas entre governantes e governados*, ao terem aprovado o Pacto de São José." Após a audiência pública em que foram ouvidos "representantes de partidos políticos, de instituições, da sociedade civil e do meio acadêmico sobre a viabilidade de candidaturas avulsas (sem filiação partidária) no sistema eleitoral brasileiro, o ministro Luís Roberto Barroso afirmou que [...] a despeito das opiniões contrárias, o debate produziu alguns consensos, entre eles o reconhecimento de que há hoje no Brasil um descolamento entre a classe política e a sociedade civil." (BRASIL. Supremo Tribunal Federal. **Ministro Barroso ressalta pluralidade dos debates e dos argumentos pró e contra as candidaturas avulsas.** 9 dez. 2019. Disponível em: http://www.stf.jus.br/portal/cms/verNoticiaDetalhe.asp?idConteudo=432113&caixaBusca=N).

sobre o Estado. É o *"Parteienstaat"* da doutrina alemã, ou seja, o Estado dominado pelos partidos. A dinâmica da partidocracia é a de monopolizar não somente o poder, mas a própria vida política, que somente pode se expressar através dos partidos.[III] Esse regime leva à presença dos partidos em todos os setores da vida social, econômica e comunitária.

Os partidos políticos, na época atual, por seu nenhum significado ideológico autêntico, constituem uma barreira e não um ponto de transmissão das demandas sociais, como lembra Pasquino.[112] E, com efeito, nas palavras de Pizzaro, os partidos políticos não têm mais nenhuma função de representação política das demandas sociais.[113] Os partidos políticos, neste século XXI, não são mais agentes de mobilização da cidadania, como lembra Marco Aurelio Nogueira.[114] Não obstante, os partidos políticos permanecem como entes hegemônicos da vida política. São incapazes, no entanto, de formar consenso no seio da sociedade para o estabelecimento de políticas públicas. Pelo contrário, os partidos políticos são o exemplo diário do fisiologismo, do paternalismo, dos privilégios de toda a espécie, da imobilidade dos seus quadros, da profissionalização da política e da corrupção sistêmica.

Enfim, os partidos políticos fornecem à sociedade os antivalores, ou seja, as condutas que não devem ser seguidas por nenhum cidadão de bem. São um exemplo nefasto para as novas gerações, além de proporcionarem uma percepção de vergonha nacional. Em decorrência da conduta antissocial dos partidos, a classe política é execrada e mesmo considerada marginal no seio da sociedade. E, com efeito, no Brasil, desde 2017, a principal atividade dos partidos políticos é a de constitucionalizar e legalizar a corrupção. A outra atividade permanente é de se apropriar de enormes verbas públicas, através do Fundo Partidário, do Fundo Eleitoral e das emendas parlamentares. Essas emendas parlamentares somavam, em 2019, mais de 06 bilhões anuais, embolsados diretamente pelos partidos e individualmente pelos senadores e deputados federais.

Diante desse quadro institucional da apropriação privada de recursos públicos, a sociedade procura criar novos valores políticos, de convívio e de progresso social, através de movimentos e associações voltados para a propositura de políticas públicas e de eliminação dos privilégios dos políticos profissionais e do estamento burocrático. É através desses movimentos e associações que a sociedade civil tem se organizado e participado das questões políticas do país. Portanto, pode-se dizer que não há nenhuma relação ou ligação do povo com os partidos políticos registrados na Justiça Eleitoral.

---

111. PASQUINO, Gianfranco. Partitocracia. Op. cit.
112. PASQUINO, Gianfranco. Partitocracia. Op. cit.
113. PASQUINO, Gianfranco. Partitocracia. Op. cit.
114. NOGUEIRA, Marco Aurelio. Partidos, movimentos, democracia: riscos e desafios do século XXI. **Journal of Democracy**, v. 8, n. 2, nov. 2019.

Há exceções pseudoideológicas na extrema esquerda e na extrema direita cujo objetivo é o de destruir a democracia. Há também alguns meritórios e combativos partidos pequenos voltados para políticas públicas e com conduta ética. Também há um contingente minoritário de deputados (cerca de 10%) e senadores (cerca de 20%) com exemplar conduta parlamentar, voltados para o interesse público e o bem comum, combatendo, corajosamente, na Câmara e no Senado, pelos valores fundamentais e pelos interesses da sociedade. São exceções, tanto os pequenos partidos éticos como os parlamentares com espírito público, cuja meritória conduta não logra, no entanto, reverter a nociva atuação dos degenerados partidos tradicionais.

A única finalidade dos partidos políticos é a luta pelo poder, para o que devem pacificar as facções internas e coligar-se com outras agremiações para obter uma posição hegemônica na apropriação das instituições e dos entes do Estado. Os partidos políticos foram no passado (de fins do século XVIII até os anos 1940) instrumentos relevantes na transformação da sociedade. No pós-guerra (de 1946 em diante) acabaram por se transformar em fator de conservadorismo ou retrocesso da sociedade. De Gaulle, já nos anos 1960, visualizava os partidos como corpos intermediários que distorcem a vontade dos cidadãos.

No caso brasileiro, os partidos políticos tradicionais tornaram-se aparelhos voltados à prática de corrupção sistêmica. Essa perversão da conduta das agremiações mais importantes do país é por demais conhecida, dispensando sua descrição neste trabalho. Cabe apenas ressaltar que os partidos se tornaram fonte de enriquecimento ilícito dos seus dirigentes, por conta do Fundo Partidário e do Fundo Eleitoral, além das emendas parlamentares ao Orçamento. O Fundo Partidário consome mais de 3 bilhões do orçamento anual, e o Fundo Eleitoral outro tanto, somente nos anos de 2019 e 2020, sendo que as emendas parlamentares ao Orçamento também somam 06 bilhões e 750 milhões em valores de 2020. Esses dois Fundos e as emendas parlamentares são, outrossim, fontes de corrupção estrutural envolvendo os governadores, os deputados estaduais, os prefeitos e os vereadores de todo o Brasil, que participam dos desvios desses enormes recursos, arrancados como verbas orçamentárias obrigatórias, desbaratados em obras inúteis e serviços públicos inexistentes, além dos desvios que ocorrem nas eleições, como se viu em 2018 e em 2020.

No Brasil, como reiterado, estamos sujeitos ao regime partidocrático e não democrático, por força da Constituição de 1988 (art. 14, § 3º, inciso V). E partidocracia significa mais do que governo dos partidos. Significa o domínio absoluto sobre a vida política e a permanente ambição de domínio da sociedade.[115] A dinâmica da partidocracia é a de monopolizar a demanda política, neutralizando e impedindo o ingresso da cidadania na vida pública para, assim, manter,

---

115. PASQUINO, Gianfranco. Partitocracia. Op. cit.

permanentemente, o jogo dos partidos tradicionais. A partidocracia bloqueia as mudanças, canaliza tudo para o leito da política interna dos partidos, não deixando espaço para a expressão e a presença da sociedade civil.[116] Para Max Weber, a partidocracia produz políticos profissionais, que se reproduzem permanentemente e se tornam autossuficientes e autóctones, vivendo *da* política e não *para a* política.[117]

O voto obrigatório é um dos instrumentos dessa esclerose política, originada do domínio dos partidos sobre o Estado e a sociedade. A falta de consultas periódicas diretas aos eleitores, mediante referendo e plebiscito, também é fator do domínio perverso dos partidos sobre a vida do país. Não se trata de democracia direta, mas de participação interativa da sociedade na formulação e aprovação de medidas e de leis relevantes.

A eleição de candidatos independentes, tanto individuais como apoiados por entidades e associações cívicas de natureza política, é o instrumento para a quebra desse domínio absoluto dos partidos sobre a sociedade e o Estado. Os fundos, partidário e eleitoral, e as emendas parlamentares, são os elementos materiais mais significativos desse mesmo domínio. A permissão atual de ocupar todos os cargos em comissão do Poder Executivo por parte desses políticos profissionais e seus prepostos é o outro fator de domínio absoluto sobre a Administração Pública.

Em suma, os partidos políticos do pós-guerra não têm nenhuma função de intermediação entre a sociedade e o Estado, na medida em que não possuem mais propostas de políticas públicas, sendo seus programas meras repetições de lugares comuns e de espasmos demagógicos, sem nenhuma validade e eficácia na vida real das pessoas. Desse modo, os partidos políticos perderam a legitimidade de representação da sociedade e dos seus valores.

Os partidos são inteiramente alienados das demandas e das reivindicações legítimas do povo. Mais do que isso, os partidos levam ao engessamento dos quadros eletivos, que são sempre ocupados pelos autodenominados "homens públicos", numa sucessão de gerações de políticos profissionais, que impedem a renovação das casas legislativas e do Poder Executivo. Há um total divórcio entre a sociedade civil e os partidos políticos, como se pode ver não só aqui mas também nas autênticas democracias representativas. Daí o crescente absenteísmo dos eleitores, em todo o mundo democrático.

No caso brasileiro, os partidos mantêm-se no centro do sistema político pelo financiamento público bilionário de suas atividades, e na repartição dos ministérios e cargos para seus dirigentes e prepostos no decorrer de todos os sucessivos governos, sejam os que se apresentam como de esquerda ou de direita. O interesse da Nação, da sociedade e de seus integrantes não entra nesse jogo, puro e

---

116. PASQUINO, Gianfranco. Partitocracia. Op. cit.
117. WEBER, Max. **Il lavoro intellettuale come professione**. Milano: Einaudi, 1971, p. 36.

simples, de poder pelo poder. Não há nenhuma filosofia, nenhuma ideologia, nenhuma proposição de políticas públicas envolvidas. Sem loteamento de ministérios e de cargos de chefia e sem recebimento do valor das emendas parlamentares, não há apoio político.

Um dos efeitos nefastos desse loteamento de cargos é a colonização do aparato burocrático do Estado. Há também os feudos. Cada partido tem preferência na nomeação de seus membros para determinados ministérios ou de comando de setores específicos da burocracia estatal. A consequência desse loteamento partidário é a perda total da eficiência e produtividade de todos os setores da administração pública, na medida em que são dirigidos por pessoas estranhas ao quadro dos servidores concursados, sem qualquer habilitação técnico-profissional ou idoneidade moral, indicadas pelos partidos para usufruir das suas verbas para fins político-eleitorais, combinado com práticas sistêmicas de corrupção a favor dos próprios ocupantes dos cargos em comissão, dos políticos que os indicaram e dos dirigentes partidários. Na ausência de qualquer ideal político, os partidos, mesmo assim, posicionam-se, demagogicamente, como de extrema esquerda, esquerda, centro-esquerda, centro, centro-direita, direita e extrema direita. Fazem esses pseudogrupos ideológicos seus discursos em torno de colocações retrógradas que não têm nenhum sentido na atual conformação das forças sociais e suas relações internas e com o Estado, em pleno século XXI.

Isso posto, a exigência de filiação partidária para a elegibilidade, determinada pelo referido art. 14, § 3º, inciso V, da Constituição de 1988, instaura no país a partidocracia no seu mais completo sentido.[118] Partilhando e colonizando os cargos governamentais, os partidos não atraem pessoas com espírito público, mas apenas aventureiros — que desejam se apossar, através do ingresso em partido político, dos cargos públicos — sem nenhuma qualificação.[119]

O Brasil é um dos grandes baluartes da partidocracia, ao não admitir candidaturas independentes para as eleições, em qualquer das três esferas federativas. Conforme relata a Revista Piauí:

> O Brasil é um dos 21 países que proíbem candidaturas independentes, o que representa apenas 9% das 220 nações analisadas pelo ACE Electoral

---

118. A intermediação obrigatória dos partidos para o acesso da cidadania à vida pública encontra justificativas idealistas e fora da realidade, como se pode ver na obra de Pedro Henrique Távora Niess: "Integra o conjunto das condições de elegibilidade a filiação partidária. Essa filiação se dará na medida da identidade das convicções do candidato com os desiguais programas dos partidos [...] submetendo-se à disciplina, às penalidades e aos fins programáticos fixados pela entidade escolhida. Toma o eleitor conhecimento, com essa providência, das ideias e tendências daquele que quer o seu voto." (NIESS, Pedro Henrique Távora. **Direitos políticos**. 2. ed. São Paulo: Edipro, 2000, p. 91).
119. PASQUINO, Gianfranco. Partitocracia. Op. cit.

Knowledge Network, projeto que compila informações eleitorais no mundo todo, mantido por oito instituições — entre elas a Organização das Nações Unidas.[120]

Esse estudo é confirmado pelo Programa das Nações para o Desenvolvimento (PNUD), que apurou um percentual de 9,68% entre os países do mundo que não adotam candidaturas independentes. Temos no Brasil 145 milhões de eleitores e apenas 16,6 milhões deles assinaram lista de fundação dos 33 partidos registrados. Na realidade, eles não mantiveram qualquer ligação com os partidos nos quais figuram como fundadores.

Isso posto, as candidaturas independentes constituem a forma de expressão de ideias mais concretas ou diretas no que respeita aos assuntos do interesse da sociedade. Elas ampliam e, ao mesmo tempo, atraem discussões concretas sobre as políticas públicas, prestando, dessa forma, um efetivo serviço à cidadania. As candidaturas independentes também exprimem o descontentamento do povo com os partidos políticos, que nada mais significam em termos de progresso social e solução de questões do interesse coletivo.

Do ponto de vista dos valores democráticos, não se sustenta a filiação partidária como condição de elegibilidade, como determina o referido art. 14, § 3º, V, da Constituição de 1988. A insubsistência e a ilegitimidade da partidocracia, que solapa os próprios fundamentos da democracia, pode ser encontrada na própria Constituição de 1988, que no seu art. 5º, § 2º, estabelece que "os direitos e garantias expressos nesta Constituição não excluem outros decorrentes do regime e dos princípios por ela adotados, ou dos tratados internacionais em que a República Federativa do Brasil seja parte".

O Brasil é parte na Convenção Americana de Direitos Humanos, denominada Pacto de São José da Costa Rica, que, em seu art. 23, trata dos direitos políticos:

> Artigo 23 - Direitos políticos
> 1. Todos os cidadãos devem gozar dos seguintes direitos e oportunidades:
> a) de participar da condução dos assuntos públicos, diretamente ou por meio de representantes livremente eleitos;
> b) de votar e ser eleito em eleições periódicas, autênticas, realizadas por sufrágio universal e igualitário e por voto secreto, que garantam a livre expressão da vontade dos eleitores; e
> c) de ter acesso, em condições gerais de igualdade, às funções públicas de seu país.

---

120. SPERB, Paula. Não me representa. **Revista Piauí**, 24 jul. 2017. Disponível em: https://piaui.folha.uol.com.br/nao-me-representa.

> 2. A lei pode regular o exercício dos direitos e oportunidades, a que se refere o inciso anterior, exclusivamente por motivo de idade, nacionalidade, residência, idioma, instrução, capacidade civil ou mental, ou condenação, por juiz competente, em processo penal.

Na Convenção, portanto, não existe nenhuma exigência de filiação partidária para candidaturas a cargos eletivos. Há, em consequência, uma antinomia entre o disposto no Pacto de São José da Costa Rica e o regime partidocrático instituído no art. 14, § 3º, V, da Constituição de 1988. Temos assim que, por força do referido § 2º do art. 5º da CF/88, o Pacto de San José suspende a vigência do disposto na Carta a respeito da exigência de filiação partidária para candidatar-se, contido no citado art. 14, § 3º, V. Este dispositivo constitucional não prevalece sobre aquele Tratado subscrito pelo Brasil. Em consequência, todo cidadão brasileiro tem o direito de se candidatar, independentemente de filiação partidária.

Com a notória deslegitimação dos partidos, que se prestam, apenas, à perpetuação do poder das oligarquias políticas, a eleição de candidatos independentes restaura a legitimidade do regime representativo. Esse é o sistema adotado em todos os países realmente democráticos.

Na França, a Constituição de 1958, em seu artigo 4º, determina que tanto os partidos como as associações cívicas e apartidárias podem indicar candidatos. O preceito do art. 4º é o seguinte:

> Os partidos e associações políticas contribuem para a expressão do sufrágio. Eles se formam e exercem a sua atividade livremente e devem respeitar os princípios da soberania nacional e da democracia. Contribuem para a aplicação do princípio enunciado no segundo parágrafo do artigo 1º, nas condições determinadas pela lei. A lei garante as expressões pluralistas de opiniões e a participação equitativa dos partidos e associações políticas na vida democrática da Nação.

E, com efeito, um dos objetivos da V República francesa foi o de abolir o monopólio dos partidos na vida pública, questão essa que foi uma das bandeiras de De Gaulle, do que resultou a aprovação, por referendo, da referida Constituição de 1958. Há, portanto, naquele país, um perfeito convívio entre os partidos e as associações cívicas e apartidárias, que livremente se formam, a qualquer momento, informal e espontaneamente, e apoiam candidatos independentes para qualquer cargo eletivo. Emmanuel Macron foi eleito em 2017 como candidato independente com o apoio do movimento En Marche!, formado espontaneamente no seio da sociedade civil.

Isso posto, procura-se, com essa quebra da partidocracia, dar legitimidade às instituições democráticas, arejando-as do ranço oligárquico dos partidos voltados para si mesmos, unicamente à procura da manutenção, conquista ou reconquista do poder. Por outro lado, as associações e os movimentos da sociedade civil que apoiam candidatos independentes estão voltados à implementação de políticas públicas, tanto em sentido amplo como específico, diante de uma realidade e de uma demanda social concreta e atual. Essa é a nova feição da democracia gerada no seio da sociedade civil, sem a intermediação imposta dos partidos políticos.

Quando se fala em crise da democracia, deve se falar em crise da representação da sociedade pelos partidos oficiais, que, esclerosados, não mais exprimem a vontade da cidadania. Os velhos discursos de esquerda, centro e direita caem no absoluto vazio. A demanda da sociedade civil é pela implantação de políticas públicas que levem a uma estrutura de Nação com isonomia de direitos, deveres e oportunidades para todos os cidadãos. Daí a importância fundamental das candidaturas independentes, sobretudo daquelas originadas das associações e movimentos cívicos.

As candidaturas independentes, sejam elas individuais, sejam apoiadas por associações cívicas de natureza política, asseguram a participação ativa e permanente da cidadania na vida pública. Ademais, o representante eleito, sem as amarras partidárias, é vocacionado a votar conforme os interesses da sociedade e observar sempre o bem comum. É o que não ocorre com os representantes eleitos pelos partidos, que ficam, quanto aos seus votos nas casas legislativas, sempre sujeitos às determinações e direcionamentos estabelecidos pelos chefes das oligarquias políticas. A desobediência do voto contrário às estratégias dos donos do partido, leva à expulsão do parlamentar, não importa se votou com sua consciência e de acordo com o bem comum e o interesse público no caso concreto.

Art. 18 - Voto secreto e apuração pública

O voto, na doutrina constitucionalista clássica, é a manifestação passiva do povo na vida pública, visando à eleição de seus representantes políticos. A propósito, na eleição de representantes não há um deslocamento do poder do povo para os eleitos. Absolutamente não prevalece, na democracia, o silogismo de que, sendo o povo soberano e o parlamento representando o povo, o parlamento seria soberano. O voto não delega aos representantes eleitos nenhuma soberania. Esta permanece, íntegra, nas mãos do povo. E essa soberania popular se manifesta, entre outros meios, através do sufrágio universal, cuja contagem pública deve refletir a vontade da maioria e da minoria dos eleitores nas suas legítimas decisões diretas (plebiscito e referendo) e indiretas, mediante outorga de representação (Poder Legislativo) e mandato (Poder Executivo).

A apuração dos sufrágios deve ser pública e materialmente aferível para que se possa, pela contagem aberta dos votos, um a um, detectar fraudes que, se houver, permitem a impugnação e a anulação das votações. A fiscalização é imprescindível, tanto na votação como na sua apuração. A fiscalização abrange a deposição regular do voto, a coerência do mapa e do boletim de urna e a absoluta compatibilidade do número de votos com os boletins de presença.

Isso posto, a urna eletrônica, adotada como forma de votação no país, suprime a etapa de escrutínio, impedindo a contagem física e aberta dos votos. O sistema eleitoral eletrônico é passível de todo tipo de fraude, nas suas diversas etapas, seja a receptiva do voto, seja na sua soma ou na sua totalização. E a fraude no sistema pode se dar tanto unitariamente como no conjunto de urnas, e, ainda, focando um determinado segmento da votação (fraude para presidente e não para deputados ou vice-versa).

No sistema eletrônico atual não há meios de contrapor os resultados totalizados pelas urnas eletrônicas, do que resulta a quebra frontal do princípio da apuração pública dos votos. Reitere-se que o princípio da publicidade é absoluto no que tange ao escrutínio dos votos. Os dois princípios — voto secreto e apuração pública — se completam. Não há eleição livre e, portanto, legítima, sem que haja a estrita observância desses dois procedimentos.

No Brasil, diante da impossibilidade de verificação material do escrutínio eletrônico, o regime eleitoral é antidemocrático, pois o *software* dos totalizadores está sujeito a todo o tipo de fraude. Não se trata de ataques cibernéticos, mas, pura e simplesmente, de fraude no próprio programa de apuração eletrônica, feita pelos próprios programadores do *software*. Falta, portanto, o requisito da apuração pública dos votos.

Em nosso país, o voto é secreto e o escrutínio também é secreto. Não há a contagem aberta dos votos. O único registro se dá através do boletim denominado BU, que é totalizador, suprimindo todas as etapas de verificação e fiscalização do escrutínio. O boletim BU é a antítese do princípio do escrutínio público, materializado pela contraprova, mediante contagem física dos votos. Essa contraprova se dá através da votação em cédula ou pela impressão automática do voto quando o eleitor aperta o botão da urna eletrônica.

Sem a apuração pública o sistema eleitoral não é democrático, assemelhando-se às falsas votações que se fazem nas ditaduras, em todo o mundo. Nesses países de tirania, o voto é secreto. Porém, a apuração também é secreta, tal como ocorre entre nós. Não há regime democrático quando os eleitores tomam conhecimento dos resultados somados pelo *software* sem que haja nenhuma contagem física dos votos depositados. No sistema eleitoral brasileiro, o resultado eleitoral é simplesmente proclamado, sem nenhuma verificação ou fiscalização sobre a formação desses resultados.

Os defensores do sistema eletrônico alegam que a contagem física de votos é um retrocesso. Dentro desse raciocínio também se poderia considerar retrógrado o voto presencial, diante da facilidade de voto por assinatura eletrônica. Ocorre que tanto o voto presencial como a contagem física dos votos constituem procedimentos incontornáveis do regime democrático. Não fosse assim, as democracias desenvolvidas e também as não desenvolvidas teriam adotado o voto eletrônico com apuração secreta, como é o nosso caso. Tanto na Alemanha como na Bolívia, a votação se dá mediante cédula depositada nas urnas de lona, exatamente para permitir a sua apuração física e pública, detectando-se eventuais fraudes, como ocorreu no país andino em 2019. Daí o princípio da publicidade ser ínsito à própria natureza do rito eleitoral no regime democrático, sendo condição de sua legitimidade e certeza.

Por outro lado, a apuração eletrônica é imperscrutável, não oferecendo qualquer segurança jurídica e institucional quanto ao resultado, proclamado pelo *software* programado por três pessoas que, assim, manipulam o sistema e retêm os códigos de acesso. Os computadores computam, totalizam e proclamam o resultado, sem qualquer possibilidade de contestação dos eleitores,

A Lei n. 13.165, de 2015, que modificou o artigo 12 da Lei n. 9.504, de 1997, determina a impressão do voto depositado na urna eletrônica, a fim de que seja publicamente contado e cotejado com os números apresentados pelo *software*.[121] Ocorre que o Tribunal Superior Eleitoral se nega a aplicar a referida lei, sob a alegação dos custos de sua implantação e a crônica falta de tempo, a cada eleição, para instalar as impressoras dos votos nas urnas eletrônicas. E, para completar o quadro de inobservância do princípio do escrutínio público, o Supremo Tribunal Federal, em junho de 2018, suspendeu a vigência da Lei n. 13.165, de 2015, sob o argumento falso e insustentável de que o voto impresso feriria o segredo do voto (?). Trata-se de uma das mais aberrantes e teratológicas decisões de nosso Pretório Excelso. É tão insustentável essa decisão do STF que o respectivo acordão, que suspende a vigência de lei federal, só foi prolatado em julho de 2020.[122]

---

121. Lei n. 13.165/2015: "Art. 2º - A Lei n. 9.504, de 30 de setembro de 1997, passa a vigorar com as seguintes alterações: [...] Art. 59-A - No processo de votação eletrônica, a urna imprimirá o registro de cada voto, que será depositado, de forma automática e sem contato manual do eleitor, em local previamente lacrado. Parágrafo único. O processo de votação não será concluído até que o eleitor confirme a correspondência entre o teor de seu voto e o *registro impresso* e exibido pela urna eletrônica. [...] Art. 12 - Até a primeira eleição geral subsequente à aprovação desta Lei, será implantado o processo de votação eletrônica com *impressão do registro do voto* a que se refere o art. 59-A da Lei n. 9.504, de 30 de setembro de 1997."

122. "A procuradora-geral da República, Raquel Dodge, ajuizou a Ação Direta de Inconstitucionalidade (ADI) 5889, no Supremo Tribunal Federal (STF), contra o dispositivo incluído na Lei das Eleições (Lei 9.504/1997) pela chamada 'Minirreforma Eleitoral' (Lei 13.165/2015), que determina a impressão do registro de cada voto no processo de votação eletrônica. Para Dodge, a reintrodução do voto impresso como forma de controle do processo eletrônico de votação 'caminha na contramão da proteção da garantia do anonimato do voto e significa verdadeiro retrocesso'." (BRASIL. Supremo Tribunal Federal. **Procuradora-geral da República contesta no STF norma que prevê impressão do voto.** 5 fev. 2018. Disponível em: http://www.stf.jus.br/portal/cms/verNoticiaDetalhe.asp?idConteudo=368731). O

Não há democracia sem o sigilo do voto e, ao mesmo tempo, a publicidade do escrutínio, mediante contagem física dos votos depositados na urna, seja ela eletrônica, seja de lona. Por aí se vê a deformação da democracia brasileira, que tem como matriz degenerativa a Constituição de 1988. No Brasil se negam os mais importantes princípios da manifestação legítima da vontade soberana do povo, como o da apuração pública dos votos depositados nas urnas. A norma constitucional ora proposta visa restaurar o real sentido do exercício desse poder do povo, de votar e de fiscalizar o seu voto, mediante escrutínio público, com a contagem física dos votos depositados nas urnas.

Procura-se, dessa forma, restaurar uma fundamental regra democrática, no sentido de que a vontade política majoritária se expressa pelo sufrágio universal, direto e secreto, sendo essa vontade apurada publicamente, através da contagem física dos votos depositados nas urnas. É imprescindível que o processo de apuração das eleições reflita, sem nenhuma dúvida, a vontade majoritária e minoritária dos votos. É necessário que haja o exame público e individual, voto a voto, cédula por cédula, como preveem os arts. 174 e 192 do Código Eleitoral. A mais ampla fiscalização na apuração dos votos é também expressa nos arts. 61 a 66 da Lei n. 9.504, de 1997.

A propósito, o princípio fundamental de que o voto é igual para todos os eleitores exige rigorosa e ampla fiscalização do escrutínio. Para tanto, é fundamental que haja o registro físico do voto depositado na urna eletrônica, tal como determinado pela referida Lei n. 13.165, de 2015. Daí a exigência da impressão do voto para assegurar a apuração pública e física, conforme preveem as referidas Leis n. 9.504, de 1997, e n. 13.165, de 2015.

Não obstante as leis que preveem o voto em cédula ou o voto impresso pela urna eletrônica, o Brasil é o único país considerado democrático em que o voto é secreto mas também a apuração das eleições é secreta. A apuração fica por conta das três pessoas que têm acesso aos códigos dos programas totalizadores dos votos.

---

acórdão que concedeu a liminar possui a seguinte ementa: "1. A implementação do sistema eletrônico de votação foi valiosa contribuição para assegurar a lisura dos procedimentos eleitorais, mitigando os riscos de fraudes e manipulação de resultados e representando importante avanço na consolidação democrática brasileira. 2. A Democracia exige mecanismos que garantam a plena efetividade de liberdade de escolha dos eleitores no momento da votação, condicionando a legítima atividade legislativa do Congresso Nacional na adoção de sistemas e procedimentos de escrutínio eleitoral que preservem, de maneira absoluta, o sigilo do voto (art. 14, caput, e art. 60, §4º, II, da CF). 3. O modelo híbrido de votação adotado pelo artigo 59-A da Lei 9.504/97 não mantém a segurança conquistada, trazendo riscos à sigilosidade do voto e representando verdadeira ameaça a livre escolha do eleitor, em virtude da potencialidade de identificação. 4. Medida cautelar concedida para suspender, com efeito ex tunc, a eficácia do ato impugnado, inclusive em relação ao certame licitatório iniciado." (BRASIL. Supremo Tribunal Federal. **Medida Cautelar na Ação Direta de Inconstitucionalidade n. 5.889/DF.** Rel. Min. Gilmar Mendes, j. 6 jun. 2018, DJE 29 jul. 2020).

A prova física do voto, para que se possa efetivamente fiscalizar e tornar público o escrutínio, é direito do eleitor. Daí a necessidade de inscrever-se na nova constituição o princípio inafastável da apuração pública dos votos, mediante cédula ou impressão dos votos que foram depositados nas urnas eletrônicas.

Art. 19 - As redes sociais como instrumento de participação política do povo

As redes sociais, pela sua natureza de comunicação a tempo presente, têm exercido, a partir da primeira década deste século XXI, um papel absolutamente transformador nas relações políticas em todo o mundo, como pudemos ver nas manifestações ocorridas no Oriente Médio, que levaram à queda de vários regimes. Tudo para demonstrar que não apenas nas democracias ocidentais, mas também nos países teocráticos, as redes sociais permitiram a mobilização da sociedade no plano político, por mais tradicionais e religiosos que continuem sendo os valores dessas sociedades.

Mas não somente a mobilização é potencializada pelas redes sociais. Proporcionam elas a participação permanente, a tempo presente, da sociedade nas questões fundamentais de seu interesse. Pode-se mesmo dizer que as redes sociais têm a qualidade exponencial de mobilizar, todos os dias, a sociedade, levando-a a participar intensamente da vida política. Por sua vez, os políticos profissionais, no mundo todo, utilizam as redes sociais como uma das formas de governar, buscando influenciar a sociedade, seduzir e manipular as opiniões de modo a permitir a sua reeleição.

De qualquer forma, as redes sociais trouxeram uma exposição das mazelas da política, criando um permanente inconformismo, o que leva a uma intensa politização da vida social. Por outro lado, a sociedade civil se fraciona, cada vez mais, a partir de opiniões firmadas quanto aos governantes, suas ideias, condutas, ações e inações. Esse fracionamento divide o próprio núcleo familiar e os círculos de amizade, que se desmancham em virtude de opiniões políticas radicalizadas, que acabam prevalecendo sobre os reais valores de convívio afetivo e social.[123]

---

123. Vale mencionar, ainda, o grave problema das "bolhas político-ideológicas": "Enquanto o algoritmo se restringe aos gostos pessoais, os efeitos não são nocivos. As coisas mudam de forma, entretanto, quando o conjunto de códigos começa a influenciar na visão política das pessoas. A 'bolha política' já foi comprovada por diversos estudos. Um deles — realizado em novembro de 2010 pela Universidade da Califórnia, com aval do Facebook — simulou as eleições presidenciais americanas e concluiu que cerca de 340 mil pessoas mudaram de voto após verem uma postagem positiva sobre um candidato no topo do feed de notícias. 'Seria bastante simples para uma rede social como o Facebook manipular uma eleição', diz Sandvig." (CAPELAS, Bruno; MANS, Matheus. Redes sociais formam "bolhas

Antes tínhamos as tribunas dos parlamentos. Hoje temos milhões de tribunas que tratam de todos os assuntos de relevância política e social. Não se pode mais falar de uma opinião pública, ou seja, de uma corrente de opinião prevalecente sobre determinados assuntos de interesse geral. Todos e cada um têm seus próprios canais visando influenciar as opiniões dos outros.

Por outro lado, as redes sociais são formas de discussão direta do povo com o mundo político, o que facilita o encaminhamento de questões relevantes para a sociedade. E a comunicação direta deve, nesse mesmo universo, ser um instrumento legítimo de pressão para exigir o encaminhamento de reformas que atendam ao interesse da sociedade. As redes sociais, além disso, devem exercer o papel de inibidoras de medidas abusivas, tomadas pelos governos e pelos parlamentares, contrárias aos princípios da moralidade pública e da impessoalidade. E deve a Internet ser o meio organizado e eficaz de informação sobre os crimes cometidos contra a Administração Pública, notadamente de corrupção, praticados pelos agentes políticos e administrativos e por pessoas e empresas do setor privado. Daí a importância dos movimentos e das associações formadas pela sociedade civil organizada, que devem se valer das redes sociais como um instrumento político.

Uma nova constituição precisa reconhecer as redes sociais como meio legítimo utilizado pela sociedade civil para mobilizar, participar, manifestar, contestar, discutir e encaminhar propostas legislativas e de adoção de políticas públicas. Em suma, deve uma nova constituição reconhecer as redes sociais como um instrumento legítimo e essencial de exercício do poder político pelo povo.

Art. 20 - Proibida a reeleição para qualquer cargo

Princípio fundamental do regime democrático é a alternância de poder. Por essa simples razão, não podem os mesmos indivíduos permanecerem indefinidamente no exercício de cargos eletivos. A alternância de poder deve ser entendida não apenas como substituição de partidos no poder, mas também dos representantes e governantes eleitos.

A crise permanente do regime democrático reside, sobretudo, no sistema de reeleição, que é nitidamente perniciosa, por inúmeras razões. A reeleição leva o político a agir unicamente em razão da sua própria recondução ao poder. Não age o representante legislativo ou o mandatário executivo visando ao bem comum ou ao interesse da sociedade. Toda a sua atividade é voltada a capitalizar recursos e meios para ser reeleito para o mesmo cargo, ou para outro mais ele-

---

políticas". **Estadão**, 26 mar. 2016. Disponível em: https://link.estadao.com.br/noticias/geral,redes-sociais-formam-bolhas-politicas,10000023302).

vado, seja no curso do seu mandato, seja nas eleições seguintes. A representação parlamentar ou o mandato executivo tornam-se uma carreira profissional, que o eleito abraça como razão de sua existência. Atualmente, um deputado federal apresenta-se como candidato a prefeito no curso da própria legislatura. Uma vez prefeito, abandona seu cargo para se candidatar a governador.

A profissionalização da política se reflete na cultura familiar dos eleitos. Estes, com seus nababescos proventos, usufruindo dos fundos partidários e eleitorais e das emendas parlamentares, formam uma cultura dinástica, transmitindo aos filhos, genros, noras, netos, bisnetos e tataranetos a vocação irresistível do poder político como meio opulento, prestigioso e poderoso de vida fácil, sem necessidade de exercer uma profissão, sem nenhum risco. A reeleição é organicamente nefasta, por formar a casta dos políticos, cujo único objetivo é manter sua participação no poder, por gerações e gerações. Há uma família de Pernambuco que se mantém no poder político desde a chegada do seu primeiro membro no Brasil, que aqui chegou para assumir a Capitania hereditária, em 1566. Há outra família mineira, por sinal ilustre e respeitável, que se reelege para cargos públicos desde a chegada de um dos patriarcas da Independência à cidade de Barbacena, em 1828.

As oligarquias políticas retrogradas e corruptas, que dominam as instituições do Estado, encontram na reeleição o instrumento essencial para a sua manutenção secular no poder. A possibilidade de reeleição *"ad vitam"* e *"ad generacionem"* quebra o princípio republicano fundamental de não recondução para Presidente da República, governadores e prefeitos, vedado desde a primeira Constituição de 1891, sendo reiterado na Carta de 1934, na de 1946 e na própria redação original da Constituição de 1988.

Ocorre que a oligarquia política extinguiu esse princípio fundamental do rodízio, a cada quatro anos, dos titulares dos cargos eletivos do Poder Executivo, nas três esferas. Assim é que a Emenda Constitucional n. 16, de 04 de junho de 1997, institui a reeleição, de forma absolutamente abrangente, incluindo até os substitutos eventuais dos mandatários que forem destituídos por *impeachment* ou por qualquer outro motivo. O texto da referida Emenda n. 16/1997 é eloquente quanto a esse grande retrocesso, que consolida o domínio do Estado pelos nossos irremovíveis oligarcas: "O Presidente da República, os Governadores de Estado e do Distrito Federal, os Prefeitos e quem os houver sucedido, ou substituído no curso dos mandatos poderão ser reeleitos para um único período subseqüente."

Efeito dessa desastrosa inovação: os chefes do Poder Executivo, nas três esferas, desde o primeiro dia de sua posse, somente pensam na sua reeleição, através de expedientes de clientelismo e fisiologismo político explícitos. E também pensam nas eleições que ocorrem durante seu mandato, procurando outros cargos eletivos mais elevados. Montam os novos governantes, a partir da posse e já visando a reeleição daqui a quatro anos, ou um novo cargo daqui a dois anos, sua equipe de ministros e secretários e nomeiam, com o mesmo critério eleitoreiro, os seus prepostos para os cargos em comissão para chefiar todos os entes administrativos que tenham boas ou grandes verbas para fornecer recursos para a próxima eleição.

O interesse público e o bem comum estão inteiramente descartados dessas escolhas ministeriais, de secretários e de cargos em comissão no segundo, terceiro e quarto escalões. Os ministérios e as secretarias estaduais e municipais são repartidos entre partidos que, fisiologicamente, apoiam os governantes e que, por isso, concorrem ferozmente por fatias do poder e das verbas orçamentárias atribuídas aos ministérios e entes burocráticos. Os ministros e os secretários não têm nenhuma relação orgânica entre si para a conjugação de esforços, racionalidade, eficiência e produtividade na administração e nos serviços públicos afetos às diversas pastas que lhes foram distribuídas pelo Presidente da República, pelos governadores e pelos prefeitos.

E, sempre visando à reeleição, ou à eleição para cargos mais elevados, os governantes usam, durante todo o primeiro mandato, expedientes de caráter demagógico visando manter e criar novas bases eleitorais, por meio do clientelismo e do assistencialismo. A reeleição é uma obsessão e uma compulsão, não dando espaço para que se implante qualquer política pública. É a política pela política. É o poder pelo poder.

Uma vez reeleitos, os governantes de segundo mandato cada vez menos se interessam pelos assuntos da administração, deixando-a em estado de abandono, com acelerada deterioração dos serviços públicos. Daí surgem milhares de obras abandonadas. Em 2018, somente no plano federal, foram recenseadas 8.200 obras públicas relevantes em estado de completo abandono e deterioração. Obras imprestáveis. Em agosto de 2019, o Tribunal de Contas da União listou 14.000 obras abandonadas que vieram de gestões passadas, no valor de R$ 144 bilhões.[124]

Passam os governantes, nesse segundo período, a cuidar somente da melhor maneira como vão se manter na profissão política, articulando a eleição para outros cargos. Procuram, os profissionais da política, sempre níveis mais altos: os atuais prefeitos se candidatam a deputado ou a governador; os governadores, para senador ou presidente da República; os deputados e senadores, para prefeito nas eleições que ocorrem no curso de seus mandatos. Hoje em dia, os "homens públicos" que dirigem o país geralmente não aguardam o segundo mandato para postularem um *upgrade* na política. Abandonam as prefeituras com apenas um ano e pouco de exercício para se candidatarem a governador. Abandonam os Estados com três anos de mandato para se candidatarem ou a

---

124. NÓBREGA, Maílson da. Op. cit.

senador ou a presidente. Os senadores e deputados, com um ano e pouco de legislatura, postulam as prefeituras.

Todos os políticos profissionais, seja logo no primeiro mandato, seja no segundo, não têm a menor vergonha de abandonarem os cargos para os quais foram eleitos, para assim se candidatarem a cargos mais elevados. Não há nenhum compromisso com a sociedade, com o interesse público, com o bem comum. A "carreira pública" é a única motivação dos políticos profissionais que dominam o país através dos seus partidos oligárquicos.

Ademais, os senadores, os deputados federais, os deputados estaduais e os vereadores, ao assumirem os seus postos parlamentares, procuram, obsessivamente, cargos no Poder Executivo, de preferência como ministros ou secretários estaduais ou municipais. Não lhes interessam as maçantes atividades parlamentares. E, pela circunstância de não haver cargos de primeiro escalão à disposição de todos os "representantes do povo", estes exigem uma significativa cota individual para a indicação de seus prepostos e apaniguados para os milhares de cargos em comissão espalhados nos entes da administração, nas três esferas. Esses indicados dos parlamentares e vereadores não têm nenhum preparo profissional para exercerem os cargos em comissão para os quais foram nomeados. Não possuem qualquer experiência ou noção de gestão pública. Daí que os entes da administração federal, estadual e municipal são entregues ao comando desses energúmenos, que passam a chefiar o quadro de servidores públicos concursados. A única competência que esses comissionados possuem é a de se apropriar, mediante todas as formas possíveis de corrupção, das verbas alocadas ao respectivo ente público sob seu comando. Os ocupantes desses cargos em comissão estão aí para obter recursos para as sucessivas reeleições dos parlamentares e vereadores que os indicaram, utilizando todos os expedientes ilícitos junto aos empresários que têm relações contratuais com o governo ou dele dependem. Esse é o falso quadro da separação de Poderes que existe no país, sob os auspícios da Constituição de 1988.

A oligarquia política, sempre reeleita através da hegemonia dos partidos, que impedem a participação da sociedade na vida pública, interessa-se e se empenha efetiva, consciente e racionalmente na manutenção do atraso da sociedade, em todos os sentidos — social, econômico, educacional, cultural, profissional, científico e técnico. Esses donos do poder *ad vitam et generationem* nos mantêm como país periférico, com todas as características das falsas democracias que servem de apoio formal às oligarquias políticas no Terceiro Mundo.

Somos o maior país periférico da América Latina, em cujo espaço geopolítico impera a desigualdade, a ausência de oportunidades, a impossibilidade do acesso do cidadão à vida pública. O resultado desse sistema oligárquico secular é a disfuncionalidade administrativa gerada pela total promiscuidade entre Poder

Executivo e Poder Legislativo na formação dos quadros dos ministérios, secretarias e cargos de chefia no setor burocrático.

Nesse ambiente, mesmo os que são eleitos fora das dinastias seculares passam, desde logo, a exercer seus cargos eletivos para também se perpetuarem no poder e para transmitirem as benesses do mando político aos seus descendentes, formando novas dinastias. Entenda-se aqui "dinastia" não como fruto da aristocracia, mas como um grupo que pode ter qualquer origem — como a mídia, o crime organizado, a celebridade artística popular e outras fontes de notoriedade. Todos os eleitos pelos partidos tradicionais têm um objetivo comum, que é o da manutenção do poder, por gerações e gerações. Daí ouvir-se deles a jactância: sou um "homem público" há quarenta anos, há cinquenta, há sessenta! Há deputados e senadores que são reeleitos desde os primórdios do regime militar, nos anos 1960.

Esse quadro cria um absoluto distanciamento entre os políticos profissionais e a sociedade, tal como descrito por Max Weber:

> Mas acima de tudo, existe uma distância estrutural entre parlamentares e eleitores, que integra e constitui a própria autonomia da política. A política logrou-se consolidar como esfera de valor em si, através de um longo processo de expropriação dos instrumentos de poder "privado", o que terminou por transformá-la em atividade institucional permanente de poucos: os políticos profissionais.[125]

Isso posto, há um repúdio crescente ao profissionalismo político, a par do afastamento da sociedade dos partidos tradicionais. A ideia difusa — e aceita — no seio da sociedade é a de que a política é uma profissão infame, a que não devem ingressar as pessoas dignas que se preocupam com sua honra e seu nome.

Para a sociedade, o político é um marginal. E isso ocorre exatamente pelo total isolamento da sociedade dos representantes parlamentares e dos governantes. Cuidam estes somente de seus próprios interesses, além de se envolverem, quase todos, na apropriação dos recursos públicos, seja através das benesses propiciadas pela Constituição e pelas leis que eles mesmos votam, seja através da corrupção, pura e simples, que a maioria deles e seus partidos praticam permanentemente, em todos os sucessivos governos, nas três esferas.

Os políticos profissionais somente votam qualquer matéria de interesse público mediante a paga adiantada das suas emendas parlamentares. Veja-se a recente aprovação da Reforma da Previdência em 2019. Para votá-la os congressistas exigiram a liberação de 30 bilhões de reais do orçamento impositivo para as suas emendas parlamentares, para utilizá-las nas eleições municipais de 2020.

---

125. WEBER, Max. **Ensaios de Sociologia**. Rio de Janeiro: Zahar, 1974, p. 102.

No entanto, em se tratando de reformas políticas ou administrativas, que dariam eficiência e produtividade ao Estado e desmanchariam as oligarquias políticas, os parlamentares se negam a, sequer, discuti-las e, em hipótese alguma, votá-las. É o caso das reformas administrativas, tributárias, eleitorais, das privatizações e todas e quaisquer matérias que possam tocar nos seus privilégios e nos das corporações estabelecidas sob a égide da Constituição de 1988 ou que, de qualquer forma ou maneira, possam retirar o país do seu atraso institucional, social e econômico.

Por seu lado, o povo não mais aceita esse quadro perverso de falsa representação democrática. Os movimentos, as associações e os cidadãos, todos frustrados com os seus pseudorrepresentantes, ameaçam boicote nas (re)eleições seguintes. Ocorre que esse boicote é inócuo diante do sistema de voto proporcional para as eleições parlamentares, que permite a composição dos parlamentos por candidatos que, em 90% dos casos, não atingem o quociente eleitoral mínimo. Os deputados e os vereadores são eleitos com base nos puxadores de votos. Assim, pelo sistema do voto proporcional, um candidato com apenas 1.200 votos, num quociente partidário mínimo de 70.000 votos, é eleito deputado federal com base em um, dois ou três puxadores de votos que obtiveram dez vezes mais votos que o mínimo. Um deputado eleito com 2 milhões de votos arrasta consigo 15 deputados, que não seriam eleitos com seus próprios votos, na medida em que não alcançaram o quociente eleitoral mínimo de seu partido.

Nesse quadro eleitoral perverso, não há necessidade de propostas, de ideias, de proposições de interesse público por parte dos eleitos. A pressão da sociedade é inócua diante da estrutura viciada do voto proporcional. Esse círculo vicioso deve ser quebrado através da proibição de reeleição, para qualquer cargo eletivo. Acentua-se que se proíbe a reeleição não somente para o mesmo cargo, mas para qualquer cargo eletivo, nas três esferas, nas eleições bienais que ocorrem durante os mandatos ou no seu término. Tal regra quebra o profissionalismo político.

A razão desse desparecimento do profissionalismo político advirá da melhor qualidade dos eleitos para um só mandato, através do voto distrital puro, em se tratando de representação parlamentar. A vocação dos candidatos será a de propugnar por políticas públicas propostas pelos movimentos e pelas associações que os apoiarem como candidatos independentes dos partidos políticos. Haverá, portanto, uma quebra do sistema oligárquico, na medida em que a perda da perspectiva de carreira política fará com que os candidatos se apresentem visando à consecução de políticas de Estado e programas de governo, e não mais à própria reeleição. Sejam eleitos por partidos, sejam independentes, irá se criando uma cultura voltada para a consecução do interesse público.

A quebra da regra da reeleição atrairá candidatos com o espírito de prestação de serviços relevantes à Nação, tendo por perspectiva o período de quatro anos. Será como um voluntariado em favor da sociedade, na busca de medidas nas quais o eleito acredita poder contribuir durante o seu mandato único.

Art. 21 - Voto distrital puro para as eleições legislativas

Um defeito fundamental do nosso regime representativo reside no voto proporcional, adotado para a eleição parlamentar, nos três níveis. Esse regime de votação significa um entrave estrutural que leva à inexistência de vínculo entre o eleito e os seus eleitores.

No regime proporcional existe a dispersividade dos votos. Assim é que os partidos apresentam aos eleitores de cada unidade da Federação uma enorme lista aberta de candidatos, abrangendo todas as vagas a serem preenchidas na eleição legislativa. Esses candidatos poderão ser votados em qualquer circunscrição do Estado (deputados federais e estaduais) ou do município (vereadores), indiscriminadamente, sem nenhuma referência de zona eleitoral. Assim, o candidato a deputado pode ser do diretório de Salvador, mas receber votos de eleitores de Corumbau, no sul da Bahia. Ou o candidato a vereador ser do diretório da Penha, no município de São Paulo, e receber votos da Vila Brasilândia. Não há nenhum vínculo entre o candidato e determinada região específica do território estadual ou municipal. Em consequência, o candidato a deputado federal ou estadual busca votos aleatoriamente e ao mesmo tempo, em São Paulo, em Araçatuba, no litoral norte do estado, onde puder obter votos trazidos pelos cabos eleitorais, pagos a peso de ouro, com os bilionários recursos do Fundo Eleitoral.

O Fundos Eleitoral, entregue aos partidos políticos, somou um bilhão e oitocentos milhões de reais em 2018, para as eleições gerais, e dois bilhões de reais, em 2020, para as eleições municipais.

Isso posto, o candidato não chega a conhecer a maior parte das regiões onde obtém votos. E o eleitor sequer sabe o nome do candidato por ele escolhido, geralmente anotando apenas seu número de registro na lista eleitoral. O eleitor vota num número. Não vai se recordar, nunca mais, do nome a favor de quem deu o seu voto. Não há qualquer vínculo entre o eleitor e o eleito. E mesmo que, porventura, o eleitor conheça o candidato, o seu voto serve apenas para compor o quociente eleitoral do partido a que pertence.

Esse quociente é que forma a bancada do partido, e não os votos individuais obtidos por este ou aquele candidato. Basta dizer que no Brasil um número ínfimo de deputados ganha as eleições com os votos pessoalmente conquistados: nas eleições de 2014, foram apenas 36 dos 513 deputados federais (cerca de 7%); em

2018, somente 27 deputados (cerca de 5%).[126] Apenas esse pequeno número não precisou do quociente eleitoral do partido ou da coligação para se reeleger ou se eleger. À exceção dos 5% eleitos com os próprios votos, os demais 95% foram eleitos e empossados pelo quociente eleitoral obtido por seu partido ou coligação. E quando se formavam as coligações (até a eleição de 2020), os votos dados aos candidatos "escolhidos" pelo eleitor ainda mais se descaracterizavam, na medida em que serviam para eleger outro candidato, de outro partido, que nem sequer era da preferência do eleitor. Assim, o eleitor poderia votar, por exemplo, num candidato que desconhecia, mas que pertencia a um partido formado por defensores do meio ambiente. Ocorre que esse partido ecológico poderia se coligar com outro partido no qual alguns candidatos defendiam o agronegócio e sua expansão nas áreas de preservação permanente e nas florestas tropicais. O resultado é que o seu voto ecológico poderia eleger o candidato do agronegócio, cujo partido obteria melhor quociente na coligação armada para aquela determinada eleição.

Esse é o quadro de representação que temos na 56ª Legislatura (2019-2023) e nas anteriores. Temos, assim, a Câmara dos Deputados, assembleias legislativas e câmaras de vereadores formadas por representantes que não representam a escolha nem a vontade do eleitorado. Um candidato com 40.000 votos poderá ser diplomado em virtude do baixo quociente de seu partido, ao passo que outro, com 100.000 votos, poderá não ser eleito, diante do alto quociente de seu grupo partidário.

É um total absurdo o sistema de voto proporcional. Não reflete, em nenhuma hipótese, a vontade dos eleitores. Não há qualquer representatividade da vontade política do povo. Daí a razão do absoluto distanciamento entre a cidadania e as casas legislativas. Não existe qualquer representação dos eleitores em virtude desse sistema.

Em consequência, os deputados federais, estaduais e vereadores se dedicam, unicamente, à implementação de seus próprios interesses e dos interesses dos donos de seus partidos. E mais. Ao invés de defenderem o bem público, dedicam-se os eleitos à defesa de grupos de interesses. Para tanto, esses falsos representantes de um eleitorado que, na realidade, não os elegeu, criam as conhecidas bancadas temáticas. Temos, assim, as bancadas da bala, do boi e da Bíblia, dos diversos segmentos da indústria e do comércio, dos cassinos e, sobretudo, as bancadas corporativas, formadas para defesa dos privilégios dos integrantes do setor público, proclamados na Constituição de 1988.

Interesse público e implantação de políticas públicas passam longe das cogitações desse conglomerado de deputados e vereadores completamente divor-

---

126. BENITES, Afonso. Dos 513 deputados na Câmara do Brasil, só 36 foram eleitos com votos próprios. Por quê? **El País**, 20 abr. 2016. Disponível em: https://brasil.elpais.com/brasil/2016/04/19/politica/1461023531_819960.html.

ciados dos interesses coletivos e dos eleitores que nunca viram e que neles sequer votaram. A absoluta descaracterização das representações parlamentares, nos três níveis da Federação, é institucionalizada pela Constituição de 1988, que, por força da Emenda Constitucional n. 97/2017, ainda libera os partidos para estabelecerem coligações nas eleições majoritárias, sem qualquer afinidade de programas, baseadas, apenas, na somatória de tempo de propaganda eleitoral gratuita no rádio e televisão.[127]

Como reiterado, não existe no país uma democracia representativa, mas sim uma partidocracia que impede o acesso da cidadania à vida pública, que é o próprio fundamento do regime democrático. Na realidade, não há voto direto no regime de eleição proporcional. Em consequência, a instituição mais importante da democracia, o Poder Legislativo, é composta por políticos indiretamente eleitos, pois, como referido, pouquíssimos candidatos alcançam o percentual mínimo necessário para se elegerem com os votos recebidos de seus eleitores. Daí resulta que os eleitores não têm voto igual. Todos os cidadãos votam, mas o resultado do seu voto é absolutamente desigual.

Somente 5% dos candidatos legislativos, como mostrado anteriormente, conseguiram se eleger, nas últimas eleições, com os votos de seus eleitores. Os demais 95% foram eleitos indiretamente, dependendo do quociente dos votos alcançados pelo seu partido político ou pela coligação respectiva (até a Legislatura 2018-2022). Esses 5% de votos — dos célebres puxadores de votos — têm excesso de sufrágios, capaz de eleger vários candidatos com pouquíssimos votos. Assim, o candidato Tiririca teve 02 milhões de votos e, com isso, seu partido elegeu 10 deputados que não alcançaram, sequer, mil votos. Essa aberração se deve às diferenças de quociente entre os partidos políticos. Assim, o candidato do partido A precisa de 150 mil votos para ser eleito. No partido B, ele precisa apenas de 50 mil votos. Se a legenda B tiver bons puxadores de votos, o candidato poderá ser eleito com apenas mil votos.

Esse execrável regime eleitoral anula toda e qualquer representatividade democrática legítima, pois 95% dos parlamentares não receberam votos igualmente suficientes para o exercício da função de mandatários da vontade soberana do povo. Na Câmara Federal, por exemplo, atuam representantes com 02 milhões de votos, com 50 mil votos, com três mil votos, com mil votos. Todos com as mesmas funções de representantes formais dos seus eleitores que, em 95% dos casos, neles nunca votaram. De qualquer maneira, a imensa maioria dos parlamentares declarados eleitos não recebeu o voto direto dos eleitores, que não votaram em

---

127. Art. 17, § 1º, da CF: "É assegurada aos partidos políticos autonomia [...] para adotar os critérios de escolha e o regime de suas coligações nas eleições majoritárias, vedada a sua celebração nas eleições proporcionais, sem obrigatoriedade de vinculação entre as candidaturas em âmbito nacional, estadual, distrital ou municipal [...]."

praticamente nenhum deles, mas em outros candidatos que não alcançaram o quociente eleitoral do seu partido.

O voto proporcional quebra a principal regra do regime democrático: a formação de um parlamento composto de eleitos com a maior votação. Assim, por força da Constituição de 1988, os eleitores são "livres" para eleger alguém em quem não votaram e que, em 95% dos casos, não obteve um número significativo de votos que lhe dê legitimidade de representação da vontade do eleitorado. Daí o total divórcio entre a sociedade e o Poder Legislativo.

Já no voto distrital puro há uma legítima expressão da vontade do eleitor. Este elegerá um único representante do distrito, o qual precisará alcançar a maioria dos votos em face dos demais candidatos daquele mesmo distrito. Daí a autêntica representação dos eleitores do distrito. A constituição ora proposta deseja restaurar a democracia representativa, mediante a adoção do sistema de voto distrital puro. Nesse regime, no tocante à eleição de deputados federais, cada Estado é dividido em distritos eleitorais em número igual ao de cadeiras a que a respectiva unidade federativa tem direito na Câmara Federal. O mesmo critério será utilizado para os deputados estaduais.

Assim, o Estado de São Paulo, por exemplo, terá 90 assentos na Câmara Federal, em razão do que serão criados 90 distritos para deputados federais, com, aproximadamente, o mesmo número de habitantes em cada um deles. E o mesmo Estado de São Paulo terá 90 deputados estaduais. Serão os mesmos 90 distritos, com o mesmo critério. Para a eleição de vereadores, a divisão do território municipal por distritos é especialmente relevante. Assim, o município será dividido por distritos com número semelhante de habitantes, correspondentes ao número de vereadores. A cidade de São Paulo, por exemplo, que terá 31 vereadores, será dividida em 31 distritos com número semelhante de habitantes, portanto.

Isso posto, os eleitores de cada distrito elegem apenas um único representante para deputado federal e para deputado estadual. E será eleito um único vereador por distrito eleitoral do município. Desse modo, o candidato distrital que obtiver o maior número de votos será eleito na qualidade de representante de todos os eleitores do respectivo distrito.

Esses candidatos poderão ser indicados por partidos, ou podem ser independentes, inclusive apoiados por movimentos e associações civis com fins políticos. O voto é atribuído ao candidato, e não ao partido, o que cria um vínculo direto do representante com seus representados do respectivo distrito eleitoral.

O eleitor identifica o candidato e acompanha a sua conduta pública, como seu representante parlamentar, nos planos federal, estadual e municipal. O sistema distrital legitima o pleito. Ademais, haverá uma drástica redução dos custos de propaganda eleitoral, que passa a ser feita pessoalmente pelo candidato, no seu respectivo distrito eleitoral. A nefasta influência dos cabos eleitorais também será neutralizada diante da necessidade de os candidatos irem ao encontro pessoal dos eleitores, apresentando-se em reuniões e debates, no âmbito do seu distrito eleitoral. As celebridades do mundo da mídia ou dos esportes terão maior dificuldade de serem eleitas pelo sistema distrital.

Haverá, nesse novo ambiente eleitoral, o surgimento de muitos candidatos independentes, ligados aos movimentos e associações com fins políticos, livremente surgidos no seio da sociedade. Veja-se o exemplo recente da França, onde 367 deputados independentes, inteiramente desligados da política profissional, foram eleitos em 2017, com o apoio do movimento "En Marche!".

O sistema distrital puro é capaz de restaurar a democracia representativa no país, um dos pilares da soberania política do povo, ao lado do plebiscito, do referendo e da iniciativa popular das leis. Com o voto distrital puro para as eleições parlamentares, estará convalidado o princípio *um cidadão, um voto*. A relação do eleito com seus eleitores será direta e permanente. A propósito, todos os países democraticamente desenvolvidos adotam o sistema distrital puro. Como lembra o ilustre ex-deputado Arnaldo Madeira, na justificativa de sua emenda constitucional, em 2009, propondo a adoção do voto distrital puro, todos os grandes líderes democráticos do mundo foram eleitos por esse sistema. É o caso de Winston Churchill, Ângela Merkel e todos os grandes líderes, recentes e do século passado.

O mandato é legítimo quando o mandante conhece, acompanha e cobra o desempenho do seu mandatário. Não há representação legítima quando o eleitor não se lembra, sequer, em quem votou para seu representante nos parlamentos do país. Por outro lado, o contato direto eleitor-eleito, no âmbito do distrito, está enormemente facilitado pelo surgimento das redes sociais.

Isso posto, a adoção do voto distrital puro constitui, juntamente com as candidaturas independentes e a não reeleição, o principal fundamento da reforma político-eleitoral ora proposta.

Art. 22 - Perda de mandato por iniciativa e decisão dos próprios eleitores: *recall*

O regime de revogação direta, pelos eleitores, dos mandatos dos parlamentares, vereadores e prefeitos é um marco no exercício da democracia. A revogação passa a ser da própria essência do mandato, fundada na perda da confiança depositada no mandatário, por parte dos seus mandantes. Pela revogação, os eleitores, do distrito ou do município, põem antecipadamente termo ao mandato do seu representante distrital ou do prefeito.

O fundamento da revogação do mandato é a conduta incompatível do representante eleito com os princípios que regem o exercício da função pública de natureza política. Cabe, a propósito, lembrar o papel do mandato representativo.

O mandato é exercido em nome do povo pelos seus representantes eleitos. Esses são revestidos de um mandato político, tendo como encargo essencial zelar pelo bem comum. No conceito de bem comum estão os interesses da coletividade e da Nação, como um todo, e não apenas da comunidade distrital ou municipal que elegeu o seu representante. Portanto, a função dos mandatários transcende a defesa dos interesses dos eleitores do distrito ou do município que os elegeram. E o exercício dessa função pública tem que assegurar a permanência das instituições políticas, civis e sociais. O representante encarna, assim, os interesses de toda a Nação, seja como deputado federal, estadual, vereador ou prefeito.

A menor ou a maior extensão territorial de seu distrito ou município não gradua a sua responsabilidade de promover e garantir o bem comum, no âmbito geral. Isso quer dizer que a conduta de um titular de mandato representativo, por menor que seja a sua esfera decisória (vereador, prefeito), deve sempre ter em vista os interesses do país, como um todo. E sua visão política não pode restringir-se ao tempo de seu mandato, mas deve, sempre, visualizar a geração presente e as futuras. Portanto, a função do eleito, pelo distrito ou pelo município, é transcendente, tanto no tempo como no espaço. E essa transcendência deve ser considerada nos critérios de escolha dos eleitores.

Isso posto, uma nova constituição deverá instituir o sistema de perda de mandato dos eleitos para deputado federal, deputado estadual, prefeito e vereador, por iniciativa dos seus próprios eleitores. É o conhecido regime de *recall*, adotado nos estados norte-americanos.

O requisito fundamental para a viabilidade desse benéfico sistema é o regime de voto distrital nas eleições para a Câmara dos Deputados, assembleias legislativas, prefeitos e vereadores. Isso posto, o regime de revogação do mandato dos representantes legislativos e prefeitos, diretamente pelos eleitores (*recall*), dá efetiva consistência à representação democrática. Os eleitos, durante todo o prazo de seu mandato, podem ser removidos de sua função legislativa pela maioria absoluta (50% mais um) dos eleitores do seu distrito, devendo o pedido ser requerido por 5% deles. No caso dos prefeitos, o pedido de revogação também deve ser requerido por 5% dos eleitores do município e aprovado por 50% mais um.

Nesse ponto se deve fazer uma distinção. No exercício de seu mandato representativo o eleito faz a intermediação permanente entre os anseios e as proposições dos eleitores distritais e os princípios de convivência social pacífica. Assim, por exemplo, a sociedade civil pode ser majoritariamente a favor da pena de morte para os autores de crimes graves. Ou então, a maioria dos eleitores distritais pode ter uma nítida orientação quanto aos novos direitos civis, sendo, por exemplo, contra o aborto ou contra o casamento entre pessoas do mesmo sexo. Essa manifesta tendência e ativismo da comunidade distrital ou municipal não obriga ou vincula o mandatário distrital a ter a mesma opinião. Ou, mesmo se tivesse a mesma opinião, ao tempo da sua eleição, o eleito não é obrigado a mantê-la, podendo rever essas suas posições e opiniões durante o seu mandato. Pode, assim, o representante livremente votar contra a pena de morte, a favor do aborto, do casamento gay, da descriminalização do uso de drogas e outras questões sociais sensíveis e polêmicas no seio do distrito que o elegeu. A contrariedade das posições majoritárias do distrito ou do município, mesmo quando foram a razão de eleger o representante distrital ou o prefeito, não constitui fundamento para a destituição do mandatário por meio do sistema revogatório direto (*recall*). Não há mandato imperativo quanto às opiniões, posições e votações dos eleitores diante do seu eleito.

Feita essa importante ressalva, cabe caracterizar a conduta exigida do mandatário e as razões da revogação direta do seu mandato por seus próprios eleitores, distritais ou municipais:

1. O mandatário distrital representa toda a comunidade distrital e municipal, e não apenas a maioria dos que o elegeram.
2. O mandatário representa, no espaço e no tempo, os interesses de toda a Nação no âmbito de seu mandato político, e não apenas a vontade da comunidade distrital que o elegeu.
3. O mandatário é obrigado a seguir a sua consciência política nas suas manifestações e na racionalidade dos seus votos e decisões. O mandato político na democracia não se confunde com o ancestral mandato imperativo, da Idade Média, em que o representante deveria exprimir a opinião de sua comunidade, tomada em reunião prévia.
4. O mandato distrital é exercido como uma função de Estado, dentro da referida transcendência da vontade individual dos eleitores.
5. O mandatário distrital deve, permanentemente, prestar contas de suas atividades, pessoalmente, por meio do regime legal de transparência e através das redes sociais.
6. O mandatário pode ter seu mandato revogado diretamente pela maioria dos eleitores do respectivo distrito ou município em razão, unicamente, do abuso e desvio de poder, e não por suas posições políticas e votos quando contrariem as opiniões majoritárias dos seus eleitores.
7. A revogação direta do mandato (*recall*) terá como fundamento a quebra do dever de lealdade, que se traduz pela incompatibilidade do comportamento e das ações do mandatário com os princípios que regem o exercício da função de natureza política.
8. A conduta ilícita do representante constitui, obviamente, quebra do dever de lealdade, seja ela praticada no plano criminal, seja no administrativo e no civil. O delito pode ou não estar ligado ao exercício do mandato. Poderá ser um crime contra a Administração Pública ou um crime comum.
9. Prevalece, na execução do mandato eletivo, a estrita observância dos princípios do decoro, da legitimidade das leis, da impessoalidade, da moralidade,

da eficiência, da publicidade, da isonomia, da finalidade, da motivação, da razoabilidade, da oportunidade e da proporcionalidade.[128]

Com esses fundamentos, o eleitor distrital ou municipal tem o direito de eleger e de destituir o seu representante durante todo o prazo do mandato. O *recall* se baseia, portanto, na regra milenar do mandatário fiel.

O primeiro princípio é do decoro. Decoro é a conduta que deve ser rigorosamente observada pelo mandatário no exercício de sua vida pessoal e de representação política. A honra e a dignidade de conduta pessoal, social e política são os elementos fundamentais do decoro. O Regimento Interno da Câmara dos Deputados define bem as condutas incompatíveis com o decoro: "Descumprir os deveres inerentes ao seu mandato ou praticar atos que afetem a sua dignidade", ou a "prática de irregularidades graves no desempenho do mandato ou de encargos dele decorrentes". A definição de decoro também consta do relatório final da CPI do Orçamento, de 1993: "Decoro é comportamento, é imagem pública, é honra, é dignidade. Decoro parlamentar é obrigação de conteúdo moral e ético que não se confunde com aspectos criminais, embora deles possa decorrer." O decoro não se restringe ao comportamento parlamentar, mas abrange a conduta do representante político, em qualquer circunstância da vida pessoal, como lembra Carla Costa Teixeira em seu clássico estudo "A Honra da Política".[129] O decoro, portanto, é a imagem pública do mandatário, fundada na dignidade da conduta e na honra pessoal, em qualquer circunstância.

A exigência de honra do eleito é que ele, ao ser revestido de mandato representativo, torna-se uma personalidade pública e não mais uma pessoa privada. E como personalidade social, no sentido weberiano, sua conduta adquire significado para a sociedade, como projeção dela própria, como modelo de comportamento que interessa e afeta a comunidade. Não há como manter um representante que perdeu a reputação social, pela sua conduta política ou pessoal, na sua vida pública ou privada.

Isso posto, o sistema do voto distrital faz desaparecer a distância entre os eleitores e o eleito. Não há mais essa autonomia entre a atividade política e a sociedade, como ocorre com o vigente regime de voto proporcional. Os eleitores, numa nova constituição, terão meios de remover o seu representante que perder a legitimidade para representá-los fielmente, pela quebra dos princípios que regem a vida pública. A quebra da confiança não está condicionada à verificação da culpa e da condenação do representante por atos praticados contra as leis penais, administrativas ou civis. Traduz-se ela pela incompatibilidade do exercício legítimo da representação. Não se trata de matéria de ilegalidade, mas de perda de legitimidade. A quebra de confiança, decorrente de qualquer fato

---

128. Remetemos aos comentários feitos ao art. 3º deste estudo.
129. TEIXEIRA, Carla Costa. **A honra da política**. Rio de Janeiro: Relume-Dumará, 1998.

grave no plano de conduta do mandatário, enseja o pedido de revogação, sendo seu fundamento suficiente. Não importa se a conduta possa ou não levar a uma condenação civil, administrativa ou penal.

Outra conduta que infringe o princípio do mandato fiel é a da falta ou quebra da eficiência no desempenho da representação. Eficiência deve ser aqui entendida como a qualidade de quem realiza, de maneira diligente, as suas funções, alcançando a melhor relação entre recursos empregados e resultados obtidos. O princípio da eficiência consta do art. 37 da CF/88. Traduz-se num exercício produtivo e, portanto, eficaz da representação. Assim, o mandatário distrital e o prefeito devem ser diligentes no exercício de seus mandatos. Ao negligenciar ou ao agir com imprudência, desatenção, omissão, ausência de comparecimento na casa legislativa, no plenário, nas comissões temáticas, especiais ou extraordinárias, nas diligências no meio social, nas investigações parlamentares, nas audiências públicas, estará o representante quebrando o princípio da eficiência no cumprimento do mandato. No tocante ao prefeito, a matéria da eficiência é de natureza administrativa, diretamente danosa se não for rigorosamente observada. Não obstante, a sua inobservância é da mesma origem: conduta omissiva, negligente, de abandono do município, de disfunção dos serviços públicos essenciais e administrativos, de descumprimento de obrigações legais, etc. Em todas essas hipóteses configura-se a quebra do mandato fiel. O *recall*, nesses casos de ineficiência e negligência, terá todo o fundamento.

A revogação dos mandatos, diretamente pelos eleitores, no contexto do voto distrital, é um dos principais pontos que devem constar de uma nova constituição. Trata-se de uma medida estrutural, indispensável para a adoção de um regime representativo realmente democrático.

Art. 23 - Propaganda eleitoral restrita aos pronunciamentos dos candidatos majoritários

A mistificação do *marketing* eleitoral, em palavras e imagens, é um dos fatores da não renovação de nossos quadros políticos. No período eleitoral não se discutem ideias, nem propostas, nem políticas públicas. Esse estelionato imagético é permitido pela própria lei, que fala em "propaganda eleitoral", ou seja, promoção publicitária de um produto, que deve ser vendido ao eleitor.

O *marketing* político, com efeito, é a aplicação do *know-how* de conquista de mercado eleitoral. O candidato não passa de um produto que o marqueteiro deve moldar ao gosto dos consumidores eleitorais. O *marketing* das tomadas externas em volta do "excelso" candidato alivia os aspectos desagradáveis da pessoa do candidato majoritário, ocultando, na maioria dos casos, a folha corrida, o prontuário policial, os delitos, as maldades, as omissões, os fisiologismos, as infidelidades, os inquéritos, as investigações, as denúncias e os processos de corrupção praticados em sua continuada e infindável carreira de "homem público".

A escolha eleitoral majoritária não pode continuar a ser atravessada por esse tipo de promoção mercadológica. Os candidatos majoritários devem apresentar, pessoalmente, suas ideias e seus programas aos eleitores, no espaço e no tempo da propaganda eleitoral gratuita, abolindo-se as tomadas externas e a participação ou declaração de terceiros a favor do candidato.

Os canditados distritais devem procurar pessoalmente os eleitores, reunindo-se com eles em grupos, mesas redondas, entrevistas, debates e outras formas de apresentação de suas propostas legislativas.

O discurso programático é o único meio de se poder medir a validade das propostas e a maneira de verificar os traços da personalidade do candidato majoritário. Deve ele, para tanto, apresentar-se sem adereços, artificialismos, cenários, entornos. Ele, somente ele, comparece no rádio e na televisão. É o que ocorre nos países democráticos europeus, em que os candidatos majoritários não podem se valer de outros elementos que não as suas próprias pessoas e seu discurso para pedirem os votos do eleitorado.

Uma nova constituição deve estabelecer esse princípio fundamental, para se criar uma efetiva alternância de mandatos majoritários e a real discussão de programas e de políticas públicas. Além da autenticidade das apresentações dos candidatos majoritários, a medida traria uma enorme diminuição nos custos das campanhas eleitorais.

É absolutamente iníquo e odioso o sistema de propaganda eleitoral vigente no Brasil, sob a égide da Constituição de 1988. Ademais, os partidos hegemônicos, coligados na eleições majoritárias, açambarcam 95% do horário eleitoral gratuito. Trata-se de um esquema totalmente incompatível com o regime democrático, mantendo indefinidamente o domínio das corruptas agremiações que formam a nossa partidocracia. Os donos desses partidos e seus acólitos são, infalivelmente, eleitos e reeleitos a cada quatro anos. Para tanto, as dezenas de pequenos partidos fisiológicos vendem para os grandes partidos tradicionais, a preço de ouro, os seus exíguos tempos de propaganda gratuita no período eleitoral. Com esse expediente, os donos dos partidos nanicos se enriquecem criminosamente. Antes de celebrar as "alianças" com os maiores partidos, os partidos nanicos promovem um grande leilão de seus exíguos minutos ou segundos no rádio e televisão.

A Constituição de 1988, ao instituir o regime de eleição proporcional para deputados federais, estaduais e vereadores, incentivou essa abominável prática de "corrupção interpartidária". Com esse tipo de comércio de tempo de propaganda gratuita na mídia falada e televisiva, está sempre assegurada a reeleição dos mesmos conhecidos e repisados nomes de presidentes, governadores, senadores, deputados, prefeitos e vereadores. Esse comércio delituoso de tempo de propaganda gratuita para os grandes partidos é vergonhoso.

Nos países realmente democráticos essa iniquidade não é admitida. Ali, o tempo eleitoral é igual para todos os candidatos majoritários. Os postulantes a presidente e aos demais cargos executivos e legislativos, sejam independentes, sejam partidários, têm o mesmo tempo de exposição de suas ideias e programas, no rádio e na televisão. Não se pode admitir um regime democrático em que os partidos que têm maioria no Congresso tenham o maior tempo de propaganda eleitoral. Nesse absurdo sistema, o princípio da alternância do poder fica totalmente desfigurado. Trata-se de um círculo vicioso. Os atuais detentores do poder se perpetuam porque, sendo maioria, têm praticamente todo o tempo de propaganda gratuita para exporem-se ao eleitorado, mediante imagens externas que os escondem do eleitorado quanto aos seus "feitos" políticos. O eleitorado não tem real oportunidade de, no curso da propaganda eleitoral gratuita, conhecer os outros candidatos majoritários que não pertencem aos grandes partidos oligárquicos que dominam o país.

Na restauração do legítimo regime democrático no Brasil, em substituição à partidocracia, impõe-se uma nova regra constitucional de igualdade absoluta de tempo de propaganda eleitoral gratuita. Todos os candidatos majoritários, sejam eles inscritos pelos partidos, sejam independentes, deverão se apresentar pessoalmente para expor suas ideias e seus programas, sem imagens de propaganda, sem tomadas externas e sem "depoimentos" de terceiros a favor do candidato.

Art. 24 - Eliminação das emendas parlamentares

Os congressistas têm como função constitucional precípua legislar e fiscalizar os atos do Poder Executivo, impedindo e sustando qualquer abuso praticado pelo governo, dentro do regime de controle de um Poder pelo outro (art. 49 da CF/88). Essa função fiscalizadora tem grande relevância quando se trata da votação do orçamento contido na Lei Orçamentária Anual (LOA), na Lei de Diretrizes Orçamentárias (LDO) e no Plano Plurianual (PPA). É o princípio secular, da tradição constitucional inglesa, *"no taxation without representation"*, segundo o qual não pode haver qualquer cobrança de impostos sem que seja a mesma aprovada pelos membros da Câmara dos Comuns, que representam o povo.

Isso posto, não se pode admitir que, num regime democrático, o orçamento tenha uma parte destinada a contemplar os interesses eleitorais dos deputados e senadores. As emendas individuais dos parlamentares, que outorgam o direito de alterar a proposta orçamentária do Executivo para nela incluir valores que serão por eles livremente distribuídos em seus currais eleitorais, materializam inominável afronta aos princípios da impessoalidade, da moralidade e da eficiência da administração pública. Mas não bastassem as emendas individuais ao orçamento, há também as emendas das bancadas estaduais. Os parlamentares de cada estado se unem, independentemente de sua filiação partidária, para acrescentar, na proposta orçamentária, verbas que apresentarão em seus estados como iniciativas suas. Com isso tudo, os "representantes do povo" desviam, ilegitimamente, a execução de políticas constantes da proposta orçamentária para que prevaleçam os seus esquemas eleitoreiros nos seus estados de origem.

Essas emendas dos parlamentares ao orçamento são duplamente vergonhosas. Isso porque devem ser pagas mesmo quando o Estado beneficiado esteja inadimplente com a União, tudo a demonstrar como a nossa Constituição de 1988 cumula de privilégios a oligarquia política, perpetuando-a no poder (art. 166, § 11, da CF/88). Nada justifica essas emendas individuais, que alcançam vários bilhões anuais.

Hipocritamente, o § 9º do mesmo art. 166 da CF/88 proclama que a metade dessas verbas individuais, distribuídas em favor dos deputados, será reservada "[...] a ações e serviços públicos de saúde".[130] Essa norma é ambígua. Retira-se

---

130. Veja-se, neste sentido, entrevista sobre recente escândalo envolvendo governo e parlamentares: "Para o senador Major Olimpio (PSL-SP), foi o governo federal que criou as condições para desvios das verbas de emendas parlamentares que deveriam ser usadas para combate à covid-19, como no caso do senador Chico Rodrigues (DEM-RR), flagrado com dinheiro na cueca. 'Imagina só, ofereceram R$ 30 milhões a fundo perdido, num momento de pandemia, sem precisar fazer processo licitatório formal', aponta Olimpio. O objetivo desse oferecimento, diz o pesselista, era conquistar uma base de apoio no Senado. O senador diz ter sido procurado em maio por emissário do governo para dizer se estaria interessado em ter essa verba à disposição e indicar onde seria usada. Olimpio diz que, ao verificar que os critérios de distribuição de recursos eram aleatórios, sem qualquer obediência aos requisitos técnicos do Ministério da Saúde, declinou. À época, o representante do PSL denunciou o fato e a denúncia, segundo ele, está sendo apurada pelo Tribunal de Contas da União e pela Procuradoria-Geral da República. [...] *UOL - Para o sr., foi a forma como o governo distribuiu emendas parlamentares contra a covid-19 que possibilita casos como o do senador Chico Rodrigues? Pode explicar? Major Olimpio -* O governo me ofereceu, como ofereceu para muitos senadores, R$ 30 milhões de verba covid-19. Falei isso na TV e acharam que eu estava exagerando. Tenho comigo a planilha com onze campos em branco. O governo dizia que eu deveria colocar apenas a destinação: covid-19. Eu falei: mas não tem aqueles critérios técnicos do Ministério da Saúde, relativos a número de óbitos, número de leitos de UTI, número de contaminados? Responderam: 'Não, senador, pra onde o sr. quiser mandar o dinheiro será enviado em 30 dias'. Eu perguntei: isso é para todos os senadores? Responderam: 'Claro que não'. Eu disse que então não aceitaria. Esperei dar o trigésimo dia e comecei a denunciar. *Qual a consequência dessa denúncia?* Existe apuração sobre isso no TCU, na Procuradoria-Geral da República. Lógico que isso é um facilitador corrupção. Imagina só, ofereceram R$ 30 milhões a fundo perdido, num momento de pandemia, sem precisar fazer processo licitatório formal. Então, teve município que quase não teve caso de covid e recebeu R$ 6 milhões em emendas. Isso tudo está em processo de apuração. [...] *O caso dele é, para o sr., exemplo do que pode estar acontecendo em outros estados e municípios?* Quando ouvi falar em verba de Saúde, a primeira coisa que me veio à cabeça foi aquela situação que eu vi e denunciei. Foi um caminho aberto perigosamente para a destinação de R$ 30 milhões sem seguir requisitos do Ministério da Saúde e sim para ser mandado para onde o senador quisesse. Esse dinheiro representa o dobro da verba que tem cada senador em um ano. Aí alguém diz que pode mandar para onde quiser, em um ano eleitoral, sem processo licitatório convencional, facilita muito. Pegar verba destinada ao combate do coronavírus e fazer uso político-partidário pra mim é criminoso. O responsável por essa distribuição de recursos tem nome, sobrenome e endereço: Jair Messias Bolsonaro, Palácio do Planalto, Praça dos Três Poderes. *O governo afastou Chico Rodrigues da vice-liderança.* Não adianta tenta falar 'ai, eu tirei o senador de vice-líder', 'ai, eu nunca soube disso'. Quem cria um sistema

uma enorme parte da verba geral orçamentária destinada ao SUS para entregá-la ao deputado, que pode, então, sem qualquer racionalidade, promover "ações e serviços de saúde". Na prática, o parlamentar desvia verbas para "fazer caridade", com distribuição de remédios, dentaduras e panaceias em seu reduto eleitoral. Há, portanto, dois sistemas: o Sistema Unificado de Saúde (SUS) e o sistema político-partidário de saúde, promovido pelo parlamentar, em seu benefício eleitoral, com as fabulosas verbas do orçamento. Já os outros 50% da emenda individual dos nossos representantes são de "livre distribuição" e, como tal, desperdiçados em obras não essenciais ou não prioritárias. Essas obras são regadas com generosas propinas e festejadas com a "pedra fundamental", mas nunca concluídas, tudo visando às próximas reeleições dos eternos componentes de nossa irremovível casta de políticos profissionais.

A propósito, essas emendas individuais a favor dos parlamentares são de execução obrigatória (Emenda Constitucional n. 86, de 2015), não podendo o Poder Executivo contingenciá-las, ou seja, não podendo suspender o seu pagamento em virtude da quebra de arrecadação de impostos. Temos, em consequência, a seguinte situação: por falta de caixa do Tesouro, o Governo pode suprimir, suspender, cortar e diminuir serviços e fornecimentos nas áreas essenciais (saúde, educação, segurança, saneamento, transporte, etc.). Mas não pode o Tesouro, por falta de caixa decorrente da quebra na arrecadação, suspender o pagamento da integralidade das emendas individuais e estaduais dos parlamentares. Cada deputado federal ou senador teve uma verba, em 2020, de 135 milhões, a título de emenda ao orçamento.

Esse regime odioso deve ser suprimido em uma nova constituição.

Art. 25 - Não remuneração dos vereadores

A Constituição de 1988 criou um arcabouço de Estado que trouxe uma grande deturpação cultural e estrutural no tocante às funções de representação do povo, nas três esferas federativas. É do espírito deturpado de nossa vigente Carta

---

perigoso dessa forma está sujeito a ter desfechos infelizes dessa natureza. É um sistema que facilita a corrupção. É uma porta aberta e o presidente tem responsabilidade nisso. Quem propôs isso foi o governo. Não foram os senadores correr atrás do governo, foi o governo que correu atrás dos senadores. É a operação me engana que eu gosto. [...] *No caso das emendas para combate à covid-19, o governo faz o tipo de negociata que dizia combater?* Não existe almoço grátis. Alguém está pagando a conta. O governo estava buscando apoio no Senado às custas da verba da covid, ao melhor estilo "toma-lá-dá-cá". Isso aconteceu no final de maio. No começo de julho já pagaram esses recursos, foi para onde os senadores quisessem." (ALVES, Chico. Olimpio sobre dinheiro na cueca: "Governo criou sistema que permite desvio". **UOL**, 16 out. 2020. Disponível em: https://noticias.uol.com.br/colunas/chico-alves/2020/10/16/olimpio-sobre-dinheiro-na-cueca-governo-criou-sistema-que-permite-desvio.htm, negritos do original).

a ideia de que todo aquele que exerce função pública é titular do Poder. E o titular do Poder exerce o mando e não uma autoridade responsável, de acordo com a lei. Quem manda não tem obrigação de prestar serviços, mas de dominar a sociedade e, ao mesmo tempo, usufruir dos privilégios próprios desse "*status*" que o diferencia do chamado "cidadão comum". Por força dessas ideias oligárquicas da nossa Carta de 1988, o prefeito e os vereadores são revestidos de Poder, e não investidos da função de cuidar do município.

Para institucionalizar esse conceito megalomaníaco, de que se origina grande parte dos males da gestão local, todos os municípios têm uma pomposa Lei Orgânica, instituída no art. 29 da CF/88. Por essa verdadeira "Constituição Municipal", o prefeito, em vez de ser o administrador do município, é investido do cargo de "Chefe do Poder Executivo". E os vereadores não deixam por menos. Está escrito na Constituição vigente que os vereadores são os titulares do "Poder Legislativo" do município. Estão todos imbuídos do Poder pelo Poder. E, por isso mesmo, devem ter o mesmo tratamento privilegiado e abusivo permitido aos seus congêneres estaduais e federais. Todas as formas de desmando são cometidas a partir daí. Os poderosos vereadores montam gabinetes completos, contratam dezenas de assessores, têm carros oficiais e grandes salários "compatíveis" com o "exercício do Poder Legislativo".

A Constituição de 1988 chega ao detalhe de fixar os "subsídios" dos vereadores, que podem chegar a 75% do recebido pelos deputados estaduais (art. 29, VI, da CF/88). Já os "proventos" do prefeito e do vice-prefeito são fixados pelos próprios vereadores, o que permite todo o tipo de abuso, troca de favores, fisiologismo e corrupção (art. 29, V, da CF/88). Resultado: os Municípios brasileiros dispendem grande parte de suas receitas, e ainda dos repasses federais e estaduais, no custeio do aparato criado pelos poderosos vereadores, para si mesmos, para a legião de seus assessores e para os excelsos "Chefes e Vice-Chefes do Poder Executivo". Nessa festança diária de Poder, há uma completa deformação do papel de vereador.

A propósito, a vereança é a mais antiga forma de representação política existente no Brasil, tendo a sua história mais de 400 anos. Ocorre que ser vereador, desde os primórdios de nossa colônia, no século XVII, sempre foi um múnus público que se exerce voluntariamente, a favor da comunidade, sem a expectativa de qualquer recompensa material, sem remuneração, sem pompa, sem aparato, sem subsídio algum. Na tradição de todos os países, inclusive o nosso até meados do século passado, é inconcebível que um vereador receba qualquer remuneração pelo exercício desse múnus público.

Ainda a propósito, nada justifica que o prefeito se revista do aparato de chefe de Poder. Nos países civilizados, os prefeitos cuidam de suas cidades na qualidade e na função de administradores dos serviços públicos. Antes da Constituição de 1988, também entre nós a Administração municipal era encabeçada por um profissional respeitável e reconhecido pela sua dedicação ao povo. Nos municípios médios e pequenos, muitas vezes, eram os médicos consagrados que, sucessivamente, assumiam esse múnus.

Por sua vez, é de natureza da vereança ser a porta-voz das reivindicações dos habitantes da cidade, sem expectativa de nenhuma recompensa. Trata-se de um serviço público voluntário e gratuito, que cidadãos prestam à sua cidade. Para que se possa regenerar o papel, as funções e a conduta dos vereadores, uma nova constituição deverá restabelecer o caráter de múnus público desse relevante papel de representação dos munícipes. Sem essa providência, continuaremos a ter "vereadores de carreira", com todos os vícios e degenerações próprias da vida partidária.

Ainda a propósito desse delírio de poder dos vereadores, prefeitos e vice-prefeitos, a Carta de 1988 promoveu o desmembramento de centenas de municípios (art. 18, § 4º, da CF/88). De um município passou-se a dois, a três. A Carta vigente prevê a criação de municípios com menos de 10.000 habitantes. Mesmo nesses minúsculos e esquálidos municípios a nossa perdulária Constituição estabelece subsídios para os vereadores (art. 29, VI, "a", da CF/88). Essa magnificência dos parlamentares-constituintes de 1988 teve a finalidade de criar novos currais eleitorais a favor da oligarquia política, em prejuízo da racionalidade e da eficiência dos serviços públicos municipais. E essa atomização dos municípios criou, e continua criando, enormes desperdícios, em virtude da falta de escala, de receita e de capacidade administrativa. Daí que, dos 5.570 municípios do país, os pequenos (com menos de 10 mil habitantes), cerca de 93% deles,[131] gastam a maior parte dos seus recursos com o pagamento de subsídios aos vereadores e com as despesas de seus "gabinetes", além das dezenas de secretarias formadas pelo "Chefe do Poder Executivo".

Isso posto, em uma nova constituição, os vereadores devem retornar ao seu papel de cidadãos prestantes, que representam os munícipes na solução dos problemas e na melhoria do município. Trata-se de um múnus público, exercido *pro bono*. Por todas essas razões, no plano constitucional, os vereadores ficam impedidos de receber qualquer remuneração e, muito menos, de onerar os escassos cofres municipais com gabinetes recheados com dezenas de assessores, além de benesses pessoais.

Sob a égide da Constituição de 1988, em vez de haver um consenso na escolha do prefeito e um voluntariado disposto a contribuir, sem ônus, para a cidade, na Câmara de Vereadores, o que prevalece são as lutas partidárias. Essa reprodução, nos municípios, dos embates políticos, vai além das eleições para se manter durante toda a gestão do prefeito na sua relação com a poderosa e

---

131. Atualmente, há cerca de 5.200 municípios com menos de 10 mil habitantes, sendo quase 1,2 mil com menos de 5 mil habitantes (BRASIL. Instituto Brasileiro de Geografia e Estatística – IBGE. **Cidades**: Brasil: Panorama. 2017. Disponível em: https://cidades.ibge.gov.br/brasil/panorama).

aparelhada câmara dos vereadores. O fisiologismo predomina. Os vereadores, para apoiarem o prefeito, exigem todas as secretarias e nomeações de prepostos nos cargos em comissão da Administração municipal. Nos grandes municípios as prefeituras regionais são loteadas entre os partidos que apoiam o alcaide. O prefeito eleito não tem, na realidade, nenhum controle sobre essas áreas administrativas da cidade, que são "governadas" pelos vereadores. Cria-se todo um jogo político na busca ou na manutenção do Poder, esquecendo, os seus protagonistas, das reais necessidades dos seres humanos que vivem no município. O bem público não interessa. Cuidar da cidade, nem pensar. O que está em jogo é o apaixonante jogo do Poder, numa reprodução caricata dos embates políticos de Brasília.

Esse grave desvio de finalidade do exercício da gestão municipal e do papel dos vereadores poderá ser corrigido com as candidaturas independentes, que deverão estar voltadas para a melhoria dos serviços municipais e a eliminação do desperdício das verbas públicas. Com efeito, as candidaturas independentes constituem um instrumento regenerativo da administração municipal e do papel agregador da vereança no exercício do seu múnus público.

Uma nova constituição deverá promover essa mudança estrutural, restaurando o papel dos vereadores, que deverão prestar um serviço público voluntário aos munícipes.

Art. 26 - Extinção dos escritórios políticos no seio dos parlamentos

Trata-se de regra fundamental para a dissolução da partidocracia, que tem, como uma de suas bases, os escritórios políticos constituídos pelos políticos profissionais, nos recintos dos parlamentos. Assim é que os eleitos e reeleitos formam gabinetes em torno das atividades relacionadas com sua clientela eleitoral. São os escritórios políticos formados por dezenas de pessoas. São correligionários contratados para a prestação de serviços de assessoria de todo o gênero, voltada aos interesses político-partidários dos deputados e senadores. São cargos em comissão, fora dos quadros dos assessores legislativos.

Esses escritórios particulares, instalados nos recintos dos parlamentos, não prestam nenhum serviço de interesse público e subtraem enormes somas dos orçamentos da União e dos Estados, que assumem as fabulosas despesas com esse exército de assessores privados dos representantes do povo. E, como se não bastasse, esses quadros particulares de prestadores de serviços particulares, no próprio seio das casas legislativas, são instrumentos de todo tipo de corrupção a favor dos deputados federais e estaduais e dos senadores, na medida em que são fontes de apropriação de recursos a favor dos próprios parlamentares, numa promiscuidade de verbas e de salários, de cujos valores os representantes do povo não prestam contas.

Não pode o Estado sustentar esses escritórios políticos do interesse político-partidário dos parlamentares. Os gabinetes dos deputados e dos senadores, por todas essas razões, deverão ter seus quadros ocupados por servidores da própria casa, ou seja, pelos técnicos e pelos assessores parlamentares do Senado, da Câmara e das assembleias legislativas.

Isso posto, os representantes eleitos não poderão transformar os recintos do Congresso e das assembleias legislativas em escritórios políticos visando ao seu precípuo e particular interesse eleitoral.

Art. 27 - Plebiscito para verbas a favor dos detentores de cargos eletivos

A regra atende ao princípio fundamental da legitimidade das leis, ou seja, de que nenhuma norma poderá ser aprovada pelos parlamentares em seu próprio benefício, por evidente conflito de interesses. Trata-se de um conflito formal de interesses, advindo do fato de que estarão os representantes do povo votando leis que pessoalmente os favorecem.

Não se discute *a priori* o mérito da remuneração ou das despesas, no sentido de que poderão ser justas ou injustas. De qualquer maneira, no entanto, não poderão os parlamentares aprová-las, pois envolvem seus interesses individuais, ainda que sob o pretexto de serem necessárias ao exercício da representação popular. Daí a deliberação quanto ao mérito da remuneração ou despesa caber, diretamente, aos eleitores, a cada dois anos. Aos parlamentos restará, no caso, apenas aprovar, por maioria, moção indicando e justificando o pedido de remuneração e despesas, para que sejam votadas diretamente pelos eleitores nos plebiscitos bienais, que se realizam concomitantemente às eleições gerais e municipais.

Um dos grandes motivos da deslegitimação do Estado Democrático de Direito advém, exatamente, desse fenômeno perverso de os parlamentares votarem, a seu favor e dos detentores do Poder Executivo, todo o tipo de vantagens e privilégios, que são, por eles próprios, propostos e votados, em notório conflito de interesses. Entenda-se conflito formal de interesses como a relação jurídica em que as pessoas interessadas se confundem, ou seja, são elas as mesmas nas duas pontas. Em termos contratuais, é como um contrato em que o vendedor seria, ao mesmo tempo, o comprador.

De acordo com os princípios instituídos na presente proposta de constituição, é ilegítima e, portanto, nula, a lei que beneficia o seu próprio autor, ou seja, no caso, os parlamentares e os governantes. Assim, o deputado, ao votar o aumento de sua própria remuneração, está utilizando a sua função de representante do povo para se beneficiar. Nesse caso, o mandatário utiliza os recursos públicos, que pertencem aos mandantes, em seu próprio favor. Não pode o mandatário apropriar-se de nenhum recurso sem a autorização dos mandantes, o povo, que se manifestará, a respeito, através do plebiscito. É inconcebível, num regime democrático, que os legisladores legislem em causa própria, em qualquer circunstância, diante do princípio constitucional da moralidade, da legitimidade das leis e da impessoalidade.

Desse modo, toda e qualquer moção parlamentar em seu próprio favor deverá ser bienalmente submetida ao escrutínio dos eleitores, que decidirão sobre a legalidade, a oportunidade, a proporcionalidade, a razoabilidade, o atendimento ao interesse público e ao bem comum, e, portanto, sobre a necessidade de tais remunerações e despesas reivindicadas pelos representantes, no Parlamento e no Executivo.

Art. 28 - Extinção dos fundos partidários, do fundo eleitoral e de quaisquer subsídios aos partidos políticos

Os partidos políticos, na conformidade com o art. 44, V, do Código Civil, são pessoas jurídicas de Direito Privado. Não têm eles, portanto, *status* de entidade pública. São todos constituídos e dissolvidos de acordo com as regras de Direito Civil. O requisito de se matricularem no Tribunal Superior Eleitoral (TSE), para a consecução de seus objetivos sociais, não altera a sua natureza de entidades privadas.

O art. 17, § 2º, da Constituição de 1988 dispõe a respeito: "Os partidos políticos, após adquirirem personalidade jurídica, na forma da lei civil, registrarão seus estatutos no Tribunal Superior Eleitoral". Não obstante essa natureza privada, os partidos políticos recebem do Estado, mensalmente, uma fabulosa quantia de recursos, sob o pretexto de manterem "institutos de estudos políticos" para, neles, discutirem, em palestras, publicações e seminários, as políticas públicas e quejandos. Com esse pretexto, o Fundo Partidário é generosamente contemplado no § 3º do art. 17 da Carta vigente.

Essa dádiva mensal a pessoas jurídicas de Direito Privado suscita a cobiça de grupos de pessoas que, entre iniciar uma atividade no setor produtivo ou receber mensalmente óbolos do Estado, acham, obviamente, mais cômoda a segunda opção. Por que e para que assumir riscos ao investir capital próprio ou de terceiros em uma atividade produtiva se o Tesouro doa, mensalmente, fabulosas verbas a um grupo de indivíduos que se dispõem a formar um partido político? Aí está o caminho da prosperidade, sem riscos. Em vez de uma empresa de produção de bens ou de prestação de serviços, melhor abrir uma empresa-partido, que, além de livre de impostos, pode praticar todos os tipos de fraude e de corrupção que a própria Constituição de 1988 franqueia e incentiva. Essa a razão do variado leque de "partidos políticos" existentes no Brasil, que chegam a 33, por enquanto.[132] Não há por que trabalhar se podemos, unidos por um ideal redentorista, receber enormes doações do Estado, todos os meses.

E acrescente-se a essa benesse, consagrada na Constituição de 1988, o acesso gratuito ao rádio e à televisão (mesmo § 3º do art. 17 da CF/88). Esse acesso midiático é vendido pelos partidos pequenos e nanicos, a preço de ouro, aos partidos hegemônicos, nas festivas temporadas eleitorais majoritárias (já sob a égide da Emenda Constitucional n. 97/2017). Mas a Carta de 1988 não apenas institui, como fornece os meios para essa venda de tempo "gratuito" na mídia. O § 1º do mesmo art. 17 da Constituição de 1988, literal e expressamente, assegura "aos partidos políticos autonomia [...] para adotar os critérios de escolha e o regime de suas coligações nas eleições majoritárias, vedada a sua celebração nas eleições proporcionais, sem obrigatoriedade de vinculação entre as candidaturas em âmbito nacional, estadual, distrital ou municipal". Com esse dispositivo, a Carta vigente abre as portas para o leilão de venda e compra de tempo no rádio e na televisão, em todos os planos — federal, estadual e municipal.

Dentro desse formidável quadro corruptivo, instituído na própria Constituição, o Fundo Partidário não é apenas um direito. Ele é uma obrigação. Os partidos todos são obrigados a receber a sua quota do Fundo, talvez por uma preocupação constitucional de isonomia. O Fundo Partidário é compulsório! A propósito, é conhecido o caso do Partido Novo, respeitável agremiação, fundada em 2016 exatamente para combater todo esse corrupto sistema eleitoral e restaurar os princípios éticos na política brasileira. No estatuto do Partido Novo está proibido o recebimento de recursos do Fundo Partidário. Não obstante, todos os meses o Tesouro Nacional deposita na conta dessa agremiação, democrática e diferenciada, o valor correspondente do execrável Fundo. E os dirigentes do Partido Novo não conseguem, de nenhuma forma ou maneira, estancar as remessas oficiais, como também não conseguem devolver as quantias já depositadas em suas contas.[133] Essa

---

132. Noticie-se que havia, em agosto de 2020, 78 pedidos de formação de partidos no TSE.
133. Em abril de 2020, em meio à pandemia da Covid-19, o Partido Novo protocolou no TSE um pedido cautelar para destinar sua cota do Fundo Partidário ao combate do coronavírus. Em junho de 2020, o Partido Novo abriu mão das verbas do Fundo Eleitoral para as eleições de 2020. Em agosto de 2020, o TSE aprovou que o Partido Novo possa devolver aos cofres públicos a quantia de R$ 36 milhões do Fundo Eleitoral. Até o momento, não se tem notícia quanto ao destino do Fundo Partidário que aquela agremiação tenta devolver. Para saber mais: PARTIDO NOVO. **Projeto destina Fundo Partidário e Fundo Eleitoral a ações de combate ao Coronavírus**. 17 mar. 2020. Disponível em: https://novo.org.br/projeto-destina-fundo-partidario-e-fundo-eleitoral-a-acoes-de-combate-ao-corona-virus; PARTIDO NOVO. **TSE julgará pedido do NOVO para devolver R$ 35 milhões do Fundo Partidário para auxiliar no combate ao coronavírus**. 9 abr. 2020. Disponível em: https://novo.org.br/tse-julgara-pedido-do-novo-para-devolver-r-35-milhoes-do-fundo-partidario-para-auxiliar-no-combate-ao-coronavirusnovo-pede-ao-tse-autorizacao-para-devolver-r-35-milhoes-do-fundo-partidario-para-aux; BRASIL. Tribunal Superior Eleitoral. **Partido Novo abre mão de recursos do Fundo Eleitoral para as Eleições Municipais de 2020**. 22 jun. 2020. Disponível em: http://www.tse.jus.

situação kafkiana mostra a estrutura e o espírito deletério de nosso regime político, instituído pela Constituição de 1988.

O princípio constitucional vigente é o seguinte: todos os partidos precisam ser iguais perante os privilégios do Estado. Ninguém pode recusar as benesses. Todas as agremiações políticas têm que se conformar e aceitar o sistema corrupto da Constituição de 1988. Um partido não pode ser moralmente melhor do que o outro. Todos são obrigados a receber o Fundo Partidário. Por que um partido poderia ser ético?

Por todas essas razões, a extinção do Fundo Partidário, em uma nova constituição, é medida fundamental para a moralização da política brasileira.

Mas as benesses bilionárias vão ainda mais longe. Os partidos políticos, em face da restrição do uso dos caixas 1, 2 e 3, alimentados pelas empresas privadas, promoveram em 2017 uma lei em causa própria, que permite "compensar" essa lamentável perda de recursos criminosos. As fontes dessas doações eram pessoas jurídicas que praticavam, com os partidos e seus líderes, todo o tipo e espécie de corrupção e assalto aos cofres públicos. Essas empresas corruptoras foram formalmente impedidas de "financiar" as campanhas eleitorais dos partidos e seus membros, por decisão do Supremo Tribunal Federal, sob o justo fundamento de que pessoa jurídica não é eleitor. Temerosos de não mais continuarem a se enriquecer, pessoalmente e também aos marqueteiros e cabos eleitorais, com a grande corrupção que sempre ocorre na época das (re)eleições, a classe política votou unida — situação e oposição — a Lei n. 13.487, de 2017, sancionada, imediatamente, sem vetos, pelo Presidente da República. Trata-se de mais uma lei que legaliza a corrupção, ao criar o chamado "Fundo Especial de Financiamento de Campanha", com a sigla FEFC. Assim, não mais podendo contar com os caixas 1, 2 e 3, os nossos partidos oligárquicos resolveram assaltar diretamente o Tesouro Nacional para, desse modo, garantir a reeleição de seus imutáveis quadros de políticos profissionais.

O fundo público de campanha eleitoral existe em alguns poucos países europeus, porém com recursos vinte e cinco vezes inferiores ao montante que os nossos partidos e seus caciques já embolsaram em 2018 e em 2020 e que pretendem embolsar nas sucessivas eleições. Por exemplo, na França, o valor máximo do fundo público é equivalente a 100 milhões de reais. O presidente eleito em 2017, Emmanuel Macron, recebeu do Estado, após minuciosa comprovação, a quantia equivalente a 60 milhões de reais, para reembolso de despesas de sua campanha eleitoral. Enquanto isso, no Brasil, a Lei do FEFC forneceu 01 bilhão e 770 milhões para as eleições gerais de 2018 e 02 bilhões de reais para as eleições

---

br/imprensa/noticias-tse/2020/Junho/partido-novo-abre-mao-de-recursos-do-fundo-eleitoral-para-as-eleicoes-municipais-de-2020; NOVO consegue devolver ao Tesouro Nacional R$ 36 milhões do fundão. **Boletim da Liberdade**, 5 ago. 2020. Disponível em: https://www.boletimdaliberdade.com.br/2020/08/05/novo-consegue-devolver-ao-tesouro-nacional-r-36-milhoes-do-fundao.

municipais de 2020. Ou seja, o Estado francês dispendeu com a campanha eleitoral de 2017 um valor correspondente a menos de 3% (três por cento) do gasto no financiamento público da campanha dos partidos políticos brasileiros em 2018. Na França não há financiamento público para eleições municipais.

Não é, portanto, o nosso FEFC, um financiamento público de campanha, como se conhece em alguns países democráticos do velho continente, mas um assalto monstruoso aos cofres públicos, que fere os princípios da moralidade, da impessoalidade, da razoabilidade e da proporcionalidade. Esse Fundo Eleitoral bilionário tem outras características odiosas, entre as quais a de abastecer-se com 30% de recursos do orçamento fiscal, que deveriam ser aplicados nas áreas da saúde, da educação, da habitação e do saneamento. As verbas da saúde e da educação perdem 3,770 bilhões desviados para o *marketing* dos partidos e seus eternos recandidatos.

Ademais, o absurdo valor do Fundo Eleitoral será entregue aos partidos e seus candidatos antes do pleito, ou seja, tão logo inscritos os eternos candidatos profissionais à reeleição. Esses embolsarão, já em agosto de cada ano eleitoral, as fabulosas verbas e, depois, "prestarão contas" ao TSE. Esse tribunal demorará muitos anos para examinar esses documentos, até que ocorra a prescrição das irregularidades que, por amostragem, sejam constatadas. Essa entrega antecipada de verbas públicas aos partidos e a seus candidatos não tem precedente em nenhum país democrático que porventura adota o financiamento público de campanhas políticas. Nesses outros países, primeiro o candidato paga, com recursos partidários e próprios, sua propaganda eleitoral e, depois das eleições, requer ao Estado o ressarcimento apenas de uma pequena parte, de até 10% do total gasto na campanha. Entre nós, por força da infame Lei n. 13.487, de 2017, os donos dos partidos recebem todo o Fundo de uma só vez, antecipadamente, para livremente gastarem consigo, com os marqueteiros e com os cabos eleitorais essas verbas bilionárias.

Ademais, essa corrupta Lei assegura a hegemonia e o monopólio dos grandes partidos oligárquicos, que, do bolo bilionário, receberão muito mais que as dezenas de agremiações fisiológicas pequenas e nanicas. Estas devem se contentar com milhões e não com bilhões advindos dos cofres públicos. Em consequência, os pequenos partidos de aluguel terão que compensar a sua inferioridade na grande orgia do dinheiro público vendendo seus segundos e minutos na propaganda eleitoral "gratuita" às agremiações hegemônicas, como sempre fizeram.

É flagrante a inconstitucionalidade dessa infame lei que instituiu o grande assalto ao Tesouro em favor dos partidos e de seus eternos candidatos à reeleição. De acordo com o art. 17, § 3º, da CF/88, a única fonte de recursos públicos dos partidos políticos é o Fundo Partidário, criado pela Lei Orgânica dos Partidos durante o Regime Militar, em 1965. Somente uma emenda constitucional poderia alargar o leque de privilégios financeiros para os partidos. Ocorre que o famigerado FEFC foi criado por meio de uma simples lei ordinária, no duplo sentido do termo, jurídico e semântico. Além da inconstitucionalidade formal, decorrente da falta de emenda constitucional, há uma insanável inconstitucionalidade material nesse sumidouro de dinheiro público. Isso porque, repita-se, está ele sendo abastecido por 30% de recursos que devem ser aplicados nas áreas de saúde, educação, habitação e saneamento básico dos Estados e dos Municípios (art. 23 da CF/88). Esse desvio é absolutamente inconstitucional, na medida em que causa danos irreparáveis e permanentes à coletividade, ao retirar de fundos vinculados aos serviços públicos essenciais recursos para o uso e gozo dos políticos profissionais e suas corruptas agremiações. Por todas essas iniquidades, típicas da corrupção legalizada, esse execrável diploma do FEFC recebeu a repulsa de 90,7% do povo brasileiro.[134]

Isso posto, numa nova constituição, os candidatos partidários, assim como os independentes, somente poderão receber recursos das pessoas físicas simpatizantes das respectivas campanhas, dentro de uma estrita proporção entre a renda de cada um e a sua doação eleitoral.

Art. 29 - Plebiscito a cada dois anos para aprovação de medidas legislativas e administrativas relevantes

Propõe-se, nesta minuta de constituição, o referendo e o plebiscito, a cada dois anos, para aprovação de matérias constitucionais, legislativas e administrativas relevantes.

O art. 14 da Constituição de 1988 reafirma o princípio da soberania popular, declarando como os instrumentos para o seu exercício: o plebiscito, o referendo e a iniciativa popular de leis. O plebiscito foi utilizado em duas ocasiões a nível nacional, a partir de 1988. A primeira, para a definição da forma de governo (presidencialismo, parlamentarismo ou monarquia, em 1993, conforme art. 2º do Ato das Disposições Constitucionais Transitórias). A segunda, para decidir sobre o Estatuto do Desarmamento (2005). Dezenas de plebiscitos estaduais foram realizados nos anos 1990 para desmembramento de municípios (art. 18 da CF/88). Também têm sido enviadas ao Congresso leis de iniciativa popular. Porém, o referendo ainda não foi utilizado. A convocação do plebiscito ou referendo cabe ao Congresso Nacional, que decide por maioria absoluta (50% mais 1, nos termos do art. 49, XV, da CF/88).

A propósito, deve-se conceituar plesbicito e referendo. O plebiscito se dá quando a vontade popular é originária, ou seja, quando ela não é precedida

---

134. FUNDÃO: um resultado acachapante. **O Antagonista**, 09 out. 2017. Disponível em: https://www.oantagonista.com/brasil/fundao-um-resultado-acachapante.

de nenhum ato estatal. No plebiscito não se aprova ou se desaprova uma lei, uma emenda constitucional, uma redivisão territorial ou qualquer outra medida legislativa ou administrativa, nacional ou internacional, já tomada pelo Poder Legislativo ou Executivo. No plebiscito é o eleitorado que, originariamente, decide sobre uma proposta que ele próprio promoveu (iniciativa popular) ou apresentada pelo Poder Executivo ou Legislativo.

Já no referendo há um ato estatal concreto preexistente, que deve ser aprovado ou rejeitado pelos eleitores na consulta específica convocada. No referendo há uma lei já votada, ou um tratado internacional já subscrito pelo governo ou, então, uma medida administrativa relevante já tomada, como, por exemplo, a redistribuição dos serviços de saúde entre Estados e Municípios, a construção de grandes obras que afetem comunidades ou o meio ambiente, etc. Nesse caso, a vontade popular não é originária, mas, sim, derivada da vontade do próprio Estado. No entanto, é com o referendo que o ato estatal é definitivamente legitimado e constituído. Haverá hipóteses em que, pela urgência da medida, o ato estatal ganhará vida jurídica imediatamente, podendo, no entanto, perdê-la por força de referendo revocatório. Preferencialmente, os atos estatais submetidos ao referendo devem ter sua vigência, validade e eficácia suspensos até que a consulta pública se realize.

A propósito, a regra constitucional vigente, contida no art. 49, outorgando competência convocatória para o Poder Legislativo, tanto para o plebiscito como para o referendo, é salutar, pois impede a usurpação dos poderes de representação do Congresso por parte do Presidente da República, sobretudo quando olhamos para os regimes populistas da América Latina, que continuamente forjam e fraudam essas consultas.

Por outro lado, para evitar o risco de não convocação da consulta pelo Poder Legislativo, a presente proposta constitucional institui um calendário fixo e permanente para a realização dos referendos e plebiscitos, tornando automática a manifestação popular, em períodos determinados, sobre assuntos de interesse relevante para a sociedade e para a Nação. Esse calendário preestabelecido não retira a competência do Congresso de autorizar referendos e convocar plebiscitos extraordinários, por razões específicas que julgar importantes, a qualquer tempo, como será o caso de uma nova constituição.

E a nova carta constitucional deve expressamente proibir o uso do referendo ou plebiscito para outorga de qualquer poder "delegado" para o Chefe de Estado, no clássico exemplo do 22 de Brumário do ano VIII de Napoleão Bonaparte ou, agora, do bolivarianismo venezuelano. Pelo contrário, perigando a democracia, deve ser convocado, nesse caso, um plesbicito para cercear os poderes da oligarquia política, como ocorreu, auspiciosamente, no Equador, em fevereiro de 2018.

O plebiscito e o referendo são formas de exercício da democracia e não instrumentos de consolidação de ditaduras disfarçadas.

Isso posto, a proposta de um calendário constitucional de consulta popular reflete a evolução da própria democracia no mundo, mais inclusiva na condução direta e não apenas representativa, no tocante à coisa pública.

Nos Estados Unidos, seguindo uma tradição de mais de duzentos anos, é cada vez mais utilizada a consulta ao eleitorado sobre os assuntos que interessam à sociedade americana. Para tanto, os plebiscitos e os referendos são submetidos à decisão dos eleitores juntamente com as eleições de representantes legislativos e executivos. Naquele país, berço da democracia moderna, os eleitores, a cada dois anos, deparam-se com uma lista de questões relevantes que devem ser decididas diretamente por eles, desde matérias constitucionais até as mais factuais, como a circulação de automóveis, ou então questões ecológicas e civis, como aborto, drogas, casamentos de pessoas do mesmo sexo, etc. A democracia plebiscitária tende a crescer naquele país. O mesmo se diga dos países-membros da União Europeia, onde não se concebe a aprovação de qualquer medida comunitária ou nacional relevante sem a consulta popular, como, por exemplo, o plebiscito para a Constituição Europeia, em 2008; para o Brexit, em 2016; e para uma nova constituição italiana, no mesmo ano.

Isso posto, propõe-se que a nova carta contemple referendos e plebiscitos bienais, em conjunto com as eleições legislativas. Nessas ocasiões serão decididas matérias do interesse da sociedade, sejam assuntos municipais, estaduais, federais, tratados internacionais e outras matérias de relevância nacional, estadual e municipal. Destaca-se, a propósito, que o povo é a única entidade legítima para proclamar uma nova constituição e para revisá-la, sendo indelegável esse poder.

A Constituição de 1988, elaborada e proclamada pelos parlamentares das velhas oligarquias, criou uma Carta de Privilégios que, se não bastassem as benesses outorgadas no seu texto original, já mereceu 108 emendas, até agosto de 2020, que reforçam, ainda mais, o domínio do Estado sobre a sociedade, como a que instituiu a reelegibilidade para a Presidência da República, governadores e prefeitos (Emenda Constitucional n. 16, de 1997). Nenhum interesse público foi considerado nessas 108 emendas constitucionais. Quando não serviram à própria casta política, visaram tais emendas reforçar os mecanismos de opressão fiscal e administrativa sobre a sociedade, aumentando desmesuradamente o poder do Estado e consolidando os direitos adquiridos dos servidores públicos, constituindo, no seu conjunto, um rosário de abusos e de privilégios. Diante desse lamentável histórico, nada justificaria o poder do Congresso para elaborar e aprovar uma constituição e, muito menos, para emendá-la.

Estabelece-se, nesta proposta constitucional, que, no caso de qualquer revisão constitucional, seja para incluir, seja para excluir, seja ainda para modificar direitos e deveres, forma-se o poder constituinte originário do povo, que se manifesta por meio de plebiscito bienal. Também serão objeto do plebiscito bienal as leis que tratam de direitos e deveres relevantes, que afetam a vida das pessoas e da sociedade.

A consulta pública é forma de amadurecimento político da cidadania e se impõe na solução de problemas e impasses sociais que interessam ao presente e ao futuro da vida em sociedade. Na consulta popular bienal entrarão matérias de direitos civis; de natureza penal, envolvendo, por exemplo, a criminalização ou descriminalização de drogas; questões de meio ambiente, etc. No plano municipal, a consulta bienal tratará do plano diretor da cidade, do regime de licitações e contratações, do orçamento de investimentos para o quadriênio, de outras leis de interesse relevante para os munícipes, etc.

Quando houver uma efetiva e real descentralização dos poderes, prevista na futura constituição, o plebiscito decidirá sobre as formas de governo local, que serão livres e individualizadas, na conformidade das características e tamanhos de cada município. Atualmente, todos os projetos relevantes para o povo são capturados pelos parlamentares, para obtenção de vantagens pessoais, políticas e eleitorais. O interesse público não está incluído em nenhuma dessas manobras parlamentares. Somente contam as vantagens que os representantes e seus partidos oligárquicos podem alcançar com tais projetos de emenda constitucional ou de leis relevantes que deveriam atender ao interesse coletivo. Deixar aos representantes o encaminhamento e a votação de medidas fundamentais para o país somente serve para aumentar o fisiologismo político e seus desdobramentos em privilégios, cargos, verbas e corrupção.

A realização bienal do plebiscito e do referendo é fundamental, outrossim, para medidas no plano da Administração Pública e do Poder Judiciário.[135] A mesma providência se fará no caso dos vetos apresentados pelo Presidente da República a leis e normas que ele considere contrárias ao interesse público. Nesses casos, pode o Presidente tomar a iniciativa de incluir no plebiscito bienal a questão da procedência dos seus vetos.

A consulta bienal decidirá sobre pontos concretos das políticas públicas implantadas ou propostas pelo Poder Público das três esferas federativas. Será o caso, por exemplo, de intervenções em áreas de interesse comunitário, projetos relevantes nos planos da educação, saúde e segurança, política de desapropriação, de recolocação de comunidades, de instalações de penitenciárias nos municípios, de áreas para desfavelização, etc.

Por todas essas razões, impõe-se, numa futura constituição, a consulta bienal, coincidentemente com as respectivas eleições gerais e municipais. Esse ca-

---

135. Seria o caso, por exemplo, na vigência da Constituição de 1988, da questão sobre a prisão de condenado somente após o trânsito em julgado. Num plebiscito, deveria o povo decidir sobre a possibilidade de prisão em primeira instância, segunda instância ou após o trânsito em julgado.

lendário outorga autonomia constitucional às consultas populares. Estas não mais dependerão da boa vontade do Congresso para sua convocação.

Das regras de governança no exercício da função pública

Art. 30 - Impedimento de parlamentares exercerem cargos e funções no Executivo

O impedimento do exercício de cargos e funções na administração pública direta, indireta e fundacional, nas três esferas, e nas estatais, por parte de representantes eleitos para o Congresso Nacional, para as assembleias estaduais ou para as câmaras de vereadores, constitui um dos principais fundamentos para se instituir a governança no setor público-administrativo.

Com essa regra alcança-se vários objetivos essenciais na restauração do papel do Estado. Um deles é o de permitir a efetiva aplicação da regra constitucional da eficiência na escolha dos titulares dos altos cargos e funções na administração direta e indireta, mediante a nomeação de pessoas capacitadas profissionalmente para o seu exercício. Trata-se de introdução da regra básica da capacitação profissional para a escolha dos quadros da administração pública a partir da alta cúpula. Os ministros de Estado, secretários estaduais e municipais e chefes de departamentos das prefeituras devem preencher, amplamente, o *curriculum* de especialidade nas áreas em que irão atuar. Quebra-se, dessa forma, o hábito nefasto de politização das altas funções administrativas, nas três esferas, através do qual os detentores de mandato eletivo transformam os ministérios, as secretarias estaduais e os departamentos municipais numa extensão altamente privilegiada de seus escritórios políticos, para extrair desses cargos prestígio e ganho pessoal em termos de poder e junto ao seu núcleo eleitoral.

Nenhuma preocupação possuem esses detentores de mandato eletivo na implantação de políticas de Estado e na gestão pública a eles confiada. Os altos cargos de ministro, secretários de Estado e secretários municipais, sob a égide da Constituição de 1988, são exercidos pelos senadores, deputados e vereadores, pura e simplesmente, como instrumento de poder, utilizado para reforço exponencial da carreira política, notadamente a garantia de reeleição e a escalada de cargos eletivos no cenário político da República.

Esse regime de compartilhamento dos altos cargos, a favor dos parlamentares federais, estaduais e vereadores, leva ao desvio sistêmico de verbas e recursos, que passam a ser direcionados para as suas zonas político-eleitorais. O resultado é o desperdício dos recursos escassos e deficitários do Estado e, como referido, a completa ausência de critérios ou de medidas de governança administrativa, levando à disfuncionalidade permanente dos serviços públicos. Trata-se de uma promiscuidade incompatível com o regime presidencialista, onde a separação dos poderes Executivo e Legislativo é da sua própria essência, devendo refletir-se na estrutura de gerenciamento da administração.

Ao Poder Executivo cabe a administração dos serviços públicos e a implantação de políticas públicas. Ao Poder Legislativo cabe legislar e fiscalizar o Poder Executivo, com inteira independência e desvinculação de interesses. Essas distintas funções foram gradativamente descaracterizadas, na medida em que os quadros da alta administração, como de ministros e secretários de Estado, eram loteados entre os partidos como condição de apoio governamental. Os partidos dividem entre si os ministérios e os cargos de segundo e terceiro escalão. Instalou-se no país o chamado *parlamentarismo de fato* — também chamado de "governo de coalizão" —, num arremedo grotesco e inconsequente do regime parlamentarista adotado nos países europeus. Ocorre que, no parlamentarismo constitucional, o governo incompetente cai a qualquer tempo, com a convocação de novas eleições, que podem ocorrer mais de uma vez no período do mandato legislativo. Porém, no Brasil adotou-se o parlamentarismo de fato, com a nomeação de titulares de mandato eletivo incapacitados profissionalmente para o exercício eficiente da alta administração e da implantação de políticas públicas nas suas respectivas áreas ministeriais e secretarias estaduais e municipais.

O impedimento de nomeação dos políticos detentores de mandatos eletivos para cargos na administração pública, nas três esferas, constitui uma das bases da constituição que ora se propõe, na medida em que se reflete imediatamente na eficiência da governança do Estado e restaura o princípio da separação de poderes.

Art. 31 - Extinção dos cargos em comissão

Para a efetiva implantação do regime de eficiência dos serviços devidos pela administração pública à sociedade impõe-se a eliminação dos cargos em comissão de livre nomeação.

Os cargos em comissão foram instituídos pela Constituição de 1988, nos seus art. 37, II, e art. 169, § 3º, cujo uso foi ainda mais ampliado pela Emenda Constitucional n. 19, de 1998. Com base nos permissivos dispositivos constitucionais vigentes, além de se leiloar os ministérios e secretarias estaduais e municipais entre os partidos, como condição de seu apoio aos respectivos governos, também se leiloam cargos de segundo, terceiro e quarto escalões, que, aos milhares, são preenchidos por indicação política, fora dos quadros concursados da administração pública, sem qualquer requisito de qualificação profissional e de idoneidade moral. Dessa forma, os cargos de chefia no serviço público federal, estadual e municipal são preenchidos por indicações políticas. Com esse método, afasta-se da direção e da condução dos entes da administração, direta, indireta, fundacional e também das estatais, os servidores e quadros de carreira, que ficam marginalizados de qualquer função decisória, sujeitos ao mando de pessoas sem qualquer qualificação técnica e moral, como referido.

Os servidores públicos concursados são constrangidos a obedecer às desorientações, às omissões, às preferências e às opções político-partidárias dos incompetentes titulares dos cargos de confiança, na generalidade dos casos ocupados por pessoas inidôneas e corruptas. Com essa avalanche de pessoas estranhas na chefia dos entes da União, dos Estados e dos Municípios, temos instalada a absoluta ineficiência e improdutividade na prestação dos serviços públicos.

Esse critério perverso instalado na República brasileira pela Constituição de 1988 é a origem da corrupção sistêmica, na medida em que as verbas orçamentárias são desviadas e conduzidas sempre com critérios político-partidários ou de enriquecimento pessoal do comissionado e de seu padrinho. Tanto é assim que os políticos que nomeiam os seus apaniguados para os cargos em comissão procuram, sempre, os entes públicos com melhores e maiores verbas orçamentárias. Há uma selvagem corrida dos partidos na ocupação desses entes mais bem aquinhoados no orçamento.

Daí resulta que os quadros concursados da administração pública são completa e permanentemente marginalizados e sujeitos aos caprichos políticos dos comissionados, que, sem nenhuma qualificação e conhecimento da respectiva área, sem qualquer empatia diante da notória ausência de idoneidade moral e profissional, acabam atuando para promoção de pautas pessoais dos chefes partidários que os nomearam, cujos interesses efetivamente representam. Esses apaniguados conduzem erraticamente os servidores sob o seu comando para a total disfuncionalidade do órgão, que se torna um antro político-partidário voltado unicamente para a prática de todo o tipo de desvio dos recursos orçamentários alocados.

Não haverá nenhuma possibilidade de se instalar a eficiência, a produtividade, a probidade administrativa e a motivação dos quadros concursados do serviço público se não houver a completa eliminação dessa modalidade de nomeação dos titulares dos cargos de chefia do serviço público do segundo, terceiro, quarto ou qualquer outro escalão do organograma funcional do Estado e das estatais.

Sob a égide de uma nova constituição, os quadros de assessoria e consultoria dos ministérios e secretarias estaduais deverão ser contratados no mercado dentro do regime da CLT, sem nenhuma função decisória. Todos os cargos do segundo, terceiro e demais escalões, nas três esferas federativas, deverão ser preenchidos pelos servidores concursados. Insista-se nesse ponto. Os ministérios, as secretarias e os órgãos estaduais e municipais somente poderão contratar um número restrito de consultores e assessores externos para trabalhos especificados e com prazos definidos, sem nenhum poder decisório. Essa regra permite a adoção de organização e métodos permanentes nos entes governamentais, visando à prestação eficiente dos serviços públicos devidos à sociedade, como também a implantação de políticas de Estado e de governo.

Art. 32 - Quadro permanente de ministérios

A captura do Poder Executivo pelos partidos políticos, instaurando uma espécie de parlamentarismo de fato, manifesta-se de diversas formas. A primeira é a do leilão dos ministérios entre as agremiações, como condição fisiológica de apoio ao governo eleito. A segunda é a da nomeação de milhares de comissionados, indicados pelos partidos, para assumirem a chefia dos entes públicos, no segundo, terceiro e quarto escalões. E, se não bastasse, os partidos políticos, além de assumirem os ministérios existentes, exigem também a criação de novos para aí colocarem os titulares de mandatos eletivos ou os próprios donos dos partidos.

Fica, assim, o governo federal sujeito às acomodações exigidas pelas agremiações oligárquicas, que, todas elas, reivindicam um ministério para si. Como são dezenas de partidos, exigem eles que se criem novos ministérios, com imensas verbas, a fim de que possam exercer uma influência efetiva nos assuntos governamentais e manter todo o poder político necessário para garantir a reeleição sucessiva de seus dirigentes, nas três esferas da federação. Em consequência, a cada novo governo eleito, remanejamentos devem ser feitos, com a criação de novos ministérios, seja através do desmembramento dos existentes, seja com a criação, totalmente aleatória, de outros, sem nenhuma necessidade para a efetiva prestação de serviços à sociedade ou a implantação de políticas públicas. Há, dessa forma, uma enorme elasticidade no quadro dos ministérios, a cada quatro anos, ou mesmo no curso do mandato governamental, para as acomodações de praxe visando, sempre, a obtenção e a manutenção do apoio fisiológico dos partidos. Há, também, o fenômeno de alteração periódica de ministérios, para mais ou para menos, por vontade do Presidente, e das secretarias pelos governadores e pelos prefeitos, conforme suas conveniências próprias, visando, sempre, à reeleição.

Essa instabilidade é absolutamente danosa à eficiência e à produtividade da administração e à continuidade das políticas públicas, pois desmancha toda a organização funcional, ao permanentemente criar, suprimir, fusionar, incorporar ou desmembrar ministérios. Em decorrência, será necessário que uma nova constituição mantenha um quadro permanente de ministérios, que possam outorgar aos quadros concursados, de cada um deles, toda a responsabilidade e continuidade dos serviços públicos respectivos e da implantação das políticas públicas.

A regra constitucional ora proposta visa, com essa estabilidade e restrição do número de ministérios, dotá-los de eficiência e produtividade e, ao mesmo tempo, impedir que conveniências de acomodação dos interesses fisiológicos acarretem a disfuncionalidade dos serviços públicos atribuídos a cada um deles.

Art. 33 - Cargos de chefia exercidos pelos servidores concursados e requisitos dos concursos públicos

Todos os cargos de chefia e demais cargos e funções nos entes da administração pública, nas três esferas, serão exercidos pelos servidores públicos concursados. Em consequência, nenhum cargo ou função administrativa poderá ser preenchido por pessoas estranhas aos quadros concursados do Estado. Tendo em vista a observância estrita dessa regra, serão extintos os cargos em comissão de livre nomeação.

A presente proposta normativa contém outra regra fundamental, tendo em vista a eficiência e a produtividade dos servidores públicos concursados. Mantido o concurso público como regra indispensável para o ingresso no serviço público, há que se aperfeiçoar as provas de ingresso. Novos métodos de aferição de capacidade profissional e técnica devem ser implantados, mediante provas e entrevistas de capacitação específica de cada setor administrativo. Os concursos devem ser por áreas da administração, levando em conta a natureza e o grau de complexidade e de responsabilidade do respectivo cargo. Deve ser exigida a formação profissional completa em cada área e a experiência acumulada no seu efetivo exercício, inclusive licenciatura no setor da educação, para professores, diretores, pedagogos e psicólogos educacionais. Os concursos públicos de ingresso não podem ser generalistas quanto às provas formuladas, cabendo aos examinadores, de preferência independentes, entrevistar cada candidato, individualmente, para avaliação de aptidões e perfis de personalidade necessários ao desempenho do cargo público pretendido. A seleção deve rigorosamente levar em conta as peculiaridades das funções que serão exercidas pelo candidato. O concurso deve atender não apenas ao requisito setorial — por exemplo, saúde, educação, segurança, transporte —, mas às funções profissionais e técnicas específicas que serão atribuídas ao candidato.

Para as altas funções, no plano federal, será importante que o candidato haja cursado a Escola Nacional de Administração Pública (Enap). De qualquer forma, para todos os níveis, deverá ser exigida a formação profissional completa, requerida para o trabalho a ser desempenhado.

Com tais medidas de rigorosa e personificada seleção, pode-se alcançar o nível requerido de eficiência e produtividade na prestação de serviços públicos à coletividade.

Art. 34 - Capacidade técnico-profissional dos ministros

Estabelece-se o requisito de competência profissional reconhecida para o exercício do cargo e das funções de Ministro de Estado. Esse preceito facilita a escolha pessoal do Presidente da República, liberando-o das injunções político-partidárias na formação do seu ministério.

A propósito, a livre escolha por parte do Presidente da República é um dever, voltado ao interesse público e ao bem comum. Esse dever do Presidente de buscar e escolher pessoas de alta e reconhecida capacitação na área de atuação do respectivo ministério não deve ser confundido com a necessidade de serem eles tecnocratas. Pelo contrário, trata-se de escolher especialistas engajados nas questões sociais e econômicas, de preferência com atuação no meio acadêmico e com militância em entidades dedicadas a tais estudos no seio da sociedade civil.

O requisito de alta especialidade leva em conta esse engajamento nas pesquisas, nas discussões e nas propostas que se fazem por meio das universidades e das entidades civis com objetivos e interesses ligados à melhoria da sociedade nos seus diversos aspectos. A ilibada conduta e idoneidade moral, além da reconhecida reputação e capacidade profissional específica, completam os requisitos indispensáveis para a nomeação dos Ministros de Estado. A propósito, a Constituição de 1988 nada diz sobre quaisquer requisitos de idoneidade ou de capacitação para o exercício do cargo de Ministro de Estado. É o que não se vê no art. 87 da Carta de 1988: "Os Ministros de Estado serão escolhidos dentre brasileiros maiores de vinte e um anos e no exercício dos direitos políticos."

Propõe-se, nesta minuta de constituição, que o Presidente escolha seus ministros mediante critérios de formação e capacidade profissional, compatíveis com o exercício dessas altas funções, além de ilibada conduta e idoneidade moral.

Do Poder Judiciário e das regras da Justiça

Art. 35 - Da efetividade da Justiça

O presente capítulo — compreendendo o presente artigo 35 até o art. 49 — trata da restauração do papel e das funções da Justiça no contexto fático-histórico do nosso país. Há um clamor da sociedade civil no sentido de se recuperar o sentido ético e demais princípios próprios da Justiça. As deficiências e deformações da atividade da Justiça se exacerbaram com a atuação errática e desastrosa do Supremo Tribunal Federal, a partir de 2009, quando se deu a primeira decisão daquela Corte determinando a prisão dos condenados somente após trânsito em julgado.

A Justiça ineficiente dá causa ao desconcerto social e à insegurança jurídica. Via de consequência, a Justiça deixa de significar o meio civilizado de solução de conflitos e a salvaguarda de interesses legítimos das pessoas e da coletividade.

Como lembra Oppenheim, "a Justiça é um fim social, da mesma forma que a igualdade ou a liberdade ou a democracia ou o bem-estar".[136] Além de um fim — o que lhe dá o caráter de efetividade —, a Justiça é um bem e um valor que se exprimem e se materializam na experiência empírica de todos os dias de uma Nação. Não se trata, portanto, de um valor abstrato, como é, por exemplo, a ética. A Justiça é um bem necessário e palpável e, portanto, efetivo na vida humana, no seu convívio e nas suas relações. Daí equiparar-se a Justiça ao bem da liberdade, que existe ou não existe. Trata-se de um valor empírico.

E, dentro desse mundo empírico, a Justiça é um fato incontornável, cuja funcionalidade ou disfuncionalidade acarretam, respectivamente, a felicidade ou a infelicidade das pessoas e das coletividades para as quais ela atua. Assim, quando se fala em efetividade da Justiça, não se está questionando se ela existe ou não existe. Ela sempre está presente no meio social. Efetividade significa funcionalidade do Poder Judiciário. Nesse sentido, a Justiça deve servir à liberdade, que é o maior bem dos indivíduos, a partir do qual todos os outros valores individuais e sociais podem existir.

Isso posto, a regra constitucional ora proposta trata da funcionalidade da Justiça no seu aspecto de eficiência e produtividade na prestação jurisdicional.

Art. 36 - Inafastabilidade da jurisdição

A Justiça efetiva é aquela que observa os princípios fundamentais da jurisdição, quais sejam, a decisão justa, oportuna, útil, imparcial e revestida de boa-fé. Como decisão justa entende-se aquela que observa os valores da sociedade, traduzidos nas leis aplicáveis ao caso concreto. A sentença judicial deve, com efeito, transcender os interesses das partes litigantes para se refletir na própria melhoria da sociedade, cujos interesses devem estar inseridos na decisão prolatada.

As relações entre as pessoas no mundo atual estão absolutamente vinculadas ao atendimento dos interesses coletivos, refletindo a conduta de cada um no todo social. A vinculação do indivíduo ao meio social em que atua é a marca fundamental de nosso tempo. O Direito é hoje permeado de princípios que informam e influenciam decisivamente as decisões judiciais. São princípios normativados, como se pode ver no Código Civil e em todo o Direito Privado. Mas também esses valores informam o Direito Público em toda a sua vasta gama, como nos direitos difusos constantes do Código do Consumidor.

---

136. OPPENHEIM, Felix E. Justiça. In: BOBBIO, Norberto. **Dicionário de política**. Brasília: Editora Universidade de Brasília, 1998, p. 660-666.

Vivemos hoje um Direito comandado por princípios, e não apenas por normas específicas, prevalecendo os primeiros sobre as segundas, exatamente para assegurar a aplicação da Justiça no caso concreto, sempre a favor da sociedade, de sua pacificação e harmonia. Os princípios, normatizados ou não, têm inclusive o predicado de neutralizarem as leis injustas, prolatadas a favor dos interesses de pessoas e de grupos sociais e econômicos. E também têm esses mesmos princípios o predicado de suprir a ausência de norma ou lei ambígua. O juiz tem que decidir em prol da sociedade, ao atender aos interesses legítimos das partes.

No capítulo da efetividade da Justiça, há que se adotar a regra da dupla jurisdição terminativa do feito, que, por conseguinte, extingue-se em virtude do trânsito em julgado em segunda instância. O regime de dupla jurisdição terminativa é o principal fator da efetividade da Justiça em termos de conclusão do litígio em tempo útil para as partes. O sistema vigente de quatro instâncias levou à disfuncionalidade do Poder Judiciário, fazendo com que os feitos perdessem a sua oportunidade e utilidade, diante da pletora de ações e seus recursos que lotam os tribunais superiores e o Supremo Tribunal Federal.

A morosidade do Judiciário, portanto, deve-se a esse sistema distorcido de recursos em todas as quatro instâncias, que são intermináveis. Com sua adoção, perdeu-se a efetividade jurisdicional, que se tornou um fator de instabilidade social, ou seja, exatamente o contrário de sua função social.

Art. 37 - O Estado responde pela morosidade dos julgados

A efetividade da Justiça é dever do Estado, devendo traduzir-se na sua plena utilidade, o que demanda a sua oportunidade e, portanto, a sua celeridade. Uma decisão judicial inoportuna, ou seja, cujos efeitos se dão num tempo dilatado, que não mais atende plenamente os interesses das partes, constitui uma disfuncionalidade danosa, não só aos litigantes, mas à própria sociedade, cujas pendências afetam, no tempo, as relações que já deveriam estar recompostas.

Assim, no plano civil, por exemplo, uma pendência societária que dura mais do que o tempo razoável do processo afeta a atividade empresarial que se encontra fragilizada em consequência da eternalização das disputas entre os seus sócios. No plano do Direito de Família, a inobservância do prazo razoável do processo também afeta, não somente os litigantes, mas todas as relações familiares. Os danos individuais e sociais, nesses casos, reproduzem-se largamente, muito além das partes litigantes. Os danos também se reproduzem nas questões fundiárias e em torno do direito de propriedade. E, na esfera penal, a mora judiciária é nefasta para acusados e réus e para a própria sociedade, tanto no sentido de afetar a liberdade individual como no de promover a impunidade dos culpados.

A morosidade judiciária é tão devastadora como a falta de atendimento oportuno nos prontos-socorros e nos hospitais. Insista-se nesse ponto. A falta de prestação jurisdicional oportuna causa danos permanentes e graves a toda a sociedade, e não apenas às partes que sofrem diretamente essa disfuncionalidade.[137]

Tendo em vista que a prestação jurisdicional oportuna e, portanto, útil, é dever do Estado, cabe-lhe indenizar as partes prejudicadas pela morosidade judiciária. Esse dever de utilidade e oportunidade se insere na Constituição de 1988, no rol das garantias individuais, como se pode ver do art. 5º, inciso LXXVIII: "a todos, no âmbito judicial e administrativo, são assegurados a razoável duração do processo e os meios que garantam a celeridade de sua tramitação".

A protelação sistêmica das decisões judiciais, além dos prazos razoáveis do processo, fere o princípio da segurança jurídica, que deve proporcionar a estabilidade e a previsibilidade das relações sociais e seus conflitos. E o princípio da segurança jurídica é o principal fator da vida pacífica em sociedade.

Ocorre que, na Constituição de 1988, esse dever do Estado não corresponde a nenhuma responsabilidade efetiva pelo seu não cumprimento. Daí impor-se, como regra constitucional, a reparação do dano moral e material pelo descumprimento desse dever por parte do Estado. A indenização devida pelo Estado aos litigantes é perfeitamente dimensionável a partir dos danos materiais e morais que decorrem dessa gravíssima disfuncionalidade. Não há, portanto, limites ou tetos indenizatórios no caso. A reparação pelo Estado pela morosidade dos processos judiciais será plena e ilimitada.

Art. 38 - Abrangência plena do controle externo do Conselho Nacional de Justiça

O princípio da indivisibilidade da justiça exige que o controle externo exercido pelo Conselho Nacional de Justiça (CNJ), instituído na forma do art. 103-B da Constituição de 1988, alcance todos os juizados e tribunais do país. Não se

---

137. Muitos trabalhos têm sido produzidos visando solucionar esse gravíssimo problema. Citem-se, como exemplo, dois estudos: WOLKART, Erik Navarro. **Análise econômica e comportamental do processo civil**: como a economia, o direito e a psicologia podem vencer a tragédia da Justiça. São Paulo: RT, 2019 — esse livro, fruto de tese de doutorado defendida na Universidade do Estado do Rio de Janeiro, propõe mecanismos jurídicos que tornam a cooperação entre as partes mais vantajosa do que a não cooperação, lidando, assim, com um dos principais entraves a impedir a efetividade da Justiça. VINHOSA PINTO, Érico Teixeira. **Reconstruindo a execução fiscal**: coerência e otimização como pressupostos dos princípios da eficiência e da efetividade. 2018. 327 f. Dissertação (Mestrado em Finanças Públicas, Tributação e Desenvolvimento) – Universidade do Estado do Rio de Janeiro, Rio de Janeiro, 2018 — essa dissertação propõe mecanismos processuais que tornam a execução fiscal mais racional e célere; com isso, torna-se possível diminuir consideravelmente o afogamento do Judiciário.

justifica, sob qualquer ponto de vista, ético, constitucional ou administrativo, que, atualmente, o Supremo Tribunal Federal esteja acima das competências do CNJ, não podendo ser atingido pelas decisões e medidas tomadas por esse órgão de controle externo do Poder Judiciário. E, com efeito, o CNJ deve exercer as competências próprias de órgão externo de fiscalização, com plena função reguladora de todas as atividades do Poder Judiciário, à semelhança das demais agências governamentais do gênero, como Anel, Aneel, Anatel, ANP, Anvisa, ANS, ANA, etc.

Sendo o Poder Judiciário uno e indivisível, não há nenhuma razoabilidade para que seja cindido em dois, na medida em que, de acordo com a Constituição de 1988, o STF, seus ministros e funcionários estão acima e, portanto, fora da competência regulatória e fiscalizadora do CNJ. Essa imunidade do STF à competência fiscalizadora externa do CNJ constitui uma quebra frontal ao caráter unitário e indivisível do Poder Judiciário, devendo ser abolida em uma nova constituição.

Da mesma forma, devem estar plenamente sujeitos ao controle externo do CNJ os tribunais superiores — STJ, TST, STM e TSE.

A nova constituição deverá declarar, expressamente, essa abrangência plena das competências e funções do CNJ, retirando a imunidade outorgada ao STF — que será denominado Corte Constitucional — na medida em que essa imunidade fere os princípios fundamentais do Estado Democrático de Direito.

Ademais, o preceito ora minutado reafirma o princípio da unicidade do juízo natural, no sentido de que devem recair sobre o mesmo juiz os encargos de instruir e de julgar os processos que lhe são distribuídos. A reafirmação se impõe diante da iniciativa do Congresso Nacional de cindir o juiz natural de primeira instância, visando proteger os políticos corruptos, ao criar o infame juiz de garantias. Esse expediente vergonhoso foi levado a efeito com a inserção dessa monstruosidade processual-penal no texto da Lei n. 13.964, de 2019, conhecida como Lei Anticrime. Essa conduta abominável do Congresso foi abortada imediatamente por decisão liminar do Supremo Tribunal Federal, logo após a sanção da Lei Anticrime pelo Presidente da República.

Art. 39 - Acesso universal à jurisdição

A Constituição de 1988 contém vários dispositivos que negam os princípios fundamentais do Estado Democrático de Direito. Uma das regras básicas da democracia constitucional é o acesso universal à jurisdição, ou seja, o direito de ingresso com qualquer ação por qualquer jurisdicionado. Entre nós, a restrição a esse direito fundamental do acesso às causas se dá exatamente nas questões mais relevantes, de interesse público e coletivo. Exemplo claro dessa exclusão de acesso à jurisdição encontra-se no art. 103 da Constituição de 1988, que trata da matéria fundamental da declaração de constitucionalidade ou inconstitucionalidade das leis, dos atos normativos e administrativos. Nesses processos, apenas as autoridades máximas da República, a OAB e os partidos políticos podem ingressar perante o STF.

Inúmeras outras negações de jurisdição universal estão inseridas na Constituição vigente. Não há democracia com o afastamento da jurisdição plena e universal ao cidadão, reservando-se a legitimidade ativa processual apenas aos detentores do Poder, excluindo-se o povo soberano dos questionamentos judiciais de seu vital interesse. Evidentemente que, reservando o acesso à jurisdição apenas às altas autoridades do Poder Público, afastam-se os reais interessados nos processos referentes à legitimidade das leis e dos atos da autoridade pública, entre outras matérias relevantes do interesse comum. E, com efeito, a Constituição de 1988 instituiu no país, nesse crucial aspecto, um regime plutocrático em que apenas os próprios detentores do poder discutem a respeito da validade das leis que eles próprios criam, em geral em seu próprio benefício e em evidente conflito de interesses.

Cabe, portanto, à nova constituição restaurar o princípio da inafastabilidade da jurisdição ao povo, que é o titular do poder democrático e, como tal, tem interesse legítimo ativo no questionamento exatamente das leis, das medidas, dos atos e das condutas dos agentes do poder político e administrativo. Assim, a sonegação de jurisdição a todos do povo para promover processos judiciais, em todas as instâncias e tribunais, deve ser abolida, a fim de que se estabeleça o princípio da inafastabilidade de jurisdição e da legitimidade ativa universal em todas as causas previstas no ordenamento jurídico. É o que se propõe neste estudo.

Art. 40 - Trânsito em julgado em segunda instância e prisão do réu condenado já em primeira instância

Há que se restaurar o princípio fundamental da dupla jurisdição, a fim de que o sistema de Justiça funcione no país. O duplo grau de jurisdição, entendido como garantia de revisão por uma única instância colegiada dos atos jurisdicionais, é imanente ao Estado Democrático de Direito.

Esse princípio é reproduzido na Convenção Interamericana de Direitos Humanos, ao declarar que o trânsito em julgado "se esgota nos recursos cabíveis no âmbito do reexame da decisão por uma única vez". Conceitua-se o duplo grau de jurisdição como a garantia individual de ver uma decisão judicial revista por um órgão judiciário colegiado e hierarquicamente superior, em caráter terminativo do processo.

Esse regime de dupla jurisdição garante, de um lado, o devido processo legal e a ampla defesa e, de outro, a garantia da efetividade da distribuição oportuna e útil da justiça. O sistema do duplo grau terminativo de jurisdição preserva as garantias constitucionais inerentes à produção, pelas partes, das provas em seu favor, em matéria de fato, e da arguição do direito, que serão originariamente analisadas e decididas pelo juiz de primeira instância e, em seguida, por iniciativa de uma ou das duas partes, em grau de apelação, por um tribunal de segunda instância. Cumpridos os dois graus de conhecimento, torna-se definitiva a decisão da causa, verificando-se o trânsito em julgado da demanda, que permite a execução da sentença confirmada ou reformada. Esse regime outorga eficiência, segurança jurídica e credibilidade ao Poder Judiciário.

O duplo grau de jurisdição se aplica tanto à esfera civil como à penal, no seu efeito de trânsito em julgado. Na esfera penal, será decretada a prisão do condenado já em primeira instância, tanto nos casos de condenação pelo juiz singular como pelo Tribunal do Júri. A prisão imediata, após a condenação em primeira instância, não atinge o direito pleno do condenado de socorrer-se da segunda instância, visando reverter a sua condenação.

A matéria relevante enfrentada na presente proposta visa abolir o atual sistema de quatro instâncias vigente no Brasil. Em nenhum país do mundo existe o regime de quádrupla jurisdição, ou mesmo de tripla jurisdição, para que ocorra o trânsito em julgado. Dos países que compõem a Comissão de Veneza, que reúne representantes das Supremas Cortes de 60 países democráticos,[138] apenas o Brasil apresenta quatro instâncias de julgamento de processos civis e penais. Nos demais 59 países, os processos são submetidos à apreciação do juiz de primeiro grau, com apenas um recurso a um tribunal colegiado. Portanto, em todas as nações de constituição democrática há um perfeito equilíbrio entre o devido processo legal e a efetividade da justiça e, portanto, sua utilidade social.

O trânsito em julgado, nos demais países, dá-se na conclusão dos recursos em segundo grau, tanto na esfera civil como penal. Na maioria dos países, a execução da pena se dá provisoriamente já na primeira instância e, definitivamente, no esgotamento dos recursos em segunda instância. O sistema de três ou quatro instâncias de julgamento de uma causa dilata exponencialmente a decisão judicial já decidida em segunda instância, privilegiando os perdedores da causa, que se socorrem dos tribunais superiores e do próprio Supremo Tribunal Federal para adiar *ad aeternum* o trânsito em julgado da questão resolvida em seu desfavor na segunda instância. Em consequência, a parte vencedora do processo civil deve aguardar anos ou décadas para executar o seu direito já regularmente declarado e confirmado pelos tribunais estaduais ou federais. Nos processos penais, a prescrição é o desfecho infalível, desde que o réu tenha um grau social e recursos financeiros capazes de levar avante o seu processo até o Supremo Tribunal Federal.

---

138. Além dos membros efetivos, há membros associados, observadores e membros com *status* especial. O Brasil foi o 56º país a aderir, em 2009.

No plano civil, mesmo que o direito da parte vencedora seja confirmado por um tribunal superior e pelo STF, após longos anos ou décadas, perdeu ele a oportunidade e a utilidade do seu pleito, pois, na dinâmica das relações e das atividades humanas ou empresariais, o direito tardio de nada vale. O terceiro ou o quarto graus de jurisdição constituem, portanto, uma verdadeira negação de justiça. A consequência da tripla ou quádrupla jurisdição é a absoluta insegurança jurídica para a sociedade e a completa desvalia do direito reconhecido na primeira e na segunda instância a favor de uma das partes. E, por outro lado, a terceira e a quádrupla jurisdição constituem um incentivo ao descumprimento das leis e dos contratos, levando à sonegação dos impostos, ao descumprimento das obrigações e a outras formas fraudulentas de enriquecimento ilícito dos contribuintes e dos contratantes. Com efeito, as dezenas de recursos protelatórios que podem ser propostos no âmbito das terceira e quarta jurisdições favorece apenas e tão somente quem foi condenado nos autos, seja na esfera civil, seja na criminal.

Ademais, o regime de três ou quatro instâncias promove um enorme estímulo à litigância, que se torna praticamente infinita diante das manobras processuais que os perdedores na segunda instância podem utilizar nos tribunais superiores e no STF. Assim, o prolongamento do trânsito em julgado, além da decisão de segunda instância, agride o princípio da estabilidade e da previsibilidade das relações pessoais e coletivas, cuja efetividade é precípuo papel do Poder Judiciário como pacificador da vida em sociedade. O não atendimento tempestivo e, portanto, satisfatório dos conflitos judiciais leva a uma percepção geral de incerteza quanto à concreção e à efetividade dos direitos pessoais e coletivos. O sistema quádruplo de jurisdição torna as decisões dos tribunais estaduais e federais meras "instâncias de passagem", sem nenhum valor dirimente efetivo em benefício da parte vencedora e, via de consequência, da própria sociedade. O mesmo se diga das decisões de primeira instância, que nada valem para o benefício daqueles que se socorrem da Justiça.

Essa distorção, já em 1995, foi tratada pelo Conselho da Europa, que identificou o "problema do aumento do número de apelações e da duração dos procedimentos de apelação, ineficientes e inadequados, e o abuso do direito de apelar, que provoca demoras injustificáveis e pode levar ao colapso do sistema judicial".[139]

O desemparo dos jurisdicionados é grave, na medida em que até as decisões tomadas celeremente nos Juizados Especiais, criados para o deslinde rápido das pequenas causas, são objeto de recurso para os tribunais superiores e para o pró-

---

139. BRASIL. Senado Federal. Comissão de Constituição, Justiça e Cidadania. **Proposta de Emenda à Constituição n. 15/2011**: Parecer de 2013. Altera os arts. 102 e 105 da Constituição, para transformar os recursos extraordinário e especial em ações rescisórias. Rel. Senador Aloysio Nunes Ferreira. Disponível em: https://www.conjur.com.br/dl/texto-final-pec-peluso.pdf.

prio STF. Em consequência, a reparação reconhecida pelos Juizados Especiais leva décadas para ser decidida pelas terceira e quarta instâncias. Em todos os casos, sejam grandes causas, sejam pequenas, o desamparo do vencedor é absoluto. Sempre é o perdedor da causa que será beneficiado, na prática, ao se socorrer das dezenas de recursos nos tribunais superiores e no STF, visando jamais ver executada a decisão de segunda instância prolatada a seu desfavor.

No atual regime das quatro instâncias, os réus abonados utilizam todos os recursos possíveis não apenas para protelar a sua definitiva condenação, mas, sobretudo, para alcançar a prescrição dos seus crimes. Desse modo, os criminosos condenados não podem ser presos enquanto perdurar o processo nas instâncias superiores, o que demorará décadas, até o criminoso alcançar, matematicamente, a prescrição. E, em se tratando de crimes contra a vida julgados pelo Tribunal do Júri, os recursos das sentenças de pronúncia prolatadas pelos juízes são levados até o STF, prorrogando por décadas a instalação do Júri Popular. Na maioria dos casos, o Tribunal do Júri nunca chega a ser instalado, pois esses recursos contra a decisão de pronúncia duram de 10 a 20 anos, com o réu solto, no aguardo da infalível prescrição.

O absurdo[140] do triplo ou quádruplo grau de jurisdição é de tal monta que até os réus confessos dos crimes mais hediondos ou qualificados podem recor-

---

140. "O ministro Luís Roberto Barroso, do STF (Supremo Tribunal Federal), afirmou que o caso da liberdade de André de Oliveira Macedo, o André do Rap, julgado hoje, confirma que a decisão da corte de veto à prisão após condenação em segunda instância, em novembro de 2019, foi um 'equívoco'. 'Esse caso confirma a minha convicção de que a decisão que impediu a execução de condenação depois do segundo grau foi um equívoco que o Poder Legislativo precisa remediar', afirmou Barroso, que votou hoje pela manutenção da ordem de prisão do condenado por tráfico e apontado como chefe da facção criminosa PCC (Primeiro Comando da Capital). André do Rap foi solto no último sábado (2) após determinação do ministro Marco Aurélio de Mello e está foragido. 'De fato nós só estamos julgando esse caso porque um réu condenado […] — não em um processo, em dois processos — a 25 anos de prisão, ainda é considerado por decisão do STF como inocente', disse Barroso. Em 7 de novembro do ano passado, o STF retomou por 6 votos a 5 o entendimento de que um réu só pode cumprir pena depois que esgotar os recursos na Justiça. Com isso, o ex-presidente Luiz Inácio Lula da Silva (PT) foi solto após passar 19 meses na Superintendência da Polícia Federal no Paraná, em Curitiba. Para o ministro, a prisão de André tem fundamento legal e é uma 'questão de proteção de ordem pública'. 'Não estamos falando do menino pobre de periferia que faz o pequeno tráfico de cem gramas, estamos falando do grande traficante. É esse mesmo que o sistema deve ir atrás', afirmou Barroso, ao ressaltar que André foi condenado por tráfico internacional com quase quatro toneladas de cocaína. 'Mas há essa cultura da procrastinação e da impunidade que não deixam o processo acabar. De modo que, no fundo no fundo, este cavalheiro, objeto dessa nossa discussão, é ainda presumido inocente, absurdo como possa parecer', destacou Barroso. Com seu voto, ele se junta aos ministros Fux, Alexandre de Moraes e Edson Fachin, que também votaram a favor da prisão. Com a aposentadoria de Celso de Mello na última terça (13), dez ministros participam do julgamento." (AMORIM, Felipe; TAJRA, Alex; TEIXEIRA, Lucas Borges. Barroso: André do Rap mostra "equívoco" do STF sobre prisão em 2ª instância. **Uol**, 14 out. 2020. Disponível em: https://noticias.uol.com.br/politica/ultimas-noticias/2020/10/14/barroso-andre-do-rap-mostra-equivoco-do-stf-sobre-prisao-em-2-instancia.htm).

rer infinitamente em liberdade, convivendo em sociedade e diretamente com suas vítimas, ao apelarem sobre a dosimetria das penas que lhes foram impostas. Cria-se, com esse sistema, que é único no mundo, uma situação social de total impunidade, tanto no plano penal como no plano civil. Ainda que a parte perdedora tenha a certeza da derrota final na terceira ou quarta instâncias, o benefício sempre será seu, pelos vários anos que os tribunais superiores e o STF gastam para apreciar as dezenas de recursos que se sucedem.

Isso posto, o duplo grau de jurisdição garante a ampla defesa e o contraditório e atende ao dever do Estado de promover a efetividade da Justiça. E esse dever do Estado é retoricamente declarado no referido inciso LXXVIII do art. 5º da Constituição de 1988, que trata dos direitos e garantias individuais, nos seguintes termos: "a todos, no âmbito judicial e administrativo, são assegurados a razoável duração do processo e os meios que garantam a celeridade de sua tramitação".

Art. 41 - Uniformização da jurisprudência e controle de constitucionalidade

Com o trânsito em julgado, cabe aos tribunais estaduais e federais, no âmbito de sua competência terminativa do processo, através de seus respectivos conselhos superiores de magistratura, promover a uniformização da jurisprudência relevante, mediante a aprovação de súmulas com efeito vinculante no âmbito de suas jurisdições estaduais e regionais.

A celeridade e a efetividade dos julgados dependem dessa uniformização da jurisprudência, a fim de abreviar os julgados em casos relevantes, repetitivos e semelhantes. São os próprios tribunais estaduais e federais regionais que reconhecem a importância dessa uniformização para a conciliação social. Ademais, os tribunais regionais federais e os tribunais de justiça dos Estados poderão declarar a inconstitucionalidade de lei ou de ato normativo ou administrativo do Poder Público.

Trata-se do princípio da universalidade da competência judicial para declarar a inconstitucionalidade das leis e atos normativos, expressamente adotado pelas nossas Constituições de 1891, 1934 e 1988 (art. 97 da CF/88). E, para dar efetividade a essa declaração de inconstitucionalidade de lei ou ato normativo, e ainda de ato administrativo, importante reafirmar a regra da decisão colegiada dos tribunais regionais federais e estaduais, a cargo do órgão especial de cada um deles.

A arguição de inconstitucionalidade, no entanto, poderá, por via incidental, ser arguida pelo juiz de primeira instância, no caso concreto, cabendo ao órgão especial apreciá-la, para o efeito de declarar a inconstitucionalidade apontada no decisório.

Art. 42 - Súmulas vinculantes pelos tribunais superiores

Os tribunais superiores têm competência para aprovar súmulas com efeito vinculante para todos os juízes e tribunais estaduais e federais e para todas as autoridades administrativas, nas três esferas federativas. Temos, assim, as súmulas emanadas pelos tribunais estaduais e federais e as súmulas produzidas pelos tribunais superiores, no âmbito de suas respectivas atribuições, ou seja, civil, penal e administrativo pelo STJ, trabalhista pelo TST, militar pelo STM e eleitoral pelo TSE.

Nessa abrangência nacional, cabe aos tribunais superiores a harmonização das súmulas que forem emanadas pelos tribunais estaduais e federais, levando-se, assim, a uma consolidação geral dos precedentes vinculantes.

Art. 43 - *Habeas judicata*: competência universal dos tribunais regionais federais

A regra contida neste artigo cria para as partes litigantes um direito de desaforamento da jurisdição dos Estados para as varas regionais federais. Trata-se de um direito potestativo, que não pode ser negado, contestado ou protelado, por nenhuma razão ou motivo. É um remédio inexcusável a tutelar o direito de liberdade de escolha da jurisdição no caso de litígio civil, penal ou administrativo.

A característica própria do *habeas judicata* é que — diferentemente do pedido de *habeas corpus*, que poderá ser negado — deve ser recebido de ofício e deferido, sem necessidade de a parte requerente justificar ou apresentar o motivo para tanto. O único requisito é que o pedido de desaforamento seja feito na fase de formação da lide, ou seja, antes do término do prazo da resposta ou defesa do réu. Não será admissível a mudança do foro de estadual para federal uma vez formado o contraditório ou, muito menos, após saneado o processo.

O pedido, sempre recebido de ofício, sem ouvir a outra parte, independe do objeto da causa, devendo a justiça federal de primeira instância admiti-lo de plano, não cabendo, por sua vez, ao juiz federal sorteado arguir sua incompetência jurisdicional. Se for o caso, poderá remeter o feito para varas federais especializadas. O autor do processo civil ou penal poderá, já na sua petição inicial, requerer o desaforamento. E o réu deverá fazê-lo antes de esgotado o prazo de sua resposta ou defesa. De qualquer maneira, a ação deve ser ingressada na justiça estadual, não podendo o autor, desde logo, ingressar com ela na justiça federal. A remessa dos autos para a justiça federal acarreta a recontagem dos prazos iniciais do processo.

A razão da *habeas judicata* está no direito a um julgamento justo, que, em determinadas circunstâncias, dentro da livre convicção ou do receio da parte requerente, poderá não existir no âmbito da justiça estadual. Diversas circunstâncias podem levar a essa medida, como, por exemplo, ser o outro litigante o próprio Estado ou os governantes ou ainda os representantes eleitos, os políticos, ou então haver uma disparidade entre as condições econômicas e o prestígio social de uma das partes diante da outra, ou a ausência de reputação do próprio tribunal estadual, que a parte entende sujeito a influências sociais, políticas e econômicas, ou que haja entre os magistrados casos ou suspeitas de corrupção, falta de exação ou outros delitos e irregularidades. A questão reputacional do tribunal estadual e de seus magistrados conta como fator social determinante para esse pedido, de natureza potestativa, como referido. Outro motivo poderá ser a maior eficiência e produtividade da justiça federal, em determinada região, ou o maior distanciamento dos juízes federais do meio social, econômico e político regional.

Todas essas hipotéticas razões são subjacentes ao *habeas judicata*, podendo ser levadas em consideração apenas no plano psicológico e social para o exercício desse direito, que é literal e *kausaloss*. O fundamental é que nenhum motivo, justificativa, causa ou razão precisam ser arguidos pela parte que requer o *habeas judicata*. O pedido, como reiterado, será considerado imotivado e recebido *ex officio*, mesmo quando haja qualquer argumentação embasando o pedido. As motivações porventura apresentadas para o desaforamento devem ser consideradas não escritas para o efeito da sua concessão automática.

Trata-se, como referido, de um direito potestativo das partes no processo, na fase de formação da lide, antes, portanto, de sua estabilização.

Art. 44 - Competência apenas rescisória e revisional dos tribunais superiores

A presente proposta constitucional retira dos tribunais superiores — STJ, TSE, TST e STM — a competência recursal das decisões prolatadas pelos tribunais estaduais e federais.

A Constituição de 1988 (art. 105) ampliou enormemente as competências dos tribunais superiores, notadamente do Superior Tribunal de Justiça. E essa exacerbação de atribuições jurisdicionais levou à prática, ao longo de trinta anos, de concessão de efeito suspensivo em praticamente todos os recursos especiais admitidos naquela e nas demais cortes superiores. Com isso, a Carta de 1988 transformou-os em uma terceira instância judiciária, pura e simplesmente, colocando as decisões dos tribunais estaduais e federais em posição de nenhuma utilidade para as partes, em termos de efetividade da justiça.

Atualmente, de nada valem essas decisões federais e estaduais de segunda instância, pois não podem, sequer, ser provisoriamente executadas, diante do efeito suspensivo que, invariavelmente, os tribunais superiores têm concedido aos recursos especiais. Assim, uma ação trabalhista pode demorar de dez a vinte anos para ser julgada pelo TST, cabendo, ainda, o recurso extraordinário de sua decisão perante o STF, o que torna absolutamente inútil, para o reclamante ou para o reclamado, qualquer decisão que seja prolatada por aquele tribunal superior.

No caso do STJ, o deslinde das causas civis e penais também demora de cinco a dez anos. Uma simples questão possessória, que demanda, sempre, uma decisão rápida para a sua efetividade, poderá se delongar por dez a vinte anos nos escaninhos do STJ. Na realidade, os juízes e desembargadores exercem, na segunda instância, uma função jurisdicional inútil, desprestigiada e relegada a mero rito de passagem para a grande, definitiva e alongada decisão do STJ. Ainda que as Súmulas n. 05 e 07 do STJ proíbam o exame de matéria de fato constante dos processos, restringindo a apreciação apenas à matéria de direito, aquele Tribunal tem sempre adentrado no exame das provas, dos documentos e da conduta fática das partes, o que torna o recurso especial inteiramente devolutivo de todos os aspectos da lide.

Todas as ações decididas em segunda instância passam pelo escrutínio amplo do STJ, cujas delongas tornam a Justiça uma quimera, um pesadelo, a atormentar as partes em virtude da absoluta insegurança e inoportunidade do reconhecimento do seu direito. No Brasil, somente existe um único tribunal decisório das causas comuns ou ordinárias: o Superior Tribunal de Justiça. E, nas suas esferas de competência, o mesmo ocorre com o TST, o STM e o TSE. Esse desserviço à sociedade é de natureza estrutural, a partir da pletora de competências outorgadas aos tribunais superiores pela Constituição de 1988. Essa disfuncionalidade deve cessar, sob pena de continuarmos a não ter justiça efetiva no país, ao persistir o clima de insegurança jurídica que nos aflige.

O Brasil é o único país do mundo que tem quatro instâncias decisórias, de caráter suspensivo. E também é a única nação do planeta em que o réu condenado será preso somente após o trânsito em julgado. Os tribunais superiores devem deixar de ser terceiras instâncias recursais, passando a ser rescisória e revisional a sua competência sobre os julgados definitivos da segunda instância.

Propõe-se, nesta minuta de constituição, que caberá aos tribunais superiores competência revisional e rescisória das decisões transitadas em julgado, emanadas dos tribunais regionais federais e dos tribunais de justiça estaduais, que porventura contrariem a constituição e a lei federal ou que neguem a sua vigência.

A ação rescisória civil e a revisão criminal dos acórdãos dos tribunais de segunda instância são processos autônomos e, portanto, desvinculados das ações que lhes deram origem, cujo trânsito em julgado e consequente execução definitiva mantêm-se íntegros, independentemente do eventual pedido de revisão ou rescisão nos tribunais superiores. As ações revisionais e rescisórias são autônomas e completamente desvinculadas dos processos transitados em julgado que lhes deram origem. Essas ações apartadas, revisionais ou rescisórias, se procedentes, levarão à anulação do acórdão prolatado em segunda instância. Essa anulação pelo STJ e demais tribunais superiores se dará quando o acórdão de segunda instância contrariar diretamente texto expresso da constituição, da lei penal ou da lei civil ou negar-lhes a vigência.

A revisão ou a rescisão do acórdão pelo tribunal superior respectivo não poderá adentrar em matéria de fato. Nesse caso de materialidade probatória, a competência revisional ou rescisória continuará sendo dos próprios tribunais de segunda instância, federais e estaduais. Será o caso de pedido de revisão ou rescisão fundado em depoimentos e documentos comprovadamente falsos, ou quando, após o trânsito em julgado, descobrirem-se novas provas a favor do condenado ou da parte perdedora do processo civil transitado em julgado.

Reitere-se que esse sentido amplo e abrangente das rescisórias e revisionais, adentrando matéria de fato — como nos casos de provas falsas ou não reveladas —, continua da competência dos tribunais estaduais e federais.[141] O que se busca na regra constitucional ora proposta é que as rescisórias e as revisionais da competência dos tribunais superiores se atenham estritamente às questões de constitucionalidade e legalidade dos julgados em segunda instância. Assim, continuam da competência dos tribunais estaduais e federais as revisionais e as rescisórias sobre matéria de fato, nos termos do art. 966 do Código de Processo Civil e dos arts. 621 a 631 do Código de Processo Penal. Reitere-se que os tribunais superiores terão competência rescisória e revisional unicamente sobre matéria de direito, ou seja, sobre decisões que contrariarem dispositivo constitucional ou lei federal ou quando neguem sua vigência.

Temos, assim, a competência dos tribunais superiores para declarar a conformidade constitucional ou legal, no caso concreto, diante das decisões tomadas em segunda instância em caráter terminativo, ou seja, com trânsito em julgado. Pela sua própria natureza de processo autônomo, formado no seio dos próprios tribunais superiores, que sobre eles terão competência originária, não cabe qualquer medida suspensiva, devolutiva ou cautelar sobre a decisão no respectivo processo transitado em julgado na segunda instância.

Em decorrência da nova competência revisional e rescisória do STJ e demais tribunais superiores, as atribuições constantes no art. 105 da Constituição de 1988 são extintas. O inciso I desse artigo, que dá competência originária de julgar autoridades, não mais subsiste em razão da extinção do foro privilegiado.[142] Da

---

141. Em síntese: o tribunal superior poderia analisar se o *standard* de prova adequado foi aplicado, com remessa para o juízo *a quo* para novo julgamento. Isso seria matéria de direito. (TRENTO, Simone. **As cortes supremas diante da prova**. São Paulo: RT, 2018 — este livro é fruto de tese de doutorado defendida na Universidade Federal do Paraná).

142. Ver o art. 10 do anteprojeto apresentado na primeira parte deste estudo.

mesma forma, fica extinta a competência do STJ e dos demais tribunais superiores para concederem mandados de segurança e *habeas corpus* de qualquer origem, ordinária ou especial, na medida em que não são mais instâncias recursais, permanecendo tais remédios processuais na competência dos tribunais estaduais e federais de segunda instância.

Por outro lado, propõe-se que o STJ tenha competência para a homologação de sentença estrangeira e para expedição de cartas rogatórias.

A transformação dos tribunais superiores em cortes revisionais e rescisórias foi objeto da excelente Proposta de Emenda Constitucional n. 15, de 2011, elaborada pelo insigne Ministro do STF Cezar Peluso, não tendo logrado, na ocasião, o devido acolhimento pelo Congresso. Não obstante, a proposta do ilustre Ministro Cezar Peluso foi retomada na Proposta de Emenda Constitucional n. 199, de 2019, da Câmara dos Deputados, diante da aberração jurídica perpetrada pelo STF, em novembro daquele ano, de não permitir a prisão de condenado antes do trânsito em julgado, ou seja, prisão somente após passar pelas atuais quatro instâncias. Essa PEC recente, de autoria do Deputado Alex Manente, reconfigura o Supremo Tribunal Federal e o Superior Tribunal de Justiça, transformando os recursos extraordinário (art. 102, *caput* e III, da CF/88) e especial (art. 105, *caput* e III, da CF/88) em ações revisionais. Tal reforma possibilita que as decisões proferidas pelas cortes de segunda instância transitem em julgado já com o esgotamento dos recursos ordinários.[143]

Assim, ainda conforme a PEC n. 199, ao Supremo Tribunal Federal competiria, ao invés de recurso extraordinário, julgar a ação revisional extraordinária, ajuizada contra decisão transitada em julgado, proferida em única ou última instância, que contrariar dispositivo da Constituição; declarar a inconstitucionalidade de tratado ou de lei federal; julgar válida lei ou ato de governo local contestado em face da Constituição ou de lei federal. Ainda segundo a referida PEC, o autor da revisional deve demonstrar a repercussão geral das questões constitucionais nela discutidas.

No tocante ao Superior Tribunal de Justiça, pela PEC n. 199, não mais caberia recurso especial, mas sim ação revisional especial contra decisão transitada em julgado, proferida em única ou em última instância pelos Tribunais Regionais Federais, Tribunais de Justiça estaduais, do Distrito Federal e Territórios, que contrariasse lei federal ou lhe negasse vigência. A ação revisional especial será admitida quando demonstrada, pela parte, repercussão geral das questões infraconstitucionais discutidas.

Retoma-se, portanto, na presente legislatura, a questão da competência revisional ou rescisória dos tribunais superiores e do Supremo Tribunal Federal. Trata-se, portanto, de matéria recorrente, a demonstrar a necessidade de

---

143. Conforme a Justificação da PEC n. 199, citada.

supressão das quatro instâncias em que se afoga o sistema judiciário brasileiro, levando, na esfera penal, à completa impunidade dos criminosos poderosos, notadamente os corruptos, através da infalível prescrição de seus delitos. Funda-se a regra ora proposta no precedente da organização judiciária alemã, no capítulo das competências dos tribunais superiores. Na Alemanha, para se evitar a sobreposição de instâncias, as partes suscitam questões constitucionais e legais por meio de ações autônomas, ajuizadas perante a Corte Constitucional, após o encerramento do processo nas instâncias ordinárias — a chamada Reclamação constitucional.[144]

Ademais, o STJ terá competência para homologar sentença estrangeira e expedir cartas rogatórias. Também será de sua competência conhecer e julgar mandados de injunção, para determinar que os juízes federais e estaduais e as autoridades administrativas, das três esferas federativas, editem as leis e promovam os atos normativos e regulamentares para o cumprimento das normas constitucionais. Será, ainda, da competência do STJ a extradição requerida por Estado estrangeiro.

Por sua vez, os tribunais superiores são competentes para decidir sobre reclamação visando garantir a autoridade dessas decisões revisionais e rescisórias, a seu cargo.

Art. 45 - Extinção da competência recursal da Corte Constitucional e dos tribunais superiores

A presente regra consolida a restrição de competências dos tribunais superiores, constante do art. 44, *supra*, nela agora incluindo a Corte Constitucional.

É fundamental reafirmar a extinção da competência recursal suspensiva, devolutiva e cautelar das decisões e julgados prolatados pelos tribunais estaduais e federais, por parte da Corte Constitucional e dos tribunais superiores, tendo em vista o efeito terminativo do processo, com trânsito em julgado, já na segunda instância. Esse mandamento constitucional, ora proposto, tem como função impedir que, com o passar do tempo, diante da arraigada tradição das quatro instâncias, os próprios tribunais superiores e a Corte Constitucional comecem a interpretar e a considerar as ações revisionais penais e rescisórias civis como sucedâneos de recursos, estabelecendo um liame, um vínculo processual, entre a decisão transitada em julgado em segunda instância e a ação rescisória e revisional ingressadas autonomamente nos tribunais superiores.

---

144. Em alemão: *Verfassungsbeschwerde*. (BRASIL. Senado Federal. **Proposta de Emenda Constitucional n. 15/2011**. Rel. Ricardo Ferraço. Disponível em: https://www25.senado.leg.br/web/atividade/materias/-/materia/99758).

Esse perigo de degradação da distinta natureza dos processos revisionais e rescisórios é possível, na medida em que a perda da competência recursal dos tribunais superiores e da Corte Constitucional acarreta substancial diminuição de poder daquelas Cortes. Em consequência, pode surgir uma tendência vinculativa de decisões suspensivas do trânsito em julgado em casos pretensamente excepcionais, sob o argumento de interesse social e institucional. Em seguida, instalar-se-ia a verdadeira indústria de medidas cautelares suspendendo os efeitos do trânsito em julgado dos acórdãos dos tribunais federais e estaduais, tornando as ações rescisórias e revisionais um simulacro recursal. Estaria, assim, restabelecida a disfuncionalidade e a distorção completa do papel do Poder Judiciário decorrente do atual sistema de quatro instâncias.

Daí a razão de se reiterar, no artigo ora proposto, a extinção absoluta da competência recursal da Corte Constitucional e dos tribunais superiores, mantendo-se íntegro o regime de trânsito em julgado das decisões definitivas em segunda instância prolatadas pelos tribunais estaduais e federais regionais.

Art. 46 - Nomeação dos ministros da Corte Constitucional e dos tribunais superiores pelo critério da antiguidade

A regra ora proposta restaura o princípio da carreira judiciária. Esta se inicia pelo concurso público e será observada em todas as promoções que se darão no interior dos juizados (entrâncias) e nas promoções para os tribunais de justiça estaduais, regionais federais, tribunais superiores e para a Corte Constitucional. Elimina-se, dessa forma, o critério de livre nomeação pelo Presidente da República dos ministros dos tribunais superiores e da Corte Constitucional, bem como as quotas de um quinto das vagas para os procuradores e advogados. Não é necessário insistir nos benefícios que essa nomeação automática traz para a Corte Constitucional e para os tribunais superiores, livres das injunções políticas que envolvem essas nomeações, por força do sistema adotado pela Constituição de 1988. Elimina-se, também, o périplo dos nomeados junto ao Senado, numa verdadeira campanha eleitoral, para ver confirmada a nomeação política feita pelo Presidente da República.

O permanente comprometimento político dos ministros do STF aos interesses dos chefes dos Poderes Executivo e Legislativo é comprovado pelas condutas tomadas pelo Pretório Excelso, mudando o seu entendimento sempre para atender aos donos do poder, ainda que ao preço da sua deslegitimação perante a sociedade.[145] A nomeação automática, por antiguidade, será uma providência indispensável à restauração do papel da Corte Constitucional e dos tribunais superiores no seio do sistema judiciário brasileiro.

---

145. É o caso da prisão somente após trânsito em julgado da decisão condenatória.

Prevalecerá, portanto, o sistema de antiguidade no âmbito de toda a carreira judiciária, sem interferência política alguma, restaurando-se o princípio da separação de poderes e da autonomia das atividades judicantes.

Art. 47 - Competência restrita da Corte Constitucional

A norma ora proposta estabelece como competência, precípua e exaustiva, da Corte Constitucional decidir sobre matéria de constitucionalidade.

A Corte Constitucional, que substituirá o atual Supremo Tribunal Federal, não será mais foro recursal de nenhum contencioso civil, penal ou administrativo. Caberá à Corte Constitucional a competência declaratória da constitucionalidade, ou não, de lei, veto, atos normativos e administrativos da esfera federal, estadual ou municipal, em apreciação a pedido formulado por qualquer jurisdicionado.[146] A Corte Constitucional terá, assim, a precípua competência de controle da constitucionalidade das leis, dos atos normativos e dos atos praticados pela Administração Pública.

A ação de inconstitucionalidade ou de constitucionalidade terá como pressuposto fático, unicamente, lei, veto, ato normativo ou administrativo que firam as regras constitucionais ou que se deseja que deles se declare a efetiva conformidade com a constituição. A decisão da Corte Constitucional poderá ser *in abstrato*, como será, geralmente, o caso das ações de declaração de constitucionalidade, ou *in concreto*, como nas arguições de inconstitucionalidade. O desfazimento de situações jurídicas decorrentes do acolhimento das ações declaratórias de inconstitucionalidade caberá aos respectivos Poderes e a entes da administração pública, visando restaurar ou reconhecer o direito constitucional no caso concreto.[147] Dessa forma, a ação de inconstitucionalidade de lei, veto, ato normativo e administrativo terá eficácia para todos os jurisdicionados e efeito vinculante relativamente a todas as instâncias judiciárias, todos os Poderes, incluindo todos os órgãos da Administração Pública, nas três esferas federativas. O mesmo efeito terá a ação de constitucionalidade provida. Trata-se de eficácia *erga omnes* (genérica) e obrigatória.

Em decorrência, nenhum juízo ou tribunal poderá acolher pedidos que conflitem com o decidido pela Corte Constitucional, e nenhuma autoridade administrativa poderá prolatar ato normativo ou praticar ato administrativo que a contrariem. E, quanto aos atos normativos e administrativos porventura vigentes, serão eles revogados, suprimidos cancelados ou anulados. Da mesma forma, não prevalecerá o veto aposto à lei aprovada pelas casas legislativas quando

---

146. Conforme o art. 39 da presente proposta.
147. SILVA, José Afonso da. Op. cit., p. 551 *et seq.*

contrariar, não observar ou não atender a normas constitucionais. Importante ressaltar que, uma vez decidida, pela Corte Constitucional, a inconstitucionalidade da lei, do veto, do ato normativo ou administrativo, perdem eficácia os atos políticos, judiciais ou administrativos respectivos, a partir do dia da publicação da súmula da respectiva decisão.[148]

Isso posto, ficam suprimidas as demais competências do antigo STF. Assim, não será mais da alçada da Corte Constitucional conceder *habeas corpus*, nem tratar de crimes atribuídos ao Presidente, aos Ministros de Estado e às demais altas autoridades em razão do exercício de seus cargos, face à supressão do foro privilegiado. Não terá a Corte Constitucional competência para admitir, acolher, conhecer e julgar qualquer processo litigioso de natureza civil, criminal ou administrativa, em grau ordinário ou extraordinário. Não poderá, outrossim, receber e julgar qualquer recurso das decisões dos tribunais superiores. A Corte Constitucional não terá competência para julgar reclamação ou execução de sentença e os conflitos de competência. Ficam também fora de sua competência a concessão de qualquer medida cautelar em processos de alçada dos tribunais superiores, federais e estaduais e respectivas varas de primeira instância.

Em consequência, nenhuma das competências outorgadas ao atual Supremo Tribunal Federal, pela Constituição de 1988, em seu art. 102, prevalecerá na constituição ora proposta, a não ser a declaração de constitucionalidade ou inconstitucionalidade de lei, veto e ato normativo ou administrativo. E, dentro dessa estrita competência, caberá à Corte Constitucional declarar, com repercussão geral, a prevalência dos princípios e normas constantes dos tratados e convenções firmados e ratificados pelo Brasil sobre normas constitucionais ou legais conflitantes ou incompatíveis, que deverão ser declaradas protraídas durante todo o período de vigência daqueles mesmos pactos.

Essa suspensão de norma constitucional, nesses casos, decorre do princípio universal de que os tratados e convenções, uma vez referendados pelo Congresso, incorporam-se à ordem jurídica do país, na categoria de norma constitucional.[149] Essa regra é expressa no § 2º do art. 5º da Constituição de 1988, no que tange aos tratados e convenções que versam sobre direitos humanos. Esses pactos devem ingressar no ordenamento jurídico automaticamente, pois se trata de matéria que transcende a noção de soberania, de lugar e de tempo, na medida em que afetam todos os seres humanos, onde se encontrarem. Diante desses tratados e convenções sobre direitos humanos, não há direito interno e direito externo, havendo um direito universal que deve permear todos os ordenamentos jurídicos e sobre eles se impor, em qualquer circunstância. Nesse

---

148. SILVA, José Afonso da. Op. cit.
149. SILVA, José Afonso da. Op. cit., p. 182 *et seq.*

contexto de direitos humanos incluem-se os tratados e convenções sobre o meio ambiente natural e o clima.

Caberá, portanto, à Corte Constitucional declarar essa recepção dos tratados e convenções em geral, para o único efeito de declarar suspenso o artigo da constituição que, direta ou indiretamente, colida com os preceitos contidos nos pactos firmados pelo Brasil. Nesse procedimento declaratório, a cargo da Corte Constitucional, incluem-se os tratados e convenções de comércio internacional ou de qualquer outra natureza, que possam afetar não só a constituição mas também leis vigentes, como as normas ordinárias referentes a matéria civil, tributária, aduaneira, de circulação de pessoas, trânsito de bens e serviços, etc.

Isso posto, teremos uma Corte Constitucional despida de todas as demais competências de conhecimento, originário ou derivado, de recursos das decisões dos demais tribunais do país.

Art. 48 - Composição da Corte Constitucional e dos tribunais superiores, com mandatos de oito anos

A constituição ora proposta, no tocante ao Poder Judiciário, procura estabelecer uma estrutura de competências judicantes que permita restabelecer a segurança jurídica e que atenda aos interesses das partes, da sociedade civil e da Nação. Para tanto, procura aproximar o país das melhores práticas judiciárias das democracias autênticas e avançadas, nas quais são prestigiadas as sentenças de primeira instância, cabendo à segunda rever as decisões que não atendam aos fatos ou ao direito aplicável. Assegura-se, dessa forma, o duplo grau de jurisdição, com ênfase nas decisões de primeiro grau.

Há de haver uma mudança cultural da magistratura e das partes e seus advogados nesse importante item. A insegurança jurídica é uma das marcas negativas de nosso país, consequência da superposição de instâncias decisórias sobre uma mesma lide, prolongando a decisão final por anos e décadas. Atualmente, as decisões de primeira instância são meros rituais de iniciação de um grande número de julgados que percorrem as várias instâncias recursais, muitas vezes chegando ao Supremo Tribunal Federal, que é chamado para conhecer recursos extraordinários desde ações de despejo até questões de conflitos tributários entre Estados.

No plano penal, o prolongado percurso dos processos leva sempre à inoportunidade das condenações ou absolvições. Os tribunais de júri, geralmente, são instalados dez anos após o cometimento dos crimes dolosos contra a vida, dele cabendo, ainda, todo o gênero e espécie de recursos, que, geralmente, levam à prescrição dos crimes. O Brasil é o país da impunidade penal e da irresolução das pendências civis e administrativas, submetidas ao percurso dos recursos infindáveis.

É imperioso reverter esse quadro de péssima reputação do país no aspecto da segurança jurídica. Para tanto, estabelece este anteprojeto de constituição o duplo grau terminativo de jurisdição, ou seja, o trânsito em julgado no âmbito dos tribunais de justiça dos Estados e dos tribunais regionais federais. Os tribunais superiores terão competência estritamente revisional dos processos penais, e rescisória dos processos civis e administrativos. Por sua vez, a Corte Constitucional terá competência unicamente para declarar a constitucionalidade, ou não, das leis, vetos, atos normativos e administrativos, federais, estaduais e municipais. Esse saneamento das competências dos órgãos judicantes do país permitirá que se restaure a importância das decisões de primeira instância, garantindo, outrossim, a celeridade da decisão definitiva, com trânsito em julgado já na instância recursal seguinte: tribunal de justiça estadual ou tribunal regional federal.

O presente anteprojeto mantém o número de 11 integrantes na composição da Corte Constitucional, com prazo de oito anos no exercício da função, cujos cargos serão automaticamente preenchidos pelos mais antigos membros do Superior Tribunal de Justiça e, assim, sucessivamente, nos casos de vacância. Já o Superior Tribunal de Justiça será formado por 33 integrantes da carreira judiciária, com prazo determinado de oito anos no exercício da função, e serão preenchidos, em rodízio, pela ordem de antiguidade, pelos desembargadores dos Tribunais Regionais Federais. Já o Tribunal Superior do Trabalho será formado por 11 membros da carreira judiciária trabalhista, pelo critério de antiguidade, com exercício dessas funções por oito anos, cujas vagas serão preenchidas, em rodízio, pela ordem de antiguidade, pelos desembargadores dos tribunais regionais trabalhistas. O Superior Tribunal Militar será formado por 11 membros, da carreira judiciária militar, que exercerão suas funções pelo prazo de oito anos, cujas vagas serão preenchidas, em rodízio, pela ordem de antiguidade, pelos desembargadores dos tribunais regionais militares. O Tribunal Superior Eleitoral será formado por 05 membros, sendo 03 indicados pela Corte Constitucional e 02 pelo Superior Tribunal de Justiça, todos pelo critério de antiguidade, com mandato de dois anos.

Esse termo de oito anos de judicatura para a Corte Constitucional e para os tribunais superiores — à exceção do Tribunal Superior Eleitoral — atende à necessidade de permanente renovação dos quadros de magistrados dessas altas cortes, ao mesmo tempo que permite a consolidação de uma experiência necessária para o exercício da magistratura nessas relevantes funções jurisdicionais.

Art. 49 - Controle externo do Conselho Nacional de Justiça

O Conselho Nacional de Justiça (CNJ) tem a dupla função de agência reguladora e de órgão de controle externo da Corte Constitucional e demais tribunais do país, bem como de seus magistrados e servidores. Para tanto, o CNJ tem jurisdição administrativa, normativa, regulamentar (atos normativos), orçamentária, disciplinar, fiscalizatória e sancionatória sobre todo o Poder Judiciário, federal e estadual. Na sua função de órgão regulador, o CNJ tem por objetivo assegurar a eficiência e a produtividade da prestação jurisdicional. Trata-se de uma autarquia especial, caracterizada pela independência decisória e administrativa e pela ausência de subordinação hierárquica à Corte Constitucional ou a qualquer outro tribunal, com mandato fixo de seus diretores independentes e autonomia financeira.

O CNJ será composto de 07 membros, com mandato de dois anos, não renováveis, indicados pelo Congresso Nacional entre cidadãos não vinculados ao Poder Judiciário, de notável saber jurídico e técnico, reputação ilibada e comprovada experiência profissional, sendo 02 advogados, 02 promotores de justiça, 01 procurador do Estado e 02 auditores independentes, de notável saber contábil e financeiro.

A propósito, a atual composição do CNJ é inteiramente incompatível com o cumprimento de sua finalidade e o exercício de suas competências. Isso porque, dos seus 15 membros, a maioria é composta de magistrados, federais e estaduais, sendo presidida pelo Presidente do Supremo Tribunal Federal. Temos, assim, um quadro majoritário de juízes dirigindo o órgão público que deve fiscalizá-los, editar atos normativos e exercer as demais competências sobre eles próprios. Trata-se de uma completa aberração um órgão fiscalizador ser dirigido por aqueles que devem ser fiscalizados, e uma agência reguladora ser comandada por aqueles que devem se submeter aos seus atos normativos e sancionatórios.

Outra aberração é corrigida no presente anteprojeto, qual seja, a futura Corte Constitucional fica submetida ao controle externo do Conselho Nacional de Justiça.

Do Ministério Público

Art. 50 - Ministério Público e Conselho Nacional do Ministério Público Federal

O Ministério Público Federal é uma instituição autônoma voltada para a defesa da ordem pública, da ordem jurídica, do regime democrático e dos interesses sociais e individuais indisponíveis. Trata-se de uma instituição de Estado independente, cabendo aos seus membros exercer suas atividades com plena liberdade e autonomia funcional, seja internamente, com respeito à sua hierarquia e ao seu organograma, seja externamente, face aos três Poderes e às demais instituições públicas. Os seus integrantes exercem uma carreira de Estado, com os atributos da estabilidade, condicionada à eficiência e à produtividade.

O Ministério Público, como instituição de Estado, tem autonomia funcional e administrativa, nela compreendida a indicação do Procurador-Geral da República pelo regime de antiguidade, com mandato de dois anos, não renovável. Essa indicação, natural e automática, do Procurador-Geral da República, pelo critério de antiguidade, afasta a interferência política externa. Ademais, a designação do Procurador-Geral pelo sistema do decanato afasta as lutas políticas internas de poder, que afetam, perenemente, as relações pessoais e funcionais entre os seus membros.

Por sua vez, o Ministério Público Federal está vinculado a um Conselho Nacional do Ministério Público, com funções normativo-regulatórias, fiscalizatória, orçamentária, disciplinar, correcional e sancionatória sobre a instituição, os promotores e servidores. Tem o Conselho Nacional do Ministério Público a natureza de órgão regulador e de controle externo das atividades e do exercício das funções da instituição e de seus integrantes.

O Conselho Nacional do Ministério Público Federal será composto de 07 membros, com mandato de dois anos, não renováveis, indicados pelo Congresso Nacional, com notável saber jurídico e técnico, reputação ilibada e comprovada experiência profissional, sendo 02 advogados, 02 procuradores do Estado, 01 defensor público e 02 auditores independentes, de notável saber contábil e financeiro. Com essa composição, afasta-se do Conselho os próprios destinatários, que são os promotores públicos, tal como ocorre hoje, sob a égide da Constituição de 1988 (art. 130-A).

Dos princípios normativos

Art. 51 - Princípio da legitimidade da lei

O presente capítulo trata dos princípios que se impõem à conduta do Estado nas suas relações internas, tanto institucionais como administrativas, e nas suas relações externas com a sociedade civil. Parte-se do conceito da lei legítima, ou seja, a que atende ao bem público, ao interesse público, à coletividade e às pessoas, de maneira isonômica.

O Estado Democrático de Direito funda-se no princípio da igualdade de direitos e deveres de todos os residentes no país. No entanto, em nações de pouca tradição democrática e arraigada cultura oligárquica, como é o nosso caso, as leis, em grande parte e em capítulos fundamentais da vida social, são ilegítimas, na medida em que são utilizadas para a criação de privilégios de toda a espécie para as pessoas integrantes do setor público e para determinados setores privados, ligados aos governantes. Esses privilégios, constitucionalizados e legalizados, são incompatíveis com a própria natureza do regime democrático, que é o de outorgar deveres e direitos para todos, em absoluta igualdade, não podendo a lei ser utilizada para retirar obrigações e atribuir privilégios a determinadas pessoas, grupos, setores e classes. Não cabe aqui insistir sobre o que todos conhecem como a precípua função da lei, que é a de criar deveres e direitos isonômicos para todas as pessoas, físicas e jurídicas.

Ocorre que, nos países de pouco desenvolvimento democrático, como é o nosso, a Constituição e a lei tornam-se veículos dos privilégios e da impunidade dos donos do poder. A lei, entre nós, não tem a função de assegurar a igualdade de direitos e deveres nem de acolher as demandas legítimas da sociedade no tocante à evolução de suas relações sociais e econômicas. Há, portanto, uma mistificação sobre as nossas leis, como se devessem, todas elas, legítimas e ilegítimas, ser igualmente obedecidas pela cidadania. São elas proclamadas, pelos políticos, como cânones, totens, intocáveis, inquestionáveis, mandamentos sagrados. Os donos do poder repetem milhões de vezes, em qualquer circunstância e a todo o momento, o brado: *todos são iguais perante a Lei!* Não importa que a lei seja ilegítima. Ela é lei, e todos são obrigados a aceitá-la e cumpri-la, sem qualquer discussão sobre o seu teor de injustiça, de privilégios, de impunidade, de instrumento de apropriação privada dos recursos públicos.

É necessário quebrar o tabu de que a lei ilegítima é lei. Ela não o é, na medida em que contraria todos os princípios da própria legalidade, ou seja, de que a lei deve visar, sempre, ao interesse comum de todos, seja direta, seja indiretamente. Daí impor-se o controle da legitimidade das leis, através dos meios propostos neste anteprojeto de constituição.

Art. 52 - Ainda a legitimidade das leis: igualdade de deveres e direitos dos setores público e privado

A lei legítima é aquela que promove a isonomia entre todas as pessoas, físicas e jurídicas. A lei deve ser a expressão da vontade geral, devendo, indeclinavelmente e sem exceção, promover a igualdade de deveres, de direitos, de obrigações e de responsabilidades de todos os indivíduos, independentemente das circunstâncias em que se encontram. Assim, a lei não pode favorecer os titulares de cargos e funções políticas e administrativas, tampouco pessoas, grupos e segmentos do setor privado. Todos devem ser submetidos ao mesmo regime jurídico, sem qualquer exceção, reserva, isenção, imunidade ou qualquer outra forma discriminatória, que crie privilégios ou impunidades.

Não é o que ocorre no Brasil. Por força da Constituição de 1988, criou-se todo tipo de benesses para o setor público e os meios de alcançá-las, extensivos aos amigos do governo no setor privado. A Carta vigente é um quadro espantoso de privilégios, dividindo o povo brasileiro em duas classes absolutamente distintas. De um lado estão as pessoas do setor privado, a quem se atribui, unicamente, o dever de pagar os impostos, diretos e indiretos, e, de outro lado, as pessoas do setor público, que gozam de todos os privilégios, isenções e garantias legais de impunidade. Essa divisão do país em dois segmentos descaracteriza, inteiramente, o proclamado Estado Democrático de Direito.

Não temos uma democracia verdadeira, na medida em que foi negado, pela Constituição de 1988, o princípio da igualdade de deveres e de direitos. Em nossa democracia manca, somente existe um fundamento formal, o das liberdades públicas. Os demais pilares da democracia — igualdade e fraternidade — foram estruturalmente solapados, ainda que a Carta vigente retoricamente os mencione. E mesmo as liberdades públicas são relativizadas. Em nossa democracia oligárquica, pode-se criticar a política no seu sentido genérico e abstrato, mas não se pode falar mal das autoridades e de seus familiares. A crítica não pode ser pessoal, dirigida a pessoa revestida de cargo público. Os donos do poder consideram como delituosas as críticas pessoais que recebem, sujeitando o cidadão "infrator" a todo o tipo de constrangimento, ameaças, prisões, censuras, devassas domiciliares e condenações penais.

O Supremo Tribunal Federal, para tanto, transformou-se num tribunal de exceção, num "juizado da devassa", como havia nos séculos XVI e XVII na Colônia, antes da vinda da família real, em 1808. O STF, a partir de março de 2019, penaliza os crimes de opinião e a liberdade de expressão, ou seja, restaura o crime político em nosso país, como nos tempos do regime militar (1964-1985).[150]

A nossa Suprema Corte dedica-se, agora, a atemorizar a cidadania, inibindo o referido direito de crítica à conduta das autoridades e seus familiares. Impõe, para tanto, inquéritos secretos, que não devem ser confundidos com inquéritos sigilosos. São secretos porque o indiciado somente tem acesso aos autos depois que já sofreu devassa em seu domicílio ou foi preso. E, mesmo assim, terá acesso somente a uma parte do inquérito, pois ele, como referido, é secreto.[151]

---

150. Note-se que a edição da Portaria GP n. 69, de 14 de março de 2019, ensejou verdadeira censura a um veículo de comunicação em 13 de abril de 2019 (BRASIL. Supremo Tribunal Federal. **Inquérito n. 4.781-DF**. Rel. Min. Alexandre de Moraes. 13 abr. 2019. Disponível em: https://www.migalhas.com.br/arquivos/2019/4/art20190415-15.pdf), decisão esta que foi revogada cinco dias depois (BRASIL. Supremo Tribunal Federal. **Inquérito n. 4.781-DF**. Rel. Min. Alexandre de Moraes. 18 abr. 2019. Disponível em: https://politica.estadao.com.br/blogs/fausto-macedo/wp-content/uploads/sites/41/2019/04/INQ-4781-18-abril.pdf). Em abril de 2019, houve decisão da própria Corte no sentido de impedir a censura a jornalista (BRASIL. Supremo Tribunal Federal. **Reclamação n. 31.117-PR**. Rel. Min. Celso de Mello, j. 29 abr. 2019, DJE 3 maio 2019).

151. As presentes observações são feitas com base no libelo apresentado pelo notável Mestre René Ariel Dotti perante o Colégio de Presidentes dos Institutos dos Advogados do Brasil, em 2019, publicação daquela entidade: DOTTI, René Ariel. Parecer. In: BRASIL. Supremo Tribunal Federal. **Ação de Descumprimento de Preceito Fundamental n. 572**: Inquérito n. 4.781. São Paulo: Colégio de Presidentes dos Institutos dos Advogados do Brasil, 2019.

O Pretório Excelso pune o crime de opinião e a liberdade de expressão, passando a ser mera retórica o que, a respeito, a Constituição de 1988 declara, em seu art. 5º, IV e XI, ao garantir a livre manifestação do pensamento e a inviolabilidade do domicílio. Nesse novo regime autoritário imposto pela Corte Suprema, instaura-se a prisão *ex officio*, ou seja, não é mais necessário o pedido pelo Ministério Público, titular da ação penal, ou pela Polícia Judiciária, titular da investigação criminal. O Ministro do Supremo decreta a prisão sem que seja provocado, conforme se exige no sistema acusatório, assegurado na Carta vigente.

Esse terrorismo de Estado, esse regime político de exceção imposto à cidadania, no tocante ao seu direito de crítica às autoridades constituídas, foi consubstanciado na infame Portaria GP n. 69, de 14 de março de 2019, prolatada pelo Presidente do Supremo Tribunal Federal Dias Toffoli e ratificada pelo plenário daquela Augusta Casa, por 10 votos a 01,[152] em junho de 2020. Com base nessa Portaria n. 69, instaurou-se o teratológico Inquérito secreto n. 4.781, que investiga e pune com prisão, invasão de domicílio, censura da mídia e processo-crime quem falar mal de ministro do Supremo, de alguém de sua família ou de qualquer outra alta autoridade, através das redes sociais. Qualquer crítica pessoal ou familiar será considerada *fake news*, ou seja, notícia falsa ou mentirosa. Ocorre que *fake news* não é delito tipificado no Código Penal, não podendo ser objeto de ação criminal alguma.

A outra devassa do Terror se faz através do Inquérito secreto n. 4.828, que persegue os cidadãos que se manifestarem "contra as instituições democráticas" propugnando o fechamento do Congresso e do próprio STF. Trata-se de típico crime político, não admissível num regime democrático, em que a liberdade de opinião é garantida, ainda que seja para atacar as próprias instituições republicanas quando se considere que elas não funcionam ou que estão a serviço de grupos e que, por isso, deixaram de defender o interesse público, o bem público e a própria cidadania.

Esses sinistros inquéritos estão instalados em plena democracia, com fulcro, o primeiro, num crime inexistente, pois não tipificado em lei, e o segundo, na Lei de Segurança Nacional, dos tempos do regime militar. A partir de março de 2020, esses inquéritos secretos foram estendidos a favor das demais altas autoridades "ofendidas", do Senado e da Câmara. No exercício dessa função, o condu-

---

152. "Único a divergir, o ministro Marco Aurélio considera que o artigo 43 do Regimento Interno do STF, que embasa a instauração do inquérito, não foi recepcionado pela Constituição de 1988. Para o ministro, houve violação do sistema penal acusatório constitucional, que separa as funções de acusar, pois o procedimento investigativo não foi provocado pelo procurador-geral da República, e esse vício inicial contamina sua tramitação. Segundo ele, as investigações têm como objeto manifestações críticas contra os ministros que, em seu entendimento, estão protegidas pela liberdade de expressão e de pensamento." (BRASIL. Supremo Tribunal Federal. **Plenário conclui julgamento sobre validade do inquérito sobre fake news e ataques ao STF**. 18 jun. 2020. Disponível em: http://www.stf.jus.br/portal/cms/verNoticiaDetalhe.asp?idConteudo=445860).

tor do feito[153] se sente na prerrogativa de mandar prender os cidadãos e invadir os seus domicílios para a "coleta de provas" do crime de opinião cometido, sem nenhuma base constitucional, legal ou moral. Em seguida, o cidadão é enquadrado na Lei de Segurança Nacional, por "ação subversiva" contra a ordem pública, sendo as críticas às autoridades consideradas *fake news*, por mais procedentes que sejam elas, fundadas na liberdade de opinião e de expressão.

Esses famigerados atos de força promovidos pelo Supremo Tribunal Federal, transformado num Santo Ofício, afrontam o sistema penal acusatório instituído na Constituição de 1988, que, ao estabelecer o primado da democracia, atribui ao Ministério Público a titularidade da ação penal, com a oitiva do indiciado na fase investigatória. A partir daí, deveria ser instalado um processo dialético entre a acusação e o indiciado, com direito a ampla defesa e apresentação de provas e contraprovas, no qual as partes têm amplo e irrestrito acesso a todos os documentos nele contidos. Na medieval portaria do STF, no entanto, a investigação é secreta, sendo os membros do Santo Ofício, outrora STF, encarregados de julgar aqueles que falem mal deles próprios e das instituições republicanas. A investigação secreta se desenvolve sem a participação do Ministério Público e do investigado.

Os pedidos de *habeas corpus* dos cidadãos alcançados por essa brutal quebra dos direitos fundamentais serão apreciados pelos próprios ministros do STF, que, como membros do Santo Ofício, negam a ordem. O sistema constitucional acusatório foi revogado por essa abjeta Portaria GP n. 69 e pelos Inquéritos n. 4.781 e 4.828, em virtude dos quais os ministros do Supremo colocam-se, ao mesmo tempo, como vítimas, investigadores secretos, acusadores e julgadores dos cidadãos que ousaram ou vierem a ousar criticá-los pelo exercício errático de suas funções e pelas notórias ligações dos membros de suas famílias aos escritórios de advocacia cujos clientes são beneficiados pelas decisões monocráticas e colegiadas daquela Corte Suprema.

No democrático sistema penal acusatório, o titular da investigação é a Polícia Judiciária, federal ou estadual. E o titular privativo da ação penal pública é o Ministério Público (art. 129 da CF/88). No regime processual adotado pela Constituição de 1988, deve ser precipuamente observada a imparcialidade do juiz natural. É, outrossim, do regime acusatório a separação entre as funções de investigar e acusar, de um lado, e aquela de julgar, de outro.

Já pela ditatorial Portaria n. 69 e os respectivos Inquéritos n. 4.781 e 4.828, a vítima — ministros do STF e seus familiares — investiga secretamente, acusa e julga a suposta ofensa que ela, aleatoriamente e conforme suas conveniências

---

153. "Designo para a condução do feito o eminente Ministro Alexandre de Moraes, que poderá requerer à Presidência a estrutura material e de pessoal necessária para a respectiva condução." (BRASIL. Supremo Tribunal Federal. **Portaria GP n. 69**, de 14 de março de 2019).

políticas do momento, entende existir. E essa investigação em causa própria é sem limitações quanto a seu objeto. Além disso, como referido, o investigado não tem acesso ao processo secreto e, portanto, aos elementos de prova, para o exercício do direito de defesa — tudo contra a Súmula Vinculante n. 14, do próprio STF. A instrução da investigação é feita de ofício, pela própria "vítima" (o STF), sem que tenha sido solicitada pelo Ministério Público a instauração de nenhuma investigação ou ação penal a respeito. O Pretório Excelso, ao assim agir, transforma-se em um tribunal de exceção, ferindo o próprio regime político, criando um regime de exceção, em que são negadas as liberdades públicas ao se punir com cadeia os delitos de opinião, recriando-se o crime político dos tempos do regime militar.

Num sistema democrático, a iniciativa do procedimento acusatório cabe, exclusivamente, ao Ministério Público, como reiterado. Por outro lado, os magistrados somente podem instaurar investigações mediante provocação do Ministério Público, a quem cabe, com exclusividade, requerê-las, na qualidade de autor da ação penal. E o juiz natural deve manter distância da fase de coleta de provas e da formação da *opinio delicti*, que deve ser autonomamente formulada pelo Ministério Público e livremente contestada pelo investigado, no seu amplo direito de defesa. O juiz natural deve agir somente quando provocado: *ne procedat iudex ex officio*, ou *nemo iudex sine actore*.

No regime democrático, em matéria de defesa da liberdade individual, há completa separação de funções, pois, se o órgão que julga é o mesmo que investiga e acusa, não há garantia de imparcialidade. Nesse caso, volta-se ao medieval regime inquisitorial, em que aquele que investigava também acusava e julgava, em detrimento absoluto dos direitos do acusado, ainda que fosse garantida a ampla defesa. Não pode haver imparcialidade do juiz investigador-acusador, ainda mais quando ele próprio se coloca como vítima. Nessa hipótese, o juiz não será imparcial. Trata-se de um sistema de justiça pelas próprias mãos.

Outro princípio do processo-crime no regime democrático: na fase de investigação, o juiz não pode ter iniciativa probatória, que cabe, precipuamente, ao Ministério Público e ao próprio acusado, na sua defesa. Isso posto, a Portaria e os Inquéritos do STF, referidos, infringem frontalmente a Ordem Democrática e a própria Constituição de 1988.

De se notar, nessa degradação institucional do Pretório Excelso, a nítida marca oligárquica, na medida em que a Portaria infame inclui na proteção arbitrária os familiares dos ministros, como se vivêssemos num regime feudal, em que a "honra" se estende a todos os membros da família dos senhores da terra, os *Landlords*.[154]

---

154. Lembra, também, a concepção patriarcal da sociedade, que, segundo a definição de Beccaria (BECCARIA, Cesare. **Dos delitos e das penas**. Lisboa: Fundação Calouste Gulbenkian, 1998, p. 90 *et*

Isso posto, temos, na realidade, como nos demais países subdesenvolvidos, uma República de privilégios, em que, na prática, existe a garantia de direitos apenas para a classe política e administrativa, nas três esferas, e deveres para as pessoas que compõem a sociedade civil. E essa gama de privilégios é absolutamente nefasta no capítulo da impunidade penal. Isso porque não podendo, sempre, editar leis de impunidade penal unicamente em seu próprio benefício, sua promulgação torna impunes também os grandes criminosos, que lideram o crime organizado. Eis aí uma negação absoluta do princípio de que "a lei é igual para todos".

Isso tudo para demonstrar que a generalidade própria das leis não é critério suficiente para considerá-las legítimas quando, na realidade, criam privilégios e impunidades para os seus destinatários.

Isso posto, todas as pessoas físicas e jurídicas devem ser submetidas ao mesmo regime judiciário, penal, civil, tributário, trabalhista, previdenciário e todos os demais regimes legais que tratam dos deveres coletivos e individuais, sem qualquer distinção, graduação ou exceção entre os integrantes do setor público e do setor privado.

Art. 53 - Extinção dos privilégios setoriais e empresariais

Os privilégios ao setor público desbordam também para determinadas empresas, grupos e setores produtivos. Gozam eles de benefícios e vantagens perante os demais *players* do mercado, em decorrência de leis que os isentam de encargos tributários, contribuições trabalhistas, facilitam financiamentos privilegiados e a diluição e remissão de dívidas junto ao Poder Público. Esse fenômeno se opera no âmbito da União, dos Estados e dos Municípios.

De se ressaltar o financiamento das operações de concessão de serviços públicos e de parcerias público-privadas. O valor dessas concessões e consórcios,

---

seq.), era formada pelos chefes de família, e não por um conjunto de indivíduos. Veja-se, também: ENGELS, Friedrich. **L'origine della famiglia, della proprietà e dello Stato**. Roma: Riuniti, 1971, p. 128 *et seq.* A Portaria n. 69, de 14 de março de 2019, do Gabinete do Presidente do Supremo Tribunal Federal, está vazada nos seguintes termos: "O Presidente do Supremo Tribunal Federal, no uso de suas atribuições que lhe confere o Regimento Interno. Considerando que velar pela intangibilidade das prerrogativas do Supremo Tribunal Federal é atribuição regimental do Presidente da Corte (RISTF, art. 13, I). Considerando a existência de notícias fraudulentas (*fake news*), denunciações caluniosas, ameaças e infrações revestidas de animus *calumniandi, difamandi* e *injuriandi*, que atingem a honorabilidade e a segurança do Supremo Tribunal Federal, de seus membros e familiares. Resolve, nos termos do art. 43 e seguintes do Regimento Interno, instaurar inquérito para apuração dos fatos e infrações correspondentes, em toda a sua dimensão. Designo para a condução do feito o eminente Ministro Alexandre de Moraes, que poderá requerer à Presidência a estrutura material e de pessoal necessária para a respectiva condução. Ministro Dias Toffoli – Presidente." Sobre a matéria, veja-se: DOTTI, René Ariel. Op. cit.

na casa sempre dos bilhões, acaba sendo pago pelo próprio governo, através do BNDES, que financia o valor da outorga ao longo do tempo, como também os próprios investimentos que deveriam ser arcados pelas concessionárias durante as progressivas etapas da concessão ou do consórcio. Não há, da parte das concessionárias e consorciadas, nenhum dispêndio ou investimento que não seja previamente coberto pelo banco de fomento e demais instituições de crédito do Estado.

Por outro lado, as exonerações de impostos, de taxas, de contribuições e de encargos trabalhistas e previdenciários outorgados a determinados setores da indústria — como o automobilístico e o de construção civil — são sempre concedidas pelo Estado sob o falso pretexto de adoção de políticas anticíclicas, de nacionalização de componentes (zonas francas) e outras justificativas que, na realidade, favorecem os mais poderosos setores, em detrimento dos demais segmentos produtivos.

A decantada política anticíclica deveria ser adotada unicamente para evitar as fases de excessivo aquecimento da economia, mediante o apropriado aumento da taxa de juros, e, por outro lado, a diminuição desses juros básicos nas fases de prolongado encolhimento da produção, da demanda e do emprego. Mas não é o que ocorre no Brasil. O governo outorga exonerações de todo o gênero para os setores amigos dos políticos, inclusive as multinacionais, no valor aproximado de 4% do PIB, ou seja, aproximadamente 120 bilhões, em isenções de impostos e recolhimentos, que serão arcados integralmente pelos setores não privilegiados da atividade econômica e pelos contribuintes em geral.

O efeito perverso dessa política de privilégios setoriais e empresariais se reflete, dramaticamente, nas próprias comunidades onde se instala a empresa isentada, em geral multinacional, que obtém a isenção de impostos estaduais e municipais por vinte anos. Decorrido o prazo, essas indústrias que deixaram de pagar bilhões aos cofres públicos simplesmente se retiram, abandonando o estado e o município em que centenas de pequenas e médias indústrias se instalaram em seu entorno.

A cessação da atividade econômica e o desemprego em massa são o resultado dessa política de isenções e desonerações, causando uma perda monumental de arrecadação para o Município e para o Estado, acompanhada de um problema social de desemprego. A consequência da política de privilégios empresariais e setoriais é a crise fiscal persistente, que frustra as perspectivas do próprio país, em termos de crescimento econômico, prestação de serviços públicos, emprego e demanda.

Ao adotar esse sistema absolutamente não isonômico no plano da atividade econômica, o governo falsamente diz que as exonerações incentivam a demanda e o emprego, quando, na realidade, uma economia saudável baseia-se no aumento constante da produtividade, e não na indução artificial da demanda. Em consequência dessa deturpada política anticíclica permanente, não sobram recursos para os investimentos públicos, que são fundamentais não só para ativar a economia, mas para permitir a formação de instalações e meios de infraestrutura, num processo constante de aperfeiçoamento da própria produtividade na oferta de bens e serviços.

Sem investimento público não há crescimento sustentável da economia de um país. O exemplo mais claro se encontra nos próprios Estados Unidos da América. Daí o motivo da regra ora proposta, que veda a criação de privilégios, de qualquer natureza, para o setor privado produtivo e também para as empresas públicas. Todas as empresas deverão arcar com os mesmos deveres tributários e previdenciários. Os incentivos setoriais, regionais, estaduais e municipais devem ser extintos, a fim de que se restabeleça a isonomia de encargos do setor produtivo, uniformemente.

Art. 54 - Todos são iguais perante a lei legítima

O princípio é exatamente este: a lei será igual para todos, para que todos sejam iguais perante a lei.

Trata-se, aqui, do princípio da isonomia, que tem sido tratado de uma forma superficial e completamente vazia de conteúdo ao longo do discurso constitucional. Nele não se leva em conta a etimologia das palavras gregas *iso* e *nomos*. *Iso* significa "igual", e *nomos*, "a lei". A lei (*nomos*) deve ser igual para todos (*iso*). A leitura tem sido intencionalmente invertida, o que leva à conclusão de que todos os cidadãos são iguais perante a lei, seja ela justa ou injusta, favorecedora de pessoas e de grupos, opressora, incentivadora da prática de crimes, contrária aos valores aceitos pela sociedade, desfazedora dos sistemas penais ou do próprio convívio social, seguro e pacífico.

Nas constituições, como a nossa de 1988, a declaração de que todos são iguais perante a lei tem nítido sentido de obediência cega às leis vigentes, não importa se tenham sido encomendadas pelos donos do poder para se apropriarem dos recursos públicos ou para se manterem no domínio do país. Ocorre que as pessoas não são iguais, mas desiguais perante as leis que criam privilégios, imunidades e impunidades para os donos do poder.

Em geral, nas sociedades oligárquicas, como a nossa, não só as leis como a própria constituição são promulgadas sempre a favor dos membros do setor político e administrativo do Estado, nas três esferas, visando à manutenção dos seus privilégios e da sua permanência inabalável no comando do país. Não há nenhum controle da legitimidade dessas normas constitucionais e legais. Criam elas a desigualdade institucional na sociedade.

Pode-se dizer que a Ação de Descumprimento de Preceito Fundamental, prevista na Constituição de 1988, poderia extirpar do ordenamento jurídico as leis e os atos normativos contrários ao interesse público e ao bem comum. Ocorre que os preceitos fundamentais da Constituição de 1988 voltam-se exatamente para criar os privilégios e as impunidades estruturais a favor da classe política e administrativa — a par das benesses para os amigos do rei no setor privado. Duas classes de pessoas daí resultam: de um lado, os prejudicados pela avalanche de leis ilegítimas, ou seja, o povo, e, de outro, os dirigentes dos partidos tradicionais e os políticos profissionais, os chamados "homens públicos". Há famílias políticas que detêm o poder oligárquico no Brasil há vários séculos, tendo como exemplo mais notável a do Senador Bezerra, de Pernambuco, que é o sucessor, numa genealogia ininterrupta, do primeiro titular da Capitania do Recife, instituída em 1563. Outros grupos familiares detêm o poder político há duzentos anos, como é o caso da ilustre família dos Andrada, de Barbacena-MG.

Ao lado dessas famílias políticas, surgem, sempre, os oligarcas de origem populista. Eles se apresentam com discursos radicais, ora de esquerda, ora de direita, como no caso do getulismo, do janismo, do lulismo, do bolsonarismo e de outros oportunistas que se valem das crises que o próprio sistema oligárquico provoca sucessivamente. Esses messiânicos salvadores da Pátria portam mensagens e atitudes histriônicas cujo objetivo é liderar o corrupto sistema oligárquico para melhor se apropriarem dos recursos públicos em benefício próprio e de seu grupo de asseclas.

Nos regimes politicamente oligárquicos, como é o nosso, inverte-se o sentido de que a lei deve precipuamente estar a serviço da sociedade e dos indivíduos. Pelo contrário, afirma a Constituição de 1988 que todos devem cegamente obedecer a lei mesmo que seja editada a favor de privilégios, imunidades e impunidades dos donos do poder. Temos aí o quadro nítido da pseudodemocracia em que vivemos.

Os partidos no poder são sempre os mesmos nesse quadro oligárquico, excluindo o povo do acesso à representação política a partir da própria Constituição. O regime oligárquico, inteiramente fisiológico e corrupto, cria um falso rodízio dos partidos no poder, pois todos eles sempre votam e aprovam, unidos, as leis que lhes garantem os privilégios, as imunidades e as impunidades. E quem governa o país é o núcleo central da oligarquia, formado pelos partidos tradicionais. O "Centrão" domina todos os governos, sejam demagogicamente de esquerda ou de direita.

Nesse contexto oligárquico, pseudodemocrático, a própria Constituição, a maioria das leis e das emendas constitucionais são ilegítimas, na medida em que atendem aos interesses da classe política e do estamento burocrático. No Brasil, as leis não visam ao bem público e ao interesse coletivo. Não são isonômicas, na medida em que criam apenas privilégios para determinados grupos. As leis ilegítimas não devem prevalecer nem ser respeitadas e obedecidas pela cidadania.

A presente proposta de constituição possui regras de mitigação desse desvio absoluto da finalidade das leis, restaurando a sua função de atender ao interesse público, próprio de um país verdadeiramente democrático.

Art. 55 - São nulas as leis ilegítimas

A questão da legitimidade das leis é fundamental para podermos constituir um arcabouço legislativo voltado aos interesses da sociedade.

Lei *legítima* é aquela que, visando precipuamente ao bem comum, cria deveres, direitos e responsabilidades para todos os indivíduos e coletividades. É aquela que repousa na fé na legalidade,[155] ou seja, a que a sociedade e o povo acreditam atender ao princípio da moralidade. A lei deve preencher os requisitos de isenção e utilidade para todos, e não ser instrumento de privilégios, isenções e imunidades a favor de indivíduos ou de grupos. A lei deve ser isonômica. A única Constituição que declarou o sentido da isonomia das leis foi a de 1824, que, no art. 179, XIII, declarava: "A lei será igual para todos, quer proteja, quer castigue, o recompensará em proporção dos merecimentos de cada um".

A República de Veneza, no século XIV, consolidou o mesmo preceito da lei igual para todos, fossem famílias do patriciado, fossem os artesãos, fossem os empregados do Arsenal, fosse quem fosse. A aplicação rigorosa desse princípio da isonomia das leis é a principal razão de ter a Sereníssima República gloriosamente prosperado e sobrevivido durante 900 anos.[156]

Esse conceito fundamental, da lei igual para todos, nunca mais foi inscrito nas constituições brasileiras que se sucederam àquela primeira, de 1824.

Isso posto, são ilegítimas as leis que criam privilégios, isenções, vantagens, impunidades e discriminação de direitos e supressão de deveres. São leis ilegítimas, pois não preenchem a sua finalidade, que é o bem comum. A propósito, não se devem identificar como ilegítimas apenas as leis casuísticas, ou seja, aquelas diretamente editadas em favor ou desfavor de determinados indivíduos ou grupos. As leis gerais e abstratas, ou seja, aquelas que aparentemente atingem a totalidade das pessoas e das instituições da sociedade, também podem ser ilegítimas.

Assim, por exemplo, a norma que na Lei n. 13.964, de 2019, cria o juiz de instrução do processo-crime, dividindo as competências do juiz natural, é genérica, abrangendo todos os processos penais e, portanto, todos os réus, a partir de sua

---

155. WEBER, Max. **Economia e sociedade**. Ob. cit., p. 58.
156. LANE, Frederic C. **Storia di Venezia**. Milano: Einaudi, 2015, p. 187 *et seq.*

vigência. Ocorre que essa norma visa expressamente impedir a condenação dos políticos corruptos e de seus comparsas, criando uma dupla instância na própria primeira instância, ensejando uma enxurrada de recursos na fase de instrução, que impedem a conclusão do processo criminal para julgamento. Essa norma visa criar impunidade para os profissionais da política e seus associados. A norma foi inserida na Lei Anticrime para conturbar o processo penal e, com isso, os políticos corruptos poderem alcançar a prescrição. Não podendo, no entanto, estabelecer uma norma conturbadora do processo penal somente endereçada aos políticos, a lei beneficia com a mesma impunidade todos os criminosos processados. Nesses casos de necessidade de generalização do "benefício" para todos, a devastação das leis ilegítimas é absoluta, pois acaba sendo usufruída por todos os delinquentes do país, muito além dos políticos corruptos que a aprovaram no Congresso Nacional, em seu próprio benefício.

São inúmeras as leis com essa conotação de generalidade formal, mas que foram prolatadas com objetivo casuístico, a favor da classe política e dos amigos do rei. Assim é o caso das desonerações fiscais, que, embora voltadas para o benefício de determinados grupos, acabam por ser aplicáveis a todo o setor em que as empresas escolhidas operam. Portanto, não é a falta de generalidade de uma lei que a torna ilegítima. São ilegítimas as leis que atendem à aparência de abstração, mas que, de fato, visam beneficiar indivíduos e grupos determinados, ao custo de sua extensão a outras pessoas, além das suas reais destinatárias. Em outras palavras: a generalidade da lei não assegura a igualdade nem impede que o legislador a aprove em causa própria.

As leis ilegítimas são imorais, na medida em que promulgadas para outorgar benefícios iníquos, sobretudo aos políticos profissionais, seus partidos e associados. São leis anti-isonômicas. Seu preço para a sociedade é devastador, a ponto de destruírem os sistemas penal, judiciário e de finanças públicas. São leis iníquas que causam danos permanentes à sociedade nos capítulos de ordem pública, de segurança pública, de efetividade da justiça, de confisco dos recursos públicos. Essa ilegitimidade decorre da infringência do princípio da impessoalidade das leis. São leis casuísticas voltadas para atender aos interesses dos que as formularem ou de grupos de interesses específicos do setor público e seus acólitos no setor privado. A lei deixa de existir como instrumento de convívio harmônico da sociedade visando assegurar a igualdade de deveres, de direitos e de responsabilidade para todos.

Uma lei que cria privilégios e impunidades, por maior aparência de generalidade e abstração que possa ostentar, não pode ser cumprida, *porque lei não é*. Ela simplesmente não deve ser recepcionada pelo ordenamento jurídico e, portanto, não pode existir no mundo social em que pretende se impor. A lei que faz distinções entre as pessoas, para proteger alguns em detrimento dos demais, é nula. Ela é uma ofensa à sociedade. A lei deve, necessariamente, ser equânime, sem que se possa nela identificar as pessoas ou categorias que sejam as suas beneficiárias e para as quais foi promulgada, apesar de todas as aparências formais de generalidade e abstração.[157]

O fundamento da nulidade das leis ilegítimas é a flagrante infringência dos princípios da impessoalidade e da moralidade. A lei deve, necessariamente, ser igual para todos, a fim de que todos sejam iguais perante a lei. Ela deve, rigorosamente, atender aos princípios da isonomia, da equidade, da moralidade e da impessoalidade.

Art. 56 - O direito adquirido não pode prevalecer sobre o interesse público

O ancestral direito adquirido advém dos romanos, que dele tratavam nas suas relações de natureza privada. O nome romano indica essa natureza privada: *privatum privilegium* (privilégio privado). E, no Direito contemporâneo dá-se a mesma coisa. A matéria é regulada na Lei de Introdução às Normas do Direito Brasileiro, no seu art. 6º. Por sua vez, a Constituição de 1988, ao se referir a essa questão do direito adquirido, inscreve-o no título referente aos direitos e deveres individuais e coletivos (art. 5º, XXXVI): "A lei não prejudicará o direito adquirido, o ato jurídico perfeito e a coisa julgada". Trata-se de matéria típica de direito intertemporal, ou seja, de conflito no tempo, consagrando-se a prevalência da lei antiga sobre a lei nova que venha a regular diferentemente um determinado direito subjetivo.

O direito adquirido é consequência de um fato idôneo que se produziu num determinado momento em virtude de lei anterior ou de um negócio jurídico perfeito — o contrato privado — protegido por normas legais do tempo de sua celebração. O direito adquirido constitui, portanto, um direito subjetivo privado que não pode ser suprimido por determinação de uma lei posterior. Trata-se de um direito subjetivo oponível ao Estado, às partes e a terceiros. É nesse limite que o *privatum privilegium* dos romanos é acolhido pelo Direito ocidental contemporâneo.

Não obstante, procura-se estender o instituto do direito adquirido para o Direito Público, para, assim, garantir aos agentes do Estado — políticos e servidores — privilégios e garantias imutáveis. Criou-se, mesmo, uma "doutrina" a respeito. Ao lado do *privatum privilegium* surgiu, como sucedâneo, a insustentável figura do "direito subjetivo público".

---

157. A Nação tem entre seus objetivos eliminar desigualdades historicamente acumuladas, garantir a igualdade de oportunidades e de tratamento, bem como compensar perdas provocadas pela discriminação e marginalização decorrentes de motivos raciais, étnicos, religiosos, de gênero e outros. As políticas públicas devem se adequar aos princípios aqui expostos.

O nosso querido e saudoso Mestre José Cretella Jr. a ela se refere:

> O direito adquirido, em virtude da relação de função pública, denomina-se Direito Subjetivo Público e é oponível ao Estado *pro labore facto* (em razão da prestação de serviço). Incorporado ao patrimônio do funcionário, pode ser exigido a qualquer época [...] podendo ser oponível ao Estado que, se o negar, fere direito subjetivo público, líquido e certo, do seu titular. Pelo decurso do tempo fixado em lei, o funcionário adquire o direito à aposentadoria, às férias, à licença prêmio, ao estipêndio, aos adicionais *pro labore facto*, ingressando em "*status* intocável", imune a qualquer fato ou lei que tente vulnerá-lo, o que implicaria ofensa ao direito adquirido, com implicações patrimoniais e morais.[158]

Ocorre que essa doutrina do "direito subjetivo público" não tem nenhum fundamento e não deve subsistir como *longa manus* do direito adquirido do Direito Privado. Em primeiro lugar, porque a relação do Estado com os seus servidores é contratual, e não legal, como lembra Max Weber.[159] Em segundo lugar, porque o contrato entre o Estado e o servidor se faz sob a égide e os princípios do Direito Público, que são diversos daqueles próprios do Direito Privado.

O Estado, ao contratar um servidor, o faz investido do seu poder de império, de sua soberania interna, o que lhe permite alterar esse contrato ou interpretá-lo, tendo em conta precipuamente o interesse público, e não o interesse do contratado. Não existe direito subjetivo público. O Estado não contrata com alguém visando satisfazer os interesses privados do servidor. O seu objetivo é o de atender ao relevante interesse público. E esse interesse público prevalece sobre o interesse privado do funcionário contratado. Essa é a característica fundamental do contrato de Direito Público que o servidor celebra com o Estado, quando de sua nomeação.

Assim, na esfera privada, desde os romanos, o *privatum privilegium* (o direito subjetivo privado) garantia a preservação do patrimônio privado diante de novos éditos da República e do Império Romano. Já na esfera do Estado prevalece, desde a Antiguidade, a *ratio publicae utilitatis* ("as razões de interesse público") e o princípio *salus populi suprema lex est* ("o interesse coletivo é a lei suprema").

A relação do Estado com seus servidores é muito diversa das relações que se regem pelas normas de Direito Privado, que são fundadas na igualda-

---

158. CRETELLA JUNIOR, José. Direito adquirido. In: FRANÇA, R. Limongi (coord.). **Enciclopédia Saraiva de Direito**. São Paulo: Saraiva, 1977, v. 25, p. 133-134.
159. GIRGLIOLI, Pier Paolo, Burocracia. In: BOBBIO, Norberto. **Dicionário de política**. Brasília: Editora Universidade de Brasília, 1998, p. 124-130.

de das partes. No contrato público, uma das partes — o Estado — pode, por razões de interesse público, alterar unilateralmente, mediante ato administrativo, as condições contratuais celebradas com o agente público. E este não pode se opor a que o Estado, perante a presunção do interesse público, submeta a modificações a relação contratual respectiva. Isso porque não existe relação privada nesse contrato de trabalho na esfera do Estado, mas, sim, uma relação pública.

Em suma. Há uma hierarquia no contrato público de contratação do servidor. Ele é contratado do Estado, com quem mantém uma relação de parte subordinada ao interesse público, sob a égide de um contrato público. O agente público, nas suas funções políticas e administrativas, não adquire "direito subjetivo público", porque ele não é um ente público, mas uma pessoa privada, cujos serviços são contratados pelo Estado. A pessoa privada não se torna uma pessoa de Direito Público pelo fato de prestar serviços profissionais ao Estado. O agente público não é uma parte ou uma parcela do Estado. Com ele não se confunde. Nem sequer existe, em primeiro lugar, o interesse público e, depois, o interesse do servidor. Somente existe o interesse público a que os servidores devem observar no exercício de suas funções profissionais.

Daí a regra expressa no presente anteprojeto de constituição de que não pode haver arguição de direito adquirido por parte dos agentes públicos — políticos e administrativos — nas suas relações com o Estado em virtude do exercício de mandatos, de cargos e de funções.

Art. 57 - Critério isonômico de remuneração dos agentes públicos

Propõe-se a isonomia salarial para as pessoas que se situam no setor público e no setor privado. E visa-se, outrossim, promover essa isonomia interna, dentro do próprio setor público, onde há enormes diferenças de proventos entre a massa de servidores e a elite dos agentes públicos, aí incluídos os políticos profissionais.

Num quadro perverso, ganham pouco os servidores que trabalham nos setores mais sensíveis e relevantes dos serviços públicos, sobretudo da educação e da saúde. Já nos setores da alta burocracia, as remunerações são sete vezes superiores às praticadas em cargos com características semelhantes no setor privado, conforme o Relatório do Banco Mundial de 2017.[160] Os dispêndios com os altos agentes públicos incluem, além dos altíssimos salários fixos, toda a sorte de acrés-

---

160. BANCO MUNDIAL. Op. cit.. Sobre a matéria, veja-se, também: CARVALHOSA, Modesto. **Da cleptocracia...** Op. cit., p. 120 *et seq.*

cimos, adendos, verbas compensatórias e reparatórias, que acabam por triplicar o valor nominal. Esses acréscimos são totalmente isentos de imposto de renda, sob o argumento de se tratar de verbas indenizatórias.

Ademais, a legião de servidores dos Poderes Legislativo, Supremo Tribunal Federal e tribunais superiores recebe remunerações que são, em geral, dez vezes mais altas que a remuneração por funções idênticas ou semelhantes exercidas pelos servidores situados nos níveis médio e básico do organograma do setor público. Assim, um motorista de ambulância dos hospitais ou unidades de pronto-atendimento ganha R$ 3.000,00, ao passo que um motorista de senador ou deputado ganha R$ 30.000,00 mais os benefícios que se acrescentam ao valor de seu salário.

Isso posto, os proventos e salários dos agentes públicos devem ser iguais para os serviços prestados em situações idênticas ou semelhantes, em qualquer nível ou setor da administração. A isonomia salarial deve ocorrer nos planos federal, estadual e municipal, levadas em conta as situações orçamentárias específicas de cada Estado e Município. A regra vale para estabelecer uma rigorosa isonomia não apenas no interior da esfera pública, como, sobretudo, entre os salários pagos no setor privado e no setor público. Uma entidade independente deverá indicar essa paridade para, assim, estabelecer a paridade entre os salários pagos no país. Essa câmara salarial deverá trabalhar com total transparência, apontando os dados distorcidos de salário que persistem e as medidas que devem ser tomadas para a sua constante correção e estabilização.

Para se alcançar essa isonomia — interna, no setor público; e externa, em relação ao setor privado —, devem ser eliminadas todas as vantagens e os privilégios hoje outorgados aos altos agentes públicos, tanto políticos como administradores. Propõe-se, desse modo, a extinção de todos os acréscimos salariais, entre os quais se destacam as referidas verbas indenizatórias, que, isentas do imposto de renda, elevam em cinco vezes os estipêndios dos membros da alta administração e dos políticos com cargos eletivos e em comissão. Esses valores quintuplicados são calculados nas aposentadorias e pensões respectivas. A extinção desses privilégios não se resume às recompensas monetárias mas, também, a serviços de toda a espécie que são usufruídos pelos representantes e ex-representantes do povo no Poder Executivo, no Poder Legislativo e também na magistratura, notadamente em assistência hospitalar para si próprios e para seus familiares, dispêndios com viagens dentro do país e ao exterior, sem limites, hospedagens, verbas de representação e custeio, cartões de créditos corporativos, etc.

A regra ora proposta promove, portanto, a extinção dos privilégios monetários e não monetários, usufruídos pelos altos servidores e políticos profissionais. Haverá, assim, a isonomia salarial interna no setor público e externa, em face dos assalariados do setor privado.

Art. 58 - Extinção do regime geral de estabilidade

Estabilidade no emprego é o regime que impede a exoneração do empregado por vontade ou necessidade do empregador. No Brasil, todos os servidores concursados, nas três esferas, após três anos de exercício, gozam de estabilidade, por força da Constituição de 1988. São 11 milhões e quinhentas mil pessoas que gozam desse *status*, nas três esferas federativas, correspondendo a 6% da população.

Na formação desse contingente de privilegiados, a Carta de 1988 estendeu o regime de estabilidade a todos aqueles que, mesmo sem concurso público, estivessem alocados em qualquer repartição do país há mais de cinco anos na data de sua promulgação (art. 19 das Disposições Transitórias). O regime de estabilidade está instituído no art. 41 da Carta vigente, que somente admite a perda do cargo em virtude de improbidade administrativa e prática de crimes contra a Administração Pública. O dispositivo constitucional da estabilidade outorga ao servidor público o *status* de dono do cargo. Literalmente, diz o art. 41, § 1º, da CF/88: "O servidor público estável só perderá o cargo [...]". Ou seja, o cargo é dele, servidor, e não do Estado. O servidor é titular de um pedaço do Estado, que é dele, somente dele.

Trata-se de um direito de propriedade. Podemos chamá-lo de "propriedade administrativa", ao lado da propriedade material (das coisas) e imaterial (das patentes, direitos autorais), próprias do Direito Civil. O regime da estabilidade, com efeito, criou essa terceira categoria de propriedade. O título de propriedade administrativa *provisória* se inicia com a nomeação decorrente do concurso público. Adquire-se a propriedade administrativa *definitiva* após três anos de exercício no cargo. São quatro os elementos da aquisição da propriedade administrativa: (i) concurso público; (ii) nomeação para o cargo; (iii) posse no cargo; (iv) usucapião natural e automático, após três anos de permanência no cargo. Cumpridas essas quatro etapas, o servidor adquirirá o título definitivo de propriedade do cargo. Passa a ter o domínio e a posse do cargo público, oponível *erga omnes*. Trata-se de um direito de propriedade de natureza administrativa.

Pela Constituição de 1988, o Estado, em virtude do contrato público de nomeação, pode estipular os direitos próprios dessa propriedade administrativa e o uso e gozo apropriados que dela se originam. Mais ainda, não pode o Estado sequer expropriar o direito de propriedade sobre o cargo público. Trata-se de direito oponível de forma absoluta ao próprio Estado, que não pode expropriá-lo, ainda que mediante justa indenização. Trata-se de um direito qualificado e *sui generis*, que não encontra paralelo na teoria geral da propriedade e de sua função social. O Estado somente poderá extinguir essa propriedade quando o respectivo cargo estiver vago, ou seja, o seu proprietário passar à categoria de inativo ou falecer (art. 40, § 1º, da CF/1988). Trata-se de um direito absoluto, intocável enquanto o seu titular estiver em sua posse. Os frutos dessa propriedade mansa e pacífica são também imutáveis, diante da regra pétrea da Constituição de 1988 (art. 39, § 3º) que determina a irredutibilidade dos subsídios e vencimentos dos proprietários dos cargos públicos. (arts. 37, XV, 39 e 153 da CF/88).

A propósito, o Supremo Tribunal Federal, em decisão de junho de 2020, negou o pedido dos Estados e Municípios para a redução da jornada de trabalho e respectivos proventos dos seus servidores, diante do agravamento da persistente crise fiscal decorrente da pandemia da Covid-19. Ao negar provimento a esse pedido dos entes federativos, o Pretório Excelso invocou a regra pétrea da irredutibilidade dos vencimentos e subsídios dos servidores públicos insculpida no referido art. 37, XV, da Constituição Federal. Por aí se verifica o nível dos privilégios dos integrantes do setor público, face ao setor privado. Neste último, as leis decorrentes da decretação do Estado de Calamidade Pública, em virtude da crise sanitária, permitiram a redução de até 70% dos salários.

Para dar alguma função social a essa propriedade administrativa, a Emenda Constitucional n. 19, de 1998, estabeleceu o requisito de eficiência no uso e gozo desse direito perpétuo e inexpropriável. A falta de eficiência seria considerada um mau uso da propriedade administrativa, devendo o titular do cargo passar, periodicamente, por uma avaliação. De qualquer forma, o dispositivo constitucional, constante do *caput* do art. 37, não impõe qualquer sanção se constatada a ineficiência funcional do servidor. Trata-se de uma norma sem sanção. Ademais, esse teste de eficiência funcional depende, para sua aplicação, de uma lei complementar que nunca foi promulgada e que nunca o será, passados já 22 anos da referida Emenda Constitucional n. 19, que criou esse requisito de bom uso social da propriedade administrativa. Isso posto, por ser o cargo um direito de propriedade, o Estado não poderá demitir o servidor em razão do interesse público ou por qualquer outro motivo legítimo ou em razão da boa governança, como a eficiência, a produtividade e a efetividade dos serviços que deveriam ser prestados à sociedade.

Também razões de Estado ou de governo — como as de natureza fiscal e respectivo equilíbrio orçamentário e recuperação das finanças públicas — não podem ser apresentadas como motivo da cessação da propriedade administrativa, cujos frutos são irredutíveis, como, ainda agora, durante a pandemia, reiterou a Suprema Corte de nosso país. Mesmo quando há a extinção do cargo, o servidor não poderá ser exonerado, passando a compor um "quadro em extinção" (art. 21 das Disposições Transitórias da CF/88). E, como referido, o preceito constitucional da eficiência, ou seja, a capacidade do servidor de realizar de maneira diligente as suas funções, alcançando a melhor relação entre recursos empregados e resultados obtidos, continuará sempre a ser meramente programático. Assim, à falta de lei complementar que dê efetividade e exigibilidade ao preceito constitucional do *caput* do art. 37 da atual Constituição, a eficiência continuará sempre a ser meramente um desejo, ou seja, tem-se a esperança de que o servidor, por sua própria vontade íntima, seja eficiente — seria bom que ele fosse eficiente; esperamos que ele resolva sê-lo um dia. Enfim, um ideal, um sonho, uma utopia.

Ao regular essa propriedade administrativa, o Estado pode, apenas, determinar o limite de ganhos e vantagens decorrentes desse direito indisponível dos servidores efetivados. Tem o Estado, apenas, poder para impor limites a esses ganhos e para onerar essa propriedade administrativa com impostos e contribuições previdenciárias, como, de resto, ocorre com a propriedade privada. No entanto, o Estado não pode onerar com imposto de renda os subsídios e adicionais recebidos pelos titulares dos cargos públicos, por força do disposto no § 11 do art. 37 da Carta vigente. E acaba aí o poder do Estado sobre a propriedade administrativa do cargo ocupado pelo servidor.

A propriedade administrativa é um direito irremovível, intocável, perpétuo. Não tem o Estado quaisquer meios de removê-lo, extingui-lo ou sequer tocá-lo, a não ser pelo uso criminoso dessa propriedade, ou seja, se houver condenação transitada em julgado por improbidade ou crimes cometidos contra a Administração Pública. Somente nessas hipóteses se configura o mau uso social da propriedade administrativa, acarretando a sua perda.

Por outro lado, a Constituição de 1988, para garantir o uso e o gozo pleno e ilimitado dessa propriedade administrativa, garante aos seus titulares — servidores efetivos — todos os direitos trabalhistas assegurados aos assalariados do setor privado. É o que consta, pormenorizadamente, do art. 39, § 3º,[161] da Constituição de 1988, fazendo remissão ao referido art. 7º, que é clausula pétrea (art. 60 da CF/88). Além dos direitos trabalhistas, a Constituição de 1988 garante aos titulares da propriedade administrativa o direito de se sindicalizarem e o exercício pleno do direito de greve. Embora não corram nenhum risco de perda de sua propriedade administrativa, em virtude do regime de estabilidade, os servidores têm prerrogativas constitucionais que lhes permitem paralisar os serviços públicos para a obtenção de maiores vantagens remuneratórias de toda a espécie e gênero e de condições de trabalho mais vantajosas.

Para o fim de melhoria cada vez maior do uso e gozo de seu direito de propriedade administrativa, os servidores possuem uma estrutura sindical que vai desde os sindicatos de cada específico setor até as federações e a confederação, englobando todas as classes e todas as categorias de agentes públicos federais, estaduais e municipais, em todo o território nacional. Somente o setor público federal tem 122 sindicatos. Formam, assim, os servidores, a maior corporação do país, com um grande *lobby* junto ao Congresso, ao Poder Executivo e ao Supremo

---

161. "Art. 39. [...] § 3º - Aplica-se aos servidores ocupantes de cargo público o disposto no art. 7º, IV, VII, VIII, IX, XII, XIII, XV, XVI, XVII, XVIII, XIX, XX, XXII e XXX, podendo a lei estabelecer requisitos diferenciados de admissão quando a natureza do cargo o exigir."

Tribunal Federal. Revestidos do direito de greve, os servidores exercem pressão e uma permanente ameaça sobre a sociedade, mediante o mecanismo da greve geral ou parcial dos serviços públicos. Daí termos que os servidores, titulares do direito pétreo de propriedade administrativa sobre seus cargos, não assumem nenhum risco ao promoverem paralisações, greves ou as infames operações-padrão ou "operações-tartaruga". Não há nenhuma sanção por essas paralizações, mesmo quando a greve do funcionalismo é considerada ilegal.

Há, também, uma diferença substancial quanto aos danos. A greve do setor privado causa danos ao patrão, ao empregador. Já a greve do setor público causa danos enormes à sociedade, à coletividade e aos usuários dos serviços essenciais. De tudo isso, surge uma contradição histórica fundamental. A burocracia moderna, na clara visão weberiana, foi instituída a partir do início do século XIX para criar, organizar e otimizar os serviços públicos. A missão do servidor foi, desde então, concebida para proporcionar a continuidade dos serviços públicos com racionalidade, eficiência e produtividade. O pressuposto é o da prestação contínua e ininterrupta dos serviços públicos por servidores não sujeitos a pressões políticas e à alternância dos partidos no poder.

Com efeito, a concepção administrativa do século XIX foi a de criação de um corpo permanente de servidores públicos que não pudessem ser substituídos ao sabor dos sucessivos governos. Daí a formação dos quadros (*cadres*) de servidores, a quem se deu o *status* de estabilidade quando em funções de Estado, visando exatamente a permanência, a continuidade e a eficiência dos serviços públicos prestados. Na medida em que esse contingente de pessoas alocadas no setor público reivindicou e obteve direitos trabalhistas e sindicais, igualando-se aos assalariados privados, em todos os direitos, reivindicações e meios de pressão — como a greve, as paralizações e as operações-padrão —, não mais se justifica o direito da estabilidade.

Deixou de existir a contrapartida essencial, que é, como reiterado, a continuidade e, portanto, a não interrupção dos serviços públicos. Não bastasse o desaparecimento da própria razão de ser do regime de estabilidade, ou seja, a continuidade assegurada dos serviços públicos por um quadro permanente de profissionais habilitados, outra questão se coloca: a da eficiência e produtividade na prestação dos serviços públicos. A circunstância de não perder, jamais, a propriedade administrativa do seu cargo leva à infalível conduta, própria da natureza humana: se não posso ser despedido por falta de eficiência, produtividade ou pela prestação disfuncional de serviços, o meu empenho laboral será mínimo ou mesmo inexistente. De qualquer modo, será disfuncional. Nenhum esforço, nenhum engajamento, nenhum comprometimento com as funções a mim atribuídas.

A Constituição de 1988 declara que o servidor é titular de um cargo irremovível, intangível, insuprimível. O servidor público não é detentor de um posto de trabalho que se mantém pela produtividade e capacidade de aperfeiçoamento profissional e técnico contínuo, como ocorre no setor privado. Há uma diferença substancial: no setor privado o trabalho está sob o risco permanente de dispensa. No cargo público, não há risco de perda do cargo. O cargo público será exercido sem qualquer possibilidade de ser tirado. E, uma vez que o servidor se aposenta, o cargo se transforma em usufruto vitalício, com a totalidade dos rendimentos e subsídios que essa propriedade produz, e que se mantêm após a sua morte, na sua integralidade, para os respectivos pensionistas, com base no direito adquirido (art. 40 da CF/88). Todos os acréscimos nos proventos, subsídios e adicionais atribuídos aos servidores da ativa serão, *ipso facto*, repassados para os inativos que adquiriram essa condição até 2003 (EC n. 41/2003).

Por exemplo: um servidor se efetiva no cargo aos 30 anos. Mantém-se na ativa até os 65. Após, usufrui pessoalmente das rendas do cargo até, em média, os 85 anos. Depois da sua morte, a viúva ou o viúvo pensionista continuarão usufruindo, na sua integralidade, por mais 15 anos, em média, os proventos e subsídios do falecido. Para os servidores públicos que ingressaram na carreira até 2003, o Estado arca, em média, durante 70 anos com os custos da propriedade administrativa e sua transformação em aposentadoria e pensão, com salários e benefícios integrais e sempre atualizados, com base nos acréscimos continuamente conquistados pelos servidores na ativa. Como se pode esperar eficiência e produtividade de alguém que terá *ad vitam* e *post mortem* a sua renda integral proveniente da propriedade administrativa do cargo, independentemente de qualquer desempenho funcional?

O regime de estabilidade é a principal causa da disfuncionalidade absoluta dos serviços públicos em nosso país. Não é possível sairmos dessa situação sem a quebra do regime de estabilidade. Esse *status* deve ser reservado, unicamente, aos servidores que efetivamente exercem funções de Estado, como os magistrados, os oficiais das Forças Armadas, os promotores públicos, os diplomatas de carreira e os delegados das polícias civis e militares, da Polícia Federal e da Polícia Rodoviária. E todos os servidores, estáveis ou não, estarão vinculados à avaliação semestral de desempenho em termos de eficiência e produtividade. Se não forem preenchidos esses requisitos, traduzidos por metas e outros critérios específicos de aferição do efetivo desempenho, o servidor, estável ou não, será dispensado, com base nas conclusões negativas de desempenho.

O cargo público, estável ou não, deixará de ser propriedade administrativa, passando a depender da efetiva e contínua prestação dos serviços públicos respectivos. Haverá, portanto, apenas uma categoria de servidores públicos: os contratados pelo regime da Consolidação das Leis do Trabalho, demissíveis por conveniência da administração. Os servidores estáveis, que exercem funções de Estado, serão demissíveis por justa causa, notadamente por ineficiência ou falta de produtividade. Haverá, portanto, uma ruptura do atual regime de privilégios, para que se estabeleça a isonomia das oportunidades e dos riscos entre os assalariados do setor privado e do setor público.

Essas novas regras constitucionais representam uma alteração estrutural do próprio Estado no tocante ao seu desempenho administrativo, permitindo a sua reaproximação com a sociedade, a quem deve prestar serviços eficientes.

Art. 59 - Extinção do regime especial de previdência

A regra proposta neste artigo elimina o regime especial e anti-isonômico de previdência, que institui enormes privilégios para o setor público.

A Constituição de 1988 estabeleceu dois regimes de aposentadorias: o do setor privado, denominado Regime Geral da Previdência Social (RGPS), e o do setor público, denominado Regime Próprio da Previdência Social (RPPS). Por sua vez, a Reforma da Previdência, aprovada em 2019, mediante emenda constitucional, não logrou extinguir esses dois regimes, que refletem o sistema de enormes vantagens para o setor público. Não obstante, a Reforma Previdenciária alcançada teve o mérito fundamental de substituir o sistema de aposentadoria por tempo de contribuição por aquele de idade alcançada pelo contribuinte previdenciário — 65 para os homens e 62 para as mulheres. Esse novo regime por idade, e não por tempo de contribuição, constitui um fator importantíssimo não só para a restauração gradativa do equilíbrio fiscal ao longo de dez anos, como para a sobrevivência do próprio regime previdenciário estatal. Se perdurasse o antigo cálculo de tempo de contribuição, em 2030 o Estado aplicaria todas as suas receitas no pagamento das aposentadorias dos setores público e privado.

Fez mais a Reforma Previdenciária de 2019, ao aumentar a contribuição previdenciária (cotização) dos futuros e atuais beneficiários do setor público, diminuindo, em uma pequena parcela, a iniquidade dos dois sistemas. Ocorre, no entanto, que a Reforma Previdenciária aprovada pelo Congresso em 2019 não logrou eliminar — nem era essa a intenção — a injustiça monstruosa que a Constituição de 1988 instituiu a favor dos integrantes do setor público, em detrimento dos aposentados do setor privado. Não se criou um regime de isonomia, de igualdade de deveres e de benefícios previdenciários para toda a sociedade brasileira. Assim, o Regime Geral continua sendo a vala comum, que paga aposentadorias e pensões pelo sistema do INSS a 30 milhões de aposentados do setor privado, que recebem, em média, um salário mínimo de aposentadoria ou pensão. Já o segundo sistema — o Regime Próprio dos integrantes do setor público, inteiramente desvinculado do sistema INSS — provê apenas 900 mil servidores inativos, ou seja, menos de um milhão de privilegiados, que recebem aposentadorias integrais, idênticas aos proventos que recebiam na ativa nos últimos três anos de trabalho. O único requisito para o recebimento integral é o de terem ingressado no serviço público antes de 2003, ou seja, beneficia a quase totalidade dos servidores atualmente na ativa.

Temos, assim, um Regime Geral, que abrange 97% dos aposentados do país no setor privado, correspondentes a 30 milhões de pessoas, e um Regime Especial, que abrange 3% dos aposentados no país, correspondentes a 900 mil pessoas. Acontece que esses 3% dos inativos do setor público recebem, em média, dez vezes mais aposentadoria e pensões que os 97% dos aposentados do setor privado, sem contar os benefícios indiretos, de todo o gênero e espécie. Desse clamoroso quadro de privilégios resulta que 1/3 (um terço) do fabuloso déficit da Previdência Social (240 bilhões em 2019) são produzidos pelo setor público. Ou seja: 80 bilhões de reais do déficit beneficiam, iniquamente, apenas 900 mil aposentados. Os outros 2/3 do déficit (160 bilhões de reais) "beneficiam" com um salário mínimo, em média, 30 milhões de aposentados do setor privado.

A respeito desse sistema odioso de privilégios, manifestou-se o Banco Mundial, em seu célebre relatório de 2017 sobre o Brasil:

> A reforma fiscal é necessária não só para reduzir os custos fiscais, mas também para tornar o sistema previdenciário mais equitativo. A parte mais injusta da previdência brasileira é o sistema previdenciário dos servidores públicos (RPPS), que oferece aposentadorias extremamente generosas.[162]

Em seguida, o Banco Mundial demonstra que o regime próprio de aposentadorias dos servidores públicos — aí incluídos os políticos — representa 4% do PIB. E, ainda a respeito, manifesta-se o Banco Mundial, no mesmo relatório de 2017: "Os altos subsídios embutidos nas aposentadorias dos servidores públicos são altamente injustos, pois eles fazem parte do grupo mais rico da população. O conceito de direitos adquiridos precisa ser revisto". E lembra, ainda, o estudo do Banco Mundial que esse regime de privilégios a favor dos servidores e políticos aposentados levará à falência o sistema.

Daí a Reforma Previdenciária de 2019, que, embora tenha melhorado a perspectiva fiscal para os próximos dez anos, não logrou extinguir esse iníquo privilégio. Apenas mitigou essa injustiça social mediante o aumento das contribuições previdenciárias dos servidores e a adoção da idade mínima, também aplicável aos integrantes do setor público. Ocorre que a reforma estrutural previdenciária de 2019 não afetou os sistemas estaduais e municipais de previdência. E, com efeito, os Estados e os Municípios têm autonomia constitucional para pagarem o quanto quiserem de aposentadorias aos seus servidores e políticos locais. Mas essa autonomia é uma grande falácia. É a União que acaba arcando com esses

---
162. BANCO MUNDIAL. Op. cit.

recursos nababescos da aposentadoria dos governadores, deputados, prefeitos, vereadores e milhões de servidores estaduais e municipais.

Resultado: a maioria dos Estados e dos Municípios brasileiros está em estado de absoluta falência, vivendo do socorro financeiro da União, sob diversas maneiras e modos, em explícita infringência da Lei de Responsabilidade Fiscal. Trata-se de uma dinâmica perversa: eu, Estado ou Município, não tenho recursos para pagar aposentadorias (nem os salários) dos meus agentes públicos. Mas sou eu, Estado ou Município, que determino o montante que a União deve pagar aos meus beneficiários. Sem a inclusão das unidades federativas na Reforma Previdenciária não há a menor condição de restaurar as finanças públicas, tanto da União como dos Estados e dos Municípios. E a nossa despesa previdenciária com servidores públicos e políticos aposentados é a maior do mundo, ou seja, 4% do PIB, como referido. Mesmo na Grécia, que faliu fragorosamente em 2014 por conta de seu sistema previdenciário, o percentual era de 3,5% do PIB. Segundo a OCDE, no México, na Suíça, na Bélgica, na Suécia, é de 1% do PIB. Na Turquia, é de 0,2% do PIB.

Aqui entra a questão da equidade dos direitos entre os aposentados do setor público e do setor privado. A Reforma Previdenciária de 2019, não obstante os seus méritos estruturais, não logrou extinguir os dois regimes. Pelo contrário, criou um terceiro regime diferenciado: o da aposentadoria dos militares. Foram mantidas as mega-aposentadorias integrais. Essa clamorosa injustiça, que atinge frontalmente as gerações futuras de aposentados, é também apontada pelo Banco Mundial em seu referido relatório de 2017 a respeito do Brasil:

> A decisão de manter os direitos adquiridos dos aposentados atuais introduz uma injustiça intergeracional significativa na reforma do sistema previdenciário. No Brasil, a Constituição protege os direitos de aposentadoria daqueles já aposentados, e decisões jurídicas estabeleceram o princípio de que benefícios não podem ser alterados *ex post*. Contudo, na situação atual, é possível argumentar que a manutenção desse conceito torna o sistema previdenciário menos justo do que deveria ser. De fato, os trabalhadores atuais pagam pelos benefícios generosos dos aposentados atuais, embora eles não possam gozar dos mesmos benefícios no futuro porque o sistema era insustentável desde o início.[163]

Em outras palavras, o custo total do ajuste necessário está sendo pago pelas gerações mais novas. "Uma revisão do conceito de direitos adquiridos de forma a igualar (ou, pelo menos, aproximar) os benefícios oferecidos a gerações distintas

---

163. BANCO MUNDIAL. Op. cit., p. 41 *et seq.*, p. 50 *et seq.*; p. 82 *et seq.*

de trabalhadores iria garantir justiça intergeracional."[164] Esse iníquo sistema previdenciário de castas evidencia o completo divórcio entre o Estado e a sociedade. Daí resulta uma tensão e um conflito permanentes, que retira a legitimidade das instituições do Estado, todas elas voltadas para garantir os privilégios de seus próprios integrantes — políticos e servidores.

As regras constitucionais sobre a matéria, ora propostas, deverão permitir uma reforma estrutural visando estabelecer, no capítulo da previdência social pública, a igualdade de direitos e de deveres entre todas as pessoas e as gerações, trabalhem elas no setor público ou no setor privado.

Das políticas de Estado

Art. 60 - A integração da sociedade civil na implantação das políticas públicas da educação

O poder, dominado por uma oligarquia política corrupta, profundamente atrasada e ignorante, atua em detrimento da sociedade ao não traduzir em serviços públicos funcionais os trilhões de reais que arrecada em impostos. Nesse quadro disfuncional crônico não são criadas oportunidades de desenvolvimento pessoal, sobretudo no campo da educação e do conhecimento. Para se apropriar dos recursos e dos mecanismos do Estado, os donos do poder dominam todas as atividades e todos os meios que poderiam resgatar o povo brasileiro de suas carências estruturais e funcionais mais valiosas, que são o ensino e a capacitação profissional.

Diferentemente das oligarquias esclarecidas da Primeira República, notadamente as do Rio de Janeiro, Pernambuco, São Paulo, Rio Grande do Sul e Minas Gerais, então profundamente preocupadas com o ensino e a implantação de escolas inclusive na zona rural, a oligarquia atual, que domina o Congresso brasileiro, é despida — ela própria — de qualquer ilustração, sendo formada na sua maioria absoluta por pessoas desqualificadas não apenas moralmente, mas intelectualmente. As origens da nossa Republica positivista, dos fins do século XIX, que ensaiou um sistema de ensino público exemplar e que perdurou, inclusive, na era Vargas, foi destruída pela atual burocracia disfuncional, cujo resultado é a degradação do ensino no país, representado pela carência de creches e pela péssima qualidade das escolas públicas, fundamentais e de ensino médio.

O Estado controla inteiramente o sistema escolar público, mantendo-o num baixíssimo nível, exatamente para assegurar o domínio da oligarquia política

---
164. BANCO MUNDIAL. Op. cit., p. 72 *et seq.*

através da multiplicadora ignorância do povo. O nível de analfabetismo funcional no Brasil atinge 30% dos brasileiros entre 15 e 64 anos.[165] A colocação do Brasil no ranking de avaliação mundial do PISA[166] nos envergonha a cada ano, mantendo-nos entre os países menos desenvolvidos do mundo em matéria educacional. E essa desqualificação mundial se dá não obstante termos no país um excelente rastreamento dessas ineficiências e um diagnóstico capaz de superá-las e impor remédios eficientes de ensino.

A sociedade civil organizada possui dezenas de entidades e de associações de excelência voltadas para o fundamental problema da educação no país. Essas associações permanentemente propõem soluções orgânicas e estruturais capazes de restaurar o nosso ensino público, como é o caso, para citar apenas uma entre centenas delas, da prestigiosa Todos pela Educação.[167] Não obstante essa contribuição relevante da sociedade civil, a oligarquia política sabota e impede a implantação da empatia, da eficiência e da produtividade no ensino público no país.

Os sucessivos e incontáveis Ministros da Educação, cada um deles, têm uma ideia improvisada a respeito do tema, sem que prevaleça uma política de Estado capaz de dar continuidade a planos educacionais de longo prazo. As fabulosas verbas atribuídas à educação no orçamento da União traduzem-se pela total ineficiência do sistema pedagógico, que forma milhões de analfabetos funcionais a cada ano, como referido. Essa ineficiência e improdutividade estrutural leva, outrossim, a uma crescente evasão escolar, tendo em vista a inexistência de qualquer perspectiva de melhora do conhecimento por parte das escolas públicas.

Nas periferias das grandes e médias cidades, a escola é considerada um corpo estranho e mesmo hostil, comparável, guardadas as proporções, às delegacias de polícia e às forças policiais. A reprovação de um aluno da periferia é considerada uma ofensa à própria comunidade. Daí as depredações e as agressões aos professores. Essa reação explica a aprovação automática de todos os alunos do ensino básico e médio no Estado de São Paulo, durante vários anos, na gestão Geraldo Alkmin. Tratava-se de neutralizar o clima de hostilidade à escola pública, implantada pelo Estado nos bairros pobres e miseráveis, sem nenhuma empatia

---

165. Nos termos do Indicador Nacional de Alfabetismo Funcional (Inaf) de 2018: 8% da população brasileira são analfabetos; 22% possuem alfabetização rudimentar; 34% têm nível elementar; 25% são de nível intermediário. E são proficientes apenas 12% da população brasileira. (CAMPOS JÚNIOR, Lázaro. 3 em cada 10 brasileiros não conseguem entender este texto. **Todos pela Educação**, 12 nov. 2018. Disponível em: https://www.todospelaeducacao.org.br/conteudo/inaf-3-em-cada-10-brasileiros-nao-conseguiriam-entender-este-texto).

166. O Programa Internacional de Avaliação de Alunos (PISA) é uma avaliação de desempenho escolar realizada pela primeira vez em 2000 e repetida a cada dois anos. É coordenado pela Organização para a Cooperação e Desenvolvimento Econômico (OCDE), com o objetivo de melhorar as políticas e resultados educacionais.

167. TODOS PELA EDUCAÇÃO. **Home**. Disponível em: https://www.todospelaeducacao.org.br/home.

que poderia haver a partir da participação da própria comunidade nas suas atividades e na sua condução e organização.

O objetivo da oligarquia que nos domina é que, pela produção de milhões de analfabetos funcionais, todos os anos, não se crie uma cidadania no país que possa impedir a reeleição dos políticos profissionais que nos infelicitam. Com esse intento, os políticos indicam e nomeiam, com critérios político-partidários, até os diretores das escolas públicas, aparelhando-as aos interesses eleitorais do respectivo partido e dos seus dirigentes. Esse é o sistema de ensino no Brasil. O diretor não é de carreira nem tem a mínima noção de seu papel de impulsionador e agregador das atividades dos professores e alunos. O diretor da escola pública não é um regente de orquestra interessado na eficiência do estabelecimento de ensino que dirige. É um mero preposto dos políticos que o indicaram, agindo no interesse destes.

A disfuncionalidade dos serviços de ensino público impediu e continua impedindo que as sucessivas gerações de pessoas, inabilitadas intelectualmente, criem, elas próprias, oportunidades de desenvolvimento pessoal e profissional. Não há nenhum compromisso da oligarquia política com a criação de um sistema de ensino capaz de trazer à tona a maioria do povo hoje submetido, por falta de conhecimentos mínimos, a uma marginalização social permanente. Essa degradação se traduz pela violência que impera na periferia e se espalha pelas cidades, através do subemprego, pelos expedientes aleatórios de sobrevivência, pelo desemprego crônico, pelos 38 milhões de pessoas "autônomas" que vivem de expedientes aleatórios, perambulando pelas ruas das cidades brasileiras.[168] Isso tudo quando há inúmeros setores empresariais carentes de mão de obra habilitada, desde operários qualificados até técnicos em informática. Há milhares de vagas não preenchidas num país onde 12,5 milhões de pessoas procuram, há anos, uma colocação no mercado de trabalho formal, antes e depois da crise sanitária de 2020.

A maneira de romper estruturalmente esse estado de calamidade educacional no país é a participação efetiva da sociedade civil na condução das creches e das escolas públicas no país. Há uma enorme disposição da sociedade civil organizada para não apenas contribuir, mas efetivamente assumir um papel concreto e efetivo na condução das unidades de ensino público no país. E, mais do que essa intervenção de fora do Estado na cogestão das escolas públicas, será funda-

---

168. "Considerados os mais impactados pelos efeitos do novo coronavírus sobre a economia, os informais representavam 40,6% do total de trabalhadores ocupados no país no trimestre móvel encerrado em fevereiro, o correspondente a 38,08 milhões de pessoas, segundo dados divulgados nesta terça-feira pelo Instituto Brasileiro de Geografia e Estatística (IBGE)." (VILLAS BÔAS, Bruno. IBGE: país tinha 38,08 milhões na informalidade até fevereiro, mostra IBGE. **Valor**, 31 mar. 2020. Disponível em: https://valor.globo.com/brasil/noticia/2020/03/31/ibge-pais-tinha-3808-milhoes-na-informalidade-ate-fevereiro.ghtml).

mental a integração permanente das famílias dos alunos nessa gestão conjunta Estado-sociedade. É indispensável que as creches, as escolas de ensino básico e médio se transformem em centros de convivência dos alunos, de suas famílias e dos ex-alunos.

Devem-se estabelecer políticas de Estado que atribuam responsabilidades de cogestão às famílias dos alunos e ex-alunos das escolas públicas e das creches. As escolas devem se tornar esses centros de convivência familiar, inclusive para reintegrar e resgatar os próprios pais dos alunos das suas carências de aprendizado. É o que ocorre, há mais de duzentos anos, nos Estados Unidos da América, onde são, e sempre foram, as próprias comunidades que assumem as escolas públicas, as quais são os fundamentais centros de convivência da comunidade.

Essa integração da sociedade civil organizada, das famílias dos alunos e do Estado pode levar as unidades de ensino públicas não só à eficiência, mas trazer o amor necessário às iniciativas de ensino. Sem amor não há transmissão de conhecimento, não há aprendizado, não há autoridade reconhecida, não há convívio, não há humanidade. E não serão os burocratas a serviço das oligarquias políticas que vão trazer esse valor fundamental ao ensino público no país. A valorização social dos professores e sua integração com as famílias dos alunos contam essencialmente nessa corresponsabilidade da gestão escolar. Nesse contexto, surge o voluntariado, que é um dos elementos fundamentais para o resgate do ensino público no país. Voluntariado das famílias dos alunos e da sociedade civil organizada.

Relevante papel devem ter as escolas privadas nessa contribuição decisiva e permanente na restauração do ensino público no Brasil. Deve haver esse compartilhamento entre o Estado, a comunidade local e a sociedade civil na promoção e na condução do ensino público. A educação é um dever compartilhado do Estado e da sociedade.

Art. 61 - A saúde pública é dever compartilhado do Estado, da sociedade civil e das pessoas

A democracia é fruto do controle da sociedade sobre o Estado, que se faz através da participação efetiva da cidadania na implantação e permanência das políticas públicas.

No caso da saúde, esse dever compartilhado vai além da participação da sociedade civil organizada, para se colocar como dever de cada pessoa, no sentido de contribuir com sua conduta individual na melhoria da própria saúde e da dos seus familiares. A saúde é uma questão crucial que não pode ser delegada ao Estado, pura e simplesmente. A sociedade tem que assumir o seu papel permanente na melhoria e preservação da saúde pública, a partir do comportamento saudável de todas as pessoas que a integram.

Ao Estado, por sua vez, cabe promover políticas de educação sanitária através de campanhas educativas permanentes nas escolas, na mídia e nas redes sociais, capazes de sensibilizar, alterar e melhorar os hábitos de saúde alimentar, de vacinação, de combate à obesidade, ao tabagismo, ao alcoolismo e às drogas de todo o gênero. Essa é uma política de Estado prioritária. Em vez de gastar bilhões em propaganda enganosa sobre obras projetadas ou em andamento, mas nunca concluídas, com nítido fim eleitoral, os governos devem dedicar-se a promover, constantemente, campanhas de melhoria da saúde, da prevenção das doenças e de suas consequências na qualidade de vida e nos efeitos letais das doenças e da dependência química.

A propósito, discute-se no mundo todo a questão da liberação das drogas. Não ocorre, no entanto, aos governos procurar uma efetiva diminuição do problema através de campanhas educacionais e de esclarecimento das consequências individuais e sociais do uso de drogas. Gasta-se no mundo bilhões de dólares no combate policial e militar ao tráfico. Mas não se gasta um níquel para educar as pessoas, as novas e velhas gerações, sobre as consequências nefastas desse vício.[169]

---

169. Mencione-se, a propósito, as relações entre políticos e traficantes: "A CPI do Narcotráfico também acusou por envolvimento no tráfico de drogas o deputado José Aleksandro (PSL) do Acre, em Alagoas os deputados Augusto Farias (PFL, atual DEM), João Beltrão Siqueira, José Francisco Cerqueira Tenório (PMN), Antônio Ribeiro Albuquerque (PRTB), Júnior Leão, Cícero Ferro (PRTB), Celso Luiz (PP) e Fátima Cordeiro (PDT). No Espírito Santo foram indiciados o presidente da Assembleia Legislativa do período, José Carlos Grantz também do ex-PFL e o deputado Gilson Lopes dos Santos Filho. No Amapá foram três deputados, o ex-presidente da Assembleia Fran Júnior (PMN), Jorge Salomão que também era do PFL, e que agora está no PROS e o deputado Paulo José (PTC). No Paraná foram indiciadas 117 pessoas, e o impacto da CPI no estado Paraná levou o Senador Roberto Requião a acusar o governador no período, Jaime Lerner (ex-PFL) de ter sido financiando pelo tráfico de drogas. No estado do Maranhão foram 23 indiciados pela CPI, entre eles os deputados estaduais que foram cassados José Gerardo (PPB) e Francisco Caíca (PSD). As eleições do ano de 2016, foram as primeiras eleições após o fim do financiamento empresarial de campanha, e uma das preocupações que foram colocadas pelo Ministro do STF Dias Toffoli e ex-presidente do TSE – Tribunal Superior Eleitoral – ainda no ano passado, era o financiamento do tráfico de drogas para as campanhas eleitorais. Mas essa preocupação já existiu nas eleições do ano de 2010, não só com o dinheiro do tráfico de drogas, mas também dos caça-níqueis e do bingo. Em julho a revista Istoé publicou uma matéria falando das pretensões políticas do PCC no estado do Ceará, segundo a revista, o PCC pretendia financiar a eleição de 10 Prefeitos e 50 Vereadores. [...] Em 2014 o Partido dos Trabalhadores (PT) expulsou o deputado estadual por São Paulo, Luiz Moura, por ser acusado em uma investigação de estar lavando dinheiro do PCC. O deputado era sócio de uma cooperativa de transporte que estaria sendo usada para lavagem de dinheiro do PCC e teria participado de uma reunião com membros da organização. [...] em 2009 a Polícia Militar de São Paulo achou 19 quilos de cocaína pasta base, e 515 quilos de crack e munição, em uma fazenda localizada na cidade de Pontalinda, que pertence ao Senador Aloysio Nunes (PSDB), que na época era Secretário de Estado em São Paulo. Mas segundo o Delegado, o político do PSDB era vítima, pois os traficantes escolheram a fazenda dele para esconder as drogas por causa da localização. Será mesmo? Agora imagine essa mesma quantidade de drogas na casa de um morador da periferia, você acha que o Delegado chegaria a essa mesma conclusão? [...] E por fim a família Perrella, o Senador Zezé Perrella (PTB) e o seu filho ex-deputado estadual por Minas Gerais, Gustavo Perrella (Solidariedade), tiveram o helicóptero apreendido pela Polícia Federal em 2013 após pousar na sua fazenda carregando 450 kg de cocaína pasta base. Zezé Perrella

Por aí se terá o caminho certo de combate eficiente às drogas e à criminalidade organizada do tráfico.

Isso posto, a educação sanitária deve ser a prioridade nesse compartilhamento necessário entre Estado, sociedade civil organizada e os seus integrantes, no plano da responsabilidade individual de manutenção de hábitos saudáveis. Ademais, a integração dos serviços públicos e privados no tratamento das doenças deve ter igual prioridade nas políticas de Estado referentes à saúde pública. Os hospitais particulares e seus serviços de pronto atendimento e de exames e diagnósticos devem contribuir para a melhoria do atendimento ambulatorial, de internação, de intervenções de alta complexidade das pessoas que se valem do Sistema Único de Saúde (SUS). Deve-se lembrar que já existe no país uma efetiva contribuição do terceiro setor na condução da saúde pública. De se anotar as organizações sociais que prestam serviços nos hospitais do Rio de Janeiro e nos prontos-socorros da cidade de São Paulo. Esse trabalho deve constituir um campo de estudo sobre a efetividade e as falhas que têm ocorrido nessa experiência, em termos de dedicação, recursos, operacionalidade, integridade, moralidade, carências, deficiências e questões de poder entre tais organizações sociais e a burocracia estatal. Essa integração da sociedade civil organizada com o Estado deve conduzir a um nível de eficiência necessário ao atendimento, em tempo útil, dos enfermos que demandam os serviços públicos.

Desse modo, a saúde pública é um dever de cada indivíduo no que tange à sua conduta de preservação da própria saúde e da de seus dependentes. É um dever da sociedade civil organizada contribuir efetiva e organicamente com os serviços públicos de saúde. E, obviamente, é um dever do Estado a implantação de políticas públicas de prevenção e de tratamento de enfermidades, de forma eficiente, em que se destaca a qualidade dos serviços em tempo útil para o efetivo atendimento e para a cura dos pacientes.

Ainda no capítulo das enfermidades, deve haver entre as redes pública e privada sistemas terapêuticos integrados de consulta, diagnóstico, internação, intervenção e tratamento clínico e cirúrgico. A propósito dessa integração, impõe-se a recolocação do SUS dentro de seus propósitos, sistemas, meios e recursos, tal como foram concebidos. O SUS permite a promoção de uma efetiva eficiência na prestação de serviços públicos de saúde. Ocorre que, com o passar do tempo, o uso do sistema foi se deteriorando, a ponto de termos hoje um dos piores serviços

---

se tornou Senador após a morte do ex-presidente Itamar Franco, e entrou na vaga porque era suplente, o Senador é aliado de outro Senador mineiro, Aécio Neves (PSDB). [...] No fim das contas o helicóptero foi devolvido à família Perrella e a droga ninguém sabe e ninguém viu, e o Gustavo Perrella foi nomeado para o cargo de Secretário Nacional de Esportes dentro [do] Ministério do Esporte após o impeachment de Dilma Rousseff (PT)." (OLIVEIRA, Henrique. As veias abertas do narcotráfico na política da América Latina. **Justificando**, 19 jul. 2017. Disponível em: http://www.justificando.com/2017/07/19/as-veias-abertas-do-narcotrafico-na-politica-da-america-latina).

de saúde pública do planeta. Não se trata, portanto, de deficiência intrínseca do SUS, mas do absoluto desvio de seus métodos, seja pela falta de recursos, seja pelo pagamento irrisório e nunca atualizado dos serviços ambulatoriais, de internação e de intervenções de alta complexidade. Ocorreu, com o tempo, uma deterioração do SUS, que, em si, é um enorme avanço na implantação da saúde pública e cuja efetividade pôde ser constatada durante a pandemia da Covid-19.

Necessário, portanto, que as políticas públicas, no plano da saúde pública, promovam a restauração plena do SUS e de sua integração orgânica com a rede privada de saúde. E não basta. Deve o SUS acolher a automação de dados e sua integração proporcionadas pela robotização e pela inteligência artificial no setor, que permitem, como o próprio nome indica — Sistema Único de Saúde —, que se torne efetivamente único, no sentido de integrar as informações clínicas de todos os pacientes, em todo o país, totalizando os dados que permitem um diagnóstico aproximativo advindo desses mesmos dados e a respectiva prescrição clínica e recomendações cirúrgicas, com as respectivas técnicas.

Cria-se, dessa forma, uma integração efetiva entre os setores público e privado de saúde, com acesso universal, em tempo real e com leitura prévia, dentro do conceito de dados abertos.

Art. 62 - Segurança pública como dever restrito do Estado

A razão da existência do Estado é exercer o monopólio do poder de polícia, o que lhe dá o encargo de pacificar a sociedade, impedindo o exercício privado da força. Cabe ao Estado, isoladamente e autonomamente, desarmar e impedir o uso da violência e a criação de meios e instrumentos de força e intimidação por qualquer indivíduo ou grupo privado. O exercício da força fora do Estado é crime contra a sociedade.

Assim, nenhuma entidade de segurança, de polícia, de repressão ao crime e de inteligência pode existir fora do Estado. A regra é estrita e fundamental num Estado Democrático de Direito. E o exercício do poder de polícia do Estado é restrito dentro dele próprio, na medida em que não podem ser criadas forças de segurança além daquelas previstas na constituição e que são: a Polícia Federal, as polícias Rodoviária e Ferroviária federais, as polícias civis e as polícias militares, que são órgãos permanentes, organizados e mantidos pela União e pelos Estados-membros.

Não podem, portanto, proliferar organismos policiais pelos Poderes Legislativo e Judiciário nem pelo próprio Poder Executivo, como é o caso da Força Nacional, que é um ente híbrido, com atividades, ao mesmo tempo, militares e policiais. Também é exemplo dessa multiplicação de entes policiais e paramilitares a Polícia do Senado e a Polícia da Câmara dos Deputados. Esses organismos ferem o princípio da atribuição restrita do Poder de Polícia do Estado, que não pode se expandir a ponto de cada Poder possuir a sua própria polícia. A mesma restrição se impõe no tocante aos Estados, cujo poder de polícia se restringe à polícia civil e à polícia militar. Os Municípios, por sua vez, não poderão ter nenhum corpo policial, sendo as guardas municipais entes de fiscalização da ordem, e não de imposição da ordem, atribuição que cabe às polícias militares estaduais.

As polícias civis têm natureza e funções judiciais, na medida em que instauram as averiguações e as investigações que instruirão os processos de natureza criminal. Esses procedimentos serão levados ao Ministério Público para a instauração das ações penais junto ao Poder Judiciário. A Polícia Federal é, também, uma polícia judicial. Além da polícia judicial (polícia civil), a polícia miliar tem a função de garantir a ordem pública. Exercem, assim, as polícias a função primordial de combate ao crime, tanto no plano da prevenção como da repressão e, ainda, na execução dos serviços de inteligência, integrando dados que serão compartilhados em plano nacional, a tempo presente, como também no plano internacional.

Insista-se nesse ponto. O poder de polícia do Estado tem seu limite institucional representado pelas entidades policiais previstas na constituição, não podendo ser criados outros organismos policiais. Isso posto, a segurança pública é o único setor de prestação relevante de serviços à sociedade que tem que ser exercido unicamente pelo Estado, não cabendo à sociedade civil promover qualquer medida ou meio de participar dessa função essencial e restrita do Estado.

Art. 63 - Política pública de desfavelamento

É fundamental para o resgate da dignidade humana em nosso país a promoção de uma política pública de Estado voltada para o desfavelamento e a inserção social de grande parte do povo, cuja habitação e condições urbanas são degradantes. A propósito dessa questão social relevante, os governos se voltam unicamente para cobrir o déficit habitacional crônico, jamais enfrentando — sequer discutindo — a premência do resgate de milhões de pessoas submetidas a uma vida indigna por força das condições habitacionais e urbanas em que vivem.

O precioso estudo formulado pelo Instituto Brasileiro de Geografia e Estatística (IBGE) a respeito dos aglomerados subnormais no Brasil, com base nos dados do Censo de 2010, são eloquentes pela sua abrangência e detalhamento desses aglomerados infames onde vive, pelo menos, um terço do povo brasileiro.[170] A propósito, essas concentrações sub-humanas em aglomerados sub-normais, na

---

170. BRASIL. Instituto Brasileiro de Geografia e Estatística – IBGE. **Aglomerados Subnormais**: sobre a publicação. Disponível em: https://www.ibge.gov.br/geociencias/organizacao-do-territorio/tipologias-do-territorio/15788-aglomerados-subnormais.html?=&t=sobre.

linguagem do IBGE, abrangem mais de 50% da população de Belém do Pará, mais de um terço na região de Salvador, mais de um quarto da do Recife, 20% em São Paulo e 15% no Rio de Janeiro.

Isso posto, a proposta constitucional ora apresentada não se fixa apenas nos aspectos externos e visíveis desse aglomerados degradantes, mas, sobretudo, na própria unidade habitacional, na sua incapacidade de proporcionar o convívio familiar digno entre as pessoas e as gerações e, com isso, a criação de valores e sentimentos, hoje solapados pela ausência desses espaços domiciliares. O estudo do IBGE não aborda esse aspecto crucial.

As unidades habitacionais nas favelas são apenas dormitórios promíscuos, em que não existe lugar de convivência nem um mínimo de lazer. Essas unidades, em geral, são formadas por um corredor que serve de depósito de tralhas, de uma cozinha sem espaço de convívio e de um ou dois quartos, onde se aglomeram e se revezam, em horários diversos, os habitantes da casa, sem nenhum lugar, como referido, para que uma criança faça sua lição escolar, para que os membros da família possam se reunir, conversar e se alimentar, juntos, ao mesmo tempo, em comunhão. O espaço de convívio é externo, nos becos, nas travessas, nos caminhos, nas trilhas, nas escadarias, nas rampas e nas ruas estreitas que existem apenas nos aglomerados subnormais planos. Além da questão da ausência de espaço de convívio nas unidades habitacionais, há que se enfrentar, também, a efetividade dos serviços de saneamento básico. Não basta instalar serviço de esgotos nas favelas. Há que ligar a rede a todas as unidades residenciais. Como fazê-lo diante do amontoado de habitações caoticamente construídas, umas sobre as outras, nas encostas, nos morros, ou, então, nos barracos de madeira e de engradados?

Nas visitas de estudo que fizemos, em 2017, ao Jardim Ibirapuera, em São Paulo — dado como exemplo de urbanização plena da favela —, constatamos que a coleta de esgoto abrange toda a área daquele aglomerado superadensado. Só que a rede de esgoto não está ligada à maioria das unidades habitacionais. Somente o comércio e os estabelecimentos de serviços usufruem da rede de esgoto, ou, então, as casas aburguesadas das ruas principais. E em nenhuma ocasião foi feita uma campanha, casa a casa, explicando o uso dos serviços de esgoto implantado. A maioria delas não usufrui, até hoje, dos serviços de coleta de esgoto ali instalado desde os fins dos anos 1980. A propósito, no Brasil, dominado pela propaganda político-eleitoral contínua, as redes de esgoto implantadas são propagandeadas pela sua extensão e nunca pelo seu uso unitário. Ocorre que o sistema público de esgoto, em todo o mundo, mede-se pelo lodo que produz, e não pelos metros de extensão construída.

Outra questão fundamental é a da inserção urbana das pessoas que vivem nesses aglomerados sub-humanos. A segregação dos moradores de favelas é um elemento da discriminação impregnada na sociedade. Ao preconceito racial acrescenta-se, a partir dos anos 1950, o preconceito urbano. Se alguém mora na favela, presume-se tratar-se de uma pessoa que vive num ambiente de criminalidade, de marginalidade, e, portanto, perigosa. Essa discriminação está internalizada nas próprias mentes e na conduta das pessoas que habitam as favelas, que, em consequência, preferem viver segregadas nessas áreas, evitando frequentar as regiões "civilizadas" das cidades. Os milhões de favelados se autossegregam, criando sua cultura própria, seus hábitos, sua própria rádio comunitária — formando verdadeiros guetos.

Assim, os habitantes das favelas são discriminados não apenas pela cor, mas também pela localização urbana de seu domicílio. O preconceito vigente na sociedade diz que favelado é marginal, é perigoso, possui maus hábitos, é traficante, ou acabará sendo — eis o pensamento corrente. Presume-se que todos têm passagem pela polícia e se dedicam a matar, a roubar, a traficar... Esta é a percepção das "pessoas de bem": favelado é bandido. Ainda que se confie na pessoa favelada que se conhece e que trabalha como subalterna em nossas casas, há sempre a desconfiança sobre o seu núcleo familiar, no qual se imagina que pode, sempre, haver um marginal perigoso, ou vários deles, que chegariam até nós através do parente que nos serve e em quem até depositamos nossa confiança. Essa discriminação por endereço urbano, e não só pela cor, demanda uma política pública de desfavelamento.

Não basta que apenas se transformem os aglomerados subnormais em aglomerados normais, mantendo-os, porém, no mesmo espaço concentrado em que se encontram. Não se trata, com efeito, de apenas urbanizar as favelas, mas fazer com que desapareça esse estigma, distribuindo os seus habitantes nos espaços urbanos disponíveis, fazendo com que desapareça essa discriminação mediante a dispersão das habitações sociais. Por outro lado, a dispersão dos espaços urbanos dos atuais aglomerados subnormais tem o efeito fundamental de fazer desaparecer a cultura comunitária dos habitantes da favela.

Sentindo-se discriminados, os favelados naturalmente formam uma série de valores contradiscriminatórios, de autodefesa de sua própria dignidade, formando uma nação apartada, que se fecha não somente na criação de uma cultura própria, mas num território próprio. Em consequência, criam essas aglomerações subnormais verdadeiros enclaves territoriais, que se reconhecem entre si, seja para afirmar essa territorialidade, seja para manter uma constante rivalidade e beligerância. São territórios apartados da Nação brasileira. Formam, em alguns casos, espaços impenetráveis para as forças da ordem do Estado, como a polícia ou qualquer outro serviço social. Não há escolas, nem creches, nem ambulatórios ou prontos-socorros — nenhum serviço social. O Estado é o inimigo agressor. Até a escola pública é considerada uma intromissão do Estado, que ousa avaliar e reprovar os jovens favelados. Daí a violência escolar, as depredações, a evasão escolar, a rejeição desse aparelho externo na vida própria da nação favelada.

Entenda-se, portanto, a desfavelização não apenas como a criação de habitações dignas e capazes de proporcionar o convívio social para os favelados, mas como a dispersão dessas comunidades no espaço urbano, para reintegrá-las no convívio social e nos serviços públicos, prestados a todos, sem discriminação. À sociedade civil e suas entidades dedicadas à questão cabe um papel essencial na implantação dessa política de desfavelamento, que deverá ser planejada para uma implantação num espaço de tempo determinado, que se propõe que seja de vinte anos.

Art. 64 - Políticas de saneamento básico

A questão do saneamento básico é deveras conhecida e debatida pela sociedade brasileira, na medida em que constitui um permanente desastre humanitário. Todas as pessoas sabem que, no Brasil, metade do nosso povo não é atendida pelos serviços de esgoto e que quase um quarto do povo brasileiro não possui sequer água encanada em suas habitações. Os dados do Sistema Nacional de Informações de Saneamento Básico (SNIS), de 2018, demonstram que o índice de esgoto coletado serve a 53,2% da população, havendo, na época, um déficit de 101 milhões de brasileiros sem acesso aos serviços de esgoto sanitário e 39,4 milhões de pessoas sem abastecimento de água tratada e encanada.[171] Trata-se de dados oficiais e, portanto, edulcorados, de uma realidade que deve, infelizmente, ser ainda mais grave.

Em um projeto de lei que visava modificar o marco legal do saneamento básico, culpava-se o povo por essa situação degradante, nos seguintes termos: "a expansão desordenada dos grandes centros urbanos agrava a coleta e o tratamento do esgoto sanitário, acrescido da praticamente ausência de coleta ou tratamento no meio rural brasileiro".[172] Em outro documento, após atribuir aos pobres e miseráveis, que vivem nas favelas e à beira de córregos-esgoto, a situação de calamidade humanitária em que vivem, o governo se lamenta, ao dizer que, sendo o Brasil uma potência mundial, o seu povo atrapalha as estatísticas, ao construir desordenadamente barracos, em vez de residências que pudessem

---

171. Relatório de 2018: BRASIL. Ministério do Desenvolvimento Regional. Sistema Nacional de Informações Sobre Saneamento – SNIS. **Diagnóstico dos Serviços de Água e Esgotos:** 2018. 5 dez. 2019. Disponível em: http://www.snis.gov.br/diagnostico-anual-agua-e-esgotos/diagnostico-dos-servicos-de-agua-e-esgotos-2018. Dados organizados em tabela: BRASIL. Ministério do Desenvolvimento Regional. Sistema Nacional de Informações Sobre Saneamento – SNIS. **Sistema Nacional de Informações Sobre Saneamento:** 2018. Disponível em: http://www.snis.gov.br/painel-informacoes-saneamento-brasil/web/painel-setor-saneamento.

172. BRASIL. Câmara dos Deputados. **Projeto de Lei n. 3.235/2019.** Atualiza o marco legal do saneamento básico. Disponível em: https://www.camara.leg.br/proposicoesWeb/fichadetramitacao?idProposicao=2205632.

facilmente ser ligadas à rede de esgotos e ao fornecimento de água encanada. É o que, literalmente, declara o governo na Mensagem[173] encaminhando ao Congresso o "Novo Marco do Saneamento",[174] em 25 de junho de 2020:

> Não se pode conviver com mais de 40 milhões de brasileiros sem acesso a água de qualidade [sic], e quase 104 milhões sem esgoto tratado adequadamente [sic], num país considerado a 9ª economia do mundo e subjugada [sic] a 123º no ranking mundial de serviços públicos de saneamento ambiental.

E, em seguida, na mesma Mensagem ao Congresso, o governo procura minimizar os efeitos dessa tragédia humanitária, reduzindo o número de mortes pelas péssimas condições sanitárias do povo brasileiro a... 15 mil anuais?! Literalmente:

> O Brasil necessita investir mais de 20 bilhões por ano até 2033, para universalizar a cobertura de água e esgoto em todo o seu território e evitar a morte prematura [sic] de 15 mil pessoas por ano por doenças de veiculação hídrica ou causadas pela ausência de saneamento.

Trata-se do velho jogo das oligarquias políticas que secularmente dominam o país e nos colocam nos piores índices mundiais de desenvolvimento humano. De tempos em tempos, a oligarquia lança um novo "Plano Nacional de Saneamento", cujo único objetivo é o de inchar, ainda mais, o aparelho burocrático, com dezenas de órgãos "dedicados" ao problema da miséria humana a que está destinada a metade do povo brasileiro. O aparato legislativo sobre saneamento básico — todo voltado para a "universalização" dos serviços de esgoto e água encanada — é significativo, sendo de se mencionar apenas as principais leis:

- Lei n. 9.984, de 2000, que atribui a missão de sanear o Brasil à Agência Nacional de Águas e Saneamento Básico (ANA);
- Lei n. 10.768, de 2003, que altera as atribuições do cargo de "Especialista em Recursos Hídricos" [?];
- Lei n. 11.107, de 2005, que veda[175] a prestação de serviços de água e esgoto sem contrato público;

---

173. BRASIL. Secretaria Executiva. **EMI n. 000184/2019 ME MDR**. 8 jun. 2019. Disponível em: http://www.planalto.gov.br/ccivil_03/Projetos/ExpMotiv/MECON/2019/184.htm.
174. BRASIL. **Projeto de Lei n. 4.162, de 2019**. Atualiza o marco legal do saneamento básico. Disponível em: https://www25.senado.leg.br/web/atividade/materias/-/materia/140534.
175. A Lei n. 11.107/2005 teve sua redação modificada em 2020 pela Lei n. 14.026, de 15 de julho de 2020: "Art. 9º - A Lei n. 11.107, de 6 de abril de 2005, passa a vigorar com as seguintes alterações: [...] Art. 13. [...] § 8º - Os contratos de prestação de serviços públicos de saneamento básico deverão observar

- Lei n. 11.445, de 2007, que aprimora as condições estruturais do saneamento básico no país;
- Lei n. 12.305, de 2010, que "decreta o fim" dos lixões em todo o país [?];
- Lei n. 13.089, de 2015, que cria o denominado "Estatuto da Metrópole"; e
- Lei n. 13.529, de 2017, que autoriza a criação de um fundo com a finalidade de viabilizar a solução definitiva do problema de saneamento básico e ambiental.

Na sequência dessa miríade de leis sobre a matéria, foi sancionada a Lei n. 14.026, de 15 de julho de 2020, que altera dispositivos esparsos em todas as demais leis anteriormente referidas, instituindo o "Novo Marco de Saneamento", em substituição aos anteriores "marcos", alterando todos aqueles, notadamente as regras constantes da Lei n. 13.089, de 2015, o ultrapassado "Estatuto da Metrópole". Esse "Novo Marco" mantém as "metas de universalização", estendendo o prazo de sua conclusão para 2033.

A novidade é a inclusão preponderante da iniciativa privada no setor, em que, hoje, atua apenas residualmente. Essa inclusão relevante das empresas privadas se dará mediante concessão e, sobretudo, pela associação de empresas nacionais e multinacionais do setor com as atuais empresas públicas concessionárias, por meio de parcerias público-privadas (PPPs) e de subconcessões. Nesse novo arranjo público-privado entra o BNDES, que já tem vários projetos aprovados a respeito. Trata-se, pois, de uma tentativa louvável e eficaz de atrair as empresas privadas de diversos países na implementação dos serviços de construção da rede de esgoto, seu tratamento, aumento da rede de água e eliminação dos lixões.

Ocorre que o Presidente da República, ao sancionar o "Novo Marco", em 15 de julho de 2020, vetou o seu art. 16, que determinava a prorrogação, por 30 anos, dos contratos de concessão das empresas públicas com as prefeituras, bem como a regularização dos serviços prestados por elas sem licitação. A razão do veto foi a disputa política que o Chefe do Executivo trava com os governadores, tendo em vista a sua reeleição, em 2022. Com esse veto, os projetos de PPPs no setor do saneamento básico já aprovados pelo BNDES, no valor de 51 bilhões de reais, deixarão de ser implementados. Em consequência, o "Novo Marco do Saneamento" é natimorto quanto à sua finalidade de trazer a iniciativa privada para o setor.

Mas, de qualquer forma, essa nova "Lei do Saneamento Básico" aumentou, ainda mais, os aparelhos burocráticos "dedicados" à solução da vergonhosa situação sanitária do país. Para tanto, foram ampliados significativamente os poderes e as funções da indefectível agência reguladora do setor, a Agência Nacional

o art. 175 da Constituição Federal, vedada a formalização de novos contratos de programa para esse fim."

de Águas e Saneamento Básico (ANA). A nova lei, outrossim, altera e amplia as funções de "Especialista em Regulação" (?) do Quadro de Pessoal da ANA. E vai mais longe o "Novo Marco": cria o Comitê Interministerial de Saneamento Básico (CISB) e institui, também, um fundo para financiar estudos técnicos especializados para os projetos de concessão e de PPPs. E não para aí o "Novo Marco": amplia os quadros do Sistema Nacional de Informações em Saneamento Básico (SINISA); do Sistema Nacional de Gerenciamento de Informações sobre Gestão dos Resíduos Sólidos (SINIR); e do Sistema Nacional de Gerenciamento de Recursos Hídricos (SINGREH).

Enfim, o "Novo Marco", de 2020, diante do veto presidencial ao artigo 16, que atrairia a participação do setor privado na construção da rede de serviço e tratamento de esgoto e dos resíduos sólidos, servirá, apenas, para ampliar significativamente os organismos, os conselhos e os "entes de gestão". Tudo isso para continuarmos como estamos em matéria de ausência de serviços sanitários para as "populações desassistidas", ou seja, para metade do povo brasileiro.

Temos, assim, desde o ano 2000, uma série de iniciativas legislativas a respeito do saneamento básico que criaram um enorme aparato burocrático — para absolutamente nada! O Brasil continua, nesses vinte anos, a ter metade de sua população sem acesso aos serviços sanitários básicos de esgoto e um quarto da população sem água encanada. Nesses longos anos, para compensar, milhões de reais foram e continuarão a ser gastos para sustentar o enorme aparelho burocrático montado para solucionar o problema. Nessa série infindável de leis que se sucedem como "novos marcos do saneamento básico", não se encontra nenhuma palavra sobre a participação da sociedade civil. Na Exposição de Motivos do "Novo Marco", de 2020, declara-se que a participação das organizações sociais no setor é de 0,1%.

A propósito, a Exposição de Motivos do "Novo Marco" mostra o seguinte quadro de participação no desastre humanitário do saneamento básico no Brasil: 68,9% são empresas estaduais de economia mista; 17,4% são da administração pública direta; 9,3% são autarquias; 2,9% são empresas privadas; 1,4% são empresas públicas e 0,1% são organizações sociais. Nessa torrente de leis, não há nenhuma referência à ligação da rede de esgotos às "habitações subnormais" em que vivem 100 milhões de brasileiros. Nenhuma política de retirada das milhares de pessoas que vivem à beira dos córregos-esgoto. Nenhuma menção à necessidade de integrar a questão sanitária à questão do desfavelamento. Sem água encanada e esgoto ligado e tratado, a saúde pública é gravemente afetada, comprometendo sucessivas gerações, que permanecem no estado de miséria (04 milhões e meio), abaixo do nível de pobreza (50 milhões) e no limite da pobreza (abrangendo outros 60 milhões).

A sociedade civil organizada possui um excelente acervo de estudos sobre essa questão humanitária, que, infelizmente, não são aproveitados pelo Estado. A participação das organizações sociais é de, apenas, 0,1%, como referido. Os espasmos que os sucessivos governos oligárquicos apresentam, no sentido de "resolver" o infame problema de saneamento básico, esbarram na ausência de efetiva implementação de uma política pública consistente, que aproveite os estudos desenvolvidos pela sociedade e pelo próprio Estado.

As distorções são desastrosas nessa questão humanitária. Assim, no Brasil, avalia-se a rede de esgotos pela sua extensão, e não pela quantidade de lodo que ela produz. Entre nós, a meta, nunca executada, é a de construir as redes de esgoto e as estações de tratamento, sem se preocupar com a efetiva ligação à rede nos domicílios, ou seja, o seu uso efetivo pelas pessoas. Repita-se. Não há nenhuma preocupação quanto à ligação da rede com as unidades habitacionais. E não há nenhuma ação educativa da coletividade potencialmente beneficiada com tais serviços. Preocupam-se os sucessivos governos oligárquicos com o atraso apenas das obras — sempre as obras —, e nunca com a sua utilidade, que, no caso, é vital, diante do desastre humanitário que a falta de água tratada e de rede de esgoto ligada causa à metade de nosso povo.

Assim, uma política de Estado deveria abranger um plano racional de ligação efetiva das redes de água tratada e de esgoto, num prazo razoável de, eventualmente, dez anos. O "Novo Marco", de 2020, fala em implementação da rede até 2033. Porém, frustra essa possibilidade diante do veto presidencial à integração público-privada na construção da rede, sua ligação domiciliar e seu tratamento. Um cronograma deveria ser estabelecido com as prioridades indicadas por critérios objetivos e de necessidades mais prementes.

Essa política de saneamento básico deverá estar vinculada à política pública de desfavelamento, pois integram a mesma questão. A propósito, como instalar serviço de esgoto nas favelas, com o seu caótico quadro de construções sobrepostas e sem nenhuma melhoria urbana, conforme estudado nos comentários ao artigo 63, supra? São políticas integradas: a da instalação domiciliar da rede de esgoto e o desfavelamento.

Art. 65 - Do planejamento estratégico

O planejamento estratégico e o regime de metas constituem fatores fundamentais da eficiência e produtividade dos serviços públicos. Trata-se de uma política de Estado, que deve se impor aos sucessivos governos, como instrumento permanente de reconstrução dos serviços públicos — atualmente em total disfunção. Esse planejamento estratégico, e o regime de metas, devem ser adotados no plano da União, dos Estados e dos Municípios. Neles, é indispensável a presença da sociedade civil organizada, que, através de suas entidades de estudo e de atuação, devem integrar a elaboração desse planejamento e a sua execução.

Nesse contexto, as novas técnicas de informática devem ser incluídas e adotadas, em curto, médio e longo prazo, como meio de se alcançar a otimização dos serviços públicos. A automação desses serviços, através do sistema de dados, com leitura a tempo presente, deve se impor em todos os setores da administração, ressaltando a contribuição relevante que poderá ter no plano da saúde, da segurança, dos transportes e, também, na educação, em que não se dispensa, no entanto, a presença humana na sua condução. E, no plano da informação abrangente de dados da administração pública, e da condução de seus serviços, os avanços da informática são fundamentais.

Essa relevância é evidente, não somente no campo da eficiência e produtividade, mas, sobretudo, na redução da arbitrariedade administrativa, traduzida pelos favores e desfavores próprios da intervenção pessoal dos agentes administrativos, seja por abuso e desvio de poder, seja por interferências políticas nos atos discricionários da Administração e na interpretação dos atos normativos. A impessoalidade, a moralidade e a legitimidade dos atos administrativos terão um grande avanço com essa automação, cuja neutralidade, objetividade e velocidade levam a uma otimização gradativa dos serviços públicos e seu controle de eficiência pela sociedade civil, através do regime de publicidade a tempo presente.

O planejamento estratégico, abrangendo o presente e o futuro em longo prazo, notadamente na absorção de novas técnicas universais de eficiência e produtividade, deve, com efeito, ser objeto das políticas de Estado.

Dos partidos políticos, movimentos e associações com finalidades políticas

Art. 66 - Plena liberdade de voto dos parlamentares

Como referido na segunda parte deste estudo, em nosso país não existe uma verdadeira democracia, mas uma partidocracia que mantém o poder continuamente nas mãos de uma oligarquia atrasada e corrupta, cada vez mais iletrada, ignorante, truculenta, sedenta de poder. O único objetivo é a reeleição dos donos dos partidos e dos membros de seu grupo fechado de políticos profissionais. A questão fundamental trazida neste artigo do anteprojeto de constituição é a liberdade na formação e na expressão da vontade política que decidirá, nos parlamentos, os negócios do Estado, através da votação das leis.

Enfrenta-se a questão da fidelidade partidária, estabelecida no § 1º, *in fine*, do art. 17 da Constituição de 1988.[176] Por esse dispositivo constitucional vigente, os senadores, deputados e vereadores são obrigados a seguir a orientação dos líderes dos seus partidos na votação das leis, das medidas provisórias, dos vetos dados pelo Presidente da República e dos projetos de emenda constitucional. São os parlamentares obrigados, outrossim, a votar conforme a orientação desses mesmos líderes partidários nas comissões, sobretudo quando as votações têm caráter terminativo, ou seja, aprovam os projetos de lei sem necessidade de passar pelo plenário. Trata-se de um subproduto interno da ditadura dos partidos na vida política do país. Para tanto, os donos dos partidos indicam, a seu bel prazer, os líderes para que estes obriguem os parlamentares a votar conforme os interesses do momento.

Essa fidelidade partidária contraria inteiramente o princípio da representação política, fundada no dever do parlamentar de votar, sempre, no interesse público, visando atender às demandas legítimas da coletividade, com a plena consonância do seu voto com o bem comum. A fidelidade partidária, que cerceia a liberdade de voto dos representantes do povo, constitui uma negativa da própria existência do regime representativo. Assim, não pode significar a vinculação do voto dos representantes parlamentares aos desígnios dos chefões dos partidos. Deve ser entendida como um dever interno de conduta do parlamentar, dentro dos padrões da ética, nas eleições da direção do partido e dos seus diretórios. Não pode ser entendida como meio de opressão do voto do parlamentar diante das questões nacionais, estaduais e municipais, objeto das votações nas respectivas casas legislativas.

A vinculação do voto à vontade dos donos do partido é o principal efeito da partidocracia, instituída no Brasil por força do disposto no art. 14, § 3º, V, da Constituição de 1988. Daí ser necessário superar o monopólio dos partidos, como propugnou De Gaulle ao formular a Constituição de 1958, que instituiu a V República Francesa. Nela, o art. 4º estabelece que "A lei garante as expressões pluralistas de opiniões e a participação equitativa dos partidos e associações políticas na vida democrática da Nação".

A partidocracia constitui uma negação não apenas da democracia representativa, como do próprio regime democrático. A partidocracia impõe sua tirania ao filtrar a vontade soberana do povo para a satisfação dos interesses meramente

---

176. CF/88: "Art. 17 [...] § 1º - É assegurada aos partidos políticos autonomia para definir sua estrutura interna e estabelecer regras sobre escolha, formação e duração de seus órgãos permanentes e provisórios e sobre sua organização e funcionamento e para adotar os critérios de escolha e o regime de suas coligações nas eleições majoritárias, vedada a sua celebração nas eleições proporcionais, sem obrigatoriedade de vinculação entre as candidaturas em âmbito nacional, estadual, distrital ou municipal, devendo seus estatutos estabelecer normas de disciplina e fidelidade partidária. (Redação dada pela Emenda Constitucional n. 97, de 2017)."

partidários. Mas, também, é tirânica, ao capturar a livre vontade dos próprios parlamentares que pertencem à respectiva legenda. Na partidocracia, que a Constituição de 1988 nos impôs, há um confisco, um sequestro, um esbulho da soberania do povo, que é o próprio fundamento do Estado Democrático de Direito. Na partidocracia não há o pluralismo das opiniões dos parlamentares. Estes ficam submetidos à vontade do líder partidário do momento, que determina o voto dos seus membros, independentemente da vontade deles. Trata-se da conhecida "questão fechada", que exige dos parlamentares o voto em bloco. Esse sistema tirânico impede que o representante, eleito pelo povo, vote de acordo com sua consciência, sua ética pública, suas opiniões e convicções a respeito de cada um e de todos os temas submetidos à votação nas casas legislativas a que pertence.

A mesma liberdade no exercício da representação legítima da soberania popular se impõe aos parlamentares independentes eleitos com o apoio das associações civis de natureza política. Portanto, deve haver plena liberdade do voto dos parlamentares, pertençam eles a partidos ou sejam independentes indicados por movimentos sociais de natureza política. Não pode, assim, haver vínculos partidários, fidelidade partidária ou "disciplina partidária" que possa cercear a livre representação da fonte primária do poder, que é o povo.

A democracia representativa deve expressar, sempre, as necessidades e os anseios da sociedade sobre as matérias em debate legislativo. A fidelidade do parlamentar é com o povo soberano, com os interesses da Nação e com o interesse coletivo, e não com a vontade do partido. O parlamentar eleito por um grupo de eleitores transcende os interesses, as visões políticas e sociais de quem o elegeu, para visualizar o bem comum, em toda e qualquer circunstância. Assim o parlamentar vinculado a partido que apoia o governo não está adstrito ao voto de aprovação das propostas legislativas ou das políticas públicas adotadas. Pode, livremente, opor-se a elas, quando, na visão dele, parlamentar, não atenderem, precípua e claramente, ao interesse público, ao bem comum e às demandas legítimas da sociedade.

Da mesma forma, os parlamentares inscritos em partidos da oposição não têm por que se opor a propostas de leis do Poder Executivo que atendam à coletividade ou que implantem políticas favoráveis ao desenvolvimento social e econômico do país. Cabe aos representantes da oposição, nessas circunstâncias, votar a favor das medidas propugnadas pelo governo. A representação popular dos parlamentares é de caráter individual, seja a dos senadores, que se elegem pelo voto majoritário, seja a dos deputados e vereadores, que serão eleitos pelo sistema de voto distrital puro.

A propósito, o voto sempre a favor do governo apoiado pelo respectivo partido situacionista é absolutamente contra a própria gênese da democracia representativa, fundada na vontade e no interesse do povo. A oposição sistemática, pura e simples, quando estão em pauta as necessidades coletivas e individuais, é inadmissível. Assim, a liberdade de propor, de discutir, de opinar e, sobretudo, de votar é inseparável da representação legítima dos interesses do povo no seio dos parlamentos. Não pode, portanto, essa representação autêntica da vontade popular ser impedida pelos planos de poder dos partidos, seja quando desejam mantê-lo, seja quando querem tomá-lo dos seus atuais detentores.

Os parlamentares independentes, indicados e apoiados pelos movimentos sociais de natureza política, também são livres para votar conforme sua consciência e convicções, diante das circunstâncias e das propostas colocadas para discussão e voto nos parlamentos.

Art. 67 - A legitimidade das associações civis de natureza política

O exercício da soberania do povo está na razão direta da quebra do monopólio dos partidos políticos. Os partidos, na sua acepção clássica, são entidades voltadas e orientadas para a conquista do poder visando à consecução de fins pessoais de seus dirigentes, apoiados em um determinado grupo de acólitos com os mesmos interesses.

Os partidos políticos agem na esfera do poder político, pura e simplesmente, não tendo nenhuma preocupação com a consecução do interesse coletivo, com o bem público ou a realização pessoal ou geral do povo. Os partidos políticos têm um único objetivo: a conquista ou a manutenção do poder, num ciclo que, nos regimes democráticos, denomina-se "alternância do poder". Essencialmente, no entanto, essa alternância não existe. O poder está sempre em mãos de políticos profissionais que mantêm, entre si, um jogo de permanência no domínio autárquico das estruturas do Estado, ora como situação, ora como oposição.

Mantêm os profissionais da política uma disputa, às vezes acirrada, visando assumir o comando do Estado. Porém, são eles absolutamente solidários e unânimes no contínuo aumento de seus privilégios como classe política, estendidos aos membros da alta burocracia, a qual lhe dá as bases logísticas de manutenção do poder, inclusive no plano da leniência e da impunidade.

Os partidos políticos são autarquias inteiramente alienadas do povo, com quem mantêm contato bienal, para amealhar votos visando mantê-los no círculo fechado do domínio do Estado e da sociedade. A função da cidadania é passiva, ou seja, interfere na condução política do país uma única vez, a cada dois anos, para eleger os mesmos "homens públicos" — como se autodenominam os políticos profissionais — para os cargos de representação parlamentar e de mandato executivo, nas três esferas.

Na clássica definição de Max Weber, os partidos políticos são organizações constituídas com o fim deliberado de obter benefícios, poder e glória para os seus chefes e sequazes.[177] E, segundo Oppo, a definição de Weber põe em relevo a natureza da ação dos partidos, que é unicamente orientada à conquista do poder político visando à consecução de fins pessoais dos seus integrantes.[178] Ainda segundo Oppo, os partidos são organizações complexas, nitidamente hierárquicas e burocráticas, cujo único objetivo é se mover na esfera do poder político.[179]

Está longe o tempo em que os partidos surgiram, por forca das Revoluções Francesa e Americana, nos fins do século XVIII, e, em seguida, consolidaram-se diante do fenômeno da divisão do trabalho da Era Industrial e dos movimentos socialistas, dividindo a sociedade ideologicamente. Naqueles sucessivos períodos, que tiveram o seu auge em meados do século XIX (1848 e 1870) e chegaram até a metade do século XX, as formações partidárias surgiram para representar as correntes de opinião política do povo, dividido ideologicamente. Adotou-se, inspirado na Reform Act inglesa, de 1832,[180] o regime de representação parlamentar e de governo, através dos partidos que exprimiam e disputavam o poder com base nessas posições ideológicas. Com efeito, naquele período histórico, o povo tinha nos partidos uma expressão de suas convicções, dentro das concepções de esquerda ou de direita.

Essa ideia de partidos políticos como representação de ideais políticos, nítidos e inconciliáveis, foi desaparecendo, a ponto de, já nos primórdios do século XX, Weber defini-los como meros conglomerados em busca do poder pelo poder.[181] Essa perda completa de sua origem histórica e de sua função representativa da soberania do povo ainda mais se acentuou na sociedade de consumo, em que os ideais e as ideologias que os expressavam deram lugar a uma estrutura de poder voltada unicamente aos interesses dos dirigentes partidários.

Os partidos no mundo atual — principalmente nos países periféricos — representam os interesses do poder pelo poder. Para isso, reforçam, cada vez mais, os privilégios do setor público, formado pela classe política e, também, burocrática. A inexistência de qualquer vínculo dos partidos com ideias, ideologias, projetos de sociedade, de governo, de Estado, está explícita na Constituição de 1988, que incentiva a promiscuidade entre eles, visando à permanência da partidocracia. Essa inexistência de qualquer identidade dos partidos políticos com o povo e a prevalência absoluta do jogo de poder constam expressamente do art. 17 da Carta vigente, que permite, a todo o tempo, as coligações eleitorais, a fusão e a incorporação dos partidos, independentemente dos programas políticos de cada um deles.

---

177. OPPO, Anna. Partidos políticos. Op. cit.
178. OPPO, Anna. Partidos políticos. Op. cit.
179. OPPO, Anna. Partidos políticos. Op. cit.
180. UNITED KINGDOM. UK Parliament. **The Reform Act 1832**. Disponível em: https://www.parliament.uk/about/living-heritage/evolutionofparliament/houseofcommons/reformacts/overview/reformact1832.
181. WEBER, Max. **Economia y sociedad**. Op. cit.

A ideia do regime representativo da época das Luzes desapareceu, pura e simplesmente. Daí o repudio da cidadania aos partidos políticos tradicionais, praticamente em todos os países democráticos — ou pseudodemocráticos, como o nosso. Os partidos políticos, hoje, representam um grupo restrito de pessoas em busca do poder e de suas benesses, tendo contato com o povo apenas em períodos eleitorais quando, freneticamente, capturam votos mediante discursos demagógicos, promessas de serviços públicos decentes e de resgate das desigualdades sociais.

A propósito, todas as agremiações políticas repetem as mesmas promessas de luta pela igualdade social e pela melhoria das condições de vida do povo. Os estatutos de todos os partidos são idênticos, como também os seus programas. Na realidade, os partidos políticos formam uma oligarquia irmanada no jogo do poder, em que são parceiros indissolúveis quanto ao uso e o gozo imoderado das benesses e das oportunidades de enriquecimento pessoal de seus dirigentes. Trata-se de uma oligarquia retrógrada que submete o país a um desgoverno permanente, pois, ao assumir o poder, não se propõe a implementar nenhuma política de Estado. Os serviços públicos também não oferecem nenhuma atenção dos partidos empoderados, continuando a sua trajetória de disfuncionalidade plena e, assim, colocando o povo num estado progressivo de penúria de bens coletivos essenciais à sua sobrevivência.

A propalada "alternância do poder" dá-se no mesmo círculo, sem nenhuma ruptura da inércia do poder, que ora vem, ora vai, com os protagonistas de sempre. Consequência: os partidos que ganham a eleição mantêm a dinâmica do atraso e da ineficiência. O máximo que fazem é aprofundar a disfuncionalidade do Estado, aumentando, sempre, os privilégios dos políticos e dos burocratas.

Um contingente de mais de 60 milhões de brasileiros vive no nível de pobreza,[182] sendo 13 milhões e meio em estado de miséria absoluta,[183] sem nenhuma perspectiva de mobilidade social ou de alcançar um nível mínimo de dignidade humana. A verdade é que os partidos políticos não têm nenhuma função de re-

---

182. Em agosto de 2020, havia 65,3 milhões de brasileiros recebendo o auxílio emergencial, benefício que prevê o repasse de R$ 600,00 a trabalhadores informais e de baixa renda visando mitigar os impactos econômicos causados pela pandemia da Covid-19.

183. Em 2019, "havia 13,5 milhões de pessoas sobrevivendo com até 145 reais mensais. [...] O contingente é recorde em sete anos da série histórica do Instituto Brasileiro de Geografia e Estatística (IBGE)." (JIMÉNEZ, Carla, Extrema pobreza sobe e Brasil já soma 13,5 milhões de miseráveis. **El País**, 6 nov. 2019. Disponível em: https://brasil.elpais.com/brasil/2019/11/06/politica/1573049315_913111.html). "Em 2018, o país tinha 13,5 milhões pessoas com renda mensal *per capta* inferior a 145 reais, ou 1,9 dólares por dia, critério adotado pelo Banco Mundial para identificar a condição de pobreza extrema. Esse número é equivalente a 6,5% dos brasileiros e maior que a população de países como Bolívia, Bélgica, Cuba, Grécia e Portugal." (BRASIL alcança recorde de 13,5 milhões de miseráveis, aponta IBGE. **Veja**, 6 nov. 2019. Disponível em: https://veja.abril.com.br/economia/brasil-alcanca-recorde-de-135-milhoes-de-miseraveis-aponta-ibge).

presentatividade da soberania do povo. Por essa razão, os partidos e os políticos profissionais recebem a total repulsa da cidadania.

Não se pode mais admitir a ditadura dos partidos na vida política do país, instituída no art. 14, § 3º, V, da Constituição de 1988. Como reiterado neste estudo, o monopólio dos partidos não existe nas democracias autênticas, que sempre admitiram as candidaturas independentes ligadas a movimentos espontâneos, livremente organizados pela sociedade civil, com fins de implantação de políticas públicas e atendimento de reivindicações coletivas.

A Constituição francesa de 1958, no seu art. 4º, claramente estabelece a paridade dos direitos de representação do povo entre os partidos e os movimentos associativos com fins políticos, nos seguintes termos:

> Os partidos e associações políticas contribuem para a expressão do sufrágio. Eles se formam e exercem a sua atividade livremente e devem respeitar os princípios da soberania nacional e da democracia. Contribuem para a aplicação do princípio enunciado no segundo parágrafo do artigo 1º, nas condições determinadas pela lei. A lei garante as expressões pluralistas de opiniões e a participação equitativa dos partidos e associações políticas na vida democrática da Nação.

E esse fenômeno de substituição dos partidos envelhecidos, decadentes e corruptos, voltados para si mesmos, dá-se em todo o mundo democrático, notadamente na Europa e na América Latina.

Em nosso país, por força da grande massa crítica formada pela sociedade civil organizada, em torno dos problemas sociais e da disfuncionalidade progressiva do Estado, criaram-se inúmeras associações políticas. E elas elegeram, na eleição geral de 2018, mesmo com a ditadura dos partidos, vários deputados e senadores voltados à implantação dos programas e das reivindicações sociais e políticas do povo. O fenômeno mostra a dinâmica histórica da vida político-institucional, que acaba se impondo, não obstante os bloqueios que a própria Constituição de 1988 instituiu à livre formação e manifestação da vontade eleitoral.

Notícias em torno do fenômeno político Tabata Amaral mostram que o movimento RenovaBR elegeu 16 deputados.[184] Acrescente-se os que foram eleitos pelo MBL[185] e mais uma outra dezena de deputados federais e estaduais

---

184. "Membros da iniciativa filiados a sete legendas diferentes conquistaram dez vagas para o Congresso Nacional e seis para Assembleias Legislativas Estaduais." (RENOVABR. **RenovaBR tem 16 lideranças eleitas para o legislativo**. 8 out. 2018. Disponível em: https://renovabr.org/renovabr-tem-16-liderancas-eleitas-para-o-legislativo).
185. O MBL elegeu um deputado federal e três estaduais. (WERNECK, Carolina; DAL MOLIN, Giorgio. Movimentos como MBL e Livres têm desempenho de partidos de expressão como PSDB, DEM e PDT. Gazeta do Povo, 8 out. 2018. Disponível em: https://www.gazetadopovo.com.br/politica/republica/

eleitos por esses movimentos de natureza política.[186] O uso de siglas partidárias na eleição desses candidatos independentes decorre da partidocracia instituída pela Constituição de 1988, que se propõe extinguir na nova constituição, ora esboçada.

Isso posto, as associações civis com fins políticos devem promover os valores democráticos e propor o seu aperfeiçoamento, notadamente pela propositura e implementação de políticas públicas de Estado, apoiando a eleição de candidatos independentes comprometidos com as pautas de interesse da sociedade.

Art. 68 - Partidos políticos federais, estaduais e municipais autônomos

A presente proposta de constituição observa o princípio federativo na organização e esfera de atuação dos partidos políticos. Visa-se, com esse preceito, restaurar o sistema de partidos federais e estaduais, que vigorou no país até a Constituição de 1934, acrescentando-se ao sistema, agora, os partidos municipais.

Propõe-se, portanto, a quebra do caráter nacional dos partidos, instituído no art. 17, I, da Constituição de 1988: "É livre a criação, fusão, incorporação e extinção de partidos políticos, [...] observados os seguintes preceitos: I - caráter nacional." Esse regime de partidos de caráter nacional desrespeita a formação natural de agremiações que visam atender aos interesses estaduais e municipais. Há, portanto, uma contradição absoluta com o princípio federativo na formação dos atuais quadros partidários. Pela Constituição de 1988, as forças políticas locais não contam. Os donos dos partidos nacionais, a cada eleição estadual e municipal, impõem os interesses centrais para a escolha de candidatos e a formação de coligações. Esse regime hegemônico impede a criação de responsabilidade partidária junto ao eleitor.

No Brasil, até o Estado Novo, sempre houve partidos políticos estaduais que formavam esses quadros de candidatos vinculados aos seus eleitores. No sistema atual, os candidatos para as eleições majoritárias (presidente, senadores, governadores e prefeitos) são escolhidos conforme o jogo nacional da política. Assim, os donos dos partidos, tendo mais interesse em determinados estados,

---

eleicoes-2018/movimentos-como-mble-livres-tem-desempenho-de-partidos-de-expressao-nacional-5wzlc3wip8fpckomq1yvgd25b).

186. "[...] os movimentos Renova BR, Acredito, Livres e MBL elegeram, juntos, pelo menos 28 parlamentares entre Câmara Federal, Senado e Assembleias Estaduais. Para se ter uma ideia, o PSDB e o DEM elegeram 29 cada para o Congresso, e o PDT 28 deputados federais. Entre os integrantes dos quatro movimentos, foram 12 deputados federais: índice superior a partidos como Novo, PPS, Psol, PTB, Podemos e PSC." (WERNECK, Carolina; DAL MOLIN, Giorgio. Op. cit.).

fazem coligações para permitir que, em outras unidades da federação, vençam os candidatos para as eleições majoritárias de outro partido coligado.[187] O mesmo ocorre no plano municipal. Por exemplo, o partido X deseja eleger o seu candidato a prefeito em São Paulo. Para tanto, cede a um outro partido coligado a candidatura para prefeito do Rio de Janeiro. Trata-se de um jogo político que nada tem a ver com os interesses legítimos do povo do respectivo estado ou de cada município. Tudo é decidido nos diretórios centrais dos partidos nacionais, em todos os níveis: federais, estaduais e municipais. O regime de representação legítima do eleitorado não importa. Trata-se, sempre, de reforçar o poder dos partidos nacionais na obtenção de cargos nos ministérios, para usufruir dos privilégios do poder central ou para aumentar as possibilidades de tomada ou retomada do poder.

Não existe federação sem partidos formados nos respectivos estados. E não há federação se não houver partidos municipais para se apresentarem junto ao eleitorado local, tendo em vista os interesses específicos de cada um dos municípios. São diversos os interesses políticos e administrativos das três esferas que formam o sistema federativo.

No plano federal, trata-se de questões abrangentes de todo o país e do estabelecimento de políticas públicas, de leis, de atos normativos e de ações administrativas que afetam a vida nacional. Já no plano estadual, os interesses são de caráter muito mais administrativo do que propriamente político. Referem-se mais à prestação dos serviços públicos nas áreas concretas da educação de Ensino Médio, da saúde e da segurança. E, no plano municipal, a prefeitura deve estar inteiramente voltada para a educação de Ensino Fundamental, para a prestação de serviços públicos e para a implementação de políticas urbanas locais, como os planos diretores de urbanismo e construção, bem como a integração de serviços com os municípios do entorno. Daí que os núcleos partidários devem se estabelecer nesses três diferentes planos, nitidamente diversos, de atuação político-administrativa.

É inteiramente incompatível com o regime federativo a imposição de candidatos em razão dos distantes interesses dos donos dos partidos nacionais, todos voltados para o jogo político de Brasília. Vê-se, por aí, a outra faceta perversa da partidocracia instituída no país pela Constituição de 1988. Além de impor o filtro partidário para que o cidadão se apresente como candidato, impedindo as candidaturas independentes, a partidocracia impõe a vontade dos donos dos

---

187. A partir da eleição de 2020, nas eleições proporcionais são vedadas as coligações. A EC n. 97/2017, além de modificar a redação do § 1º do art. 17 da CF/88, dispõe: "Art. 2º A vedação à celebração de coligações nas eleições proporcionais, prevista no § 1º do art. 17 da Constituição Federal, aplicar-se-á a partir das eleições de 2020." Para saber mais: MIRANDA, Cassia. Quais os efeitos do fim das coligações proporcionais nas eleições deste ano? **BR Político**, 27 ago. 2020. Disponível em: https://brpolitico.com.br/noticias/quais-os-efeitos-do-fim-das-coligacoes-proporcionais-nas-eleicoes-deste-ano.

partidos nacionais na escolha dos candidatos para as eleições de representantes estaduais e municipais.

A partidocracia é duplamente incompatível com os fundamentos da democracia representativa. Obriga-se a filiação partidária dos candidatos, negando-se-lhes o direito de se apresentarem independentemente. E, ao mesmo tempo, impõe-se aos estados e municípios a composição dos quadros de candidatos conforme a vontade dos donos dos partidos, tendo em vista os seus interesses junto ao poder central.

Essa distorção completa do regime representativo impõe uma mudança estrutural na formação da vontade política no seio da Federação. Isso posto, os candidatos para os cargos de Presidente da República, senadores e deputados federais serão indicados e inscritos pelos partidos de âmbito nacional — além, é claro, dos candidatos independentes. Os candidatos a governador e a deputados estaduais serão indicados e inscritos pelos partidos estaduais. Os candidatos a prefeito e a vereadores serão indicados e inscritos pelos partidos formados em cada município.

Os dirigentes dos diretórios dos partidos nacionais não podem participar dos partidos estaduais ou municipais. E vice-versa. Não podem, portanto, os partidos estaduais ser filiais dos partidos nacionais, nem os municipais ser sucursais dos partidos nacionais ou estaduais. O princípio é o da independência e autonomia dos partidos políticos, em cada uma das três esferas da Federação.

Restaura-se com esse regime de separação dos partidos nas três esferas da Federação o fundamental princípio federativo, ou seja, o da legitimidade da participação partidária autônoma, de âmbito nacional, estadual e municipal.

Art. 69 - Financiamento dos partidos políticos por seus filiados e simpatizantes

Os partidos políticos são pessoas jurídicas de direito privado e como tais definidos pela Constituição de 1988, em seu artigo 17, § 2º: "Os partidos políticos, após adquirirem personalidade jurídica, na forma da lei civil, registrarão seus estatutos no Tribunal Superior Eleitoral." Seus fundadores, membros e dirigentes são pessoas físicas, sem qualquer qualidade ou função pública no exercício dessas atividades partidárias.

Na definição de Virga, o partido político é uma associação de pessoas reunidas para a consecução de fins políticos.[188] Para Ruffia, os partidos políticos são associações civis, não tendo a natureza de órgãos de Estado nem de entes públicos

---

188. SILVA, José Afonso da. Op. cit., p. 244 *et seq.*

controlados pelo Poder Público.[189] E, para Jose Afonso da Silva, o partido político é "uma organização associativa formada pela adesão voluntária de particulares e destinada não propriamente a realizar fins públicos, mas fins políticos".[190]

Isso posto, os partidos políticos são de natureza diametralmente oposta aos órgãos públicos. Como ressalta o Professor José Afonso da Silva, a característica:

> da pessoa jurídica de direito público é sua criação diretamente pela lei e a inexigência de registro de seus instrumentos constitutivos. O fato de [os partidos políticos] precisarem de um registro para sua formação denota que não se cuida de pessoa jurídica de direito público. Os partidos não são criados por lei, e seria terrível se o fossem, pois deixariam de ser partidos, para serem outra coisa.[191]

Uma vez inscritos no registro civil das pessoas jurídicas, e uma vez arquivados os seus estatutos no Tribunal Superior Eleitoral, os partidos políticos estão submetidos à jurisdição eleitoral e à fiscalização do Estado quanto à sua conduta nas eleições, tendo em vista o uso das verbas e contribuições que recebem para a respectiva propaganda eleitoral. Note-se que os partidos políticos não têm duplo registro. Inscrevem-se apenas no Registro Civil. Os seus estatutos é que são arquivados no Tribunal Superior Eleitoral.

Em consequência, pela sua natureza privada e não pública, não deve o Estado aportar recursos para os partidos políticos. O Estado não mantém com essas pessoas jurídicas privadas nenhum vínculo contratual de prestação de serviços que pudesse justificar a vinculação orçamentária de despesas. Não há nenhuma relação jurídica entre os partidos e o Estado que justifique dispêndios com sua manutenção, o financiamento de suas campanhas eleitorais ou a propaganda partidária na mídia. A entrega de recursos públicos do Estado aos partidos constitui, portanto, um ato de liberalidade.

O fato de a Constituição de 1988 ter criado, a favor dessas agremiações civis, o Fundo Partidário (art. 17, § 3º, da CF/88) constitui uma imoralidade. Os constituintes de 1988, obliquamente, sorrateiramente, inseriram o Fundo Partidário na Carta, como se fosse um fato consumado, ou seja, já praticado antes da proclamação da Constituição Cidadã.

A linguagem ambígua se encontra no citado § 3º do art. 17 da CF/88:

> § 3º - Somente terão direito a recursos do fundo partidário e acesso gratuito ao rádio e à televisão, na forma da lei, os partidos políticos que alternativa-

---

189. SILVA, José Afonso da. Op. cit.
190. SILVA, José Afonso da. Op. cit.
191. SILVA, José Afonso da. Op. cit.

mente: I - obtiverem, nas eleições para a Câmara dos Deputados, no mínimo, 3% (três por cento) dos votos válidos, distribuídos em pelo menos um terço das unidades da Federação, com um mínimo de 2% (dois por cento) dos votos válidos em cada uma delas; ou II - tiverem elegido pelo menos quinze Deputados Federais distribuídos em pelo menos um terço das unidades da Federação.[192]

Ocorre que, por esse dispositivo constitucional, o Estado, além de doar, todos os meses, milhões de reais às dezenas de partidos, abate outros milhões dos impostos devidos pelas rádios e televisões pelo tempo oferecido para a divulgação de propaganda político-eleitoral. E, se não bastassem essas liberalidades, representadas pelo Fundo Partidário e pela "propaganda gratuita", em 2017, os "representantes do povo" no Congresso Nacional aprovaram a Lei n. 13.487, de 06 de outubro de 2017, instituindo outra despesa orçamentária bilionária, o Fundo Eleitoral, destinado a cobrir as despesas dos candidatos partidários nas campanhas eleitorais.

O Fundo Eleitoral (cujo nome oficial é Fundo Especial de Financiamento de Campanha – FEFC) é diretamente inconstitucional, na medida em que uma lei ordinária não pode criar despesas a favor de associações privadas, como é o caso dos partidos políticos.[193] Somente uma emenda constitucional poderia criar um fundo orçamentário a favor dos partidos políticos. Essas despesas orçamentárias são da ordem de vários bilhões de reais, pagas anualmente, independentemente, portanto, do calendário eleitoral. Por exemplo, em 2019, ano em que não ocorreram eleições, o Tesouro entregou aos partidos políticos 900 milhões de reais, por conta do Fundo Eleitoral.

Acrescente-se a chamada "Lei da Minirreforma Política" — Lei n. 13.877, de 27 de setembro de 2019 —, que permite aos partidos políticos o direito de construir sedes com os recursos públicos provenientes do Fundo Parti-

---

192. Redação dada pela Emenda Constitucional n. 97, de 2017.
193. "É incompatível com a Constituição da República a destinação indiscriminada de recursos públicos a uma entidade privada (no caso, os partidos políticos) sem que haja uma destinação pública ou social para a referida verba de natureza pública, bem como sem a necessária previsão constitucional de tal gasto (tal como se dá com o fundo partidário previsto no Art. 17, § 3º). Com efeito, segundo o texto constitucional (Art. 165, § 5º), a Lei Orçamentária, ao fixar as despesas da União para aquele exercício financeiro, deve prever num único documento os três tipos de orçamentos, a saber, o orçamento fiscal (inc. I), destinado às despesas correntes dos Poderes da União, seus fundos, órgãos e entidades da administração direta e indireta, inclusive fundações; o orçamento de investimento (inc. II), destinado às estatais federais (empresas públicas e sociedades de economia mista); e o orçamento da seguridade social (inc. III), destinado às despesas com o regimes de previdência social (RGPS e RPPS), com o Sistema Único de Saúde e com a Assistência Social." (ADI 6318, conexa à ADI 5795). Note-se, por oportuno, que a ADI 5795 (proposta pelo PSL, à qual foram posteriormente admitidos o NOVO e o PMN) encontra-se conclusa com a relatora desde 31 de agosto de 2018.

dário.[194] E, por força dessa mesma lei de 2019, o Fundo Partidário poderia[195] ser usado para pagar o valor das condenações e as multas devidas por crimes eleitorais porventura praticados pelos partidos políticos e por seus candidatos, eleitos ou não.

Esse é quadro atual da apropriação privada pelos partidos políticos dos recursos públicos, com base na própria Constituição de 1988 e nas leis inconstitucionais que ampliaram essas liberalidades do Estado, ou seja, o Fundo Eleitoral e a Minirreforma Política. Esse esquema legalizado de apropriação de recursos orçamentários imorais pelos partidos políticos, criado pela Assembleia Constituinte de 1987-1988 e ampliado por leis inconstitucionais, deve ser extinto.

Aos partidos políticos cabe obter recursos unicamente junto aos próprios dirigentes, filiados, adeptos e simpatizantes — todas pessoas físicas. Os recursos do Estado não podem sustentar essas agremiações e seus dirigentes.

Os partidos políticos, na realidade, foram criados como meio de proporcionar vida nababesca para os seus donos e para a classe política que gira em torno deles, ou seja, os "homens públicos". Dedicam eles toda a sua vida na busca do poder e dos benefícios fabulosos que a política proporciona à oligarquia partidária, instituída como expressão única da vontade soberana do povo, consoante o art. 14, § 3º, da Carta vigente. No caso brasileiro, por força dessas mesmas oligarquias partidárias, institucionalizadas pela Constituição de 1988, nunca foi tão apropriada e oportuna a definição de Max Weber dos partidos políticos:

> uma associação [...] que visa a um fim deliberado, seja ele "objetivo" como a realização de um plano com intuitos materiais ou ideais, seja "pessoal", isto é, destinado a obter benefícios, poder e, conseqüentemente, glória para os chefes e sequazes, ou então voltado para todos esses objetivos conjuntamente.[196]

---

194. Lei n. 9.096/1995: "Art. 44. Os recursos oriundos do Fundo Partidário serão aplicados: [...] X - na compra ou locação de bens móveis e imóveis, bem como na edificação ou construção de sedes e afins, e na realização de reformas e outras adaptações nesses bens; (Incluído pela Lei n. 13.877, de 2019)."
195. O inciso IX do art. 44 da Lei n. 9.096, de 19 de setembro de 1995, vetado, tinha a seguinte redação: "IX - no pagamento de juros, multas, débitos eleitorais e demais sanções aplicadas por infração à legislação eleitoral ou partidária, incluídos os respectivos encargos e obrigações acessórias." Razões do veto: "A propositura legislativa ofende o interesse público por utilizar o fundo eleitoral, que possui recursos de origem pública, para a defesa de interesses privados dos partidos políticos e de seus filiados, desvirtuando a utilização dos recursos destinados ao atendimento das finalidades essenciais da agremiação política, como instrumento de efetivação do sistema democrático." (BRASIL. **Lei n. 13.877, de 27 de setembro de 2019**: Mensagem n. 462, de 27 de setembro de 2019. Disponível em: https://www2.camara.leg.br/legin/fed/lei/2019/lei-13877-27-setembro-2019-789173-veto-159112-pl.html).
196. OPPO, Anna. Partidos políticos. Op. cit.

Daí a regra ora proposta, de que os recursos dos partidos advenham de seus filiados e simpatizantes, pessoas físicas, vedado o recebimento de quaisquer subsídios, fundos ou verbas dos poderes públicos e de pessoas jurídicas.

Art. 70 - Candidaturas independentes apoiadas por movimentos e associações com finalidades políticas

A norma ora proposta visa quebrar o monopólio dos partidos políticos na representação da vontade do povo, ao instituir as candidaturas independentes, apoiadas ou não por movimentos e associações com finalidades políticas.

A ditadura dos partidos nacionais (arts. 14 e 17 da CF/88) constitui uma contradição aos próprios fundamentos do regime democrático, qual seja, a soberania da vontade popular. Essa distorção mais se acentua ao instituir a Constituição de 1988 o regime do voto proporcional para as eleições parlamentares, o que deslegitima inteiramente a representação política da cidadania, como vimos anteriormente neste estudo. A estrutura de representação montada pela Carta de 1988 visou estabelecer a partidocracia, que é o instrumento eficaz da permanência das oligarquias políticas no poder. Essas oligarquias, formadas pelas dinastias partidárias, são responsáveis pelo atraso social e econômico que faz do Brasil o mais antigo país do futuro no mundo. E essa casta política, pelo seu imobilismo no exercício do poder, acentua, cada vez mais, as desigualdades sociais, a ponto de sermos qualificados como um dos piores países do mundo em diferença de renda entre as populações mais pobre e mais rica.[197]

Em todos os países civilizados, essa ditadura dos partidos não existe, pois sempre neles se admitem as candidaturas independentes, surgidas diretamente dos movimentos sociais e comunitários. Esses movimentos, gerados pela sociedade civil organizada, estão voltados para as questões de implantação de políticas públicas setoriais, regionais e nacionais e, ainda, de melhoria e aperfeiçoamento dos costumes políticos e sociais, em que ressaltam o reconhecimento dos direitos

---

197. "O 1% mais rico concentra 28,3% da renda total do país, conforme ranking sobre o desenvolvimento humano. Brasil perde apenas para o Catar em desigualdade de renda, onde 1% mais rico concentra 29% da renda." (BRASIL tem 2ª maior concentração de renda do mundo, diz relatório da ONU. **G1**, 9 dez. 2019. Disponível em: https://g1.globo.com/mundo/noticia/2019/12/09/brasil-tem-segunda-maior-concentracao-de-renda-do-mundo-diz-relatorio-da-onu.ghtml). "[...] o Brasil é o sétimo país mais desigual do mundo, ficando atrás apenas de nações do continente africano. O levantamento tem como base o coeficiente Gini, que mede desigualdade e distribuição de renda." (BERMÚDEZ, Ana Carla; REZENDE, Constança; MADEIRO, Carlos. Brasil é o 7º país mais desigual do mundo, melhor apenas do que africanos. **UOL**, 9 dez. 2019. Disponível em: https://noticias.uol.com.br/internacional/ultimas-noticias/2019/12/09/brasil-e-o-7-mais-desigual-do-mundo-melhor-apenas-do-que-africanos.htm).

de minorias, as questões de meio ambiente, de políticas urbanas, de habitação, de transporte, de saneamento básico, educacionais, de saúde e segurança pública. Esses movimentos e associações é que representam, efetivamente, as demandas e a vontade real da sociedade no encaminhamento das questões e das soluções que interessam à coletividade e aos seus diversos segmentos.

A conhecida crise dos partidos — que se procura tendenciosamente apresentar como uma crise da própria democracia — nada mais é do que a perda total de representatividade da vontade do povo por essas descredenciadas agremiações. Com efeito, os partidos políticos não representam os legítimos interesses da sociedade civil. Essa realidade vem se acentuando ao longo da segunda metade do século XX, quando se iniciaram os movimentos contra a ditadura dos partidos, a partidocracia.

A quebra dessa hegemonia na vida democrática foi acentuada por De Gaulle, ao propugnar na Constituição da V República francesa (1958) a extinção do que denominou "o regime exclusivo dos partidos". Assim, a Constituição francesa de 1958 instituiu, no seu já citado artigo 4º, a participação dos movimentos políticos em igualdade de condições com os partidos na vida democrática.

Isso posto, a sociedade civil tem hoje plena consciência dos objetivos, de fato, dos partidos, que são a manutenção e a conquista do poder, e o uso e o gozo dos privilégios que o mando político proporciona aos seus detentores. Já nos meados do século XX, a opinião pública francesa percebia que, apesar dos teatrais discursos ideológicos, os partidos não passavam de um aglomerado de ambições, sem influência fora do parlamento.[198] Esse quadro de progressivo divórcio entre a sociedade e os partidos políticos foi se agravando, com o passar das décadas. Acentuou-se esse distanciamento a partir dos anos 1990, quando os demagógicos discursos de esquerda *versus* direita perderam a sua razão de ser, pela queda do império soviético e a redemocratização do leste europeu.

Os partidos políticos não têm mais o respaldo da sociedade, com quem não mantêm qualquer relação institucional. E, como partidos eleitorais de massa, conforme lembra Anna Oppo,[199]

> não se propõem uma gestão diferente da sociedade e do poder, mas procuram conquistar a confiança dos estratos mais diversos da população, propondo em plataformas amplas e flexíveis, além de suficientemente vagas, a satisfação do maior número de pedidos e a solução dos mais diversos problemas sociais. [...] Por este conjunto de conotações, o partido eleitoral de massa foi definido também como "partido pega-tudo" (*partito pigliatutto*).

---

198. CARCASSONNE, Guy; GUILLAUME, Marc. **La Constitution**. 14. ed. Paris: Seuil, 2017, p. 54 *et seq.*
199. OPPO, Anna. Partidos políticos. Op. cit., p. 901 *et seq.*

Os partidos se transformaram em meras máquinas de propaganda eleitoral, tal qual uma agência de publicidade, na venda dos seus produtos no mercado político.[200] Os partidos não são mais sujeitos da ação política. Estão inteiramente dispensados, na presente fase histórica da democracia, em todo o mundo, de sua antiga função de formar decisões políticas legítimas, ou seja, voltadas para o bem público, para o interesse coletivo e para a defesa da coletividade.

Os questionamentos políticos da sociedade se fazem através das redes sociais e nas ruas, diretamente. Não é mais através dos políticos profissionais que o povo participa das decisões políticas. Essa função foi derrogada pelo desuso.

Os parlamentos, dominados pelos políticos profissionais preocupados unicamente com suas carreiras, perderam a função de transmitir os questionamentos políticos. Pode-se mesmo dizer que os partidos políticos deixaram de ser instrumentos da democracia representativa, passando a ser entidades políticas autistas, sem qualquer ligação com o povo, a não ser nas épocas de campanhas publicitárias visando à reeleição dos seus eternos dirigentes e agregados.

Numa visão clara sobre a decadência e desaparecimento dos partidos como instrumento da representação democrática, escreve Anna Oppo:

> [...] um baixo nível de participação e uma situação de não-mobilização tornarão menos controlável a delegação [leia-se: "representação"], favorecerão a cristalização das estruturas políticas permitindo que estas funcionem como filtro de questionamentos particulares e setoriais.[201]

E, nas duas primeiras décadas deste século, ficou ainda mais evidente a inutilidade perniciosa dos partidos, pela percepção do seu uso para o enriquecimento ilícito dos seus dirigentes. Ficou também clarificado que a atuação dos partidos nos parlamentos volta-se, unicamente, para a satisfação dos próprios parlamentares e dos grupos de interesses econômicos e corporativos, que nada têm a ver com as demandas e as necessidades da sociedade e de seus membros. Por isso, o povo, hoje, tem absoluto desprezo e repugnância pelos partidos e por seus dirigentes, que se identificam como profissionais da política voltados unicamente para a sua permanência no poder através das sucessivas reeleições.

A sociedade percebe que, tendo abandonado a função de representatividade, os políticos profissionais procuram apenas se enriquecer ilicitamente, protegidos por toda uma legislação *pro crime*, por eles mesmos votada, e por decisões da mais alta Corte que garantem a completa impunidade da classe política. A sociedade, de posse de novos instrumentos de convivência civil, proporcionados pelas redes sociais, potencializou a informação, a tempo presente, sobre os acon-

---
200. OPPO, Anna. Partidos políticos. Op. cit.
201. OPPO, Anna. Partidos políticos. Op. cit.

tecimentos e sobre a conduta dos políticos. Esses dados desde logo recrutaram a sociedade para uma efetiva e direta participação nas questões públicas, tanto sociais como políticas. Pode-se hoje dizer que todos os cidadãos se tornaram seres políticos atuantes.

A troca e a acumulação de dados sobre as circunstâncias político-sociais acabam por se manifestar nas ruas, que, em muitos países, são ocupadas por manifestantes que representam os anseios de mudança. O encaminhamento de soluções para os graves problemas sociais é gerado nas ruas, de onde são excluídos os políticos profissionais. O povo protesta nas ruas de forma quase permanente, tanto nas democracias como nas autocracias, nos cinco continentes. Nas ruas, nas redes sociais, e não nos parlamentos, o povo propõe novas constituições, mudanças das leis e a alteração do sistema representativo. Nesses movimentos de rua, desde as manifestações da Praça Tahir, no Cairo, em 2011, os povos demonstram a inutilidade dos parlamentos, ocupados por políticos profissionais, que somente enxergam diante de si a sua própria reeleição, o poder permanente e o enriquecimento pessoal ilícito.

Essa participação direta da cidadania na vida política, e a perda absoluta da legitimidade dos partidos como instrumentos de representação da vontade soberana do povo, levou ao surgimento, em todo o mundo democrático — e também entre nós —, de movimentos e de associações com finalidades políticas. E esses movimentos e associações, já no pleito de 2018, elegeram dezenas de candidatos de fato independentes que ostentam essas bandeiras, não obstante tenham sido obrigados a se inscrever formalmente em partidos políticos por força do art. 14, § 3º, V, da CF/88. E, nas eleições municipais de 2020, ocorreu o mesmo.

Conforme noticiou o jornal O Estado de São Paulo, na edição de 19 de janeiro de 2020 — dez meses antes desse pleito, portanto —, 71 candidatos independentes já se apresentaram com o apoio das associações e organizações suprapartidárias para as prefeituras das capitais de 21 Estados. Contam-se, entre esses movimentos e associações de apoio à regeneração da política, o pioneiro Movimento Brasil Livre (MBL); a Rede de Ação Política e pela Sustentabilidade (Raps); RenovarBR; Livres; Acredito; Agora; Vote Nelas; Ocupa Política. Dezenas de outros movimentos e associações existem, espalhados pelo país, visando à efetiva e real renovação política, mediante a eleição de candidatos independentes.

Outro fenômeno correlato: alguns poucos partidos políticos se formaram e se transformaram para acolher candidatos independentes, numa tentativa de restauração da representatividade. Essa solução de acolhimento dos representantes independentes eleitos através dos partidos esbarra, no entanto, em dificuldades advindas da malsinada fidelidade partidária (art. 17, § 1º, da CF/88), que impede o livre exercício do voto parlamentar. O caso da deputada Tabata

Amaral[202] demonstra a inviabilidade de uma solução de compromisso entre a partidocracia e a representação independente no seio do Congresso, notadamente para se votar livremente, de acordo com o interesse público.

Daí ser imprescindível instituir, expressamente, à semelhança da Constituição francesa, a completa paridade de direitos dos partidos e dos movimentos e associações com finalidades políticas, para a indicação de candidatos a cargos eletivos, tanto no Poder Executivo como no Poder Legislativo, nos planos federal, estadual e municipal.

Art. 71 - Remuneração dos senadores e deputados federais e estaduais

Os representantes do povo no Senado, na Câmara Federal e nas assembleias estaduais oneram, de forma absolutamente desproporcional, os cofres públicos, com suas despesas, proventos e remunerações, diretas e indiretas, em dinheiro e em serviços prestados ou fornecidos pelo Estado, em seu benefício pessoal. Acrescente-se ao dispêndio pessoal dos representantes do povo as despesas públicas com o enorme séquito de auxiliares de gabinetes, motoristas, transporte semanal para o município onde residem, viagens ao exterior, cobertura hospitalar privada, para si e para os membros de suas famílias.

De se anotar que grande parte dessas despesas, diretas e indiretas, que oneram os orçamentos da União e dos Estados, é vitalícia. Continuam os ex-senadores e os deputados federais e estaduais a usufruir de aposentadoria integral, extensiva ao cônjuge, na qualidade de pensionista. Não bastasse essa vitaliciedade dos proventos dos representantes do povo, toda a família dos senadores e dos ex-senadores usufruem *ad vitam* dos serviços médicos nos melhores hospitais particulares do país.

O sistema criado pela Constituição de 1988 é o seguinte: uma vez senador ou deputado, eternamente senador ou deputado quanto aos benefícios e privilégios, às expensas do Estado. E se, por acaso, o parlamentar derrotado em determinada eleição voltar a ser eleito num futuro pleito, os benefícios de aposentadoria e demais benefícios atribuídos às anteriores legislaturas continuam

---

202. Em síntese, a deputada votou a favor da Reforma da Previdência, em sentido contrário à determinação do PDT, partido pelo qual foi eleita. Para mais informações: CANÁRIO, Pedro. Tabata Amaral pede que TSE lhe dê "justa causa" para deixar o PDT. **Consultor Jurídico**, 16 out. 2019. Disponível em: https://www.conjur.com.br/2019-out-16/tabata-tse-lhe-justa-causa-deixar-pdt; MOURA, Rafael Moraes. MP "autoriza" infiéis do PDT e do PSB a trocar de partido sem perder mandato. **Estadão**, 13 mar. 2020. Disponível em: https://politica.estadao.com.br/noticias/geral,mp-eleitoral-endossa-argumento-de-infieis-de-pdt-e-psb,70003231195; TSE se prepara para julgar casos de deputados "perseguidos". **Gazeta do Povo**, 9 fev. 2020. Disponível em: https://www.gazetadopovo.com.br/republica/tse-deputados-perseguidos-infidelidade-partidaria.

a ser usufruídos. Acumulam-se as remunerações e vantagens do novo mandato e dos antigos.

O montante do aparato de gabinete, de residência gratuita, de carros oficiais, de despesas aéreas, no país e no exterior, das despesas de estadia, soma bilhões de reais do orçamento, retirados dos cofres públicos da União e dos Estados. Adicionam-se, ainda, as centenas de servidores públicos alocados no Senado, na Câmara Federal e nas assembleias legislativas estaduais, que consomem outros bilhões de reais dos respectivos orçamentos. A inutilidade, ineficiência, improdutividade e disfuncionalidade desse enorme e desproporcional aparato das casas legislativas dá a noção do enorme desperdício dos recursos públicos alocados ao Poder Legislativo, nas três esferas federativas.

Quanto mais pobre o Estado, mais o seu orçamento é onerado pelas despesas do Poder Legislativo. Em nenhum país do mundo democrático civilizado existe essa megaestrutura em torno das atividades legislativas e, muito menos, as benesses atribuídas, direta e indiretamente, aos parlamentares.

Daí a regra constitucional ora proposta de restringir os benefícios dos parlamentares federais unicamente aos seus proventos fixos, correspondentes ao teto dos percebidos pelos ministros da Corte Constitucional. Nenhuma outra remuneração, direta ou indireta, receberá o representante do povo. Ademais, serão extintas as verbas de gabinete, devendo os auxiliares do parlamentar ser os próprios servidores de carreira da respectiva casa legislativa, em número máximo de cinco para cada senador ou deputado, federal e estadual. Serão extintos todos os benefícios, diretos e indiretos, como carros oficiais, residência gratuita, denominada "residência funcional", transportes aéreos e terrestres, nacionais e internacionais.

Art. 72 - Democracia participativa nos municípios

O termo "democracia participativa" significa um regime em que a sociedade civil exerce uma influência efetiva na formulação das políticas públicas, das leis, dos atos normativos e sobre a qualidade dos serviços públicos, de cuja execução participa.

O município, na prática, é uma cidade-Estado, em cujo território a liberdade se traduz pela participação direta e permanente dos munícipes na vida política e administrativa.

A democracia participativa, na classificação de Gabriel Almond, endossada por Bobbio, é definida como um sistema político de relevante autonomia da sociedade, adotada na Inglaterra e nos Estados Unidos.[203] Os três elementos

---

203. BOBBIO, Norberto. Democracia. In: BOBBIO, Norberto. **Dicionário de política**. Brasília: Editora Universidade de Brasília, 1998, p. 319-329.

que caracterizam a democracia participativa são: (i) o controle permanente dos atos políticos e da conduta e trabalho dos representantes eleitos; (ii) a participação institucional da sociedade nas discussões e nas decisões do Poder Público; (iii) a administração partilhada entre o Poder Público e a sociedade civil organizada das instituições que prestam serviços públicos, notadamente as escolas, as universidades, os hospitais, os parques públicos e o trabalho social e assistencial.

A democracia participativa e interativa transcende o formalismo democrático, ou seja, a democracia apenas como valor fundado na proclamação discursiva da soberania da vontade do povo e da igualdade jurídica, social e econômica, sob o manto das liberdades públicas e dos direitos individuais, sociais e coletivos. Essa democracia formal se concretiza na democracia participativa, em que há uma atuação efetiva da sociedade civil nas decisões do interesse público. Contam, decisivamente, nessa interação entre Poder Público e sociedade, os plebiscitos e os referendos, a cada dois anos, juntamente com as eleições gerais e municipais, sobre as leis e atos administrativos votados pelas casas legislativas.

A consulta plebiscitária é decisiva nas questões políticas, administrativas, sociais e de costumes, devendo essa vontade majoritária, diretamente manifestada, ser traduzida em leis. As audiências públicas têm um peso efetivo no encaminhamento de questões políticas e sociais. Esse sistema democrático de participação da sociedade, que torna efetiva a soberania da vontade do povo, tem sido adotado entre nós, ainda que incipientemente, no plano municipal. Existem sinais dessa participação, sobretudo pela criação do sistema consultivo denominado *orçamento participativo*, em que são discutidas a destinação das rubricas orçamentárias e, através delas, a própria política adotada pelo prefeito e pela câmara municipal. Também foram instituídos, em alguns municípios maiores, os comitês de bairro, em que os representantes da sociedade civil, eleitos diretamente pelos residentes na respectiva subprefeitura, participam das discussões dos problemas locais e sua integração com o entorno e com o sistema geral de serviços municipais.

Esse movimento participativo deve ser constitucionalmente reconhecido para o efeito de outorgar à participação direta dos munícipes um maior peso, não só na elaboração como na execução do plano diretor. E esse plano diretor deverá ser submetido a referendo, a cada dois anos, juntamente com as eleições gerais e municipais. O sistema de orçamento participativo também deve ser institucionalizado, tendo em vista a implementação das políticas públicas e a indicação das prioridades nas alocações de recursos. O mesmo se diga sobre todas as demais questões urbanas, no setor da construção civil, de vias e do uso do solo, do espaço urbano, nível de impacto e todas as questões específicas ligadas a essas matérias permanentes.

Do Estado federativo como instrumento da Nação

Art. 73 - Participação da cidadania na vida pública

Propõe-se a criação do Estado como instrumento da Nação, a serviço da sociedade e das pessoas que nela vivem.

O Estado é meio e não fim, na lição do grande Mestre Ataliba Nogueira.[204] Para que se consolide a real função do Estado, de prestador de serviços à sociedade, há que haver uma mudança estrutural nos segmentos políticos e administrativos. Será necessário, também, uma mudança cultural no tocante à relação entre a sociedade civil e o Estado, que deve ser fundada na efetiva manifestação da vontade do povo, abrangendo os sistemas parlamentar e de governo. Há que se facilitar, por meio da informática, a iniciativa popular de propostas de lei, do plebiscito e do referendo.

O referendo e o plebiscito, a cada dois anos, sobre matérias de interesse público geral, regional e local, aperfeiçoam a participação ativa do povo na condução do Estado. E, para que se possa alcançar essa real mudança, estrutural e cultural, é imprescindível eliminar a ditadura dos partidos, que deformam a vontade política da cidadania na formação dos quadros de representação parlamentar. Deve ser adotado o voto distrital puro, eliminando-se o sistema de voto proporcional para a eleição parlamentar, nas três esferas federativas.

Somente com mudanças estruturais é que haverá uma real expressão da vontade soberana do povo.

A ditadura dos partidos (art. 14, § 3º, V, da CF/88) impede o acesso da cidadania aos cargos eletivos dos Poderes Executivo e Legislativo, frustrando a sua participação na condução das políticas públicas. A Constituição de 1988 obriga (pelo voto obrigatório) a cidadania a votar nos candidatos indicados pelas oligarquias partidárias, atrasadas e corruptas. E os candidatos partidários são os membros das dinastias familiares e os aventureiros da política, em grande parte marginais, oportunistas e assaltantes dos cofres públicos, que nela ingressam unicamente para se enriquecer ilicitamente e usufruir das regalias e benesses do poder. Na partidocracia, que foi consagrada pela Constituição de 1988, não existe a participação do povo na representação política.

Vivemos num país onde o Índice de Desenvolvimento Humano (IDH) é um dos piores do mundo.[205] As desigualdades sociais, o abismo de distribuição de

---

204. NOGUEIRA, J. C. Ataliba. **O Estado é meio e não fim**. São Paulo: Saraiva, 1945.
205. "O Brasil atualmente encontra-se na *79º posição no ranking do IDH mundial* (uma lista com mais de 180 países), como divulgado pelo PNUD, em 2018. Há três anos, o país está nessa posição, encontrando-se, portanto, *estagnado* quanto ao desenvolvimento humano" (MUNDO EDUCAÇÃO. **IDH do Brasil**. Disponível em: https://mundoeducacao.uol.com.br/geografia/idh-brasil.htm).

renda, os privilégios salariais de todo o tipo para os integrantes do setor público, são fruto da inexistência de políticas públicas, jamais implantadas pela oligarquia partidária, que domina as nossas instituições políticas e a máquina administrativa, através dos milhares de cargos em comissão. O Brasil é um dos países socialmente mais injustos e violentos do mundo,[206] em decorrência do domínio da sociedade pelos oligarcas políticos, que submetem o povo a condições indignas.

Aqui, volta a questão do pluralismo político. Pluralismo político quer dizer que a política é um poder aberto ao povo, que dele participa não apenas passivamente, pelo voto, mas ativamente ao, livremente, formar os quadros de representação parlamentar e o governo. O pluralismo político significa, ainda, a plena liberdade de manifestação de ordem política, moral, intelectual, artística e religiosa, sem qualquer restrição ou constrangimento por parte do Estado.[207]

O pluralismo político no Brasil ficou pela metade na Constituição de 1988. Como referido na segunda parte deste estudo, as oligarquias políticas modernas que dominam os países subdesenvolvidos, periféricos e emergentes preferem adotar regimes formalmente democráticos. Para tanto, esse grupo de dominação, em 1987, autoproclamou-se Poder Constituinte e autopromulgou, no ano seguinte, uma Constituição que garante formalmente as liberdades públicas. E assim o fizeram para poderem dominar o poder sem sobressaltos, próprios dos regimes ditatoriais. Negaram, no entanto, os "constituintes de 1988", o exercício efetivo do pluralismo político, qual seja, o acesso do povo à vida pública. Isso quer dizer que a oligarquia política, visando ao domínio estável do poder, declara garantir as liberdades públicas de opinião e de manifestação, ao mesmo tempo que impede o acesso da cidadania ao poder, mediante a barreira partidária.

Uma nova constituição deve estabelecer um pluralismo político pleno, sem a ditadura dos partidos. Esses são os requisitos básicos para que seja cumprido o preceito de que todo o poder emana do povo, fonte primária do poder.

---

206. "No Brasil, os homicídios são a principal causa de mortalidade de jovens, grupo etário de pessoas entre 15 a 29 anos. Foram 30.873 jovens vítimas de homicídios no ano de 2018, o que significa uma taxa de 60,4 homicídios a cada 100 mil jovens e 53,3% do total de homicídios do país [...] Em 2018, 4.519 mulheres foram assassinadas no Brasil, uma taxa de 4,3 homicídios para cada 100 mil habitantes do sexo feminino. Isso significa uma mulher assassinada no Brasil a cada duas horas. [...] em 2018, os negros (soma de pretos e pardos, segundo classificação do IBGE) representaram 75,7% das vítimas de homicídios, com uma taxa de homicídios por 100 mil habitantes de 37,8. Comparativamente, entre os não-negros (soma de brancos, amarelos e indígenas) a taxa foi de 13,9, o que significa que para cada indivíduo não-negro morto em 2018, 2,7 negros foram mortos. Da mesma forma, as mulheres negras representaram 68% do total das mulheres assassinadas no Brasil, com uma taxa de mortalidade por 100 mil habitantes de 5,2, quase o dobro quando comparada à das mulheres não-negras." (CERQUEIRA Daniel; BUENO, Samira (coord.). **Atlas da violência**. Brasília: Instituto de Pesquisa Econômica Aplicada – Ipea, 2020. Disponível em: https://www.ipea.gov.br/atlasviolencia).
207. A Portaria n. 69, de 14 de março de 2019, do Presidente do STF, Dias Toffoli, de que resultam os inquéritos secretos n. 4.781 e 4.828, a cargo de Alexandre de Moraes, constitui uma afronta à plena liberdade de opinião e de manifestação política.

Art. 74 - Por uma efetiva República federativa

A presente proposta de constituição dá efetividade aos princípios da soberania interna e da autonomia das instituições político-administrativas de que se compõe o Estado brasileiro, quais sejam, a União, os Estados-membros e os Municípios.

No regime federativo, o poder é politicamente partilhado no espaço territorial da Nação, cabendo à União harmonizar esse compartilhamento, que se dá no plano dos Estados-membros e dos Municípios. Por outro lado, o Estado federativo é indissolúvel, no sentido de que não pode haver a retirada de um Estado-membro da Federação ou de um Município. A soberania externa é atribuída pelos Estados-membros e Municípios à União, no que se refere à ordem internacional, colocando a Nação num plano de independência perante os demais Estados soberanos. A soberania externa da União constitui, assim, a base das relações com os demais países, cujos interesses somente serão aceitos e compartilhados com base na livre decisão do governo federal. Já no plano interno, o regime federativo se funda na soberania da União, dos Estados-membros e dos Municípios.

O Estado federativo, no conceito de Lucio Levi, baseia-se na:

> [...] pluralidade de centros de poder soberanos coordenados entre eles, de modo tal que ao Governo federal, que tem competência sobre o inteiro território da federação, seja conferida uma quantidade mínima de poderes, indispensável para garantir a unidade política e econômica, e aos Estados federais, que têm competência cada um sobre o próprio território, sejam assinalados os demais poderes. [...] A conseqüência desta distribuição de competências entre uma pluralidade de centros de poder independentes e coordenados (esta fórmula é de Wheare) é que cada parte do território e cada indivíduo estão submetidos a dois centros de poder: ao Governo federal e ao de um Estado federado, sem que por isso seja prejudicado o princípio da unicidade de decisão sobre cada problema. [...] este equilíbrio constitucional, que permite conciliar o princípio da unidade da comunidade política com o da autonomia das suas partes, se reflete na composição do poder legislativo, uma parte do qual representa o povo da federação em medida proporcional ao número dos eleitores, enquanto a outra parte é eleita pelos povos de cada um dos Estados-membros [...].[208]

Essa noção abrangente do Estado federativo destaca o elemento que o distingue do Estado unitário, ou seja, a soberania dos Estados-membros e dos Mu-

---

208. LEVI, Lucio. Federalismo. In: BOBBIO, Norberto. **Dicionário de política**. Brasília: Editora Universidade de Brasília, 1998, p. 475-486.

nicípios sobre os seus respectivos territórios federados. Não se trata, apenas, de descentralização administrativa, nem mesmo de eleições regionais.

Nos Estados unitários existem os departamentos (França) e as regiões (Itália), que constituem um sistema descentralizado do Poder Público. Na Itália há governos e parlamentos regionais. Nem por isso é uma federação. Isso porque, naquele país, não foram as regiões que criaram o Estado, mas foi o Estado nacional que instituiu a divisão do país em regiões político-administrativas.

Já no Estado federativo, os Estados-membros são historicamente considerados soberanos e, nessa qualidade, convencionaram formar uma federação indissolúvel, o que possibilitou eliminar fronteiras internas entre eles. Os Estados-membros constituem, assim, um Estado federal, representado pela União, proclamando uma constituição fundada nos princípios comuns a todos eles. A constituição federal significa e representa o pacto federativo, na medida em que é proclamada pelo Congresso, formado de senadores e deputados eleitos nos seus respectivos Estados-membros. Deve, portanto, a constituição federal proclamar a indissolubilidade do pacto federativo e os princípios democráticos originariamente adotados por todos os Estados-membros perante a Nação.

Cabe, assim, à União assegurar as liberdades públicas próprias da democracia e, também, os direitos e deveres do povo no plano individual e coletivo, bem como as regras de harmonização dos interesses dos Estados-membros e dos municípios. Por outro lado, a constituição federal atribui à União o monopólio da competência em política externa, militar, alfandegária e monetária. A soberania de cada Estado-membro se expressa nas constituições estaduais respectivas. Já a soberania dos Municípios se manifesta na autonomia de sua estrutura político-administrativa.

Uma das expressões dessa soberania, no presente estudo, é a formação de partidos políticos de âmbitos estadual e municipal. Essas agremiações, bem como as candidaturas independentes, propõem-se a representar os interesses do povo residente perante a União e em seus respectivos territórios. Insista-se nesse ponto. Federalismo não se caracteriza como descentralização administrativa, mas sim como soberania política plena dos Estados-membros e dos Municípios, no âmbito do seu respectivo espaço político. Essa soberania dos Estados-membros se reflete na competência de editar leis próprias de Direito Público, inclusive processual, civil e penal, e, também, no âmbito do Direito Privado, desde que não contrariem os princípios constantes da constituição federal.

Aqui entra o Município como entidade política soberana e autônoma. O papel civilizatório das cidades no mundo antigo e das Cidades-Estados da Idade Média, da Renascença e do período barroco é indiscutível. O Município é a entidade política fundadora da própria civilização ocidental, desde os seus primórdios, resistindo a todos os regimes e a todas as formas de opressão do poder. O município mantém-se íntegro, mesmo nas ditaduras ou nos regimes coloniais, como é o caso brasileiro, cujas câmaras municipais já se reuniam no século XVII, como entidades políticas permanentes.

Ainda que na origem histórica do Estado federalista não se incluíssem os Municípios, eles acabaram se pondo nessa estrutura para se afirmar como o núcleo político originário, na medida em que no seu território é que vive o povo, com suas necessidades e demandas concretas, sua economia específica e sua feição cultural típica. O Município é o espaço material do exercício do regime democrático. Daí a soberania federativa do Município. E essa soberania se traduz na liberdade de formação de governo municipal e na implantação de políticas públicas locais. E se expressa, também, na autonomia administrativa, que pode ser organizada livremente.

Não há nenhum sentido de, num regime federalista, impor-se a vontade dos partidos de âmbito estadual, muito menos dos partidos de âmbito nacional, na formação dos quadros políticos do Município. A soberania municipal reclama a formação local de partidos e de entidades civis de natureza política, que deverão formar, com autonomia, a sua vida política e administrativa.

Isso posto, o retorno às raízes do Estado federativo deve ser ressaltado, a fim de que, na proposta de constituição ora apresentada, haja uma restauração dos verdadeiros fundamentos que criaram a federação e a mantêm como uma forma autenticamente democrática, baseada na soberania interna dos Estados-membros e dos Municípios.

A propósito, propõe-se que seja suprimido o Distrito Federal como Estado-membro da Federação. Nesse território, a Carta vigente instituiu um governo estadual, com um governador, assembleia legislativa e um poder judiciário próprio, com todo o aparato de um Estado-membro. Essa superposição acarreta uma exacerbação de atividade política, ao mesmo tempo federal, estadual e municipal, no mesmo espaço territorial. Ocorre que esse *status* especial de Estado-membro do território onde se situa o Governo Federal não se justifica, devendo ser revertido em Município. Entretanto, tendo em vista a referida atividade do governo federal nesse espaço municipal, cabe às Forças Armadas promover a segurança das instituições, entidades e autoridades da União ali presentes.

Do Presidente da República

Art. 75 - Independência do Presidente para nomeação de seus auxiliares

O regime presidencialista, adotado pela República brasileira desde a sua fundação, outorga ao seu titular uma série de funções clássicas do constitucionalismo, cujo valor inconteste tem demonstrado a validade desse regime, em comparação com o sistema parlamentarista. Ambos têm méritos e deméritos. O regime presidencialista se caracteriza por estabelecer uma nítida separação entre as funções do Poder Executivo e do Poder Legislativo.

Ocorre que a Constituição de 1988, pela sua estrutura inteiramente oligárquica, permitiu a distorção do nosso sistema presidencialista. Com o passar dos anos, foi se configurando o que, eufemisticamente, convencionou-se chamar de um "regime de coalisão" entre os Poderes Executivo e Legislativo. Essa promiscuidade evidente também é, bondosamente, chamada de "parlamentarismo de fato". Daí resulta que os cargos de ministro de Estado, e os de segundo escalão, são assumidos pelos próprios parlamentares. Chegou-se a tal ponto de desvio do regime presidencialista no Brasil que os senadores e deputados vivem numa constante corrida pelos cargos relevantes no Poder Executivo, em vez de cumprirem a função de legisladores, para a qual foram eleitos.

A eleição de parlamentar é um trampolim para o Executivo. Se fizermos um levantamento dos cargos de ministro e do alto escalão do Executivo nos últimos trinta anos de vigência da Constituição notaremos que, praticamente, todos os altos postos foram ocupados pelos congressistas.

O esquema perverso é o seguinte: o povo elege um Presidente da República que apresenta uma determinada visão política. Uma vez empossado, os partidos condicionam o apoio ao Presidente à farta distribuição dos ministérios entre eles. Sem postos relevantes, que incluem ministérios e todos os cargos de confiança de segundo escalão, os partidos negam o apoio necessário ao governo no Congresso Nacional. Devendo ceder a essa exigência, os projetos do governo são desfigurados pelos próprios ministros, tendo em vista os interesses dos seus respectivos partidos. Com os ministérios e os cargos de segundo escalão loteados entre os partidos, impede-se a coordenação de medidas e de iniciativas visando ao interesse público e ao bem comum. Cada ministério é um feudo de determinado partido da base de apoio do governo. Os ministros se desconhecem e sabotam o trabalho dos demais, que representam os interesses dos outros partidos da sempre instável base parlamentar do governo.

A governabilidade do país fica, dessa forma, inteiramente prejudicada. As políticas públicas, que dependem, necessariamente, da contribuição simultânea e permanente de vários ministérios na sua consecução, deixam de ser implementadas, ou sequer formuladas.

Esse sistema de loteamento de cargos entre os parlamentares dos partidos de apoio é o responsável pelo atraso endêmico do país, que não consegue realizar nenhuma política de Estado nem de governo. Será, portanto, necessário restaurar o regime presidencialista, fundado na independência dos Poderes e, portanto, na separação das funções exercidas pelo Poder Executivo e pelo Poder Legislativo.

Para tanto, o presente anteprojeto de constituição proíbe os parlamentares de exercerem qualquer cargo de livre nomeação no Poder Executivo, notadamente de Ministros de Estado, e quaisquer outros, do segundo ou terceiro escalão. Esse impedimento constitucional também se estende às empresas estatais, às fundações, às autarquias ou quaisquer outros entes da administração pública. O proibitivo se endereça, também, aos Estados-membros e aos Municípios, em que o loteamento dos cargos entre os membros do Poder Legislativo respectivo tem o mesmo efeito perverso sobre a implantação de políticas e de medidas do interesse da coletividade.

É necessária uma restauração estrutural que permita ao Presidente da República escolher seus ministros, auxiliares e demais cargos de sua livre nomeação entre pessoas com inquestionável capacidade profissional, aptos a contribuir, efetivamente, para a implantação de políticas públicas voltadas ao resgate do país do seu atraso social e econômico.

Art. 76 - Candidatos partidários ou independentes para a Presidência da República

Reafirma-se a proposta de que todo cidadão poderá se candidatar à Presidência da República independentemente de filiação partidária, seja por iniciativa própria, seja com o apoio de movimentos ou associações civis de natureza política. Esse apoio das entidades civis a candidato independente à presidência da República é de natureza informal e independe de qualquer registro, civil ou eleitoral. Equiparam-se os candidatos individuais àqueles apoiados pelas associações ou movimentos civis de natureza política.

Não obstante, é fundamental que a constituição preveja candidaturas provindas da sociedade civil organizada, voltadas para a implementação de programas visando ao interesse público geral e focado em determinados aspectos, como educação, habitação, segurança, saúde, saneamento, etc.

A Constituição francesa, no citado art. 4º, é expressa a respeito da quebra da partidocracia, instituindo, paritariamente, os partidos políticos e os movimentos e associações de natureza política como veículos da participação ativa da cidadania no exercício do poder político. Com base nessa regra pluralista, em 2017 concorreram ao pleito presidencial francês quatro candidatos indicados pelos partidos e quatro independentes, apoiados por movimentos e associações de natureza política. Dentre eles, foi eleito Presidente o candidato independente Emmanuel Macron, apoiado pelo movimento civil "En Marche!". Como reiterado, um dos propósitos da Constituição francesa de 1958 foi o de, nas palavras de De Gaulle, pôr fim "ao regime exclusivo dos partidos". Em todos os países autenticamente democráticos, é livre a candidatura à Presidência da República, independentemente do crivo e do filtro dos partidos.

É essencial a extinção da partidocracia entre nós, que impede o livre e renovador acesso da cidadania à vida pública, a partir das candidaturas à Presidência e, assim, para governadores e prefeitos, e também para as casas legislativas, nas três esferas federativas. Não há democracia autêntica e verdadeira sem que a cidadania possa ter uma participação ativa na política mediante a liberdade de se candidatar fora do esquema partidário, de resto profundamente desprestigiado em todo o mundo. A tendência é a de se elegerem candidatos "antissistema", e que atendam à profunda rejeição da cidadania aos profissionais da política e seus partidos envelhecidos na mais explícita fisiologia. A percepção dos cidadãos, notadamente na Europa — e, mais recentemente, entre nós —, é a de que os partidos formam uma classe ociosa, de parasitas que, em nada e por nada, representam a sociedade e o interesse público.

Os partidos tornaram-se um instrumento de interesses de domínio político, sendo veículos de uma inaceitável gama de privilégios, tudo permeado pela corrupção sistêmica, que atinge as agremiações tradicionais, em todo o mundo democrático. A presença dos movimentos e associações de natureza política constitui uma contribuição histórica no reequilíbrio das instituições democráticas, em todo o planeta. A partidocracia, mais do que nunca, mostra-se como um simulacro do regime democrático na medida em que, como reiterado, bloqueia o acesso da cidadania à participação ativa na formação dos quadros eletivos, do Executivo e do Legislativo.

Art. 77 - Dever do Presidente da República de implementar as políticas de Estado

As demandas sociais básicas para a construção de um país civilizado e economicamente moderno, sem as infames desigualdades, miséria, pobreza e ausência de oportunidades, devem ser objeto de políticas públicas de Estado, como reiterado neste estudo.

Conceituam-se políticas de Estado como aquelas previstas na constituição, e nas respectivas leis de diretrizes e bases, cuja implementação, de longo prazo, é dever do Presidente da República. Trata-se de um mandamento constitucional e legal de cumprimento obrigatório pelo governo central. Trata-se de um dever fundamental.

A implementação das políticas de Estado não se confunde com os programas de governo do presidente eleito — vale dizer, as políticas de Estado não se confundem com as políticas do governo. Esses programas governamentais podem ser implementados sem que, no entanto, importem a quebra do dever de se executarem, contínua e permanentemente, as políticas de Estado, tal como instituídas nas respectivas leis de diretrizes e bases.

Não temos, em nosso país, uma cultura de continuidade da execução de projetos de longo prazo visando estabelecer, permanentemente, as bases da civilização, mediante a melhora consistente do bem-estar das pessoas e da sociedade. Não há, atualmente, uma continuidade de programas de Estado em direção a um patamar integrado da vida social e das oportunidades individuais. Os governos que se sucedem em nosso malogrado país não têm qualquer noção de políticas públicas de Estado. Pelo contrário, os novos governantes ocupam-se, durante todo o tempo de seu mandato, em desfazer, abandonar, destruir ou inutilizar as iniciativas que, porventura, o governo anterior iniciou ou mesmo implementou.

A presente regra visa quebrar essa repetição de erros, instituindo o dever do governante de cumprir a constituição e as leis que estabeleçam, em longo prazo, a implementação de políticas de Estado. É dever do Presidente da República inserir, prioritariamente, as rubricas e verbas necessárias ao cumprimento das etapas previstas nas leis de diretrizes e bases. No cumprimento desse dever, não pode o chefe do Executivo dar preferência a uma ou a determinadas políticas de Estado, em detrimento de outras. Pelo contrário, deverá haver uma integração de políticas para que umas viabilizem as outras. Assim, não se pode, efetivamente, implementar a política de Estado no plano da educação sem que se promovam, ao mesmo tempo, as políticas de desfavelização e inserção urbana das comunidades.

Os gravíssimos problemas da disfuncionalidade do sistema educacional básico e intermediário não começam na porta da escola. Começam nas condições desumanas de habitação de metade do povo brasileiro — que vive em "habitações subnormais", na linguagem técnica do IBGE. Sem habitação digna, onde exista uma sala de convívio familiar na qual a criança possa cumprir as suas lições de casa e desenvolver o seu mundo de lazer; sem quartos de dormir suficientes e ventilados para a família; não se pode esperar uma redenção do ensino público. O convívio familiar não existe no interior das casas infectas e sem ventilação de milhões de brasileiros,[209] cujos cômodos se reduzem a uma cozinha, um corredor

---

209. "O número de domicílios ocupados em favelas ou áreas análogas no Brasil chegou a aproximadamente 5,12 milhões em 2019, informou a pesquisa 'Aglomerados Subnormais 2019: Classificação preliminar e informações de saúde para o enfrentamento à covid-19', divulgada nesta terça-feira pelo Instituto Brasileiro de Geografia e Estatística (IBGE). O número é uma atualização, para dezembro de 2019, daquele verificado no censo de 2010, quando havia 3,22 milhões de lares nos chamados 'aglomerados subnormais'." (VASCONCELOS, Gabriel; ROSAS, Rafael. Número de domicílios em favelas no Brasil é de 5,12 milhões, informa IBGE. **Valor**, 19 maio 2020. Disponível em: https://valor.globo.com/brasil/noticia/2020/05/19/numero-de-domicilios-em-favelas-no-brasil-e-de-512-milhoes-informa-ibge.ghtml). Para saber mais: BRASIL. Instituto Brasileiro de Geografia e Estatística – IBGE. **Aglomerados Subnormais**: o que é. Disponível em: https://www.ibge.gov.br/geociencias/organizacao-do-territorio/tipologias-do-territorio/15788-aglomerados-subnormais.html.

e um ou dois quartos onde dormem, promiscuamente, os familiares. Nenhum espaço de convício na habitação, nenhum horário comum de encontro. Tudo se passa fora dos casebres, nos becos das favelas. Não há recolhimento possível na habitação indigna, não há refúgio familiar do nefasto mundo lá de fora, dominado pelo tráfico, pelas milícias, por bandidos de todo o gênero.

Isso posto, as políticas de Estado, que se impõem ao chefe do Executivo e a seus ministros, constituem uma mudança relevante da cultura da relação governamental com a sociedade. O Estado passa a executar programas de longo prazo, com a significativa contribuição da sociedade civil na implementação de um objetivo histórico, desejado por todo o povo, independentemente de posições políticas ou ideológicas de cada governo eleito. Cria-se no seio da sociedade um anseio em longo prazo e uma exigência para que todos os governos que se sucedem implementem as políticas de Estado, no campo do saneamento, do desfavelamento, da infraestrutura de serviços, etc.

O Presidente da República não mais representará "uma cabeça, uma sentença". Ao tomar posse, jurará continuar com os esforços racionais preestabelecidos nas leis de diretrizes e bases, visando resgatar, estruturalmente, as gravíssimas deficiências existentes no seio da sociedade brasileira. O Presidente da República, durante e após terminado o seu mandato de quatro anos, será apreciado ou depreciado pela eficiência empregada na implementação das políticas de Estado, cujos prazos de execução ultrapassam vários governos. Por exemplo, a lei de diretrizes e bases para o desfavelamento deverá prever um prazo de vinte anos para a sua implementação, o qual, conforme as circunstâncias, poderá demorar ainda mais. Desse modo, o papel do Presidente da República empossado é dar continuidade a essa implementação durante o seu termo e, assim, sucessivamente.

De se notar, por último, que as políticas de Estado são neutras, na medida em que atendem objetivamente às demandas da sociedade, nas suas múltiplas circunstâncias de vida e de atividade. Não cabe, portanto, ao governante alegar razões ideológicas para deixar de implementá-las.

Art. 78 - Critério de escolha dos ministros

O presente artigo consagra o requisito de idoneidade moral e de notória competência profissional para a nomeação e o exercício do cargo de ministro de Estado. Não se trata de criar um ministério tecnocrático, formado por cientistas e profissionais sem uma visão política dos problemas sociais, que vão muito além das soluções tecnológicas.

A escolha dos ministros deverá ser feita entre os especialistas que mostraram competência no estudo das demandas sociais e econômicas do país. Os escolhidos devem ser técnica e cientificamente competentes, na propositura e encaminhamento das questões relacionadas com as políticas públicas do setor em que profissionalmente atuam. Devem ser especialistas que, pelos seus estudos, publicações e atuação na sociedade civil organizada, vêm contribuindo com projetos e soluções do interesse da coletividade. Não basta ser um cientista, um acadêmico, um teórico. Será fundamental que o escolhido seja um especialista engajado nas propostas da sociedade civil para as quais contribui.

Art. 79 - Gabinete dos ministros

A regra aqui instituída faz exceção àquela do art. 33 do presente esboço, reservando as funções de chefia da administração pública para os servidores concursados.

Nesse contexto constitucional ora proposto, restam, como de livre nomeação pelos ministros de Estado, os cargos de secretário-geral, que poderão vir tanto dos quadros de servidores como do setor privado. O requisito para a nomeação é a alta e reconhecida capacidade profissional e técnica para o exercício desse cargo-chave. Isso porque o secretário-geral exerce as funções de comando administrativo do ministério e implanta as políticas públicas adotadas pela pasta. Para tanto, o secretário-geral deve possuir um reconhecido saber e comprovada atuação na área específica do ministério. Nenhuma conotação política pode interferir nessa escolha, de caráter eminentemente técnico-profissional.

Ademais, propõe-se que o ministro tenha a prerrogativa de contratar, no setor privado, até dez assessores e consultores para que, com total independência, possam eles contribuir para o aperfeiçoamento, a eficiência e a produtividade dos serviços públicos a cargo do ministério. Trata-se de contratos de trabalho com finalidades específicas, com prazo determinado. A faculdade do ministro de contratar pelo regime da CLT para o seu gabinete profissionais fora da carreira dos servidores é exatamente para ter uma visão de fora dos quadros do funcionalismo sobre o desempenho, a eficiência e a produtividade dos serviços públicos prestados pela pasta.

Também serve essa visão de fora para quebrar o corporativismo e apontar as distorções que provoca nos quadros de carreira e no fraco desempenho e disfuncionalidade que prevalecem nos serviços públicos.

Art. 80 - Responsabilidade do Presidente perante o Congresso

O Presidente da República responde perante o Congresso Nacional tanto pelas infrações políticas como pelos crimes de responsabilidade.

Os crimes de responsabilidade são de duas naturezas. A primeira refere-se às infrações de cunho político, ou seja, a não observância dos deveres consignados na constituição ou os atentados contra a Carta Magna, representados pela quebra do regime federativo, pelo impedimento do livre exercício dos Poderes Judiciário e Legislativo e do Ministério Público, pela obstrução ao livre exercício dos direitos políticos ou pelo atentado à segurança interna. Os da segunda categoria são de natureza funcional, ou seja, atentar contra a probidade da administração, contra a lei orçamentária ou contra o cumprimento das leis e das decisões judiciais.

Sobre a tipificação e os procedimentos relacionados com os crimes de responsabilidade vigora a Lei n. 1.079, de 1950. A matéria é muito bem tratada e definida tanto na Constituição de 1988 (art. 85) como na referida Lei de 1950, não cabendo à nova constituição inovar a respeito, o que se prestaria a enfraquecer a nossa experimentada tradição a respeito. A única e importantíssima inovação deverá ser a retirada do poder regimental que hoje possui o presidente da Câmara dos Deputados de, discricionariamente, acolher, arquivar ou, simplesmente, engavetar os pedidos que a cidadania, legitimamente, faz do impedimento do Presidente da República.

Pela nova constituição, todos os pedidos de impedimento do Presidente da República protocolados na Câmara dos Deputados deverão, dentro do prazo de quinze dias corridos, ser encaminhados à Comissão de Constituição e Justiça, a quem cabe decidir pela abertura, ou não, do processo junto ao plenário. Atualmente, por força do Regimento Interno da Câmara dos Deputados, cabe ao presidente da Casa decidir pelo acolhimento, ou não, dos pedidos, em ato monocrático e discricionário, incompatível com o regime de representação política.

Esse poder discricionário monocrático do presidente da Câmara dos Deputados, na realidade, torna-se um poder arbitrário, na medida em que lhe dá poderes ilegítimos de barganha política, notadamente nos períodos de crise institucional. Esse poder representa um confisco do exercício da cidadania nas questões envolvendo a conduta do Chefe de Estado. Daí a necessária correção desse arbítrio, mediante a apreciação regimental automática do pedido de impedimento pela Comissão de Constituição e Justiça.

Art. 81 - Sanção e promulgação das leis: direito de veto e referendo

A matéria é tratada no artigo 66 da vigente Constituição: uma vez concluída a aprovação do projeto de lei pelo sistema bicameral (Senado e Câmara), vai à sanção presidencial, para dele receber a aprovação ou a rejeição, parcial ou total, mediante veto. Existe uma coparticipação no processo legislativo entre o

Congresso e o Presidente da República, conforme lembra o Mestre José Afonso da Silva.[210]

A peça que vai à consideração do Chefe do Executivo contém o projeto aprovado, não a lei aprovada. Apenas com a sanção do Presidente existe lei aprovada. Em seguida, ela é promulgada mediante a sua publicação no Diário Oficial, vinculando todas as pessoas físicas e jurídicas domiciliadas no território nacional. O projeto de lei aprovado pelo Congresso e remetido à sanção presidencial poderá, no entanto, ser total ou parcialmente vetado por ele, justificadamente, sob o argumento de inconstitucionalidade ou contrariedade ao interesse público. Nessas hipóteses, o Congresso, em sessão conjunta, terá 30 dias para acolher ou rejeitar o veto, com um quórum de maioria absoluta (50% mais um). A rejeição ao veto poderá ser total ou parcial. Os congressistas podem acolher alguns vetos e rejeitar outros ou, simplesmente, rejeitar todos eles. Nesses casos, o projeto se transforma em lei, porém sem sanção presidencial, sendo promulgado e publicado pelo próprio Congresso, com os mesmos efeitos impositivos.

A inovação fundamental que ora se propõe é a prerrogativa do Presidente da República de submeter ao referendo bienal (ver arts. 29 e 96 deste anteprojeto) os seus vetos rejeitados pelo Congresso, sob o fundamento da sua inconstitucionalidade ou contrariedade ao interesse público.

Art. 82 - Competência do Presidente para organizar a Administração Pública

Deve ser instituída a plena autonomia do Presidente da República para organizar a estrutura e o funcionamento da Administração Pública federal, sem a interferência do Poder Legislativo.

A Constituição de 1988 dispõe, no inciso II do art. 84, a competência do Presidente da República para "exercer, com o auxílio dos Ministros de Estado, a direção superior da administração federal". Porém, logo em seguida, no inciso VI, "a", do mesmo artigo 84, determina que são necessárias leis para que o chefe do Poder Executivo crie ou extinga órgãos públicos.[211] Trata-se, mais uma vez, do semiparlamentarismo que prevalece no país, a partir da vigência da Constituição de 1988.

Num regime presidencialista, é da competência do chefe do Poder Executivo organizar, reorganizar, suprimir e remanejar os entes públicos neces-

---

210. SILVA, José Afonso da. Op. cit., p. 463 *et seq*.
211. CF/88: "Art. 84 - Compete privativamente ao Presidente da República: [...] VI - dispor, mediante decreto, sobre: a) organização e funcionamento da administração federal, quando não implicar aumento de despesa nem criação ou extinção de órgãos públicos; [...]."

sários para alcançar a melhor eficiência dos serviços públicos e sua permanente integração com a sociedade. Essa competência exclusiva e autônoma do Presidente da República atende ao regime presidencialista de separação de poderes.

A necessidade de aprovação pelo Congresso da criação, extinção ou transferência de órgãos públicos transforma a administração pública em um objeto de política, o que é inteiramente contrário à natureza da burocracia, que deve ser neutra no cumprimento de seu precípuo objetivo de prestar serviços à sociedade, independentemente do jogo de poder. Daí a razão de se atribuir ao Presidente da República a competência para, autonomamente, através de decretos administrativos, exercer a direção da administração pública, nela fazendo, permanentemente, as alterações necessárias ao aumento da eficiência e produtividade dos serviços públicos.

Art. 83 - A chefia das Forças Armadas

O regime democrático outorga ao Presidente da República o comando das Forças Armadas, com o auxílio do Ministro da Defesa. Trata-se de competência do Chefe de Estado para decidir sobre a segurança interna e externa, a declaração de guerra e de paz, a determinação das ações das Forças Armadas, permanentes ou temporárias, no país e no exterior, e demais poderes de designá-las para as missões relevantes de paz e de restabelecimento da ordem. Ademais, o Presidente da República exerce junto às Forças Armadas funções administrativas de nomear os comandantes das três forças e os oficiais-generais.

Não obstante, deve o chefe do Poder Executivo respeitar rigorosamente os quadros de carreira e de promoção das três forças no tocante aos oficiais generais, cuja lista de promoções é preparada pelos respectivos comandantes, devendo o Presidente da República apenas as assinar, para os efeitos da promoção. Cabe, porém, ao Presidente a discricionariedade na nomeação dos comandantes da Marinha, do Exército e da Aeronáutica.

Por fim, mencione-se a competência do Presidente para decretar Estado de Sítio, Estado de Defesa e Intervenção Federal nos casos de grave desequilíbrio e ameaça da segurança interna, de âmbito nacional, regional e local, remetendo-se o leitor para os comentários aos artigos 103 a 105, que tratam da matéria.

Nada há que se acrescentar ou alterar no atual regime de competência do Presidente da República, que tem permitido a regular atuação das Forças Armadas na defesa do país e na garantia dos poderes constitucionais, da lei e da ordem, tal como instituído no art. 142 da vigente Constituição.

Do regime federativo

Art. 84 - Soberania das três esferas da Federação

O Estado brasileiro é composto da união indissolúvel entre a União, os Estados-membros e os Municípios.

De se notar que o nosso regime federativo inclui os Municípios, o que representa uma extensão relevante do conceito histórico do federalismo fundado na união de Estados autônomos e soberanos em torno de um governo central, para a defesa e a promoção dos interesses comuns dos seus instituidores. Nosso regime federativo põe no mesmo plano os Estados e os Municípios, como pessoas jurídicas de Direito Público de natureza política, com autonomia administrativa, legislativa e demais competências que lhes dão soberania em seus respectivos territórios.

Diante desse quadro de união indissolúvel de pessoas políticas autônomas e internamente soberanas, o regime federativo se caracteriza como uma repartição de competências entre a União federativa, os Estados e os Municípios federados. Deve haver, portanto, uma distribuição de soberanias internas, poderes e competências entre essas três pessoas políticas, unidas em uma federação.

Importante ressaltar que não existe uma hierarquia de soberanias e de poderes no regime federativo. A União é titular da soberania externa e interna sobre todo o território nacional. Já os Estados-membros e os Municípios são titulares de soberania interna em seus respectivos territórios político-administrativos. Há uma atribuição de poderes e de competências dos Estados e dos Municípios em favor da União, que se consubstancia em leis e atos normativos que imprimem a harmonização dos interesses das pessoas políticas federadas no espaço comum, ou seja, o território nacional.

Isso posto, e levando em conta a inclusão dos Municípios como membros natos da federação, há que se estabelecer uma real e efetiva federação, em que a repartição de poderes centrais (União), regionais (Estados) e locais (Municípios) seja efetiva nos planos político, normativo e administrativo. Assim, deve-se, federativamente, atribuir à União matérias e questões ligadas à soberania externa e à ordem pública, visando, precipuamente, manter a união indissolúvel entre os Estados-membros e os Municípios, que constituem a Federação.

Não se trata de atribuir competências sob o critério do interesse público geral ou relevante envolvido. O interesse público é idêntico, tanto na esfera da União como dos Estados e dos Municípios. Não se pode falar, portanto, que caberia à União a competência sobre matérias de interesse geral, ao passo que os Estados-membros se encarregariam dos interesses de âmbito regional e os Municípios daquelas de interesse local. Essa qualificação simplista não pode ser aceita. Por exemplo: a educação é matéria de interesse geral da Nação e é da competência dos Municípios no seu principal núcleo, que é o ensino fundamental e a educação pré-escolar, ao passo que o ensino médio cabe aos Estados e o universitário tanto à União como aos Estados e aos Municípios.[212] A segurança pública, que é do interesse geral da coletividade em todo o país, é tratada pela União no âmbito do território nacional e, também, pelos Estados nos respectivos territórios, abrangendo os municípios ali existentes. Os serviços públicos essenciais são operados, geridos, administrados e executados tanto pelos Municípios como pelos Estados e pela União.

Isso posto, não há interesse local, regional ou geral que possa justificar o açambarcamento e o monopólio dos poderes políticos e administrativos pela União, tal como instituído pela Constituição de 1988. A Carta vigente atribuiu à União poderes e competências que deveriam estar, ao menos concorrentemente, nas atribuições dos Estados e dos Municípios. Há que se construir no país, através de uma nova constituição, os fundamentos, o sentido e a razão de ser do Estado federativo, que entre nós é uma ficção e uma quimera. Assim é que a Constituição de 1988 enumera as atribuições da União, abrangendo todas as competências normativas e administrativas, reservando para os Estados e Municípios os "poderes remanescentes", ou seja, nenhum poder.

A presente proposta constitucional estabelece os princípios de uma federação baseada na soberania interna dos Estados e dos Municípios, do que resulta uma autonomia efetiva, tanto no plano político como no legislativo e no administrativo.

Art. 85 - Deveres comuns da União, dos Estados e dos Municípios

A união indissolúvel dos Estados e Municípios na instituição do Estado federativo tem como pressuposto a preservação do regime democrático e, portanto, das leis e do patrimônio público comum, que formam o Estado nacional.

---

212. O Brasil possui instituições públicas de ensino superior de âmbito municipal, as quais cobram mensalidades de seus alunos, ao contrário das instituições estaduais e federais. "As Faculdades municipais recebem verbas no município mas possuem autonomia para administrar a instituição. No entanto, elas cobram mensalidades dos alunos, que podem ingressar nos cursos por meio de vestibular próprio da faculdade. A cobrança de mensalidades gera uma questão controversa, pois de acordo com a Constituição Federal, a educação oferecida pelo Estado, pela União e pelas prefeituras deve ser gratuita. A justificativa para as cobranças é de que as instituições são mantidas por fundações municipais que possuem autonomia em relação à prefeitura. Diferente das universidades estaduais e federais, elas são credenciadas no Conselho Estadual de Educação (CEE), sem interferência do Ministério da Educação (MEC)." (CARVALHO, Patrícia. Qual é a diferença entre universidade municipal, estadual e federal? **Quero Bolsa**. 2 abr. 2019. Disponível em: https://querobolsa.com.br/revista/qual-e-a-diferenca-entre-universidade-municipal-estadual-e-federal).

E essa união indissolúvel se assenta na harmonia entre as entidades que compõem a federação.

Os Estados e Municípios, como entidades fundadoras da Federação, têm como dever precípuo, permanente e irrecusável, abster-se, no exercício de sua soberania interna, de qualquer medida legal ou administrativa que possa prejudicar, de qualquer forma, os interesses de outras entidades federadas. Devem ser proscritas as guerras fiscais que são comuns entre Estados e entre Municípios, além de outras formas de competição, que danificam e destroem situações e oportunidades econômicas. Os investimentos privados devem se fundar em critérios econômicos, e não em critérios de vantagens não competitivas, ao se instalarem em determinados Estados ou Municípios sob a base de isenções ou benefícios fiscais e administrativos. O sistema federativo, para subsistir nos seus propósitos e na sua integridade intrínseca, deve abolir essa prática predatória entre Estados e entre Municípios.

A experiência tem demonstrado, dramaticamente, que os benefícios fiscais outorgados às empresas para se instalarem e operarem em determinados estados e municípios acaba por criar, ao final do prazo das isenções outorgadas, um verdadeiro desastre social e econômico. É hábito das grandes empresas, beneficiadas geralmente durante vinte anos de isenção de impostos estaduais ou municipais, retirarem-se do respectivo Estado ou Município terminado o prazo. O resultado é devastador: desemprego e fechamento de todas as empresas fornecedoras de insumos e de serviços à grande empresa retirante.

Por outro lado, não pode a União praticar atos discriminatórios favoráveis ou desfavoráveis com relação a determinados Estados e Municípios. Deve haver, por parte do governo central, uma absoluta neutralidade na distribuição de verbas ou de qualquer outro subsídio, observando, rigorosamente, o princípio da equidade, em que os benefícios devem observar, objetivamente, as necessidades desiguais de cada uma das entidades federadas. Em consequência, a União não pode utilizar nenhum critério político na sua política institucional de distribuição de recursos, devendo fazê-lo no limite razoável das necessidades específicas de cada Estado e Município.

Isso posto, o princípio de que todo o poder político tem que ser legalmente limitado e legitimamente exercido é um dos fundamentos do federalismo. Em consequência, deverão ser consideradas inconstitucionais as leis tributárias e administrativas predatórias, que oferecem benefícios e isenções como forma de capturar empresas para se instalarem nos respectivos territórios, estaduais ou municipais. A inconstitucionalidade baseia-se na ilegitimidade de tais leis e atos normativos, pois quebram o fundamental princípio federativo de harmonia e de isonomia entre as entidades que a compõem.

Assim, nas três esferas, deve haver a plena garantia dos direitos constitucionais e dos interesses legítimos dos membros da federação, uns com referência aos outros. A constituição federal e as estaduais devem instituir e preservar a conciliação e a harmonia dos poderes da União, dos Estados e dos Municípios, permitindo que todas as pessoas políticas federadas exerçam, sem turbação, a sua autonomia legislativa e administrativa, no justo limite da unidade indissolúvel entre elas. Este é o ponto crucial do federalismo: soberania interna e consequente autonomia normativa e administrativa, dentro dos limites do pacto federativo permanente.[213]

Art. 86 - Competência da União

No regime federativo, há uma repartição de competências, sendo algumas exclusivas e outras comuns. Há, ainda, competências complementares ou delegadas entre umas e outras pessoas políticas federadas. Apesar de ser indispensável a enumeração das competências respectivas na constituição federal, deve-se levar em conta, como ensina José Afonso da Silva, uma crescente integração, mediante delegação, competências comuns, coincidentes, cumulativas, implícitas, paralelas e complementares, que levam em conta a prestação de serviços públicos e a implementação de políticas públicas que abrangem territórios comuns.[214]

Isso posto, compete à União, privativamente, legislar sobre Direito Penal e Processual Penal, Eleitoral, Marítimo, Aeronáutico, Espacial, Orçamentário, Fiscal, Tributário e Administrativo de âmbito federal, cujas leis são imponíveis em todo o território nacional. Vê-se por aí que não se trata de competência exclusiva, mas de critério de abrangência territorial. Assim, as leis tributárias federais são impositivas em todo o território nacional, o que não impede a competência dos Estados e dos Municípios de legislarem sobre tributos, que serão obrigatórios nos respectivos territórios. Aí fica claro o critério de abrangência. E nem se trata de competência remanescente, complementar ou residual dos Estados e dos Municípios, pois os tributos são autônomos e independentes.

Além disso, as competências, no regime federativo, são, na maioria, coincidentes, cumulativas e integrativas, seja no plano das leis e dos atos normativos,

---

213. O regime federativo foi amplamente reafirmado pelo Plenário do Supremo Tribunal, em decisão da ADI 6.341, na qual o STF reconheceu a competência concorrente dos Estados, dos Municípios e da União para adotarem medidas de combate à Covid-19, confirmando decisão monocrática do Ministro Marco Aurélio, de 24 de março de 2020. Nessa decisão confirmatória do Pleno, reconheceu-se a inconstitucionalidade parcial da Medida Provisória n. 926, de 06 de fevereiro de 2020, que atribuiu ao Presidente da República competência de dispor sobre o funcionamento dos serviços públicos e atividades essenciais em todo o território nacional durante a pandemia do coronavírus Sars-CoV-2. O referido acórdão reconheceu, dentro do regime federativo, a competência concorrente dos Estados e dos Municípios de dispor a respeito, autonomamente, no âmbito de seus territórios, em razão da soberania interna de que estão revestidos.
214. SILVA, José Afonso da. Op. cit., p. 248 *et seq.*

seja na própria administração pública. Assim, cuidam da educação, da saúde, da segurança pública e dos demais serviços essenciais tanto a União como os Estados e os Municípios. Não se trata de competências concorrentes ou complementares mas, pelo contrário, organicamente integradas.

Isso posto, o que se deve evitar é a prevalência e a hegemonia das competências da União sobre aquelas dos Estados e dos Municípios. Há que se estabelecer um equilíbrio efetivo de competências entre as três pessoas políticas, perante a exacerbação, a preponderância e o domínio da União sobre os Estados e Municípios, tanto no plano das competências legislativas como das práticas administrativas. Daí a necessidade de se reafirmar a soberania interna dos Estados e dos Municípios e das competências estaduais e municipais sobre as matérias hoje monopolizadas pela União, tanto no plano constitucional como no legislativo e no administrativo.

Art. 87 - Competências da União e dos Estados

Caberá tanto à União como aos Estados-membros da Federação legislar sobre Direito Civil, Comercial, do Trabalho, Administrativo, Orçamentário, Fiscal, Tributário e Ambiental. Terão, assim, os Estados, liberdade para estabelecer regras próprias sobre matérias do interesse organizativo e do interesse público, dentro do seu território.

A única regra a ser observada é a de que não deve haver uma discrepância relevante entre a legislação federal e a estadual. Discrepância, no caso, significa conflito relevante entre o disposto nas regras federais e nas estaduais. Assim, embora no Código Civil a maioridade se dê aos 18 anos, pode um Estado dispor que essa maioridade se estabeleça aos 21. Não haverá nenhuma discrepância nessa hipótese. Haveria, por exemplo, discrepância quando uma lei civil estadual desconsiderasse o princípio da boa-fé objetiva na formulação e cumprimento dos contratos e demais normas obrigacionais privadas. Mas não haverá discrepância quando um Estado formular regras mais flexíveis com respeito ao quórum deliberativo nas sociedades mercantis ou estabelecer regras civis diversas no tocante aos bens de herança, sua destinação, tributos incidentes, etc. A discrepância se mede pela quebra dos princípios contidos na constituição federal. Fora dessa hipótese, os Estados terão liberdade para legislar sobre as matérias referidas, tanto quanto a União.

Haverá liberdade dos Estados para estabelecerem normas, tanto de Direito Público como de Direito Privado, abrangendo leis de diretrizes orçamentárias, leis fiscais, código tributário e de incidência de impostos, relações trabalhistas e organização administrativa. Terão os Estados, outrossim, livre competência para convencionarem com outras unidades estaduais regras interestaduais sobre fato gerador e incidência tributária, além das demais matérias de interesse interestadual, desde que não haja qualquer restrição ou barreiras no direito de ir e vir e de livre circulação de serviços e de mercadorias. Essa liberdade de editar leis e atos normativos por parte dos Estados atende ao princípio fundamental do regime federativo, que é o da soberania interna.

Idêntica competência legislativa terá a União sobre as matérias elencadas no artigo ora proposto. Essas normas federais serão imponíveis aos Estados nos casos de ausência de normas próprias ou quando houver discrepância relevante entre a norma estadual e os princípios contidos na constituição e nas leis federais respectivas. Essas eventuais discrepâncias serão decididas pela Corte Constitucional, que terá, assim, poder dirimente, com efeito vinculante. Essa discrepância poderá ser invocada perante a Corte Constitucional pelos Estados em face de leis supervenientes promulgadas pela União.

Art. 88 - Competência dos Municípios

Aos municípios é atribuída competência para legislar sobre as políticas públicas locais e respectivos orçamentos, tributos municipais, organização administrativa, Direito Urbanístico e Direito Ambiental.

Desnecessário lembrar que as pessoas vivem nos municípios. A União e os Estados são ficções político-administrativas, que não interferem diretamente na vida cotidiana de cada um e de todos. Daí a razão de se instituir uma ampla autonomia aos Municípios no atendimento dos interesses concretos e diretos dos seus residentes. E essa autonomia se expressa com o orçamento, de cuja elaboração devem participar, diretamente, os munícipes, através de um sistema de audiências públicas nas quais a cidadania possa não somente colaborar na sua elaboração, mas exigir dos vereadores a prevalência do interesse público na sua aprovação e execução.

Isso posto, são da livre atribuição dos Municípios as políticas públicas locais, as leis organizativas da administração e os serviços públicos. Deve, portanto, ser superada a imposição constante da Constituição de 1988, arts. 29 e 29-A, de que todos os Municípios brasileiros tenham regras uniformes, através da denominada "Lei Orgânica dos Municípios", concebida como se fosse uma verdadeira constituição municipal. Deve ser eliminada essa padronização da estrutura municipal, que é a própria negação da soberania e da autonomia, próprias do federalismo. Não é a União que molda o município, mas o município, como célula *mater* da vida individual, social e econômica, que molda a União. Também nesse aspecto a Constituição de 1988 é a própria negação do Estado federativo.

Propugna-se pela despolitização do Poder Público municipal, que deve se dedicar à prestação eficiente e funcional dos serviços públicos, deixando de reproduzir, caricatamente, os jogos de poder de Brasília. Destaca-se, nessa competência, o plano diretor do Município, que deve ser elaborado e executado com a participação direta dos munícipes, tal como ocorre com a elaboração do orçamento anual. Trata-se de matéria de alta relevância, pois o plano diretor é um instrumento de política pública de efeito permanente. Assim, o plano diretor pode tornar a cidade e seu entorno cada vez mais habitáveis, com um mobiliário urbano compatível com o atendimento efetivo das demandas de seus habitantes, com padrões de melhoria urbana constantes e consistentes, ou, pelo contrário, levar à sua degradação e à exploração imobiliária predatória.

Essa competência do município, de legislar sobre o seu orçamento, tributos municipais, sua administração e seu plano diretor, constitui a própria base do regime federativo.

Art. 89 - As constituições dos Estados

O regime federalista deve ter nas constituições dos Estados-membros uma base estrutural de reafirmação.

No amplo e profundo estudo que o Mestre José Afonso da Silva fez sobre as limitações das matérias que podem ser objeto das constituições estaduais,[215] verifica-se a falácia do federalismo brasileiro instituído pela Constituição de 1988. Ali se nega o fundamento do federalismo, que é a efetividade da soberania interna dos Estados-membros. Essa soberania interna deverá ser exercida no âmbito de seus respectivos territórios, mediante leis e atos normativos próprios, que devem se harmonizar com os princípios do indissolúvel pacto federativo. É tão patética a residualidade atribuída pela Carta de 1988 às constituições estaduais que o seu art. 25 elenca, como passível de nelas constar, a exploração dos serviços locais de gás canalizado (art. 25, § 2º), como se tal matéria fosse constitucionalmente relevante.

A União, por força da Constituição de 1988, confisca toda a soberania interna e todas as competências políticas e administrativas dos Estados-membros e dos Municípios. Não há Federação. O que existe é um governo central, que monopoliza o direito de legislar e de administrar todo o território do país. As atividades, tanto do setor público como do setor privado, desenvolvidas nos territórios dos Estados e dos Municípios passam pelo crivo, pelas autorizações, pelas leis e pelos atos normativos e administrativos da União.

Como tem sido reiterado, há que se construir uma real e efetiva Federação em nosso país, instituindo-se a soberania interna dos Estados-membros e dos Municípios. Para tanto, deve ser reconhecida, como referido, a competência constitucional dos Estados para legislar sobre matérias de Direito Público e de

---

215. SILVA, José Afonso da. Op. cit., p. 286 *et seq*.

Direito Privado incidentes em seus territórios e, assim, sobre Direito Administrativo, Orçamentário, Fiscal, Tributário, do Trabalho, Civil e Comercial.

A liberdade de dispor, em seu território, de leis e de atos normativos capazes de atender às especificidades sociais, culturais e econômicas de cada Estado-membro é o fundamento do Estado federativo.

Art. 90 - Tribunais de contas dos Estados

Cada Estado federativo terá um tribunal de contas, que exercerá as funções de controle externo e de fiscalização atribuídas ao Poder Legislativo estadual. No exercício dessas atribuições de controle externo, cabe ao tribunal de contas do Estado apreciar e julgar as contas anualmente prestadas pelo governador, secretários, administradores e demais responsáveis pelo manejo dos recursos financeiros, bens e valores públicos do Executivo, bem como do Legislativo e do Judiciário estadual. Cabe, também, aos tribunais de contas estaduais julgar as contas dos prefeitos, das câmaras de vereadores e demais agentes públicos municipais que administram verbas próprias ou repassadas pelo Estado.

Deve o tribunal de contas do Estado, dentro de seu poder de fiscalização, examinar a legalidade, a legitimidade, a moralidade, a impessoalidade, a necessidade, a oportunidade, a economicidade, a adequação e a proporcionalidade das despesas públicas realizadas pelos três poderes estaduais e pelos municípios. E, nesse mister de controle externo, o tribunal de contas terá competência suspensiva dos atos que julgar irregulares, praticados pelos agentes públicos, oficiando ao Ministério Público estadual a respeito, para as devidas providências penais, administrativas e civis cabíveis. É, no entanto, da competência do próprio tribunal de contas do Estado aplicar, diretamente, sanções administrativas aos agentes públicos responsáveis por atos irregulares e ilícitos.

Essas competências, funções e atribuições do tribunal de contas do Estado se estendem a todos os Municípios situados no respectivo território estadual, como referido. Assim, ficam extintos os tribunais de contas dos municípios existentes, proibida a sua criação.

Os conselheiros dos tribunais de contas dos Estados serão, todos, auditores de alta qualificação e experiência profissional, aprovados em concurso público de títulos e provas, cujas vagas serão preenchidas pelos auditores técnicos que atingirem maior graduação no plano de carreira do mesmo tribunal.

Com tais medidas — conselheiros-auditores e extinção dos tribunais de contas municipais —, a norma ora proposta visa restaurar as funções de controle externo e fiscalização dos tribunais de contas, que, em virtude da Constituição de 1988, tornou-se um prêmio de consolação para os políticos veteranos, todos ligados aos partidos e às oligarquias políticas.

Art. 91 - Liberdade de organização administrativa dos Municípios

Os Municípios, tanto quanto os Estados-membros da Federação, são revestidos de soberania interna, notadamente para estabelecerem — cada um conforme as suas características, possibilidades, carências e demandas — o seu regime administrativo próprio, tendo por objetivo atender e otimizar os serviços públicos a seu cargo.

A padronização das estruturas municipais impostas aos Municípios pela Constituição de 1988 (arts. 29 a 31 e dezenas de normas esparsas), além de ser a própria negação do regime federativo, desconsidera a diversidade de circunstâncias que cada município brasileiro ostenta, devido à sua condição geográfica, econômica, social e regional. A adequação de cada um dos Municípios às suas características e aos seus próprios recursos e meios é a própria expressão da sua soberania interna, que não pode ser tolhida por um modelo único, tal como imposto pela Constituição de 1988. Não é admissível impor o mesmo modelo administrativo, por exemplo, a um próspero município de 30 mil habitantes na zona da pecuária e da soja em Mato Grosso do Sul e a um município, com o mesmo número de habitantes, no alto sertão alagoano.

Por outro lado, essa adequação da administração de cada Município aos seus meios e recursos constitui dever precípuo e inexcusável do prefeito e da câmara de vereadores, que devem limitar, ao mínimo, as despesas-meio, para alocá-las para as atividades-fim, que são a manutenção, a extensão e a melhoria dos serviços públicos permanentes, a serem prestados com eficiência e produtividade.

O prefeito será eleito por voto majoritário e os vereadores, eleitos por voto distrital puro. Os vereadores — que prestarão seus serviços ao Município gratuitamente (ver art. 25 deste anteprojeto) — deverão, dentro de um limite, corresponder ao número de eleitores do respectivo município, sendo em número de 03 (três), nos municípios com até 10.000 habitantes; em número de 05 (cinco), nos municípios com até 100.000 habitantes; em número de 07 (sete), nos municípios com até 300.000 mil habitantes; acrescentando-se, nos municípios que excederem 300.000 habitantes, um vereador a cada 400.000 habitantes, sendo o número total de vereadores sempre ímpar, arredondando-se este número para menos.

Art. 92 - Prefeito e vereadores voltados para a gestão do Município

A maior perversão trazida pela Constituição de 1988 ao regime federativo foi tornar os Municípios núcleos exacerbados de poder político. Para tanto, a Carta vigente transformou os prefeitos, de dedicados gestores públicos — como foram, por séculos, entre nós —, em poderosos "Chefes do Poder Executivo";

e a câmara municipal, que funciona no país desde o século XVII, em um portentoso "Poder Legislativo". A partir daí, prefeitos e vereadores reproduzem a fisiologia política do governo central na distribuição de dezenas de secretarias aos partidos de apoio ao "Chefe do Poder Executivo", distribuindo cargos de confiança e em comissão a centenas de correligionários e de prepostos pessoais dos vereadores.

Essa deformação chegou ao paroxismo. Há municípios médios (entre 100 e 300 mil habitantes) que têm 30 ou mais "Secretarias Municipais", inclusive uma Secretaria de Relações Exteriores, sob a disfarçada denominação de "Secretaria de Relações Internacionais", numa fictícia extensão da soberania externa, reservada à União, ao âmbito municipal. Todos os prefeitos têm uma Casa Civil e um portentoso gabinete, com dezenas de assessores legislativos, secretários particulares, assessores de imprensa, de comunicação, de relações com o Estado e com Brasília, onde, inclusive, os prefeitos mantêm dispendiosos escritórios de representação. As 30 ou mais secretarias municipais são criadas para acomodar os próprios vereadores, que pulam do grandioso "Poder Legislativo" para o portentoso "Poder Executivo", tal e qual ocorre com os deputados federais e senadores.

Prevalece em toda a Administração municipal o critério político-partidário, o que causa a disfuncionalidade permanente dos serviços públicos, em toda e qualquer área ou setor. Tudo igual a Brasília. E o objetivo é o mesmo: reeleição do prefeito e dos vereadores.

Essas secretarias municipais são, obviamente, inúteis. Elas confiscam, com a legião de correligionários que ali são postos no "segundo e terceiro escalões", todos os recursos do Município, numa estrutura administrativa de absoluto desperdício e apropriação dos recursos públicos escassos, todos voltados para sustentar a máquina política local. Os dispendiosos gabinetes dos edis são voltados para o atendimento do eleitorado e a distribuição direta de remédios e cestas básicas (com validade vencida), roupas e utensílios usados, materiais de demolição para a construção de barracos nas encostas ou na beira dos riachos transformados em esgotos a céu aberto — entre outras práticas clientelistas.

Para a reeleição, o prefeito e os vereadores usam o fabuloso Fundo Eleitoral, o inesgotável Fundo Partidário e as verbas advindas das emendas ao orçamento municipal. O prefeito, na sua sanha obsessiva de reeleição, contrata centenas de funcionários, que se tornam estáveis conforme prevê a Constituição de 1988, formando uma legião de servidores inúteis que operam a trágica disfuncionalidade dos serviços públicos municipais e que pesam devastadoramente na folha de pagamento e nas aposentadorias e pensões.

O resultado dessa deformada cultura político-administrativa, estruturada pela Carta vigente, é a falência fragorosa da maioria dos municípios brasileiros, onde vivem milhões de brasileiros abaixo do nível da pobreza ou no limite da pobreza, desassistidos no setor da educação, da saúde, da segurança, do saneamento básico, da habitação digna, dos transportes, da iluminação, dos serviços de coleta de lixo e de entrega de correspondências, mercadorias e serviços, de transporte para tratamento e operações em hospitais centrais situados em município próximo, no fornecimento de autorizações, licenças e demais demandas civis, comerciais e empresariais dos munícipes.

Todos os recursos do município são gastos no festim permanente de poder — à moda de Brasília — em que nababescamente vivem os prefeitos e vereadores e seus correligionários. E vêm de Brasília todas as "orientações" políticas que serão adotadas nos Municípios, por força do monopólio dos partidos, todos de âmbito nacional. São os donos dos atuais partidos que escolhem os candidatos a prefeito e a lista de pretendentes à vereança, conforme os interesses não do município, mas dos acertos políticos que foram estabelecidos e que prevalecem no âmbito nacional.

Os municípios são meros instrumentos das conjunturas de poder político-partidário existentes fora do seu âmbito. O interesse público não é levado em conta, nunca, nessa estrutura viciosa. Esse é o quadro estrutural que deve ser eliminado para se voltar ao real sentido da gestão municipal, que é o de fazer funcionar os serviços públicos mediante a necessária alocação dos recursos escassos, gerados pelo próprio município e repassados pela União e respectivo Estado, para a sua eficiente prestação.

A constituição ora proposta enfrenta essa questão crucial de restituir a verdadeira função do prefeito, que é a de administrar os serviços públicos que vão afetar diretamente a vida dos munícipes, despindo-se dos aparatos de poder que a Constituição de 1988 lhes atribuiu. O mesmo se propõe para os vereadores. Assim é que os prefeitos serão eleitos por indicação de partidos municipais ou serão independentes, apoiados, ou não, por movimentos e associações locais de natureza política.

Os prefeitos serão eleitos pelo voto majoritário dos eleitores locais, e os vereadores, pelo regime do voto distrital puro. Não haverá reeleição nem para prefeito nem para vereador, pela regra da não reeleição para qualquer cargo eletivo. A cada dois anos, por ocasião das eleições gerais e municipais, haverá plebiscito para a eventual revogação do mandato (*recall*) dos prefeitos e de vereadores, que poderão ser destituídos pela quebra dos seus deveres. A revogação do mandato (*recall*) poderá se dar, pela gravidade do caso, fora do calendário bienal, em qualquer ocasião, em razão da quebra dos seus deveres por parte do prefeito ou de vereadores.

A prefeitura não terá secretarias, mas três departamentos: administrativo, de obras e de educação. Esses departamentos não poderão ser ocupados por detentores de cargos eletivos e deverão ser preenchidos por especialistas de cada uma dessas três áreas administrativas do município. O prefeito terá seu gabinete formado apenas de servidores municipais. Os vereadores não receberão remuneração, a qualquer título pelo exercício de sua representação. Os vereadores não terão gabinete, sendo os serviços de assessoria legislativa e de fiscalização da gestão municipal prestados pelos servidores da câmara municipal.

Com tais medidas, previstas nesta proposta de constituição, procura-se restaurar a verdadeira função do prefeito — que é a de ser administrador, e não a de ser um grande chefe de poder político — e a dos vereadores, que devem exercer o cargo de representação dos munícipes como um *munus* público, que prestam *pro bono*, como sempre ocorreu na tradição secular da vereança em nosso país.

Do Congresso Nacional

Art. 93 - Competência; eleição dos senadores por voto majoritário e dos deputados por voto distrital puro; candidaturas independentes

O Congresso Nacional é de funcionamento permanente, ou seja, tem a prerrogativa e o dever constitucional de funcionar todos os dias do ano, de forma autônoma, sem necessidade de convocação dos Poderes Executivo ou Judiciário ou de autoconvocação. Da mesma forma, não pode o Congresso ser desconvocado ou ver suspensas as suas prerrogativas legislativas e fiscalizadoras pelos outros dois poderes. O funcionamento permanente do Congresso constitui um dos fundamentos do Estado Democrático de Direito.

Ao Congresso Nacional — composto do Senado e da Câmara dos Deputados — cabe legislar sobre as matérias de competência da União, cuja vigência está submetida à sanção ou veto, total ou parcial, do Presidente da República, com exceção das emendas à constituição, que, aprovadas pelo Congresso, serão submetidas a plebiscito bienal (art. 29 deste anteprojeto). Em consequência, as leis federais dependem da dupla vontade do Congresso e do Presidente da República, ao passo que as emendas constitucionais dependem da dupla vontade do Congresso e do povo. Por sua vez, os vetos rejeitados pelo Congresso podem ser submetidos pelo Presidente da República à decisão do povo nos referendos bienais, como proposto no art. 96 deste estudo.

Ademais, cabe ao Congresso o controle externo da execução orçamentária, das contas do Presidente da República e dos entes da administração direta, indireta, fundacional e das empresas públicas e de economia mista. Tal função primordial é exercida pelo Tribunal de Contas da União, órgão auxiliar da Câmara dos Deputados.

Os senadores representam os Estados-membros para garantir o melhor equilíbrio dos interesses federativos, neutralizando o predomínio dos Estados que têm mais representação na Câmara dos Deputados. Os senadores são eleitos por voto majoritário.[216]

Para a eleição dos deputados adota-se o regime de voto distrital puro,[217] respondendo o eleito, por sua atuação, diretamente aos cidadãos do distrito que o elegeu, inclusive para os efeitos de eventual revogação de mandato por infração aos seus deveres de representação (*recall*), conforme proposta contida no art. 22.

Além disso, poderão ser eleitos para o Congresso candidatos independentes, apoiados ou não por movimentos e associações de natureza política.

Art. 94 - Votação pelo Congresso de todos os projetos aprovados pela Comissão de Constituição e Justiça, na mesma sessão legislativa

Tendo em vista o princípio de funcionamento permanente do Congresso, a presente norma do anteprojeto de constituição estabelece uma agenda legislativa. Tal agenda se impõe à atividade ordinária do Poder Legislativo, o que não impede que as duas casas sejam convocadas extraordinariamente, fora do calendário. Prevê-se, portanto, um período legislativo de dez meses para a discussão e votação de projetos de leis ordinárias, de medidas provisórias e de emendas à constituição. Haverá dois meses de recesso da atividade legislativa — janeiro e julho.

Não obstante, a atividade de controle externo e fiscalização, exercida através do Tribunal de Contas da União, deve abranger todos os dias do calendário anual.

As convocações legislativas extraordinárias referem-se aos meses de janeiro e de julho. Dentro do calendário legislativo, poderá haver convocação extraordinária para a deliberação sobre matérias de suma gravidade ou relevância. Será o caso de declaração de guerra, estado de sítio e de emergência, perturbação da ordem, quebra do regime federativo por parte de algum Estado-membro, etc.

Isso posto, o presente artigo estabelece a obrigatoriedade de exame de todos os projetos de lei apresentados durante o ano legislativo, aprovados pela Comissão de Constituição e Justiça (CCJ) da casa legislativa na qual se origina. A votação de todos os projetos aprovados pelas respectivas CCJs atende ao princípio da isonomia de discussão e votação de todos os projetos de lei ordinárias, medidas provisórias e emendas constitucionais apresentados pelos congressistas. A tramitação obrigatória pela CCJ seguirá a ordem de sua apresentação, durante a mesma sessão legislativa. O atual sistema, de tramitação aleatória dos projetos de lei, sendo

---

216. Também são eleitos por voto majoritário o Presidente da República, os governadores e os prefeitos.
217. Além dos deputados federais, o sistema distrital puro se aplica, no presente estudo, aos deputados estaduais e aos vereadores.

uns encaminhados, outros engavetados ou esquecidos, constitui uma negação do regime de representação. A presunção é a de que todos os projetos são do interesse público, devendo, por isso, ser encaminhados, pela ordem, à consideração da CCJ para a sua aceitação ou rejeição, com a remessa ao plenário de ambas as Casas, para a sua votação, dentro do referido calendário legislativo estabelecido.

É dever da CCJ examinar a constitucionalidade dos projetos, medidas provisórias e emendas constitucionais no aspecto da sua legitimidade. Isso quer dizer que a CCJ deve declarar a inconstitucionalidade do projeto legislativo por ter sido formulado em causa própria ou para favorecer pessoas físicas ou jurídicas, do setor público e privado.

O sistema atual de não obrigatoriedade de tramitação de todos os projetos, de forma arbitrária e sem qualquer critério ou prazo, é corrigido pelo automático processamento pela ordem de sua apresentação à mesa da Casa. A discricionariedade e a arbitrariedade dos presidentes do Senado e da Câmara, no encaminhamento ou engavetamento dos projetos, é inaceitável. A maioria dos projetos de lei nunca são apreciados por qualquer Comissão. Simplesmente dormem no protocolo da Mesa. Alguns poucos projetos de lei chegam a ser desengavetados para serem apreciados por uma sequência de comissões. Os relatores dos projetos simplesmente não dão o seu parecer, deixando que o projeto morra com o final da legislatura. Como nenhum projeto de lei apresentado numa legislatura pode ser levado para a seguinte, a não ser que haja um relatório a favor da CCJ, várias centenas de projetos, alguns de grande interesse público, desaparecem, pura e simplesmente. Via de consequência, muitos parlamentares apresentam projetos de lei que sabem natimortos, fazendo-o, simplesmente, para comprovarem uma febril atividade legislativa junto aos eleitores, sempre visando à reeleição.

Temos, assim, um quadro em que o Poder Legislativo em nosso país tem uma produção legislativa baixíssima, voltada unicamente para a aprovação de leis de interesse dos próprios parlamentares, de seus partidos, dos integrantes do setor público ou apaniguados no setor privado. Quando aprovam lei do interesse do Governo, cobram cargos e verbas para dar os seus votos. Exigem os nossos representantes o recebimento antecipado de emendas parlamentares, ministérios e cargos em comissão no segundo e terceiros escalões, aumento do fundo partidário e do fundo eleitoral e todo o tipo de apropriação privada dos recursos públicos.

Por outro lado, o critério ora proposto, de apreciação obrigatória, pela ordem de protocolo, de todos os projetos de lei pela Comissão de Constituição e Justiça, não impede que por razões de interesse público urgente possa ser dada preferência à votação, em plenário, de determinados projetos. Essa urgência se justificará pela premência da situação ou circunstâncias que demandam uma lei que permita viabilizar soluções urgentes para o caso. Esse é o sentido da norma constitucional ora proposta, que estabelece um critério objetivo de análise e encaminhamento ao plenário de toda a atividade legislativa produzida pelas duas Casas, dando-lhe concreção e viabilização, no pressuposto de que os projetos de lei, as medidas provisórias e as emendas à constituição propostos são do interesse público e visam ao bem comum.

Art. 95 - Iniciativa das leis

As competências para encaminhar projetos de lei para o Congresso são reiteradas neste anteprojeto de constituição, com algumas alterações. A matéria é tratada com relativa propriedade na Constituição de 1988 (arts. 61 a 69).

As alterações ora propostas referem-se à exclusão da competência do Congresso para dispor sobre a estrutura e a organização da administração federal, que fica no âmbito do próprio Poder Executivo. Assim, o manejo de órgãos da administração pública será objeto de decretos administrativos do Presidente da República. Institui-se, dessa forma, a liberdade de reorganização contínua dos entes federais pelo próprio Poder Executivo, não cabendo mais ao Congresso aprovar as alterações nessa estrutura e organização, o que é, hoje, uma maneira de interferir politicamente na competência outorgada, pelo voto, ao Presidente da República para organizar os serviços do Poder Executivo.

A segunda alteração, também crucial, refere-se ao processo de legitimação dos projetos de lei de iniciativa popular. A vigente Constituição, ao proclamar, teatralmente, a legitimidade da iniciativa popular na propositura de projetos de lei, cria, no entanto, uma enorme e intransponível barreira para que se concretize tal prerrogativa de manifestação direta da vontade do povo. Assim, o § 2º do art. 61 da vigente Carta cria uma corrida olímpica de obstáculos, a tal ponto que apenas cinco leis de iniciativa popular foram aprovadas, desde 1988, entre elas destacam-se: a histórica Lei da Ficha Limpa (Lei Complementar n. 135, de 2010); e a lei de reforma processual penal formulada pelos promotores federais da Operação Lava Jato — conhecida como "Dez Medidas contra a Corrupção", que foi totalmente desfigurada pelo Congresso Nacional.[218] A propósito, a Lei da Ficha Limpa logrou, apesar das emendas do Congresso, o seu intento de barrar

---

218. As outras leis de iniciativa popular são: "*Lei 8.930/1994: o caso Daniella Perez.* Após a morte da atriz Daniella Perez, em 1992, a mãe dela, Glória Perez, autora de novelas, mobilizou uma campanha que conseguiu assinaturas suficientes para incluir homicídio qualificado no rol de crimes hediondos, que têm penas mais duras. O projeto foi sancionado em 1994. *Lei 9.840/1999: combate à compra de votos.* Com o patrocínio da Conferência Nacional dos Bispos do Brasil, a lei aprovada coíbe o crime de compra de votos. Foi sancionada em 1999. *Lei 11.124/2005: moradia popular.* A lei determinou a criação do Fundo Nacional de Habitação de Interesse Social para garantir a pessoas de baixa renda o acesso a recursos para a construção, compra ou reforma da casa própria. Foi sancionada em 2005, após 13 anos de tramitação." (CALGARO, Fernanda. Em quase 30 anos, Congresso aprovou 4 projetos

a entrada de ainda mais criminosos no Congresso Nacional, ao passo que a lei das Dez Medidas contra a Corrupção foi inteiramente desfigurada, acabando por reforçar a impunidade dos corruptos que o projeto da cidadania desejava coibir.

Isso posto, a norma ora proposta determina que basta um milhão de assinaturas — independentemente dos Estados ou do Estado em que foram coletadas, e demais exigências bizantinas constantes da Carta vigente — para que o projeto de lei seja encaminhado ao Congresso. Fica vedada qualquer emenda modificativa ou supressiva ao projeto de lei de iniciativa popular por parte do Congresso. Cabe, no caso, a sua aprovação ou a rejeição, na sua integralidade, pura e simplesmente, pelo plenário, em votação aberta e individual.

Art. 96 - Os vetos poderão ser submetidos a referendo

A vontade legislativa na promulgação das leis é partilhada entre o Congresso e o Presidente da República. Na hipótese de o Chefe do Governo rejeitar a lei aprovada pelas Casas legislativas, esse compartilhamento não se completa. Nesse caso, o Congresso pode acolher o veto, total ou parcial, da lei por ele aprovada, ou, então, pode rejeitá-lo, promulgando a lei como manifestação unilateral de vontade legislativa. Rejeitado o veto e dada a relevância da matéria vetada, poderá o Presidente da República, por ato discricionário seu, submeter o veto à decisão da cidadania, por ocasião das consultas públicas bienais previstas neste anteprojeto. Atribui-se, dessa forma, ao povo a função de árbitro entre a deliberação legislativa do Congresso e aquela contrária, do Presidente da República.

O fundamento para esse referendo é que o povo, destinatário das leis, deve exercer sua soberania para dirimir o conflito de vontade legislativa entre o Congresso e o Presidente da República. Durante o período que antecede o referendo bienal ou extraordinário que decidirá a respeito, prevalecerá o veto, em todos os seus efeitos. O pressuposto é o de que o veto se funda em questões de constitucionalidade e de interesse público, não atendidos pela lei aprovada pelo Congresso ou em dispositivos nela contidos. Fica, assim, suspensa a vigência da lei ou dos artigos dela vetados, até que a cidadania decida pela aprovação, ou não, do veto. Também, pela urgência da matéria, os vetos são mantidos até que o povo decida em referendo extraordinário, a favor ou contra, suspendendo-se, em consequência, a lei ou as respectivas normas vetadas.

Essa prerrogativa devolve à soberania popular a decisão sobre a legitimidade das normas vetadas. Permite, portanto, que leis ou dispositivos legais que foram aprovados pelo Congresso para favorecer os próprios parlamentares, os integran-

---

de iniciativa popular. **G1**, 18 fev. 2017. Disponível em: https://g1.globo.com/politica/noticia/em-quase-30-anos-congresso-aprovou-4-projetos-de-iniciativa-popular.ghtml).

tes do setor público, corporações e grupos de interesses e toda uma série de hipóteses de ilegitimidades, sejam submetidos à votação direta do povo. Pode-se afirmar que o referendo seria desnecessário, pois aí estará a Corte Constitucional para dirimir a questão da constitucionalidade dos vetos do Presidente da República rejeitados pelo Congresso. Essa indispensável e precípua competência da Corte Constitucional, no entanto, não pode bloquear a livre e direta manifestação da vontade soberana do povo sobre a matéria que se declara, pelas razões do veto, contrária ao interesse público. Trata-se de uma modalidade de participação ativa da cidadania na vida pública, que é um dos fundamentos da democracia. O exemplo dos Estados Unidos da América nessa matéria de consulta ao eleitorado sobre as matérias relevantes de interesse público deve ser adotado entre nós.

Art. 97 - Convocação de plebiscitos e referendos

O plebiscito e o referendo são os instrumentos do exercício direto do poder soberano do povo, no Estado Democrático de Direito.

A democracia constitucional se distingue dos outros regimes por fundar-se na vontade do povo, que é o centro e a fonte de todos os poderes.[219] Trata-se daquilo que a doutrina chama de "soberania primária", que se traduz pelo poder decisório quanto às matérias políticas e legislativas relevantes, do seu interesse.[220] A democracia é, ao mesmo tempo, representativa e direta, sendo, esta última, de grande tradição nas mais avançadas e consolidadas, como a norte-americana.

As matérias que são objeto da democracia diretamente exercida pelo povo podem ter caráter nacional, regional ou local, que se mede pela essencialidade da questão para todo o povo, ou para uma parcela dele. Assim, por exemplo, o plebiscito pode versar sobre o aborto ou a liberação das drogas. A consulta pública, nesse caso, poderá ser federal ou estadual, dentro da soberania interna, própria do regime federativo. Será, necessariamente, nacional, ao se decidir sobre a forma parlamentarista ou presidencialista de governo. E será municipal, sobre a construção de um sistema viário que vai seccionar o principal parque da cidade.

Por outro lado, existem matérias recorrentes que devem ser, permanentemente, objeto de plebiscito ou referendo. Por isso, tais matérias constarão do calendário eleitoral, a cada dois anos, e, portanto, independem de convocação por parte do Congresso. Essas consultas bienais serão coincidentes com as eleições gerais e municipais. São matérias próprias dos plebiscitos ou referendos coincidentes com o calendário eleitoral as emendas constitucionais, as leis de re-

---

219. SILVA, José Afonso da. Op. cit., p. 217 *et seq.*
220. SILVA, José Afonso da. Op. cit., p. 217 *et seq.*

levante interesse público em nível federal, estadual ou municipal, notadamente os planos diretores dos municípios, os vetos às leis federais, desde que solicitada a consulta pelo Presidente da República, e a revogação do mandato de parlamentar, vereador e prefeito (*recall*).

Pode haver, no entanto, questões essenciais à própria existência do regime democrático e federativo, ou mesmo específicas, que podem surgir e, por isso, demandar a consulta pública extraordinária. Pode-se ter, como exemplo, matérias de alta relevância ou premência para o interesse público que não conseguem ser votadas pelo Congresso, e que, no entanto, são inadiáveis. Nesse caso, poderá haver a convocação extraordinária do plebiscito ou referendo, por iniciativa de um terço dos deputados ou dos senadores. É o caso, essencial para a segurança pública, da prisão após condenação em segunda instancia. Não conseguindo o Congresso reverter, por lei, a tempo de não pôr em risco a segurança pública, o teratológico entendimento do Supremo Tribunal Federal, no sentido de prisão do condenado somente após trânsito em julgado, cabe a iniciativa, de um terço dos parlamentares, de remeter a questão para a consulta popular, dentro de um prazo razoavelmente curto, apenas necessário para a sua organização eleitoral.

Isso posto, resumindo: o que demanda o exercício da democracia mediante plebiscito ou referendo é a essencialidade da questão e não a sua magnitude ou amplitude.

A consulta popular pode ter por objeto matéria política — como a divisão ou não de município ou sua reintegração em outro, ou o arbitramento de questões de natureza legislativa, como os vetos submetidos ao sufrágio direto do povo para dirimir o conflito entre o Poder Legislativo e o Poder Executivo. Podem, o plebiscito ou o referendo, tratar de matéria civil, como a referida questão do aborto ou da liberação de drogas, o uso de signos religiosos nas escolas e outras matérias que afetam, essencialmente, os valores, a cultura e os sentimentos das pessoas.

Esse princípio fundamental consta do parágrafo único do art. 1º da Constituição de 1988: "Todo o poder emana do povo, que o exerce por meio de representantes eleitos ou diretamente, nos termos desta Constituição." E o artigo 14 assim dispõe: "A soberania popular será exercida pelo sufrágio universal e pelo voto direto e secreto, com valor igual para todos, e, nos termos da lei, mediante: I - plebiscito; II - referendo; III - iniciativa popular." E o art. 49, XV, da Carta vigente declara que é da competência exclusiva do Congresso Nacional autorizar referendo e convocar plebiscito.

Por sua vez, a constituição ora proposta divide o regime de consulta popular em dois: a consulta ordinária, que se dará no curso do calendário eleitoral, a cada dois anos, e a consulta extraordinária, que será realizada por iniciativa de um terço dos senadores ou dos deputados.

Art. 98 - Medidas provisórias

O acentuado abuso na utilização das medidas provisórias, franqueadas pela Constituição de 1988, não obstante as restrições trazidas pela Emenda Constitucional n. 32, de 2001, demanda que esse instrumento legislativo seja ainda mais delimitado. É o que ora se propõe.

Em primeiro lugar, deve ser instituído o critério de admissibilidade das medidas provisórias. Caberá à Comissão de Constituição e Justiça da Câmara dos Deputados ou do Senado, em regime de urgência e preliminarmente à tramitação e vigência[221] da medida provisória protocolada, prolatar juízo de admissibilidade, tendo em vista a sua constitucionalidade, relevância, urgência e interesse público. São quatro, portanto, os elementos de admissibilidade pela CCJ: constitucionalidade, relevância, urgência e inquestionável interesse público. Esses requisitos são cumulativos, no sentido de que faltando um ou mais deles, a medida provisória não será recebida pelo Congresso, sendo devolvida ao Presidente da República.

Se a medida provisória tiver por objeto criar privilégios para integrantes do setor público ou privado, estará configurada, de plano, a sua inconstitucionalidade por contrariar o interesse público. E, quando a medida provisória tiver por objeto o interesse da administração — atividade meio —, o Congresso deverá examinar acentuadamente os aspectos da urgência e relevância. Isso porque a tendência do Poder Público é a de protocolar medidas imediatas no interesse dele próprio, em vez de encaminhar projetos de lei, cuja tramitação é, em geral, longa.

Sob a égide da Constituição de 1988, o Congresso cuidou do procedimento preliminar de admissibilidade[222] dessa medida legislativa de exceção, o qual, no entanto, não impede a sua imediata vigência. Atualmente, a medida provisória é uma lei pronta que é enviada ao Congresso, com vigência imediata, a partir da sua publicação no Diário Oficial.[223] Trata-se, portanto, do exercício de uma

---

221. Inovação deste anteprojeto. Na CF/88, a medida provisória já entra em vigência desde a publicação no diário oficial, e somente depois disso tramita no Congresso.
222. Assim, a medida provisória entra em vigor desde a sua publicação, antes mesmo de ser apreciada pelo Congresso. Já sua apreciação pelo Poder Legislativo é regulada pela CF/88: "Art. 62. [...] § 5º A deliberação de cada uma das Casas do Congresso Nacional sobre o mérito das medidas provisórias *dependerá de juízo prévio sobre o atendimento de seus pressupostos constitucionais*. [...] § 9º Caberá à comissão mista de Deputados e Senadores *examinar as medidas provisórias e sobre elas emitir parecer, antes de serem apreciadas*, em sessão separada, pelo plenário de cada uma das Casas do Congresso Nacional."
223. Nos termos do art. 62 da CF/88: "§ 3º - As medidas provisórias, ressalvado o disposto nos §§ 11 e 12 perderão *eficácia, desde a edição*, se não forem convertidas em lei no prazo de sessenta dias, prorrogável, nos termos do § 7º, uma vez por igual período, devendo o Congresso Nacional disciplinar, por decreto legislativo, as relações jurídicas delas decorrentes. § 4º - O prazo a que se refere o § 3º contar-se-á *da publicação da medida provisória*, suspendendo-se durante os períodos de recesso do Congresso Nacional." Por sua vez, a Resolução n. 1, de 2002, do Congresso Nacional, regula a matéria: "Art. 2º

função colegislativa ao inverso, em que o Poder Executivo exerce as funções de aprovar a lei provisória e o Poder Legislativo de aceitá-la, vetá-la, ou fazê-la perder vigência, mediante o decurso do prazo de sua validade.

As medidas provisórias têm força de lei pelo prazo de 120 dias,[224] com plena vigência nesse período, desde que passem pelo crivo preliminar de sua admissibilidade. Ao final do prazo, ou se transformam em lei ordinária ou cessam de viger, não tendo mais nenhum efeito.

Art. 99 - Vedação de emendas em medida provisória ou em projeto de iniciativa popular

Se, do lado do Poder Executivo, há um conhecido abuso no encaminhamento de medidas provisórias, por outro lado, o Congresso delas se aproveita para incluir normas extravagantes, estranhas ao seu objeto. Trata-se de um estelionato legislativo praticado pelos congressistas, em todas as medidas provisórias.

Assim, por exemplo, em uma medida provisória que tem por objeto a reorganização dos serviços alfandegários na Zona Franca de Manaus, os parlamentares acrescentam emendas que garantem gratificações e indenizações aos servidores públicos ou, então, que beneficiam a si próprios com novas benesses e privilégios ou, ainda, aproveitam para conceder isenções tributárias para específicos segmentos industriais ou de serviços com os quais tenham fortes ligações políticas. As emendas feitas nas medidas provisórias são, em sua maioria, estranhas ao seu objeto e visam outorgar mais vantagens aos agentes políticos e administrativos e aos amigos do rei no setor privado.

Tal hábito dos parlamentares tornou as medidas provisórias verdadeiros penduricalhos de emendas, todas elas contra o interesse público, pois visam beneficiar alguém, em detrimento do bem comum. Essa é a razão desta proposta de vedar a apresentação de emendas nas medidas provisórias. Devem elas ser acolhidas pelo Congresso na sua íntegra, tal como apresentadas pelo Presidente

---

[…] § 1º - No dia da publicação da Medida Provisória no Diário Oficial da União, o seu texto será enviado ao Congresso Nacional, acompanhado da respectiva Mensagem e de documento expondo a motivação do ato. […] Art. 7º - Aprovada na Câmara dos Deputados, a matéria será encaminhada ao Senado Federal, que, para apreciá-la, terá até o 42º (quadragésimo segundo) dia de *vigência da Medida Provisória, contado da sua publicação* no Diário Oficial da União."

224. Atualmente, as medidas provisórias têm sua vigência prorrogada no período de recesso. Veja-se o disposto na Resolução n. 1, de 2002, do Congresso Nacional: "Art. 18 - Os prazos previstos nesta Resolução serão suspensos durante o recesso do Congresso Nacional, sem prejuízo da plena eficácia de Medida Provisória. Parágrafo único. Se for editada Medida Provisória durante o período de recesso do Congresso Nacional, a contagem dos prazos ficará suspensa, iniciando-se no primeiro dia de sessão legislativa ordinária ou extraordinária que se seguir à publicação de Medida Provisória."

da República, ou, então, rejeitadas, por votação ou mediante o decurso do prazo de sua vigência (120 dias).

Pode-se argumentar que essa rigidez tende a aumentar a rejeição, pelo Congresso, das medidas provisórias protocoladas pelo Chefe do Poder Executivo. A hipótese é verdadeira. Daí a necessidade de o Presidente da República cuidar melhor do objeto e do texto das medidas provisórias e de sua perfeita consonância com os requisitos da constitucionalidade, urgência, relevância e inquestionável interesse público.

Também se propõe que sejam vedadas as emendas supressivas e modificativas dos projetos de lei de iniciativa popular. A regra aplicada aos projetos de lei de iniciativa popular é a de que deverão tratar de uma única matéria ou assunto. A razão dessa exigência é dupla, pois permite que os subscritores da iniciativa saibam perfeita e claramente do seu objeto, legitimando, desse modo, a sua vontade, para o efeito de seu encaminhamento ao Congresso. A contrapartida dessa integralidade é que não podem os congressistas suprimir ou modificar o seu objeto, o que representaria a desfiguração da vontade manifestada coletivamente pelos eleitores.

Tal desfiguração ocorreu quando da votação do projeto das Dez Medidas contra a Corrupção, apresentado em 2015, e que foi aprovado pelo Congresso em sentido exatamente contrário à vontade manifestada pela cidadania.[225]

Assim, fica vedada qualquer emenda supressiva ou modificativa aos projetos de lei de iniciativa popular, que deverão ser aprovados ou rejeitados pelo Congresso nos exatos termos em que foram formulados. A única alteração que o Congresso poderá fazer no texto é quanto à sua redação, a cargo da Comissão de Redação da Câmara dos Deputados, desde que dela não resulte qualquer alteração no sentido e no objeto do projeto de lei de iniciativa popular.

Art. 100 - Vedações a emendas orçamentárias pelo Congresso

As emendas parlamentares visando à apropriação de verbas do orçamento pelos deputados e senadores foram tratadas no art. 24 desta proposta de constituição.

---

225. "A proposta tem origem em um texto de iniciativa popular apresentado em 2015 e defendido pelo Ministério Público, conhecido como o projeto das 10 medidas contra a corrupção. O pacote recebeu mais de 2 milhões de assinaturas de apoio. Quando passou pela Câmara, foi alterado por deputados. À época, as mudanças foram alvo de críticas, e a Câmara foi acusada de desfigurar o projeto." (RESENDE, Sara; GARCIA, Gustavo. Senado aprova pacote anticorrupção com punição para abuso de autoridade. **G1**, 26 jun. 2019. Disponível em: https://g1.globo.com/politica/noticia/2019/06/26/senado-pacote-anticorrupcao-abuso-de-autoridade.ghtml). "Diversas propostas foram rejeitadas e outros temas polêmicos foram incluídos. Das dez medidas originais, somente quatro passaram, ainda assim parcialmente." (CALGARO, Fernanda. Câmara retira seis propostas do MPF e desfigura pacote anticorrupção. **G1**, 30/11/2016. Disponível em: http://g1.globo.com/politica/noticia/2016/11/camara-dos-deputados-conclui-votacao-de-medidas-contra-corrupcao.html).

Por força dos arts. 165 a 169 da Carta vigente, os parlamentares, na discussão da Lei de Diretrizes Orçamentárias, podem apresentar emendas que alteram, aleatoriamente, as fontes de recursos, tanto as destinadas às despesas obrigatórias como às despesas discricionárias. São as emendas "corretivas", apresentadas por ocasião da elaboração anual da Lei de Diretrizes Orçamentárias e da respectiva Lei Orçamentária Anual (art. 166 da CF/88[226]). E o que visam essas emendas corretivas? Aumentar, artificialmente, as receitas previstas na peça orçamentária apresentada pelo Poder Executivo para, assim, inflar o valor nominal da receita corrente líquida, que consta da lei de diretrizes e na lei de execução orçamentária. Com esse expediente, os nossos representantes acrescem, significativamente, o percentual atribuído às bilionárias emendas parlamentares que serão por eles empalmadas. Isso porque a Constituição de 1988 permite que os deputados e senadores se apropriem de 1,2% da receita corrente líquida prevista no orçamento.[227]

Isso posto, propõe-se que, na nova constituição, caberá à Comissão Mista do Orçamento unicamente apontar, nos seus pareceres, a inconstitucionalidade, a ilegalidade, os erros e as omissões encontrados na peça orçamentária enviada pelo Governo, determinando a sua devolução ao Poder Executivo, para as devidas retificações, eventuais complementações e explicitações, tendo em vista a aprovação da Lei de Diretrizes Orçamentárias pelo Congresso. Não poderá, portanto, o Congresso emendar, sob qualquer forma, motivo ou razão, a peça orçamentária enviada pelo Governo, seja para se apropriar de verbas (art. 24 deste anteprojeto), seja para alterá-las, suprimi-as ou aditá-las.

Art. 101 - O Tribunal de Contas como órgão de controle externo e de fiscalização dos três Poderes

O controle externo sobre as contas do Poder Executivo federal, do Poder Judiciário federal e do próprio Congresso Nacional deverão ser exercidos pelo Tribunal de Contas da União (TCU), que é o órgão com funções de auditoria externa do Poder Legislativo federal.

São de sua competência exercer a fiscalização orçamentária, contábil, financeira, operacional e patrimonial da União e dos seus entes da administração

---

226. Art. 166 da CF/88: "§ 3º - As emendas ao projeto de lei do orçamento anual ou aos projetos que o modifiquem somente podem ser aprovadas caso: [...] III - sejam relacionadas: a) com a correção de erros ou omissões;"
227. Art. 166 da CF/88: "§ 9º - As emendas individuais ao projeto de lei orçamentária serão aprovadas no limite de 1,2% (um inteiro e dois décimos por cento) da receita corrente líquida prevista no projeto encaminhado pelo Poder Executivo, sendo que a metade deste percentual será destinada a ações e serviços públicos de saúde."

direta e indireta. Cabe ao TCU verificar a legalidade, a legitimidade, a economicidade, a impessoalidade, a publicidade, a finalidade, a oportunidade, a razoabilidade e a proporcionalidade das contas públicas dos três poderes federais. Nesse mister, cabe ao TCU apreciar as contas prestadas, anualmente, pelo Presidente da República. Ademais, o TCU examinará e julgará as contas apresentadas pelos administradores e responsáveis pelo manejo do dinheiro público no âmbito da União, dos Poderes Judiciário federal e Legislativo federal. Tem, assim, o TCU competência sobre todos os entes de âmbito federal, sejam eles dos Poderes Executivo, Legislativo ou Judiciário.

A propósito, a Constituição de 1988 é ambígua a respeito da competência de fiscalização orçamentária, contábil e financeira sobre os Poderes Legislativo e Judiciário. Não obstante, menciona essa atribuição no inciso IV do art. 71, ao estipular que cabe ao Tribunal de Contas "realizar [...] inspeções e auditorias de natureza contábil, financeira, orçamentária, operacional e patrimonial, nas unidades administrativas dos Poderes Legislativo, Executivo e Judiciário, e demais entidades referidas no inciso II".

A presente norma deste anteprojeto deixa clara essa competência plena do Tribunal de Contas da União, que deverá receber, examinar e julgar as contas dos três poderes federais e promover as diligências, suspensões e bloqueios necessários com respeito aos atos administrativos irregulares. Para tanto, o TCU realizará inspeções e auditorias de natureza orçamentária, contábil, financeira, operacional e patrimonial, inclusive nas empresas públicas e de economia mista, nas fundações públicas e nas fundações privadas de natureza pública.

Cabe também ao Tribunal de Contas da União examinar e julgar a aplicação de recursos repassados pela União aos Estados e Municípios, bem como exigir a prestação de informações a respeito. O mesmo se dá quanto aos repasses e à aplicação de recursos federais a entidades e a pessoas do setor privado. É dever do Tribunal de Contas denunciar ao Ministério Público as irregularidades e ilicitudes penais, administrativas e civis que encontrar nas suas atividades de controle externo e fiscalização. E, dentro dessa competência de verificação e denúncia de irregularidades, cabe ao Tribunal de Contas da União sustar a execução dos atos por ele impugnados, seguido das representações junto ao Ministério Público Federal, comunicando ao Congresso sobre tais providências. Nessa qualidade, o Tribunal de Contas da União tem competência normativa, regulatória, investigativa, denunciatória e sancionatória.

Outra questão fundamental é a da composição dos membros dos tribunais de contas da União e dos Estados. A exemplo dos tribunais superiores, os cargos de conselheiro do Tribunal de Contas da União e dos tribunais de contas dos Estados serão preenchidos por auditores de alta qualificação profissional, admitidos por concurso público, preenchidas as vagas por aqueles auditores que atingirem maior graduação no plano de carreira. Não obstante, cabe lembrar que a Constituição de 1988, dentro do seu propósito de manter o domínio das oligarquias políticas em todas as instituições e entes do Estado, inventou um subterfúgio para nomear políticos decadentes ou aposentados para compor o Tribunal de Contas da União. Assim, em meio a pomposos requisitos morais e profissionais para ocupar o cargo de ministro do TCU, a Carta vigente, no seu art. 73, § 1º, III, permite que sejam nomeadas pessoas com "notórios conhecimentos [...] de administração pública". Entre esses notórios conhecedores de administração e finanças públicas naturalmente estão os políticos, considerados, todos, como preenchendo tal qualificação, na medida em que exerceram mandatos no Congresso por décadas, o que os tornaria, naturalmente, notórios conhecedores da ciência financeira e contábil. Pela vigente Carta, apenas *um* auditor e, alternadamente, *um* membro do Ministério Público são membros independentes do Tribunal de Contas da União (art. 73, § 2º, I, CF/88). Todos os demais ministros são políticos veteranos. Após décadas de representação parlamentar, continuam na "vida pública" — agora se dedicando aos serviços técnicos de auditoria externa das contas federais. Daí a absoluta necessidade de serem o TCU e os tribunais de contas dos Estados compostos unicamente de auditores de carreira.

Dos tratados e convenções internacionais; requisitos para sua vigência

Art. 102 - Eficácia dos tratados e convenções

A matéria referente aos tratados e convenções internacionais é objeto dos artigos 5º, §§ 2º e 3º; 49, I, e 84, VIII, da Constituição de 1988. Pelo sistema atual, é de competência reservada ao Presidente da República negociá-los e celebrá-los. Uma vez firmado pelo Chefe do Estado, o tratado ou convenção deve ser objeto de aprovação pelo Congresso Nacional. E, uma vez aprovado pelas duas Casas, mediante decreto legislativo, serão promulgados pelo Chefe do Estado, mediante decreto do Poder Executivo, e, em seguida, publicados.

Os tratados e convenções internacionais não podem ser objeto de emendas do Congresso, que deverá referendá-los ou não. E, pelo disposto no referido art. 5º, § 3º, da CF/88 — trazido pela Emenda Constitucional n. 45, de 2004 —, as normas dos tratados e convenções internacionais que versam sobre direitos humanos têm *status* constitucional no Brasil, com o mesmo efeito de uma emenda constitucional. Por essa razão, tais tratados e convenções devem ser aprovados, em cada Casa do Congresso Nacional, em dois turnos, por três quintos dos votos dos respectivos membros.

Por outro lado, o § 2º do mesmo artigo 5º da vigente Carta assegura que "Os direitos e garantias expressos nesta Constituição não excluem outros decorrentes do regime e dos princípios por ela adotados, ou dos tratados internacionais em que a República Federativa do Brasil seja parte". Em consequência, a Convenção Americana de Direitos Humanos, conhecida como Pacto de San José da Costa Rica, adotada e aberta à assinatura na Conferência Especializada Interamericana sobre Direitos Humanos, em San José de Costa Rica, em 22 de novembro de 1969, e ratificada pelo Brasil em 25 de setembro de 1992, muito antes, portanto, da Emenda Constitucional n. 45, de 2004, possui natureza constitucional.[228]

Isso posto, fica evidente, diante do disposto no referido § 2º do art. 5º da CF/88, a contradição e a exorbitância formal da também referida norma contida no § 3º do mesmo artigo. Isso porque a regra universalmente aceita é que, uma vez referendado o tratado pelo Congresso, por maioria absoluta (cinquenta por cento mais um dos seus integrantes), o tratado respectivo se incorpora à ordem jurídica do país com a qualidade de norma constitucional.[229] Prevalece, portanto, o disposto no referido § 2º do art. 5º da Carta vigente, sendo a exigência de aprovação por maioria qualificada, prevista no § 3º, uma contradição em termos.

Assim, os tratados e convenções internacionais versando sobre direitos humanos devem ingressar no ordenamento jurídico interno automaticamente, como direito constitucional, na medida em que se trata de matéria universal, que transcende a noção de lugar e de tempo.[230] Isso posto, ora se propõe que, pela sua natureza civilizatória, tais tratados e convenções sobre direitos humanos devem ser referendados pelo Congresso. Se não o forem, caberá à cidadania aprová-los, ou não, através do referendo bienal. Não há, com efeito, Direito interno e Direito externo em matéria de direitos humanos. Trata-se de um Direito universal, cabendo aos países democráticos reconhecê-lo e adotá-lo.

É o caso típico dos direitos humanos de natureza política contidos no referido Pacto de San José da Costa Rica, que assegura a todos os cidadãos o direito de não somente eleger, mas de serem eleitos, independentemente de filiação partidária.[231] Tal regra do Pacto de San José rompe as bases da partidocracia instaurada no Brasil pela Constituição de 1988, que exige a filiação partidária para que o cidadão postule qualquer cargo eletivo.[232] A necessidade de filiação partidária

---

228. Cf. NERY JUNIOR, Nelson; NERY, Rosa Maria de Andrade. **Constituição Federal comentada**. 6. ed. São Paulo: Revista dos Tribunais, p. 288.
229. A respeito, veja-se: SILVA, José Afonso da. Op. cit., p. 182 *et seq*.
230. SILVA, José Afonso da. Op. cit.
231. Art. 23 do Pacto de San José da Costa Rica.
232. § 3º, V, do art. 14 da CF/88.

para se candidatar constitui um obstáculo ao acesso do cidadão à vida pública e, portanto, ao pleno exercício da própria cidadania, quebrando, assim, o principal fundamento do Estado Democrático de Direito.

Pois bem. Se a regra contida no art. 23 do Pacto de San José da Costa Rica não fosse anterior à Emenda Constitucional n. 45, de 2004, a sua recepção pelo Direito brasileiro não se daria, pois necessitaria, para tanto, do quórum de três quintos das duas Casas. Jamais o Congresso aprovaria o Pacto de San José nesse particular, por significar, exatamente, a quebra da hegemonia dos tradicionais e corruptos partidos na vida política nacional. Por aí se vê que as normas contidas nos tratados e convenções que versem sobre direitos humanos de natureza política nunca serão ratificadas pelo nosso Congresso, dominado pelas oligarquias atrasadas que ali agem para manter o poder exatamente por intermédio do monopólio dos partidos.

Isso posto, a constituição ora proposta prevê, em primeiro lugar, que o referendo dos tratados e convenções internacionais se dará pelo Congresso, por maioria absoluta, ou seja, com o quórum de metade mais um dos congressistas. A regra constitucional que contrarie normas constantes dos tratados e convenções sobre direitos humanos firmados pelo país será considerada protraída, ou seja, não mais vigente e de nenhuma validade e eficácia, a partir da data da promulgação do pacto internacional. Em segundo lugar, propõe-se que o tratado ou convenção que verse sobre direitos humanos, não sendo aprovado pelo Congresso, será submetido ao referendo popular bienal, realizado juntamente com as eleições gerais e municipais. Assim, aprovando-se, via referendo popular, o tratado ou convenção que versa sobre direitos humanos, este prevalecerá sobre a rejeição congressual.

Da mesma forma, a revogação dos tratados e convenções referentes aos direitos humanos, ou de qualquer de suas normas, pelo Presidente da República, será também objeto do referendo bienal, cabendo aos eleitores decidir a respeito. Será, por exemplo, a questão da pena de morte. Se for promulgada uma lei admitindo a volta da pena capital, o que contraria o Pacto de San José da Costa Rica, caberá aos eleitores, no referendo bienal seguinte, decidir pela revogação daquela Convenção nesse particular ou pela sua manutenção. Aprovada a manutenção do Pacto no referendo, isso acarretará a automática revogação da norma interna de pena de morte, que o contraria. Será, também, o caso da eventual denúncia, pura e simples, do Tratado de Paris sobre o clima e o meio ambiente. Se o Presidente da República resolver denunciá-lo, caberá ao povo, no referendo bienal, decidir pela manutenção desse Tratado ou pela sua revogação.

De qualquer maneira, no capítulo dos direitos humanos, ficam suspensas a vigência e a validade da decisão do Congresso de não acolher, por referendo, o tratado ou convenção, ou de algumas de suas cláusulas. O mesmo ocorre com a revogação, total ou parcial, de tratado ou convenção pelo Presidente da República ou, ainda, com a promulgação de lei ou de normas internas que contrariem os tratados ou convenções em vigor no país. Propõe-se, dessa forma, a prevalência da soberania do povo no que respeita aos tratados que versam sobre os direitos humanos, celebrados pelo Presidente da República. Em consequência, não será mais da competência exclusiva do Congresso Nacional resolver definitivamente sobre tratados ou convenções internacionais, quando se tratar de matéria referente a direitos humanos.

Portanto, nos tratados e convenções internacionais referentes a direitos humanos, poderemos ter duas etapas. A primeira será a aprovação pelo Congresso, que bastará para dar validade ao pacto, cabendo ao Presidente da República promulgá-lo, em seguida. Se o Congresso desaprovar o tratado ou convenção sobre direitos humanos, caberá ao povo decidir a respeito no referendo bienal seguinte à recusa congressual. Nesse ponto, deve-se ter uma noção do que sejam os direitos humanos protegidos pelos tratados. Trata-se de um conceito amplo que envolve as condições de vida e sua qualidade e melhoria, e que afetam todo o planeta, regiões e continentes. Esse conceito de direitos humanos é mais amplo do que os de direitos individuais ou coletivos e sociais, para se situar nas preocupações com direitos civis, políticos, econômicos, sociais, culturais, meio ambiente natural, clima, águas e dignidade da pessoa humana.

Esse largo e transcendente campo de visão do que sejam direitos humanos condiz com o avanço simultâneo das ameaças à própria vida, envolvendo a atmosfera, a preservação e a restauração do meio ambiente e o combate aos fatores que ameaçam a existência de todos os seres vivos, animais e vegetais, em todo o mundo. Desse modo, os direitos humanos começam com o direito à própria vida no meio ambiente mundial degradado, no plano natural e civilizatório, incluindo a dignidade do ser humano e sua condição de sobrevivência aos fatores naturais, políticos, econômicos e sociais que impedem o acesso à felicidade, à paz e ao convívio social, à saúde, ao bem-estar, no plano de valores universais de respeito às diferenças de todo o gênero e espécie.

Assim, exemplificativamente, o Tratado de Paris sobre o meio ambiente e o clima versa sobre direitos humanos referentes à vida, em todas as suas manifestações. Amplia-se, dessa forma, os conceitos clássicos de direitos humanos referentes apenas ao exercício de direitos individuais, coletivos e sociais. Ou seja, os direitos humanos, no plano dos tratados e convenções internacionais, começam com a proteção da própria vida no planeta, no seu sentido amplo, para além das regras jurídicas que especificam os direitos individuais, coletivos e sociais das pessoas, no âmbito da sociedade. Não se trata apenas dos direitos civis, políticos e econômicos, sociais e culturais imponíveis ao Estado. Os direitos humanos referentes à vida no planeta constituem uma relação e um dever entre os Estados e entre as sociedades civis de todo o mundo. Todos devem empreender um esforço comum, racional, permanente e profundo para resgatar a qualidade do meio ambiente e do clima, a ponto de estancar a sua degradação e restaurar a qualidade básica da vida de todos os seres e espécies e de seu habitat.

Isso posto, a aprovação congressual impõe-se, sempre, em se tratando de tratados-lei, tratados-contrato, acordos bilaterais ou multilaterais de comércio, quer adotem eles a nomenclatura de convenção, acordo, convênio, pacto, carta, etc. — como no caso do Pacto de San José da Costa Rica; ou, então, da Convenção Americana de Direitos Humanos; ou da Carta das Nações Unidas, de 1945; ou da Carta da Organização dos Estados Americanos (OEA), de 1948; ou da Declaração Universal de Direitos Humanos, também de 1948; ou, ainda, da Convenção das Nações Unidas Sobre os Direitos do Mar.

Assim, terão a mesma tramitação os tratados e convenções firmados pelo Brasil: (i) celebração pelo Presidente da República; (ii) aprovação congressual; (iii) no caso de sua recusa, referendo popular em se tratando de direitos humanos; (iv) homologação; (v) promulgação; e (vi) publicidade. Essa tramitação abrange todos os pactos, sejam os que constituem normas jurídicas e, por isso, constituem uma fonte de direito de caráter interno, sejam os que regulam um certo negócio jurídico especifico, como os referidos acordos bilaterais e multilaterais de livre comércio, livre circulação de pessoas, bens e serviços, tarifários, de navegação, trabalhistas, de seguros internacionais, etc.[233]

A partir da publicação, o tratado será incorporado à ordem jurídica interna, tornando-se uma regra internacional de observância obrigatória e que, automaticamente, sobrepõe-se às normas constitucionais que, eventualmente, a contrariem, sendo obrigatório o seu cumprimento pelos tribunais. Aqui entra uma questão crucial, decorrente do disposto no art. 102, III, "b", da Constituição de 1988. Ali se outorga ao Supremo Tribunal Federal competência para declarar a inconstitucionalidade de tratado internacional. Tal competência revocatória dos tratados contraria frontalmente a Convenção de Viena, subscrita pelo Brasil, que, no seu artigo 27, determina que não pode uma parte contratante invocar disposições de seu direito interno para justificar o inadimplemento de um tratado.

O art. 27 da referida Convenção de Viena consagra a regra do *pacta sunt servanda*, estabelecida no artigo anterior, que determina que "Todo tratado em vigor obriga as partes e deve ser cumprido por elas de boa fé" (art. 26), e também a regra segundo a qual um tratado "deve ser interpretado de boa fé segundo o sentido comum atribuível aos termos do tratado em seu contexto e à luz de seu objetivo e finalidade" (art. 31, 1). A Carta vigente, no entanto, adota a regra de que os tratados são hierarquicamente inferiores à Constituição, ao prever o controle de sua constitucionalidade. Tal regra não pode subsistir diante do princípio de

---

233. Cf. VALLADÃO, Haroldo. Tratado internacional contratual e comercial: tratado-lei. In: FRANÇA, R. Limongi (coord.). **Enciclopédia Saraiva de Direito**. São Paulo: Saraiva, 1977, v. 74, p. 443-444.

que as normas dos tratados e convenções internacionais têm o efeito exatamente contrário, qual seja, o de protrair os dispositivos constitucionais que contrariem o neles disposto.

O princípio adotado neste anteprojeto restaura a regra do art. 27 da Convenção de Viena, que é a da superioridade do tratado sobre as normas internas do Estado contratante. O pacto, uma vez promulgado e publicado, torna-se uma regra constitucional e ordinária. Havendo conflito entre as normas do tratado ou convenção e aquelas inseridas na constituição e na legislação infraconstitucional, prevalecem aquelas. Não se trata, propriamente, de revogação da norma constitucional contraditória, mas sim da suspensão de sua vigência, validade e aplicabilidade enquanto vigorar o tratado ou a convenção internacional. Se o tratado for revogado automaticamente, pelo decurso do seu prazo ou pelo cumprimento da obrigação estipulada, ou verificada a condição resolutiva, ou na hipótese de denúncia unilateral eficaz e reconhecida pelas outras partes, ou, ainda, pela mudança fundamental das circunstâncias (*rebus sic stantibus*), restaura-se e se restabelece a validade da norma constitucional ou ordinária protraída em decorrência da cessação da vigência do tratado. Daí se falar de norma constitucional ou ordinária *protraída*, e não de norma *revogada*.

Uma vez referendado o tratado ou convenção pelo Congresso, ou pelo referendo popular, os seus dispositivos se impõem à constituição, não podendo, portanto, ser declarado inconstitucional, no todo ou em parte. Concomitantemente, o tratado ou convenção será depositado junto aos demais países subscritores e entidades internacionais pertinentes. Assim, independentemente do rito de aprovação adotado pelo Congresso Nacional, as normas previstas em tratados ou convenções internacionais ratificados pelo Brasil que versem sobre direitos humanos e que sejam mais benéficas ao cidadão prevalecem sobre a constituição federal e a lei ordinária brasileiras, que terão sua eficácia automaticamente protraída durante toda a vigência dos referidos textos internacionais. Por outro lado, as normas previstas em tratados ou convenções internacionais ratificados pelo Brasil que versem sobre matéria tributária prevalecem apenas sobre a lei ordinária, sendo hierarquicamente inferiores aos dispositivos da constituição.

Fica mantida neste anteprojeto a iniciativa exclusiva do Presidente da República de negociar e celebrar os tratados internacionais versando sobre qualquer tema, tais como direitos humanos, economia, geopolítica civil e militar, direitos do mar e todas as demais questões envolvendo Direito Internacional Público. Atende-se, dessa forma, à regra federativa que dá competência exclusiva à União para manter relações com Estados estrangeiros, participar de organismos internacionais e firmar com esses entes mundiais ou regionais, e com os demais Estados, os tratados e convenções de interesse comum, interestatal, regional ou universal.

Serão objeto dessa competência os tratados e convenções interestatais, ou seja, entre Estados soberanos, e tratados supraestatais — acordos de um ou vários Estados com organismos internacionais, como será, por exemplo, o futuro acordo do Brasil com a Organização para a Cooperação e Desenvolvimento Econômico (OCDE) ou com a União Europeia, ou, no passado, os inúmeros acordos que fizemos com o Fundo Monetário Internacional. Convém reiterar, a propósito, que a União, ao promover tais relações externas e celebrar os respectivos tratados e convenções, age em nome da Federação. Assim é que os tratados e convenções são celebrados pelo Chefe do Estado em nome da República Federativa do Brasil, na medida em que é ela que tem personalidade internacional e, por isso, é o Estado-contratante.[234]

Do Estado de Defesa, do Estado de Sítio e da Intervenção Federal e Estadual

Art. 103 - Do Estado de Defesa

O Estado de Defesa se insere, juntamente com o Estado de Sítio e com a Intervenção Federal, naquilo que a doutrina constitucionalista denomina "sistema constitucional das crises", que visa ao restabelecimento do respeito à constituição e, portanto, ao regime federativo e aos princípios democráticos.[235] A matéria se inscreve no capítulo da defesa do Estado e da preservação das instituições democráticas.

A defesa do Estado se traduz pela restauração da soberania interna, que, não obstante ser originariamente dos Estados e Municípios, encontra na União os meios necessários para sua manutenção e equilíbrio. No plano material, visa restaurar a ordem pública, a autoridade legitimamente constituída perante a desordem social instalada em virtude de atos e movimentos provocados pelo homem ou decorrente de situações de calamidade pública. E a defesa da democracia se dá pela restauração do império da Constituição e de suas regras, diante da conturbação da ordem pública e da paz social.

O Estado de Defesa se aplica não apenas às situações de provocação intencional da desordem e ameaça à segurança pública. Também se impõe nas situações de grandes calamidades naturais (como no caso de uma grande epidemia que atinja o território nacional, por exemplo) ou provocadas pelo homem, que

---

234. SILVA, José Afonso da. Op. cit., p. 408.
235. Irecê Moacir do Amaral Santos, apud SILVA, José Afonso da. Op. cit., p. 631 *et seq.*

afetem a ordem pública e a paz social, embora possam estar localizadas em uma determinada área ou região. Trata-se o Estado de Defesa de uma situação de legalidade extraordinária,[236] cuja prevalência é restrita no espaço e no tempo, devendo, por isso, ser excepcional quanto às suas causas, justificada quanto às suas razões, provisória quanto à sua duração, circunscrita quanto ao seu espaço territorial, razoável e restrita quanto aos seus meios de execução. Daí poder o Presidente da República, com a aprovação e autorização do Congresso, decretar o Estado de Defesa, abrangendo o território de um determinado Estado, de alguns ou vários deles, simultaneamente, ou apenas parte dos seus espaços. Assim, cabe ao Presidente da República decretar o Estado de Defesa dentro de seu poder discricionário e observados os princípios da excepcionalidade, da necessidade, da oportunidade, da razoabilidade e da proporcionalidade.

Diante da estrita observância de todos esses requisitos e limites, o Estado de Defesa está plenamente sujeito ao controle do Poder Legislativo e do Poder Judiciário sobre a sua decretação, vigência, validade e extinção. Assim, o Estado de Defesa poderia ser instalado nas cidades de Fortaleza e Sobral, no Estado do Ceará, em virtude do amotinamento de contingentes da Polícia Militar nesses municípios,[237] sem abranger outras cidades daquele Estado, ou ser decretado nos Estados do Sudeste e Sul do país em razão da persistência do bloqueio das estradas da região pelos caminhoneiros.[238] Em ambos os exemplos, estarão em crise, ao mesmo tempo, a autoridade estatal e o próprio regime democrático, pela quebra do império da lei, da ordem pública, do equilíbrio social e da segurança pública. Ou poderá ser decretado para todo o território nacional em virtude de grave perturbação da ordem pública pela desordem social decorrente de uma grande epidemia.[239]

Art. 104 - Do Estado de Sítio

O Estado de Sítio é uma exacerbação do Estado de Defesa, tendo causas mais profundas e mais extensas, ou quando este último não for suficiente para resta-

---

236. SILVA, José Afonso da. Op. cit., p. 631 *et seq.*
237. Leia-se, a respeito: ENTENDA o motim e as reivindicações dos policiais militares no Ceará. **Folha de São Paulo**, 20 fev. 2020. Disponível em: https://www1.folha.uol.com.br/poder/2020/02/entenda-o-motim-e-as-reivindicacoes-dos-policiais-militares-no-ceara.shtml.
238. Para saber mais sobre o tema: GREVE dos caminhoneiros: a cronologia dos 10 dias que pararam o Brasil. **BBC Brasil**, 30 maio 2018. Disponível em: https://www.bbc.com/portuguese/brasil-44302137.
239. O exemplo mais recente é o da própria pandemia da Covid-19, durante a qual este livro foi finalizado: BRASIL. Ministério da Cidadania. Assistência Social. Governo reconhece estado de calamidade pública e de situação de emergência em seis estados. **Gov.br**, 14 abr. 2020. Disponível em: https://www.gov.br/pt-br/noticias/assistencia-social/2020/04/governo-reconhece-estado-de-calamidade-publica-e-de-situacao-de-emergencia-em-seis-estados.

belecer a ordem constitucional e a ordem pública. Trata-se de um estado de exceção constitucionalmente previsto, com a natureza de uma legalidade extraordinária, cujo efeito é a cessação de direitos individuais e coletivos fundamentais, como os de ir e vir e as liberdades públicas.

O Estado de Sítio é mais extenso, podendo abranger todo o território nacional ou parte dele, conflagrado por uma rebelião ou por uma revolução que, obviamente, põe em risco a Federação e a ordem constitucional-democrática. Será, também, o caso ao se instalar um estado de beligerância com um Estado estrangeiro, ou mesmo um estado de guerra não declarado e, sobretudo, no caso de declaração formal de guerra.

O decreto de instituição do Estado de Sítio é da iniciativa discricionária do Presidente da República (ver art. 83 deste anteprojeto), devendo ser aprovado por maioria absoluta (cinquenta por cento mais um) pelo Congresso Nacional para que entre em vigor. A decretação do Estado de Sítio está submetida ao controle político do Poder Legislativo, que deverá considerar, para aprová-lo ou não, a observância, pelo decreto respectivo, dos critérios de legitimidade representados pela essencialidade, necessidade, oportunidade, razoabilidade e proporcionalidade. O Congresso pode arguir, preambularmente, o critério de sua constitucionalidade, legalidade e legitimidade.

Ademais, a decretação do Estado de Sítio, mesmo antes de aprovado pelo Congresso, ou mesmo após tal providência, está sujeita ao controle jurisdicional, que poderá anulá-lo ou cassá-lo por não preencher os referidos requisitos de constitucionalidade, legalidade, legitimidade, essencialidade, oportunidade, razoabilidade e proporcionalidade. O controle jurisdicional, portanto, pode ser prévio, concomitante ou sucessivo à vigência do Estado de Sítio.[240]

O Estado de Sítio deve ter um prazo fixo de duração, a não ser no caso de agressão armada estrangeira ou estado de guerra, formalizado ou não.

Para essa medida extrema de suspensão dos direitos essenciais, há que haver uma grave comoção, de repercussão nacional, embora possa estar ela localizada em um ou em poucos Estados da Federação, mas que, no entanto, ponha em risco as instituições democráticas e a existência do governo fundado na vontade do povo.[241] O objetivo do Estado de Sítio é controlar e restabelecer o comando da lei e da autoridade em plano nacional, em caso de grave comoção local, regional ou geral do país. Insista-se neste ponto. Não é a dimensão do foco da sedição ou da desobediência grave, que pode ser local ou regional, mas a sua gravidade e intensidade. O que importa é a sua repercussão nacional, a ponto de ameaçar, ou mesmo afetar, o império da lei e o princípio da autoridade legítima e da ordem pública.

---

240. SILVA, José Afonso da. Op. cit.
241. Cf. SILVA, José Afonso da. Op. cit., p. 636 *et seq.*

Art. 105 - Da Intervenção Federal e Estadual

A Constituição de 1988 demonstra, nos seus artigos n. 34 a 36, e nos artigos correlatos, n. 49, 84 e 129, a falácia do Estado federal, na medida em que insere como causa da intervenção federal nos Estados, e destes nos municípios, matérias de natureza fiscal e administrativa que fogem, inteiramente, à natureza excepcional dessa medida. A leitura de tais dispositivos constitucionais demonstra o regime de tutela da União sobre os Estados e Municípios. Assim é que, na Carta vigente, a intervenção federal e a estadual não se restringem a questões políticas, de conflitos interestaduais e graves questões de ordem pública e de segurança pública.

A intervenção atualmente se impõe também por questões de natureza fiscal e administrativa, o que demonstra, expressamente, a dependência das unidades federativas perante o governo central. Na prática, as causas da intervenção inseridas na Carta vigente são muito mais ligadas à administração fiscal do que a razões políticas. Estas se restringem a hipóteses fantasiosas, de difícil ocorrência, como luta armada entre Estados ou Municípios, invasão estrangeira, e por aí vai. Ocorre que as disfuncionalidades de natureza fiscal podem ser resolvidas por outras formas. A propósito, a Lei de Responsabilidade Fiscal – LRF (Lei Complementar n. 101, de 2000) trata dessa matéria de inadimplemento fiscal dos Estados e municípios de maneira racional e eficiente, o que acarreta o desuso das normas intervencionistas contidas nos referidos artigos 34 a 36 da Constituição de 1988.

Pelo conjunto das normas constitucionais vigentes, os Estados e Municípios não passam de entes administrativos descentralizados, tutelados pela União, seja no plano político, seja no administrativo e fiscal.

O presente anteprojeto de constituição expurga da Intervenção Federal e Estadual as matérias de natureza fiscal ou administrativa. A intervenção somente se configura na hipótese de grave conturbação da ordem pública, notadamente na questão da segurança pública e da ingovernabilidade. Assim, são excluídos do excepcional remédio da intervenção a matéria financeira, como a referida reorganização das finanças estaduais, a suspensão do pagamento da dívida fundada, a não entrega de receitas aos Municípios, prestação de contas da administração junto à União ou ao Estado respectivo, falta de aplicação obrigatória da receita para a educação e a saúde. Todas essas matérias são objeto da referida Lei de Responsabilidade Fiscal. Da mesma forma, são expurgadas das hipóteses de intervenção estadual nos Municípios o descumprimento de decisão judicial que, na realidade, refere-se ao não pagamento dos precatórios.

A ironia máxima da Constituição vigente sobre essa matéria é que as normas contidas nos referidos artigos 34 e 35 começam com uma negativa: "A União não intervirá nos Estados nem no Distrito Federal, exceto para [...]" (art. 34) e "O Estado não intervirá em seus Municípios, nem a União nos Municípios localizados em Território Federal, exceto quando [...]" (art. 35). Em seguida, os mesmos artigos 34 e 35 elencam uma série de hipóteses de intervenção de natureza fiscal e administrativa que inclui, até, os interesses privados, como o atraso no pagamento de precatórios. A Carta vigente, na sua estrutura tutelar, em todas essas questões fiscais e administrativas, determina que a União ou o Estado nomeiem interventores,[242] que comandarão a unidade federativa ou o município como autoridade federal ou estadual, respectivamente. No mais, os referidos artigos 34 a 36 da Constituição vigente se perdem em hipóteses absurdas e imaginárias de usurpação das competências entre Poderes. Assim, haverá intervenção se o Poder Legislativo ocupar o Poder Executivo, ou vice-versa, seja no plano estadual, seja no plano municipal. Trata-se de hipótese extravagante que não tem nenhum precedente na história política do país.

Por todas essas razões, o capítulo constitucional referente à Intervenção federal nos Estados, ou destes nos Municípios, necessita ser reescrito, dele se expurgando as matérias de natureza fiscal e administrativa, bem como as excentricidades políticas. Somente haverá intervenção da União nos Estados para manter a integridade nacional e combater o grave comprometimento da ordem pública e da segurança pública. Mantém-se, no entanto, a intervenção parcial nos Estados ou nos Municípios, conforme a amplitude das medidas que deverão ser tomadas, nas graves questões de ordem pública e de segurança pública. Nesses casos, haverá um interventor apenas para o setor da administração estadual ou municipal que estiver afetado por uma disfuncionalidade grave, como o combate ao crime organizado, crise no sistema penitenciário, continuadas perturbações da ordem pública que não possam ser contidas pelos poderes constituídos do Estado ou do Município.

A intervenção federal ou estadual deve ser decretada pelo chefe do respectivo Poder Executivo e aprovada por maioria absoluta (50% + 01 dos votos) pelo Poder Legislativo, cabendo ao Poder Judiciário o seu controle. Na aprovação da intervenção, a cargo do Poder Legislativo, e no controle da intervenção, a cargo e do Poder Judiciário, devem ser examinados os requisitos da constitucionalidade, legalidade, legitimidade, impessoalidade, moralidade, necessidade, oportunidade, razoabilidade e proporcionalidade.

Em suma, a presente proposta visa diminuir, significativamente, o espectro interventivo da União nos Estados e destes nos seus Municípios, para, assim, restaurar o regime federativo. Deve-se retornar ao princípio que reveste os Estados e os Municípios de instituições políticas fundadoras da Federação e, por isso, originariamente, soberanas e autônomas.

---

242. Art. 36 da CF/88: "§ 1º O decreto de intervenção, que especificará a amplitude, o prazo e as condições de execução e que, se couber, *nomeará o interventor*, será submetido à apreciação do Congresso Nacional ou da Assembléia Legislativa do Estado, no prazo de vinte e quatro horas."

Das Forças Armadas

Art. 106 - Exclusividade na defesa da Nação

A regulação das competências e funções das Forças Armadas está bem adequada no texto da Constituição de 1988, nos seus artigos 142 e 143.

Cabe ressaltar que, ao definir as Forças Armadas (Marinha, Exército e Aeronáutica) como instituições nacionais permanentes e regulares, atribui-se a elas a exclusividade plena na condução das atividades militares da Nação brasileira, não podendo ser instituída qualquer outra força paralela, que possa ocupar espaços, internos e externos, com tais funções. É o caso da Força Nacional, criada em 2004, e que, atualmente, atende ao restabelecimento da ordem interna nos casos de insuficiência de condições e meios das polícias militares estaduais. Trata-se de uma força militarizada, fora do controle das Forças Armadas, que, na sua origem, atendia a um projeto político de criação de uma milícia paramilitar de apoio à perpetuidade no poder daqueles que o detinham naquela época (2003 a 2016). Essa chamada Força Nacional não se ajusta ao organograma do Estado nem ao princípio de que somente existe uma instituição militar, as Forças Armadas.

Isso posto, as Forças Armadas, diante de suas características muito próprias, têm suas competências revestidas de uma missão, na medida em que os seus integrantes exercem suas funções sob juramento. E esse juramento, dentro da estrita obediência à Constituição e ao regime democrático, coloca-se no comprometimento do sacrifício da própria vida de seus integrantes na defesa do país. Em razão disso, a carreira militar é fundada na lei e no Código de honra, que exige a conduta digna, proba, educada com os subordinados e compatível, em todas as circunstâncias, com a missão transcendente de seus oficiais e soldados, comprometidos com a Nação, seu prestígio e reputação no conjunto das nações. Daí o compromisso dos oficiais e soldados com a disciplina, a hierarquia, a dedicação e fidelidade à Pátria, cuja honra e integridade devem ser defendidas ao custo pessoal de cada um deles. Essa a razão por que a Emenda Constitucional n. 18, de 1998, alterou a designação dos membros das Forças Armadas de "servidores militares" para "militares", que é um qualificativo correspondente ao seu comprometimento integral de vida a serviço da Nação.

Assim, os militares são agentes públicos que compõem essa organização de força bélica a serviço do país, nos seus conflitos externos e na defesa das instituições democráticas, tal como estabelecidas na constituição e nas leis. É missão das Forças Armadas promover e executar as operações de guerra e participar das operações de paz. As Forças Armadas garantem a própria existência do Estado e sua permanência e continuidade.[243] As Forças Armadas estão integradas no Ministério da Defesa e têm como comandante supremo o Presidente da República (v. art. 83 deste anteprojeto). Assim, as Forças Armadas são a própria garantia da soberania nacional. Não se pode conceber um Estado soberano, com as dimensões do nosso território, sem um efetivo suporte armado. No plano interno, as Forças Armadas garantem a existência e o funcionamento das instituições democráticas e republicanas e o cumprimento das leis. Nas palavras de José Afonso da Silva:

> [...] as Forças Armadas constituem elementos fundamentais da organização coercitiva a serviço do Direito e da paz social. Esta última nelas repousa pela afirmação da ordem na órbita interna e do prestígio estatal na sociedade das Nações. São, portanto, os garantes materiais da subsistência do Estado e da perfeita realização de seus fins. É em função de seu poderio que se afirmam, nos momentos críticos da vida internacional, o prestígio do Estado e sua própria soberania.[244]

Isso posto, quando o sempre invocado art. 142 da Carta vigente fala na atribuição das Forças Armadas de garantir a lei e a ordem, no caso de requisição por um dos Poderes, está se referindo à quebra de governabilidade, ou seja, à deterioração da situação de comando do país por parte daqueles que estão revestidos da autoridade formal para tanto, e que não têm capacidade ou aptidão para exercê-la numa determinada e específica situação ou conjuntura. É o Poder ameaçado que requisita as Forças Armadas para restabelecer a lei e a ordem pública na órbita de suas atribuições. Não pode um Poder requisitar as Forças Armadas para vir em auxílio de outro Poder.

Para ficar bem claro: o art. 142 não autoriza, por exemplo, o Poder Executivo a requisitar as Forças Armadas para socorrer o Poder Legislativo ou o Poder Judiciário. Ou o Poder Judiciário a solicitar tal providência com respeito ao Poder Executivo ou ao Legislativo. Ou o Poder Legislativo requisitá-la para intervir nos Poderes Executivo ou Judiciário.

Isso posto, se a requisição interventiva vier do Poder Executivo, cabe ao Presidente da República fazê-la, na medida em que tem mandato e poderes constitucionais para tanto. Se a requisição vier do Poder Legislativo, o pedido deverá receber a aprovação da maioria absoluta (50% mais um de votos) das duas Casas, em votação em separado. O Presidente do Senado ou da Câmara não têm poderes de representação nem delegação para solicitar tal medida excepcional. Da mesma forma, o pedido por parte do Poder Judiciário será feito mediante aprovação, por maioria absoluta, dos Ministros da Corte Constitucional.

---

243. SILVA, José Afonso da. Op. cit., p. 644.
244. SILVA, José Afonso da. Op. cit., p. 642.

Entenda-se "perda de governabilidade" como a incapacidade momentânea do Poder Executivo, Legislativo ou Judiciário de cumprir com suas legítimas funções de forma impositiva. Uma vez deteriorada, em determinada circunstância, essa autoridade, pela incapacidade de manutenção do império da lei e da ordem pública, cabe a requisição das Forças Armadas visando o seu restabelecimento, necessário à manutenção da ordem e à observância das leis. Nesses casos excepcionais de quebra da ordem pública, que afeta um dos Poderes, as Forças Armadas não têm poder de intervenção nas funções constitucionais atribuídas à instituição requerente. A missão das Forças Armadas, nesses casos, é, precipuamente, restabelecer a ordem pública visando impor a autoridade do Poder requerente e a eficácia de suas decisões e determinações. Estarão, dessa forma, as Forças Armadas exercendo a defesa dos Poderes constituídos.

Da segurança pública

Art. 107 - Limites do poder de polícia

A segurança pública é um direito individual e social que garante a livre circulação do indivíduo e o pleno e pacífico convívio social, sem perturbação, agressão ou distúrbio. Trata-se de uma garantia da ordem interna mediante o uso do poder de polícia do Estado, que abrange os aspectos de combate aos fatores permanentes que perturbam a ordem pública, a ordem social e o exercício dos direitos do indivíduo de ir e vir, bem como de uma garantia de prevenção e solução de situações que, persistente ou ocasionalmente, perturbem o convívio e ameacem o patrimônio público e privado.

A segurança pública deve promover uma percepção ou sentimento, pessoal e coletivo, de proteção e de amparo do Estado ao exercício dos direitos individuais e coletivos. Não pode ela ser o instrumento de opressão ao pleno exercício das liberdades de manifestação coletiva e, portanto, de reunião pacífica de grupos sociais para reivindicar do Estado, e da própria sociedade civil, o reconhecimento de direitos de natureza política, social, profissional e individual. No pleno exercício pacífico das liberdades constitucionais encontra-se o limite de atuação dos entes encarregados da segurança pública.

Isso posto, ressalta-se, na presente proposta, que a segurança pública é monopólio do Estado como seu dever precípuo de exercer o seu poder de polícia. Não se admite, assim, a formação, no seio da sociedade civil, de qualquer grupo armado, ainda que precariamente, provisoriamente ou ocasionalmente, sob qualquer pretexto, por exemplo, o de auxiliar ou apoiar, pela força, o Estado no campo da segurança pública. Esses grupos, que se apresentam como defensores de causas libertárias, devem ser considerados organizações criminosas. Esses movimentos, de alta truculência, agem sob a falsa justificativa da ausência ou da insuficiência do Estado no combate ao crime. Na realidade, são milícias.

A segurança pública é, portanto, da competência exclusiva do Estado, que a exerce através das corporações armadas nominadas neste anteprojeto de constituição. Em consequência, não se adota, neste anteprojeto, a declaração contida no art. 144 da Constituição de 1988 de que "A segurança pública [é] dever do Estado, direito e responsabilidade de todos [...]". Essa inclusão da sociedade como corresponsável pela segurança pública é fruto das "25 sugestões para uma Polícia melhor"[245] do I Ciclo de Estudos sobre Segurança, reunido em 1985, e que visava promover a integração comunitária na promoção da segurança pública. Essa ideia redentorista tem os efeitos já descritos anteriormente, de formação de forças paralelas às policias do Estado, que vão se contrapor à segurança pública ao, infalivelmente, tornarem-se milícias, com interesses próprios e uso da força para a extorsão e todo o tipo de exploração das pessoas, das coletividades, das comunidades e das regiões, que passam para o seu controle territorial, retirando-as, de fato, da jurisdição do Estado.

Aqui, adentramos em outra questão crucial: a multiplicação dos órgãos de segurança pública. Trata-se de um fenômeno em sentido contrário ao da criação das milícias armadas no seio da sociedade civil. Com efeito, a tendência do Estado é a da expansão de organismos de segurança, revestidos de poder de polícia, no seio dos três Poderes e no âmbito das unidades federativas — Estados e Municípios. Esse fenômeno desagregador deve ser enfrentado. Daí a regra constitucional ora proposta, de que é vedada a criação de qualquer ente público com funções de polícia por qualquer Poder ou instituição federal, estadual ou municipal.

A Constituição de 1988 é leniente nesse aspecto, admitindo a expansão e a sobreposição de órgãos armados com poder de polícia. Assim, o Senado e a Câmara têm polícias próprias, o mesmo ocorrendo com o Supremo Tribunal Federal. Isso também ocorre nas assembleias legislativas e nas câmaras de vereadores de grandes e médios municípios. E, ainda no plano municipal, foram criadas as guardas municipais, inicialmente desarmadas, mas agora armadas.[246] Tal multiplicação fere a regra fundamental do poder de polícia do

---

245. 25 Sugestões para uma Polícia Melhor. In: CICLO DE ESTUDOS DA SEGURANÇA, 1. **Revista da PMERJ**, set. 1985, n. 4.
246. Nos termos do Estatuto do Desarmamento (Lei n. 10.826, de 22 de dezembro de 2003): "Art. 6º - É proibido o porte de arma de fogo em todo o território nacional, salvo para os casos previstos em legislação própria e para: [...] III - os integrantes das guardas municipais das capitais dos Estados e dos Municípios com mais de 500.000 (quinhentos mil) habitantes, nas condições estabelecidas no regulamento desta Lei; IV - os integrantes das guardas municipais dos Municípios com mais de 50.000 (cinqüenta mil) e menos de 500.000 (quinhentos mil) habitantes, quando em serviço;"

Estado, que deve ser exercido por um número restrito de entes armados para, assim, ter-se o controle do exercício regular do poder coercitivo, evitando o abuso e o desvio do poder nesse campo, extremamente sensível na relação Estado-sociedade civil.

O monopólio do poder de polícia visando à segurança pública será exercido, unicamente, pelo Poder Executivo federal e pelo Poder Executivo de cada Estado. Não podem os demais Poderes, federais, estaduais e municipais, ter polícias próprias. Não podem os Municípios criar guardas municipais com funções de polícia, e muito menos armadas, cabendo-lhes, unicamente, garantir a preservação do patrimônio público e auxiliar a municipalidade no desempenho de suas atividades sociais, como o resgate das pessoas em situação de rua. A segurança pública nos municípios é dever da Polícia Militar do Estado, não podendo ser atribuída à guarda municipal a função de ente auxiliar das polícias militares estaduais na manutenção local da ordem pública. Nem cabe à guarda municipal possuir delegacias, prender ou praticar qualquer ato típico do exercício do poder de polícia reservado ao Estado.

Isso posto, são órgãos da segurança pública, no exercício do poder de polícia do Estado, unicamente, as Polícias Federal, Rodoviária e Ferroviária e as polícias civis e militares estaduais. À polícia civil cabe a função judiciária, no plano da investigação, de apuração das infrações penais, a fim de indicar sua possível autoria. Cabe a ela formar os indícios e os elementos de prova da instrução do processo penal, remetendo-os ao Ministério Público, tendo em vista a punição dos autores de delitos.[247] À Polícia Militar dos Estados compete a segurança ostensiva, tendo por finalidade a preservação da ordem pública com o uso da força. A Polícia Federal tem essa dupla função, de polícia judiciária e de polícia de segurança, em se tratando de circunstâncias especiais que envolvam crise de âmbito federal.

Do sistema fiscal, orçamentário, tributário e das finanças públicas

Art. 108 - Princípios do regime tributário

Os tributos são contribuições obrigatórias devidas pelas pessoas físicas e jurídicas ao Estado, devendo ser inteiramente revertidos em favor da coletividade, sob a forma de serviços públicos e obras de interesse geral, social e nacional. No regime democrático, sua exigibilidade é fruto de um contrato institucional de

---
247. 25 Sugestões para uma Polícia Melhor. Op. cit.

prestação de serviços firmado entre o Estado e a sociedade civil visando à proteção da vida do povo e do seu desenvolvimento, em termos de educação, saúde, habitação, saneamento, segurança pública e segurança da Nação.

Os tributos se destinam, precipuamente, a garantir a vida digna do povo e os seus direitos e bens, individuais e coletivos. São, portanto, a fonte dos recursos financeiros amealhados pelo Estado para o cumprimento do seu dever de empregá-los na concretização e efetividade dos interesses de todos os que contribuíram. Os tributos não podem, portanto, ser utilizados para cobrir os gastos do próprio Estado na manutenção das suas nababescas despesas, inteiramente inúteis e contrárias ao interesse público. O interesse público é a única justificativa moral e legal para a imposição tributária. A coleta desses recursos e sua destinação constituem, assim, as atividades financeiras do Estado visando ao interesse público primário, ou seja, aquele que deve beneficiar diretamente os contribuintes, ou seja, todo o povo, e não ao próprio governo e a seus integrantes.

Em nosso país, essa razão e a finalidade da coleta tributária são inteiramente distorcidas. Conforme permite a Constituição de 1988, a maior parte das receitas tributárias é retida pelo Estado a favor de seus agentes, pouco restando para a prestação satisfatória dos serviços públicos, que são de péssima qualidade e, por isso, estruturalmente disfuncionais. Para investimentos, os recursos tributários são ínfimos, não passando de 8% do arrecadado.[248]

A Carta constitucional vigente destina para os agentes políticos e administrativos, ativos e inativos, e para o opulento aparato governamental, praticamente todos os recursos tributários que arrecada, numa clara prevalência e persistência do regime oligárquico que domina a política e detém o poder no país, há séculos. Embora haja o pressuposto formal de que os tributos são consentidos pelo povo, através de seus "representantes congressuais", o seu desvio a favor desses próprios "representantes" e dos quadros políticos e administrativos constitui a negação desse consentimento. É a própria Constituição de 1988 que proporciona esse desvio de finalidade dos tributos.

Esse quadro de privilégios, usufruídos pelo estamento público, deve ser extinto por meio de uma nova constituição, com reflexo nas regras orçamentárias.

Princípio da liberdade tributária

Isso posto, o primeiro princípio tributário é o da liberdade dos Estados federados de adotarem tributos sobre a renda e sobre a produção e circulação de bens e serviços.

---

248. No ano de 2019, a arrecadação federal foi de dois trilhões e quinhentos bilhões de reais. Para mais detalhes sobre o montante pago pelos cidadãos a título de impostos, veja-se: ASSOCIAÇÃO COMERCIAL DE SÃO PAULO. **Impostômetro**. Disponível em: https://impostometro.com.br.

O presente anteprojeto de constituição adota o princípio histórico, típico do regime federativo, de liberdade tributária, permitindo aos Estados-membros instituírem impostos progressivos sobre a renda, na justa medida da diminuição dos impostos regressivos sobre circulação de bens e serviços. Aos Municípios caberá a liberdade de taxar a propriedade pelo seu valor de mercado e pelo maior ou menor grau de utilização das melhorias urbanas, num sistema compensatório das gritantes diferenças de alocação das habitações e sua localização na área municipal. Ademais, ainda no plano dos municípios, deve ser estabelecido, enfatizado e priorizado o tributo de contribuição de melhoria de amplo espectro sobre a construção de edifícios residenciais e comerciais com mais de dez andares, visando à instalação de serviços públicos de saneamento básico, educação (creches, escolas) e saúde em zonas urbanas com deficiência desses serviços.

Amplia-se o conceito de contribuição de melhoria, que não mais seria entendida como abrangendo apenas as obras que beneficiam o local onde se constrói, mas no sentido amplo de melhoria da cidade como um todo, dando ênfase às deficiências de obras e serviços públicos nas áreas mais carentes. Além disso, a contribuição de melhoria deverá ser paga em espécie, ou seja, a construtora executa, ela própria, as obras de creche, escolas, ou então instala os equipamentos completos de tais instituições. O mesmo sistema de contribuição municipal direta, em espécie, será aplicado quanto à rede de saúde pública e, também, no setor do saneamento básico, assumindo a construtora uma parcela ou uma fase dessas obras, diretamente, com recursos próprios. Todas essas intervenções diretas na promoção dos serviços públicos serão formas de pagamento da contribuição de melhoria devida.

Equidade tributária: progressividade

O segundo princípio tributário é o da equidade tributária, mediante a prevalência dos impostos progressivos, em detrimento dos tributos regressivos. Trata-se do clássico princípio da personalização e da capacidade contributiva.

O § 1º do art. 145 da Constituição de 1988, falaciosamente, reproduz essa regra fundamental da equidade tributária. Faz, porém, a ressalva: "sempre que possível", haverá prevalência dos impostos progressivos sobre os regressivos. Literalmente:

> § 1º - Sempre que possível, os impostos terão caráter pessoal e serão graduados segundo a capacidade econômica do contribuinte, facultado à administração tributária, especialmente para conferir efetividade a esses objetivos, identificar, respeitados os direitos individuais e nos termos da lei, o patrimônio, os rendimentos e as atividades econômicas do contribuinte.

Trata-se de mera retórica. Na realidade, o sistema tributário nacional vigente funda-se nos impostos regressivos.[249] Ocorre que, até agora, passados mais de trinta anos da vigência da Carta, ainda não foi possível fazer a decantada reforma tributária tentada pelo Governo Fernando Henrique Cardoso e que visava reverter a perversa prevalência dos impostos regressivos sobre os progressivos, em nosso caótico e iníquo sistema tributário. A proposta de reforma tributária encaminhada pelo Governo ao Congresso, em julho de 2020, mantém a prevalência do regime regressivo, dos impostos indiretos, procurando, apenas, racionalizar e unificar determinados tributos para aliviar o sistema de recolhimento das empresas e a própria arrecadação.

A reforma tributária equitativa sempre foi sabotada e repelida pela oligarquia que domina o Congresso Nacional. Esse bloqueio se dá na medida em que a sua aprovação afetaria os imorais privilégios tributários reservados aos agentes políticos e administrativos. Essa surda resistência à instauração de um regime tributário fundado na equidade foi comandada pelo Partido dos Trabalhadores, no período de 2003 a 2016.

Isso posto, o princípio da equidade ou da justiça tributária tem dois fundamentos: o da personalização e o da capacidade contributiva, como referido. O sistema de graduação da impositividade tributária significa que o ônus tributário deve ser distribuído conforme a capacidade econômica de cada contribuinte. Assim, a imposição equitativa leva em conta a capacidade de cada um de suportar o encargo tributário. Em suma, o ônus tributário deve ser proporcional à capacidade patrimonial e de rendimentos de cada um, e não igual para todos os contribuintes, o que ocorre com os impostos regressivos.

Na realidade, os impostos regressivos resultam num menor sacrifício para os que têm maior renda e, obviamente, um maior sacrifício aos de menor renda. Por isso, a prevalência dos impostos regressivos e a residualidade dos impostos progressivos (imposto de renda) é um dos maiores fatores de concentração de renda que afeta, sobretudo, os países subdesenvolvidos, como o nosso.

Nesse quadro de iniquidade tributária, as isenções sobre as rendas das pessoas físicas e jurídicas lembra o *Ancien Régime*, em que os nobres, o clero e a própria Igreja eram isentos de tributos. No Brasil, cerca de 50% da arrecadação provém dos impostos indiretos, regressivos, que atingem, indistintamente, pobres e ricos.[250] Por sua vez, as entidades "sem fins lucrativos" são isentas. Nelas ressaltam os templos religiosos, que arrecadam anualmente bilhões de reais de

---

249. SILVA, José Afonso da. Op. cit., p. 658.
250. "[...] cerca de 50% da incidência tributária recai sobre bens e serviços, ou seja, praticamente metade da arrecadação provém de impostos indiretos, embutidos nos preços pagos pela população ao adquirir produtos e serviços. [...] Em contrapartida, nos Estados Unidos, mais de 80% da arrecadação é proveniente dos tributos diretos, os quais incidem, por exemplo, sobre renda e patrimônio. Isso permite que a tributação ocorra de modo gradativo e proporcional às condições socioeconômicas dos indivíduos,

seus fiéis. É a mesma situação anterior à Revolução Francesa, que, neste e em muitos outros aspectos, ainda não chegou a nosso país. E o estamento político e administrativo é praticamente isento do pagamento do imposto renda, mercê da exclusão expressa "instituída" no art. 37, § 11,[251] da Constituição de 1988.

Como a casta política e administrativa recebe, ao menos, dois terços de seus proventos a título de verba indenizatória, esses privilegiados somente pagam imposto de renda sobre o valor fixo desses mesmos rendimentos, que é residual. Assim, um alto servidor público, que tem como provento fixo 30 mil reais, mas que recebe 100 mil reais no fim do mês, somente paga IR sobre 30 mil, estando isentos os 70 mil reais que recebe a título de indenização pelo fato de trabalhar. Por outro lado, o empregado do setor privado paga 27,5% de Imposto de Renda sobre o seu salário a partir de R$ 4.664,68. Não se trata, apenas, da quebra absoluta do princípio da equidade tributária, mas, na realidade, da apropriação dos recursos públicos pela casta dos políticos e altos administradores do setor público.

Ademais, a carga tributária sobre as empresas é desproporcional, seja quanto ao seu valor relativo, seja quanto à complexidade de seu recolhimento, que é um dos principais itens do desastroso "custo Brasil", que, entre outros fatores, põe-nos à margem dos países desenvolvidos. Daí ser o referido § 1º do art. 145 da Carta de 1988, que "propugna" pelos impostos progressivos, um falso discurso, uma letra morta, um preceito em desuso, uma contradição em termos, um escárnio, uma ofensa à dignidade do povo brasileiro.

Isso posto, dentro do princípio da equidade tributária, a carga dos impostos deve ser maior sobre a riqueza do contribuinte, incidindo mais sobre suas rendas, e menos sobre a produção, importação e comercialização de bens e serviços, que são repassados a todos os consumidores e usuários, indistintamente. Assim, os impostos sobre a renda incidirão progressivamente, ou seja, quanto maior a renda, maior o tributo.

Ainda de acordo com o princípio de equidade tributária, as rendas do trabalho deveriam ser taxadas a partir dos valores que excedessem a cinco salários mínimos, progredindo a partir daí sobre o valor recebido e a sua origem. Assim, exemplificativamente, sobre os salários acima de cem mil reais deve haver uma maior progressividade. E sobre o rendimento que tiver como origem as gratificações dos administradores empresariais por resultados de balanço, essa progressão deverá ser ainda maior, a partir de um determinado piso.

---

considerando a capacidade contributiva de cada um." (FARIA, Paloma Valério. **Observatório das Desigualdades**, 13 jun. 2019. Disponível em: http://observatoriodesigualdades.fjp.mg.gov.br/?p=646).

251. CF/88, art. 37: "§ 11 - Não serão computadas, para efeito dos limites remuneratórios de que trata o inciso XI do *caput* deste artigo, as parcelas de caráter indenizatório previstas em lei. (Incluído pela Emenda Constitucional n. 47, de 2005)."

Isonomia tributária

O terceiro princípio é o da isonomia tributária, ou seja, todas as pessoas físicas e jurídicas, tanto empresariais como associativas, dos setores público e privado, deverão pagar imposto sobre as suas rendas, independentemente de sua finalidade, seja ela econômica, social, de benemerência, religiosa, cívica ou política.

Esse princípio da igualdade tributária está "assegurado" no art. 150, II, da vigente Constituição, que veda:

> II - instituir tratamento desigual entre contribuintes que se encontrem em situação equivalente, proibida qualquer distinção em razão de ocupação profissional ou função por eles exercida, independentemente da denominação jurídica dos rendimentos, títulos ou direitos.

Trata-se do princípio de que o fato gerador do imposto é a renda e o patrimônio, "independentemente da denominação jurídica dos rendimentos" (art. 150, II, da CF/88). Havendo renda tributável ou patrimônio tributável, não pode o Estado distinguir, discriminar, beneficiar ou favorecer pessoas físicas ou jurídicas instituindo "tratamento desigual entre contribuintes que se encontram em situação equivalente" (art. 150, II, da CF/88). Outro preceito constitucional — o art. 153, § 2º, I — insiste nessa falsa isonomia tributária, ao declarar, pomposamente, que o imposto de renda "será informado pelos critérios da generalidade, da universalidade e da progressividade, na forma da lei".

Essas bizantinas afirmações da isonomia da cobrança do imposto de renda caem por terra diante do disposto no referido § 11 do art. 37 da nossa "Constituição cidadã", ao permitir o estouro dos limites da remuneração dos servidores públicos com base nos rendimentos dos ministros do Supremo Tribunal Federal. Esse parágrafo estabelece que todas as verbas estouradas, ou seja, os "penduricalhos", que somam, geralmente, quatro vezes o valor dos seus proventos, são inteiramente isentos do imposto de renda, por serem verbas indenizatórias, como referido. Esse preceito imoral e escandaloso da nossa vigente Constituição permite, por exemplo, que um alto funcionário, com proventos de 35 mil reais por mês, receba, na realidade, 150 mil reais. Assim, conforme o § 11 do art. 37 da Carta, o alto servidor pagará imposto de renda sobre 35 mil reais, estando isento do pagamento desse tributo sobre os restantes 115 mil reais.

Temos, assim, um quadro inimaginável de privilégios. E não para aí a lista de privilégios inconcebíveis atribuídos ao estamento público no que respeita à decantada isonomia tributária. Tem mais. O imposto de renda não incidirá sobre as aposentadorias e pensões integrais dos servidores públicos pagas pelo Sistema Especial de Previdência da União, dos Estados, do Distrito Federal e dos

Municípios. Daí resulta que um alto funcionário — que recebe, quando na ativa, 150 mil reais mensais e paga imposto de renda apenas sobre 35 mil reais —, quando se aposenta com rendimentos integrais, não pagará imposto de renda sobre o excedente de sua nababesca aposentadoria ou pensão.[252]

Cabe eliminar esses privilégios odiosos, através da prevalência do princípio da isonomia tributária entre os integrantes do setor público e do setor privado.[253]

Imposição tributária para atividades lucrativas e não lucrativas

O rosário de privilégios tributários previstos na Constituição de 1988 é muito mais vasto. A quebra dessa isonomia é expressamente prevista no mesmo art. 150 da CF/88 (que, hipocritamente, no seu inciso II, "consagra" o princípio da

---

252. "Estão isentos do pagamento de imposto de renda os servidores que recebem remuneração anual que não ultrapasse o valor da tabela de isenção estipulado pelo Governo Federal. Além destes, estão os portadores de determinadas doenças graves. Entre as consideradas doenças graves estão a moléstia profissional e a paralisia irreversível e incapacitante. Da mesma forma, *a isenção do Servidores Públicos Aposentados só é permitida nos mesmos casos*." (IMPOSTO de Renda 2020: IRPF Servidor Público Federal (SIAPE). **BxBlue**, 19 fev. 2020. Disponível em: https://bxblue.com.br/aprenda/imposto-de-renda-servidor-publico-federal-siape). "[...] o funcionário público com idade igual ou superior a 65 anos possuem uma bonificação no limite de isenção de imposto de renda, aplicado aos demais contribuintes. A regra geral que aplica o limite de R$ 1.903,98 ao funcionário público idoso é exatamente o dobro desse valor. Dessa forma, caso o senhor(a) possua 65 anos ou mais, poderá auferir uma renda mensal de R$ 3.807,96 mensais e não sofrerá retenção de imposto de renda. A situação é prevista pelo art. 6º, inciso XV, alínea "i", da Lei 7.713/1988. *Caso o valor mensal recebido pelo funcionário público com 65 anos ou mais superar o limite mensal de R$ 3.807,96, o excedente sofrerá retenção de imposto de renda.*" (SAIBA como funciona a isenção de imposto de renda para aposentados do funcionalismo público. **Jornal Contábil**, 9 maio 2020. Disponível em: https://www.jornalcontabil.com.br/saiba-como-funciona-a-isencao-de-imposto-de-renda-para-aposentados-do-funcionalismo-publico).
253. O principal argumento dos servidores para sustentar essa absurda desigualdade é a ausência de FGTS no serviço público: "Vale destacar também que no Regime Geral a relação jurídica previdenciária é totalmente diversa da laboral, razão pela qual a aposentadoria não se constitui em causa de extinção do vínculo, fazendo com que o aposentado, salvo os casos de invalidez, continue a trabalhar normalmente, recebendo o salário e os proventos de aposentadoria. Já o servidor público, quando se aposenta, deve deixar seu cargo efetivo, já que a aposentadoria é prevista nos Estatutos como causa de extinção do vínculo. Outra diferenciação significativa que merece destaque reside no fato de que, *na iniciativa privada existe o FGTS, que permite ao trabalhador a acumulação de valores ao longo do tempo, em decorrência de contribuições de seu empregador*. Os quais podem ser sacados em determinadas hipóteses, dentre as quais figura a inativação. Por outro lado, *o servidor público não possui qualquer instituto semelhante, fazendo com que no momento em que se inativa não tenha qualquer valor a receber*, salvo o que pode se chamar de verbas rescisórias consistentes, no máximo em saldo de salários, férias e licenças não usufruídas." (MARTINS, Bruno Sá Freire. Algumas diferenças entre a Previdência do Servidor e o INSS. **Jornal Jurid**, 16 out. 2018. Disponível em: https://www.jornaljurid.com.br/colunas/previdencia-do-servidor/algumas-diferencas-entre-a-previdencia-do-servidor-e-o-inss). Entretanto, na ponta do lápis, é nítido que os funcionários públicos acumulam muito mais vantagens em relação aos trabalhadores da iniciativa privada.

isonomia tributária). Ocorre que o inciso VI dessa norma isenta do pagamento de quaisquer tributos — insista-se, de quaisquer tributos — devidos à União, aos Estados e aos Municípios:

> Art. 150 - Sem prejuízo de outras garantias asseguradas ao contribuinte, é vedado à União, aos Estados, ao Distrito Federal e aos Municípios: [...] VI - instituir impostos sobre: a) patrimônio, renda ou serviços, uns dos outros; b) templos de qualquer culto; c) patrimônio, renda ou serviços dos partidos políticos, inclusive suas fundações, das entidades sindicais dos trabalhadores, das instituições de educação e de assistência social, sem fins lucrativos, atendidos os requisitos da lei; d) livros, jornais, periódicos e o papel destinado a sua impressão; e) fonogramas e videofonogramas musicais produzidos no Brasil contendo obras musicais ou literomusicais de autores brasileiros e/ou obras em geral interpretadas por artistas brasileiros bem como os suportes materiais ou arquivos digitais que os contenham, salvo na etapa de replicação industrial de mídias ópticas de leitura a laser. [...]

Ocorre que os templos religiosos são megaempresas, com finalidades espirituais, que arrecadam, anualmente, de seus fiéis, dezenas de bilhões de reais, que são investidos em grandes empreendimentos e fabulosas aplicações financeiras, no país e no exterior. A liquidez financeira desses templos compete com os maiores fundos de investimento internacionais, pela disponibilidade plena e imediata de seus recursos, que são cem por cento aplicados no mundo dos negócios, sem qualquer retenção tributária da parte da União, dos Estados e dos Municípios. Os templos sequer pagam IPTU ou imposto sobre serviços, passando ao largo do imposto de renda, do PIS/PASEP, do IOF, dos impostos de importação, etc.

Ademais, esses templos não sofrem qualquer fiscalização do Banco Central, da Receita Federal, do COAF, do Tribunal de Contas, das autoridades fiscais dos Estados e dos Municípios. Prestam contas apenas a Deus...

Os templos constituem, portanto, o maior negócio do planeta, na medida em que não têm necessidade de investimento de capital, têm praticamente custo ínfimo na sua atividade espiritual e ônus tributário zero. Trata-se de uma espécie de empresa que não demanda a organização dos fatores fundamentais de produção. Os únicos departamentos que operam nessas fabulosas empresas multinacionais são o de promoção, de arrecadação e de investimentos. A produção é espiritual, não demandando qualquer matéria-prima ou insumos. É, com efeito, uma empresa celestial quanto à sua origem, quanto à sua etérea organização e quanto aos seus excelsos resultados. Nenhum fator externo — como os tributos — incide sobre suas atividades transcendentes.

E isso tudo num Estado que, enfaticamente, proclama-se *laico*, consoante o art. 19 da Constituição de 1988, ao dispor que:

> Art. 19 - É vedado à União, aos Estados, ao Distrito Federal e aos Municípios: I - estabelecer cultos religiosos ou igrejas, subvencioná-los, embaraçar-lhes o funcionamento ou manter com eles ou seus representantes relações de dependência ou aliança, ressalvada, na forma da lei, a colaboração de interesse público. [...]

Isso posto, pergunta-se: estabelecer isenção plena de tributos aos templos não é forma de subvencionar essas empresas espirituais? Não é uma maneira de subvenção absoluta do Estado em favor do culto religioso? A justificativa que, cinicamente, o Estado encontra para a isenção dos impostos para as igrejas é de que tal imposição criaria embaraços à sua livre manifestação.[254] A respeito, José Afonso da Silva: "Para evitar qualquer forma de embaraços por via tributária, a Constituição estatui imunidade dos templos de qualquer culto (art. 150, VI, "b")".[255]

Dessa imoral e iníqua imunidade tributária resulta que a margem de lucro dos templos sobre os rendimentos, que dispensam capital investido, é praticamente de 100%. É a única empresa sem risco, com retorno absoluto sobre os seus rendimentos, todos líquidos, sem nenhum investimento e com custo ínfimo, como referido. Essa condição de absoluto privilégio é uma monstruosa iniquidade, que ofende os contribuintes assalariados, que veem retidos, na fonte pagadora, todos os meses, 27,5% dos seus salários e remunerações, a título de imposto de renda antecipado.

Mas a completa falta de isonomia instituída pela Constituição de 1988 (art. 150, VI) beneficia também os partidos políticos, que, não obstante serem pessoas jurídicas de Direito Privado, estão absolutamente isentos de quaisquer tributos. Como se sabe, os partidos, criados pela oligarquia por força da leniente Constituição de 1988, somam, hoje, 33, todos eles sustentados pelo próprio Estado, que distribui entre essas agremiações políticas em torno de três bilhões de reais do orçamento federal, sob as rubricas "Fundo Partidário" e "Fundo Eleitoral".[256]

---

254. Supostamente contrariando o artigo 5º, inciso VI, da CF/88: "É inviolável a liberdade de consciência e de crença, sendo assegurado o livre exercício dos cultos religiosos e garantida, na forma da lei, a *proteção aos locais de culto* e a suas liturgias;"
255. SILVA, José Afonso da. Op. cit., p. 155.
256. "O presidente Jair Bolsonaro (sem partido) sancionou sem vetos, na sexta-feira, 17 de janeiro, o Orçamento de 2020, que incluiu o Fundo Eleitoral. Depois de uma tentativa no Congresso de dobrar o montante destinado ao financiamento das eleições de 2020, o valor inicial de R$ 2 bilhões foi aprovado. [...] O fundo eleitoral, no entanto, não é a única verba do Tesouro Nacional destinada aos partidos políticos, que também contam mensalmente com o apoio do fundo partidário, cujas regras foram alteradas em 2018 para cobrir o impulsionamento de conteúdo em redes sociais e a compra de passagens aéreas para não-filiados, dentre outros. [...] O fundo partidário é um valor destinado mensalmente aos partidos para o custeamento de despesas diárias, como contas de luz, água, aluguel etc. Ele é constituído por uma mistura de verba pública e doações privadas, onde entram dotações

Trata-se de um outro empreendimento fabuloso em que não há custo, mas há um lucro exorbitante, com benesses inimagináveis, inadmissíveis em qualquer país civilizado e democrático. Assim, um pequeno grupo de pessoas, verificando o risco da atividade empresarial voltada à produção de bens e de serviços, passa a se dedicar a um empreendimento sem qualquer risco — o partido político —, inteiramente sustentado financeiramente pelo Estado. Além de os proprietários dessas empresas de natureza política se regalarem das verbas dos Fundos Partidário e Eleitoral, ainda têm eles acesso a inúmeras outras verbas públicas, que lhes permitirão gozar de fabulosas benesses, acobertadas pela Constituição, pelas leis e pelas costumeiras atividades na área de *venda* de leis, de votos, de favores, no amplo e sempre criativo espectro da corrupção sistêmica. Constituir um partido político no Brasil, perante as facilidades da Constituição de 1988, é um empreendimento empresarial fabuloso.

Tal como ocorre com os templos, os atuais 33 partidos — e quantos mais se formarem para o bem do Brasil[257] — têm indulgencia plenária em matéria de impostos, conforme o referido artigo 150, VI, "c", nos seguintes termos: "[...] é vedado à União, aos Estados, ao Distrito Federal e aos Municípios [...] VI - instituir impostos sobre [...] c) patrimônio, renda ou serviços dos partidos políticos, inclusive suas fundações [...]." Não há, portanto, nenhuma taxação possível sobre essas empresas político-partidárias. E, conforme já explanado na segunda parte deste estudo, o Congresso Nacional aprovou a Lei n. 13.877, de 27 de setembro de 2019 — a chamada "minirreforma partidária" —, que permite a essas agremiações oligárquicas se apropriarem do Fundo Partidário para construir nababescas sedes próprias, em todo o território nacional. Esses partidos, isentos de impostos pelos relevantes serviços que prestam a si mesmos, poderão usar a integralidade do Fundo Partidário para pagar passagens de correligionários por todo o território nacional e para o exterior, na pregação dos ideais dessas festejadas agremiações — denominadas pelo Ministério Público Federal de "quadrilhões".

---

orçamentárias da União, multas, penalidades e outros recursos atribuídos pela lei 9.096/1995. Em setembro, o Congresso aprovou que esse dinheiro também fosse destinado ao impulsionamento de conteúdo na internet, compra de passagens aéreas para não-filiados e contratação de advogados e contadores. Já o fundo eleitoral é um valor retirado inteiramente da verba pública (Tesouro Nacional) e destinado aos partidos em anos eleitorais para bancar as campanhas de seus candidatos, como viagens, cabos eleitorais e material de divulgação. A utilização de recursos públicos foi aprovada em 2017 pela Câmara através da lei 13.487 e, em 2018, seu total ultrapassou a marca do R$ 1,7 bilhão. Para este montante, o Supremo Tribunal Federal vetou doações privadas desde 2015." (KER, João. Fundo partidário e fundo eleitoral: entenda como funcionam e quais os valores. **Estadão**, 20 jan. 2020. Disponível em: https://politica.estadao.com.br/noticias/geral,fundo-eleitoral-e-fundo-partidario-entenda-como-funciona-cada-um,70003114744). Em 2019, o Fundo Partidário foi de R$ 927 milhões.

257. Há, atualmente, 78 partidos em formação, cf. BRASIL. Tribunal Superior Eleitoral. **Partidos em formação**. Disponível em: http://www.tse.jus.br/partidos/partidos-politicos/criacao-de-partido/partidos-em-formacao.

Além da imunidade tributária ampla, geral e irrestrita proclamada pela Constituição de 1988, o Fundo Partidário, por força da mesma Lei n. 13.877, de 2019, paga as consultorias jurídicas e contábeis e os advogados contratados para defender essas agremiações e seus dirigentes e candidatos, eleitos ou não. Dessa forma, o Estado paga os honorários dos advogados, em todos os processos da justiça eleitoral e da justiça comum, inclusive por crime de corrupção. E esses honorários não terão nenhum limite. Assim, se o advogado cobrar R$ 20 milhões para a defesa do partido e de seus dirigentes, deputados, senadores, candidatos não eleitos, por crime de corrupção ou qualquer outro delito, é sempre o Estado, através do Fundo Partidário, que paga, sem nenhum limite, os honorários do acusado. Nada mais "justo", portanto, a imunidade tributária para essas sociedades civis partidárias, que têm o monopólio da representação do povo e onde se aninha a oligarquia política responsável pelo secular atraso econômico e social do país.

As outras entidades beneméritas isentas de qualquer tributo são os sindicatos dos trabalhadores. O imenso patrimônio dos sindicatos foi formado pelas contribuições compulsórias dos milhões de empregados da indústria, do comércio e do setor de serviços do país, independentemente de serem filiados ou não, estivessem ou não de acordo com a politização absoluta de suas atividades. Os principais líderes sindicais são notórios políticos fisiológicos, envolvidos em processos por desvio de verbas púbicas, crimes eleitorais e corrupção. São os chefes dos sindicatos-partidos.

Uma lei de 2017 desobrigou os trabalhadores do pagamento de um dia de seu trabalho a essas organizações político-partidárias, fazendo com que os seus "próceres" continuem reivindicando a volta da contribuição compulsória. Esses sindicatos possuem enormes patrimônios formados da isenção tributária plena e dos quase oitenta anos de contribuições compulsórias dos trabalhadores brasileiros.[258] Não há nenhuma justificativa moral ou jurídica para a imunidade tributária dessas entidades.

Outro escândalo de privilégios bilionários se encontra na isenção de impostos para as instituições de educação "sem fins lucrativos", também contemplada pelo referido art. 150, VI, "c", da Carta vigente. Como se sabe, grande parte das faculdades e universidades privadas são constituídas como entidades sem fins lucrativos, na forma de associações ou de fundações. Ocorre que, ao

---

258. "A contribuição sindical no Brasil foi criada pelo DL 2.377/40 e disciplinada pela CLT em 1943 (artigos 578 a 610) para assegurar a prestação de serviços assistenciais." (MELO, Raimundo Simão de; CESAR, João Batista Martins; D'AMBROSO, Marcelo José Ferlin. O custeio sindical após a extinção da contribuição compulsória. **Consultor Jurídico**, 6 mar. 2018. Disponível em: https://www.conjur.com.br/2018-mar-06/opiniao-custeio-sindical-extincao-contribuicao-compulsoria). Deixou de ser compulsória com a Lei n. 13.467/2017, que reformou mais de 100 artigos da CLT, passando a ser opcional, mediante autorização prévia do trabalhador.

cobrar mensalidades de seus milhões de alunos, arrecadam bilhões de reais, que, de uma forma ou de outra, são canalizados para os seus fundadores ou instituidores ou para *holdings* e outras empresas e fundos de investimento. Esse giro dos lucros acaba formando o grupo empresarial que, de fato e de direito, é o proprietário dessas faculdades e universidades "sem fins lucrativos". E, com efeito, faculdades e universidades privadas constituem um dos mais valorizados setores empresariais no país, sendo transacionados no mercado por bilhões de reais e de dólares. Pergunta-se: como uma instituição de ensino sem fins lucrativos vale bilhões de reais e de dólares no mercado? E essa valorização exponencial das instituições privadas de ensino superior se deve, outrossim, ao sistema de subvenção ao ensino superior instituído pelos governos populistas (2003 a 2016) e que despejam nessas entidades "sem fins lucrativos" bilhões de reais todos os meses, como pagamento de mensalidades dos alunos carentes, financiados pelo governo federal.

O mesmo fenômeno, em menor proporção, ocorre nas instituições privadas de ensino médio, que, algumas delas, também valem bilhões, não obstante formalmente operem sem fins lucrativos. A realidade é que o ensino privado sem fins lucrativos constitui um dos mais valorizados "*businesses*" do país. Daí a total imoralidade e ilegalidade de não se taxar essas entidades com os impostos que são devidos pelas empresas privadas que produzem serviços. Trata-se de uma iniquidade tributária que precisa ser eliminada.

Mais uma vez se transgride o princípio de que o fato gerador dos impostos é a renda e o patrimônio, como, falaciosamente, prescreve o referido artigo 150, II, da CF.[259]

O mesmo princípio de isonomia tributária deve, também, ser aplicado às instituições de assistência social sem fins lucrativos. Nesse guarda-chuva de imunidade tributária encontram-se, hoje, os grandes hospitais privados e outras entidades que, sob o manto de seus estatutos — que os declaram sem fins lucrativos —, são enormes empresas que produzem fabulosos lucros, canalizados para outras empresas prestadoras de serviços, de fornecimentos, de tecnologia, de consultoria, que acabam por absorver a maior parte dos lucros reais dessas beneméritas instituições. Os patrimônios desses hospitais são da ordem de vários bilhões de reais.

Outras entidades sem fins lucrativos que, não obstante, são altamente lucrativas, são as associações de classe e as do Sistema S. Por exemplo, as associações comerciais operam o sistema de controle de crédito — como o Serasa —, que

---

259. "Art. 150 - Sem prejuízo de outras garantias asseguradas ao contribuinte, é vedado à União, aos Estados, ao Distrito Federal e aos Municípios: [...] II - instituir tratamento desigual entre contribuintes que se encontrem em situação equivalente, proibida qualquer distinção em razão de ocupação profissional ou função por eles exercida, independentemente da denominação jurídica dos rendimentos, títulos ou direitos;"

dão um lucro de bilhões de reais a essas entidades, anualmente. Por sua vez, as entidades do Sistema S — que, indiscutivelmente, prestam um serviço social inestimável ao povo brasileiro — devem ser taxadas, diante do seu enorme patrimônio e da fonte de seus recursos, que são as contribuições das empresas. Ademais, não há nenhuma justificativa para os sindicatos patronais, as federações e as confederações da indústria, do comércio e de todos os demais setores empresariais não pagarem tributos, perante a enorme arrecadação que fazem junto aos seus associados. O mesmo se diga dos sindicatos, das federações e da confederação dos servidores públicos. Não obstante, o enorme patrimônio e as fabulosas rendas que usufruem essas entidades são tributariamente imunes, pois não têm "fins lucrativos".

Aqui, volta-se ao princípio da isonomia tributária: são contribuintes todas as pessoas físicas e jurídicas que têm patrimônio e renda.

Vedação de isenções de qualquer natureza

O quinto princípio da presente proposta constitucional é que os tributos não podem ser utilizados como instrumento de regulação econômica — conhecido como "política anticíclica" —, nem como incentivos tributários para atrair indústrias, tecnologia e serviços para o país ou para determinado Estado ou Município. A política anticíclica é voltada à estabilização conjuntural da economia, através da superação de desequilíbrios de liquidez que levam, por exemplo, à depressão, à inflação, à escassez de produtos, de insumos ou à disfuncionalidade tecnológica, mercadológica ou de produção de bens e serviços de determinados setores.

Cabe, com efeito, ao Estado controlar essas crises conjunturais estabelecendo uma política anticíclica, que, no entanto, não pode ser fundada no manejo dos impostos e das contribuições previdenciárias. A política anticíclica deve se fundar na expansão ou na retração do crédito. E essa política de crédito deve ser sustentada por uma política monetária e de juros com expansão ou diminuição de suas bases. Nessa política anticíclica, também contam os créditos extraordinários do orçamento e até a expansão conjuntural do déficit fiscal voltado para o financiamento dos setores afetados pela crise. O que não pode é o Estado utilizar o instrumento tributário na eliminação das disfuncionalidades cíclicas do mercado.

Essas crises são endógenas — ou seja, sistêmicas —, pois autogeradas pelos ciclos da economia com excesso ou falta de liquidez, superendividamento público e privado, crise de confiança, políticas fiscais e de juros equivocadas ou defasadas, etc. São crises perfeitamente previsíveis e recorrentes, pelas quais as economias de mercado necessariamente passam, de tempos em tempos. Vejam-se, recentemente, as crises do México, de 1994; da Rússia, de 1988; da Enron, de 2002; e a das hipotecas, de 2008, que levaram à falta de crédito e à crise bancária. Tais fenômenos recorrentes são diferentes das crises exógenas, que resultam de graves situações fora dos ciclos econômicos, como as guerras — nela incluída a crise sanitária que abalou a economia mundial a partir do início de 2020. Essas crises exógenas fogem dos modelos clássicos de enfrentamento das crises endógenas do sistema econômico capitalista.

Portanto, em se tratando de crises endógenas, todas previsíveis, conhecidas e até inevitáveis, a utilização do mecanismo de supressão ou suspensão de impostos e contribuições é perversa, em termos de equidade e isonomia tributária. Tais crises endógenas devem ser tratadas pelo Estado no plano do aumento ou diminuição da liquidez monetária, creditícia e de juros, através do sistema financeiro privado e dos bancos estatais de varejo e de fomento. Nunca as crises cíclicas devem ser enfrentadas através da diminuição da receita tributária, que acaba beneficiando setores e empresas em detrimento de todos os demais atores produtivos e do próprio Estado, que vê diminuídos os investimentos estatais e o capital público, muito necessários nessas conjunturas.

Outro fator de evasão legal do recolhimento dos impostos é a política de incentivos fiscais, nos planos federal, estadual e municipal. Esses incentivos são dados a determinadas empresas, setores ou regiões (zonas francas), sobretudo pela isenção ou suspensão da cobrança dos impostos de consumo e circulação (IPI e ICMS) e de serviços (ISS). Essa prática danosa, consagrada pela Constituição de 1988, fere tanto o princípio da isonomia quanto o da equidade tributária, na medida em que leva os beneficiários a se apropriarem do imposto pago pelo consumidor e demais contribuintes. Por isso, propõe-se que sejam vedados os gastos tributários, representados por isenções ou suspensões de impostos, tanto para as empresas do setor público como do setor privado, conforme previsto no art. 7º deste anteprojeto de constituição.

Além do caráter perverso quanto ao contribuinte dos impostos regressivos de consumo, a isenção ou suspensão do IPI diminui substancialmente o valor da quota dos Estados sobre esse imposto federal. Por sua vez, a isenção ou suspensão do ICMS acarreta aos Municípios perda significativa nos 25% da arrecadação a que têm direito.[260] Trata-se, assim, de uma cadeia de isenções tributárias altamente lesiva para o contribuinte dos impostos regressivos (IPI, ICMS e ISS), sendo danosa também em termos de perda substancial de arrecadação pelos Estados perante a União (IPI) e pelos Municípios diante dos respectivos Estados (ICMS).

Nossa vigente Constituição é pródiga ao conceder todo o tipo de suspensão e imunidade tributária a setores industriais e de serviços e a determinadas em-

---

260. CF/88 "Art. 158. Pertencem aos Municípios: [...] IV - vinte e cinco por cento do produto da arrecadação do imposto do Estado sobre operações relativas à circulação de mercadorias e sobre prestações de serviços de transporte interestadual e intermunicipal e de comunicação."

presas multinacionais espalhadas pelo país, seja a título de regulação de mercado (política anticíclica), seja como incentivos fiscais, para atrair indústrias e serviços para o país, para algum determinado estado ou município. Essa prática nefasta de privilégios tributários a favor de empresas e setores retira, ao menos, um terço da arrecadação de impostos e das contribuições previdenciárias. É a própria Constituição de 1988 que, expressamente, reconhece a legitimidade desse rombo estrutural monstruoso de quase um terço nas receitas orçamentárias, haja visto o § 6º do art. 165, ao determinar que "O projeto de lei orçamentária será acompanhado de demonstrativo regionalizado do efeito, sobre as receitas e despesas, decorrente de isenções, anistias, remissões, subsídios e benefícios de natureza financeira, tributária e creditícia".

Mas, no específico capítulo das imunidades e isenções tributárias e previdenciárias, sob o pretexto de incentivo fiscal e regulação econômica de estabilização conjuntural (política anticíclica), a Constituição de 1988 não se faz de rogada. Escancara o balcão de negócios aos parlamentares para a concessão dessas benesses aos setores, zonas, empresas e entidades que delas "necessitam". O imoral leilão parlamentar desses iníquos benefícios tributários é previsto no § 6º do indigitado art. 150 da Constituição de 1988, nos seguintes termos:

> § 6º - Qualquer subsídio ou isenção, redução de base de cálculo, concessão de crédito presumido, anistia ou remissão, relativos a impostos, taxas ou contribuições, só poderá ser concedido mediante lei específica, federal, estadual ou municipal, que regule exclusivamente as matérias acima enumeradas ou o correspondente tributo ou contribuição, sem prejuízo do disposto no art. 155, § 2º, XII, "g".

E esse dispositivo do art. 155, § 2º, XII, "g", da CF/88 dispõe que lei complementar regulará a forma como, mediante deliberação dos Estados e do Distrito Federal, serão concedidos e revogados isenções, incentivos e benefícios fiscais. A Carta vigente é risonha e franca quanto às isenções tributárias de regulação econômica e de incentivos fiscais, que devem, sempre, passar pelo "severo crivo" dos senadores, deputados federais e estaduais e pelos pressurosos vereadores, para a sua concessão, mediante lei específica a favor de cada empresa ou setor interessado.

Ocorre que a regulação econômica e o desenvolvimento econômico e tecnológico do país, dos estados e dos municípios deve se dar pela política de créditos, e não pela isenção ou suspensão de tributos e contribuições previdenciárias. E a estabilidade e o progresso econômico das regiões se viabilizam, sobretudo, pelo equilíbrio financeiro do Estado, representado pela inexistência de déficit orçamentário e pela redução da dívida interna, o que permite o aumento dos investimentos de capital público na economia. O desenvolvimento econômico e a diminuição das crises cíclicas dão-se, outrossim, mediante a percepção, pela comunidade interna e internacional, de um ambiente de segurança jurídica e institucional e, também, pela reputação do Estado e do país no cumprimento interno e externo de seus compromissos creditícios, comerciais, financeiros e econômicos.

A política de regulação econômica, mediante isenção de tributos e contribuições, é nefasta para o país — que, como referido, perde, ao menos, um terço da arrecadação com os protecionismos setoriais, regionais e empresariais, a título de incentivos e de política anticíclica. Daí ser imperioso a eliminação de benefícios de impostos, taxas e contribuições, sob o pretexto de regulação econômica e incentivos tributários, restaurando-se o princípio da isonomia e da equidade tributária.

Do orçamento

Art. 109 - Os princípios e regras do orçamento

A respeito da matéria, cabe esclarecer alguns pontos.

Recursos orçamentários obrigatórios são aqueles destinados ao pagamento da folha dos servidores, das despesas previdenciárias e das destinadas à saúde e à educação. São as chamadas "despesas primárias obrigatórias", que também incluem as despesas financeiras do serviço da dívida interna. Ao lado dessas despesas primárias obrigatórias, há as despesas primárias discricionárias, que são aquelas que o governo pode gastar na implementação de suas políticas públicas e, ainda, em despesas extraordinárias e emergenciais. Deve ser lembrado, a propósito, que as despesas discricionárias previstas no orçamento são mínimas, ou seja, apenas 8% das receitas da União, ao passo que as despesas obrigatórias — como a folha de pagamento dos servidores, previdência, educação e saúde — absorvem a quase totalidade dos recursos orçamentários, ou seja, 92% do arrecadado, além do déficit fiscal.

Isso posto, devem ser alterados os fundamentos do orçamento público, perante os vícios estruturais que a Constituição de 1988 instituiu, nos seus artigos 165 a 169, sobretudo em decorrência das casuísticas Emendas Constitucionais de n. 86, de 2015, 100 e 105, de 2019. Assim é que a Carta vigente, nos seus artigos n. 165 e 166, estabelece uma partilha entre os Poderes Executivo e Legislativo quanto à competência para determinar a destinação das verbas do orçamento e sua própria execução, criando, dessa forma, o que se passou a chamar de "parlamentarismo branco".

Via de consequência, a destinação, a gestão e a execução dos recursos orçamentários são compartilhadas entre o Poder Executivo e o Congresso — que entronizou o presidente da Comissão Mista do Orçamento como cogestor e coexecutor do orçamento federal. Esse Condestável da República pode, ademais, apropriar-se de uma emenda anual própria, individual, de 20 bilhões de reais (dados de 2020).[261] Criou-se, dessa maneira, uma nova autoridade de execução orçamentária, o Poder Legislativo, não obstante o nosso regime presidencialista. E, para consolidar o sistema "parlamentarista" de cogestão orçamentária, o nosso Congresso criou o orçamento impositivo, pelo qual o Poder Executivo não pode manejar a destinação das verbas orçamentárias mediante a transferência de recursos entre os ministérios nem contingenciar as emendas parlamentares que são apropriadas pelos nossos legisladores.

Dentro desse orçamento impositivo, o todo poderoso Relator da Comissão Mista do Orçamento exercerá seu poder de cogestão, ao dar a palavra inicial e final sobre a execução das verbas destinadas aos ministérios, notadamente os da Educação, Saúde, Infraestrutura, Agricultura, Cidadania e Desenvolvimento. Essa é a bizarra estrutura de formação, gestão e execução do orçamento federal, em que o Congresso é hegemônico, por força das referidas Emendas Constitucionais n. 100 e 105, de 2019, ao instituírem o orçamento impositivo e a cogestão orçamentária, na esteira do que já dispunha a EC n. 86, de 2015.

Outra questão crucial. Todas essas verbas orçamentárias — obrigatórias e discricionárias — podem ser objeto das emendas dos parlamentares. Essas emendas são individuais e de bancada, através das quais os "representantes do povo" se apropriam de quinze bilhões e quinhentos milhões dos recursos orçamentários (orçamento de 2020), além da emenda do Condestável da República, o Presidente da Comissão Mista Permanente do Orçamento, que pode abocanhar, para si, 20 bilhões das verbas discricionárias, como referido. Mas, além das emendas voltadas à apropriação dos recursos públicos pelos parlamentares, também existem as emendas chamadas "corretivas". Através delas, os parlamentares suprimem, aumentam, deslocam e manejam as rubricas, tanto do orçamento obrigatório como do discricionário, fazendo-o ao seu bel prazer, ou melhor, conforme os seus interesses políticos e pessoais, sem nenhuma responsabilidade ou atendimento ao interesse público. O resultado dessas "emendas

---

261. "Sob tensão, a CMO (Comissão Mista de Orçamento) aprovou hoje projeto que dá direito de o relator do Orçamento distribuir até R$ 20 bilhões a parlamentares. O projeto, que agora vai ser votado em plenário, é o mais polêmico entre os três enviados pelo presidente Jair Bolsonaro (sem partido) ao Congresso como parte do acordo para a manutenção do veto 52, sobre o controle de R$ 30,1 bilhões em emendas e a prioridade no destino dos valores. O projeto dá ao Congresso o controle de até R$ 20 bilhões dos R$ 30,1 bilhões do Orçamento atualmente em discussão e motivo da queda de braço com o Planalto. Outro projeto já aprovado pela comissão garante que R$ 9,6 bilhões sejam devolvidos ao Executivo. O restante, portanto, ficará sob o controle dos parlamentares." (AMARAL, Luciana. Comissão aprova direito de relator distribuir até R$ 20 bi a parlamentares. **UOL**, 11 mar. 2020. Disponível em: https://noticias.uol.com.br/politica/ultimas-noticias/2020/03/11/comissao-aprova-direito-de-relator-distribuir-ate-r-20-bi-a-parlamentares.htm).

corretivas" é a completa desfiguração da peça orçamentária apresentada pelo Poder Executivo. É através delas que os congressistas inflam, artificialmente, as receitas nominais e inventam uma série de rubricas supressivas de despesas para, no saldo, aumentarem significativamente suas participações individuais no orçamento.

Esse é o perverso panorama orçamentário instituído pela Constituição de 1988, que sequestrou a competência do Poder Executivo na sua composição e execução. O Congresso tem o completo domínio do orçamento, seja através das emendas parlamentares e corretivas, seja se imiscuindo na sua gestão e execução. O Congresso, por meio do Grande Condestável — o Presidente da Comissão Mista do Orçamento —, tem a competência para emendar, gerir e executar o orçamento, colocando o Poder Executivo em completa sujeição e passividade, em todas as fases do processo orçamentário. Ao Poder Executivo cabe, apenas, o papel de apresentar uma "minuta" de orçamento, cabendo ao Congresso elaborá-lo de fato, apropriar-se de parte dele, geri-lo e executá-lo.

Isso posto, diante dos princípios da moralidade, da legitimidade das leis e da impessoalidade, é fundamental coibir toda a qualquer emenda dos congressistas ao projeto de orçamento enviado ao Congresso, seja anual, seja plurianual. Caberá à Comissão Mista do Orçamento, como já proposto no art. 100 deste estudo, apontar a inconstitucionalidade, a ilegalidade e os erros ou omissões encontrados na peça orçamentária enviada pelo Governo, determinando a sua devolução ao Poder Executivo para as devidas correções, complementações e explicitações, tendo em vista a aprovação da Lei de Diretrizes Orçamentárias pelo Congresso nos termos propostos. Não poderá, portanto, o Congresso emendar, sob qualquer forma, motivo ou razão, a peça orçamentária enviada pelo Poder Executivo.

Estarão extintas, portanto, as emendas parlamentares, sejam as corretivas, sejam as que entregam recursos aos parlamentares, às bancadas estaduais e ao Presidente da Comissão Mista Permanente do Orçamento. Também fica extinta a cogestão do orçamento, entre o relator da Comissão Mista do Orçamento e o Poder Executivo, e vedada qualquer forma de participação do Congresso na execução do orçamento. Em consequência, todas as formulações e destinações das verbas orçamentárias, e sua gestão e execução, serão da iniciativa e da competência exclusiva do Poder Executivo. Ademais, ficam extintas as despesas primárias obrigatórias, passando a ser discricionárias, podendo, todas elas, ser manejadas pelo Poder Executivo, no atendimento ao interesse público. Fica, assim, vedada a vinculação da receita de tributos a quaisquer despesas, com exceção, unicamente, das transferências de recursos orçamentários para os Estados e para os Municípios.

Essa desvinculação dos recursos orçamentários se impõe como um princípio fundamental da administração pública que, dentro de suas competências, deveres e responsabilidades, poderá alocar e manejar as verbas conforme as necessidades e prioridades, em cada exercício, e na execução dos orçamentos plurianuais. E, nessa restauração do regime de separação dos Poderes, é o Executivo competente para decretar, justificadamente, o contingenciamento de todas e quaisquer verbas do orçamento, tendo em vista a eventual quebra da arrecadação prevista na respectiva Lei de Diretrizes Orçamentárias. As regras de discricionariedade plena das verbas na execução do orçamento, e a competência de pleno contingenciamento, atendem ao equilíbrio das finanças públicas e, consequentemente, ao interesse público.

Outra medida fundamental é a extinção dos fundos orçamentários. Essa vedação atende ao clássico princípio da não vinculação de receitas tributárias, também conhecido como princípio da não afetação da receita. Essa regra consta expressamente do art. 167, IV, da Constituição de 1988, que veda "a vinculação de receita de impostos a órgão, fundo ou despesa, ressalvadas a repartição do produto da arrecadação dos impostos a que se referem os arts. 158 e 159 [...]", ou seja, o fundo de participação dos Estados e Municípios nos impostos recolhidos pela União (imposto de renda e IPI). Não obstante, criou-se uma centena de fundos orçamentários.

O pretexto da criação desses fundos é o de vincular recursos necessários à solução de problemas que carecem de uma atenção especial.[262] Sob essa justificativa bisonha, engessa-se, inteiramente, o orçamento, dele retirando a disponibilidade plena dos recursos, que ficam vinculados a programas que nunca são implementados. Veja-se o caso do patético "Fundo de Combate e Erradicação da Pobreza", com o pomposo e cínico propósito de "viabilizar a todos os brasileiros acesso a níveis dignos de subsistência".[263] O crescente nível de miséria e pobreza do povo brasileiro, que se alastra, inclusive, pela classe média, demonstra a disfuncionalidade absoluta dessa reserva de fabulosos recursos, que erraticamente são aplicados.

Outros fundos são igualmente etéreos, como o famoso Fundo de Estabilização Fiscal, com o ridículo objetivo de saneamento financeiro da Fazenda Pública (?) e de estabilização econômica. Esse fundo esotérico tem, ao mesmo tempo, função "saneadora" interna na administração e de atendimento a políticas anticíclicas. Há também os "fundos de investimentos", iguais aos que se encontram no mercado financeiro, criados pelo Estado para dar rendimentos dentro do próprio orçamento, como é o caso dos Fundos Rotativos. Esses fundos especulam com títulos públicos e outros investimentos, que dão lucro. Esses fundos, ao mesmo tempo expressamente proibidos e largamente instituídos na mesma

---

262. SILVA, José Afonso da. Op. cit., p. 712 *et seq.*
263. Criado pelo art. 79 do Ato das Disposições Constitucionais Transitórias (ADCT) e regulado pela Lei Complementar n. 111, de 06 de julho de 2001.

Constituição de 1988, significam que o Poder Público não confia na execução orçamentária anual ou plurianual. Não sabe a Administração dispor das receitas em favor do interesse público. Como se fosse uma viúva que não soubesse gerir o seu patrimônio, entrega a um terceiro — exatamente a um fundo — essa gestão. O governo tem medo de gastar prodigamente os recursos orçamentários. Daí autorreprimir-se, reservando verbas sagradas, que não podem ser usadas a não ser para específicas finalidades. Ocorre que o Estado — que não sabe gerir o seu próprio orçamento —, também não sabe gerir os seus próprios fundos, criados como uma autodefesa de sua notória incompetência e disfuncionalidade na gestão dos recursos arrecadados.

A proibição, ora proposta, de se criarem fundos orçamentários leva em conta a regra de que todas as receitas deverão ser gastas, racional e oportunamente, em despesas a favor do interesse público, dentro do próprio exercício, em se tratando de orçamento anual, ou dentro do cronograma contínuo e constante, do orçamento plurianual. A quebra dessas regras, pela criação de fundos dentro do orçamento, faz com que parte das receitas obtidas em um exercício fique retida e transferida para os exercícios seguintes, numa quebra absoluta do princípio da anualidade e da programação orçamentária. Por outro lado, a participação dos Estados e Municípios no imposto de renda e no IPI não constitui um fundo, na medida em que lhes devem ser entregues, obedecidas as regras da Lei de Responsabilidade Fiscal.

Isso posto, e como ocorre sempre, a própria Carta vigente enumera uma série de exceções à vedação de fundos orçamentários, o que torna inútil a regra referida do inciso IV do art. 167. A Constituição de 1988 vai além nas suas contradições. Assim, a proibição contida no referido art. 167 é contrariada pelo disposto no § 5º do art. 165, ao determinar que "A lei orçamentária anual compreenderá: I - o orçamento fiscal referente aos Poderes da União, seus fundos, órgãos e entidades da administração direta e indireta [...]". Não bastasse essa clara contradição já no texto original da Constituição vigente, as Emendas Constitucionais e a própria Administração, a seu bel prazer, criaram centenas de Fundos originados da receita orçamentária, abrangendo todas as verbas possíveis e imagináveis, a cargo dos ministérios. Instituiu-se até um Fundo de Fomento à Cultura, a cargo dos Estados, por força da Emenda Constitucional n. 42, de 2003.[264] Estabeleceu-se, dessa forma, uma desordem estrutural na execução do orçamento anual, na medida em que os fundos imobilizam os recursos orçamentários. E mais. As centenas de fundos, intocáveis e indisponíveis, serão utilizados, exclusivamente, para atender

---

264. CF/88: "Art. 216. [...] § 6º - É facultado aos Estados e ao Distrito Federal vincular a fundo estadual de fomento à cultura até cinco décimos por cento de sua receita tributária líquida, para o financiamento de programas e projetos culturais, vedada a aplicação desses recursos no pagamento de: [...] (Incluído pela Emenda Constitucional n. 42, de 19.12.2003)."

ao objeto de sua vinculação, independentemente do respectivo exercício em que os recursos foram gerados. Essa barafunda orçamentária foi consagrada na Lei Complementar n. 101, de 2000, em seu art. 8º, parágrafo único.[265]

Temos, assim, que os incontáveis fundos orçamentários federais, além de retirarem recursos correntes necessários aos investimentos previstos no orçamento anual, inviabilizam, também, os orçamentos plurianuais, cuja execução somente será possível se os recursos forem livres e estiverem à disposição, para a realização de obras e serviços neles previstas.[266]

A presente proposta constitucional é no sentido do efetivo cumprimento da regra orçamentária universal, de não criação de fundos vinculados no orçamento ou em decorrência dele, sob nenhum pretexto ou motivo.

Art. 110 - Princípio do equilíbrio orçamentário

A concepção clássica de um orçamento equilibrado entre os ingressos e as despesas do Poder Público cedeu o passo, a partir de 1930, aos orçamentos deficitários. O princípio keynesiano, adotado a partir da crise de 1929, é de que, na etapa recessiva do ciclo econômico, o Estado não deve promover austeridade fiscal. Esse desequilíbrio acabou sendo adotado tanto nos ciclos recessivos como nos de prosperidade econômica. Não obstante a larga prática, no mundo todo, dos orçamentos deficitários, o equilíbrio fiscal continua a ser uma meta, por ser o requisito mais importante das finanças públicas.

A propósito, obtivemos em diversos exercícios, a partir do Plano Real, um equilíbrio orçamentário anual, com ligeiro superávit fiscal, e que perdurou até 2010. Esse equilíbrio fiscal foi o responsável pela notória prosperidade econômica do período, a ponto de termos enfrentado serenamente a gravíssima crise de liquidez bancária dos anos 2008 e 2009. Esse período de austeridade fiscal, e consequente prosperidade econômica, que conseguiu repercutir até 2013, foi, no entanto, substituído, a partir de 2011, por uma política de aumento significativo do déficit primário, que elevou, obviamente, os déficits anuais e, com isso, a dívida interna e o encolhimento dos investimentos públicos.

A política fiscal irresponsável adotada pelos dois últimos governos do Partido dos Trabalhadores (PT) não se baseava numa tardia opção keynesiana ou na

---

265. Lei Complementar n. 101/2000: "Art. 8º - Até trinta dias após a publicação dos orçamentos, nos termos em que dispuser a lei de diretrizes orçamentárias e observado o disposto na alínea c do inciso I do art. 4º, o Poder Executivo estabelecerá a programação financeira e o cronograma de execução mensal de desembolso. Parágrafo único. Os recursos legalmente vinculados a finalidade específica serão utilizados exclusivamente para atender ao objeto de sua vinculação, ainda que em exercício diverso daquele em que ocorrer o ingresso."
266. SILVA, José Afonso da. Op. cit., p. 711.

adoção das teorias mais recentes de Stiglitz,[267] mas se tratava, isso sim, de uma grotesca política populista e, por isso, voluntarista, permeada de uma rede de corrupção que levou ao total desperdício do capital público investido em obras e serviços, tanto na administração direta e indireta quanto nas empresas estatais. Ocorreu aquilo que se poderia chamar de *suicídio fiscal* e consequente recessão.

De uma economia próspera, com PIBs favoráveis constantes, o governo populista do PT resolveu inverter o jogo fiscal, a partir de 2011, gastando o dobro do que arrecadava para sustentar as distorções estruturais nas despesas públicas, sobretudo previdenciárias, e nos gastos correntes com a nababesca folha de pagamento dos agentes públicos, políticos e administrativos, neles incluídos os milhares de militantes que ocupavam e depredavam os cargos em comissão. O desastre é conhecido, com a recessão econômica que se seguiu, em meio aos escândalos de corrupção sistêmica que marcaram os governos petistas desde o seu início, em 2003, até o seu término, em 2016.

A partir desse desastre histórico, procurou-se, a partir de 2017, adotar uma política de consolidação fiscal, com a diminuição estrutural das despesas públicas (reforma da previdência), impondo, concomitantemente, um regime de teto de gastos e o revigoramento das leis de responsabilidade fiscal no tocante aos Estados e Municípios. Procurava-se, dessa forma, restabelecer, no longo prazo, o relativo equilíbrio orçamentário anual, pelo achatamento das despesas e pela gradativa diminuição da dívida interna, acompanhada da queda dos serviços da dívida, via redução persistente dos juros. A desmoralização do governo Temer e a errática e desastrosa administração do governo inaugurado em 2019 impedem a sua implementação.

Isso posto, são várias as frentes para a restauração de uma política fiscal sadia dentro do binômio orçamento-dívida interna. A primeira providência é reduzir o déficit primário, o que somente se consegue através do rebaixamento das despesas correntes com a folha de pagamento dos servidores públicos e com os enormes custos de manutenção da máquina burocrática, em que se incluem os fabulosos gastos com os agentes políticos e administrativos da União, dos Estados e dos Municípios.

Aqui entra um fator fundamental. Qual é o real esforço fiscal para diminuir o déficit primário através da reestruturação das despesas correntes? Nela está incluída a redução das despesas com a folha dos agentes públicos. Numa economia que se pretende viável — com estabilidade e crescimento —, não cabe reestruturar a dívida interna, o que seria um outro suicídio. O que se deve reestruturar são

---

267. Citem-se, por exemplo, as seguintes obras: STIGLITZ, Joseph E. **Rewriting the Rules of the American Economy**: An Agenda for Growth and Shared Prosperity. New York: Norton, 2015; STIGLITZ, Joseph E. **The Great Divide**: Unequal Societies and What We Can Do About Them. New York: Norton, 2015.

os dispêndios com a folha, tanto no plano federal como estadual e municipal. E, para tanto, deve ser estabelecido um teto de gastos com a folha dos servidores, que não deve ultrapassar 25% das receitas tributárias, nas três esferas federativas. O teto hoje estabelecido pela meritória Lei de Responsabilidade Fiscal, da ordem de 50% das receitas na esfera federal e 60% na esfera estadual e municipal, é a demonstração do descalabro estrutural do Poder Público no país.[268] Não se pode almejar um equilíbrio fiscal em torno da meta de estabilidade e crescimento econômico com uma despesa absurda dessa ordem.

Ou seja: o Estado, atualmente, arrecada para pagar uma legião de servidores (onze e meio milhões), com todas as benesses outorgadas ao alto funcionalismo e aos políticos, o que leva à impossibilidade de se conseguir receitas primárias minimamente direcionadas para os investimentos públicos. Impõe-se, portanto, numa nova constituição, o teto de um quarto das despesas primárias para pagamento dos servidores públicos, tanto da União como dos Estados e Municípios.

Outra medida, já prevista neste estudo, é a extinção dos gastos tributários, representados por isenções, anistias, remissões, subsídios e benefícios de natureza tributária, a favor de pessoas físicas e jurídicas. Essas despesas tributárias alcançam um terço da receita orçamentária da União. Pode-se imaginar o dano que tais isenções, de todo o gênero e espécie, causam aos Estados e Municípios, não só quanto aos seus próprios impostos, mas na redução em cascata do que deveriam receber pelo regime de quotas de participação tributária.

Outra proposta contida neste anteprojeto é a extinção das emendas parlamentares, sejam as que permitem a apropriação de recursos orçamentários pelos parlamentares, sejam as que alteram a proposta orçamentária do Poder Executivo.

Art. 111 - Competências do Congresso em matéria de leis orçamentárias

A competência constitucional do Congresso em matéria de orçamento refere-se ao controle sobre a atividade financeira e fiscal do Poder Executivo. Para tanto, o Congresso, através da Comissão Mista Permanente do Orçamento, de-

---

268. "Uma das principais novidades da LRF foi a fixação de limites para os gastos com pessoal. Na esfera federal, o limite máximo para gastos com pessoal é de 50% da receita corrente líquida. Para estados e municípios, o limite é de 60% da RCL. Se a despesa total com pessoal ultrapassar 95% desse limite, a LRF proíbe qualquer movimentação de pessoal que implique aumento de despesa." (BRASIL. Senado Federal. LRF, Lei de Responsabilidade Fiscal, os limites para o endividamento de União, estados e municípios e as metas fiscais anuais. **Em Discussão**. Disponível em: https://www.senado.gov.br/noticias/Jornal/emdiscussao/contas-publicas/realidade-brasileira/lrf-lei-de-responsabilidade-fiscal-os-limites-para-o-endividamento-de-uniao-estados-e-municipios-e-as-metas-fiscais-anuais.aspx).

verá examinar a proposta do Poder Executivo e formular os projetos de Lei de Diretrizes Orçamentárias e de Lei Orçamentária Anual, tanto no que refere ao orçamento do exercício seguinte como no tocante ao Orçamento Plurianual e demais diretrizes orçamentárias. Caberá à Comissão Mista Permanente do Orçamento examinar e emitir parecer sobre o texto da mensagem enviada pelo Presidente da República, dentro de sua competência exclusiva (art. 61, § 1º, II, "b",[269] e art. 165, *caput* e § 6º,[270] da CF/88, os quais serão recepcionados como legislação ordinária no sistema constitucional ora proposto).

Isso posto, ora se propõe que esse parecer contenha, apenas, as observações quanto à constitucionalidade, legalidade, legitimidade e propriedade técnico-contábil das rubricas neles constantes, apontando as falhas, omissões e erros de natureza tributária, fiscal e de compatibilização das receitas com as despesas, dentro dos princípios geralmente aceitos da contabilidade pública. Como reiterado nos dois artigos precedentes sobre a matéria de orçamento, em uma nova constituição será absolutamente vedada a apresentação de emendas parlamentares visando à apropriação de verbas pelos parlamentares e suas bancadas ou que visem alterar as receitas ou as despesas propostas pelo Poder Executivo.

Insista-se nesse ponto. Propõe-se que seja vedada a apresentação de emendas parlamentares à peça orçamentária que possam modificá-la visando à apropriação de recursos orçamentários pelos próprios membros do Poder Legislativo e para modificar os valores de receita e despesas constantes da proposta orçamentária formulada pelo Poder Executivo. Estará, assim, estabelecida a intangibilidade da proposta orçamentária encaminhada pelo Poder Executivo, admitindo-se ressalvas unicamente de natureza constitucional, legal e técnico-contábil do âmbito das finanças públicas. A Lei Orçamentária Anual compreenderá o orçamento fiscal, o orçamento de investimentos e o orçamento de seguridade social.

Por outro lado, caberá ao Poder Legislativo acompanhar a execução dos orçamentos, tanto o anual como o plurianual, fazendo-o através do seu órgão fiscalizador, o Tribunal de Contas da União. Essa competência de fisca-

---

269. CF/88: "Art. 61 - A iniciativa das leis complementares e ordinárias cabe a qualquer membro ou Comissão da Câmara dos Deputados, do Senado Federal ou do Congresso Nacional, ao Presidente da República, ao Supremo Tribunal Federal, aos Tribunais Superiores, ao Procurador-Geral da República e aos cidadãos, na forma e nos casos previstos nesta Constituição. § 1º São de iniciativa privativa do Presidente da República as leis que: [...] II - disponham sobre: [...] b) organização administrativa e judiciária, matéria tributária e orçamentária, serviços públicos e pessoal da administração dos Territórios;".

270. CF/88: "Art. 165. Leis de iniciativa do Poder Executivo estabelecerão: [...] § 6º O projeto de lei orçamentária será acompanhado de demonstrativo regionalizado do efeito, sobre as receitas e despesas, decorrente de isenções, anistias, remissões, subsídios e benefícios de natureza financeira, tributária e creditícia."

lizar a execução do orçamento, constitucionalmente atribuída ao Tribunal de Contas, será constante e permanente, durante todo o decorrer do exercício, no tocante ao orçamento anual, ao plurianual e à compatibilização de ambos. Ficará, assim, estabelecida a competência do Congresso com respeito ao controle da constitucionalidade, legalidade, regularidade e conformidade com as normas da contabilidade pública das peças orçamentárias remetidas pelo Poder Executivo, bem como a regularidade da execução do orçamento, a cargo do Tribunal de Contas. A competência do Congresso estará assim definida, vedadas as emendas parlamentares sobre a peça orçamentária objeto da Mensagem do Poder Executivo, sejam a de apropriação de verbas, sejam as chamadas "corretivas".

Por sua vez, confirma-se a consagrada regra de vedação a abertura de crédito suplementar, especial ou extraordinário sem a indicação dos recursos correspondentes e sem prévia autorização do Congresso. Créditos suplementares são aqueles que têm por objetivo reforçar a dotação orçamentária que se revelou insuficiente durante a execução do orçamento. Já os créditos especiais são aqueles que visam atender às despesas para as quais não foi prevista dotação específica na lei orçamentária. Por sua vez, os créditos extraordinários visam ao atendimento de despesas não previstas e urgentes, como as decorrentes do estado de beligerância, de revolução e de calamidade pública — como é o caso da crise do coronavírus surgida no primeiro trimestre de 2020.[271]

Nas duas primeiras hipóteses (créditos suplementares e especiais), deverá o Presidente da República enviar projeto de lei ao Congresso. No último caso (créditos extraordinários), deverá, diante de sua natureza de absoluta urgência, remeter ao Congresso medida provisória, sem embargo de poder o próprio Poder Legislativo tomar a iniciativa e aprovar as leis respectivas, em regime de urgência. De qualquer maneira, o controle legislativo dessas três medidas orçamentárias se impõe, não podendo o Poder Executivo promover tais créditos através de decreto. Somente podem fugir dessa autorização legislativa os créditos suplementares que estiverem previstos no próprio orçamento objeto da lei orçamentária respectiva.

Art. 112 - Inclusão na proposta orçamentária de alterações no regime dos servidores

Dependerá de prévia dotação orçamentária anual, constante da Mensagem do Presidente da República ao Congresso, bem como dos governadores e prefeitos, a concessão de qualquer aumento de remuneração, a criação novos

---

271. A propósito do tema, SILVA, José Afonso da. Op. cit., p. 711 *et seq.*

postos de trabalho, de cargos e a alteração dos planos de carreira, bem como a admissão ou contratação de pessoal, em toda a administração pública direta, indireta e fundacional, rigorosamente observado o limite de 25% das receitas previstas. Trata-se de providência necessária à neutralização do corporativismo que domina o setor público e que leva ao incessante expansionismo de direitos e prerrogativas dos seus agentes, tanto políticos como administrativos. Essa pressão corporativa é exercida fortemente, para não dizer irresistivelmente, junto ao Congresso Nacional, às assembleias legislativas e às câmaras de vereadores, sempre na busca de mais benesses e vantagens, dentro da velha cultura da divisão da sociedade entre os agentes públicos e as pessoas que trabalham e empreendem no setor privado.

Por meio dessa regra, o Poder Executivo federal, os governadores e os prefeitos assumem a responsabilidade de manter a transparência das propostas de alteração do *status* funcional e remuneratório dos agentes políticos e administrativos, através das rubricas respectivas da mensagem orçamentária. Teremos, assim, assegurada, além da transparência, a anualidade dessas eventuais propostas de aumento de direitos. Esses acréscimos de vantagens devem ser cabalmente justificados, tendo em vista sua legitimidade, moralidade, isonomia, equidade, necessidade, oportunidade e proporcionalidade, com respeito às funções e aos encargos semelhantes exercidos no setor privado.

A inclusão dessa questão na proposta orçamentária permitirá, outrossim, a sua ampla discussão pela sociedade civil, com base nas justificativas e rubricas contidas nas mensagens orçamentárias. Inverte-se, em consequência, a pressão — que atualmente é das corporações dos agentes públicos no sentido de sempre privilegiar mais esse segmento, que se inscreve entre o 1% (um por cento) mais rico do país.[272] Doravante, será a sociedade civil que pressionará politicamente os governos para que não promovam tais privilégios. A anualidade dessas propostas e a transparência orçamentária facilitarão, outrossim, as medidas judiciais cabíveis por eventual quebra dos princípios constitucionais relacionados com o exercício da função pública.

---

272. "Os salários mais elevados recebidos pelo funcionalismo público em relação ao setor privado é um dos principais motivos que chamaram a atenção para esse setor nas últimas décadas. Dentre os autores que analisaram essa evolução salarial do setor, a grande maioria observa uma ampliação do diferencial salarial entre funcionários públicos e privados. Autores como Vaz e Hoffmann (2007) observaram o aumento desse hiato entre funcionários públicos estatutários e empregados do setor privado nos anos 1992 e 2005, tendo os primeiros se beneficiado com aumento da renda em 35% no período, em detrimento de apenas 4% do setor privado. [...] Observamos que enquanto o funcionário público teve uma evolução de 51,2% entre 1992 e 2011, o funcionário privado com carteira assinada foi o que teve a menor evolução entre os grupos analisados, com percentual de apenas 10,8%." (BRAITE, Francine Martinez; TELES, Vladimir Kühl. **Funcionalismo público e desigualdade de renda no Brasil**. São Paulo: FGV: EESP. Textos para Discussão: Working Paper Series, n. 493, out. 2018. Disponível em: https://bibliotecadigital.fgv.br/dspace/handle/10438/24927).

Da Ordem Econômica

Art. 113 - O dever-ser econômico

A constituição reveste a atividade econômica de um valor de conduta — o dever-ser econômico —, atribuindo-lhe uma função social. Os fenômenos econômicos passam a ser encarados pela constituição não mais como susceptíveis de um processo natural, mas como uma realidade capaz de contribuir para a sociedade como um todo.[273] A atividade econômica reveste-se, em consequência, de um valor de conduta — constitucionalmente atribuindo-se-lhe uma função social relevante.[274] Desse modo, o ordenamento jurídico não mais se restringe a regular, comutativamente, os negócios jurídicos obrigacionais entre os empresários, ou seja, os contratos privados que podem ser firmados entre eles.

O Direito Constitucional cria todo um sistema de proteção jurídica ao corpo social nas suas relações com os agentes da produção de bens e serviços. Assim, os valores econômicos passam a ser encarados pela constituição e pelas leis não mais como destinados unicamente à retribuição do capital dos empreendedores, mas, também, como instrumentos vinculados à satisfação das aspirações socioeconômicas dos destinatários diretos e indiretos dessa atividade.

A constituição atribui ao processo produtivo a missão de integrar o *homo oeconomicus* e o *homo moralis*, em sua universalidade de valores materiais e culturais decorrentes do processo civilizatório.[275] Portanto, a ação econômica passa a ser moral e juridicamente orientada e direcionada no sentido de satisfazer, ao lado do legítimo intuito de obtenção de lucros, as aspirações de todo o corpo social. A empresa se vincula a um fim juridicamente proposto e desejado pela sociedade, expresso na constituição, e que, por isso, transcende a atividade voltada apenas para si mesma.

A constitucionalização da atividade produtiva visa à realização do justo econômico. Isso quer dizer que a ação empresarial deve atender às necessidades humanas, no âmbito individual e, sobretudo, social. A atuação empresarial permeia-se, portanto, dos valores da ciência econômica, da tecnologia, da ciência política, da ciência social e da ciência jurídica, surgindo um claro sentido de ordenação e de comportamento *pro societatis*. Daí a ordenação que se denomina

---

273. Cf. DI NARDI, Giuseppe. L'Impresa nella realtà economica e sociale. **Justitia**, v. 13, n. 4, p. 313-335, 1960, p. 315.
274. CARVALHOSA, Modesto. **Direito econômico**: obras completas. São Paulo: Thomson Reuters; Revista dos Tribunais, 2013, p. 591 *et seq.*
275. Cf. SOUZA, Albino de; PELUSO, Washington. **Direito econômico**. São Paulo: Saraiva, 1980, v. 2, p. 87 *et seq.*

Ordem Econômica, ou seja, o comportamento dos agentes econômicos visando a fins próprios e, ao mesmo tempo, a fins sociais.

O conceito de ordem econômica está, assim, permeado de valores sociais e jurídicos, afastando-se daquilo que se poderia identificar como aplicação pura e simples das leis da ciência econômica, ou seja, como racional manipulação das estruturas e das oportunidades dos mercados.[276] No conceito de Ordem Econômica constitucional destaca-se o modo de ser jurídico do sujeito econômico, ou seja, a sua função social voltada para uma justiça econômica, envolvendo os produtores, os consumidores e os usuários dessa mesma produção. Conceitua-se a Ordem Econômica constitucional como a atividade econômica condicionada, através do ordenamento jurídico, a determinados fins sociais.

Delineado pela constituição o direcionamento social à atividade econômica, o ordenamento jurídico passa a ser a medida da direção atribuída ao processo produtivo.[277] Assim, o conjunto normativo, já como expressão do justo econômico, determina os condicionamentos a que se deve submeter o processo produtivo. A Ordem Econômica constitucional representa o valor jurídico da realização de melhores condições de vida da sociedade.[278] Trata-se da economia organizada em função da utilidade e do seu proveito social, e não apenas do interesse individual do empresário.[279] Entende-se, assim, a Ordem Econômica como a produção voltada para fins sociais.[280]

Superou-se, desde os fins do século XIX, a fase histórica em que o Direito se constituía num instrumento passivo do processo econômico, que se acreditava movido unicamente pelas leis naturais do mercado, representadas pela mecânica acomodação dos interesses nas relações de troca e na perfeita divisão mercadológica dos agentes econômicos. Assim, o mundo atual, continuando a repousar sobre a livre-iniciativa, perdeu, no entanto, o respeito supersticioso à liberdade de comércio e de indústria que se tinha no século XIX.[281] Evoluiu a ciência econômica. Desvestida dos mitos que a prendiam ao pressuposto de uma ordem natural, os estudos econômicos foram permeados, a partir da última quadra do século XIX, pelo desenvolvimento da sociologia, da antropologia e da estatística e, portanto, dos valores que revelam a imperiosidade de uma organização racional ampla dos recursos escassos e da consequente necessidade e possibilidade de seu manejo em prol da sociedade como um todo. Distancia-se no tempo e, portanto,

---

276. HEDEMANN, Justus Wilhelm. El Derecho Económico: un dominio fundamental en la vida política europea. **Revista de Derecho Privado**, 1943, p. 248 *et seq.*
277. Lautner, apud SOUZA, Albino de; PELUSO, Washington. Op. cit., v. I, p. 102.
278. Moenckmeier, apud SOUZA, Albino de; PELUSO, Washington. Op. cit., v. I, p. 101.
279. Cf. Goldschmidt e Buwert, apud SOUZA, Albino de; PELUSO, Washington. Op. cit., v. I, p. 103 *et seq.*
280. DI NARDI, Giuseppe. Op. cit., p. 316 *et seq.*
281. M. Morange, apud FARJAT, Gérard. **L'Ordre Public Economique**. Paris: Librairie générale de droit et de jurisprudence, 1963, p. 105 *et seq.*

na história, a fase da acumulação primitiva do capital industrial dos fins do século XVIII até 1848 (Primeira Comuna de Paris) levando também à transformação do Direito em meio à evolução da sociedade predominantemente urbana nos países industriais da época.

A ordem jurídica, partindo de um instrumento formal de regulação das relações individuais dos empreendedores, transforma-se num fator maior de realização de uma ordem social justa no tocante aos fatores humanos da empresa — o capital e o trabalho. Passa o Direito a revestir um conteúdo substancial, visando realizar a harmonia coletiva e interestatal e instituir um *status* de concreta justiça nas relações jurídicas entre os sujeitos singulares e coletivos envolvidos na atividade econômica organizada. Na consecução desse objetivo histórico, a Ordem Econômica constitucional atribui à atividade econômica o papel de contribuir para a justiça social, através da valorização do trabalho como condição da dignidade humana, da harmonia e da solidariedade entre os fatores sociais da produção, da expansão das oportunidades de emprego e da integração dos colaboradores na vida e no desenvolvimento da empresa.

Ao estabelecer, ademais, como um dos fundamentos da Ordem Econômica, a repressão ao abuso do poder econômico — caracterizado pelo domínio dos mercados, através da eliminação da concorrência e do aumento arbitrário dos lucros —, a constituição, por outro lado, deve reconhecer a existência do fenômeno da concorrência imperfeita de mercado. Abandona-se a herança jusnaturalista, inspirada na imagem otimista do homem, em razão da qual a justiça das relações sociais deveria resultar do jogo automático das liberdades individuais.[282] Deixa, outrossim, o Direito de se fundar no mero institucionalismo formal do positivismo normativo, indiferente aos fins para os quais, concretamente, utilizavam-se os seus institutos. Deixa a expressão normativa de se constituir num epifenômeno das incontroladas forças econômicas, passando a, intrinsecamente, impulsionar os direcionamentos que se propõe dar ao processo produtivo, qual seja, a oportunidade de contribuir para o progresso da sociedade.

A livre-iniciativa como fundamento da Ordem Econômica

A livre-iniciativa é o fundamento da Ordem Econômica constitucional. Trata-se de um instrumento da consecução dos objetivos constitucionais de justiça social, imposto ao legislador ordinário e ao Poder Público, no sentido de que é intocável na sua essência e no seu núcleo, não podendo ser suprimida, atenuada, desconsiderada ou afastada, sob qualquer pretexto.[283] Portanto, o

---

282. MENGONI, L. Forme giuridiche dell'economia contemporânea in Italia. **Justitia**, 1962, p. 23.
283. VIGORITA VINCENZO, Spagnuolo. **L'Iniciativa Economica Privata nel Diritto Pubblico**. Napoli: Jovene, 1959, p. 217 *et seq*.

cânone da livre-iniciativa encontra no sistema normativo brasileiro o acolhimento de um princípio inderrogável a que a constituição oferece o elemento formal de garantia.

Enquanto direito, a livre-iniciativa econômica constitui uma das liberdades fundamentais atribuídas à personalidade, revestindo-se do caráter de um direito fundamental.[284] A livre-iniciativa é um legítimo direito subjetivo porque, na essência da pessoa humana, não se pode vislumbrar, apenas, a liberdade física, mas também a liberdade de pleno desenvolvimento e realização de suas faculdades criativas e existenciais, que se traduzem na liberdade de livre realização econômica individual, dentro dos limites do interesse social e coletivo. E, com efeito, tratando-se de uma liberdade fundamental, a livre-iniciativa constitui direito subjetivo cuja inviolabilidade não pode ser questionada.[285]

Traduz-se a livre-iniciativa como atividade econômica privada, composta de dois elementos necessariamente vinculados: sujeitos privados, da espécie ou categoria econômica.[286] O protagonista é o indivíduo.[287] Trata-se de iniciativa privada porque se contrapõe à noção de iniciativa pública, na medida em que, nesta, prescinde-se do requisito de liberdade. Seria, com efeito, impróprio falar-se em liberdade estatal de iniciativa,[288] sob pena de se perder a noção de liberdade, que

---

284. VIGORITA VINCENZO, Spagnuolo. Op. cit., p. 228; MIELE, G. La tutela dell'interesse pubblico nell'impresa. **Iustizia**, 1960, p. 278.
285. FERRARA, Francesco. **Trattato di Diritto Civile italiano**. Roma: Athenaeum, 1921, v. I, p. 243.
286. VIGORITA VINCENZO, Spagnuolo. Op. cit., p. 26.
287. GIANNINI, Massimo Severo. Sull'azione dei pubblici pottere del'campo dell'economia. **Rivista di Diritto Dell'Economia**, p. 313-328, 1959, p. 316.
288. Cabe, por oportuno, diferenciar "discricionariedade" e "liberdade": "[...] em vez de afirmar-se que a discricionariedade é liberdade de ação limitada pela lei, melhor se dirá que a discricionariedade é liberdade de ação limitada pelo Direito. O princípio da legalidade há de ser observado, não no sentido estrito, concebido pelo positivismo jurídico e adotado no chamado Estado legal, mas no sentido amplo que abrange os princípios que estão na base do sistema jurídico vigente, e que permitem falar em Estado de Direito propriamente dito." (DI PIETRO, Maria Sylvia Zanella. **Discricionariedade administrativa na Constituição de 1988**. São Paulo: Atlas, 2001, p. 162). "Ainda quanto aos significados do princípio da legalidade, não se pode deixar de mencionar o ensinamento do francês Eisenmann, lembrado por Odete Medauar. O autor aponta quatro significados para o princípio: 'a) a Administração pode realizar todos os atos e medidas que não sejam contrários à lei; b) a Administração só pode editar atos ou medidas que uma norma autoriza; c) somente são permitidos atos cujo conteúdo seja conforme a um esquema abstrato fixado por norma legislativa; d) a Administração só pode realizar atos ou medidas que a lei ordena fazer'. O primeiro significado foi o que prevaleceu no período inicial do liberalismo, quando se adotava o já referido *princípio da vinculação negativa* da Administração Pública à lei, semelhante ao princípio da autonomia da vontade que caracteriza a atuação dos particulares. O segundo significado é o que corresponde ao sentido atual do princípio da legalidade: todos os atos da Administração Pública devem ter fundamento em uma norma legal. Entende-se que tal significado abrange a reserva legal absoluta e a relativa. O terceiro significado corresponderia a uma reserva legal muito estrita, que excluiria qualquer regulamentação por parte da Administração. Nas palavras de Odete Medauar, o terceiro significado 'traduz uma concepção rígida do princípio da legalidade e corresponde à ideia de Administração somente executora da lei. Hoje não

deve ser entendida como direito dos cidadãos de se contrapor ao poder do Estado de vedar ou restringir essa mesma liberdade.

Pela Constituição de 1988, temos, no plano das relações de produção, um regime econômico misto, em que o Estado atribui aos particulares a iniciativa capitalista, porém concorrentemente com as suas próprias empresas, constituídas com recursos públicos. Em consequência, a livre-iniciativa, no vigente sistema constitucional, é um direito fundamental relativizado e não reservado aos sujeitos privados. Dentro de sua retórica, a Carta de 1988 declara o princípio *in dubio libertas* e um caráter "meramente suplementar ou complementar" à atividade empresarial do Estado.[289] Na realidade, para pôr o Estado hegemonicamente no processo produtivo, a Constituição de 1988 institui um mimetismo jurídico, ao declarar que as empresas públicas devem se reger pelas normas aplicáveis às sociedades privadas, inclusive quanto ao Direito do Trabalho, das Obrigações, etc. Tal igualitarismo não é verdadeiro na medida em que os trabalhadores das empresas públicas têm, de fato, um regime de estabilidade, não obstante as relações obrigacionais efetivamente obedecerem, formalmente, às regras próprias do Direito Privado.

Numa constituição que efetivamente reconheça a livre-iniciativa como condutora do processo econômico, os seus limites devem se encontrar nas confrontações do seu objeto de obtenção de rendimentos do capital (elemento intrínseco) com as diversas esferas de interesses da sociedade (elemento extrínseco). Com essa integração de interesses, o acesso e o exercício devem ser plenos à iniciativa privada, não podendo o Estado, diretamente, explorar atividades empresariais.[290]

---

mais se pode conceber que a Administração tenha só esse encargo. Esse significado do princípio da legalidade não predomina na maioria das atividades administrativas, embora no exercício do poder vinculado possa haver decisões similares a atos concretizadores de hipóteses normativas abstratas'. Esse terceiro sentido corresponde à reserva legal absoluta, já referida. O quarto significado também é excessivamente restritivo da atuação administrativa. Uma coisa é afirmar que a Administração só pode realizar o que a lei permite; outra coisa é afirmar que a Administração só pode realizar o que a lei ordena. Esta última hipótese transformaria a Administração em autômato executor das regras postas pelo legislador. Repita-se, portanto, que o segundo significado apontado é o que tem aplicação, já que todos os atos praticados pela Administração Pública devem ser fundamentados em lei." (DI PIETRO, Maria Sylvia Zanella. Princípio da legalidade. CAMPILONGO, Celso Fernandes; GONZAGA, Alvaro de Azevedo; FREIRE, André Luiz (coord.). **Enciclopédia jurídica da PUC-SP**. NUNES JR., Vidal Serrano; ZOCKUN, Maurício; ZOCKUN, Carolina Zancaner; FREIRE, André Luiz (coord. de tomo). Direito Administrativo e Constitucional. 1. ed. São Paulo: Pontifícia Universidade Católica de São Paulo, 2017. Disponível em: https://enciclopediajuridica.pucsp.br/verbete/86/edicao-1/principio-da-legalidade).

289. A respeito dessa ambiguidade, veja-se: MAZZIOTTI, Manlio. Notte critiche su disegno di legge contenenti norme sulla programmazione normativa. **Rivista di Diritto dell'Economia**, 1968, p. 68 *et seq.*; ZANOBINI, Guido. **Corso di Diritto Amministrativo**. Milano: Giuffrè, 1958, v. 5, cap. VIII-IX, p. 405-530, p. 410; ROMANO, Santi. **Diritto Costituzionale**. Genova: Cedam, 1943, p. 121; e DI RUFFIA, Paolo Biscaretti. **Diritto Costituzionale**. Napoli: Jovene, 1989, p. 556.
290. CHENOT, Bernard. **Organisation Économique de l'Etat**. Paris: Dalloz, 1965, p. 73.

Isso posto, conceitua-se a livre-iniciativa econômica como direito subjetivo das pessoas da esfera privada de organizarem e exercitarem qualquer atividade econômica não proibida por lei, voltada à obtenção de um rendimento de capital.[291] A livre-iniciativa é a projeção, no campo econômico, dos princípios da liberdade individual.[292] A livre-iniciativa, como direito fundamental, assume um valor qualificativo no regime democrático, cabendo-lhe a tarefa de realização dos fins sociais que cabem à atividade econômica. Por isso, a livre-iniciativa é um direito constitucional vinculado à sua utilidade social.[293]

Assim, e como todo direito subjetivo, a livre-iniciativa não reveste o caráter de absoluto, relativizando-se no conjunto dos demais direitos fundamentais constitucionalmente declarados. O fim econômico é a principal razão da livre-iniciativa, ou seja, a obtenção do rendimento do capital, o que a distingue da simples propriedade, ou seja, dos bens enquanto tais, visando a seu uso, gozo, fruição ou renda, independentemente de sua melhor ou pior exploração produtiva. Pelo contrário, o que interessa na livre-iniciativa é o manejo dos bens no exercício de atividades rentáveis, e não apenas a propriedade do bem.[294] Portanto, o direito constitucional à livre-iniciativa refere-se à utilização econômica do patrimônio, na qual o bem tem valor instrumental, de criador de riquezas, ligado à cadeia geral de produção de bens e serviços, em que se mesclam os interesses privados e os sociais e coletivos.[295]

O caráter inderrogável da livre-iniciativa

O direito constitucional à livre-iniciativa reveste um caráter de inviolabilidade. Seu núcleo essencial não pode ser abolido ou contestado pelo Estado por inserir-se na esfera dos interesses privados fundamentais das pessoas. Trata-se de um *status* jurídico subjetivo, munido de plena e fundamental tutela jurídica.[296] Em consequência, quando o Estado legisla e exerce controle e vigilância sobre o processo produtivo, deve sempre respeitar o direito à livre-iniciativa como a fonte da atividade econômica. Não pode, assim, o Estado estabelecer uma programação e um controle do setor produtivo, que é livre quanto aos caminhos

---

291. CHELI, Enzo. Libertà e limiti all'iniziativa economica privata nella giurisprudenza della Corte costituzionale e nella dottrina. **Rassegna di Diritto Pubblico**, 1960, p. 272; VIGORITA VINCENZO, Spagnuolo. Op. cit., p. 67.
292. CAPACCIOLI, Enzo. Programmazione e autonomia negoziale nel diritto pubblico italiano. **Rivista Trimestrale di Diritto Pubblico**, 1965, p. 652.
293. JEANTET. **Dix ans de Conferences d'Agregation**, p. 39; CHENOT, Bernard. **Droit Public Économique**. Paris: Les Cours de droit, 1957, p. 73.
294. ASCARELLI, Tullio. Lezione. **Rivista di Diritto dell'Economia**, 1956, p. 1.247.
295. CHELI, Enzo. Op. cit., p. 275.
296. FERRARA, Francesco. Op. cit., p. 196.

e às preferências de seu próprio desenvolvimento, nem constranger os agentes privados a exercerem suas atividades contrariamente à sua vontade legítima, tampouco impor o modo ou determinar, direta ou indiretamente, a obrigação de fazer ou deixar de fazer dos agentes produtivos.[297]

Ao exercer o Estado controle legal e administrativo sobre a iniciativa privada, não pode constranger nenhum empreendimento e empresa a agir contrariamente à sua capacidade em termos de produção e de economicidade, pois, no caso, estaria ferido o direito subjetivo fundamental de cada empresário conduzir a sua atividade de acordo com a sua efetiva vontade e disponibilidade. Tem o empresário o direito pleno de optar por fazer ou não fazer. Cabe-lhe o atributo da autodeterminação, tendo plena liberdade mercadológica de agir e de escolher. Ademais, o Estado, na sua ação legislativa e administrativa, não pode esvaziar a relevância da economia privada como um todo ou determinados setores dela.

Nesse aspecto, a lei e o Poder Público não podem restringir o *modus operandi* do exercício legítimo da livre-iniciativa. É livre o direito de acumular capital, investir, empreender e gerir as atividades empresariais no âmbito da sociedade, cujos valores deve observar e promover. E, por isso, não pode o Estado legislar ou agir administrativamente senão através de providências de ordem geral, vedadas quaisquer medidas que não respeitem o princípio da isonomia e da equidade quanto aos direitos, deveres e obrigações das empresas, para colocá-las em posição não concorrencial ou economicamente gravosa, onerosa ou improdutiva. Daí não poder o Estado promover qualquer dirigismo econômico, inclusive sob o pretexto de desenvolvimento regional ou setorial. Não pode, por isso, o Estado impor à iniciativa privada quaisquer fins,[298] devendo o empresário ter plena liberdade de seguir os seus naturais propósitos de obtenção dos rendimentos de capital. E, dentro dessas restrições, não pode o Estado impor à livre-iniciativa fins públicos que são de sua precípua competência. Essa atribuição levaria à completa descaracterização do direito subjetivo constitucionalmente assegurado aos indivíduos de livremente criarem riquezas.[299]

Ademais, a livre-iniciativa não pode, de forma alguma, confundir-se com os interesses inerentes à natureza do Estado. A iniciativa privada é fundamentalmente a expressão dos interesses individuais.[300] Ademais, a iniciativa privada

---

297. ESPÓSITO, Carlo. **Note Esegetiche in La Costituzione Italiana**, p. 148; MAZZIOTTI, Manlio. **Il Diritto al Lavoro**. Milano: Giuffrè, p. 153, p. 157; VIRGA, Pietro. **Diritto Costituzionale**. Milano: Giuffrè, 1967, p. 614; GROSSO, G. Insegnamento del Diritto dell'Economia. **Rivista di Diritto dell'Economia**, 1957, p. 1.009.
298. Mazziotti, apud CHELI, Enzo. Op. cit., p. 287.
299. PASSARELLI, Santoro. La autonomia dei privati nell'diritto della economia. **Rivista di Diritto dell'Economia**, 1956, p. 1.216.
300. Cf. Mortari, apud CHELI, Enzo. Op. cit., p. 288 *et seq*.

deve atender aos interesses da coletividade na observância de sua função social, mas não aos interesses do Estado.[301]

A livre-iniciativa enquanto instituto

Ao revestir-se de juridicidade, a livre inciativa econômica passa a integrar o conjunto de relações entre o empreendedor e sua empresa e os demais sujeitos de direito. Trata-se de um conjunto de regras jurídicas relativas ao comportamento do agente econômico visando à sua integração com os interesses de bem-estar social e coletivo, a partir das relações diretas do empresário com os seus colaboradores, com os seus investidores, consumidores, usuários e com o meio ambiente.

O comportamento empresarial deve adequar-se aos interesses da comunidade em que atua e aos valores e interesses da sociedade como um todo. Neste último aspecto, adentramos no campo da ética empresarial, em que se destacam as regras de conformidade (*compliance*) da conduta empresarial, interna e externa, com as autoridades (*accountability*) e com os seus contratantes, consumidores e usuários.

Desse modo, a função social da empresa se compõe de normas jurídicas e normas éticas. Estas últimas acabam por se integrar às primeiras, trazendo efeitos benéficos para a empresa no cumprimento de suas obrigações e na efetividade de sua função social. O plano normativo visa trazer a justa retribuição dos fatores sociais diretamente implicados na atividade empresarial, ou seja, o empreendedor, seus sócios, seus colaboradores e os terceiros contratantes. Dessa forma, o princípio fundamental da liberdade econômica permeia-se de valores morais que impulsionam sua função social.

Daí ser a livre-iniciativa um direito fundamental, vinculado aos interesses da coletividade, à realização das aspirações de acesso às oportunidades profissionais e materiais que são próprias do convívio e da organização de uma sociedade equilibrada e estável. Assim, a livre-iniciativa não pode se realizar antissocialmente. Pelo contrário, deve ser positiva e construtiva, a favor do desenvolvimento da sociedade, criando oportunidades para os seus integrantes. É assim que a liberdade de empresa possibilita a efetividade de outras liberdades fundamentais, tais como a expansão consistente das oportunidades de emprego produtivo e a valorização do trabalho como condição da dignidade humana.[302]

Há, portanto, um vínculo de utilidade social da livre-iniciativa, que a reveste de um caráter institucional. Essa institucionalização decorre do fato de que toda a sociedade é afetada, mediata ou imediatamente, pelas atividades empresariais,

---

301. CARNELUTTI, Francesco. Sull'diritto penale dell'economia. **Rivista di Diritto dell'Economia**, 1957, p. 1.189.
302. DI NARDI, Giuseppe. Op. cit., p. 313 *et seq*.

razão pela qual os empresários devem respeitar os valores da liberdade, da dignidade e segurança humanas e as condições ambientais em que se desenvolve a sua empresa. É, pois, função da liberdade econômica empresarial promover a harmonia e a solidariedade entre as categorias sociais, e abster-se do abuso do poder econômico e da degradação do meio ambiente.

Em todas as medidas normativas e administrativas voltadas para o exercício da atividade econômica, o Estado deve respeitar, inteiramente, o "espaço deixado ao sujeito a fim de que possa exercer a sua liberdade econômica", ou seja, a esfera da livre manifestação da vontade.[303] Constata-se, portanto, que a função social atribuída pela Ordem Econômica constitucional à livre-iniciativa constitui a fonte de legitimação das normas e dos atos administrativos pertinentes.[304] O conjunto de normas endereçadas à livre-iniciativa visa atender, concomitantemente, aos interesses de ordem privada dos seus integrantes (capital e trabalho) e ao interesse coletivo — os *stakeholders*, representados pelos consumidores, usuários, investidores e contratantes em geral.

Convém, a propósito, ressaltar que não pode haver, nessas normas, preponderância dos fins sociais sobre os interesses individuais do empresário, na sua legítima procura da retribuição e rentabilidade do capital. A realização da vontade econômica individual convive e prospera no concerto normativo sistematizador dos interesses que são criados em torno da empresa. Conciliam-se as prerrogativas constitucionais da liberdade de iniciativa econômica individual com os princípios da melhoria das condições socioeconômicas da coletividade.[305]

Isso posto, a Ordem Econômica constitucional comporta o binômio direito individual-dever social. Ou seja, a livre-iniciativa tem um vínculo social na medida em que se desenvolve em uma instância coletiva. A constituição deve estabelecer, em consequência, um sistema de economia social de mercado, ou seja, um regime econômico-liberal com contornos sociais. Não se pode vincular a livre-iniciativa a fins políticos. Daí resulta inserirem-se as ações e opções econômicas individuais num contexto de utilidade social, e nunca de utilidade política. Somente se pode restringir a atividade econômica quando se caracteriza o abuso do poder econômico em todas as suas manifestações, seja quando são meramente episódicas e casuísticas, seja quando visam o domínio do mercado.

Nesse ponto, e com esses objetivos, concilia-se o Direito Público, ao tutelar o interesse coletivo e social, com o direito subjetivo de livre exercício da atividade econômica privada. Não pode, assim, a lei, ou a autoridade pública, subtrair ao agente econômico privado as opções de tempo, de pessoal, de lugar nem do lucro legítimo que lhe advenha da sua atividade produtiva. A iniciativa privada,

---

303. CARNELUTTI, Francesco. Op. cit., p. 185 et seq.
304. MENGONI, L. Op. cit., p. 33.
305. CHENOT, Bernard. **Organisation**... Op. cit., p. 71.

por ser direito fundamental da pessoa humana, não está condicionada ou subordinada ao poder e à vontade do Estado, por isso que é inviolavelmente livre. Cabem, em cada caso de violação, as medidas judiciais para o restabelecimento desse direito subjetivo constitucionalmente instituído.[306]

Sendo um direito fundamental, a inviolabilidade torna-se a sua principal característica, à qual se vincula constitucionalmente o legislador. Este, ao regulá-la, não pode derrogá-la nem a desfigurar na sua essência e na sua plenitude. O único limite à livre-iniciativa é a sua conformidade com a função social que lhe cabe.

Os fins da Ordem Econômica

A ordem econômica fundada na livre-iniciativa atribui à sociedade civil o exercício das atividades econômicas organizadas. Essa responsabilidade social dos empresários traduz-se pela criação e manutenção de um ambiente de oportunidades de trabalho digno e de garantia de acesso aos produtos e aos serviços, com qualidade e preços justos. Acrescenta-se a esse dever social das empresas a preservação do meio ambiente como forma de garantia da vida no planeta. Trata-se de um dever fundamental, que se inclui nos demais deveres de natureza social. Ao Estado cabe o papel de, através das leis, exercer unicamente o seu papel garantidor do exercício da livre-iniciativa econômica em prol da sociedade, prevenindo e sancionando os abusos das empresas na produção de bens e serviços.

A Ordem Econômica, de que trata o presente anteprojeto de constituição, pode ser conceituada como o dever dos empreendedores de conduzirem suas empresas para a criação de riquezas em prol da sociedade e da dignidade humana, oferecendo oportunidades de inserção profissional e de alcance a meios e a instrumentos que permitam uma vida digna dos seus colaboradores, investidores, contratantes, consumidores e usuários. Desse modo, a Ordem Econômica "legitima a atuação dos sujeitos econômicos, o conteúdo e limites desses direitos e a responsabilidade que comporta o exercício da atividade econômica".[307] E sujeitos econômicos são os empreendedores privados, e não o Estado, a quem não cabe exercer função empresarial, mas, sim, a função política e de preservação do ordenamento jurídico, bem como a racionalidade de sua atuação administrativa, tendo em vista o exercício dos serviços públicos.[308] Não cabe ao Estado impor concepções ideológicas no plano da economia, como o desenvolvimentismo, que implica a condução artificial da economia, não só através do planejamento governamental, como por meio do predomínio operacional das empresas públicas.

---

306. CHELI, Enzo. Op. cit., p. 263.
307. SILVA, José Afonso da. Op. cit., p. 722.
308. SAY, Jean Baptiste. **Traité d'économie politique**. HardPress, 2018, p. 173.

Isso posto, a Ordem Econômica dá à atividade empresarial privada uma missão histórica, um objetivo que transcende a mera finalidade lucrativa. Para isso, a constituição deve induzir a atividade econômica ao cumprimento de um dever social, comunitário e mesmo universal, em se tratando de preservação do meio ambiente. Desse modo, a Ordem Econômica reconhece a propriedade privada dos meios de produção, condicionando o seu exercício ao cumprimento de sua função social representada pelos serviços que deve prestar à comunidade em que atua, aos seus empregados, aos seus consumidores, investidores e contratantes na cadeia produtiva.

A livre-iniciativa econômica se legitima com a observância efetiva de sua função social. A perseguição, pura e simples, do lucro deslegitima o seu exercício. Em consequência, a atividade econômica não pode mais ser considerada um direito individual puro e simples, sendo relativizado, na medida em que a constituição deve lhe atribuir encargos, na medida em que está inserida no meio social que lhe dá meios para a sua realização e que deve, em consequência, ser retribuído. É a ideia do *give back*. Sem o meio social não poderia surgir o empreendimento. Cabe aos empreendedores reconhecerem, concretamente, essa circunstância e agir em favor dela.

A Ordem Econômica traz à tona, portanto, os fatores da produção empresarial, que são a terra, o homem e o capital, na clássica definição de Jean Baptiste Say.[309] Deve, em consequência, o empreendedor devolver à *terra* — ou seja, ao meio ambiente e à comunidade onde atua e ao indivíduo que para ele trabalha — as contribuições que deram ao empreendimento. Assim, aos proprietários privados dos meios de produção é dado um papel contributivo aos seus próprios fatores produtivos, ou seja, seus acionistas, investidores, seus colaboradores, a comunidade em que atua, seus concorrentes, seus consumidores e seus fornecedores.

Desse modo, a Ordem Econômica não se confunde com atividade econômica livre de qualquer regra, como classicamente conceituada, ou seja, o comportamento espontâneo e sem limites do indivíduo em atividades de mercado, que se traduzem em preço e valores, não se preocupando com "o que deve ser ou porque é".[310] A Ordem Econômica é um direito regulado, é um direito subjetivo vinculado à Ciência Política, à Ética, à Sociologia e regido pelas leis. É a economia ordenada, e não uma economia no estado natural refletido nas forças de seus agentes, sem regras, sem limites, sem parâmetros morais e legais.

Ao Estado cabe, precipuamente, regular e fiscalizar as atividades econômicas para que sejam respeitados os direitos de seus integrantes — empresários e trabalhadores —, e dos investidores e consumidores dos produtos, e dos usuários dos serviços produzidos, oferecidos e prestados. Para tanto, cabe ao Estado garantir

---

309. SAY, Jean Baptiste. Op. cit.
310. SELDON, Arthur; PENNANCE, F. G. **Dicionário de economia**. Rio de Janeiro: Bloch, 1968, p. 108.

aos empresários a livre concorrência. E aos usuários, o acesso a bens e serviços a preços justos e de progressiva qualidade e inovação. Aos investidores em seu capital, a transparência, a veracidade e a informação fidedigna de suas contas.[311]

A propósito, a livre concorrência vem desaparecendo perante o fenômeno universal, cada mais acentuado, da concentração econômica, com a perniciosa complacência dos Estados. Essa concentração é a grande ameaça ao princípio da liberdade econômica, na medida em que a produção de bens e serviços está se concentrando em mãos de megagrupos e de grandes fundos de *equity*, o que acarreta a prática de abuso do poder econômico traduzido não apenas pela formação de monopólios e oligopólios, mas da eliminação dos empreendedores locais, grandes, médios e pequenos. Diante desse quadro, o justo econômico-social impõe-se como uma categoria constitucional.

A constituição deve visar a um *status* de justiça socioeconômico para atender, além do legítimo resultado individual da atividade produtiva, aos interesses do corpo social em que ela se desenvolve. Supera-se a ideia de liberdade econômica como um processo seletivo dos indivíduos mais capazes sobre os menos talentosos, como se concebia nos primórdios do liberalismo dos fins do século XVIII.

Na fase atual da história, após a divisão internacional do trabalho, com a luta de classes e as condições desumanas do trabalho na expansão hegemônica e selvagem do capital da era industrial do século XIX, hoje, universalmente, reconhece-se que todos os indivíduos devem ter possibilidade de se desenvolver e de se realizar econômica e profissionalmente, com dignidade e igualdade de oportunidades. Assim, o Direito Constitucional deve partir dessa verificação histórica das desigualdades estruturais da sociedade para declarar o dever da livre-iniciativa de promover, na sua esfera de atuação, as oportunidades de realização, pelas pessoas que integram a empresa, de suas aspirações socioeconômicas.

Por uma democracia econômica

Visa a Ordem Econômica constitucional instituir uma democracia econômica em que todos tenham — individual e coletivamente — acesso aos benefícios da riqueza produzida. Cabe à iniciativa privada integrar-se e impulsionar esse processo de expansão quantitativa e qualitativa das oportunidades de acesso aos bens materiais por todo o povo.

Isso posto, os princípios basilares da Ordem Econômica são a valorização do trabalho; a harmonia e solidariedade entre os fatores sociais da produção (capital e trabalho); a expansão das oportunidades de trabalho e o respeito aos direitos dos consumidores e dos usuários, dos investidores de capital, dos demais

---

311. Lei n. 8.078, de 11 de setembro de 1990. Dispõe sobre a proteção do consumidor e dá outras providências.

integrantes da cadeia produtiva, da concorrência e do meio ambiente. Cabe, portanto, à iniciativa privada contribuir para o desenvolvimento harmônico da sociedade, contribuindo para a melhoria da condição socioeconômica da coletividade, através do pleno desenvolvimento de suas potencialidades.[312] Daí a liberdade econômica passar a integrar o conjunto de direitos e deveres individuais e coletivos. E, com isso, a liberdade econômica visa à obtenção de uma racional manipulação dos recursos aplicados no processo produtivo, visando ao seu aproveitamento por todo o corpo social.

Desse modo, no processo produtivo devem se compor os interesses: (i) da empresa, pela lucratividade do capital por ela empregado no empreendimento; (ii) do investidor de capital, pela segurança, integridade, transparência e rentabilidade das poupanças aplicadas na empresa; (iii) dos trabalhadores, pelo salário digno e demais formas de valorização do trabalho e das oportunidades de desenvolvimento profissional; (iv) dos consumidores e usuários, pela veracidade promocional dos produtos e serviços oferecidos e pela qualidade e razoabilidade dos preços; (v) dos concorrentes, pela estrita observância das regras de concorrência leal; (vi) da comunidade nacional e mundial, pela preservação do meio ambiente; (vii) da comunidade em que atua, pela observância e defesa dos interesses dela, os quais deve lealmente respeitar e atender.

A economia distributiva como finalidade da ordem econômica

A experiência histórica da economia liberal do século XIX atribuía ao incremento quantitativo de bens e serviços da produção industrial a prosperidade e a felicidade do corpo social. Outorgava-se ao *forum internum* dos capitães de indústria dos primórdios do liberalismo a missão de trazer a prosperidade, sem a necessidade de qualquer regra que os devesse conduzir a tal desideratum. O resultado foi a escalada selvagem pela obtenção da rentabilidade ótima do capital e a procura desenfreada de uma posição hegemônica no mercado, com todas as mazelas de destruição das oportunidades concorrenciais e da dignidade dos trabalhadores. Daí resultou a concentração dos resultados da atividade econômica em mãos dos grandes industriais, restando ao fator trabalho apenas recursos esquálidos necessários à manutenção precaríssima de sua força operativa individual, o que forçava a arregimentação braçal de toda a família, num ciclo degradante de mera sobrevivência biológica.

Esse quadro deprimente da primeira fase do liberalismo, correspondente à acumulação do capital industrial, persistiu, com algumas atenuações, na segunda fase do processo, conhecido como de expansão industrial, representado pelo referido

---

312. DE'COCCI, Danilo. Il Diritto dell'Economia e la Figura del Dirigente Industriale. **Rivista Diritto dell'Economia**, 1964, p. 55.

movimento de domínio dos mercados. Esses dois ciclos socialmente perversos foram denunciados na célebre encíclica *Rerum Novarum*, de Leão XIII, de 1891, em que o Chefe da Igreja afirma a imperiosidade da repartição das riquezas produzidas.[313] Os princípios que daí surgiram nos países democráticos, e em contraponto aos violentos e recorrentes movimentos socialistas, enfraqueceram os conceitos liberais mecanicistas e jusnaturalistas, que visualizavam na mera criação de riquezas o caminho da prosperidade geral, que se traduziria na concentração do resultado econômico em poder dos empresários, visando sempre produzir maior quantidade de bens.

A partir das graves inquietações sociais de 1848, na França, culminando com a crise de 1929, começam a surgir, no plano constitucional, os princípios éticos aventados pela Igreja, que, já no fim do século XIX, alertava para a função distributiva da atividade econômica como imperativo da justiça social. Evoluiu-se, assim, pela confluência das graves agitações políticas e sociais de natureza ideológica para a concepção de uma economia não somente voltada à produção quantitativa de bens, mas à sua seletividade, mediante relações de valor de troca equilibradas entre produção e consumo, que correspondessem a uma maior utilidade coletiva da riqueza produzida.[314] Evoluiu-se do produtivismo para o distributivismo, como primeira etapa para a inclusão dos interesses sociais na atividade empresarial. E, entre os fatores sociais da produção empresarial, propugnou-se, firmemente, por uma maior absorção da mão de obra, eliminando os focos de desemprego e subemprego e a instituição de condições propiciatórias de sua valorização como condição da dignidade humana.

Passa-se a perceber a distribuição, e não a produção, como o índice de felicidade material, em razão do que as sociedades industrializadas começaram a criar uma série de mecanismos jurídicos visando a uma estrutura distributiva da produção de bens e serviços.[315] Daí surge o conceito de *justiça social*, que se traduz, em termos econômicos, por justiça distributiva e que acaba por incorporar-se nas constituições como "os novos direitos do homem".[316] Portanto, a realização da justiça social constitucionalmente atribuída à Ordem Econômica se vincula aos princípios da justiça distributiva, entendida esta como etapa mais avançada da economia política, já liberta das concepções mecanicistas e naturalistas do produtivismo.

---

313. Sobre a Encíclica *Rerum Novarum* e as que se seguiram, *Quadragesimo Anno* e *Mater et Magistra*, e, ainda, sobre a evolução do Direito a partir desses ensinamentos, ver: FERRARI-TONIOLO, Agostino. Funzione del Diritto nella Vita Económica secondo L'insegnamento della Chiesa. **Iustitia**, 1961; PROSPERETTI, Ubaldo. Lo sviluppo del diritto del lavoro in relazioni alle modificazioni della vita economica. **Rivista Italiana di Diritto del Lavoro**, 1962; e ainda: QUADRI, Rolando. Enti ed Istituti Giuridici nell'Ordinamento Internazionale dell'Economia. **Justitia**, p. 337-415, out./dez. 1961.
314. PONTES DE MIRANDA, Francisco Cavalcanti. **Tratado de Direito Privado**. São Paulo, Saraiva, 2012, t. 6, p. 30 *et seq.*
315. VIGORITA VINCENZO, Spagnuolo. Op. cit., p. 109 *et seq.*
316. PONTES DE MIRANDA, Francisco Cavalcanti. Op. cit., t. 6, p. 32 *et seq.*

Essa Ordem Econômica constitucional decorre da constatação histórica de que as riquezas são produzidas por todo o corpo social, que delas deve participar como empreendedor, trabalhador, consumidor e investidor. Estabelecem-se regras constitucionais direcionadas à atividade econômica, visando permitir que o aumento de renda resultante da acumulação de capital se torne disponível não somente ao próprio empresário, mas que se difunda pelo corpo social. A regra constitucional que institui a Ordem Econômica leva em conta a retribuição condigna do fator trabalho, o acesso generalizado ao crédito e a criação de margens de renda capazes de ensejar a formação de poupanças individuais. A melhoria significativa das estruturas de troca e a difusão pelo corpo social das rendas produzidas — fundamentos da justiça distributiva — visam criar não apenas o bem-estar material, mas, sobretudo, um significado concreto à dignidade e à liberdade das pessoas. A realização da justiça social atribuída à Ordem Econômica funda-se na convicção de que a plenitude da pessoa humana somente é alcançável pela superação das necessidades de subsistência.

Por outro lado, não se pode esperar que a realização da justiça social se realize plenamente através da Ordem Econômica. É fundamental que, para tanto, cumpram-se políticas públicas de Estado que permitam uma habitação digna para as famílias, através do desfavelamento, ao lado da implantação e do acesso ao saneamento básico por todas as coletividades e, ainda, da oferta de serviços públicos funcionais, e não disfuncionais, resgatando-se, assim, o papel do Estado — que, até agora, voltou-se unicamente para si mesmo e para o gozo de seus integrantes, políticos e administrativos, sob a égide da Constituição de 1988. E, com efeito, a capacidade de acesso à produção de bens e serviços depende das condições dignas que o Estado, com a estreita participação da sociedade, deve proporcionar às pessoas e à coletividade.

Isso posto, a aspiração fundamental do indivíduo em nossos dias, de continuamente aperfeiçoar o seu padrão de vida material, educacional e cultural, demanda das empresas o atendimento dessa economia distributiva, voltada para o bem-estar social. Por outro lado, a Ordem Econômica, como instrumento da justiça distributiva, não esgota todo o conceito de justiça social. A Ordem Econômica constitucional reflete o conteúdo socioeconômico da justiça social, que, para a sua completude, requer medidas estruturais amplas, que devem ser objeto das políticas de Estado, como referido.

Art. 114 - Liberdade do exercício da atividade econômica: regime de declaração, e não de autorização prévia

O direito de livre exercício da atividade econômica é objeto, em termos mais gerais, do constante no art. 11 da presente proposta de constituição. Já o presente preceito refere-se à plena liberdade de empreender e de contratar, independentemente da autorização prévia do Estado. Esse direito constitucional tem sua origem histórica na Bill of Rights, que garante a liberdade de contratar — a célebre *contractual liberty*, do século XVIII.

A Carta de 1988 (art. 170, parágrafo único) solenemente declara, na esteira do constitucionalismo liberal, que a livre atividade econômica independe da autorização dos órgãos públicos.[317] Trata-se, evidentemente, de proposições redundantes. Se o preceito diz, enfaticamente, que é assegurado a todos o livre exercício de qualquer atividade econômica, evidentemente que é inútil e rebarbativo dizer que ela se dá independentemente de autorização de órgãos públicos. Acontece que o preceito da liberdade de empreender não existe na prática, pois a mesma Carta de 1988 permite todo o tipo de empecilho burocrático ao livre exercício da atividade econômica.

A opressão administrativa sobre as atividades econômicas privadas em nosso país lembra a teoria de Max Weber sobre as relações de poder. Para Weber,[318] o Estado contemporâneo usa o aparelho burocrático para perpetuar as relações de dominação-sujeição da sociedade, tendo em vista os desígnios da classe política, em detrimento da liberdade.

O dispositivo final do referido parágrafo único do art. 170 da CF/88 ressalva, como exceção, a necessidade de autorização nos casos previstos em lei. Ocorre que há leis e atos normativos que submetem todas as atividades econômicas formais à previa autorização dos poderes públicos — federais, estaduais e municipais. Referem-se tais normas à própria outorga do direito de iniciar ou encerrar uma sociedade mercantil, mediante o exame prévio do respectivo contrato ou distrato social, o que leva meses para ser deferido e autorizado, após exigências sucessivas e infindáveis, que retardam o início do negócio ou a sua cessação. Ademais, os contratos próprios dessas atividades, como importação ou exportação de produtos, insumos, matérias-primas, produtos acabados, etc., são submetidos ao interminável "crivo" das alfândegas, da Receita Federal, do fisco estadual, das posturas municipais, e assim por diante. O mesmo efeito paralisante ocorre no capítulo das marcas e patentes e nas licenças ambientais, que são concedidas ou negadas após meses e mesmo anos. Adiciona-se a eternidade para a concessão de licença de pesquisa e lavra. Enfim, todos os obstáculos possíveis e imagináveis são postos pelos órgãos públicos à livre atividade econômica.

Acrescenta-se a complexidade surrealista da trama tributária que deve ser cumprida pelas empresas. Elas gastam um terço de seu tempo gerencial no

---

317. CF/88: "Art. 170. A ordem econômica, fundada na valorização do trabalho humano e na livre iniciativa, tem por fim assegurar a todos existência digna, conforme os ditames da justiça social, observados os seguintes princípios: [...] Parágrafo único. É assegurado a todos o livre exercício de qualquer atividade econômica, independentemente de autorização de órgãos públicos, salvo nos casos previstos em lei."
318. WEBER, Max. **Economia e sociedade**. Op. cit. p. 87.

preenchimento de formulários *on-line* de autolançamentos e de recolhimentos da parafernália de impostos e contribuições federais, estaduais e municipais. Ademais, a regra fundamental da liberdade de contratar também é suprimida nos casos que demandam crédito ou envolvam órgãos públicos, na medida em que a realização do negócio depende das temíveis "certidões negativas" de todas as repartições, nas três esferas federativas, com as quais o contribuinte possa ter algum débito, ainda que esteja sob discussão judicial ou administrativa. Sem as inalcançáveis certidões negativas, nenhum contrato empresarial pode ser celebrado. Daí a surrealista indústria dos mandados de segurança, que entopem o supercongestionado Poder Judiciário, para a obtenção da ordem de emissão de certidão negativa pelo órgão burocrático mesmo que haja uma certidão positiva de "débitos".

Essa calamidade burocrática sistêmica foi denominada de "custo Brasil" diante dos danos irreparáveis que causa à nossa economia. Continuamos a ser um país que tem uma participação de apenas 1,16% no comércio internacional.[319] E, internamente, o inferno burocrático para a aprovação dos contratos relacionados aos empreendimentos é de tal ordem que desestimula os investimentos nacionais e internacionais. Não conhecemos, ou melhor, cada vez menos conhecemos o princípio do *make by themselves*, instituído no século XVIII pela referida Bill of Rights, que, entre as demais liberdades públicas e individuais, proclamou o também referido *contractual liberty*.

É por essas razões que se propõe o regime de declaração, em substituição ao atual sistema de prévia autorização, para os contratos originados da atividade econômica. Reportamo-nos às explicações sobre o regime de declaração constante do referido art. 11.

Art. 115 - Vedação de atividades empresariais pelo Estado

Cabe à sociedade, e não ao Estado, exercer a atividade econômica. Nega-se, ademais, ao Estado o papel de dirigir a economia, tal como prevaleceu em muitos países do Terceiro Mundo, após a Segunda Guerra Mundial. Ao Estado é negado o papel integrativo no domínio econômico, visando ao falacioso "desenvolvimento econômico". Nada de vetorialização, concerto e programação econômica, instrumentos de domínio do Estado sobre as atividades produtivas da sociedade, numa verdadeira ditadura sobre os meios de produção.

---

319. "Dados da Organização Mundial do Comércio (OMC) relativos ao ano de 2016, mostram que naquele ano o Brasil teve uma participação de 1,16% nas exportações mundiais [...]." (DIB, Ana Cristina. Levantamento da OMC indica participação de apenas 1,16% do Brasil nas exportações mundiais. **Comex do Brasil**, 11 fev. 2019. Disponível em: https://www.comexdobrasil.com/levantamento-da-omc-indica-participacao-de-apenas-116-do-brasil-nas-exportacoes-mundiais).

Esse modelo de programação econômica estatal está inteiramente superado, em razão do seu retumbante fracasso nos países "em desenvolvimento", ainda hoje marcados pelo enorme atraso social, econômico e tecnológico, como é o caso do Brasil. Assim, a Ordem Econômica ora proposta atribui à sociedade civil o dever de operar a economia produtiva. Ao Estado competirá, tão somente, o dever de regular essa livre atividade para evitar os abusos das empresas perante seus usuários e consumidores e entre os seus próprios atores, garantindo a livre concorrência e o equilíbrio da oferta de bens e serviços, no atendimento dos interesses da sociedade, sob a forma de preços e valores justos, e, ainda, a preservação do meio ambiente. Devem ser extintos os subsídios tributários e previdenciários sob pretexto de desenvolvimento setorial, regional ou de política anticíclica.

Essas vedações, que estão previstas no texto desta proposta de constituição, não impedem a adoção de políticas públicas de Estado voltadas para subsídios a grupos familiares que se encontram no limite entre a pobreza e a miséria, bem como políticas de desfavelização, saneamento básico e outras medidas estruturais de resgate das pessoas desvalidas e em situação de penúria, que compõem a maioria do povo brasileiro. Trata-se de medidas metaeconômicas, tomadas no interesse de grupos socialmente periféricos, com caráter humanitário e ético e que, ademais, têm impacto positivo, direto e constante sobre a atividade e a prosperidade econômica. Por outro lado, a sustentabilidade empresarial deve ser fundada no crédito, e não em subsídios tributários ou previdenciários.

A respeito, basta lembrar que os organismos estatais criados nos anos 1960 para o desenvolvimento programado de regiões subdesenvolvidas do Norte e do Nordeste não resultaram em nada, a não ser em burocratização, favorecimento das oligarquias políticas locais e na prática sistêmica da corrupção. No Brasil, o dirigismo do Estado no domínio econômico serviu para destruir setores fundamentais que eram prósperos e promissores na década de 1950, como a indústria pesada, a dos transportes ferroviários, a indústria de motores (Fábrica Nacional de Motores – FMN), a automobilística nacional, a da navegação de cabotagem, a dos estaleiros, a da construção de locomotivas, vagões, etc. Todos esses setores da indústria pesada e de infraestrutura existentes no país nos meados do século XX foram destruídos pelo "dirigismo" do Estado. Essas indústrias poderiam ter nos inserido no mundo civilizado, com uma abrangente tecnologia.

Com efeito, esses setores essenciais, que redimiram economicamente a Europa destruída após a Segunda Guerra, foram aqui desmontados e eliminados exatamente pelo equivocado e irresponsável dirigismo estatal da nossa economia, o nefasto "desenvolvimentismo", do qual nada resultou além da destruição das indústrias fundacionais. Hoje, temos, apenas, a indústria leve e, mesmo ela, em galopante declínio. Com isso, nos últimos sessenta anos, o Estado brasileiro conseguiu reforçar, com sua nefasta política de controle setorial e "programação econômica", a nossa vexaminosa posição na divisão internacional do trabalho. Com efeito, por conta da hegemonia do Estado na economia, passamos por três fases em nossa história: (i) de fornecedores de matéria-prima, até os anos 1940, (ii) para um país industrial em expansão no meio do século XX, para, (iii) novamente, um país fornecedor de matérias-primas e de exportação de produtos de baixo valor agregado. O vetor de nossa economia, hoje, é o setor agrícola, mercê do seu extraordinário desenvolvimento tecnológico, fora do Estado e apesar do Estado.

Não obstante, nossa participação no comércio internacional é de 1,16%, como referido. E o Governo não é um desastre apenas no dirigismo e na intervenção econômica, cujo resultado histórico é a própria destruição das indústrias fundamentais, como a pesada e a de infraestrutura. Quando opera através das empresas públicas, o papel do Estado é ineficiente, vergonhoso e criminoso, como se pode ver nos escândalos de corrupção que afetaram praticamente todas elas, entre 2003 e 2016. O Estado açambarcou para si atividades empresariais que poderiam ter sido desenvolvidas pela iniciativa privada, com governança, eficiência, produtividade, *compliance* e *accountability*. O Estado resolveu, com as suas próprias empresas corruptas, intervir no mercado, visando aumentar exponencialmente o poder das oligarquias políticas. Tornou-se um Estado-empresa. Chegou-se ao ponto de o Estado tornar-se proprietário até de redes de motéis, de agências de turismo e de lojas de conveniência.

Esse é o resultado da programação, da "organização" e da intervenção econômica do Estado na atividade empresarial, que deveria ter sido, sempre, desenvolvida pela sociedade. Não é papel do Estado imprimir uma direção política à economia, vetorializando o processo de produção, de distribuição e de circulação de bens e serviços, a pretexto de "atender a fins prioritários". Não pode haver a "integração" do Estado no domínio econômico. Não cabe ao Poder Público eleger "prioridades" para a atividade produtiva. Nem incentivos e estímulos à custa do erário, para setores e regiões, quando sempre prevalecem os interesses da oligarquia política e sua propensão para o desvio e o desaparecimento das "verbas", num mar de corrupção, fartamente revelado. Nada de "programa econômico" destinado a dirigir e a coordenar as atividades econômicas privadas, visando ao "desenvolvimento nacional". Esse regime intervencionista é o responsável pelo nosso vergonhoso atraso econômico, social e de moralidade pública.

Deve ser freada a expansão e a multiplicação das "responsabilidades" governamentais no campo da atividade produtiva. Deve haver um movimento no sentido contrário: uma integração do setor privado na prestação de serviços públicos. É o caso das concessões e das parcerias público-privadas (PPPs). As concessões e PPPs são contratos nos quais uma empresa privada promove a construção e administra a prestação dos serviços para os quais foi feita a obra (estradas, aeroportos, etc.). Essas concessionárias e parceiras privadas bancam, com recursos próprios e de empréstimos, parte do valor dessa mesma construção, remunerando-se com a cobrança dos serviços prestados aos usuários, durante o prazo da concessão ou parceria, geralmente de vinte a trinta anos.[320]

Isso posto, deve o Estado restringir-se ao seu papel regulamentar, através das agências reguladoras, tendo em vista o cumprimento dos fins da Ordem Econômica, ou seja, a observância dos interesses da sociedade na atividade empresarial concessionária de serviços públicos. Ao Estado compete, também, editar as normas necessárias à adequação da conduta das empresas privadas às exigências concorrenciais e, portanto, de livre mercado. A responsabilidade social do empreendedor, que transcende o legítimo objetivo de lucros, é bem definida no parágrafo único do art. 116 da Lei Societária (Lei n. 6.404, de 1976):

> Parágrafo único - O acionista controlador deve usar o poder com o fim de fazer a companhia realizar o seu objeto e cumprir sua função social, e tem deveres e responsabilidades para com os demais acionistas da empresa, os que nela trabalham e para com a comunidade em que atua, cujos direitos e interesses deve lealmente respeitar e atender.

Esse excelente conceito da Lei Societária brasileira contém um elemento ético preponderante. O empresário e sua empresa não têm apenas vinculações de natureza legal ou regulamentar. Têm deveres morais, de lealdade para com a comunidade em que atua e com a sociedade como um todo. É o célebre *give back*, que levou à prosperidade social e econômica de países como a Inglaterra e os Estados Unidos, em que as empresas contribuem espontaneamente para a sociedade, em todos os ramos de atividades, a par dos lucros que legitimamente auferem. Portanto, a Ordem Econômica instituída no presente anteprojeto tem um fundamento ético. Os empreendedores devem se voltar para os seus próprios interesses de remuneração de capital e, simultaneamente, para as demandas e carências da sociedade.

Por outro lado, neste capítulo da Ordem Econômica, caberá ao Estado estabelecer condições favoráveis macroeconômicas, representadas por uma política monetária, de crédito, juros, liquidez e, sobretudo, de equilíbrio fiscal. Como resultado de uma sadia política macroeconômica, deve haver um aumento orçamentário significativo dos investimentos públicos em obras e serviços comunitários, em substituição aos atuais "gastos obrigatórios" com as atividades-meio, ou seja, com a "máquina administrativa", que absorvem, junto com a Previdência Social, 92% das receitas e do monumental déficit público.

A adoção constante dessas medidas macroeconômicas permitirá a formação consistente de um mercado de valores mobiliários, levando ao aumento da poupança interna e a seu direcionamento para as atividades produtivas privadas. Have-

---

320. A propósito, v. PASTORE, Affonso Celso. **Infraestrutura**: eficiência e ética. Rio de Janeiro: Elsevier, 2017, p. 7 *et seq.*

rá, dessa forma, um desincentivo ao rentismo e o consequente apoio ao investimento de risco e, com isso, a capitalização sustentada da atividade econômica privada.

Cabe, ademais, ao Estado a adoção de uma política constante de melhoria qualitativa dos termos internacionais de troca e de manutenção dos termos internos e internacionais de concorrência, visando à superação gradativa da nossa posição na divisão internacional do trabalho — na qual novamente regredimos, com a destruição da indústria pesada e a falta de desenvolvimento tecnológico. É fundamental que o Estado adote uma política de melhoria da repartição de rendas e de riquezas, através de um regime tributário progressivo e não regressivo. E as agências reguladoras devem adotar uma política de garantia dos direitos dos consumidores quanto às ofertas e à aquisição de produtos e de serviços e quanto ao controle dos produtos do setor financeiro, visando à proteção da economia popular.

São nitidamente diversos o papel da iniciativa privada na condução da economia produtiva e a função normativa e regulatória do Governo, que visa criar condições de oportunidade e de paridade, nacional e internacional, para que a iniciativa privada opere.

Isso posto, impõe-se a adoção de uma política de Estado que promova, num prazo de dez anos, a desestatização das empresas públicas, dentro de uma estratégia diversificada para cada uma delas. Deve, com efeito, haver um prazo para que se cumpra a privatização das empresas públicas, utilizando-se os vários remédios jurídicos, conforme as características próprias tanto da empresa a ser privatizada como do mercado que a absorverá. Assim, uma estatal pode ser objeto de leilão, com venda de suas ações para o grupo vencedor do certame. Para outra, poderá haver a venda das ações em bolsa, com a dispersão do capital entre os investidores de mercado. Ainda para outras, poderá haver, pura e simplesmente, uma liquidação, dada a sua inutilidade, falta de perspectivas de rentabilidade ou estado de insolvência técnica, como deve ocorrer em dezenas de estatais cabides de empregos.

Por outro lado, cabe ao Estado preservar sob seu controle e administração as atividades de pesquisa científica e de produção de remédios, tais como vacinas e outros de fundamental e permanente importância para a coletividade, bem como pesquisas no campo da produtividade e inovação econômica. Tais atividades, que têm natureza pública e não econômica propriamente dita, devem ser exercidas sob o regime fundacional e não empresarial.

Art. 116 - Responsabilidade civil das empresas e das instituições do mercado

O princípio da responsabilidade civil das empresas e demais instituições que integram o mercado remete a dispositivos da Constituição de 1988 que tratam da matéria.

Assim é que o art. 219 da vigente Carta declara que "O mercado interno integra o patrimônio nacional e será incentivado de modo a viabilizar o desenvolvimento cultural e sócio-econômico, o bem-estar da população e a autonomia tecnológica do País, nos termos de lei federal". Por sua vez, o § 5º do art. 173 determina que "A lei, sem prejuízo da responsabilidade individual dos dirigentes da pessoa jurídica, estabelecerá a responsabilidade desta, sujeitando-a às punições compatíveis com sua natureza, nos atos praticados contra a ordem econômica e financeira e contra a economia popular".

Esses dois importantes artigos estão deslocados no contexto constitucional, na medida em que o primeiro — que institucionaliza o mercado — encontra-se no capítulo IV, que trata, especificamente, de Ciência, Tecnologia e Inovação. Já o segundo — que expressa a responsabilidade civil das empresas perante as pessoas que se valem do mercado — está encaixado no artigo que institui o direito do Estado de explorar atividades econômicas. Não obstante, cabe ressaltar a importância desses preceitos constantes da Constituição vigente, na medida em que reconhecem que o mercado é organizado por um conjunto de empresas e instituições que respondem pelas transações e contratos que têm por objeto a movimentação de capitais, de bens, de serviços, de tecnologia, etc. São destinatários desse ambiente organizado de negócios os investidores em ações e debêntures, os consumidores de bens e serviços, os fornecedores e todas as pessoas que investem e operam na cadeia de suprimentos, que são transacionadas em bolsa de valores e mercadorias, de que decorrem contratos derivados de *commodities* e também derivativos financeiros, entre tantos outros, todos voltados para a produção e a distribuição de bens e serviços.

Nesse mundo de trocas econômicas, destacam-se as empresas na sua função mercadológica de captadoras de capital próprio, através do mercado de valores mobiliários e da oferta de bens e serviços. As instituições financeiras, as bolsas de valores e mercadorias, os fundos de títulos, os fundos de pensão privados e as empresas emissoras de ações e de títulos de dívida, têm papel primordial no processo de investimentos e capitalização do mercado. Esse conjunto de instituições e empresas do mercado, como sujeitos de direito, assume o dever de agir de forma séria e honesta, de modo a assegurar os interesses dos investidores de capital e não causar danos à economia popular, formada de consumidores de bens e de serviços, ofertados e adquiridos. Cabe, portanto, às empresas e às instituições mercadológicas proporcionar segurança jurídica às relações que estabelecem com as pessoas que utilizam o mercado e nele investem.

Do dever de seguir esses estritos padrões jurídicos, éticos e autorregulatórios surge a presunção da regularidade na condução das atividades das companhias abertas e fechadas que operam no mercado. Esse dever legal e moral de conduta dos agentes institucionais do mercado envolve a transparência, a publicidade autêntica, moderada e não enganosa e, portanto, a veracidade das informações que prestam aos investidores e aos consumidores, bem como aos concorrentes, quanto à integridade dos seus produtos e serviços, de seu patrimônio e capacidade de pagamentos e outros requisitos que permitem um clima permanente de confiança no próprio mercado. E, com efeito, a conduta de uma empresa que esconde ou frauda seus dados e as informações a que está obrigada a corretamente fornecer aos investidores ou anuncia mercadorias ou serviços que não correspondem ao prometido ou exigível afeta o próprio mercado, como um todo, repercutindo danosamente nos demais agentes que nele operam, criando uma insegurança jurídica de efeitos que transcendem a relação direta entre a empresa e o seu investidor, consumidor ou usuário fraudados. Destaca-se nessa conduta antijurídica, de repercussão difusa no mercado, a propaganda enganosa e a prestação não fidedigna de informações sobre a situação econômico-financeira das empresas, através de seus balanços e demais informações objeto de publicação e informação. Daí o Direito brasileiro, na esteira do Direito francês, adotar para as companhias abertas a responsabilização civil aquiliana, ou seja, extracontratual.

Existe uma regra geral incidente sobre toda e qualquer conduta irregular das empresas e instituições do mercado, nos arts. 186 e 927 do Código Civil, visando à reparação integral dos danos que as empresas vierem a causar aos investidores, poupadores, consumidores e usuários afetados pelos danos respectivos, tal como prescrito no art. 944 do mesmo Código.[321] Têm, assim, os investidores, os poupadores, os consumidores e os usuários o direito de ação direta de responsabilidade civil contra as empresas e demais instituições do mercado que lhes causaram danos, visando à plena reparação por qualquer ato ilícito ao seu patrimônio e, ainda, por danos morais. A responsabilidade civil dos agentes do mercado — companhias, bolsas, instituições financeiras, fundos de investimentos e de previdência privada —, pelos danos que causarem aos usuários do mercado e aos que nele investem, é objeto da Lei de Economia Popular (Lei n. 1.521, de 1951), do Código de Defesa do Consumidor e da Lei n. 7.913, de 1989. Assim, em toda e qualquer sociedade mercantil ou civil, os atos praticados por seus órgãos são considerados atos da própria pessoa jurídica, sendo a ela imputáveis. É a vontade da pessoa jurídica que se manifesta nos atos de gestão dos seus administradores e gerentes.[322]

---

321. Código Civil: "Art. 186. Aquele que, por ação ou omissão voluntária, negligência ou imprudência, violar direito e causar dano a outrem, ainda que exclusivamente moral, comete ato ilícito. [...] Art. 927. Aquele que, por ato ilícito (arts. 186 e 187), causar dano a outrem, fica obrigado a repará-lo. Parágrafo único. Haverá obrigação de reparar o dano, independentemente de culpa, nos casos especificados em lei, ou quando a atividade normalmente desenvolvida pelo autor do dano implicar, por sua natureza, risco para os direitos de outrem. [...] Art. 944. A indenização mede-se pela extensão do dano. Parágrafo único. Se houver excessiva desproporção entre a gravidade da culpa e o dano, poderá o juiz reduzir, eqüitativamente, a indenização."
322. A propósito, Pontes de Miranda: "O direito contemporâneo assentou, como decorrente da própria concepção das pessoas jurídicas, que respondem elas pelos atos de seus órgãos. São atos seus. [...]

A empresa, como pessoa jurídica, ao atuar no mercado, está dotada da capacidade de agir e de contratar, a qual se manifesta através de seu órgão administrativo. Também ela é capaz de descumprir deveres e obrigações ou transgredir a lei e praticar atos ilícitos, visando à satisfação de interesses ilegítimos. É o que reconhece, expressamente, o ordenamento jurídico, nas hipóteses de publicidade enganosa, informações não fidedignas ao mercado, prática de corrupção, condutas anticoncorrenciais e todos os atos que atentem contra a economia popular.[323]

Em linha com o disposto no art. 192 da Carta vigente, além da referida Lei de Economia Popular (n. 1.521, de 1951), também a Lei n. 6.385, de 1976, e a referida Lei n. 7.913, de 1989, reafirmam o dever das companhias de indenizar o investidor em ações e títulos, ao disciplinar a ação civil pública de responsabilidade das companhias por seus ilícitos no mercado. Não obstante, a presente proposta constitucional não reproduz a declaração da Carta vigente quando declara que o mercado interno é patrimônio nacional.[324] Esse preceito é reminiscência do exagerado nacionalismo e protecionismo ao mercado nacional e às empresas locais, que se continha no revogado art. 171 da Constituição de 1988.[325]

A responsabilidade pelos atos dos órgãos é de vontade própria, porque a vontade, em tais atos, é a vontade da pessoa jurídica, e por ato próprio, porque os atos dos órgãos são seus." (PONTES DE MIRANDA, Francisco Cavalcanti. **Tratado**... Op. cit., t. l, p. 583).

323. A Lei da Economia Popular, n. 1.521, de 1951, define como condutas lesivas à economia popular a omissão ou a falsa de informação relevante ao mercado ou a prestação de informações não fidedignas, de modo a manipular o mercado de capitais e o mercado de consumo, em que se destacam a manipulação de preços e a publicidade enganosa: "art. 3º [...] VI - provocar a alta ou baixa de preços de mercadorias, títulos públicos, valores ou salários por meio de notícias falsas, operações fictícias ou qualquer outro artifício; [...] X - fraudar de qualquer modo escriturações, lançamentos, registros, relatórios, pareceres e outras informações devidas a sócios de sociedades civis ou comerciais, em que o capital seja fracionado em ações ou quotas de valor nominativo igual ou inferior a um mil cruzeiros com o fim de sonegar lucros, dividendos, percentagens, rateios ou bonificações, ou de desfalcar ou de desviar fundos de reserva ou reservas técnicas".

324. CF/88: "Art. 219. O mercado interno integra o patrimônio nacional e será incentivado de modo a viabilizar o desenvolvimento cultural e sócio-econômico, o bem-estar da população e a autonomia tecnológica do País, nos termos de lei federal. [...]".

325. O texto revogado tinha a seguinte redação: "Art. 171. São consideradas: I - empresa brasileira a constituída sob as leis brasileiras e que tenha sua sede e administração no País; II - empresa brasileira de capital nacional aquela cujo controle efetivo esteja em caráter permanente sob a titularidade direta ou indireta de pessoas físicas domiciliadas e residentes no País ou de entidades de direito público interno, entendendo-se por controle efetivo da empresa a titularidade da maioria de seu capital votante e o exercício, de fato e de direito, do poder decisório para gerir suas atividades. § 1º - A lei poderá, em relação à empresa brasileira de capital nacional: I - conceder proteção e benefícios especiais temporários para desenvolver atividades consideradas estratégicas para a defesa nacional ou imprescindíveis ao desenvolvimento do País; II - estabelecer, sempre que considerar um setor imprescindível ao desenvolvimento tecnológico nacional, entre outras condições e requisitos: a) a exigência de que o controle referido no inciso II do *caput* se estenda às atividades tecnológicas da empresa, assim entendido o exercício, de fato e de direito, do poder decisório para desenvolver ou absorver tecnologia; b) percentuais de participação, no capital, de pessoas físicas domiciliadas e residentes no

Isso posto, o mercado interno é uma entidade através da qual os agentes econômicos transacionam as riquezas oferecidas pelas empresas produtoras de bens, serviços, finanças, investimentos e previdência privada. O mercado é o centro de referência e de confluência dos bens e recursos disponíveis e que nele devem encontrar a segurança jurídica necessária às transações que ali ocorrem. O princípio é o de que os investidores e os consumidores devem correr o risco econômico ao confiarem ou trocarem seus recursos por investimentos ou por bens e serviços. Não podem, no entanto, os investidores, os consumidores ou usuários correr o risco jurídico nessas aplicações e nessa troca de dinheiro por bens ou serviços. Daí por que as instituições que operam o mercado são civilmente responsáveis perante seus investidores de capital, consumidores e usuários dos bens e serviços oferecidos e contratados.

A regra constitucional que ora se propõe reflete essa responsabilidade civil, tendo em vista a proteção daqueles todos que investem e trocam valores no mercado e, também, o próprio mercado enquanto entidade fundada na credibilidade, reputação e confiança.

Do Sistema Financeiro Nacional

Art. 117 - O papel das instituições financeiras

O Sistema Financeiro Nacional é o conjunto de instituições financeiras privadas e estatais (Banco do Brasil, Caixa Econômica, BNDES, Banco do Nordeste), que operam no mercado de crédito, de investimentos financeiros e de capitais, sob o comando do Banco Central do Brasil. Esse conjunto é formado pelos bancos comerciais e de investimentos, cooperativas de crédito, fundos de investimentos, sociedades de crédito e financiamento, corretoras de valores mobiliários e pela Bolsa de valores e mercadorias (B3). Essas instituições operacionais estão sob a jurisdição administrativa do Conselho Monetário Nacional (CMN) e do Banco Central (BC), encarregados da moeda, da gestão da política monetária (taxa de juros), da integridade patrimonial das instituições financeiras privadas e públicas (recolhimento compulsório) e da sua regulamentação, autorização, fiscalização, intervenção e liquidação. O Banco Central exerce o controle externo de todas as instituições que operam no mercado financeiro.

O sistema é regulado pela Lei n. 4.595, de 1964, que instituiu o Sistema Financeiro Nacional e que foi recepcionada pela Constituição de 1988 como lei

---

País ou entidades de direito público interno. § 2º - Na aquisição de bens e serviços, o Poder Público dará tratamento preferencial, nos termos da lei, à empresa brasileira de capital nacional."

complementar. Essa lei de regência trata das relações das instituições financeiras com o Poder Público e das relações entre elas e os seus depositantes, usuários e investidores. As relações privadas das instituições financeiras são objeto da regulamentação por parte do CMN e do Banco Central, que têm mantido uma liberdade contratual bastante significativa no sistema, inclusive quanto a juros, tarifas de administração das contas e comissões de investimentos, novos produtos financeiros, etc. Pode-se mesmo dizer que o Sistema Financeiro Nacional, seguindo a tendência dos países desenvolvidos, é o único setor da economia brasileira com feições liberais e, portanto, de livre contratação e colocação de produtos financeiros — ao contrário dos demais ramos de produção de bens e serviços, extremamente regulados e manietados pelo Estado brasileiro.

Seguem, assim, os bancos comerciais e demais segmentos do setor, as tendências e os indicativos internacionais, não sendo constrangidos com excessivas regras burocráticas no campo obrigacional. Há, pelo contrário, uma constante tensão entre o Poder Público e o setor financeiro, na tentativa persistente de maior desregulamentação dessas atividades. Têm, por isso, os bancos e demais integrantes do Sistema, uma grande liberdade contratual, inclusive quanto aos juros e às demais remunerações cobradas dos tomadores e depositantes. Por outro lado, essa liberdade contratual é garantida inteiramente pelo Estado quando a parte prejudicada é a instituição financeira. Trata-se de um liberalismo sem risco, o que é uma contradição em termos.

Isso posto, não se pode falar, como retoricamente se expressa a Constituição de 1988, em seu art. 192, no sentido de que o Sistema Financeiro Nacional está "estruturado de forma a promover o desenvolvimento equilibrado do País e a servir aos interesses da coletividade". Essa missão de colaborar com o desenvolvimento econômico somente aconteceu nos Estados Unidos, na Inglaterra, na Alemanha e em alguns outros países europeus, ao tempo dos *banks of the town*, que, do início do século XIX até a Primeira Guerra Mundial, emprestavam e arriscavam os recursos dos seus depositantes nas *startups* da época liberal, que acabaram se tornando as grandes e médias empresas, locais e mundiais, da primeira e segunda Eras Industriais.[326] O *bank of the town* não existe mais no mundo.

---

[326]. A Primeira Revolução Industrial iniciou-se na Inglaterra entre 1776 e 1850. Caracterizou-se por descobertas que favoreceram a rápida industrialização inglesa, que posteriormente se espalhou pelo continente, já com a Segunda Revolução, que se estendeu até meados do século XX, sendo marcada pelo progresso científico e tecnológico. Por sua vez, a Terceira Revolução Industrial esteve em curso até praticamente a primeira década do século XX, caracterizando-se pelo grande avanço da ciência, da tecnologia, da informática, da robótica e da eletrônica. Finalmente, a Quarta Revolução teve início a partir da segunda década do século XXI, segundo Schwab, presidente do Fórum Econômico: "O que batizaram agora como Revolução 4.0 — iniciada em 2011 — tem a ver com a confluência de praticamente todas as tecnologias hoje existentes e que efetivamente estão transformando o mundo de uma forma geral." (SCHWAB, Klaus Martin. **A Quarta Revolução Industrial**. São Paulo: Edipro, 2019).

Nem se pode imaginar que tais instituições estão hoje em dia voltadas para os interesses da coletividade ou do desenvolvimento econômico.

Atualmente, as instituições financeiras continuam sendo redutos do liberalismo contratual, com uma única e fundamental diferença: a de que não assumem os riscos do contrato. Os eventuais prejuízos ficam por conta do Estado, que é responsável pela integridade do sistema e, como tal, absorve amplamente os prejuízos decorrentes de crises ou de critérios equivocados na especulação financeira. A propósito, veja-se a Lei n. 14.031/2020,[327] que, em virtude da pandemia de coronavírus, determina que o Banco Central adquira títulos representativos de debêntures e outros empréstimos — que se tornaram líquidos, diante da crise — devidos pelas empresas junto aos bancos.

Temos, assim, um quadro em que o sistema financeiro apresenta feições altamente liberais no campo dos contratos, porém sem qualquer risco, na medida em que, como referido, o Estado assume todos os prejuízos sistêmicos que essas instituições possam vir a sofrer. A razão dessa transferência de risco do setor é a integridade do próprio sistema.

Da Ordem Social e da Seguridade Social

Art. 118 - A Ordem Social no plano da igualdade democrática

A Ordem Social é formada do conjunto de valores sociais que levam à integração, ao equilíbrio e à vida civilizada em uma nação democrática. A Ordem Social é, desse modo, um sistema de instituições que tornam efetivos os princípios que unem os diversos elementos constitutivos de uma dada sociedade. Num país democrático, esses valores são de natureza política e social.

No plano político, os valores fundamentais são a liberdade, a igualdade e a solidariedade, dentro das ideias iluministas que marcaram a civilização ocidental desde a última quadra do século XVIII. Assim, as liberdades públicas são o valor que garante o convívio civilizado e harmônico nas democracias. A igualdade de direitos e de deveres das pessoas e dos grupos sociais traduz-se pelas oportunidades iguais de acesso aos benefícios econômicos e sociais, garantidas por leis

---

[327.] Veja-se a ementa da Lei n. 14.031/2020: "Dispõe sobre o tratamento tributário incidente sobre a variação cambial do valor de investimento realizado por instituições financeiras e pelas demais instituições autorizadas a funcionar pelo Banco Central do Brasil em sociedade controlada, coligada, filial, sucursal ou agência domiciliada no exterior; altera a Lei n. 12.865, de 9 de outubro de 2013, que dispõe, entre outras matérias, sobre os arranjos de pagamento e sobre as instituições de pagamento integrantes do Sistema de Pagamentos Brasileiro, e a Lei n. 12.249, de 11 de junho de 2010, que dispõe, entre outras matérias, sobre a Letra Financeira; e dá outras providências."

isonômicas e legítimas e por relações contratuais justas. E o valor da solidariedade se traduz pelo dever, tanto do Estado como da sociedade civil organizada, de proporcionar o acesso de todas as pessoas integrantes da sociedade (i) à saúde pública eficiente e acessível, (ii) a uma previdência social isonômica, em que todos tenham os mesmos deveres contributivos e os mesmos benefícios de aposentadoria e pensões, (iii) a um sistema de educação pública eficiente e capaz de proporcionar o acesso ao trabalho digno.

No plano fundamental da educação entra a criação e o acesso ao conhecimento em todas as áreas das ciências humanas, naturais e tecnológicas. No plano social propriamente dito, os valores mais caros são a cultura, o lazer e o desporto. No plano das liberdades sociais, esse conjunto de valores que integram uma sociedade e que identificam uma nação democrática é dinâmico, sujeito a uma contínua progressão. Por isso, os valores sociais não são uniformes nem imutáveis. Essa contínua expansão dos valores e dos direitos e deveres sociais deve conviver com tradições, usos e costumes sedimentados. A Ordem Social, no plano da igualdade democrática, tem como fundamento a isonomia dos direitos, deveres e oportunidades para todos os membros da sociedade.

Ainda no capítulo da Ordem Social, o trabalho funda-se na igualdade de deveres, direitos e responsabilidades de todos os trabalhadores, não se admitindo qualquer privilégio ou estatuto diferenciado entre os que prestam seus serviços no setor público diante daqueles que labutam no setor privado.

Os inadmissíveis privilégios que a Constituição de 1988 institui para os servidores do setor público é incompatível com a Ordem Social. A Nação brasileira, atualmente, é dominada pela casta do setor público, que absorve todos os recursos recolhidos dos tributos e, ainda, cria déficits orçamentários que afetam profundamente a atividade econômica, com as consequências sociais que decorrem do crônico desequilíbrio fiscal. Daí a necessidade primordial de uma nova constituição estabelecer, rigorosamente, o princípio da isonomia no campo do emprego, que deve ter um regime único e uniforme.

Os aspectos mais relevantes dessa matéria estão estudados nos artigos 4º e 57 deste anteprojeto de constituição.

Art. 119 - Das prestações efetivas do Estado quanto à Seguridade Social

Na consecução da Ordem Social, cabe ao Estado e à sociedade civil organizada promoverem um conjunto de ações e de medidas relativas aos direitos fundamentais à saúde, à educação, à cultura, ao lazer, à previdência e à assistência social. Trata-se dos direitos sociais, que, ao lado dos direitos individuais, demandam prestações efetivas do Estado, com a permanente contribuição das entidades da sociedade civil, visando garantir a preservação da saúde e o acesso aos serviços ambulatoriais e hospitalares; o desenvolvimento intelectual de todos os integrantes da sociedade, notadamente das crianças, adolescentes e jovens e na formação profissional; o acesso à cultura; bem como a preservação do núcleo familiar, que constitui a base da sociedade democrática.[328]

A Constituição de 1988 trata de forma grandiloquente e hipócrita a matéria, em seu art. 193, ao declarar que "A ordem social tem como base o primado do trabalho, e como objetivo o bem-estar e a justiça sociais [...]". Ocorre que, no seu conjunto, a Carta vigente adota exatamente um sentido contrário ao primado do trabalho, ao instituir todos os privilégios, possíveis e impossíveis, aos integrantes do setor público, o que leva à odiosa e inaceitável divisão da sociedade brasileira entre os que pagam os impostos e os que usufruem deles.

De um lado, temos a casta dos onze milhões e meio de privilegiados do setor público,[329] que, sob o manto da estabilidade e do direito adquirido, consomem praticamente todas as receitas e os déficits orçamentários das três esferas da Federação e, de outro lado, o povo, que assume todos os ônus e os riscos naturais e permanentes das oscilações e dos ciclos econômicos. Os serviços públicos são absolutamente disfuncionais no atendimento à coletividade, notadamente nos setores da saúde, da educação, da previdência, da habitação, do saneamento básico e da assistência social.

Diante desse iníquo quadro do atraso e da injustiça que a Constituição de 1988 proporciona, há que se estabelecer a prevalência do poder da sociedade sobre o poder estatal. Torna-se imprescindível a isonomia de tratamento entre todos os integrantes da sociedade brasileira, em termos de deveres, direitos e responsabilidades. Somente com essa regra constitucional haverá o corte substancial das despesas de custeio do Poder Público, totalmente voltadas ao atendimento dos privilégios dos políticos e dos servidores. Deve-se tornar concreta a

---

328. SILVA, José Afonso da. Op. cit., p. 772.
329. "O número total de servidores públicos do país, nas três esferas de governo, sem contar trabalhadores de empresas estatais, cresceu 83% em 20 anos, passando de 6,264 milhões, em 1995, para 11,492 milhões, em 2016, [...]." (NEDER, Vinicius. Total de servidores públicos no país sobe 83% em 20 anos, diz Ipea. **Estadão**, 18 dez. 2018. Disponível em: https://economia.uol.com.br/noticias/estadao-conteudo/2018/12/18/total-de-servidores-publicos-no-pais-sobe-60-em-20-anos-diz-ipea.htm). "Segundo dados do Instituto de Pesquisa Econômica Aplicada (IPEA), em seu estudo "Três Décadas de Evolução do Funcionalismo Público no Brasil", o número de servidores públicos, em pouco mais de 30 anos, ultrapassou 100%, passando de 5,1 milhões para 11,4 milhões. O aumento foi ainda mais significativo na esfera municipal, em que a presença de servidores cresceu 276%. No âmbito estadual, o crescimento foi de 50% e, no federal, foi de 28% (o que inclui civis e militares). De acordo com o estudo, só em 2017 foram R$ 750,9 bilhões em pagamentos para servidores ativos, o que representa uma fatia de 10,5% do PIB (Produto Interno Bruto)." (QUANTIDADE de servidores públicos aumenta em mais de 100% no país. **Terra**, 19 mar. 2020. Disponível em: https://www.terra.com.br/noticias/dino/quantidade-de-servidores-publicos-aumenta-em-mais-de-100-no-pais,0ea03f157024fa7bcdaf05ea1edffb35ev8bf0tu.html).

Ordem Social, com a criação de oportunidades para todos os membros da sociedade e a concomitante prestação de serviços para toda a coletividade, no campo da educação, da saúde, da previdência, da assistência social, da habitação digna e do saneamento básico.

Essas matérias relevantes estão tratadas nos arts. 4º, 6º, 8º, 59, 60 e 61 desta proposta constitucional.

Da cultura

Art. 120 - Da criação cultural e do patrimônio artístico e histórico: liberdade de expressão cultural

Inicialmente cabe ressaltar que não deve a constituição instituir uma Ordem Cultural, à semelhança da Ordem Econômica e da Ordem Social. A criação cultural vai no sentido contrário. É a desordem, é a ruptura, é a denúncia política e social, é a liberdade. E, como tal, não pode ser objeto de um regramento, de um contingenciamento, de um ordenamento específico.

A única regra que cabe à criação cultural é a da liberdade, que é dever do Estado democrático e da sociedade civil garantir, de todas as maneiras e em todas as circunstâncias. Nem Estado e muito menos a sociedade civil podem interferir na criação artística e cultural e na sua divulgação. Nesse setor da atividade humana não cabe nenhuma *norma agendi*, ou seja, nenhuma regulamentação das atividades artístico-culturais, sob o falso pretexto de protegê-las e de incentivá-las. O único papel do Estado é o de garantir a *facultas agendi*, ou seja, o direito constitucional fundamental de liberdade de criar e difundir a obra artística e cultural. Nada mais do que isso. O Estado não pode ultrapassar esse limite.

Por outro lado, essa inibição absoluta de intervir ou direcionar a cultura e as artes não exonera o Estado do seu dever de proporcionar instalações e espaços que possam acolher as atividades do gênero, tais como bibliotecas, museus, teatros, salas de concerto, conservatórios, bem como instalar ou ceder espaços públicos para os eventos culturais. Outrossim, a restrição de intervir, direcionar, influenciar, privilegiar, discriminar ou inibir a criação e a difusão artística e cultural não impede que o Estado tenha suas próprias orquestras, seus conservatórios, seus centros culturais, seu corpo permanente de *ballet*, escolas de artes, de teatro, de música, de dança, etc. Todos esses meios materiais e de produção cultural e artística compõem o que, na França, chama-se *animation culturelle*, significando que o Estado deve proporcionar meios, instrumentos e núcleos de aprendizagem, de formação e de convívio para a livre manifestação das artes e da cultura. Daí a importância de um Ministério da Cultura, cujo papel é, exatamente, o de promover essa animação cultural e, ao mesmo tempo, amparar e preservar as obras e as atividades que são referência para as artes e para a história do país.

Insista-se nesse ponto. Nada de política cultural oficial. Nada de administrar a cultura ou de formar instituições estatais de cultura. O direito à cultura num regime democrático é livre e inalienável, não podendo estar sob a tutela, ainda que sutil ou indireta, do Poder Público. O que cabe ao Estado é oferecer meios para a manifestação da cultura e das artes,[330] representados pelos museus, pelas bibliotecas, pelos teatros, pelos centros culturais, pelos espaços públicos e pelas escolas de arte. Nada além disso, pois a liberdade de criação artística é direito fundamental. Não pode haver um sistema normativo da cultura que, como se vê e se sabe, desde logo se degenera em dominação cultural do Estado, traduzido em favores, em perseguições e em apropriação pela indústria cultural e pelos apaniguados de recursos públicos desbaratados e desviados, a título de "incentivos à política cultural".

Isso posto, o mesmo dever de assegurar a liberdade de criação artística e cultural incumbe à sociedade civil, que não pode exercer qualquer pressão, repressão ou boicote social, sob pretextos "éticos" ou de valores tradicionais, ideológicos ou religiosos diante da criação artística, suas manifestações e o livre acesso do público às mesmas. Essa liberdade constitui um direito fundamental de todas as pessoas, que têm, portanto, irrestrita prerrogativa de criação, de difusão e de acesso às obras culturais e artísticas, conforme expressa a Declaração Universal dos Direitos Humanos, em seu art. 27: "Todo ser humano tem o direito de participar livremente da vida cultural da comunidade, de fruir das artes e de participar do progresso científico e de seus benefícios. Todo ser humano tem direito à proteção dos interesses morais e materiais decorrentes de qualquer produção científica literária ou artística da qual seja autor."

Segundo o Mestre José Afonso da Silva, cabe a todo indivíduo:

> (a) liberdade de expressão da atividade intelectual, artística, científica; (b) direito de criação cultural, compreendendo as criações artísticas, científicas e tecnológicas; (c) direito de acesso às fontes da cultura; (d) direito de difusão das manifestações culturais; (e) direito de proteção às manifestações das culturas populares, indígenas e afro-brasileiras e de outros grupos participantes do processo civilizatório nacional; (f) direito-dever estatal de formação do patrimônio cultural brasileiro e de proteção dos bens de cultura, que, assim, ficam sujeitos a regime jurídico especial, como forma de propriedade de interesse público.[331]

---

330. Os agentes públicos encarregados de gerir espaços culturais devem agir com absoluta impessoalidade, moralidade e respeito aos demais princípios que regem a administração pública.
331. SILVA, José Afonso da. Op. cit., p. 823.

Neste último aspecto — patrimônio histórico e artístico nacional —, cabe ao Estado e à sociedade civil o dever de identificar, proteger legalmente, preservar e restaurar os bens materiais e imateriais que formam esse precioso acervo material e imaterial. Esse patrimônio histórico e artístico nacional compreende todos os bens e costumes de referência nacional, estadual e municipal, tanto de propriedade pública como privada.

No plano da cultura e das artes existe, portanto, uma distinção entre a criação cultural e artística e o patrimônio histórico e artístico nacional. A criação artística é uma obra ou uma atividade que tem uma significação que a identifica como uma mensagem estética, antropológica, histórica ou do pensamento político, social e espiritual. Assim, as obras artísticas e culturais têm sempre um significativo estético, seja alienado, seja engajado. De qualquer modo, a obra cultural e artística tem um significado que deve ser absolutamente livre na sua concepção, na sua realização, na sua exibição e, portanto, no seu acesso a todas as pessoas, sem qualquer restrição. Por isso é que não pode haver uma política cultural oficial em matéria de criação e divulgação artística, em quaisquer dos seus segmentos.

Isso posto, o patrimônio histórico e artístico nacional é o conjunto de obras, de documentos, de atividades tradicionais de conotação artística, cultural e histórica que se tornam referência da identidade e da memória do país, de seu processo civilizatório, de seu pensamento, de sua estética e da contribuição dos diversos grupos étnicos formadores da nacionalidade, no espaço e no tempo. Somente nesse específico setor de pesquisa, identificação e declaração das obras artísticas e culturais de referência estética e histórica deve haver políticas de Estado.

Feita a distinção entre a criação artístico-cultural e o patrimônio histórico e artístico nacional, não cabe ao Estado promover a criação cultural, que deve ser espontânea e absolutamente livre de qualquer indução material, ideológica, política ou burocrática, nas três esferas. Por isso não deve haver um Plano Nacional da Cultura, como propugna a Constituição de 1988, no seu artigo 215, § 3º.[332] Trata-se, o Plano Nacional da Cultura, de mais um instrumento de dominação do Estado sobre a sociedade civil. O pretexto é que o Plano traz oportunidades culturais que exigem a ação positiva do Estado e, portanto, uma política cultural oficial visando à disseminação da cultura e à promoção de lazer ao povo.[333]

---

332. CF/88, art. 215: "§ 3º A lei estabelecerá o Plano Nacional de Cultura, de duração plurianual, visando ao desenvolvimento cultural do País e à integração das ações do poder público que conduzem à: I defesa e valorização do patrimônio cultural brasileiro; II produção, promoção e difusão de bens culturais; III formação de pessoal qualificado para a gestão da cultura em suas múltiplas dimensões; IV democratização do acesso aos bens de cultura; V valorização da diversidade étnica e regional."
333. SILVA, José Afonso da. Op. cit., p. 822.

A presente proposta de constituição, ao mesmo tempo que explicita o papel limitado do Estado no setor da cultura, reitera o princípio da liberdade de criação artística e cultural, como direito fundamental. Ademais, o presente anteprojeto ressalta a responsabilidade da sociedade civil em apoiar, institucional e materialmente, a criação artística e cultural e sua divulgação.

Art. 121 - A proteção do patrimônio histórico e artístico nacional

O presente artigo propositivo reproduz parte do texto constante do art. 216 da Constituição de 1988.[334] Numa rara exceção, trata-se de uma norma preciosa, redigida pela Comissão Constitucional da Secretaria do Patrimônio Histórico e Artístico Nacional (SPHAN), em 1987, sob a presidência do seu emérito presidente Angelo Oswaldo de Araújo Santos. O texto proposto naquele ano foi acolhido na íntegra pelos congressistas que fizeram a Carta de 1988, dada a sua excepcional concisão e abrangência do tema *patrimônio histórico e artístico nacional*. Destoa, por isso mesmo, o art. 216 das demais normas daquela Carta, que são retóricas no que tange aos direitos do povo e aos deveres do Estado e, propositadamente, obscuras e ininteligíveis para o leigo ao instituir os inesgotáveis privilégios dos integrantes do setor público.

Isso posto, cabe relembrar os dois diferentes ramos da atividade cultural sob o aspecto da constituição: a expressão cultural e o patrimônio cultural. A criação cultural é objeto do artigo 120 do presente estudo. Cabe agora estudar o Patrimônio Histórico e Artístico Nacional, seguindo a tradicional designação contida no vigente Decreto-Lei n. 25, de 1937.

---

334. CF/88: "Art. 216 - Constituem patrimônio cultural brasileiro os bens de natureza material e imaterial, tomados individualmente ou em conjunto, portadores de referência à identidade, à ação, à memória dos diferentes grupos formadores da sociedade brasileira, nos quais se incluem: I - as formas de expressão; II - os modos de criar, fazer e viver; III - as criações científicas, artísticas e tecnológicas; IV - as obras, objetos, documentos, edificações e demais espaços destinados às manifestações artístico-culturais; V - os conjuntos urbanos e sítios de valor histórico, paisagístico, artístico, arqueológico, paleontológico, ecológico e científico. § 1º - O Poder Público, com a colaboração da comunidade, promoverá e protegerá o patrimônio cultural brasileiro, por meio de inventários, registros, vigilância, tombamento e desapropriação, e de outras formas de acautelamento e preservação. § 2º - Cabem à administração pública, na forma da lei, a gestão da documentação governamental e as providências para franquear sua consulta a quantos dela necessitem. § 3º - A lei estabelecerá incentivos para a produção e o conhecimento de bens e valores culturais. § 4º - Os danos e ameaças ao patrimônio cultural serão punidos, na forma da lei. § 5º - Ficam tombados todos os documentos e os sítios detentores de reminiscências históricas dos antigos quilombos. § 6º - É facultado aos Estados e ao Distrito Federal vincular a fundo estadual de fomento à cultura até cinco décimos por cento de sua receita tributária líquida, para o financiamento de programas e projetos culturais, vedada a aplicação desses recursos no pagamento de: I - despesas com pessoal e encargos sociais; II - serviço da dívida; III - qualquer outra despesa corrente não vinculada diretamente aos investimentos ou ações apoiados."

Os dois segmentos da cultura se distinguem naquilo que os franceses chamam de *présenter* e *sacré*. A criação cultural corresponde à primeira categoria, ou seja, a apresentação (*présenter*) de uma obra de arte ou de um espetáculo artístico ou de um ensaio literário original. A criação cultural é reconhecida pelo seu significado estético, originalidade e, na maioria das vezes, pela ruptura artística, de pensamento e de visão sobre determinado tema. Já as obras e atividades que compõem o Patrimônio Histórico e Artístico Nacional são aquelas consagradas (*sacré*) por constituírem uma referência para a identidade nacional em termos culturais, de significado histórico ou pré-histórico ou, ainda, como marco natural. Assim, a criação cultural é reconhecida pelo seu significado. Já as obras e os marcos que compõem o Patrimônio Histórico e Artístico Nacional são consagrados por serem referência da história, da arte e da paisagem de um povo.

A criação cultural e artística não é uma instituição, mas uma expressão genuína da liberdade de expressão estética, ao passo que o Patrimônio Histórico e Artístico Nacional é uma instituição, devendo receber o amparo normativo e administrativo do Estado, nas suas três esferas federativas. O Patrimônio Histórico e Artístico Nacional é formado de bens tanto de propriedade pública como privada. Essa noção é importante para não se atribuir apenas aos bens públicos a formação do patrimônio cultural do país. Os bens de referência histórica e artística nacional podem estar na titularidade e na posse de um particular, sendo, portanto, uma propriedade privada de interesse público.

Isso posto, o Patrimônio Histórico e Artístico Nacional é integrado por bens, feitos e atividades declarados por ato normativo como referencial da nossa cultura, da nossa arte e da nossa história. Trata-se de um patrimônio que se forma independentemente da titularidade ou propriedade do bem, de sua materialidade ou imaterialidade, de sua natureza, que pode tanto ser corpórea (como os monumentos e os documentos) quanto incorpórea (como as festas do Divino, os rituais do candomblé, as festas juninas do Nordeste, etc.). Podem tais bens culturais ter valor material ou pecuniário ou nenhum valor aferível ou de troca, como são os eventos tradicionais e as danças regionais.

Quando o bem referencial da história, da cultura ou da natureza tem valor material e pertence a um particular, ao ser tombado, inventariado ou registrado passa a ter o *status* de propriedade privada de interesse público, como se sobre ele recaísse uma servidão. E essa servidão não é de uso, mas de conservação do bem quanto à sua perfeita integridade, no estado em que possa sempre servir de referência à nossa história, à nossa cultura e à nossa natureza.

O tombamento de um bem privado impõe vínculos de indestrutividade e de imobilidade quanto às suas características intrínsecas. Também impõe um direito de preferência do Estado em caso de alienação. Por isso tudo, os bens privados, móveis ou imóveis, são objeto de um regime jurídico especial, que os torna, como referido, bens privados de interesse público. O tombamento impõe aos proprietários privados condutas jurídicas de conservação do bem e de ordem de preferência na sua alienação ao Poder Público, como referido. Os danos à integridade do bem tombado acarretam sanções penais, administrativas e civis aos seus proprietários, do que resulta serem de caráter constitutivo as restrições à propriedade privada — diferentemente, portanto, da desapropriação do bem cultural ou natural de referência, na medida em que o seu domínio e posse passam para o Estado, a quem cabe cuidar da sua integridade.

Isso posto, os bens que formam o Patrimônio Histórico e Artístico Nacional são os que constituem referência ao nosso processo histórico, antropológico, arqueológico e natural. Esse patrimônio nacional é também constituído de marcos naturais notáveis quanto à sua beleza paisagística ou ao seu interesse de preservação ecológica ou do meio ambiente. Por exemplo, a Serra do Mar,[335] no território do Estado de São Paulo, é um dos mais importantes monumentos naturais tombados no país.[336] Trata-se do maior e mais preservado segmento do bioma da Mata Atlântica, possuindo todos os requisitos referenciais — como: de cultura, pela conquista do planalto paulista através de suas veredas; pela beleza paisagística; pela preservação ecológica e botânica e como a principal referência da floresta marítima brasileira primária. A Serra do Mar é, ao mesmo tempo, um documento botânico, relacionado à nossa história de conquista do interior do país, uma obra de arte natural e um centro de estudos multidisciplinares. Preenche, assim, os requisitos de referibilidade

---

335. "A área, tombada em 1986, de 386 mil hectares, compreende unidades ambientais diferenciadas pela conformação e pela característica da vegetação, distinguindo-se a serra propriamente dita, os vales intermediários, o planalto e a planície costeira. Abrangendo 80% da cobertura vegetal do estado, reduzida hoje a 5% do que possuía no início da colonização, a mata da Serra do Mar foi muito explorada, principalmente a sua vertente ocidental. Após a abertura da ferrovia, em função do desenvolvimento industrial, deu-se uma procura de madeiras abundantes na serra, como canela, pau-d'arco e outros. Atualmente, apesar das derrubadas e da ausência de efetivas medidas de reflorestamento, ainda se encontram espécies como a canela, a caxeta, o guarapuvu, a licurana, o angelim e outras. A fauna também foi muito reduzida, tendo sido muitas espécies extintas, estando outras em extinção, como o papagaio chauá (*amazonas brasiliense*), que só é encontrado entre o Sul do estado de São Paulo e o litoral paranaense. A fauna ainda presente corresponde a animais de pequeno porte como mico, quati, esquilo, ouriço, preá, preguiça, tatu, e aves como papagaio, joão-de-barro, sabiá e pica-pau." (PARANÁ. Secretaria da Comunicação Social e da Cultura. **Serra do Mar**. Disponível em: http://www.patrimoniocultural.pr.gov.br/modules/conteudo/conteudo.php?conteudo=87).

336. Podem ser mencionados, ainda, dentro do Patrimônio Natural do Brasil: o Parque Nacional do Iguaçu; a Costa do Descobrimento Reservas de Mata Atlântica (oito reservas naturais, localizadas no sul da Bahia e norte do Espírito Santo); a Mata Atlântica: Reservas do Sudeste; a Área de Conservação do Pantanal; o Complexo de Conservação da Amazônia Central; as Ilhas Atlânticas Brasileiras: Fernando de Noronha e Atol das Rocas; os Parques Nacionais Chapada dos Veadeiros e das Emas; a Serra da Capivara (Parque Nacional Serra da Capivara; 400 sítios arqueológicos que preservam vestígios da mais remota presença do homem na América do Sul), entre outros.

apontados no vigente Decreto-Lei n. 25, de 1937, que define o Patrimônio Histórico e Artístico Nacional como:

> Art. 1º - [...] o conjunto dos bens móveis e imóveis existentes no país e cuja conservação seja de interêsse público, quer por sua vinculação a fatos memoráveis da história do Brasil, quer por seu excepcional valor arqueológico ou etnográfico, bibliográfico ou artístico. [...] § 2º [...] bem como os sítios e paisagens que importe conservar e proteger pela feição notável com que tenham sido dotados [pela] natureza ou agenciados [pela] indústria humana.

Isso posto, cabe à sociedade civil, no plano nacional, estadual e municipal, empenhar-se na identificação, na proposição, na defesa, na preservação, na conservação e na restauração dos bens de natureza material que compõem o Patrimônio Histórico e Artístico Nacional. Da mesma forma, a sociedade civil deve prestigiar, apoiar e contribuir para a conservação do nosso patrimônio imaterial, composto de modos de criar, de fazer e de viver tradicionais de nossas comunidades, ameaçadas pela indústria cultural e pela massificação de valores e de hábitos sociais trazidos pela mídia e ainda pela imposição de valores de origem religiosa e ideológica que se opõem às tradições legítimas e seculares do povo brasileiro.

No que tange à preservação dos bens imateriais, o papel da sociedade deve ser o de promover e o de resistir ao seu desaparecimento.

Art. 122 - A recriação do mecenato privado

O Estado brasileiro, no seu propósito de exercer o domínio pleno sobre a sociedade, criou uma série de medidas burocráticas de dedução de impostos federais, estaduais e municipais direcionadas ao "apoio" à criação cultural e às atividades artísticas. Com essas isenções tributárias, o Estado se arroga o papel de grande mecenas da cultura, ao lado das grandes empresas nacionais, que, por seu turno, posam com o mesmo galardão de beneméritas das artes. Com tais generosidades, o Estado direciona os projetos culturais de seu agrado, na medida em que cabe ao Poder Público autorizar quais as propostas culturais e artísticas que podem receber os benefícios de dedução de impostos que deveriam ter sido pagos pelas pessoas físicas e jurídicas.

Há, na realidade, um duplo direcionamento perverso nessa seleção dos projetos culturais. Primeiro, a empresa, que terá deduzida a parcela do imposto, seleciona, de acordo com suas preferências mercadológicas quais espetáculos receberão o seu "apoio". Em seguida vem a segunda seleção, feita pelo próprio Estado, que escolhe, evidentemente, aqueles projetos politicamente acomodados ou de explícito apoio à oligarquia de plantão no poder. Apenas as inocuidades artísticas apresentadas pela indústria cultural e os projetos apresentados pelos artistas correligionários são aprovados pelo Estado.

O caráter deformado desse regime de "mecenato oficial" dispensa maiores explicações. Somente cabe ressaltar que se trata da anticultura, da falsa cultura, que é subsidiada pela renúncia tributária do Estado.

A indústria que se formou em torno dessas benesses é hoje uma das mais prósperas do país, numa conjugação perfeita entre os interesses de dominação social, a alienação cultural e a promoção das marcas e dos produtos das empresas. Elas não doam nada de seus próprios lucros, mas se apresentam como mecenas das atividades culturais. Esse processo perverso é simbolizado pela polêmica Lei Rouanet no plano federal, seguida de leis estaduais de dedução do ICMS para fins culturais e também de leis municipais de dedução dos impostos sobre serviços e prediais.

Ocorre que não pode, num regime democrático, caber ao Estado selecionar e escolher os projetos culturais que devem receber os recursos deduzidos dos tributos federais, estaduais e municipais. O Estado, ao conceder isenções tributárias a favor das atividades culturais, fere o princípio fundamental da isonomia e da criação artística, (i) dando a alguns e negando a outros criadores de cultura os meios materiais para desenvolvê-los e (ii) concedendo vantagens tributárias ao setor empresarial, que direciona essas isenções para a promoção de suas marcas e produtos, (iii) enriquecendo exponencialmente a indústria cultural e os artistas apaniguados e acumpliciados das oligarquias no Poder.

Esse é o papel que tem tido a Lei Rouanet no contexto dos privilégios que decorrem da Constituição de 1988 e também as leis de incentivo à cultura dos Estados e Municípios. A Lei Rouanet, e as demais, estão voltadas para o atendimento da altamente lucrativa indústria cultural, favorecendo as empresas dos artistas mais ricos e prósperos e seus agentes e corretores. A Lei Rouanet cortou e impediu o tímido florescer do mecenato privado, esse bem social representado pela doação de recursos particulares para os projetos culturais, cuja tradição remonta aos costumes da velha Roma.

O mecenato autêntico no Brasil, ainda que pouco expressivo em relação aos países desenvolvidos, foi o responsável, por exemplo, pela instalação do Museu de Arte de São Paulo, nos anos 1950, que acolhe um acervo altamente representativo dos melhores artistas europeus e brasileiros, desde a pré-Renascença até o século XX, inteiramente montado e instalado com as doações do setor privado brasileiro. Essa tendência, então crescente, do mecenato privado, que florescia em meados do século XX, foi simplesmente extinta pela sanha de dominação estatal de todos os setores da sociedade civil, inclusive o controle da criação cultural e artística. Resultado: desapareceu o mecenato privado no Brasil, quando nos demais países floresceu, enormemente, no mesmo período, tanto em termos de recursos como de voluntariado por parte da sociedade civil e de legados.

Os museus, tanto do Estado como particulares, expandiram-se na Europa, na Ásia, na América do Norte, por força das doações das empresas e das pessoas físicas, tanto em recursos como em trabalho voluntário. No Metropolitan Museum of Art, de Nova York, desde os serviços de recepção e chapelaria até as visitas guiadas são prestadas por voluntários. Noventa por cento do pessoal é voluntário. Mais do que isso. A Lei Rouanet impediu que se formasse no Brasil a tradição dos legados destinados aos museus, às bibliotecas, aos espaços culturais, todos eles hoje vítimas da penúria das verbas públicas, nunca direcionadas para a cultura e para as artes, mas para os apaniguados e para a indústria cultural vinculada ao marketing de produtos e serviços. A Lei Rouanet retirou da sociedade civil, das pessoas abastadas e das empresas o hábito de doarem, com recursos próprios ou com suas heranças, para entidades e para atividades culturais do país.

Isso posto, é fundamental a regra constitucional ora proposta, no sentido de que as atividades, os acervos e as instalações culturais privadas e públicas devem receber recursos próprios das pessoas físicas e das empresas privadas, e não os decorrentes de isenções tributárias. De sua parte, cabe ao Estado prover recursos orçamentários para a manutenção e o acesso às suas instalações culturais e às atividades livres que ali se desenvolvem, bem como para a preservação do Patrimônio Histórico e Artístico Nacional. Esse dever do Estado, de prover com recursos próprios o seu acervo cultural, não impede que a iniciativa privada e as pessoas físicas contribuam, efetivamente, para as atividades e a conservação desse conjunto de instalações, bibliotecas, escolas de arte, etc.

Com tais providências, de natureza constitucional, procura-se restaurar o costume do mecenato privado no Brasil, através do qual a sociedade civil assume o seu dever de *give back* de sua prosperidade, a favor das atividades e do patrimônio cultural do país.

Do desporto

Art. 123 - Do desporto como atividade privada

A maneira como a Constituição de 1988 trata da matéria das atividades esportivas, em seu art. 217, lembra muito os regimes comunista, nazista e fascista, que marcaram tragicamente o século XX. O Estado está presente, também, nas atividades desportivas. Com efeito, nossa vigente Constituição encontra sempre um "papel" para o Estado em todas as ações desenvolvidas pela sociedade civil, imiscuindo-se em tudo e por tudo, dentro da estrutura de domínio completo do país. Até no esporte, até no lazer.

Desde o setor o econômico até o profissional, o cultural, o esportivo e o lúdico, a Carta vigente outorga ao Estado um papel hegemônico, tutelar, provedor, controlador e "incentivador". Essa estrutura de dominação da sociedade no caso do desporto é patética, se atentarmos para as expressões contidas no referido art. 217 da Carta de 1988: "É dever do Estado fomentar práticas desportivas formais e não-formais, como direito de cada um [...]". Esse "preceito" constitucional lembra, ainda, o nosso Estado Novo (1937-1946), que, como os demais regimes fascistas e comunistas daquela época sinistra, buscava a eugenia, a criação do cidadão vigoroso, dentro do velho jargão *mens sana in corpore sano*. Nem é necessário ressaltar o racismo dessa ideologia infame. E o referido art. 217 fala, ainda, que o Estado deve fomentar as práticas esportivas, tanto as formais como as não formais. Desse modo, segundo a Constituição de 1988, é o Estado que fomenta as práticas esportivas formais. E mesmo as práticas esportivas que não obedecem a nenhuma regra nacional ou internacional — como a ginástica, os exercícios físicos, a yoga, o pilates e centenas de outros —, também é o Estado que os incentiva.

Dentro desse domínio estatal do corpo, dos corações e das mentes, o indigitado art. 217, § 3º, da CF/88 arremata as suas nostalgias stalinistas e fascistoides, declarando que "O Poder Público incentivará o lazer, como forma de promoção social".

Isso posto, propõe-se, neste estudo, que apenas se declare a plena liberdade das atividades esportivas, amadoras e profissionais. Serão elas independentes do Poder Público e, por isso, do controle burocrático, devendo subsistir com recursos próprios e livre gestão, com os respectivos deveres e responsabilidades. Ademais, as pessoas, as agremiações e entidades desportivas, todas privadas, têm o direito de uso e de acesso às instalações públicas destinadas às práticas esportivas.

Por outro lado, cabe aperfeiçoar a parte do preceito contido no mesmo art. 217 da CF/88, que reconhece a jurisdição privada com competência sobre atividades desportivas. A essa jurisdição privada caberá conhecer e decidir, definitivamente, a respeito de questões desportivas. As decisões dos tribunais de jurisdição privada com competência sobre atividades desportivas são irrecorríveis ao Poder Judiciário, que terá competência apenas anulatória, e não recursal, desses julgados. A ação anulatória somente será acolhida quando houver desrespeito aos princípios do devido processo legal, do contraditório e do livre convencimento motivado ou violação da ordem pública, tal como ocorre nas decisões arbitrais regidas pela Lei n. 9.307, de 1996 — a Lei de Arbitragem. Os tribunais de jurisdição privada com competência sobre atividades desportivas terão, assim, a competência terminativa de um juízo arbitral, com trânsito em julgado, tendo em vista as peculiaridades das regras nacionais e internacionais que regem as práticas desportivas formais.

Da ciência, da tecnologia e da inovação

Art. 124 - Ciência, tecnologia e inovação no país das desigualdades

O Brasil, em decorrência do atraso em que está mergulhado na área do conhecimento, tornou-se um país marginal em matéria de ciência, tecnologia e inovação. Esse quadro patético acentua, em nosso desfavor, a divisão internacional do trabalho, em pleno século XXI, em que China, Coreia do Sul, Canadá, Austrália, Japão, Singapura, Índia e tantos outros países ingressaram na economia do conhecimento nas últimas décadas, renegando-nos, cada vez mais, a produtores e fornecedores de matérias-primas industriais e de produtos agrícolas. Como já exposto, nossa participação no comércio internacional foi de 1,16%, em 2019.

Desde a década de 1960, deixamos de investir na formação de mão de obra, em infraestrutura, na indústria pesada e, portanto, em máquinas, na ciência, na tecnologia, na inovação, o que nos levou a uma insignificante participação na economia global. Num país que, pela sua imensa população (211,8 milhões de habitantes[337]), é o maior produtor de analfabetos funcionais do mundo, é patético o texto triunfalista contido no art. 218 da Constituição de 1988, ao declarar que o "O Estado promoverá e incentivará o desenvolvimento científico, a pesquisa, a capacitação científica e tecnológica e a inovação".

O texto vigente não cria um dever do Estado, mas uma promessa, do tipo eleitoral, de que o governo "promoverá", num passe de mágica, o desenvolvimento científico, a pesquisa, a capacitação tecnológica, a inovação e a produtividade de nossa mão de obra. Como é que se pode falar em desenvolvimento nas áreas científica, tecnológica e de inovação num país em que o Estado não absorve nem aproveita as grandes contribuições que a sociedade civil oferece permanentemente no setor da educação, mercê de um sem-número de instituições privadas que estudam o tema de forma competente, oferecendo soluções para nos tirar da vala do analfabetismo funcional? Trata-se de um círculo

---

[337]. "A população brasileira foi estimada em 211.755.692 habitantes em 5.570 municípios, segundo o Instituto Brasileiro de Geografia e Estatística (IBGE). A estimativa com o total de habitantes dos estados e dos municípios se refere a 1º de julho de 2020" (BRASIL atinge 211,8 milhões de habitantes, diz IBGE. **G1**, 27 ago. 2020. Disponível em: https://g1.globo.com/economia/noticia/2020/08/27/brasil-atinge-2117-milhoes-de-habitantes-diz-ibge.ghtml).

vicioso. Como o nível de instrução, cultura e informação da maioria absoluta do povo brasileiro é muito baixo, o nível de exigência quanto à qualidade dos produtos e serviços também é baixo, deprimindo a sua qualidade e a inovação. Não há estímulo para o desenvolvimento tecnológico, para a inovação e para o aumento da produtividade em um país em que a maioria absoluta da mão de obra não tem formação que permita a sua qualificação profissional. O nível de produtividade da mão de obra brasileira é dos mais baixos entre todos os países do mundo.

A propósito desse círculo vicioso, o Professor Paulo Sandroni, da Fundação Getulio Vargas, observa:

> Chega a ser antieconômico ou desvantajoso socialmente [o emprego da tecnologia e inovação] quando há grande oferta de mão-de-obra barata e baixo nível de instrução. Com isso, o ritmo e o emprego do progresso tecnológico variam conforme a sociedade, o nível de oferta e a demanda de bens e também a natureza da concorrência.[338]

Da parte da oferta, o protecionismo industrial e a reserva de mercado para muitos produtos e serviços rebaixa a qualidade de ambos os setores. A indústria não sente qualquer necessidade mercadológica de investir em tecnologia e em produtividade, pois tem uma situação de conforto legal e burocrático que lhe garante a hegemonia do mercado interno, não concorrencial e, portanto, cativo. A indústria brasileira é, ainda hoje, fruto da política de substituição de importações, adotada em 1975. Temos, assim, o seguinte quadro: (i) a baixa expectativa de qualidade por parte da demanda decorre da falta de políticas públicas no plano do conhecimento, da educação, da cultura, da informação e da renda; (ii) a má qualidade da oferta se origina da proteção legal e burocrática da indústria e dos serviços nacionais, o que leva esses setores a uma posição inercial e, portanto, de perda gradativa de competitividade e de ingresso na economia do conhecimento.[339]

A pesquisa científica, o uso da tecnologia e a inovação demandam a adequação de uma mão de obra capaz de operá-la e de continuamente desenvolvê-la, permitindo a manutenção de uma competitividade interna e internacional de produção de bens e serviços. Há uma relação intrínseca entre o nível qualitativo da demanda e o desenvolvimento tecnológico e inovação. A ciência, a tecnologia e a inovação não se impõem de cima para baixo, do Estado para a sociedade, como proclama o histriônico art. 218 da Carta vigente. Sem formação escolar

---

338. SANDRONI, Paulo. Op. cit., p. 307.
339. Sobre a sociedade do conhecimento, veja-se: STIGLITZ, Joseph E.; GREENWALD, Bruce C. **La nouvelle société de la connaissance**. Paris: Les Liens qui Liberent, 2017, p. 250 *et seq*.

capaz de entender o mundo e, nele, de contribuir com o seu trabalho profissional, com níveis crescentes de produtividade, não se pode falar sobre o "papel" do Estado como promotor da ciência, da tecnologia e da inovação. O Estado, por conta da disfuncionalidade absoluta de seu sistema de ensino público básico e intermediário, é corresponsável pelo nosso atraso estrutural em matéria de ciência, tecnologia e inovação. E, do lado da produção, é o Estado que promove o caráter cartorário de nossa produção industrial, com medidas de protecionismo e de reserva de mercado, como referido. Também as lideranças industriais são corresponsáveis pela estagnação tecnológica e de inovação, na medida em que suas fábricas estão deitadas no berço esplêndido do protecionismo oficial de mercado e na fraca ou nenhuma demanda de qualidade por parte dos consumidores e usuários.

No melancólico caso brasileiro, a exceção confirma a regra nesse segmento fundamental: a área que mais desenvolveu ciência (genética), tecnologia (máquinas) e inovação (produtividade) foi a agrícola.[340] De uma atividade retrógrada até os anos 1970, a produção agrícola de grãos e de animais se desenvolveu exponencialmente com base nesses três fatores. Hoje, a agricultura constitui o único setor moderno da atividade econômica brasileira capaz de se inserir e competir no comércio mundial.

Por outro lado, a indústria, pelos fenômenos da ausência de demanda de qualidade tecnológica, do protecionismo e da reserva de mercado, é um verdadeiro museu a céu aberto, tendo índices regressivos de desenvolvimento. A cada ano encolhe mais a sua participação do PIB,[341] tendendo mesmo a desaparecer (como se depreende do gráfico apresentado na Figura 1), por ausência de competitividade interna e internacional.

---

340. "As dez principais áreas de pesquisa no país são: agronomia, ciência de plantas e animais, farmacologia e toxicologia, microbiologia, meio-ambiente/ecologia, ciências sociais, medicina clínica, biologia e bioquímica, neurociências e imunologia, segundo dados da Thomson Reuters." (99% das pesquisas são feitas pelas universidades públicas. **InvestSP**, 20 fev. 2018. Disponível em: https://www.investe.sp.gov.br/noticia/99-das-pesquisas-sao-feitas-pelas-universidades-publicas).

341. "Os números deste início de ano não deixam dúvida: a crise que a indústria brasileira há tempos atravessa ainda não dá sinais de reversão. No primeiro bimestre, a atividade industrial recuou 0,2% em relação ao ano passado. Esse fraco desempenho reforça uma tendência que vem se verificando desde os anos 80: a queda de participação da indústria de transformação na composição do Produto Interno Bruto (PIB). No ano passado, esse setor respondeu por apenas 11,3% da atividade econômica do País, o patamar mais baixo em mais de 70 anos – não há dados anteriores a 1947. No fim dos anos 80, a indústria de transformação (que exclui a indústria extrativa) chegou a ter uma fatia próxima de 30% do PIB, mas essa participação depois veio diminuindo rapidamente. [...]" (DYNIEWICZ, Luciana. Estagnada, indústria tem a menor fatia do PIB desde o final dos anos 40. **Estadão**, 8 abr. 2019. Disponível em: https://economia.estadao.com.br/noticias/geral,estagnada-industria-tem-a-menor-fatia-do-pib-desde-o-final-dos-anos-40,70002783202). Para saber mais: FRAGA, Érica; CARNEIRO, Mariana; PAMPLONA, Nicola. Peso da indústria no PIB cai ao menor nível da série. **Folha de São Paulo**, 31 maio 2019. Disponível em: https://www1.folha.uol.com.br/mercado/2019/05/peso-da-industria-no-pib-cai-ao-menor-nivel-da-serie.shtml.

```
 18 ┤ 16,8
          17,8
 16 ┤
 14 ┤
                     12,6
 12 ┤
                            11,0
 10 ┤
    1995    2004    2012    2019
```

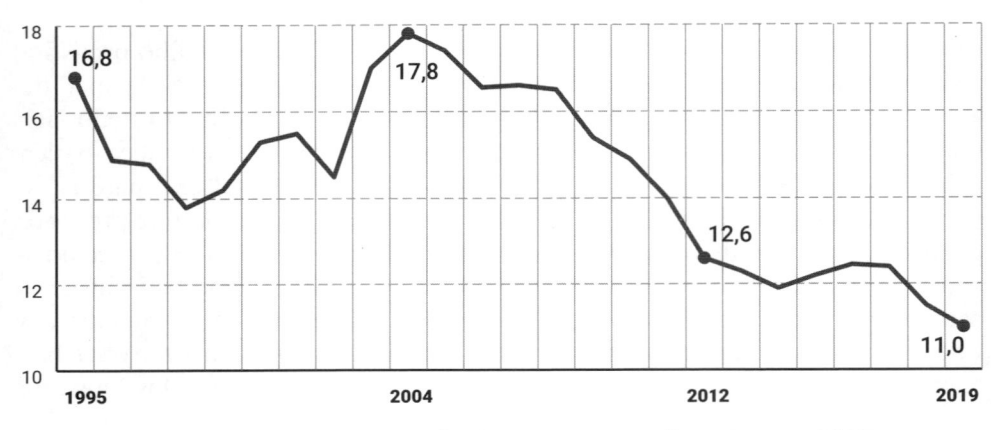

Figura 1 - Participação da indústria de transformação no PIB (em %)[342]

De todo esse quadro de nossa alienação, cada vez maior, da sociedade do conhecimento, cabe estabelecer políticas públicas que enfrentem as origens de nossa marginalização econômica gradativa. Para tanto, deve haver a integração da sociedade civil no empenho pela alfabetização efetiva, e não apenas funcional, das crianças e dos adultos e pela educação básica e intermediária, capaz de criar mão de obra com níveis de produtividade compatíveis com as modernas tecnologias e inovações.

Cabe, ainda, estabelecer políticas públicas de apoio à pesquisa científica nas universidades públicas e privadas, nas fundações públicas e privadas, nos institutos voltados ao desenvolvimento científico, tecnológico e de inovação, cujo melhor exemplo é a Embrapa.[343] Nessas instituições, deve haver pesquisa e atividade científica de grande intensidade e profundidade, para nos colocarmos em patamares de capacitação no campo da ciência, da tecnológica e da inovação. É indispensável a integração da sociedade civil organizada nos conselhos federal e

---

342. CONCEIÇÃO, Ana. Participação da indústria de transformação cai ao mínimo. **Valor**, 5 mar. 2020. Disponível em: https://valor.globo.com/brasil/noticia/2020/03/05/participacao-da-industria-de-transformacao-cai-ao-minimo.ghtml.

343. A Embrapa ocupa lugar de destaque, tanto em âmbito nacional como internacional, por sua relevante produção científica. Em 2016, o Ranking SCImago de Instituições, um dos mais prestigiados do mundo, apontou que a Embrapa integra o grupo das cem organizações mais bem colocadas no quesito impacto ambiental. "No Brasil, a empresa está em 2º lugar entre as 15 instituições governamentais ranqueadas, depois apenas do Instituto Nacional do Câncer (INCA) [...]. No ranking geral do País, entre os 122 organismos classificados, a empresa ocupa a 13ª posição, à frente, por exemplo, do Instituto Nacional de Pesquisas Espaciais (INPE) e do Instituto Nacional de Matemática Pura e Aplicada (INMA). [...] Considerando a América Latina, a Embrapa se encontra na 24ª posição geral entre os 206 organismos classificados, estando em 6º lugar na lista de 49 instituições de pesquisa categorizadas como governamentais." (BRASIL. Embrapa. **Produção científica posiciona a Embrapa em lugar de destaque em ranking internacional**. 16 maio 2017. Disponível em: https://www.embrapa.br/en/busca-de-noticias/-/noticia/22701150/producao-cientifica-posiciona-a-embrapa-em-lugar-de-destaque-em-ranking-internacional).

estaduais voltados para a formação de recursos humanos no campo da pesquisa e do estudo científico, tecnológico e de inovação, tais como o Conselho Nacional de Ciência e Tecnologia, num trabalho permanente com as secretarias e os conselhos estaduais similares.

Nessa política, terão preponderância as fundações de fomento — como o CNPq, no plano da União, e as estaduais, de que são pioneiras exemplares a Fapesp, a Faperj e demais congêneres —, bem como os institutos de pesquisa — como o Instituto de Pesquisas Tecnológicas do Estado de São Paulo (IPT) e o Instituto Dante Pazzanese de Cardiologia. Trata-se de instituições cuja implementação de políticas deve ser partilhada com a sociedade civil organizada, com o fim de fomentar a pesquisa e o ensino científico e tecnológico, mediante a outorga de bolsas de estudos para projetos de pesquisa e formação de doutores no campo da ciência, da tecnologia e da informação, oferecendo condições preferenciais de trabalho.

Devemos deixar de lado a ideia de que cabe ao Estado realizar, isoladamente, essas tarefas. Sem a integração com a sociedade civil — e, nela, das indústrias de bens e serviços, que são as maiores interessadas —, não se pode falar em desenvolvimento científico, tecnológico e de inovação. Essa é uma questão crucial num país com os recursos que o Brasil possui em riquezas potenciais. As empresas precisam investir nesses três campos, dentro delas próprias e em convênios permanentes com as universidades e com os institutos públicos de pesquisa e produção científica.

Nos países desenvolvidos, as empresas privadas é que, em convênio com as universidades, desenvolvem as pesquisas e as aplicam, tanto no campo da ciência como na tecnologia e na inovação. Nada de Estado. O Vale do Silício, por exemplo, é composto, apenas, de instituições e empresas privadas. Nada de incentivos, isenções, deduções do lucro líquido e outras vantagens para as empresas que investem na modernidade, mesmo porque é do interesse de sobrevivência e de expansão competitiva esse empenho de pesquisa e inovação. De qualquer forma, a integração estrutural universidade-empresa é o caminho que temos, ao lado das referidas entidades e fundações de apoio, para ingressar na sociedade do conhecimento, ao desenvolver ciência, tecnologia e inovação.

Da comunicação social

Art. 125 - Liberdade de conteúdo dos meios de informação e comunicação

Os veículos de informação — o rádio, a televisão, a imprensa escrita (impressa ou de comunicação eletrônica) e as redes sociais — constituem os meios de criação, expressão, manifestação e informação sobre os fatos e sobre o pensamento, em seu ilimitado espectro.

Esses meios de informação e de comunicação social não poderão sofrer qualquer restrição que possa constituir embaraço à plena informação jornalística e às opiniões editoriais que daí decorram, nem às opiniões pessoais manifestadas através das redes sociais. Não será, portanto, admitida qualquer forma de censura de natureza política, ideológica, cultural ou artística. Os veículos de comunicação eletrônica têm o direito de externar as opiniões dos internautas, garantido o direito de resposta aos atingidos por essas mesmas informações e opiniões.

Por outro lado, a mídia deve informar a coletividade com imparcialidade, sem distorções, omissões e narrativas falseadas dos fatos noticiados. Os titulares dos meios de informação têm, assim, o dever de informar objetivamente sobre os fatos, "sem alterar-lhes a verdade ou esvaziar-lhes o sentido original".[344] Esses deveres resultam do fato de os meios de comunicação de massa serem os principais formadores da opinião pública. Por sua vez, os sites eletrônicos, de iniciativa individual ou de grupos, formais ou informais, têm idêntico dever de bem informar e opinar. Todos esses veículos possuem uma função social relevante, notadamente por constituírem um meio permanente de controle, crítica e denúncia do exercício do poder político. Por isso, a liberdade dos meios de informação e de comunicação deve estar a serviço das prerrogativas políticas e sociais, nos planos individual e coletivo, não podendo servir aos interesses dos detentores do poder.

Isso posto, a liberdade de conteúdo dos meios de informação e de comunicação deve respeitar os valores da sociedade no campo da moralidade pública, dos valores da família, da dignidade pessoal, das relações sociais e os usos e costumes, que constituem o patrimônio civilizatório da Nação. Ademais, os meios de comunicação social devem, permanentemente, prestar serviços à coletividade, mediante serviços, informações e campanhas do interesse da sociedade — como as voltadas para a saúde pública, a educação e demais temas, visando à melhoria das relações sociais e ao aperfeiçoamento pessoal. E, além disso, as mídias e as redes sociais eletrônicas devem precipuamente direcionar sua comunicação e programação para o mundo do conhecimento, da educação, da cultura e das artes populares e eruditas.

Por outro lado, o interesse público e a função social, que caracterizam os meios de informação e comunicação, não devem se confundir com os interesses do governo. Não podem os veículos privados e aqueles patrocinados ou subvencionados pelo Poder Público, como as televisões públicas e as rádios da mesma natureza, estar a serviço dos governos respectivos, devendo manter absoluta imparcialidade e distanciamento político no exercício de difusão de seus programas de notícias e comentários.

---

344. Albino Greco, apud SILVA, José Afonso da. Op. cit., p. 844.

Isso posto, o desvio de finalidade e o abuso de direito no exercício da liberdade dos meios de informação e comunicação constituem grave delito, sendo passíveis de sanções penais, cíveis e administrativas cabíveis, por provocação de qualquer pessoa ou por iniciativa do Ministério Público Federal e dos Estados. O interesse público prevalece, não podendo as outorgas de serviços de rádio e televisão ser utilizadas para à propaganda oficial ou política, desinformação, distorção e falsificação de notícias, de fatos e de opiniões, ou para atacar a dignidade, a honra e a reputação das pessoas físicas e jurídicas. Tais delitos devem igualmente ser punidos, por iniciativa do Ministério Público ou de qualquer cidadão.

Assim, deve-se enfrentar a questão das concessões, permissões e autorizações para os serviços de difusão sonora e de sons e imagens, que, pela sua natureza técnica, utilizam os canais de transmissão, que são de propriedade da União. Deve prevalecer o regime de licitação, diferentemente do que ocorre com as outorgas atuais, que foram reservadas pela Constituição de 1988 para os partidos políticos e os seus dirigentes, conforme explicitamente determinava a redação original do seu art. 222, § 1º: "É vedada a participação de pessoa jurídica no capital social de empresa jornalística ou de radiodifusão, exceto a de partido político e de sociedades cujo capital pertença exclusiva e nominalmente a brasileiros". Com base nessa reserva de mercado dos serviços de rádio e televisão para a oligarquia política, o governo Sarney outorgou aos chefes políticos todas as concessões de rádio e televisão regionais e municipais. Os canais de televisão de nível nacional, que já tinham suas outorgas anteriores a 1988, foram obrigados a entregar suas filiais nos estados e nos municípios aos eternos caciques políticos regionais. Esse vergonhoso procedimento, franqueado pela Carta vigente, formou o que se passou a chamar de "coronelismo eletrônico", pelo qual os poderosos chefes políticos passaram a controlar todos os veículos estaduais e locais de radiodifusão, as chamadas "televisões afiliadas" às grandes redes nacionais.

Essa *carta régia*, outorgada aos políticos tradicionais e seus partidos, fere o princípio fundamental da licitação. Em qualquer país democrático, não se pode conceber outorgas de capitanias hereditárias eletrônicas aos chefes políticos. Mas essa regalia foi e continua sendo concedida pela Carta de 1988. A quebra frontal aos princípios da legalidade, da moralidade e da impessoalidade constante do texto original do referido art. 222 é tão vergonhosa que, após a ampla, geral e irrestrita outorga de concessão das rádios e televisões regionais e municipais à oligarquia política, em 1988 e 1989, resolveu o Congresso Nacional promulgar a Emenda Constitucional n. 36, de 2002, que deu "nova redação" ao referido artigo, dele retirando a menção de outorga aos partidos políticos, como que para esconder os fatos consumados.[345] Diante dessa quebra do regime de licitação e da

---

345. Redação original: "§ 1º - É vedada a participação de pessoa jurídica no capital social de empresa jornalística ou de radiodifusão, exceto a de partido político e de sociedades cujo capital pertença exclusiva

eternização das concessões dadas aos "coronéis eletrônicos", será de bom proveito que a constituição ora proposta estabeleça a competência do Poder Judiciário para decretar o eventual cancelamento das concessões de rádio e televisão e demais serviços de difusão sonora e de imagens.

Dessa forma, caberá ao Presidente da República outorgar e ao Poder Judiciário decretar a sua descontinuidade se for arguida pelo próprio Estado, pelo Ministério Público ou por qualquer cidadão, com base em atos de ilegalidade, irregularidade ou descumprimento da função pública, por parte das outorgadas. Se não houver arguição judicial, as outorgas serão automaticamente prorrogadas. Se procedentes as razões de sua descontinuidade, por decisão judicial, serão elas canceladas, procedendo-se à devida licitação. A imposição do regime de licitação e a competência judiciária para a descontinuidade da outorga, até certo ponto, condiciona e dá meios para a quebra da perpetuidade do poder nas mãos do atraso político.

Esse domínio dos corações e das mentes pelas oligarquias políticas está garantido, atualmente, pela Constituição de 1988 que, em seu art. 223, § 2º, determina que a não renovação dessas concessões político-partidárias dependerá da aprovação de, no mínimo, dois quintos do Congresso Nacional, em votação nominal.

Como se sabe, a outorga de concessão, de permissão e de autorização é um contrato administrativo, da competência do Presidente da República. Não tem o outorgado direito permanente e automático à renovação, podendo, no entanto, pleiteá-la sob o fundamento de que observou as exigências legais e regulamentares, bem como cumpriu a função social da outorga e, por isso, as finalidades educacionais, culturais e sociais. Trata-se de um direito condicionado à observância do interesse público.[346] Ocorre que essa hipótese de não renovação da outorga por ora não existe, diante do art. 223 da Constituição de 1988. Ela é eterna. A tal ponto a Constituição vigente garante essa eternidade que, se o Congresso não aprovar, dentro de sessenta dias, a renovação de outorgas, ficam sobrestadas todas as deliberações legislativas da Câmara ou do Senado.[347] Ou seja, se não for

---

e nominalmente a brasileiros." Redação dada pela Emenda Constitucional n. 36, de 2002: "§ 1º - Em qualquer caso, pelo menos setenta por cento do capital total e do capital votante das empresas jornalísticas e de radiodifusão sonora e de sons e imagens deverá pertencer, direta ou indiretamente, a brasileiros natos ou naturalizados há mais de dez anos, que exercerão obrigatoriamente a gestão das atividades e estabelecerão o conteúdo da programação."

346. SILVA, José Afonso da. Op. cit., p. 850.
347. CF/88: "Art. 64. A discussão e votação dos projetos de lei de iniciativa do Presidente da República, do Supremo Tribunal Federal e dos Tribunais Superiores terão início na Câmara dos Deputados. § 1º - O Presidente da República poderá solicitar urgência para apreciação de projetos de sua iniciativa. § 2º - Se, no caso do § 1º, a Câmara dos Deputados e o Senado Federal não se manifestarem sobre a proposição, cada qual sucessivamente, em até quarenta e cinco dias, sobrestar-se-ão todas as demais deliberações legislativas da respectiva Casa, com exceção das que tenham prazo constitucional

renovada a outorga a favor dos "coronéis eletrônicos", o Poder Legislativo ficará paralisado até que a renovação da concessão seja aprovada!

Esse festival de privilégios a favor da oligarquia política deve ser abolido, o que se propõe que seja feito através do regime de licitação e do controle judiciário das renovações de outorgas.

Do meio ambiente

Art. 126 - Sobrevivência do habitat global

Essa transcendente matéria constitucional, que afeta a qualidade e a própria continuidade da vida no Planeta, é analiticamente tratada na Constituição de 1988, em seu art. 225, na esteira dos demais artigos que a ela se referem (arts. 5°, 20, 24, 91, 129, 170, 174, 186 e 200).

O Brasil tem uma legislação ordinária bastante apropriada sobre esse tema fundamental, abrangendo praticamente todos os aspectos do meio ambiente que necessitam de amparo normativo. Trata-se das Leis n. 6.938/1981; 7.797/1989; 7.735/1989; 9.985/2000; 11.284/2006 e 12.651/2012 (Novo Código Florestal). Da mesma forma, foram instituídos órgãos e conselhos de defesa do meio ambiente destinados a discutir, propor, regulamentar, fiscalizar, proteger, barrar e punir os infratores, como sejam o Conselho Nacional do Meio Ambiente (Conama) e o Instituto Brasileiro do Meio Ambiente e dos Recursos Naturais Renováveis (Ibama), encarregado do Estudo de Impacto Ambiental (EIA) e seu respectivo Relatório de Impacto Ambiental (RIMA)[348] e, sobretudo, da fiscalização do meio ambiente natural no país. Ademais, o Brasil é subscritor de diversas convenções internacionais sobre a questão, sendo a última delas o Acordo de Paris sobre o Clima, de 2016. Deve-se notar que a Constituição vigente admitiu, no âmbito da proteção ao meio ambiente, a responsabilidade penal das pessoas jurídicas, o que constitui um grande avanço.

Há, outrossim, uma vasta e valiosa literatura brasileira a respeito dos diversos aspectos científicos da questão do meio ambiente e da preocupação por sua qualidade. Nesse acervo, incluem-se importantes contribuições de nossos juristas, em que se destacam José Afonso da Silva, Mario Guimarães Ferri, Benjamin de A. Carvalho, Heli Alves de Oliveira, Luiz Regis Prado, Samuel Murgel Branco, Ministro Herman Benjamin, Maria José Araújo Lima, José Reinaldo Lima Lopes,

---

determinado, até que se ultime a votação. [...] § 4° - Os prazos do § 2° não correm nos períodos de recesso do Congresso Nacional, nem se aplicam aos projetos de código."

348. Exigido no caso de obras públicas e privadas e de exploração de recursos naturais.

Sérgio Ferraz, Rafael Negret, Paulo de Bessa Antunes e tantos outros estudiosos da questão ecológica, como J. P. Charbonneau. Esse conjunto de contribuições nos coloca no catálogo mundial de estudos acadêmicos sobre meio ambiente, ecologia e questão climática.

Há, com efeito, todo um aparato constitucional, legal e administrativo voltado para a preservação da qualidade do meio ambiente no espaço nacional, que nos habilita a enfrentar o permanente processo de degradação decorrente da ambição e da ganância, de um lado, e da pobreza geral da maioria do povo brasileiro, de outro.

A questão climática ressalta nesse campo sensível de sobrevivência em nosso habitat global. A mudança climática, decorrente das emissões de CO_2 e das partículas finas de NO_2 (dióxido de azoto), tiveram um tratamento específico no referido Acordo de Paris, por nós subscrito. Esse histórico tratado procura estancar a trajetória climática que nos levará ao aquecimento global, decorrente do uso intensivo das energias fósseis e da produção elétrica a partir do carvão.[349] Contra essa ameaça à vida no planeta foram desenvolvidas tecnologias de produção de energia limpa e renovável que constituem um sucedâneo eficiente à energia fóssil e térmica e às grandes hidroelétricas, que danificam sobremaneira o meio ambiente natural. A crítica situação climática tem uma perspectiva favorável pela criação de novas fontes renováveis, que se mostram cada vez mais produtivas e, portanto, competitivas perante os tradicionais modelos energéticos degeneradores do meio ambiente.

Nesse contexto, a neutralidade do carbono, prevista no Acordo de Paris para ser alcançada em 2050, constitui um objetivo de salvação planetária e que deve ser promovido pela colaboração e pressão da sociedade civil junto aos governos e às grandes corporações e perante os Estados produtores das energias sujas, ainda prevalecentes. Para se alcançar a neutralidade do carbono e das emissões de poluentes, até o meio deste século XXI, será necessário reduzir em até 50%, já em 2030, a utilização das energias fósseis. Trata-se de um esforço hercúleo da comunidade mundial, dos governos e da sociedade civil, diante dos enormes interesses criados pelos países produtores de petróleo e das grandes corporações que os produzem ao redor do mundo, tanto desenvolvido como periférico, da África, da América Latina e da Ásia.

Isso posto, cabe fazer uma crítica fundamental ao referido art. 225 da Carta de 1988 quando declara que "todos têm direito ao meio ambiente ecologicamente equilibrado [...]". O apropriado seria a constituição dizer que todos têm o

---

349. A poluição provocada pelas partículas finas de dióxido de azoto (NO_2) são responsáveis por 400.000 óbitos prematuros na Europa, todos os anos, agravando os casos de asma e provocando partos prematuros, conforme os prestigiados estudos do Center for Research on Energy and Clean Air (CREA), organismo independente sediado na Finlândia.

dever de preservar o meio ambiente ecologicamente equilibrado. A qualidade do meio ambiente constitui um dever compartilhado entre o Estado e a sociedade civil. Não se trata de um direito da cidadania, mas de um dever, de um encargo constitucional de cada pessoa, física e jurídica, de contribuir, com sua conduta ativa e vigilante, para a manutenção do equilíbrio e da qualidade do meio ambiente. O direito subjetivo é uma situação jurídica de caráter receptivo, em que o seu titular deve receber de outrem os benefícios correspondentes. Essa posição receptiva não existe em matéria de manutenção da qualidade do meio ambiente natural. Cada um e todas as pessoas residentes no país têm o dever de contribuir para a melhoria do meio ambiente, na sua vida cotidiana, na sua conduta pessoal e social e nas suas atividades profissionais, empresariais e de lazer. Em todos os momentos e circunstâncias aflora esse dever jurídico, moral e humanitário, que compete a todos os indivíduos, às empresas e às instituições, privadas e públicas.

Por outro lado, esse dever compartilhado entre Estado e sociedade civil de preservar a qualidade do meio ambiente natural é reconhecido pelo mesmo art. 225 da Carta vigente — "[...] impondo-se ao Poder Público e à coletividade o dever de defendê-lo e preservá-lo para as presentes e futuras gerações". É na sociedade que se originam as ações de degradação do meio ambiente, e não no Estado — a não ser quando este exerce atividade empresarial, através das empresas públicas e de economia mista.

A diferença dos deveres de um e de outro advém do fato de o Estado ter o poder de polícia, os meios administrativos e os instrumentos jurídicos para regulamentar, fiscalizar e punir as condutas e os atos contrários à qualidade do meio ambiente. Cabe, assim, ao Poder Público promover as medidas punitivas e preventivas voltadas à qualidade do clima e do meio ambiente natural, que dependem, outrossim, de investimentos e de recursos orçamentários permanentes, de organização e de mecanismos públicos voltados precipuamente para tal fim. Mais do que isso, deve o Estado promover políticas públicas no tocante à qualidade do clima e do meio ambiente, sempre com a colaboração imprescindível da sociedade civil, na sua concepção e execução. A responsabilidade do Poder Público é plena no tocante a seu papel na conservação do clima e do meio ambiente natural. Essa responsabilidade toca as três esferas federativas, nas suas respectivas áreas e territórios.

Isso posto, verifica-se uma ausência de políticas públicas de Estado e de governo, a falta de atribuição de recursos orçamentários para tal fim relevantíssimo, a falta de meios materiais e de pessoal dedicados à fiscalização e à implementação de medidas de conservação, preservação e restauração das áreas de proteção ambiental e das reservas legais do ecossistema, bem como da qualidade do ar e demais questões relacionadas. A responsabilidade dos poderes públicos advém da ação e da omissão. Ressalte-se este último aspecto — o da omissão —, que tem sido uma das causas da degradação do clima e do meio ambiente natural em nosso país.

A propósito, insista-se que a preservação da qualidade do meio ambiente é, sobretudo, fruto da conduta das pessoas físicas, em sua vida cotidiana e nos seus empreendimentos econômicos e sociais, por menores ou maiores que sejam. A qualidade do meio ambiente natural e do clima, de que trata a norma constitucional ora proposta, enfatiza o caráter de dever, e não de direito, tanto da parte do Estado como da sociedade civil e, nela, de todas as pessoas físicas e jurídicas que residem ou exercem atividades no país. Nesse sentido, reitera-se a responsabilidade penal, administrativa e civil das pessoas físicas e jurídicas[350] e do Estado.[351]

Isso posto, entende-se como meio ambiente natural o conjunto integrado dos recursos naturais e do clima, que proporciona o equilíbrio da vida em todas as suas formas. Abrange o meio ambiente natural toda a Natureza, compreendendo o clima, o ar, o solo, as águas, a flora, a fauna e todos os demais fenômenos que constituem o habitat da vida no Planeta. E esse habitat da vida se insere também nos espaços profundamente alterados pelo homem, como as áreas urbanas, em que se dá a interação da obra construída pelos seres humanos e o seu meio.[352] E é nesse espaço urbano que se dá a mais visível degradação do clima e demais elementos do meio ambiente, como fruto da incúria, da ganância, da pobreza, da ignorância e do egoísmo de seus habitantes. Nessa degeneração da vida, do clima e da saúde nas cidades incluem-se: a falta de planejamento urbano; a desobediência ou manipulação do Plano Diretor, quando existe; as favelas, que ocupam grande parte do espaço das cidades, compostas de habitações degradantes a que o IBGE chama, eufemisticamente, de "habitações subnormais"; a ausência de saneamento básico; a ocupação, o uso e o parcelamento desordenado do solo; os deficientes transportes coletivos e a circulação monumental de veículos emissores de toneladas diárias de carbono e dióxido de azoto, além de um sem-número de mazelas.

Porém, é longe dos olhos que se dá a mais profunda deterioração do meio ambiente, pela inadequada e criminosa utilização dos recursos naturais, degra-

---

350. Sobre a responsabilidade das pessoas jurídicas, assim dispõe a Lei n. 9.605/1998: "Art. 2º - Quem, de qualquer forma, concorre para a prática dos crimes previstos nesta Lei, incide nas penas a estes cominadas, na medida da sua culpabilidade, bem como o diretor, o administrador, o membro de conselho e de órgão técnico, o auditor, o gerente, o preposto ou mandatário de pessoa jurídica, que, sabendo da conduta criminosa de outrem, deixar de impedir a sua prática, quando podia agir para evitá-la. Art. 3º - As pessoas jurídicas serão responsabilizadas administrativa, civil e penalmente conforme o disposto nesta Lei, nos casos em que a infração seja cometida por decisão de seu representante legal ou contratual, ou de seu órgão colegiado, no interesse ou benefício da sua entidade. Parágrafo único. A responsabilidade das pessoas jurídicas não exclui a das pessoas físicas, autoras, co-autoras ou partícipes do mesmo fato. Art. 4º - Poderá ser desconsiderada a pessoa jurídica sempre que sua personalidade for obstáculo ao ressarcimento de prejuízos causados à qualidade do meio ambiente."
351. Sobre a matéria da reponsabilidade do Estado, veja-se: OLIVEIRA, Helli Alves de. **Da responsabilidade do Estado por danos ambientais**. Rio de Janeiro: Forense, 1990.
352. SILVA, José Afonso da. Op. cit., p. 852.

dando-se o clima, a plataforma continental, os manguezais, os rios, os lagos, os habitats selvagens, as florestas, as matas, os espaços rurais (sobretudo pelo uso de agrotóxicos e pela falta de manejo), as reservas ambientais e culturais (reservas indígenas), os recursos energéticos, minerais, o subsolo e demais elementos que formam a biosfera. Trata-se da degradação multifacetária do meio ecológico natural, que é um bem jurídico transcendental, na medida em que está relacionado com a própria sobrevivência da vida no Planeta. Mais do que bens do uso comum, os elementos ecológicos do planeta são a própria substância da vida. Portanto, atentar contra a qualidade do meio ambiente natural constitui uma grave ameaça à própria vida, a partir da comunidade em que se habita e que acaba se somando e afetando o equilíbrio ecológico de todo o Mundo. Daí a proteção jurídica do sistema ecológico e de seu processo dinâmico, com a finalidade de conservação e de restauração do seu estado natural de produção de ecossistemas e da vida das espécies.

O que o Direito visa proteger é a qualidade do meio ambiente, e não o meio ambiente em si.[353] A ordem jurídica tem por finalidade resgatar o meio ambiente natural de sua permanente deterioração, tendo em vista o seu manejo predatório pelos seres humanos e suas empresas, que impedem a preservação sustentável da vida na Terra. Isso quer dizer que a qualidade do meio ambiente natural é um bem jurídico que não pode ser apropriado pelos indivíduos, pessoalmente ou nos seus empreendimentos, pois se trata de um patrimônio comum e universal.[354] Entenda-se a expressão "apropriação privada do meio ambiente natural" no seu sentido mais amplo possível. Assim, ninguém pode danificar o bem comum representado pela qualidade do clima, pelo solo limpo, pelos mares, rios e lagos despoluídos, pela integridade das florestas, das matas e dos manguezais e todos e quaisquer elementos que formam o ecossistema.

Deve a lei, outrossim, regulamentar e fiscalizar o manejo do ecossistema, que se faz necessário para a vida humana, a fim de que ele seja sustentável permitindo a recomposição do clima e da qualidade do meio ambiente natural. Daí o conceito de "meio ambiente ecologicamente equilibrado", que inclui a preservação da natureza e o seu manejo pelos seres humanos em seus empreendimentos, que devem, sempre, renová-lo, restaurá-lo e reequilibrá-lo. Trata-se de relações que se produzem em um dado ambiente entre os seres humanos e o meio em que se vive, ou seja, o próprio Planeta, que é o nosso habitat.[355] A lei deve determinar uma relação interativa do ser humano, enquanto ser social, com o seu meio ambiente natural.[356]

---

353. SILVA, José Afonso da. Op. cit., p. 855 *et seq.*
354. SILVA, José Afonso da. Op. cit., p. 856.
355. SILVA, José Afonso da. Op. cit., p. 856.
356. LIMA, Maria Jose Araujo. **Ecologia humana**: realidade e pesquisa. Rio de Janeiro: Vozes, 1984, p. 23.

O conceito ecológico que interessa ao Direito é que são necessariamente integradas a ação social do homem e o meio que lhe proporciona a qualidade de vida. A razão da disciplina normativa tendo por objeto a qualidade do meio ambiente natural é que o ser humano ocupa um lugar, um espaço físico, uma demanda biológica na cadeia alimentar e nos processos de produção natural e artificial de energia. E, nesse processo de inserção, atuação e intervenção sobre a natureza, o ser humano procura torná-la mais útil e cômoda à sua existência.[357] Tem-se, aí, um quadro vital, que exige do Direito uma sistematização e uma sanção para que o ser humano não degrade, não deteriore nem destrua o meio ambiente natural em que vive, permitindo-se, por outro lado, o equilíbrio entre a sua conduta *soit disant* civilizatória e a preservação das fontes naturais, profundas e essenciais, da vida no Planeta.

Esse quadro normativo deve levar em conta o equilíbrio sustentável nas áreas, setores e fatores naturais sujeitos à intervenção humana, e os elementos da Natureza que não devem ser tocados e que, quando podem sê-lo, devem ser recompostos, reconstituídos, restaurados e salvos, para que se reencontrem no seu estado original de vida. Daí ser um delito severamente punível a depredação e o esgotamento dos recursos naturais necessários à manutenção da qualidade universal de vida. Trata-se de um crime contra a humanidade a degradação do meio ambiente natural e do clima. Mais do que isso, o atentado, por menor ou maior que seja, é um delito contra a vida em todos os seus fenômenos e suas manifestações, a partir do ar, da água, do solo, da energia solar, dos mares, dos rios, dos lagos e pântanos e do processo energético natural, produzido pelas florestas e pelas matas, cerrados, campos e montanhas.[358] Aí é que se produzem as relações entre as espécies animais, vegetais e minerais, formando os ecossistemas com seus fatores vitais em permanente mutação cíclica, que não deve ser rompida pela intervenção predatória do ser humano. Essa dinâmica precisa ser estável, não podendo sofrer interrupções nos seus elementos naturais constitutivos nem degradada na sua integridade.

Isso posto, o princípio constitucional é o de declarar o dever e a responsabilidade de cada um e de todos os indivíduos na preservação da qualidade do meio ambiente natural.

---

357. LIMA, Maria Jose Araujo. Op. cit., p. 23.
358. Sobre a destruição das nossas matas, já em 1824, durante a elaboração de nossa primeira Constituição, o Patriarca de nossa Independência, José Bonifácio de Andrada e Silva, verberava: "[…] nossas preciosas matas vão desaparecendo, victimas do fogo e do machado destruidor da ignorância e do egoismo; nossos montes e encostas vão-se escalvando diariamente, e com o andar do tempo faltarão as chuvas fecundantes, que favorêção a vegetação, e alimentem nossas fontes e rios, sem o que o nosso bello Brasil em menos de dois seculos ficará reduzido aos páramos e desertos da Libya. Virá então esse dia (dia terrivel e fatal), em que a ultrajada natureza se ache vingada de tantos erros e crimes commettidos." (ANDRADA E SILVA, José Bonifácio de. **Representação à Assemblea Geral Constituinte e Legislativa do Imperio do Brasil Sobre a Escravatura**. Paris: Typographia de Firmin Didot, 1825, p. 38. Disponível em: http://www2.senado.leg.br/bdsf/bitstream/handle/id/518681/000022940.pdf?sequence= 1).

Da família

Art. 127 - A família e o desenvolvimento humano

A evolução dos direitos civis concernentes à família mostra um lado importante da democracia, em todo o mundo. Esse contínuo reconhecimento de direitos de minorias e de situações no âmbito da entidade familiar deve-se ao empenho da sociedade civil, que tem se esforçado para romper os preconceitos, exigir direitos e eliminar as opressões sobre indivíduos e grupos sociais caracterizados pelas questões de cor, de gênero, de idade, de orientação sexual, etc.

O que interessa neste capítulo específico é a evolução dos direitos em torno da família, de sua formação, reconhecimento e convivência, tendo em vista as relações que se desenvolvem entre os seus membros e entre a família e a sociedade. Nesse contexto, reconhece-se a existência de membros familiares em situação de fragilidade natural e social, como é o caso das crianças, dos adolescentes e dos idosos, e a condição das mulheres na sociedade conjugal, em razão da potencial agressividade do marido. Para tanto, criou-se, no Brasil, um arcabouço normativo abrangente, que trata dos direitos fundamentais da criança, do adolescente, do jovem e do idoso, bem como de sua proteção, e que inclui a liberdade de cada membro no seio familiar. Nesses direitos, ressaltam-se os referentes à convivência familiar e comunitária e o respeito à personalidade de cada um dos seus membros, no plano físico e mental.

Sobretudo, cabe ressaltar o dever dos pais de criar, educar e assistir os filhos menores, bem como o encargo dos filhos, já maiores, de ampararem os pais na velhice, na carência ou na enfermidade, tal como consta do art. 229 da Carta de 1988.

Das profícuas discussões que se davam no Tribunal de Justiça do Estado de São Paulo, nos anos 1950, sobre o concubinato e seus efeitos patrimoniais, evoluiu-se para o pleno reconhecimento da união estável na formação de uma entidade familiar e do casamento de pessoas do mesmo sexo. Também o casamento religioso foi reconhecido para a formação da família. E, pela decisão do Conselho Nacional de Justiça n. 175, de 2013, acolheu-se a união estável e sua conversão em casamento entre pessoas do mesmo sexo, inclusive para os efeitos de adoção. Pelo arcabouço constitucional e legal, a entidade familiar é reconhecida a partir do fato da formação e da continuidade de um relacionamento de união afetiva entre duas pessoas, independentemente da formalidade do casamento civil. E essa união matrimonial, de direito e de fato, reconhecida pelo ordenamento jurídico, acarreta uma série de responsabilidades aos chefes de família perante os seus filhos, naturais e adotivos, no período da infância, da adolescência e da juventude, tanto no plano da formação intelectual e profissional quanto no dever de conduta humana e amorosa para com eles, abstendo-se de oprimi-los física, psicologicamente ou sob qualquer outra forma.

O mesmo dever familiar foi instituído em favor de seus membros idosos. Também a relação entre os cônjuges vai no mesmo sentido, de dever de relacionamento humano e amoroso, sem opressão ou violência no que respeita à mulher, na sua relação com o marido ou companheiro. Cabe, por seu turno, à sociedade civil o dever de amparar os membros familiares em situação de fragilidade — crianças, adolescentes, jovens e idosos —, acolhendo-os plenamente em todas as atividades desenvolvidas no mundo social. E ao Estado cabe criar as instituições e oferecer os instrumentos efetivos de proteção às crianças, aos adolescentes, aos idosos e às mulheres na constância da sociedade conjugal, a fim de garantir-lhes a formação educacional, a integridade física e moral e a dignidade.

Esses direitos essenciais da família como entidade digna de proteção, e de seus membros em situação de fragilidade, são objeto de inúmeras regras constantes do Código Civil — entre outros dispositivos, citem-se os artigos 1.533 a 1.542, 1.565 e 1.567, 1.723 a 1.727, 1.571 e 1.580. A CLT também se ocupa da matéria do regime de trabalho dos menores — sobretudo os arts. 402, 403, 428 a 433 —, na esteira do que, a respeito, consta do art. 7º, XXXIII, da CF de 1988. Por sua vez, o art. 27 do Código Penal declara inimputáveis os menores de 18 anos. Ainda na esfera punitiva da má conduta nas relações familiares, há severas disposições nos arts. 217-A a 218-B do Código Penal. Mas, sobretudo, cabe a referência ao Estatuto da Criança e do Adolescente – ECA e ao Estatuto do Idoso. O ECA foi instituído pela Lei n. 8.069, de 1990, e se inspirou nas normas constantes da Convenção sobre os Direitos da Criança, adotada pela Assembleia-Geral das Nações Unidas em 1989 e que foi ratificada pelo Brasil em 24 de setembro de 1990. Já a Lei n. 10.741, de 2003, na esteira do que já dispunha a respeito a Lei n. 8.842, de 1994, que trata da Política Nacional do Idoso, cria o Conselho Nacional do Idoso.[359]

Outros diplomas fundacionais dos direitos dos membros em situação de fragilidade nas relações familiares se inserem no ordenamento jurídico brasileiro. Deve-se destacar a célebre Lei Maria da Penha (Lei n. 11.340, de 2006), que cria instrumentos institucionais de proteção dos membros em situação de fragilidade nas relações familiares, sobretudo da mulher perante a violência e truculência do marido ou companheiro. A mesma relevância tem a Lei n. 8.971, de 1994, que regula o direito dos companheiros na sociedade conjugal, desde a prestação de alimentos até a sucessão. De igual importância a Lei n. 11.698, de 2008, que regulamenta a guarda compartilhada dos filhos, instituída no Código Civil. De se destacar, ainda, a Lei n. 11.692, de 2008, que cria o Programa Nacional de Inclusão de Jovens – Projovem, seguida da Lei n. 12.852, de 2013, que cria o Estatuto da Juventude.

---

359. Atualmente Conselho Nacional dos Direitos da Pessoa Idosa, nos termos do Decreto n. 9.893, de 27 de junho de 2019.

Na concretização das ações previstas nessas leis, o Estado promoveu medidas de enorme importância, como a Delegacia da Mulher e um sistema de proteção das mulheres agredidas pelo cônjuge ou companheiro, inclusive afastamento compulsório e assistência permanente das vítimas por agressões potenciais que podem vir a sofrer novamente. No capítulo da guarda judicial dos menores infratores, há uma significativa contribuição da sociedade civil nas políticas e na própria administração das casas de acolhimento judiciário desses jovens, o que tem minimizado as difíceis questões referentes à sua guarda e à sua reinserção social. Trata-se de um esforço meritório, que vem minimizar e atenuar a truculência que se encontra nessas casas judiciais de custódia provisória.

Isso posto, cabe voltar aos textos que tratam da matéria na Constituição de 1988, notadamente os artigos 226 a 230. Ali se misturam preceitos da maior relevância — e que refletem um enorme progresso no que tange à entidade familiar — com outras normas de mera retórica constitucional, inaplicáveis perante a situação de pobreza e de extrema pobreza da maioria das famílias em nosso país. A mesma alienação da realidade se pode ver em muitos dispositivos do Estatuto da Criança e do Adolescente, não obstante o grande papel que vem exercendo no reconhecimento e na efetividade dos deveres e direitos das pessoas no âmbito da sociedade familiar. Essa crítica relativa que ora se fez ao ECA se aplica também ao Estatuto do Idoso, não obstante sua efetiva aplicação em muitas circunstâncias.

Os benefícios palpáveis que trouxeram esses dois estatutos fundamentais parecem endereçados à classe média, que é predominante nos países desenvolvidos, mas não em nosso país. A sua aplicação não ocorre plenamente na sociedade brasileira, com enormes disparidades socioeconômicas, em que mais da metade do povo vive em habitações deprimentes, em grandes, médias e pequenas favelas insalubres, sem serviços públicos nem saneamento básico, água, escolas e creches. Nelas, as habitações são insalubres, sem sala de convívio familiar, a não ser a cozinha exígua. São milhões de casebres grudados, sem ventilação, sem qualquer acomodação que possibilite o convívio familiar, a não ser quando dormem empilhados, pais e filhos e filhas, de várias idades, numa promiscuidade que revela, em sua plenitude, a miséria humana a que foi relegada a maioria do povo brasileiro. Os membros da família não se encontram em horários de convívio nessas habitações-dormitórios, a que o IBGE, eufemisticamente, chama de "habitações subnormais". Não há nessas habitações deprimentes qualquer condição objetiva para o cumprimento, pelos pais, dos deveres impostos pela Carta vigente para que proporcionem um ambiente de felicidade, de estudo, de formação moral e cultural dos filhos, num convívio civilizado e propositivo do futuro.

O contingente maior do povo brasileiro, submetido a essa condição periférica, fruto do secular domínio das oligarquias políticas atrasadas, não se enquadra em nenhuma das soberbas declarações impositivas e programáticas propostas pela demagógica Constituição de 1988. Nela, o Estado se coloca como grande provedor da família, relegando a sociedade civil a um papel residual e eventual. Assim é que, bizantinamente, o *caput* do art. 226 da CF/88 declara que "A família, base da sociedade, tem especial proteção do Estado". Mas, logo em seguida, reconhece a realidade da maior parte das famílias de baixa renda, em que muitos pais se afastam do convívio familiar — simplesmente desaparecem —, deixando à mãe o encargo de sustentar a prole, nas condições de miséria humana próprias do enfavelamento e da pobreza endêmica.

Assim, em linguagem oblíqua, para que ninguém entenda a real situação de milhões de lares matriarcais espalhados pelo país, o § 4º do mesmo art. 226 da CF/88, ambiguamente, declara que "Entende-se, também, como entidade familiar a comunidade formada por qualquer dos pais e seus descendentes". E, para que haja diminuição do número crescente de pobres e miseráveis no país — não pela distribuição de renda, mas pela menor produção de filhos —, o mesmo artigo 226 propõe o planejamento familiar invocando, hipocritamente, a "responsabilidade social". Propõe-se o Estado, nesse específico ponto, a dar todo o apoio a essa eugenia.

A redação bizantina desse programa de supressão da pobreza pelo desestímulo da geração de filhos, sob os auspícios do Estado, é encontrada no art. 226, § 7º:

> § 7º - Fundado nos princípios da dignidade da pessoa humana [sic] e da paternidade responsável [sic], o planejamento familiar é livre decisão do casal, competindo ao Estado propiciar recursos educacionais e científicos [sic] para o exercício desse direito [sic], vedada qualquer forma coercitiva por parte de instituições oficiais ou privadas.

Assim, o Estado oligárquico e pseudodemocrático se arma de instrumentos visando à diminuição dos pobres — e não da pobreza —, pondo à disposição dos pais desvalidos os meios para diminuir o número de filhos que viriam ao mundo sem perspectivas, sem oportunidades, sem esperança, sem felicidade.

Mas não para aí a deprimente demagogia constitucional. No seu artigo 227, o Estado provedor (de privilégios) proclama solenemente:

> Art. 227 - É dever da família, da sociedade e do Estado assegurar à criança, ao adolescente e ao jovem, com absoluta prioridade [sic], o direito à vida, à saúde, à alimentação, à educação, ao lazer, à profissionalização, à cultura [sic], à dignidade [sic], ao respeito, à liberdade e à convivência familiar e comunitária [sic], além de colocá-los a salvo de toda forma de negligência, discriminação, exploração, violência, crueldade e opressão [sic]. [...]

E não fica aí o delírio de insensibilidade dos oligarcas que proclamaram a Constituição de 1988. No § 1º do mesmo art. 227, está declarado o seguinte: "O Estado promoverá [sic] programas de assistência integral [sic] à saúde da criança, do adolescente e do jovem, admitida [sic] a participação de entidades não governamentais [...]".

O confronto desse "compromisso constitucional" com a miséria humana a que está relegada a maioria do povo brasileiro põe a nu outra faceta da oligarquia política do atraso, que nos domina: o horror à participação da sociedade civil na luta contra essa calamidade social, ao dizer: "admitida [sic] a participação de entidades não governamentais" nessa promoção da felicidade prometida pelo Estado. Esse mesmo desprezo pela participação da sociedade civil no resgate da pobreza é encontrado no art. 204 da Carta, quando trata da assistência social: "participação da população [sic], por meio de organizações representativas, na formulação das políticas e no controle das ações em todos os níveis". Não existe *povo*, entidade soberana, existe "população". E há uma nítida feição de promessa eleitoral-constitucional no § 3º do mesmo art. 227, no qual o Estado declara que patrocinará "programas de prevenção e atendimento especializado [sic] à criança, ao adolescente e ao jovem dependente de entorpecentes e drogas afins".

Por isso tudo, vê-se o completo divórcio — já que se está falando em família — entre o Estado oligárquico e o povo brasileiro, com seu enorme contingente de famílias submetidas a todas as mazelas da pobreza e da miséria. Como é que a vigente Constituição ousa falar em dever da família de educar os seus filhos quando metade do povo brasileiro vive com menos que R$ 15,00 reais por dia?[360] Por esse estudo do IBGE, 105 milhões de brasileiros vivem com apenas R$ 438,00 mensais, para a satisfação de todas as suas necessidades básicas. Trata-se da renda média real domiciliar *per capita* — anteriormente à pandemia da Covid-19. Os 10% mais pobres, equivalente a 20,950 milhões de pessoas, sobrevivem com somente R$ 112,00 por mês, ou R$ 3,37 por dia. Na região Nordeste, metade da população sobrevivia em 2019 com apenas R$ 261,00 mensais, sendo que os 10% mais pobres daquela região contavam com R$ 57,00 por mês, menos de R$ 2,00 por dia.

A respeito do confronto entre a deprimente realidade social brasileira e as falaciosas e cínicas disposições constitucionais sobre o tema, pronuncia-se o ilustre constitucionalista Professor José Afonso da Silva, ao comentar os presentes artigos da Carta de 1988:

> Tudo isso mostra que os direitos humanos da criança e do adolescente estão formalmente muito bem assegurados. Têm eles nessas normas uma Carta de Direitos Fundamentais incomparável onde se lhes garante tudo. Mas a

---

360. Conforme dados do PNAD de 6 de maio de 2020, referente aos dados colhidos em 2019.

realidade não é tão pródiga para com eles como é a retorica jurídica, pois se olharmos em torno de nós, veremos, sem qualquer dificuldade, um quadro negro e triste, onde por volta de 24 milhões de crianças vivem na miséria, 23 milhões na pobreza, 33% das famílias ganham menos do que um salário mínimo — e este fica no nível irrisório de cerca de 80 dólares mensais. Garante-se-lhes a vida e a saúde, mas a mortalidade infantil aumenta na razão direta do desemprego em massa e da queda dos salários e a todo o instante morre uma criança de inanição. Os textos colocam a criança e o adolescente a salvo da violência, da crueldade e da opressão, mas para sentir o contraste nem é necessário referir-se à violência de grupos de extermínio: basta essa violência silenciosa da miséria, que destrói milhões.[361]

Diante desse patético abismo entre o que proclama a Carta vigente e a realidade social da maioria do povo brasileiro, o texto constitucional aqui proposto enfatiza o dever do Poder Público de promover políticas de Estado capazes de, num prazo de vinte anos, promover a erradicação das favelas, o saneamento básico e as condições comunitárias de convívio e de serviços públicos plenos, visando resgatar a dignidade, as oportunidades e a inserção social desse enorme contingente de famílias. Sem condições de habitação digna, de meio ambiente comunitário seguro e serviços públicos efetivos, não se pode pretender que as famílias se reconheçam como tais, em termos de deveres, de direitos e de perspectivas para seus membros.

Dos povos indígenas, quilombolas e tradicionais

Art. 128 - O respeito aos povos indígenas, quilombolas e tradicionais

Os direitos constitucionais dos indígenas e de suas terras estão bem lançados na Constituição de 1988, nos seus artigos 231 e 232, com exceção das graves questões da pesquisa e lavra das riquezas minerais (garimpo) e do aproveitamento dos recursos hídricos e dos potenciais energéticos.[362]

---

361. SILVA, José Afonso da. Op. cit., p. 882.
362. Embora o art. 231, § 3º, da CF/88 disponha que "O aproveitamento dos recursos hídricos, incluídos os potenciais energéticos, a pesquisa e a lavra das riquezas minerais em terras indígenas só podem ser efetivados com autorização do Congresso Nacional, ouvidas as comunidades afetadas, ficando-lhes assegurada participação nos resultados da lavra, na forma da lei", deve-se lembrar que os fatos, entretanto, demonstram o descaso do Estado brasileiro com a proteção às terras indígenas.

Há toda uma leniência constitucional para com essas formas de devastação das terras originárias dos povos indígenas brasileiros. No presente anteprojeto de constituição procura-se enfrentar essas duas questões, proibindo-se a garimpagem, nas suas modalidades de pesquisa e de lavra, e, por outro lado, permitindo-se a exploração de recursos hídricos e dos potenciais energéticos apenas quando cabalmente evidenciado o interesse nacional envolvido, ouvidas as comunidades afetadas e desde que aprovado por 2/3 (dois terços) das duas Casas do Congresso Nacional.

Há uma diferença substancial entre uma e outra atividade, no que respeita aos seus efeitos devastadores. No caso da garimpagem, a destruição do meio ambiente natural é absoluta e eterna, criando uma chaga irremovível nas terras originárias, nos rios e lagos, com mercúrio e outras substâncias mortais para o homem, para a fauna e para a flora. A sinistra garimpagem devasta, outrossim, o meio ambiente cultural, de vida e dos costumes da comunidade indígena, atraindo os índios como mão de obra e levando à cobiça própria dessa truculenta atividade extrativista. Nunca é demais enfatizar a incompatibilidade total entre os propósitos das reservas indígenas com a mais destruidora atividade que se conhece no planeta, que é a extração mineral. O país não está plenamente mapeado no que respeita às províncias minerais, não havendo nenhuma necessidade de exploração minerária nas áreas constitucionalmente reconhecidas como de posse originária da comunidade indígena.

Já com respeito ao aproveitamento de recursos hídricos e os potenciais energéticos, ou seja, a construção de usinas hidroelétricas de efetivo interesse nacional, a destruição do meio ambiente natural e cultural das comunidades indígenas é de outro tipo. Há, nesse caso, uma alteração eterna do meio ambiente natural, que se transforma radicalmente, e, também, do meio ambiente cultural das aldeias. Não obstante a enorme agressão que provoca, a construção de hidroelétricas e sua exploração são limpas e, por isso, poderão recompor, em parte, o meio ambiente natural sustentável da comunidade indígena afetada, com iniciativas que reforcem o meio ambiente cultural e as condições de saúde e de vida na reserva afetada.

Outro aspecto que necessita ser mais bem esclarecido é o da competência e das atribuições do Ministério Público. A competência é do Ministério Público Federal e Estadual, e a sua posição, nos processos de iniciativa deles próprios, de terceiros e da própria comunidade, será a de defensores da comunidade, com poderes constitucionais para tanto. O empenho com que o Ministério Público Federal e o Ministério Público Estadual vierem a tratar da defesa dos interesses indígenas e de seus territórios naturais, e demais direitos inerentes a essa condição, será fundamental para a preservação desse patrimônio inestimável da nacionalidade.

De se notar, a propósito, a importância das reservas indígenas, espalhadas por todo o território, para a preservação e a sustentabilidade do meio ambiente natural do país.

Isso posto, cabe reiterar a natureza dos direitos fundamentais dos índios no contexto de uma nova constituição. Cabe à constituição reconhecer a autenticidade da organização social, dos costumes, da língua, das crenças e das tradições, bem como da singularidade étnica, dos costumes e usos comunitários, o que dá aos membros de uma comunidade indígena uma identidade antropológica inconfundível e preciosa para a Nação brasileira. Importante notar, a propósito, que cada comunidade indígena tem características próprias e inconfundíveis perante as demais, o que dá a perfeita noção da sua riqueza cultural, com línguas diferentes e demais elementos que, ao mesmo tempo, identificam-nas e as distinguem umas das outras.

Os direitos dos povos indígenas e de seus membros começa pela questão das terras onde habitam e formam as suas comunidades. A defesa, pelo Estado e pela sociedade civil, desses territórios, tornando-os reservas intocáveis, é fundamental para a sobrevivência dessas etnias e das culturas pré-cabralianas. Os direitos dos indígenas, sempre fundados na posse permanente, já eram reconhecidos desde os primórdios da Colônia, conforme o Alvará de 1º de abril de 1680, que reconhecia aos povos originários as terras onde estavam e que ocupavam no sertão. Esses direitos natos, proclamados naquele édito de 1680, foram confirmados pela Lei de 6 de junho de 1755, que reafirmava o princípio de que, nas terras outorgadas pela Metrópole a particulares, seria "sempre reservado o direito dos índios, primários e naturais senhores dela". De se notar que esses preceitos legais do Colônia nunca foram revogados, tendo sido inteiramente incorporados pelas constituições brasileiras ao longo do Império e da República.

Os territórios — reservas — tradicionalmente ocupados pelos povos indígenas brasileiros são bens da União, sendo sobre eles reconhecidos constitucionalmente os direitos originários dessas comunidades. Assim, as terras dos povos indígenas destinam-se à sua posse permanente e visam garantir-lhes o seu modo de vida e a sua cultura.[363] Entenda-se a expressão "terras tradicionalmente ocupadas" como o espaço em que os povos indígenas vivem suas tradições e o modo como as utilizam. Portanto, o conceito de "terras tradicionais" nada tem a ver com critérios temporais de ocupação ligados à prescrição aquisitiva ou qualquer outra regra de propriedade e reconhecimento de posse, próprias do Código Civil.

Os povos indígenas têm direitos originários sobre suas terras, como senhores delas, conforme já consagrava a referida lei colonial de 06 de junho de 1755. Trata-se de um direito que não demanda título de qualquer espécie, tanto que a sua posse é constitucionalmente reconhecida e protegida pelo Estado, independentemente de demarcação. O direito natural, constitucionalizado, existe sempre, sendo do Estado o ônus da demarcação, e não dos índios, que, originária e

---

363. SILVA, José Afonso da. Op. cit., p. 888.

permanentemente, nela vivem e desenvolvem sua vida comunitária, seus usos e costumes. Trata-se de um direito congênito que não depende de legitimação ou de delimitação geodésica ou de qualquer título ou reconhecimento civil de posse. Isso quer dizer que os índios sempre foram donos dessas terras. Eles nunca as adquiriram por ocupação. Sempre lá estiveram e continuam a estar, como sua habitação permanente.

A propósito, o Professor José Afonso da Silva ensina que: "em face do direito constitucional indigenista, relativamente aos índios com habitação permanente não há uma simples posse, mas um reconhecido direito originário e preliminarmente reservado a eles". E, em outro trecho, ainda o notável constitucionalista afirma:

> [...] a relação entre o indígena e suas terras não se rege pelas normas do Direito Civil. Sua posse extrapola a sua órbita puramente privada, porque não é nem nunca foi uma simples ocupação de terra para explorá-la, mas base de seu habitat, no sentido ecológico de interação do conjunto de elementos naturais e culturais que propiciam o desenvolvimento equilibrado da vida humana. Esse tipo de relação não pode encontrar agasalho nas limitações individualistas do direito privado, daí a importância do texto constitucional em exame, porque nele se consagra a idéia de permanência, essencial à relação do índio com as terras que habita.[364]

O disposto quanto aos povos indígenas deve estender-se também aos quilombolas e demais povos tradicionais, no que for a eles aplicável.

O Brasil é signatário da Convenção n. 169 da Organização Internacional do Trabalho (OIT), que trata dos Povos Indígenas e Tribais. Esse é, atualmente, o instrumento internacional mais atualizado e abrangente no que diz respeito às condições de vida e de trabalho dos indígenas e, sendo um tratado internacional ratificado pelo Estado, tem caráter vinculante.

A Convenção n. 169 da OIT apresenta importantes avanços no reconhecimento dos direitos coletivos dos povos indígenas, dos quilombolas e demais povos tradicionais, com significativos aspectos de direitos econômicos, sociais e culturais. Em sua definição, abrange os povos "[...] cujas condições sociais, culturais e econômicas os distingam de outros setores da coletividade nacional, e que estejam regidos, total ou parcialmente, por seus próprios costumes ou tradições ou por legislação especial" e também os povos "[...] considerados indígenas pelo fato de descenderem de populações que habitavam o país ou uma região geográfica pertencente ao país na época da conquista ou da colonização ou do estabelecimento das atuais fronteiras estatais e que, seja qual for sua situação

---

364. SILVA, José Afonso da. Op. cit., p. 889 *et seq.*

jurídica, conservam todas as suas próprias instituições sociais, econômicas, culturais e políticas, ou parte delas".[365]

Na legislação brasileira, o Decreto n. 6.040, de 07 de fevereiro de 2007, que instituiu a Política Nacional de Desenvolvimento Sustentável dos Povos e Comunidades Tradicionais (PNPCT), define os povos e comunidades tradicionais como:

> Grupos culturalmente diferenciados e que se reconhecem como tais, que possuem formas próprias de organização social, que ocupam e usam territórios e recursos naturais como condição para sua reprodução cultural, social, religiosa, ancestral e econômica, utilizando conhecimentos, inovações e práticas gerados e transmitidos pela tradição.

De acordo com a Convenção n. 169 da OIT, as terras indígenas e tradicionais devem ser concebidas como a integralidade do meio ambiente das áreas ocupadas ou usadas pelos povos indígenas, quilombolas ou tradicionais, abarcando, portanto, aspectos de natureza coletiva e de direitos econômicos, sociais e culturais, além dos direitos civis. Os artigos 15 e 14 da Convenção enfatizam o direito de consulta e participação dos povos indígenas, quilombolas ou tradicionais no uso, gestão (inclusive controle de acesso) e conservação de seus territórios. Além disso, a Convenção prevê o direito a indenização por danos e proteção contra despejos e remoções de suas terras tradicionais.

A Convenção n. 169 da OIT também reconhece que os povos indígenas, quilombolas ou tradicionais têm uma relação especial com a terra, que é a base de sua sobrevivência cultural e econômica. Assim, o direito de propriedade deve ser compreendido como um direito à terra composto de preocupações de ordem econômica, social e cultural. Desse modo, o Estado, ao reconhecer perpetuamente aos povos indígenas, quilombolas ou tradicionais as suas terras, também proclama o seu direito exclusivo de usufruir das riquezas naturais existentes nas terras que tradicionalmente ocupam. Esse direito é intransferível, como leciona Pontes de Miranda: "é pleno, compreende o uso e a fruição, quer se trate de minerais, de vegetais ou de animais".[366] Daí não se poder admitir que terceiros sejam autorizados a promover pesquisa e lavra de riquezas minerais ou exploração agrícola ou extrativa em terras indígenas, quilombolas ou tradicionais. Qualquer intervenção proposta para esses territórios deve ser previamente objeto de consulta junto às comunidades afetadas, sejam indígenas, quilombolas ou

---

365. ORGANIZAÇÃO INTERNACIONAL DO TRABALHO. **Convenção n. 169 sobre povos indígenas e tribais e Resolução referente à ação da OIT.** Brasília: OIT, 2011. Disponível em: http://portal.iphan.gov.br/uploads/ckfinder/arquivos/Convencao_169_OIT.pdf.

366. PONTES DE MIRANDA, Francisco Cavalcanti. **Comentários à Constituição de 1967:** com a Emenda n. 1, de 1969. São Paulo: RT, 1970, n. 1, t. 4, p. 456 *et seq.*

tradicionais, nos termos do direito à consulta e ao consentimento prévio, livre e informado (CCPLI),³⁶⁷ previsto nos artigos 6º, 7º, 15, 16 e 17 da Convenção n. 169 da OIT e nos artigos 19 e 32 da Declaração das Nações Unidas sobre os Direitos dos Povos Indígenas.³⁶⁸

---

367. "Considerado pedra angular da Convenção n. 169 [da OIT], o direito à consulta prévia é um direito fundamental dos povos indígenas, quilombolas e tradicionais e está intrinsecamente ligado ao direito ao consentimento prévio, livre e informado e ao direito à livre determinação. A consulta é dever do Estado, deve ser de boa-fé e prévia às medidas legislativas e administrativas suscetíveis de afetar os povos indígenas, quilombolas e tradicionais. O direito ao consentimento integra o direito de consulta prévia. Não existe um sem o outro." (GLASS, Verena (org.). **Protocolos de consulta prévia e o direito à livre determinação.** São Paulo: Fundação Rosa Luxemburgo; CEPEDIS, 2019). "O direito à consulta e ao consentimento prévio, livre e informado (daqui para frente nomeado apenas como CCPLI) se sustenta no reconhecimento dos direitos fundamentais de povos e comunidades tradicionais e na garantia da sua livre determinação. Ou seja, povos indígenas e tribais têm o poder de decidir livremente sobre seu presente e futuro na qualidade de sujeitos coletivos de direitos. Para fazer respeitar esse princípio, os Estados devem observar a obrigatoriedade de consultar os povos afetados por medidas administrativas e legislativas capazes de alterar seus direitos. A CCPLI consolidou-se internacionalmente como uma importante conquista dos povos indígenas e tribais, porque determina um novo tipo de relação, mais simétrica e respeitosa, entre os Estados e os referidos povos. Contudo, ainda são inúmeros os desafios para a efetiva implementação desse direito, tanto por parte dos Estados como para os povos e comunidades afetados por decisões estatais." (GARZÓN, Biviany Rojas; YAMADA, Erika M.; OLIVEIRA, Rodrigo. **Direito à consulta e consentimento de povos indígenas, quilombolas e comunidades tradicionais.** São Paulo: Rede de Cooperação Amazônica – RCA; Washington-DC: Due Process of Law Foundation, 2016. Disponível em: https://rca.org.br/wp-content/uploads/2016/08/2016-Livro-RCA-DPLf-Direito-a-Consulta-digital.pdf). "[…] pode-se aquilatar o grau de importância que se confere, dentro da OIT, aos direitos de consulta e consentimento livres, prévios e informados estampados na Convenção n. 169, configurando, a nosso ver verdadeiros direitos fundamentais dos povos indígenas e tribais." (GRABNER, Maria Luiza. O direito humano ao consentimento livre, prévio e informado como baluarte do sistema jurídico de proteção dos conhecimentos tradicionais. **Boletim Científico ESMPU.** Brasília, v. 14, n. 45, p. 11-65, jul./dez. 2015. Disponível em: http://www.mpf.mp.br/atuacao-tematica/ccr6/documentos-e-publicacoes/artigos/docs_artigos/1-o-direito-humano-ao-consentimento-livre-previo-e-informado-1.pdf).
368. Convenção n. 169/1989 da Organização Internacional do Trabalho: "Artigo 6º - 1. Ao aplicar as disposições da presente Convenção, os governos deverão: a) consultar os povos interessados, mediante procedimentos apropriados e, particularmente, através de suas instituições representativas, cada vez que sejam previstas medidas legislativas ou administrativas suscetíveis de afetá-los diretamente; b) estabelecer os meios através dos quais os povos interessados possam participar livremente, pelo menos na mesma medida que outros setores da população e em todos os níveis, na adoção de decisões em instituições efetivas ou organismos administrativos e de outra natureza responsáveis pelas políticas e programas que lhes sejam concernentes; c) estabelecer os meios para o pleno desenvolvimento das instituições e iniciativas dos povos e, nos casos apropriados, fornecer os recursos necessários para esse fim. 2. As consultas realizadas na aplicação desta Convenção deverão ser efetuadas com boa fé e de maneira apropriada às circunstâncias, com o objetivo de se chegar a um acordo e conseguir o consentimento acerca das medidas propostas. Artigo 7º - 1. Os povos interessados deverão ter o direito de escolher suas próprias prioridades no que diz respeito ao processo de desenvolvimento, na medida em que ele afete as suas vidas, crenças, instituições e bem-estar espiritual, bem como as terras que ocupam ou utilizam de alguma forma, e de controlar, na medida do possível, o seu próprio desenvolvimento econômico, social e cultural. Além disso, esses povos deverão participar da formulação, aplicação e avaliação dos planos e programas de desenvolvimento nacional e regional suscetíveis de afetá-los diretamente. […] Artigo 15 - 1. Os direitos dos povos interessados aos recursos

Por tudo isso, reafirma-se, neste anteprojeto de constituição, a relevância dos direitos fundamentais dos povos indígenas, quilombolas ou tradicionais aos seus territórios e o uso e o gozo de suas riquezas naturais, sem turbação de terceiros. Cabe ao Estado e à sociedade civil amparar essas preciosas comunidades no sentido da integridade territorial de suas reservas e do amparo imprescin-

> naturais existentes nas suas terras deverão ser especialmente protegidos. Esses direitos abrangem o direito desses povos a participarem da utilização, administração e conservação dos recursos mencionados. 2. Em caso de pertencer ao Estado a propriedade dos minérios ou dos recursos do subsolo, ou de ter direitos sobre outros recursos, existentes na terras, os governos deverão estabelecer ou manter procedimentos com vistas a consultar os povos interessados, a fim de se determinar se os interesses desses povos seriam prejudicados, e em que medida, antes de se empreender ou autorizar qualquer programa de prospecção ou exploração dos recursos existentes nas suas terras. Os povos interessados deverão participar sempre que for possível dos benefícios que essas atividades produzam, e receber indenização equitativa por qualquer dano que possam sofrer como resultado dessas atividades. Artigo 16 - 1. Com reserva do disposto nos parágrafos a seguir do presente Artigo, os povos interessados não deverão ser transladados das terras que ocupam. 2. Quando, excepcionalmente, o translado e o reassentamento desses povos sejam considerados necessários, só poderão ser efetuados com o consentimento dos mesmos, concedido livremente e com pleno conhecimento de causa. Quando não for possível obter o seu consentimento, o translado e o reassentamento só poderão ser realizados após a conclusão de procedimentos adequados estabelecidos pela legislação nacional, inclusive enquetes públicas, quando for apropriado, nas quais os povos interessados tenham a possibilidade de estar efetivamente representados. 3. Sempre que for possível, esses povos deverão ter o direito de voltar a suas terras tradicionais assim que deixarem de existir as causas que motivaram seu translado e reassentamento. 4. Quando o retorno não for possível, conforme for determinado por acordo ou, na ausência de tais acordos, mediante procedimento adequado, esses povos deverão receber, em todos os casos em que for possível, terras cuja qualidade e cujo estatuto jurídico sejam pelo menos iguais aqueles das terras que ocupavam anteriormente, e que lhes permitam cobrir suas necessidades e garantir seu desenvolvimento futuro. Quando os povos interessados prefiram receber indenização em dinheiro ou em bens, essa indenização deverá ser concedida com as garantias apropriadas. 5. Deverão ser indenizadas plenamente as pessoas transladadas e reassentadas por qualquer perda ou dano que tenham sofrido como consequência do seu deslocamento. Artigo 17 - 1. Deverão ser respeitadas as modalidades de transmissão dos direitos sobre a terra entre os membros dos povos interessados estabelecidas por esses povos. 2. Os povos interessados deverão ser consultados sempre que for considerada sua capacidade para alienarem suas terras ou transmitirem de outra forma os seus direitos sobre essas terras para fora de sua comunidade. 3. Dever-se-á impedir que pessoas alheias a esses povos possam se aproveitar dos costumes dos mesmos ou do desconhecimento das leis por parte dos seus membros para se arrogarem a propriedade, a posse ou o uso das terras a eles pertencentes." Declaração das Nações Unidas sobre os Direitos dos Povos Indígenas, de 13 de setembro de 2007: "Artigo 19 - Os Estados celebrarão consultas e cooperarão de boa-fé, com os povos indígenas interessados, por meio de suas instituições representativas para obter seu consentimento prévio, livre e informado antes de adotar e aplicar medidas legislativas e administrativas que os afetem. [...] Artigo 32 - 1. Os povos indígenas têm o direito de determinar e de elaborar as prioridades e estratégias para o desenvolvimento ou a utilização de suas terras ou territórios e outros recursos. 2. Os Estados celebrarão consultas e cooperarão de boa-fé com os povos indígenas interessados, por meio de suas próprias instituições representativas, a fim de obter seu consentimento livre e informado antes de aprovar qualquer projeto que afete suas terras ou territórios e outros recursos, particularmente em relação ao desenvolvimento, à utilização ou à exploração de recursos minerais, hídricos ou de outro tipo. 3. Os Estados estabelecerão mecanismos eficazes para a reparação justa e equitativa dessas atividades, e serão adotadas medidas apropriadas para mitigar suas consequências nocivas nos planos ambiental, econômico, social, cultural ou espiritual."

dível à continuidade da vida, da língua e da cultura aí praticadas pelos povos que nos precederam neste imenso país e também pelos que aqui vieram na condição de escravizados.

Das disposições gerais

Art. 129 - Constituição aprovada mediante plebiscito

A soberania do povo é o cerne da democracia e, como tal, foi sempre reconhecida, a partir da fundação dos Estados Unidos, em 1776; da Declaração dos Direitos do Homem e do Cidadão, da Revolução Francesa, em 1789; e, contemporaneamente, pela Declaração Universal dos Direitos Humanos, proclamada pelas Nações Unidas, em 1948, nos seguintes termos: "Toda pessoa tem o direito de tomar parte no governo de seu país diretamente ou por intermédio de representantes livremente escolhidos." Seguiram-se outras convenções internacionais que reafirmam o princípio de que a participação do povo no governo de seu país integra os direitos humanos, como se pode ver no Pacto de San José da Costa Rica, firmado pelo Brasil.

A nossa Constituição de 1988 não reproduz esse princípio, outorgando ao cidadão brasileiro apenas o direito de votar e não de, diretamente, participar da vida pública. É o que consta do art. 14, *caput*: "A soberania popular será exercida pelo sufrágio universal e pelo voto direto e secreto [...]". O único direito do cidadão brasileiro é o de votar nos candidatos apresentados pelos partidos políticos, conforme consta do § 3º, V, do mesmo art. 14, ao impor a filiação partidária como condição de elegibilidade. Trata-se da partidocracia instituída pela Constituição de 1988 para petrificar no poder a secular oligarquia política do atraso.

Não há entre nós nenhum vínculo entre o povo e o poder. Não obstante, há três instrumentos previstos na Carta vigente que permitem a participação do povo no poder, mesmo dentro do regime partidocrático em que vivemos: o plebiscito, o referendo e as leis de iniciativa popular (mesmo art. 14, *caput*, incisos I, II e III, da CF/88). Entretanto, e como referido em diversas passagens deste estudo, não podem os cidadãos brasileiros ingressar na política de forma independente ou respaldados por movimentos cívicos espontaneamente gerados na sociedade.

Esses instrumentos democráticos de participação direta do povo nos destinos políticos de um país — que remontam à Grécia Antiga —, entre nós somente são utilizados para os nefastos desmembramentos dos municípios com a finalidade de ampliar os feudos políticos sobre as várias centenas de novas prefeituras. A par desse uso perverso do plebiscito para a multiplicação dos núcleos de poder oligárquico, foi esse instituto também utilizado para decidir sobre dois assuntos relevantes: as formas de governo (república ou monarquia) e também a questão do porte de armas. Fora disso, o uso do plebiscito e do referendo foi sempre relegado e evitado pelas oligarquias políticas, que têm verdadeiro horror à democracia direta, ainda que retoricamente prevista na Carta de 1988.

A respeito, o ensinamento do Professor José Afonso da Silva:

> Os parlamentares brasileiros têm particular prevenção contra institutos de participação direta do povo no processo legislativo, por entender que isso desprestigia os legisladores. Não foram ainda capazes de perceber que, ao contrário disso, o exercício da democracia semidireta contribui para fortalecer as instituições representativas.[369]

A propósito, deve ser lembrado que o plebiscito, o referendo e as leis de iniciativa do povo foram introduzidos a fórceps na Constituição de 1988 em decorrência de uma emenda popular, com 402.266 assinaturas. Para evidenciar a má vontade dos então parlamentares-constituintes com respeito à participação direta do povo no poder, a Constituição de 1988 não deu operatividade ao plebiscito e ao referendo,[370] remetendo a questão aos termos da lei, não sendo, portanto, autoaplicáveis a partir da própria Carta. E como tardasse de uma década a lei reguladora a respeito, coube ao ilustre deputado Almino Affonso propô-la, sendo aprovado o seu texto, com inúmeras desidratações, como a Lei n. 9.709, de 1998.

Isso posto, diante do momento histórico em que vivemos, marcado pelo esgotamento da partidocracia corrupta, responsável pelo nosso atraso, pelo abismo social e pela decadência econômica, propõe-se que se utilize o instituto do plebiscito para que se proclame uma nova constituição capaz de, estruturalmente, libertar-nos da secular casta fossilizada no poder. Trata-se do uso da democracia direta, exercida pelo povo soberano. Não há outro caminho possível.

Uma nova constituição para o Brasil não demanda nenhuma ruptura do regime democrático, mesmo porque a proposta ora apresentada não suprime nenhuma instituição prevista na atual Carta. Mantém-se o regime presidencialista, a integridade dos três Poderes, os direitos e garantias individuas, as liberdades públicas, sem nenhuma restrição ou alteração. Mas, por outro lado, cria-se o regime de isonomia entre os setores público e privado, com a extinção dos privilégios para os agentes públicos, ou seja, os políticos e servidores administrativos.

Ademais, extingue-se o foro privilegiado; criam-se as candidaturas independentes; proíbe-se a reeleição; institui-se o voto distrital puro; suprimem-se as emendas parlamentares, o Fundo Eleitoral e o Fundo Partidário; restaura-se o trânsito em julgado e a prisão de réu condenado já na primeira instância, passan-

---

369. SILVA, José Afonso da. Op. cit., p. 225 *et seq.*
370. SILVA, José Afonso da. Op. cit., p. 225 *et seq.*

do o STF a ser uma Corte Constitucional, formada pelos decanos dos tribunais superiores, com mandato de 08 (oito) anos; e outras medidas, todas visando corrigir as distorções estruturais que nos levaram à atual ausência de governabilidade.

Para tanto, parte-se da iniciativa popular, que deve votar um texto constitucional que será objeto do plebiscito. Esse é o caminho do reencontro entre a sociedade e o poder constituído. O Estado deve deixar de ser um veículo de domínio e de opressão da sociedade civil para se tornar uma instituição a serviço dela. A soberania do povo é o princípio básico da democracia. É o que proclama a própria Carta vigente, no seu art. 1º, parágrafo único: "Todo o poder emana do povo [...]". E *povo* é o conjunto de homens e mulheres livres que formam a cidadania e, a partir dela, a sociedade civil, geradora de instituições próprias que organizam os anseios e as atividades que nela se desenvolvem. É dessa sociedade civil que deve partir a iniciativa do projeto de constituição e aí debatido e consensuado, para ser aprovado pela cidadania, em plebiscito organizado conforme os ditames constitucionais vigentes e a lei que a regula.

Propõe-se, portanto, uma nova constituição, de iniciativa popular, na medida em que é formulada pelo povo e por ele decidida, mediante o instrumento do plebiscito. Basta que o povo brasileiro pressione efetivamente o Congresso a ponto de levá-lo a convocar um plebiscito, para determinada data, logo após o debate nacional durante 180 dias, a fim de que o povo decida diretamente a respeito da aprovação de uma nova constituição.

Cabe anotar que o plebiscito é o sistema que se utiliza para a aprovação de novas constituições em todos os países do mundo democrático. Essa é a proposta contida neste artigo do anteprojeto, que prevê a entrada em vigor da nova constituição 180 dias após a sua aprovação no respectivo plebiscito.

Art. 130 - A autoaplicação das normas constitucionais

As normas contidas na constituição ora projetada são de operatividade plena, independendo a sua vigência e aplicação de leis que lhes deem eficácia. Teve-se o cuidado de revestir as normas aqui apresentadas de um caráter principiológico e, ao mesmo tempo, instrumental. Trata-se de normas principiológicas constitucionais, não no sentido programático, mas de mandamentos nucleares de um sistema que se irradia sobre todas as normas que tratam da mesma matéria.[371]

As normas constitucionais constantes deste estudo são mandamentos que irradiam valores de forma concreta e que, desde logo, vinculam os seus destinatários. São princípios normativos que refletem uma concepção coerente da

---

371. Cf. BANDEIRA DE MELLO, Celso Antônio. Op. cit., cap. 19, item 3; SILVA, José Afonso da. Op. cit., p. 30 *et seq.*

sociedade civil e do Estado, nos seus papéis institucionais, nas suas relações e nas suas funções. São princípios constitucionais fundamentais que, no ensinamento de Celso Antonio, "se irradia[m] sobre diferentes normas compondo-lhes o espírito e servindo de critério para a sua exata compreensão e inteligência [...]".[372]

As regras constitucionais aqui constantes contêm princípios políticos que versam sobre as instituições, como, por exemplo, o regime democrático republicano federalista e presidencialista, a separação e controle recíproco dos seus três Poderes, etc. E expressa este anteprojeto de constituição os princípios de conduta do Poder Público, que deve se fundar na isonomia, na legitimidade das leis, na moralidade e na impessoalidade. Esses princípios de conduta estabelecem a organização dos entes públicos e de seus quadros de servidores, tendo em vista o papel do Estado a serviço da sociedade civil, e não o contrário, como hoje ocorre, sob os auspícios da Carta vigente. Propõe-se um conjunto de regras que são, em parte, construtivas e propositivas e, em parte, derrogatórias das situações e das relações viciosas estabelecidas na Constituição de 1988.

Nenhuma das normas constitucionais ora apresentadas demanda uma lei para que seja, desde logo e diretamente, aplicada.

Isso posto, as leis incompatíveis com as novas regras constitucionais serão automaticamente derrogadas. As leis que são compatíveis com as normas constitucionais aqui elencadas serão recepcionadas, em todas as suas disposições e efeitos. O mesmo se diga das normas da Carta de 1988 que se coadunam com as regras constitucionais ora apresentadas. Há, no entanto, que desconstitucionalizá-las, na medida em que mais de 3.500 dispositivos constantes da Carta de 1988 deverão migrar para as leis ordinárias.

Com efeito, a Constituição vigente, na ânsia de criar privilégios para a casta política e administrativa e de produzir infindável retórica quanto aos propalados direitos individuais e coletivos, quis englobar nela o maior número de normas que pudesse. Não bastasse o texto original da Carta vigente, com mais de 3.500 normas, as emendas nela incluídas nos últimos trinta anos inflaram o seu texto de tal maneira que nela existem inúmeras contradições, muitas vezes no próprio artigo constitucional emendado. É o caso, por exemplo, do art. 37, que, no seu inciso XI, estabelece um teto intransponível de remuneração dos servidores e, no seu § 11, introduzido pela Emenda Constitucional n. 47, de 2005, declara que os aditivos salariais dos servidores poderão ultrapassar, sem limites, esse mesmo teto.

A propósito de ser a Constituição de 1988 um verdadeiro Código Geral brasileiro, regulando minuciosamente todos os assuntos públicos e privados, manifestou-se o ilustre deputado Arnaldo Madeira, em sessão da Câmara dos Deputados, a propósito da EC n. 65, de 2010: "Fico me perguntando qual é o efeito de colocarmos na Constituição a palavra 'jovem' [...]. Permanecemos com a nossa

---

372. BANDEIRA DE MELLO, Celso Antônio. Op. cit.

cultura de colocar tudo na Constituição e ampliá-la cada vez mais. Achamos que o que não está na Constituição não vale."[373]

Dessa forma, uma nova constituição, nos termos ora propostos, será plenamente aplicável já na data consignada, em plebiscito, para o início de sua vigência.

Art. 131 - A irradiação das normas constitucionais no ordenamento jurídico

As normas constitucionais irradiam para o ordenamento os valores fundamentais da estrutura do Estado e da sociedade civil. Desse modo, cada constituição reflete os valores próprios de sua feição e de seus propósitos.

A Carta de 1988, irradia os valores do privilégio e da dominação do Estado sobre a sociedade civil em termos de burocracia e afastamento do povo do poder, ao instituir a partidocracia. Outros são os valores contidos no anteprojeto constitucional ora apresentado. Ao mesmo tempo que se mantêm íntegras as estruturas do Estado Democrático de Direito, coloca-se o Poder Público a serviço da sociedade civil, e não mais da casta política e administrativa. Há uma clara distinção de valores entre a Constituição de 1988 e o presente anteprojeto.

A Carta vigente é toda estruturada para submeter a sociedade civil ao domínio dos partidos políticos, sem qualquer participação da sociedade no poder. O povo — a que os políticos chamam, desprezivelmente, de "população" — fica relegado ao dever de pagar os impostos e de votar nas oligarquias partidárias. Ademais, a sociedade civil está submetida à opressão administrativa do Estado, que cerceia a livre atividade econômica, mercê de mil obstáculos, conhecidos como "Custo Brasil". O modelo constitucional vigente perpetua o atraso, as vergonhosas desigualdades sociais e a democracia manca, que se sustenta, apenas, no pilar das liberdades públicas, sem atender ao princípio da igualdade (isonomia) e da fraternidade, traduzida pelas oportunidades que devem ser oferecidas ao povo na sua busca de felicidade, de realização individual e de inserção social. Há toda uma cultura secular de privilégios dos agentes políticos e administrativos, que deve ser desconstruída, não somente através de uma nova constituição, mas também da revogação das leis e dos atos normativos que criam o arcabouço concreto dessa situação de completo divórcio entre a sociedade civil e o Estado.

Daí a necessidade dupla de a nova constituição irradiar os novos valores de isonomia e equidade e, por sua vez, de a legislação infraconstitucional expressar essa nova feição das relações entre a sociedade civil e o Estado. Essa harmonia entre valores constitucionais e seu reflexo no ordenamento jurídico é que cria a possibilidade de construirmos uma autêntica democracia participativa. Há que

---

373. SILVA, José Afonso da. Op. cit., p. 874 *et seq.*

se adequar a legislação ordinária para que impulsione os valores de igualdade e de oportunidades, contidos na nova constituição. Isso porque a tendência é que os interessados na manutenção do *status quo* se refugiem na legislação ordinária procurando atenuar e neutralizar os preceitos de isonomia e equidade constantes do texto constitucional projetado.

Esse é o maior perigo de não lograrmos uma mudança estrutural efetiva na relação sociedade civil e Estado. Daí o preceito contido no presente artigo.

Art. 132 - Audiências públicas previamente ao processo legislativo

O presente anteprojeto constitucional é estruturado no conceito de democracia interativa e participativa. Isso quer dizer que, na formulação das políticas públicas e na elaboração das leis, é imperioso instituir, de maneira sustentável, um novo conceito de mediação entre a sociedade civil e a representação política.

Deve-se aproveitar a vitalidade das instituições civis e sua comprovada capacidade de estudar, técnica e cientificamente, as graves questões sociais e econômicas, para apresentar sugestões junto ao Congresso Nacional. Deve-se construir uma interação permanente entre o Estado e a cidadania, na construção de projetos para as nossas enormes deficiências estruturais. A participação da sociedade civil organizada na formulação das políticas públicas e na elaboração das leis não é complementar nem assessória. Ela é a expressão do conhecimento racional dos problemas prementes do povo brasileiro. É nessa contribuição que devem se basear os representantes parlamentares, na formulação e aprovação das leis. Esse diálogo institucional leva à convergência de visões entre os políticos eleitos e a sociedade, na busca do bem comum e na preservação do interesse público na formulação das leis.

É necessário que, na elaboração das leis, conciliem-se os interesses prementes da sociedade com os meios que possa oferecer o Estado. Cria-se com as audiências públicas permanentes o diálogo entre a sociedade e seus representantes parlamentares, e uma confiança mútua fundada nas soluções racionais, científicas, técnicas e plurais trazidas pelas entidades civis. Os paradigmas assim aportados serão os elementos determinantes das leis, estabelecendo o consenso necessário para a sua aplicação e efetividade. Desse diálogo institucional resultará, ademais, a transparência dos textos legais.

As audiências públicas constituem, assim, o instrumento irradiador da mobilização da sociedade civil organizada na ampla discussão das matérias objeto dos projetos legislativos. As audiências públicas, instituídas pelo Congresso Nacional, devem incluir o maior número possível de entidades civis dedicadas aos estudos sobre as áreas abrangidas pelos projetos de lei. Teremos, assim, a contribuição daquilo a que poderíamos chamar de *inteligência coletiva*, surgida da mobilização política do povo, através das entidades que surgiram em seu meio, para apontar os problemas e as soluções, do ponto de vista da sociedade, e não do Estado. As audiências públicas permanentes e sustentáveis constituem, portanto, a forma genuína da democracia participativa e interativa, assegurando a transparência do jogo entre o poder e a sociedade.

Há que se aproveitar, na elaboração das leis, essa irrecusável contribuição da sociedade civil organizada que, ao longo das últimas décadas, elaborou um significativo acervo de estudos sobre, praticamente, todas as questões nacionais. Esses estudos, sempre atualizados, abrangem a organização do setor público, a reforma política, a saúde, a educação, a habitação, o saneamento básico, o urbanismo, envolvendo aspectos macroeconômicos de orçamento, política fiscal, tributária, política externa, transparência e tudo o mais que interessa ao povo brasileiro. É notória a qualidade dessas pesquisas e suas proposições, ressaltando a sua independência e a capacidade de conciliar aspectos estruturais com os conjunturais e as questões macroeconômicas com as microeconômicas.

Essa valiosíssima massa crítica foi formada por institutos, associações e fóruns permanentes, que mobilizam as forças da sociedade civil nos reclamos de adoção das medidas para a solução dos graves problemas sociais e econômicos. Essas entidades civis independentes, sem qualquer vinculação com o estamento estatal, são a fonte principal de representação dos interesses legítimos do povo brasileiro, na busca de uma sociedade de oportunidades. A democracia representativa, no seu sentido clássico, formulado no século XIX, tornou-se insuficiente no atendimento dos interesses do povo, na medida em que, notoriamente, os parlamentares buscam os seus próprios interesses de manutenção do poder e do gozo das benesses que eles mesmos se proporcionam. Entre nós, é nítido o divórcio entre o Estado e a sociedade, o que se deve, exatamente, à não interação da vontade do povo com as de seus representantes.

A institucionalização das audiências públicas, como instância necessária na formulação e no encaminhamento de projetos de lei, torna-se necessária diante da capacidade da sociedade civil organizada de contribuir científica e racionalmente com a solução dos problemas que nos afligem.

Art. 133 - Recepção como legislação ordinária das atuais normas constitucionais compatíveis

Há uma nítida diferença metodológica entre o presente anteprojeto de constituição e a Carta de 1988. Este esboço é principiológico, ao passo que a vigente Constituição é analítica.

Nas constituições principiológicas, como a francesa de 1958, com apenas 89 artigos, as normas que se situam no vértice do sistema normativo se irradiam para o conjunto de leis ordinárias e de atos normativos, tanto as recepcionadas como as novas. A constituição que ora se propõe vai nessa linha, instituindo os princípios relativos à soberania do povo, à isonomia nas relações entre Estado e sociedade, à estrutura do Estado, à forma de governo, à organização dos poderes e da vida política e à livre organização social.

Já uma constituição analítica, como a nossa de 1988, ultrapassa o campo dos princípios normativos para disciplinar e regular, em todos os detalhes, a organização, o funcionamento e a distribuição de funções no seio do Estado e nas relações com a sociedade. Nesse detalhamento absoluto, a nossa vigente Constituição analítica utiliza as normas do Direito Administrativo, retirando-as da esfera ordinária para colocá-las no próprio texto constitucional. A Carta de 1988 é um verdadeiro Código Administrativo-Constitucional. Abrange, o seu infindável texto, pormenorizadamente, regras de Direito Financeiro, Tributário, Trabalhista, Previdenciário, de todos os demais ramos do Direito Público, adentrando, desabridamente, na esfera do Direito Privado.

Cabe aqui uma comparação. A presente proposta de constituição possui 134 princípios normativos, expressos em 273 disposições. Já a Constituição de 1988 contém 364 artigos, com mais de 3.500 disposições. Somente o art. 5º da Carta vigente tem 78 incisos e 4 parágrafos. O art. 29 ostenta 44 normas. O art. 37, coincidentemente, tem 37 regras. Cada artigo da Constituição de 1988 tem, em média, dez dispositivos. A maioria deles deveria ser objeto de leis ordinárias. Em consequência, a nossa atual Constituição sequestra o ordenamento jurídico, na medida em que as disposições legislativas ordinárias são tratadas já no texto constitucional. São normas administrativas que abrangem aspectos organizativos dos Poderes e da administração pública, com especificações minuciosas de organização dos entes públicos e do exercício de funções, nas três esferas federativas.

A Carta vigente, inclusive, cria modelos das "constituições municipais", chamadas de Leis Orgânicas. Nesse campo, a Constituição de 1988 chega a detalhar, em dezenas de dispositivos, até os proventos dos vereadores de todos os municípios brasileiros (art. 29, V, da CF/88). Vai mais longe a nossa vigente Constituição analítica, na medida em que regulamenta as atividades da sociedade civil em vários aspectos, numa clara negativa da livre organização social e econômica. A Constituição de 1988 institui, dessa forma, a absoluta tutela sobre todas as atividades do Estado e da sociedade civil, num quadro explícito de dominação política e burocrática, engessando e atingindo diretamente o setor privado.

Essa metodologia torna rígido o ordenamento jurídico, que não pode ser adaptado à dinâmica da vida social e econômica, o que não ocorreria se as mais de 3.500 normas nela inseridas estivessem postas no plano da legislação ordinária. Daí que qualquer alteração legislativa relevante não pode ser efetivada a não ser através de uma emenda constitucional. Estas já somam, até agosto de 2020, o número fantástico de 108, em apenas 32 anos de vigência da Carta vigente.

A proposta constitucional ora apresentada tem esse papel fundamental de desconstitucionalizar as regras, que devem ter a mobilidade própria das leis ordinárias. E, ao fazê-lo, cabe recepcionar as normas compatíveis de Direito Administrativo constantes da Constituição de 1988, que tratam da organização dos entes do Estado e das funções próprias dos Poderes Executivo, Legislativo e Judiciário, trazendo-as para o campo da legislação ordinária. Trata-se de normas jurídicas de administração e de organização da estrutura pública, que já estão consolidadas nas instituições e nos entes do Estado. Por isso, devem ser recepcionadas, desde que sejam inteiramente harmonizáveis com os princípios contidos na nova constituição ora proposta. Essas normas recepcionáveis, contidas na Carta vigente, permitirão uma continuidade no funcionamento do Estado, sem que venha a ocorrer uma *vacatio legis*, que poderia desorganizar os serviços públicos, no seu aspecto formal e material. A depuração dessas regras extravagantes da Carta vigente, selecionando aquelas que são consonantes e harmônicas com a nova constituição, deverá ser objeto de um decreto legislativo, que terá o efeito de incorporá-las no ordenamento jurídico, como normas ordinárias. Esse decreto deverá ser promulgado dentro dos 180 dias anteriores ao início da vigência da nova constituição.

Por outro lado, deverá a Presidência da República enviar ao Congresso — também dentro do prazo de vacância da nova constituição, ou seja, dentro dos 180 dias entre a sua aprovação por plebiscito e o início de sua vigência — uma Mensagem ao Congresso Nacional contendo a legislação ordinária que detalhará, no plano administrativo, a organização dos entes públicos e as funções de seus integrantes, estabelecendo os prazos de adaptação e de reorganização necessárias à completa implementação dos princípios normativos aqui propostos.

Cabe ressaltar que toda a legislação infraconstitucional será ordinária, não mais existindo a hierarquia das leis infraconstitucionais, como atualmente, composta de leis complementares, orgânicas e ordinárias. Essa hierarquização é inteiramente artificial. O princípio clássico é o de que existem apenas duas categorias de leis: a constitucional e a ordinária. Não obstante, na Constituição de 1988 criou-se essa figura exógena de *lei complementar*, cuja real função ninguém sabe explicar, interpretando os constitucionalistas a sua presença no ordenamento jurídico como normas com maior rigidez do que as ordinárias (?).

Com essa aberração, estabeleceu-se outro absurdo: o da suspensão da vigência da norma constitucional até que seja ela "regulamentada" por uma lei complementar. Esse sistema de normas constitucionais que demandam regulamentação foge inteiramente à sua própria função, qual seja, a de irradiar imediatamente todo o ordenamento jurídico com as disposições nelas contidas. As disposições constitucionais são de aplicação instantânea, pela sua própria natureza de comando de todas as leis do ordenamento. A exótica lei complementar é uma contradição em termos, na medida em que condiciona a aplicação de norma constitucional a uma lei infraconstitucional. Jamais se poderia conceber que uma norma constitucional pudesse depender de regulamentação para ser aplicada. Na realidade, o que se procurou, em 1988, com as ditas leis complementares, é não aplicar as normas constitucionais que não interessam à oligarquia política e administrativa. Na Carta vigente, são inúmeras as disposições que contêm esse escape, sendo aplicáveis somente após a promulgação de lei complementar. A consequência é que, atualmente, existem inúmeras normas constitucionais que nunca foram aplicadas.

Essa lacuna proposital, de não regulamentação das normas constitucionais, levou, inclusive, a uma outra invenção: o mandado de injunção, previsto nos arts. 5º, LXXI, 102 e 105 da Constituição de 1988. Esse "remédio" permite ao interessado requerer junto ao Supremo Tribunal Federal a imediata aplicação da norma constitucional em virtude da ausência de lei complementar que lhe daria vigência. Trata-se de uma situação vexaminosa. A respeito desse estranho "mandado de injunção", manifesta-se o ilustre Professor José Afonso da Silva:

> Constitui um remédio ou ação constitucional posto à disposição de quem se considere titular de qualquer daqueles direitos, liberdades ou prerrogativas, inviáveis por falta de norma regulamentadora exigida ou suposta pela Constituição. Sua principal finalidade consiste assim em conferir imediata aplicabilidade à norma constitucional portadora daqueles direitos e prerrogativas, inerte em virtude de ausência de regulamentação.[374]

Trata-se, com efeito, de uma suprema ironia. A Carta vigente é absolutamente analítica, contendo, como reiterado, mais de 3.500 regras que, por si mesmas, já regulamentam os preceitos contidos no *caput* de cada um dos seus 364 artigos. Daí supor-se que essa enxurrada de regras seria capaz de dar aplicação imediata aos preceitos constitucionais. Mas não é assim. Quando a oligarquia constituinte não quis que a norma constitucional fosse aplicada, remeteu a sua efetividade, olimpicamente, à promulgação de uma lei complementar. Essa lei complementar, na maioria dos casos, nunca é promulgada. Que o interessado no exercício de seus direitos constitucionais suspensos por falta de lei complementar vá buscá-los junto ao assoberbado Supremo Tribunal Federal, propondo um mandado de injunção...

Pergunta-se: quantos mandados de injunção o STF já julgou nestes últimos 32 anos? Quanto tempo demorou para fazê-lo? A ineficácia desse "remédio" é evidente. Certamente, muito antes do julgamento do pedido pela Suprema Corte, a oportunidade do exercício do direito subjetivo do requerente já desapareceu, ou, em muitos casos, desapareceu o próprio peticionário.

---

374. SILVA, José Afonso da. Op. cit., p. 168.

A mesma aberração ocorre com as chamadas "leis orgânicas". Trata-se, como referido, de fórmula estabelecida na Constituição de 1988 para as "constituições municipais" que obrigatoriamente deverão ser promulgadas por todos os Municípios, não importando o seu tamanho. A maior parte dos Municípios brasileiros tem menos de 10 mil habitantes. Não obstante, a Carta vigente obriga a criação de uma patética estrutura de poder, composta do Poder Executivo e do Poder Legislativo, imitando, em tudo e por tudo, a estrutura aparatosa e dispendiosa dos Poderes dos Estados e da União. Consequência: os Municípios, respaldados em suas leis orgânicas, ou seja, em suas "constituições", gastam todos os recursos dos impostos e taxas coletados dos munícipes, além dos repasses da União e do Estado respectivo, na manutenção faustosa do Senhor Prefeito, seu ostensivo gabinete, as dezenas de "secretarias" municipais, nas quais o "Chefe do Poder Executivo" põe os representantes dos partidos políticos que o apoiam na Câmara de Vereadores. O mesmo ocorre no plano do "Poder Legislativo" municipal, composto dos vereadores e seus ostensivos gabinetes, formados por dezenas de apaniguados políticos. E por aí se esvaem todos os recursos do Município, o que levou à falência técnica, declarada pela maioria deles, a partir de 2016.

Ademais propõe-se que a Corte Constitucional, que substituirá o atual Supremo Tribunal Federal, com novas competências, funções judicantes e composição de seu quadro de magistrados, seja instalada dentro de 180 dias, a contar da vigência da constituição. No período de 180 dias que antecede a essa instalação, deverão ser nomeados os ministros da Corte Constitucional pelo critério de antiguidade, provindos do Superior Tribunal de Justiça, em número de onze, o que acarretará a aposentadoria compulsória dos atuais integrantes daquela corte. No prazo de um ano, as mesmas regras caberão para a composição dos quadros de magistrados dos tribunais superiores.

Art. 134 - Necessidade de referendo para aprovação de emendas constitucionais

A presente norma submete as reformas do texto constitucional a duas etapas. A primeira, formada pelo Congresso Nacional, que a aprovará em sessão conjunta, por maioria qualificada de dois terços dos seus membros. A segunda etapa será a do referendo bienal, coincidente com as eleições gerais e municipais seguintes, entrando em vigor a emenda somente após a sua aprovação na consulta popular.

A iniciativa de emenda constitucional é atribuída aos três Poderes, sendo que ao Poder Judiciário cabe propô-la sobre matérias de sua respectiva competência. Por sua vez, o Poder Legislativo e o Poder Executivo poderão propor emenda sobre qualquer matéria de interesse público, tendo em vista a função representativa de seus titulares. A mesma competência geral de proposição de reforma constitucional visando ao interesse público cabe à iniciativa popular, mediante a coleta de assinaturas prevista nesta constituição.

A dupla etapa de aprovação e início da vigência de reforma constitucional segue a tradição democrática, que atribui as alterações no texto da Carta à soberania popular, que é o poder constituinte reconhecido no Estado democrático. Assim dispõem as constituições democráticas, como se pode ver da Carta francesa de 1958, art. 89:

> O projeto ou proposta de revisão [da Constituição] deve ser considerado nas condições de prazo previsto no terceiro parágrafo do artigo 42 e votado por duas assembleias [Senado e Assembleia] em termos idênticos. A revisão é definitiva após ter sido aprovada por referendo.

A necessidade de referendo advém do fato de o Congresso Nacional não ter poderes constituintes. E a reforma constitucional, obviamente, é matéria de natureza constituinte. Na Constituição de 1988, o próprio Congresso revestiu-se de poderes constituintes permanentes, para reformar, a seu talante e a qualquer tempo, os seus dispositivos, o que constitui uma derrogação do próprio Estado Democrático de Direito.

Somente o povo, na sua soberania, tem a prerrogativa de aprovar uma emenda constitucional, da mesma forma que a tem para aprovar uma constituição, na sua formulação originária. O princípio é que toda a reforma constitucional altera a própria constituição, ainda que trate de uma específica matéria nela contida. Daí a exigência de sua aprovação pelo povo, através de referendo, na medida em que é dele o poder constituinte permanente.

Referências

25 Sugestões para uma Polícia Melhor. In: CICLO DE ESTUDOS DA SEGURANÇA, 1. **Revista da PMERJ**, set. 1985, n. 4.

99% das pesquisas são feitas pelas universidades públicas. **InvestSP**, 20 fev. 2018. Disponível em: https://www.investe.sp.gov.br/noticia/99-das-pesquisas-sao-feitas-pelas-universidades-publicas.

ALVES, Chico. Olimpio sobre dinheiro na cueca: "Governo criou sistema que permite desvio". **UOL**, 16 out. 2020. Disponível em: https://noticias.uol.com.br/colunas/chico-alves/2020/10/16/olimpio-sobre-dinheiro-na-cueca-governo-criou-sistema-que-permite-desvio.htm.

AMARAL, Luciana. Comissão aprova direito de relator distribuir até R$ 20 bi a parlamentares. **UOL**, 11 mar. 2020. Disponível em: https://noticias.uol.com.br/politica/ultimas-noticias/2020/03/11/comissao-aprova-direito-de-relator-distribuir-ate-r-20-bi-a-parlamentares.htm.

AMORIM, Felipe; TAJRA, Alex; TEIXEIRA, Lucas Borges. Barroso: André do Rap mostra "equívoco" do STF sobre prisão em 2ª instância. **Uol**, 14 out. 2020. Disponível em: https://noticias.uol.com.br/politica/ultimas-noticias/2020/10/14/barroso-andre-do-rap-mostra-equivoco-do-stf-sobre-prisao-em-2-instancia.htm.

ANDRADA E SILVA, José Bonifácio de. **Representação à Assemblea Geral Constituinte e Legislativa do Imperio do Brasil Sobre a Escravatura**. Paris: Typographia de Firmin Didot, 1825. Disponível em: http://www2.senado.leg.br/bdsf/bitstream/handle/id/518681/000022940.pdf?sequence=1.

ANDREASSA, Bianca Maria de Souza Pires. **Responsabilidade civil do médico pela perda da chance de cura do paciente oncológico**: uma análise da jurisprudência do Superior Tribunal de Justiça. Dissertação (Mestrado Profissional em Direito dos Negócios) – Fundação Getulio Vargas, Escola de Direito de São Paulo, São Paulo, 2020.

AQUINO, Santo Tomás de. **Suma teológica**. Tradução Alexandre Correia. Campinas-SP: Ecclesiae, 2016.

ASCARELLI, Tullio. Lezione. **Rivista di Diritto dell'Economia**, 1956.

ASSOCIAÇÃO COMERCIAL DE SÃO PAULO. Impostômetro. Disponível em: https://impostometro.com.br.

AYRES, Marcela. Brasil cai 15 posições no ranking do Doing Business e fica em 124º lugar em ambiente de negócios. **Reuters**, 24 out. 2019. Disponível em: https://br.reuters.com/article/macro-doingbusiness-brasil-idBRKBN1X31P7-OBRBS.

BANCO MUNDIAL. Um ajuste justo: análise da eficiência e equidade do gasto público no Brasil. Brasília, 2017. Disponível em: https://www.worldbank.org/pt/country/brazil/publication/brazil-expenditure-review-report.

BANDEIRA DE MELLO, Celso Antônio. **Curso de Direito Administrativo**. 25. ed. São Paulo: Malheiros, 2008.

BECCARIA, Cesare. **Dos delitos e das penas**. Lisboa: Fundação Calouste Gulbenkian, 1998.

BECK, Ulrich. **Sociedade de risco**: rumo a uma outra modernidade. Tradução Sebastião Nascimento. São Paulo: Editora 34, 2010.

BENITES, Afonso. Dos 513 deputados na Câmara do Brasil, só 36 foram eleitos com votos próprios. Por quê? **El País**, 20 abr. 2016. Disponível em: https://brasil.elpais.com/brasil/2016/04/19/politica/1461023531_819960.html.

BERMÚDEZ, Ana Carla; REZENDE, Constança; MADEIRO, Carlos. Brasil é o 7º país mais desigual do mundo, melhor apenas do que africanos. **UOL**, 9 dez. 2019. Disponível em: https://noticias.uol.com.br/internacional/ultimas-noticias/2019/12/09/brasil-e-o-7-mais-desigual-do-mundo-melhor-apenas-do-que-africanos.htm.

BOBBIO, Norberto. Democracia. In: BOBBIO, Norberto. **Dicionário de política**. Brasília: Editora Universidade de Brasília, 1998, p. 319-329.

BOBBIO, Norberto. Oligarquia. In: BOBBIO, Norberto. **Dicionário de política**. Brasília: Editora Universidade de Brasília, 1998, p. 835-838.

BRAITE, Francine Martinez; TELES, Vladimir Kühl. **Funcionalismo público e desigualdade de renda no Brasil**. São Paulo: FGV: EESP. Textos para Discussão: Working Paper Series, n. 493, out. 2018. Disponível em: https://bibliotecadigital.fgv.br/dspace/handle/10438/24927.

BRASIL alcança recorde de 13,5 milhões de miseráveis, aponta IBGE. **Veja**, 6 nov. 2019. Disponível em: https://veja.abril.com.br/economia/brasil-alcanca-recorde-de-135-milhoes-de-miseraveis-aponta-ibge.

BRASIL atinge 211,8 milhões de habitantes, diz IBGE. **G1**, 27 ago. 2020. Disponível em: https://g1.globo.com/economia/noticia/2020/08/27/brasil-atinge-2117-milhoes-de-habitantes-diz-ibge.ghtml.

BRASIL é o país onde se gasta mais tempo com impostos, diz estudo. **Veja**, 1 nov. 2017. Disponível em: https://veja.abril.com.br/economia/brasil-e-pais-em-que-mais-se-gasta-tempo-com-impostos-diz-estudo.

BRASIL tem 2ª maior concentração de renda do mundo, diz relatório da ONU. **G1**, 9 dez. 2019. Disponível em: https://g1.globo.com/mundo/noticia/2019/12/09/brasil-tem-segunda-maior-concentracao-de-renda-do-mundo-diz-relatorio-da-onu.ghtml.

BRASIL. Câmara dos Deputados. **Projeto de Lei n. 3.235/2019**. Atualiza o marco legal do saneamento básico. Disponível em: https://www.camara.leg.br/proposicoesWeb/fichadetramitacao?idProposicao=2205632.

BRASIL. Embrapa. **Produção científica posiciona a Embrapa em lugar de destaque em ranking internacional**. 16 maio 2017. Disponível em: https://www.embrapa.br/en/busca-de-noticias/-/noticia/22701150/producao-cientifica-posiciona-a-embrapa-em-lugar-de-destaque-em-ranking-internacional.

BRASIL. Instituto Brasileiro de Geografia e Estatística – IBGE. **Aglomerados Subnormais**: sobre a publicação. Disponível em: https://www.ibge.gov.br/geociencias/organizacao-do-territorio/tipologias-do-territorio/15788-aglomerados-subnormais.html?=&t=sobre.

BRASIL. Instituto Brasileiro de Geografia e Estatística – IBGE. **Aglomerados Subnormais**: o que é. Disponível em: https://www.ibge.gov.br/geociencias/organizacao-do-territorio/tipologias-do-territorio/15788-aglomerados-subnormais.html.

BRASIL. Instituto Brasileiro de Geografia e Estatística – IBGE. **Cidades**: Brasil: Panorama. 2017. Disponível em: https://cidades.ibge.gov.br/brasil/panorama.

BRASIL. Instituto Brasileiro de Geografia e Estatística – IBGE. **Pesquisa Nacional por Amostra de Domicílios Contínua - PNAD Contínua**. Disponível em: https://www.ibge.gov.br/estatisticas/sociais/trabalho/17270-pnad-continua.html.

BRASIL. **Lei n. 13.877, de 27 de setembro de 2019**: Mensagem n. 462, de 27 de setembro de 2019. Disponível em: https://www2.camara.leg.br/legin/fed/lei/2019/lei-13877-27-setembro-2019-789173-veto-159112-pl.html.

BRASIL. Ministério da Cidadania. Assistência Social. Governo reconhece estado de calamidade pública e de situação de emergência em seis estados. **Gov.br**, 14 abr. 2020. Disponível em: https://www.gov.br/pt-br/noticias/assistencia-social/2020/04/governo-reconhece-estado-de-calamidade-publica-e-de-situacao-de-emergencia-em-seis-estados.

BRASIL. Ministério do Desenvolvimento Regional. Sistema Nacional de Informações Sobre Saneamento – SNIS. **Diagnóstico dos Serviços de Água e Esgotos**: 2018. 5 dez. 2019. Disponível em: http://www.snis.gov.br/diagnostico-anual-agua-e-esgotos/diagnostico-dos-servicos-de-agua-e-esgotos-2018.

BRASIL. Ministério do Desenvolvimento Regional. Sistema Nacional de Informações Sobre Saneamento – SNIS. **Sistema Nacional de Informações Sobre Saneamento**: 2018. Disponível em: http://www.snis.gov.br/painel-informacoes-saneamento-brasil/web/painel-setor-saneamento.

BRASIL. **Projeto de Lei n. 4.162, de 2019**. Atualiza o marco legal do saneamento básico. Disponível em: https://www25.senado.leg.br/web/atividade/materias/-/materia/140534.

BRASIL. Secretaria Executiva. **EMI n. 000184/2019 ME MDR**. 8 jun. 2019. Disponível em: http://www.planalto.gov.br/ccivil_03/Projetos/ExpMotiv/MECON/2019/184.htm.

BRASIL. Senado Federal. Comissão de Constituição, Justiça e Cidadania. **Proposta de Emenda à Constituição n. 15/2011**: Parecer de 2013. Altera os arts. 102 e 105 da Constituição, para transformar os recursos extraordinário e especial em ações rescisórias. Rel. Senador Aloysio Nunes Ferreira. Disponível em: https://www.conjur.com.br/dl/texto-final-pec-peluso.pdf.

BRASIL. Senado Federal. LRF, Lei de Responsabilidade Fiscal, os limites para o endividamento de União, estados e municípios e as metas fiscais anuais. **Em Discussão**. Disponível em: https://www.senado.gov.br/noticias/Jornal/emdiscussao/contas-publicas/realidade-brasileira/lrf-lei-de-responsabilidade-fiscal-os-limites-para-o-endividamento-de-uniao-estados-e-municipios-e-as-metas-fiscais-anuais.aspx.

BRASIL. Senado Federal. **Proposta de Emenda Constitucional n. 15/2011**. Rel. Ricardo Ferraço. Disponível em: https://www25.senado.leg.br/web/atividade/materias/-/materia/99758.

BRASIL. Superior Tribunal de Justiça. **Recurso em Mandado de Segurança n. 608**. Rel. Min. Demócrito Reinaldo, j. 27 nov. 1991. Revista de Direito Administrativo – RDA n. 186/157.

BRASIL. Supremo Tribunal Federal. **Inquérito n. 4.781-DF**. Rel. Min. Alexandre de Moraes. 18 abr. 2019. Disponível em: https://politica.estadao.com.br/blogs/fausto-macedo/wp-content/uploads/sites/41/2019/04/INQ-4781-18-abril.pdf.

BRASIL. Supremo Tribunal Federal. **Inquérito n. 4.781-DF**. Rel. Min. Alexandre de Moraes. 13 abr. 2019. Disponível em: https://www.migalhas.com.br/arquivos/2019/4/art20190415-15.pdf.

BRASIL. Supremo Tribunal Federal. **Medida Cautelar na Ação Direta de Inconstitucionalidade n. 5.889/DF**. Rel. Min. Gilmar Mendes, j. 6 jun. 2018, DJE 29 jul. 2020.

BRASIL. Supremo Tribunal Federal. **Ministro Barroso ressalta pluralidade dos debates e dos argumentos pró e contra as candidaturas avulsas**. 9 dez. 2019. Disponível em: http://www.stf.jus.br/portal/cms/verNoticiaDetalhe.asp?idConteudo=432113&caixaBusca=N.

BRASIL. Supremo Tribunal Federal. **Plenário conclui julgamento sobre validade do inquérito sobre fake news e ataques ao STF**. 18 jun. 2020. Disponível em: http://www.stf.jus.br/portal/cms/verNoticiaDetalhe.asp?idConteudo=445860.

BRASIL. Supremo Tribunal Federal. **Portaria GP n. 69**, de 14 de março de 2019.

BRASIL. Supremo Tribunal Federal. **Procuradora-geral da República contesta no STF norma que prevê impressão do voto**. 5 fev.2018. Disponível em: http://www.stf.jus.br/portal/cms/verNoticiaDetalhe.asp?idConteudo=368731.

BRASIL. Supremo Tribunal Federal. **Reclamação n. 31.117-PR**. Rel. Min. Celso de Mello, j. 29 abr. 2019, DJE 3 maio 2019.

BRASIL. Supremo Tribunal Federal. **Recurso Extraordinário n. 82.520**. Rel. Min. Cunha Peixoto, DJU 27 jun. 1976. Revista de Direito Administrativo – RDA, n. 128/2200.

BRASIL. Tribunal Superior Eleitoral. **Partido Novo abre mão de recursos do Fundo Eleitoral para as Eleições Municipais de 2020**. 22 jun. 2020. Disponível em: http://www.tse.jus.br/imprensa/noticias-tse/2020/Junho/partido-novo-abre-mao-de-recursos-do-fundo-eleitoral-para-as-eleicoes-municipais-de-2020.

BRASIL. Tribunal Superior Eleitoral. **Partidos em formação**. Disponível em: http://www.tse.jus.br/partidos/partidos-politicos/criacao-de-partido/partidos-em-formacao.

BRASIL. Tribunal Superior Eleitoral. **Resolução n. 23.607, de 17 de dezembro de 2019**. Dispõe sobre a arrecadação e os gastos de recursos por partidos políticos e candidatos e sobre a prestação de contas nas eleições. Disponível em: http://www.tse.jus.br/legislacao/compilada/res/2019/resolucao-no-23-607-de-17-de-dezembro-de-2019.

CALGARO, Fernanda. Câmara retira seis propostas do MPF e desfigura pacote anticorrupção. **G1**, 30/11/2016. Disponível em: http://g1.globo.com/politica/noticia/2016/11/camara-dos-deputados-conclui-votacao-de-medidas-contra-corrupcao.html.

CALGARO, Fernanda. Em quase 30 anos, Congresso aprovou 4 projetos de iniciativa popular. **G1**, 18 fev. 2017. Disponível em: https://g1.globo.com/politica/noticia/em-quase-30-anos-congresso-aprovou-4-projetos-de-iniciativa-popular.ghtml.

CAMPOS JÚNIOR, Lázaro. 3 em cada 10 brasileiros não conseguem entender este texto. **Todos pela Educação**, 12 nov. 2018. Disponível em: https://www.todospelaeducacao.org.br/conteudo/inaf-3-em-cada-10-brasileiros-nao-conseguiriam-entender-este-texto.

CANÁRIO, Pedro. Tabata Amaral pede que TSE lhe dê "justa causa" para deixar o PDT. **Consultor Jurídico**, 16 out. 2019. Disponível em: https://www.conjur.com.br/2019-out-16/tabata-tse-lhe-justa-causa-deixar-pdt.

CANOTILHO, J. J.; MOREIRA, Vital. **Constituição da República portuguesa anotada**. 2. ed. Coimbra: Coimbra Editora, 1984, v. 42.

CAPACCIOLI, Enzo. Programmazione e autonomia negoziale nel diritto pubblico italiano. **Rivista Trimestrale di Diritto Pubblico**, 1965.

CAPELAS, Bruno; MANS, Matheus. Redes sociais formam "bolhas políticas". **Estadão**, 26 mar. 2016. Disponível em: https://link.estadao.com.br/noticias/geral,redes-sociais-formam-bolhas-politicas,10000023302.

CARAM, Bernardo; TEIXEIRA, Matheus. Em meio à reforma administrativa, AGU põe 92% dos procuradores no topo da carreira. **Folha de São Paulo**, 23 set. 2020. Disponível em: https://www1.folha.uol.com.br/mercado/2020/09/em-meio-a-reforma-administrativa-agu-poe-92-dos-procuradores-no-topo-da-carreira.shtml.

CARCASSONNE, Guy; GUILLAUME, Marc. **La Constitution**. 14. ed. Paris: Seuil, 2017.

CARNELUTTI, Francesco. Sull'diritto penale dell'economia. **Rivista di Diritto dell'Economia**, 1957.

CARVALHO, Patrícia. Qual é a diferença entre universidade municipal, estadual e federal? **Quero Bolsa**. 2 abr. 2019. Disponível em: https://querobolsa.com.br/revista/qual-e-a-diferenca-entre-universidade-municipal-estadual-e-federal.

CARVALHOSA, Modesto. **Considerações sobre a Lei Anticorrupção das Pessoas Jurídicas**. São Paulo: Revista dos Tribunais, 2015.

CARVALHOSA, Modesto. **Da cleptocracia para a democracia em 2019**: um projeto de governo e de Estado. São Paulo: RT, 2018.

CARVALHOSA, Modesto. **Direito econômico**: obras completas. São Paulo: Thomson Reuters; Revista dos Tribunais, 2013.

CARVALHOSA, Modesto. Performance Bonds. In: PASTORE, Affonso Celso (coord.). **Infraestrutura**: eficiência e ética. Rio de Janeiro: Elsevier, 2017.

CARVALHOSA, Modesto. Reforma administrativa, realismo fantástico. **Estadão**, 17 set. 2020. Disponível em: https://opiniao.estadao.com.br/noticias/espaco-aberto,reforma-administrativa-realismo-fantastico,70003440944.

CERQUEIRA, Daniel; BUENO, Samira (coord.). **Atlas da violência**. Brasília: Instituto de Pesquisa Econômica Aplicada – Ipea, 2020. Disponível em: https://www.ipea.gov.br/atlasviolencia.

CHELI, Enzo. Libertà e limiti all'iniziativa economica privata nella giurisprudenza della corte costituzionale e nella dottrina. **Rassegna di Diritto Pubblico**, 1960.

CHENOT, Bernard. **Droit Public Économique**. Paris: Les Cours de droit, 1957.

CHENOT, Bernard. **Organisation Économique de l'Etat**. Paris: Dalloz, 1965.

COHN, Gabriel. Persistente enigma. In: FAORO, Raymundo. **Os donos do poder**. 5. ed. Rio de Janeiro: Globo, Biblioteca Azul, 2012.

CONCEIÇÃO, Ana. Participação da indústria de transformação cai ao mínimo. **Valor**, 5 mar. 2020. Disponível em: https://valor.globo.com/brasil/noticia/2020/03/05/participacao-da-industria-de-transformacao-cai-ao-minimo.ghtml.

CRETELLA JUNIOR, José. Direito adquirido. In: FRANÇA, R. Limongi (coord.). **Enciclopédia Saraiva de Direito**. São Paulo: Saraiva, 1977, v. 25, p. 133-134.

CRISAFULLI, Vezio. **La Costituzione e le sue disposizioni di principio**. Milano: A. Giuffre, 1952.

DE'COCCI, Danilo. Il Diritto dell'Economia e la Figura del Dirigente Industriale. **Rivista Diritto dell'Economia**, 1964.

DI NARDI, Giuseppe. L'Impresa nella realtà economica e sociale. **Justitia**, v. 13, n. 4, p. 313-335, 1960.

DI PIETRO, Maria Sylvia Zanella. **Direito Administrativo**. 15. ed. São Paulo: Atlas, 2003.

DI PIETRO, Maria Sylvia Zanella. **Discricionariedade administrativa na Constituição de 1988**. São Paulo: Atlas, 2001.

DI PIETRO, Maria Sylvia Zanella. Princípio da legalidade. CAMPILONGO, Celso Fernandes; GONZAGA, Alvaro de Azevedo; FREIRE, André Luiz (coord.). **Enciclopédia jurídica da PUC-SP**. NUNES JR., Vidal Serrano; ZOCKUN, Maurício; ZOCKUN, Carolina Zancaner; FREIRE, André Luiz (coord. de tomo). Direito Administrativo e Constitucional. 1. ed. São Paulo: Pontifícia Universidade Católica de São Paulo, 2017. Disponível em: https://enciclopediajuridica.pucsp.br/verbete/86/edicao-1/principio-da-legalidade.

DI RUFFIA, Paolo Biscaretti. **Diritto Costituzionale**. Napoli: Jovene, 1989.

DIB, Ana Cristina. Levantamento da OMC indica participação de apenas 1,16% do Brasil nas exportações mundiais. **Comex do Brasil**, 11 fev. 2019. Disponível em: https://www.comexdobrasil.com/levantamento-da-omc-indica-participacao-de-apenas-116-do-brasil-nas-exportacoes-mundiais.

DOTTI, René Ariel. Parecer. In: BRASIL. Supremo Tribunal Federal. **Ação de Descumprimento de Preceito Fundamental n. 572**: Inquérito n. 4.781. São Paulo: Colégio de Presidentes dos Institutos dos Advogados do Brasil, 2019.

DYNIEWICZ, Luciana. Estagnada, indústria tem a menor fatia do PIB desde o final dos anos 40. **Estadão**, 8 abr. 2019. Disponível em: https://economia.estadao.com.br/noticias/geral,estagnada-industria-tem-a-menor-fatia-do-pib-desde-o-final-dos-anos-40,70002783202.

ENGELS, Friedrich. **L'origine della famiglia, della proprietà e dello Stato**. Roma: Riuniti, 1971.

ENTENDA o motim e as reivindicações dos policiais militares no Ceará. **Folha de São Paulo**, 20 fev. 2020. Disponível em: https://www1.folha.uol.com.br/poder/2020/02/entenda-o-motim-e-as-reivindicacoes-dos-policiais-militares-no-ceara.shtml.

ESPÓSITO, Carlo. **Note Esegetiche in La Costituzione Italiana**.

FAORO, Raymundo. **Os donos do poder**. 5. ed. Rio de Janeiro: Globo, Biblioteca Azul, 2012.

FARIA, Paloma Valério. **Observatório das Desigualdades**, 13 jun. 2019. Disponível em: http://observatoriodesigualdades.fjp.mg.gov.br/?p=646.

FARJAT, Gérard. **L'Ordre Public Economique**. Paris: Librairie générale de droit et de jurisprudence, 1963.

FERNANDES, Adriana; CAMPOREZ, Patrick. MP do TCU pede suspensão de promoção de 606 procuradores da AGU ao topo da carreira. **Estadão**, 24 set. 2020. Disponível em: https://economia.estadao.com.br/noticias/geral,mp-do-tcu-pede-suspensao-de-promocao-de-procuradores-da-agu-ao-topo-da-carreira,70003450901.

FERRARA, Francesco. **Trattato di Diritto Civile italiano**. Roma: Athenaeum, 1921.

FERRARI-TONIOLO, Agostino. Funzione del Diritto nella Vita Econômica secondo L'insegnamento della Chiesa. **Iustitia**, 1961.

FIORATTI, Gustavo; FARIA, Flávia; QUEIROLO, Gustavo. Saiba como serão as eleições a vereador após mudança de regras sobre as coligações. **Folha de São Paulo**, 2 ago. 2020. Disponível em: https://www1.folha.uol.com.br/poder/2020/08/saiba-como-serao-as-eleicoes-a-vereador-após-mudanca-de-regras-sobre-as-coligacoes.shtml.

FRAGA, Érica; CARNEIRO, Mariana; PAMPLONA, Nicola. Peso da indústria no PIB cai ao menor nível da série. **Folha de São Paulo**, 31 maio 2019. Disponível em: https://www1.folha.uol.com.br/mercado/2019/05/peso-da-industria-no-pib-cai-ao-menor-nivel-da-serie.shtml.

FUNDÃO: um resultado acachapante. **O Antagonista**, 09 out. 2017. Disponível em: https://www.oantagonista.com/brasil/fundao-um-resultado-acachapante.

GARZÓN, Biviany Rojas; YAMADA, Erika M.; OLIVEIRA, Rodrigo. **Direito à consulta e consentimento de povos indígenas, quilombolas e comunidades tradicionais**. São Paulo: Rede de Cooperação Amazônica – RCA; Washington-DC: Due Process of Law Foundation, 2016. Disponível em: https://rca.org.br/wp-content/uploads/2016/08/2016-Livro-RCA-DPLf-Direito-a-Consulta-digital.pdf.

GENTILI, Anna Maria. Antropologia política. In: BOBBIO, Norberto. **Dicionário de política**. Brasília: Editora Universidade de Brasília, 1998, p. 45-49.

GIANNINI, Massimo Severo. Sull'azione dei pubblici pottere del'campo dell'economia. **Rivista di Diritto Dell'Economia**, p. 313-328, 1959.

GIRGLIOLI, Pier Paolo, Burocracia. In: BOBBIO, Norberto. **Dicionário de política**. Brasília: Editora Universidade de Brasília, 1998, p. 124-130.

GLASS, Verena (org.). **Protocolos de consulta prévia e o direito à livre determinação**. São Paulo: Fundação Rosa Luxemburgo; CEPEDIS, 2019.

GRABNER, Maria Luiza. O direito humano ao consentimento livre, prévio e informado como baluarte do sistema jurídico de proteção dos conhecimentos tradicionais. **Boletim Científico ESMPU**. Brasília, v. 14, n. 45, p. 11-65, jul./dez. 2015. Disponível em: http://www.mpf.mp.br/atuacao-tematica/ccr6/documentos-e-publicacoes/artigos/docs_artigos/1-o-direito-humano-ao-consentimento-livre-previo-e-informado-1.pdf.

GREVE dos caminhoneiros: a cronologia dos 10 dias que pararam o Brasil. **BBC Brasil**, 30 maio 2018. Disponível em: https://www.bbc.com/portuguese/brasil-44302137.

GROSSO, G. Insegnamento del Diritto dell'Economia. **Rivista di Diritto dell'Economia**, 1957.

HEDEMANN, Justus Wilhelm. El Derecho Económico: un dominio fundamental en la vida política europea. **Revista de Derecho Privado**, 1943.

IMPOSTO de Renda 2020: IRPF Servidor Público Federal (SIAPE). **BxBlue**, 19 fev. 2020. Disponível em: https://bxblue.com.br/aprenda/imposto-de-renda-servidor-publico-federal-siape.

JEANTET. Dix ans de Conferences d'Agregation.

JIMÉNEZ, Carla, Extrema pobreza sobe e Brasil já soma 13,5 milhões de miseráveis. **El País**, 6 nov. 2019. Disponível em: https://brasil.elpais.com/brasil/2019/11/06/politica/1573049315_913111.html.

KANT, Emmanuel. **Fondements de la métaphysique des mœurs**. Paris: Librairie Philosophique, 1992.

KER, João. Fundo partidário e fundo eleitoral: entenda como funcionam e quais os valores. **Estadão**, 20 jan. 2020. Disponível em: https://politica.estadao.com.br/noticias/geral,fundo-eleitoral-e-fundo-partidario-entenda-como-funciona-cada-um,70003114744.

LANE, Frederic C. **Storia di Venezia**. Milano: Einaudi, 2015.

LEVI, Lucio. Federalismo. In: BOBBIO, Norberto. **Dicionário de política**. Brasília: Editora Universidade de Brasília, 1998, p. 475-486.

LEVI, Lucio. Legitimidade. In: BOBBIO, Norberto. **Dicionário de política**. Brasília: Editora Universidade de Brasília, 1998, p. 675-689.

LIMA, Maria Jose Araujo. **Ecologia humana**: realidade e pesquisa. Rio de Janeiro: Vozes, 1984.

MARTINS, Bruno Sá Freire. Algumas diferenças entre a Previdência do Servidor e o INSS. **Jornal Jurid**, 16 out. 2018. Disponível em: https://www.jornaljurid.com.br/colunas/previdencia-do-servidor/algumas-diferencas-entre-a-previdencia-do-servidor-e-o-inss.

MATTEUCCI, Nicola. República. In: BOBBIO, Norberto. **Dicionário de política**. Brasília: Editora Universidade de Brasília, 1998, p. 1.107-1.109.

MAURIQUE, Jorge Antonio. O juiz das garantias é necessário para atestar a imparcialidade do processo penal? **Folha de São Paulo**, 1º fev. 2020, p. 3.

MAZZIOTTI, Manlio. **Il Diritto al Lavoro**. Milano: Giuffrè, 1956.

MAZZIOTTI, Manlio. Notte critiche su disegno di legge contenenti norme sulla programmazione normativa. **Rivista di Diritto dell'Economia**, 1968.

MELO, Raimundo Simão de; CESAR, João Batista Martins; D'AMBROSO, Marcelo José Ferlin. O custeio sindical após a extinção da contribuição compulsória. **Consultor Jurídico**, 6 mar. 2018. Disponível em: https://www.conjur.com.br/2018-mar-06/opiniao-custeio-sindical-extincao-contribuicao-compulsoria.

MENGONI, L. Forme giuridiche dell'economia contemporânea in Italia. **Justitia**, 1962.

MIELE, G. La tutela dell'interesse pubblico nell'impresa. **Iustizia**, 1960.

MIRANDA, Cassia. Quais os efeitos do fim das coligações proporcionais nas eleições deste ano? **BR Político**, 27 ago. 2020. Disponível em: https://brpolitico.com.br/noticias/quais-os-efeitos-do-fim-das-coligacoes-proporcionais-nas-eleicoes-deste-ano.

MOURA, Rafael Moraes. MP "autoriza" infiéis do PDT e do PSB a trocar de partido sem perder mandato. **Estadão**, 13 mar. 2020. Disponível em: https://politica.estadao.com.br/noticias/geral,mp-eleitoral-endossa-argumento-de-infieis-de-pdt-e-psb,70003231195.

MUNDO EDUCAÇÃO. IDH do Brasil. Disponível em: https://mundoeducacao.uol.com.br/geografia/idh-brasil.htm.

NABUCO, Joaquim. **Balmaceda**: a intervenção estrangeira durante a Revolta de 1893. São Paulo: Instituto Progresso Editorial, 1949.

NEDER, Vinicius. Total de servidores públicos no país sobe 83% em 20 anos, diz Ipea. **Estadão**, 18 dez. 2018. Disponível em: https://economia.uol.com.br/noticias/estadao-conteudo/2018/12/18/total-de-servidores-publicos-no-pais-sobe-60-em-20-anos-diz-ipea.htm.

NERY JUNIOR, Nelson; NERY, Rosa Maria de Andrade. **Constituição Federal comentada**. 6. ed. São Paulo: Revista dos Tribunais.

NIESS, Pedro Henrique Távora. **Direitos políticos**. 2. ed. São Paulo: Edipro, 2000.

NÓBREGA, Maílson da. Recuperação da economia em obras paradas. **Estadão**, 12 set. 2020. Disponível em: https://opiniao.estadao.com.br/noticias/espaco-aberto,recuperacao-da-economia-e-obras-paradas,70003434472.

NOGUEIRA, J. C. Ataliba. **O Estado é meio e não fim**. São Paulo: Saraiva, 1945.

NOGUEIRA, Marco Aurelio. Partidos, movimentos, democracia: riscos e desafios do século XXI. **Journal of Democracy**, v. 8, n. 2, nov. 2019.

NOVO consegue devolver ao Tesouro Nacional R$ 36 milhões do fundão. **Boletim da Liberdade**, 5 ago. 2020. Disponível em: https://www.boletimdaliberdade.com.br/2020/08/05/novo-consegue-devolver-ao-tesouro-nacional-r-36-milhoes-do-fundao.

OLIVEIRA FILHO, Benjamim de. A generalidade da lei. **Revista da Faculdade de Direito UFPR**, v. 8, 1960. Disponível em: https://revistas.ufpr.br/direito/article/view/6673.

OLIVEIRA, Helli Alves de. **Da responsabilidade do Estado por danos ambientais**. Rio de Janeiro: Forense, 1990.

OLIVEIRA, Henrique. As veias abertas do narcotráfico na política da América Latina. **Justificando**, 19 jul. 2017. Disponível em: http://www.justificando.com/2017/07/19/as-veias-abertas-do-narcotrafico-na-politica-da-america-latina.

OPPENHEIM, Felix E. Igualdade. In: BOBBIO, Norberto. **Dicionário de política**. Brasília: Editora Universidade de Brasília, 1998, p. 597-605.

OPPENHEIM, Felix E. Justiça. In: BOBBIO, Norberto. **Dicionário de política**. Brasília: Editora Universidade de Brasília, 1998, p. 660-666.

OPPO, Anna. Partidos políticos. In: BOBBIO, Norberto. **Dicionário de política**. Brasília: Editora Universidade de Brasília, 1998, p. 898-905.

ORGANIZAÇÃO INTERNACIONAL DO TRABALHO. Convenção n. 169 sobre povos indígenas e tribais e Resolução referente à ação da OIT. Brasília: OIT, 2011. Disponível em: http://portal.iphan.gov.br/uploads/ckfinder/arquivos/Convencao_169_OIT.pdf.

ORTEGA Y GASSET, José. **Meditaciones del Quijote**. Madrid: Revista de Occidente; Alianza Editorial, 1981.

PAGNAN, Rogério; RODRIGUES, Artur. Em "novo normal", empresas de ônibus perdem receita, e Covas eleva subsídio na quarentena. **Folha de São Paulo**, 18 jun. 2020. Disponível em: https://www1.folha.uol.com.br/cotidiano/2020/06/empresas-de-onibus-perdem-receita-e-covas-eleva-em-r-118-mi-subsidio-na-quarentena.shtml.

PARANÁ. Secretaria da Comunicação Social e da Cultura. **Serra do Mar**. Disponível em: http://www.patrimoniocultural.pr.gov.br/modules/conteudo/conteudo.php?conteudo=87.

PARK, Dany Shin. **Governança socioambiental do Banco Nacional de Desenvolvimento Econômico e Social – BNDES**: desenvolvimentismo e arranjos institucionais de participação social à luz do caso Belo Monte/Altamira-PA. Dissertação (Mestrado em Direito e Desenvolvimento) – Fundação Getulio Vargas, Escola de Direito de São Paulo, São Paulo, 2020.

PARTIDO NOVO. **Projeto destina Fundo Partidário e Fundo Eleitoral a ações de combate ao Coronavírus**. 17 mar. 2020. Disponível em: https://novo.org.br/projeto-destina-fundo-partidario-e-fundo-eleitoral-a-acoes-de-combate-ao-coronavirus.

PARTIDO NOVO. **TSE julgará pedido do NOVO para devolver R$ 35 milhões do Fundo Partidário para auxiliar no combate ao coronavírus**. 9 abr. 2020. Disponível em: https://novo.org.br/tse-julgara-pedido-do-novo-para-devolver-r-35-milhoes-do-fundo-partidario-para-auxiliar-no-combate-ao-coronavirusnovo-pede-ao-tse-autorizacao-para-devolver-r-35-milhoes-do-fundo-partidario-para-aux.

PASQUINO, Gianfranco. Partitocracia. In: BOBBIO, Norberto. **Dicionário de política**. Brasília: Editora Universidade de Brasília, 1998, p. 905-908.

PASSARELLI, Santoro. La autonomia dei privati nell'diritto della economia. **Rivista di Diritto dell'Economia**, 1956.

PASTORE, Affonso Celso. **Infraestrutura**: eficiência e ética. Rio de Janeiro: Elsevier, 2017.

PONTES DE MIRANDA, Francisco Cavalcanti. **Comentários à Constituição de 1967**: com a Emenda n. 1, de 1969. São Paulo: RT, 1970.

PONTES DE MIRANDA, Francisco Cavalcanti. **Tratado de Direito Privado**. São Paulo, Saraiva, 2012.

PRADO, Ney. **Razões das virtudes e vícios da Constituição de 1988**. São Paulo: Instituto Liberal; Editora Inconfidentes, 1994.

PROSPERETTI, Ubaldo. Lo sviluppo del diritto del lavoro en relazioni alle modificazioni della vita economica. **Rivista Italiana di Diritto del Lavoro**, 1962.

QUADRI, Rolando. Enti ed Istituti Giuridici nell'Ordinamento Internazionale dell'Economia. **Justitia**, p. 337-415, out./dez. 1961.

QUANTIDADE de servidores públicos aumenta em mais de 100% no país. **Terra**, 19 mar. 2020. Disponível em: https://www.terra.com.br/noticias/dino/quantidade-de-servidores-publicos-aumenta-em-mais-de-100-no-pais,0ea03f157024fa7bcdaf05ea1edffb35ev8bfotu.html.

REALE, Miguel. Razões de divergência. **Folha de São Paulo**, 29 jun. 1986, p. 3.

REFORMA Tributária e Ambiente de Negócios. **Endeavor Brasil**, 29 jul. 2019. Disponível em: https://endeavor.org.br/leis-e-impostos/reforma-tributaria-ambiente-de-negocios.

RENOVABR. **RenovaBR tem 16 lideranças eleitas para o legislativo**. 8 out. 2018. Disponível em: https://renovabr.org/renovabr-tem-16-liderancas-eleitas-para-o-legislativo.

RESENDE, Sara; GARCIA, Gustavo. Senado aprova pacote anticorrupção com punição para abuso de autoridade. **G1**, 26 jun. 2019. Disponível em: https://g1.globo.com/politica/noticia/2019/06/26/senado-pacote-anticorrupcao-abuso-de-autoridade.ghtml.

ROMANO, Santi. **Diritto Costituzionale**. Genova: Cedam, 1943.

ROSSOLILLO, Francesco. Nação. In: BOBBIO, Norberto. **Dicionário de política**. Brasília: Editora Universidade de Brasília, 1998, p. 795-799.

SAIBA como funciona a isenção de imposto de renda para aposentados do funcionalismo público. **Jornal Contábil**, 9 maio 2020. Disponível em: https://www.jornalcontabil.com.br/saiba-como-funciona-a-isencao-de-imposto-de-renda-para-aposentados-do-funcionalismo-publico.

SANDRONI, Paulo. **Dicionário de economia**. São Paulo: Best Seller, 1989.

SAY, Jean Baptiste. **Traité d'économie politique**. HardPress, 2018.

SCHWAB, Klaus Martin. **A Quarta Revolução Industrial**. São Paulo: Edipro, 2019.

SELDON, Arthur; PENNANCE, F. G. **Dicionário de economia**. Rio de Janeiro: Bloch, 1968.

SHILS, Edward. **Political Development in the New States**. London: Mouton, 1960.

SILVA, José Afonso da. **Comentário contextual à Constituição**. 7. ed. São Paulo: Malheiros, 2010.

SOUZA, Albino de; PELUSO, Washington. **Direito econômico**. São Paulo: Saraiva, 1980.

SPERB, Paula. Não me representa. **Revista Piauí**, 24 jul. 2017. Disponível em: https://piaui.folha.uol.com.br/nao-me-representa.

STIGLITZ, Joseph E. **Rewriting the Rules of the American Economy**: An Agenda for Growth and Shared Prosperity. New York: Norton, 2015.

STIGLITZ, Joseph E. **The Great Divide**: Unequal Societies and What We Can Do About Them. New York: Norton, 2015.

STIGLITZ, Joseph E.; GREENWALD, Bruce C. **La nouvelle société de la connaissance**. Paris: Les Liens qui Liberent, 2017.

TEIXEIRA, Carla Costa. **A honra da política**. Rio de Janeiro: Relume-Dumará, 1998.

TEIXEIRA, Matheus; CARAM; Bernardo. AGU suspende promoção de 606 servidores ao topo da carreira. **Folha de São Paulo**, 24 set. 2020. Disponível em: https://www1.folha.uol.com.br/mercado/2020/09/agu-suspende-promocao-de-606-servidores-ao-topo-da-carreira.shtml.

TELLES JÚNIOR, Goffredo da Silva. Carta aos brasileiros. LOPEZ, Adriana; MOTA, Carlos Guilherme. **História do Brasil**: uma interpretação. São Paulo: Senac, 2008.

TODOS PELA EDUCAÇÃO. Home. Disponível em: https://www.todospelaeducacao.org.br/home.

TRENTO, Simone. **As cortes supremas diante da prova**. São Paulo: RT, 2018.

TSE se prepara para julgar casos de deputados "perseguidos". **Gazeta do Povo**, 9 fev. 2020. Disponível em: https://www.gazetadopovo.com.br/republica/tse-deputados-perseguidos-infidelidade-partidaria.

UNITED KINGDOM. UK Parliament. **The Reform Act 1832**. Disponível em: https://www.parliament.uk/about/living-heritage/evolutionofparliament/houseofcommons/reformacts/overview/reformact1832.

VALLADÃO, Haroldo. Tratado internacional contratual e comercial: tratado-lei. In: FRANÇA, R. Limongi (coord.). **Enciclopédia Saraiva de Direito**. São Paulo: Saraiva, 1977, v. 74, p. 443-444.

VASCONCELOS, Gabriel; ROSAS, Rafael. Número de domicílios em favelas no Brasil é de 5,12 milhões, informa IBGE. **Valor**, 19 maio 2020. Disponível em: https://valor.globo.com/brasil/noticia/2020/05/19/numero-de-domicilios-em-favelas-no-brasil-e-de-512-milhoes-informa-ibge.ghtml.

VERGOTTINI, Giuseppe de. Constituição. In: BOBBIO, Norberto. **Dicionário de política**. Brasília: Editora Universidade de Brasília, 1998, p. 258-268.

VIGORITA, Vincenzo Spagnuolo. **L'Iniciativa Economica Privata nel Diritto Pubblico**. Napoli: Jovene, 1959.

VILLAS BÔAS, Bruno. IBGE: país tinha 38,08 milhões na informalidade até fevereiro, mostra IBGE. **Valor**, 31 mar. 2020. Disponível em: https://valor.globo.com/brasil/noticia/2020/03/31/ibge-pais-tinha-3808-milhoes-na-informalidade-ate-fevereiro.ghtml.

VINHOSA PINTO, Érico Teixeira. **Reconstruindo a execução fiscal**: coerência e otimização como pressupostos dos princípios da eficiência e da efetividade. 2018. 327 f. Dissertação (Mestrado em Finanças Públicas, Tributação e Desenvolvimento) – Universidade do Estado do Rio de Janeiro, Rio de Janeiro, 2018.

VIRGA, Pietro. **Diritto Costituzionale**. Milano: Giuffrè, 1967.

WEBER, Max. **Economia e sociedade**: fundamentos da sociologia compreensiva. Tradução Regis Barbosa; Karen Elsabe Barbosa. Brasília: Editora Universidade de Brasília; São Paulo: Imprensa Oficial do Estado de São Paulo, 1999.

WEBER, Max. **Economia e società**. Roma: Edizioni di Comunità, 1968.

WEBER, Max. **Economia y sociedad**. Mexico: Fondo de Cultura Economica, 1969.

WEBER, Max. **Ensaios de Sociologia**. Rio de Janeiro: Zahar, 1974.

WEBER, Max. **Il lavoro intellettuale come professione**. Milano: Einaudi, 1971.

WERNECK, Carolina; DAL MOLIN, Giorgio. Movimentos como MBL e Livres têm desempenho de partidos de expressão como PSDB, DEM e PDT. **Gazeta do Povo**, 8 out. 2018. Disponível em: https://www.gazetadopovo.com.br/politica/republica/eleicoes-2018/movimentos-como-mble-livres-tem-desempenho-de-partidos-de-expressao-nacional-5wzlc3wip8fpckomq1yvgd25b.

WOLFF, Francis. **Plaidoyer pour l'universel**: fonder l'humanisme. Paris: Fayard, 2019.

WOLKART, Erik Navarro. **Análise econômica e comportamental do processo civil**: como a economia, o direito e a psicologia podem vencer a tragédia da Justiça. São Paulo: RT, 2019.

ZANOBINI, Guido. **Corso di Diritto Amministrativo**. Milano: Giuffrè, 1958.

Agradecimentos

Redigi o presente estudo sem o auxílio de nenhuma equipe ou pessoa. É ele fruto de uma contínua reflexão, a partir de 2013, sobre as estruturas de poder em nosso país, à luz dos ensinamentos clássicos sobre a matéria e dos acontecimentos que marcam cotidianamente a nossa vida política desde a volta das velhas e atrasadas oligarquias partidárias, sob o escudo da Constituição de 1988.

Ao concluir o livro percebi claramente que necessitava de um competente editor que pudesse dar ordem ao texto, que é, ao mesmo tempo, propositivo e crítico.

Solicitei ao meu amigo Thiago Neves que encontrasse esse profissional. A missão foi muito bem-sucedida, pois conseguiu que o consagrado editor Hugo Maciel de Carvalho examinasse o manuscrito. Ele se entusiasmou pelo material que lhe foi enviado e, em seguida, propôs a sua reformulação editorial.

As alterações por ele sugeridas e o enriquecimento do texto com informações preciosas, fruto de notável e atualizada cultura geral e política, deram mais consistência e método ao estudo.

Meu reconhecimento ao ilustre Professor das Arcadas, Fernando Menezes de Almeida, pelo prefácio que redigiu com grande maestria, abordando os aspectos mais importantes desta obra e o seu caráter principiológico, em contraposição à feição analítica da Carta de 1988, que se exprime por milhares de normas que deveriam estar no âmbito das leis ordinárias e nunca num texto constitucional.

Agradeço a Thiago Neves, companheiro de lutas da cidadania brasileira, que cotidianamente me incentivou a prosseguir neste trabalho iniciado em fins de 2018, com suas ideias e reflexões sobre as estruturas e as conjunturas políticas e o melhor encaminhamento editorial da obra.

A todos que se ocuparam da parte artesanal deste livro, durante os dois anos de sua elaboração, o meu profundo reconhecimento.

Ao grande artista Bob Wolfenson, que, entusiasmado pela obra, fez questão de produzir a fotografia do autor. Minha gratidão ao Bob por mais esse gesto de amizade.

A Sofia Carvalhosa, pelo apoio inestimável na divulgação deste estudo e pelas ideias sobre as questões ligadas à sua publicação.

Meu reconhecimento especial a Maria Clara Kuyven, pela dedicação permanente.

A Elaine Cardoso, Wagner Vieira Gomes, Michele Oliveira e Adriana Alves, dedicados colaboradores do nosso escritório, minha gratidão pelo apoio que deram durante os dois anos da feitura do livro não somente na organização progressiva dos originais, mas também na sua circulação entre as pessoas que dele se ocuparam até o seu encaminhamento para a gráfica.

Ao Fernando Kuyven, professor de Direito Internacional, devo as observações sobre a questão dos tratados e sua repercussão constitucional, que me foram imprescindíveis.

Aos meus colegas de advocacia, Felipe Ronco, Lucas Cazarin, Kaue Cardoso e Julia Peixoto, que compreenderam o empenho na elaboração deste trabalho, incentivando-me a prossegui-lo e me poupando das trabalhosas rotinas, encarregando-se do cumprimento dos incontornáveis prazos processuais e arbitrais. Acrescento as pesquisas de legislação e, sobretudo, as críticas oportunas que apresentaram.

E também ao pessoal lá de casa, João Vieira da Cruz Jr., Marinalva de Moura Vieira, Cosmerina Nunes Carvalho e Cosmira Nunes Carvalho, que nos longos meses da pandemia manifestaram sua amizade e dedicação dando todo o apoio de que eu precisava.

E aos que me mantiveram física e espiritualmente em harmonia, imprescindível para esta empreitada, o mestre Guilherme Figueiredo Nascimento e as mestras Elo de Lucca, Lilian Orichio e Maria Lucia Valentim, além de meus médicos, de tantas décadas, que me acompanharam e impuseram uma quarentena rígida, Renata Rudge Aquino, Argemiro Scatolini Neto e Ana Maria Rocha Pinto e Silva, o que muito contribuiu para o aprofundamento e a conclusão desta obra.

A alegria pela publicação deste estudo não dissipa minha profunda tristeza pela tragédia que se abate sobre milhares de famílias atingidas pela pandemia. Que o amor e a solidariedade persistam naqueles que, pela caridade e doação pessoal, puseram-se a campo para auxiliar o próximo nesta época tão difícil para a humanidade.

São Paulo, novembro de 2020

Acompanhe a LVM nas redes sociais

 https://www.facebook.com/LVMeditora
 https://www.instagram.com/lvmeditora

Esta obra foi composta por Eliana Kestenbaum na família tipográfica Le Monde Livre em janeiro de 2021 e impressa em fevereiro de 2021 pela Rettec para a LVM Editora.